DIE LIEBE UND DER KRIEGER

CHRISTINA FÖRSTER
UND
NICK LAURENT

DIE LIEBE UND DER KRIEGER

Das Leben an der Seite des bekanntesten
Edel-Callboys der Schweiz

SENSITIVITY *Inspirations*
www.sensitivityinspirations.ch

*Wir widmen dieses Buch liebevoll und dankbar unseren Eltern,
Geschwistern mit Partnern und allen wahren Freunden,
Menschen, durch die wir lernen durften und wachsen konnten,
Tieren, die sich uns vertrauensvoll näherten,
allem, was uns gegenüber eine gute Absicht hat,
geistigen Helfern und Meistern,
der göttlichen Energie, die durch uns hindurchströmt
sowie jedem Leser, der dadurch zu mehr wird als er je zuvor war.*

Hör auf zu denken,
daß du wüßtest,
wie irgendetwas wäre.

Alles ist möglich!

Impressum

© erste Auflage 2014 by SENSITIVITY *Inspirations*

SENSITIVITY *Inspirations*, Christina Förster, CH-5243 Mülligen AG
www.sensitivityinspirations.ch
ISBN: 978-3-9524341-0-9

Druck: BPP Best-Preis-Printing ug. & Co KG, www.best-preis-printing.de
Coverfotos, Front: © Irene Hoppe, www.irenehoppe.ch
　　　　　　　　　© Patrice Gruenig, www.bigpics.ch
Coverfoto, Back:　　© Yoran Nesh, www.yoran-nesh.com
Coverdesign:　Nick Laurent
　　　　　　　BigPics Fotostudio, Patrice Gruenig, CH-4628 Wolfwil SO
Fotos: Christina Förster, Nick Laurent und Patrice Gruenig
Satz: Nick Laurent
Lektorat und Korrektorat: Jacqueline Egloff, www.sprachenundtext.ch

Hinweis für den Leser:
Kein Teil dieses Buches darf in irgendeiner Form (Druck, Fotokopie, digitale Kopie oder anderes Verfahren) ohne schriftliche Genehmigung des Verlags reproduziert, oder unter Verwendung elektronischer Systeme verarbeitet werden. Die Autoren haben sich mit größter Sorgfalt darum bemüht, nur zutreffende Informationen in dieses Buch aufzunehmen. Es kann jedoch keinerlei Gewähr dafür übernommen werden, daß die Informationen in diesem Buch vollständig, wirksam und zutreffend sind. Der Verlag und die Autoren übernehmen weder die Garantie noch die juristische Verantwortung oder irgendeine Haftung für Schäden jeglicher Art, die durch den Gebrauch von in diesem Buch enthaltenen Informationen verursacht werden können. Alle durch dieses Buch berührten Urheberrechte, sonstigen Schutzrechte und in diesem Buch erwähnten oder in Bezug genommenen Rechte hinsichtlich Eigennamen, oder der Bezeichnung von Produkten und handelnden Personen, stehen deren jeweiligen Inhabern zu.

Printed in EU

INHALT

ERSTER TEIL
Die Geschichte – das Wunder!

EINSTIMMUNG 11

EINS   DIE IDEE 17
Wer bestellt überhaupt einen Callboy, vor allem wie und warum?

ZWEI   BUCHUNGSVORBEREITUNGEN 31
Muß Frau dazu etwas wissen, beachten oder gar können?

DREI   ERSTE BEGEGNUNG 43
Wie läuft so etwas ab und ab wann zählt eigentlich die Zeit?

VIER   EINE UNERWARTETE NACHT 49
Die Wahrheit behält Frau am besten für sich und glaubt sie selbst nicht!

FÜNF   ZURÜCK IN DIE NORMALITÄT 69
Nichts ist wie je zuvor – alles wirkt immer auf alles!

SECHS   MAGNETISMUS DER HERZEN 97
Du mußt nichts machen
und du kannst auch nichts tun – sei einfach nur still!

SIEBEN   DIE LIEBE UND DER KRIEGER 129
Jeder Tag zählt – das Göttliche liebt dich durch mich!

ACHT   LIEBE IST KEIN GEFÜHL, SONDERN EIN ZUSTAND 183
Das Prinzip der Liebe – Was ist Treue? Wie liebt ein Freigeist?

ZWEITER TEIL

Hintergrund, Informationen und Erkenntnisse

NEUN NICKS VERGANGENHEIT 239
Wie konnte es dazu kommen? Aus Nicks Sicht/aus Tinas Sicht

ZEHN TINAS VERGANGENHEIT 267
Wie konnte es dazu kommen? Aus Tinas Sicht/aus Nicks Sicht

ELF NICKS KUNDENKREIS UND INTERESSENTEN 343
Definition Callboy,
Wertschätzung, Dankbarkeit, Respekt – gesehen werden!

ZWÖLF CALLBOY ALS HEILER 361
Wer andere heilt, heilt (sich) selbst!

DREIZEHN MISSVERSTANDENE SEXUALITÄT 375
Energetischer Zerfall durch unpassende Partner!

VIERZEHN SEELENPARTNER / WUNSCHPARTNER 385
Wozu einen Partner?
Illusion – Resonanzprinzip – Rolle – Rückenwind – Verständnis

FÜNFZEHN MENSCHHEIT IM ZWEIFEL – WELT IM WANDEL 415
Angst, Gier und Ersatzsüchte
Achtung vor der Unantastbarkeit des menschlichen Wesens

SECHZEHN SELBSTVERANTWORTUNG 425
Wachsen an Bewußtsein und Erkenntnis durch Feinfühligkeit im Herzen

SIEBZEHN CALLBOY ODER FRAUENVERSTEHER? 439
Eine spirituelle Berufung mit relevanter Zukunft

ACHTZEHN REAKTIONEN UND TESTIMONIALS 449
Reaktionen von Freunden und Familie / Testimonials aus dem Kundenkreis

NEUNZEHN   FAQ – HÄUFIG GESTELLTE FRAGEN   473
Fragen beantworten führt zu noch mehr Fragen

ZWANZIG   ALLES GANZ ANDERS   489
Vielleicht ist auch alles ganz anders, denn alles ist möglich!

CHILL-OUT   527
Werde still! / Cocktail-Karte

GLOSSAR   533

DIE AUTOREN   551

EINSTIMMUNG

EINSTIMMUNG

Wie so vieles im Leben beginnt auch das hier »ganz harmlos« – bis mehr und mehr die geballte Ladung rüberkommt. Die aufgeschriebene Erfahrung war ursprünglich für uns selbst, Familie, wahre Freunde und all jene gedacht, die sich bisher auf die Frage: »Wo habt **ihr** euch eigentlich kennengelernt?« mit der banalen Antwort: »Im Internet!« begnügen mußten. Das ist sicher korrekt, aber eben nicht ganz vollständig.

Inzwischen denken wir mit unserem Buch noch viele andere, fremde Menschen inspirieren zu können in ihrem eigenen Leben alles, was für sie selbst passend ist, für möglich und erreichbar zu halten. Wenn sie erkennen können, welche Wege Seelen ebnen, welche Situationen sich Leben und Liebe wählen, um passende Herzen zueinander zu führen. Wir hätten uns unsere eigene Geschichte selbst nicht ausdenken können. Aber wir haben sie so erlebt und erzählen sie in bester Absicht aus der »Illusion der Vergangenheit«, die wir »Erinnerung« nennen.

Was bei allem zählt, ist immer nur die Absicht, die dahinter steckt. Anderen Menschen zu zeigen, daß man im Leben stets Neues tun kann. Gleiche Dinge auf neue Art zu erleben versuchen. Unermüdlich alte Standpunkte durch Neue ersetzen, damit der Phantasie keine Grenzen gesetzt werden. Jede noch so kleine, restliche Naivität im Sinne von Unwissenheit durchschauen und durch aktuelle, eigene Einsichten ersetzen. So bleiben wir jung, sinnvoll beschäftigt, entscheidungs-, und handlungsfähig, interessiert, liebevoll, lebendig, geistig wendig, gegenwärtig, aufmerksam und innerlich wie äußerlich stets großzügig. Und dabei vor allem achtsam dankbar uns selbst, anderen und allem gegenüber sein. Leichter gesagt als getan. Aber wen interessiert schon, was wir als schwierig oder zu mühevoll umzusetzen erachten? Eben, niemanden – so lange, bis wir alles selbst verwirklichen.

Dieses Buch setzt nicht auf Sensationen, Effekte oder maximal wirkungsvolle schriftstellerische Kunstkniffe. Es möchte einfach nur wahrheitsgetreu und chronologisch die Begebenheiten darstellen, die zu einer ungewöhnlichen Paar-Konstellation geführt haben. Wir geben

Einblick in ein Thema, zu dem nicht viele einfach Zugang haben. Damit möchten wir auf vielschichtige Weise vieles (auf-)klären und ans Licht bringen. Basierend auf persönliche Betrachtungen, die uns aber als geeignet erscheinen, um die Öffentlichkeit daran teilhaben zu lassen. Jetzt als Buch, weil wir immer wieder danach gefragt werden. Manche Details, Feinheiten und SMS-Texte lassen wir bewußt weg. Sie sind Werte, die wir privat schätzen, erhalten und schützen möchten. Beantwortet werden alle Fragen, die uns von Menschen gestellt werden, die mehr wissen möchten, oder damit bisher noch nicht recht umzugehen wissen.

Feedbacks sind wünschenswert und werden achtsam geschätzt, denn die freundschaftlichen Begegnungen, die sich durch unser Leben ziehen, sind für uns etwas vom Wertvollsten. Aber wir schreiben dieses Buch weder, weil uns rückwirkend irgendwelche Meinungen interessieren. Noch weil es uns wichtig ist zu wissen, was irgendjemand über irgendwas denkt, der keine vergleichbaren eigenen Erfahrungen hat, aber vielleicht wild spekuliert und schließlich noch urteilt.

Für uns ist es die passende Geschichte, Entwicklung und Erkenntnis zum geeigneten Zeitpunkt gewesen. Sehr präzise in Richtung unserer Lebensaufgabe. Wir verstehen diejenigen, die das Thema nicht interessiert, die nichts davon brauchbar umsetzen können. Denen es generell nicht gefällt, angesichts anderer Betrachtungsweisen in Bezug auf ihre persönlichen Ziele. Aber wer nur kritisieren möchte, dabei warnend den Finger zu Keuschheit und Demut hebt, sich mißgünstig, überheblich äußert oder notorisch nörgelt, der liest besser etwas anderes. Der Buchmarkt ist unübersichtlich genug, da findet sich mit Sicherheit was.

Wer sich von uns abwenden möchte, darf dies tun. Das schmälert unsere Sympathie nicht. Vielleicht ist der Zeitpunkt nicht der Richtige, die Thematik interessiert nicht, oder wir haben Erwartungen nicht erfüllt. Erwartungen von denjenigen, die sich's noch leisten solche überhaupt zu haben. Was auch immer die Gründe sind, es ist alles völlig okay. Wir bleiben entspannt. Distanzieren uns jedoch ebenso von Unpassendem, das uns Zeit, Energie oder Nerven rauben würde. Aber wir wenden uns nie gänzlich ab, sondern versuchen auch dahingehend mehr und mehr von »allem was ist« zu verstehen. Denn, wenn alles auf der Welt göttlichen Ursprungs ist, würde sich vom Göttlichen trennen, wer etwas ablehnt.

EINSTIMMUNG

Aus unserer Sicht kommt es für **niemanden** darauf an, ob das hier Geschriebene der vermeintlichen Wahrheit oder einer bestimmten Zeitstruktur entspricht, sondern es kommt **nur** darauf an, **was** es beim Leser bewirkt. Wenn es Passendes zu verstehen birgt, Menschen im Herzen berührt und dadurch voranbringt, bekommt es eine Gültigkeit und macht somit auch Sinn.

Dabei ist es bedeutungslos, was **wir** erlebt haben und **wie** die Dinge im Detail waren. Wenn sie überhaupt **so** waren, wie wir meinen uns zu erinnern, oder **wie** andere sie aus ihrer Sicht interpretieren. Entscheidend ist nur, **was** in demjenigen bewegt wird, der sich davon berühren läßt.

Bestenfalls werden dadurch einige wagen jetzt selbst etwas nie zuvor Erlebtes neu umzusetzen und zu erfahren. Manch lodernden Funken werden wir im Herzen von suchenden Menschen erreichen und dort eine kraftvolle Flamme aufbrennen lassen. Wir sind dankbar für jeden Menschen, der durch uns sein Bewußtsein mehr zu öffnen wagt. Jeder möge soweit vorankommen, wie er möchte, kann und soll.

Allem voran steht immer ein aufrichtiges,
ehrliches Herz!
Mit einem reinen, geistigen Herzen
können wir alles machen!
Ein geistiges Herz ist eine liebevolle, urteilsfreie,
tief verstehende Wahrnehmung.
Was in Liebe entsteht, hat,
aus der Sicht der Ewigkeit, Beständigkeit.
Liebe ist das einzig verbindende Prinzip.
Was nicht in Liebe entsteht, ist, früher oder später,
dem Untergang geweiht.
Liebe, im Sinne von unverbindlichem, wohlwollendem
verstehen, daß etwas ist, wie es ist,
niemals zu verwechseln mit »haben wollen«.

Dieses Buch war über viele Monate hinweg angedacht. Wir sind überrascht, daß der Inhalt von Freunden und Bekannten die ganze Zeit schon intensiv erhofft, ungeduldig erwartet und aus tiefstem Herzen herbeigewünscht wird. Bei manchen, weil sie die Thematik ungefähr wissen und uns gut kennen. Von den Meisten jedoch, obwohl und weil sie gar nichts über das genaue Thema wissen, aber sehr gespannt sind auf das, was nun wohl kommt.

Wir konnten beobachten, daß unsere spannende, freudige Ausstrahlung über das entstehende Buch bereits Wirkung gezeigt hat, die dem Buch selbst lange vorausgeeilt ist. Viele tiefgründig formulierte, angenehme, begeistert interessierte, erwartungsvolle, sehr bestärkende Reaktionen haben uns im Vorfeld erreicht und enorm gefreut. Das zu erfahren ist so genial! Danke!

Nebst Wachsamkeit und alles mit einer gewissen Portion Humor zu betrachten, empfehlen wir, bevor es gleich »ganz harmlos« weitergeht:

**Mach Dir zu allem eigene Gedanken,
denn es wirkt immer nur das, was Du selbst denkst.**

Herzlichst,
Christina Förster und Nick Laurent
Schweiz im September 2014

EINS

DIE IDEE

DIE IDEE

WER BESTELLT ÜBERHAUPT EINEN CALLBOY, VOR ALLEM WIE UND WARUM?

*E*ndlich Mai, die freundliche, helle, sonnige Jahreszeit war mir sehr willkommen. Ende Mai nahte auch wieder, viel schneller als erwartet, mein nächster Geburtstag. Ist man erst mal über vierzig, werden die Zahlenkombinationen von Jahr zu Jahr skurriler und ungewohnter. Ich hatte mein Leben bisher, im Rahmen meiner finanziellen und zeitlichen Möglichkeiten, immer intensiv genutzt. Stets neue Ideen geschmiedet, mir meine Wünsche weitgehend erfüllt, langjährige Freundschaften und Beziehungen zelebriert, die Welt auf allen Kontinenten besucht, erlebt und dabei gestaunt, gefühlt und geliebt. Geburtstage hatte ich mit Vorliebe in der Ferne gefeiert, so wurden sie noch mehr zu etwas ganz besonderem. Dieses Jahr würde ich ihn mal zur Abwechslung gediegen, zuhause in der Schweiz, verbringen.

Anfang März erst war ich von einer viermonatigen Weltreise zurückgekommen. In modernen Konzernen heißt das »Leave of Absence«, wenn man Dank einer solchen unbezahlten, vom Arbeitgeber vorübergehend genehmigten, Abwesenheit mit Jobgarantie nach der Rückkehr wieder nahtlos seinen Arbeitsplatz einnimmt. Vorerst hatte ich gar kein Bedürfnis nach großen Sprüngen, denn ich war gerade erst in den Vereinigten Arabischen Emiraten, Australien, Singapur, Indien, Schweden und Nordamerika unterwegs gewesen. Einschließlich Abstecher nach Mexico, auf dem ersten »70'000 Tons of Metal« Heavy-Metal-Kreuzfahrtdampfer in der Karibik, mit vierzig namhaften Bands an Bord. Ein Leckerbissen auch für Menschen, die diese Musik, außerhalb vieler Klischees, zu erleben verstehen. Nun galt es besonders den Weg zurück in den weit weniger spektakulären Alltag zurückzufinden. Genauer gesagt, die stressigen Anforderungen des Jobs wegzustecken, Post aufzuarbeiten, digitale Fotos zu sortieren und die gebündelten, neuen Eindrücke der letzten Monate im Detail zu verarbeiten. Mein selbst organisiertes, straffes Programm hatte mir in kurzer Zeit eine Flut an Erlebnissen vertraut gemacht, welche das normale Leben jetzt wie in Zeitlupe erscheinen ließ. Vielen interessanten, wundervollen Menschen war ich begegnet, durfte neue Freundschaften schließen und bestehende vertiefen. Diese Zeit war reich an bunten Eindrücken gewesen und genau deshalb rasant schnell vorbeigegangen.

Mein Geburtstag kam diesmal terminlich fast ungelegen. Eltern und Schwester aus Deutschland sagten für den 30. Mai, ihren Besuch an. Familie ist immer schön und willkommen, aber auch anstrengend. Ein gelegentliches Treffen mit Finn, meinem langjährigen Teilzeitpartner, der »immer wiederkehrende Besucher« aus Deutschland, mit dem ich wohl schon viel zu lange eine bewußt sehr lockere Beziehung auf Distanz führte, verschob ich auf irgendwann später, wenn wieder Ruhe eingekehrt sein würde. Das fand auch er besser. Er konnte sich beschäftigen, es mangelte ihm nicht an Abwechslung mit anderen Bekanntschaften. Na also, es lief doch alles locker und am liebsten hatte ich etwas Zeit für mich. Es blieb mir noch eine Woche dieses Lebensjahres, in der ich die vielseitigen Erlebnisse nochmals genießen und in mir verankern konnte, um mich anschließend bewußt, voller Phantasie, Neugier und Tatendrang der nächsten Etappe zuzuwenden. Ich mochte dieses Kribbeln – Vorfreude auf Neues – immer klasse!

Seit langem pflegte ich ein kleines Ritual, das ich mir selbst ins Leben gerufen hatte, welches ich aber vor anderen nicht weiter an die große Glocke hängte: Jedes Jahr schenkte ich mir etwas ganz Spezielles zum Geburtstag. Bisher waren dies ferne Reisen, spirituelle Seminare, Wellness in schönen Hotels, trendige Klamotten, teure Bikinis, modischer Schmuck oder Uhren, Sonnenbrillen, etliche normale oder VIP Konzertkarten, Bücher, noch mehr CDs und DVDs, eine Wasserfallsäule für das Wohnzimmer und kleinere Wohnaccessoires. Irgendwas, das mich riesig freute und mich im nächsten Lebensjahr bereichern würde, fand sich immer. Aber diesmal schien mein Ideenreichtum leicht ausgeschöpft zu sein. Was mich reizte, interessierte und mir gefiel, hatte ich mir schon gegönnt. War so in Eile kein Wunsch mehr offen? Hm ... diesmal könnte es richtig schwierig werden ein neues Geschenk zu finden. Die Zeit drängte, der 30. Mai stand so gut wie vor der Tür!

Was könnte ich mir schenken? Bungee Jumping, Skydiving oder riskante Sportarten waren nicht mein Ding, am ehesten noch Tandem-Fallschirmspringen, aber das war auf die Schnelle nicht zu organisieren. Mir fiel nichts Brauchbares ein und ich klickte mich Sonntagabend noch ein wenig durchs Internet auf der Suche nach passenden Ideen. Bis mir ein total zündender Geistesblitz kam ... wow ... ja, **das** hatte ich mit

Sicherheit noch **nie** gemacht, das wäre ja total verrückt und abgefahren! Aber das war für mich unbekanntes Terrain, da mußte ich erst mal sehr ordentlich recherchieren. Ich könnte mir dieses Jahr doch zum Geburtstag einen echten, professionellen, möglichst anspruchsvoll edlen Callboy schenken? Vielleicht eine neue Sammlung beginnen? Was für eine wahrhaftig megageile Idee! Ich staunte über mich selbst ... gratuliere!

Schnell fühlte ich mich überfordert. Kannte mich eben nicht aus mit der Materie. Wo kriegt man so einen her, wie und wo wird das Ganze dann ablaufen? Wie bestellt man einen Callboy und was kostet das dann? Erwartet der von mir irgendwas? Wenn ja, was genau sind vielleicht auch **seine** Bedingungen? Spezielle, peinliche Vorkenntnisse? Schon kamen die ersten wackeligen Zweifel hoch.

Brauchte ich denn so was wirklich, oder wäre das bloß voll rausgeschmissenes Geld? Bisher war das Thema höchstens mal eine witzige Phantasie wert, wenn sich schöne Ladies in der Kaffeepause oder beim Cocktail locker über »die Männer« unterhalten, gerade eine Trennung vor oder hinter sich haben, oder einfach erkennen, daß auch sie älter werden. Mir fiel bei solchen Gesprächen auf, daß schon so manche Frau durchaus schwärmend davon träumt, sich irgendwann **später** vielleicht mal einen Callboy zu bestellen, sich dann aber vermutlich nicht traut. Sich einen richtig männlichen »Body« mit schönem Gesicht, nach Haarfarbe und Größe »sortiert«, aus dem Katalog aussuchen. Das wär' schon der Knaller! Könnten wir natürlich alles noch mit sechzig oder siebzig, am besten erst im Altersheim machen, denn eins war klar: Keine von uns hatte das auch nur »im Geringsten« nötig. Und das war dann auch schon alles zu solchen Themen. Keine sprach dabei vermutlich aus eigener Erfahrung und wenn doch, so gab sie es nicht zu.

Der einzige Vertraute, der mir je aus diesem Milieu schon vor über zehn Jahren detailliert von dieser Seite seines Lebens berichtet hatte, war mein langjähriger, schwuler Schulfreund Luca aus Hamburg. Ich fand seine »Never Ending Stories« immer mächtig interessant, weil so ganz anders als meine Möglichkeiten als Frau, meine Erlebnisse, Sichtweisen und Beziehungen, um die wiederum **er** mich sehr beneidete. Zitat: »Förster, wie machst du das nur, daß die Kerle immer bei dir bleiben? Bei mir klappt das so nicht!« Alles bei ihm war logischerweise aus Sicht seiner Schwulenwelt erlebt und empfunden und für Frauen weder eins zu eins übertragbar noch bedenkenlos geeignet verwendbar. Oft versuchte er mich aus meiner für ihn kleinen, engen, treuen, unwissenden, liebevollen und festgefahrenen »Hetero-Welt« zu reißen. Mir Geschmack auf Abenteuer aus seiner Sicht, umgesetzt auf mein Leben, zu machen. Trotz aller Seriosität, detailgetreuen Aufrichtigkeit, ungebremster Inbrunst und enorm viel Witz, mit denen er mir früher jahrelang, in endlosen Telefonaten, aus seiner Welt erzählte, fand ich alles nie passend für mich. Für Luca legte ich mir sogar vor Jahren den ersten erhältlichen Funkkopfhörer für das Telefon zu. So konnte ich parallel nach Feierabend während seiner köstlichen Ausführungen, ohne quengeligen Zeitdruck, mit aufgesetztem Kopfhörer, meine Hausarbeit erledigen. Damals hätte ich nie gedacht, wie sehr mir diese Kenntnisse noch zugute kommen würden. In der Theorie wußte ich viel, aber in der Praxis, wenn sich diese Realität vor einem selbst auftut, sah's dann sicher gleich nochmal ganz anders aus.

In einer Zürcher Arztpraxis, wo ich, als Folge exzessiver Karibiksonne, auf meine »weiße Hautkrebs«-Operation wartete, hatte ich einst in einer typischen Frauenzeitschrift zufällig einen spannenden Artikel über den seltenen Beruf »Callboy für Frauen« gelesen. Cool, was es so alles gibt, dachte ich damals schon. Das war Jahre her, aber der Artikel war mir irgendwie bis heute magisch berührend im Gedächtnis haften geblieben. Vor allem, weil einer der interviewten Boys Schweizer war und der relativ junge, gutaussehende Kerl aus Basel außergewöhnlich offen und feinfühlig berichtete. Was der Job ihm bedeutete, wie er die Frauen sah, erlebte und behandelte, die er durch seine Tätigkeit nun zahlreich kennenlernte. Der Bericht las sich sehr mitreißend und gab mir damals merklich neuen Einblick. Wer kannte schon »so jemanden« privat, um sich mal ungezwungen mit einem Kenner der Branche sachlich über diese Themen und daran grenzende Tabus unterhalten zu können ohne gleich selbst in der Branche zu sein, oder sich gar durch bloßes Zeigen von Interesse gesellschaftlich zu blamieren?

Irgendwie aufgeregt und hellwach, klickte ich mich zu später Stunde wendig, aber planlos durch viele lustige und teils billig gemachte, peinliche Seiten im Internet. Agenturen lockten mit umfangreichen Fragebogen für ihre Karteien. Listen mit blinkenden Bannern und viele »Links« führten auch auf Seiten, die noch nie oder nicht mehr existierten. Dilettantische Fotos, unscharf, aus Distanz aufgenommen, ohne Köpfe, schmierige Texte, säuselnder Unsinn, Versprechungen aller Art, Handynummern und Preise, voll witzig! Wie sollte ich hier je eine Entscheidung treffen können? Ich wußte doch nicht mal, was ich überhaupt wollte, weil dieses Terrain eine absolut weiße Fläche auf meiner Lebenslandkarte war. Mir fiel auch keine einzige Freundin ein, die so etwas je gemacht hätte, die ich hätte befragen können. Ein Gefühl, ähnlich wie bei einer Mathe-Klausur, ich konnte nirgends abschauen. Vielleicht war das auch kein brauchbares Geburtstagsgeschenk, mußte mich ja nicht dazu zwingen. Was soll's, ich ging erst mal schön brav schlafen und vertagte meine wilde Idee auf den kommenden Tag, den Montagabend.

Im Büro boomte die Arbeit am Laptop aus allen Rohren, tagsüber blieb keine Zeit für private Gedanken. Spätabends zuhause war ich zwar ausgepowert und müde, aber noch neugierig genug, um die »Kiste« gleich nochmal anzuwerfen und mich erneut über diese dubiosen Callboy-Seiten herzumachen. Reizvoll und spaßig fand ich die Idee ja schon. Mal ganz was Neues, maximal Abgefahrenes, Unberechenbares. Welche Frau gönnt und schenkt sich selbst schon so was, aus innerer Stabilität heraus, liebevoller Haltung zu sich selbst und mit großem Respekt **auch** dem Mann gegenüber, der dann den Auftrag von ihr erhalten würde? Ohne gleich von massiven Zweifeln, tiefen Schamgefühlen und äußerst schlechtem Gewissen gepeinigt zu sein und zur Vernunft gebracht, um sich selbst dann sofort davon abzuraten? Wenn ich die Sache noch »so jung wie möglich«, am besten **jetzt gleich**, noch **vor** dem nächsten Geburtstag, durchziehen wollte, mußte ich dran bleiben! Vielleicht würde meine Suche ja heute völlig neue, durchschlagende Erkenntnisse mit sich bringen? Und die brachte sie tatsächlich!

Erneut war ich auf einer optisch spartanischen Callboy-Landingpage[1], einer Linksammlung von sich in der Schweiz anbietenden Herren. Inzwischen schon mit geübteren »Klicks« kam ich von dort aus erstaunlich schnell auf eine gut strukturierte und selten ansprechend gemachte Webseite mit gutem Look & Feel[2].

»Callboy Nick – der Callboy für echte Genießerinnen« stand dort geschrieben. Professionelle, elegante, deutliche Fotos mit Gesicht, durchdachter, sachlicher, fehlerfreier Text zum seriösen Angebot, insgesamt sympathisch, sauber und anspruchsvoll umgesetzt. Dann durchschaute ich es erst ... hey, das war doch der »Basler Callboy« aus der Wartezimmer-Zeitschrift, dessen Aussagen ich vor Jahren schon so lesenswert fand! Wow ... **den** gab es tatsächlich! Und vor allem, es gab ihn **immer noch**! Er war kein irreales Phantom, sondern bereit zum persönlichen Kennenlernen. Ich staunte nicht schlecht und betrachte mir seine Webpage nochmals unter diesem ganz anderen Aspekt. Mittlerweile war er auf den Fotos schon etwas reifer an Ausstrahlung als im Artikel, aber wohl schon noch viel zu jung, im Vergleich zu mir. Mit **dem** wollte ich gern mal quatschen, genau **der** wär' doch klasse! Die Wahl war getroffen! Yes!

Meine prickelnde Geburtstagsgeschenkidee nahm, jetzt mit einem Hauch Verruchtheit, leichte Kontur an und begann mir Spaß zu machen. Jetzt mußte ich nur noch rausfinden, wie man »Mr. Callboy« bestellt und an Land zieht, ohne sich finanziell total zu ruinieren. Vielleicht hatte er monatelange Wartezeiten oder schon längst mit dem Job aufgehört? Seine Anfrage- und Feedbackformulare zur Sexualtacktung[3] waren mir echt zu unheimlich, fast bedrohlich. Zu viele Entscheidungen wurden auf der Preisliste zu Wünschen wie 69, OV, GV, AV und andere spezielle Vorlieben erfragt, zu denen ich, in Bezug auf ein erstes Treffen, wirklich noch keine Antwort gewußt hätte. Es gab auch die Option ihm eine ganz normale SMS zu schreiben. Schon besser, wenn überhaupt, dann nur per SMS, darin hatte ich Übung. Erstaunlicherweise fiel es mir aber schwer, etwas Sinnvolles zu texten. Es war schon kurz vor Mitternacht und ich wollte und mußte schlafen gehen. Wirklich vorangekommen war ich nicht und wieder kamen kleine Restzweifel auf. Sollte ich das wirklich machen? Für »so was« Geld ausgeben? Dabei gäbe es doch im Freundeskreis, in meiner umfassenden Handynummernsammlung oder in Chat-Foren, genügend »Casual Dates«, die gerne meinen nahenden Geburtstag mit mir gefeiert hätten, wo Geld kein Thema wäre. Es gab aber auch Gründe, warum ich diese Menschen nie näher in mein Leben gelassen hatte, also lohnte es sich gar nicht darüber nachzudenken. Diese Callboy-Bestellung war mir aber wohl eine Nummer zu groß. So unsicher hatte ich mich lange nicht erlebt. Was schrieb man »so einem« überhaupt? Naja, jetzt erst mal ruhig bleiben, der kocht doch auch nur mit Wasser. Schreib ihm halt eine nette, ganz normale SMS und schau was passiert, dachte ich mir. Hör auf zu denken, daß du wüßtest wie irgendwas ist, oder was **der** denkt, oder was **wie** sein könnte, bevor du es nicht selbst ausprobiert hast. Vielleicht antwortet er auch gar nicht und dann hat sich die Sache sowieso erledigt. Ich schlief bald ein.

Um halb zwei in der Nacht wachte ich schlagartig auf, hellwach und klar im Geist und wußte nur eins: Ich mußte diesem »Callboy Nick« jetzt sofort die SMS schreiben! Den Text hatte ich wie aus dem Nichts erstaunlich präzise formuliert und glasklar vor Augen. Ich mußte ihn nur noch ins Handy tippen, was ich genüßlich lächelnd tat.

Bei einem Glas Wein las ich den Text dann noch gefühlte zwanzigmal Korrektur und fand alles erneut voll peinlich. Der merkt doch sofort, daß ich keine Ahnung von so was habe. Wahrscheinlich bin ich ihm auch viel zu alt oder gar zu dick und er meldet sich von vornherein nicht. Wobei, auf seiner Webpage stand: »Dein Aussehen und dein Alter spielen mir keine Rolle, denn jede Frau hat es verdient, als die schönste Frau der Welt behandelt zu werden.«

Gut, damit machte er mir wieder Hoffnung, daß für ihn ein Treffen, mit mir in **dem** Alter, nicht **so** schlimm sein konnte. Mehr als die Minimalbuchungsdauer von einer Stunde wollte ich für so eine Schnapsidee sowieso nicht bezahlen. Teuer genug der Spaß, beginnend bei dreihundert Schweizer Franken. Wenn ich ihm noch ein aktuelles Foto von mir an die SMS hängte, konnte er ja selbst entscheiden, ob er den Auftrag annehmen wollte. Das fand ich fair, schließlich hatte ich ihn mir auch genauestens im Internet angeschaut und seine Fotoseiten alle abgesurft[4]. Bei mir mußte er nicht befürchten von einem eifersüchtig tobenden Freund oder austickenden Ehemann erschlagen zu werden. Kommunikation über mein Handy war eine sichere Sache.

Von Luca hatte ich mal erfahren, daß die Kundin bei solchen Buchungen jeden nur denkbaren Wunsch äußern kann, wie zum Beispiel: Spezielle Kleidung, Parfüm, Rollenspiele, Accessoires, Musik, Frisur, Hobbies, Gesprächsthemen. Also dachte ich mir, daß ich echt locker verlangen konnte, daß er seine, gemäß Foto, »halbwegs« schulterlangen Haare offen tragen würde. Gutaussehende, gepflegte, natürliche aber doch selbstbewußte, intelligente, feinfühlige, langhaarige Männer gibt es bekanntlich sehr wenige, aber sie waren seit eh und je meine ganz besondere Leidenschaft. Optimal, daß dieser Callboy, zumindest ansatzweise, haartechnisch so unterwegs war. Machen wir uns diese einzigartige Stunde doch auch mit Nebensächlichkeiten wie »Optik« so angenehm wie möglich.

> Tina, 24. Mai 01:53
>
> *Hi Nick, hier ist Tina aus Nähe Brugg. Würd' gern mal auf 1 Stunde normalsten Sex mit Dir abmachen. Wann und wo hättest Du Zeit? Anbei ein aktuelles Foto von mir, bin 46 und Heavy Metal Fan, deshalb wär's schön, wenn Du bei unserem Treff Deine Haare offen tragen könntest oder spätestens dann im Bett ☺. Kannst mir hier zurückschreiben, bin Single, alles easy ☺. Lots of passion, Tina ☺*

Kaum hatte ich die schicksalhafte MMS mit einem aktuellen Foto der Weltreise, das mich im berühmten Hotel Burj al Arab in Dubai zeigt, auf ihren Weg geschickt, überfielen mich nochmal sinnlose Bedenken. Daß er sicher über die nächtliche Stunde amüsiert wäre, zu der ihm hier wohl ein völlig verzweifeltes »Fraueli[5]« mitten in der Nacht schrieb, das vor Einsamkeit nicht mehr schlafen konnte. Aber egal, irgendwie waren mir die Worte »von oben« eingeben worden. Ich bildete mir dabei ein, beabsichtigt geweckt worden zu sein und bedankte mich dorthin für die Textinspiration, von dessen Inhalt ich mich, wie selbstentschuldigend, deutlich distanzierte und murmelte vor mich hin: »So Jungs, wer auch immer da oben die Fäden in der Hand hat – ich hab' jetzt für meinen Teil alles in die Wege geleitet und geh' wieder schlafen. Das war's für heute – der Grundmove[6] ist getan. Gute Nacht!« Ich schlief beruhigt ein, wachte am nächsten Morgen in bester Laune auf und dachte nicht mehr daran. Hätte ich nie mehr was von »Callboy Nick« gehört, die Sache hätte sich erledigt, ein für alle mal. Doch es kam anders.

DIE IDEE

Nick, 24. Mai 09:53
Hallo Tina, es freut mich sehr, daß Du mich buchen möchtest. Wenn Du willst, kann ich gerne zu Dir nach Hause kommen, denn ich bin mobil und habe ein Navi. Diese Woche würde es mir entweder heute oder Freitag jeweils ab 21:00 Uhr gehen. Sag mir einfach, ob Dir einer dieser Tage paßt, oder wann es Dir nächste Woche gehen würde. LG[7], Nick

Ich war sprachlos! Dienstagvormittag, mitten bei der Arbeit, piepste plötzlich mein Handy. Ich warf einen Blick auf den Absender der SMS: »Callboy Nick« und versank siedend heiß fast im Boden. Mein Herz klopfte wie wild und ich dachte, das kann nicht wahr sein, der Typ antwortet mir tatsächlich! Schreibt in einwandfreiem Hochdeutsch und bietet sogar an, zu mir nach Hause zu kommen ... heute schon ... das geht auf gar keinen Fall ... oder Freitag? ... schon eher, dann kann ich mich wenigstens geistig, körperlich, gefühlsmäßig und wohl vor Aufregung zitternd noch ausreichend darauf vorbereiten. Samstag hätte ich noch Zeit das Erlebte zu verarbeiten und Sonntag käme bereits die Familie. Oh je, was hab' ich mir nur eingebrockt?! Spannend zwar, aber viel zu aufwühlend. Ich war schon völlig aus dem Häuschen, dabei hatte ich noch gar nicht zugesagt. Zu viele Fragen gab es dazu, die ich vorher noch genau nachfragen wollte. Wäre ich Raucherin, hätte ich hastig eine beruhigende Zigarette durchgezogen. Ich konnte nicht mal jemandem davon erzählen, oder mir Rat und erleichternde Zustimmung holen. Die gesamte Konzentration war darauf ausgerichtet mir nichts anmerken zu lassen. Der Callboy hatte tatsächlich geantwortet! Hm, möglicherweise war es sogar jemand anderes, der/die in seinem Namen auch seine Termine verwaltete, eine gewiefte Management Agentur, oder gar ein Automat, wer weiß? Aber antworten würde ich trotzdem wieder. Jetzt hatte ich den großen Fisch schon an der Angel. Nachdem ich mich wieder einigermaßen gefangen hatte, entschied ich, mich definitiv dieser spannenden Ungewißheit furchtlos in den Rachen zu werfen. Ich beruhigte mich damit, daß das doch nicht mein erstes Abenteuer im Leben war. Jetzt wollte ich's erst recht wissen! Kläglicher Rückzug war keine Option mehr, jetzt wo »Mr. Callboy« real, lebendig und willig war, schien alles sehr einfach möglich zu sein. Ich mußte nur noch den Tag wählen und bestätigen.

Tina, 24. Mai 12:09

Hi Nick ☺, vielen Dank für Deine schnelle Antwort und die sofortige »Einsatzbereitschaft« ☺, tönt guet[8]. Jetzt diesen Freitag (nach 21 Uhr) würde mir sehr gut passen. Wenn Du zu mir kommen magst/kannst, wäre das lässig (wobei ich genauso mobil bin wie Du). Nick, sagst Du mir bitte nochmal genau, was das für 1 Stunde kostet, ich möchte bitte in Euro zahlen. Merci viumal u en liebä Gruess[9], Tina

Nick, 24. Mai 12:42

Hallo Tina, eine Stunde kostet 300 CHF, resp. zum heute aktuellen Wechselkurs wären das 250 € inkl. Kursrisikomarge. Jede weitere halbe Stunde kostet 100 CHF, resp. 85 €. In dem Fall darf ich Dich also am 27.05. ab 21:00 Uhr fest in meine Agenda eintragen? Ich bräuchte dann nur noch eine Adresse. LG, Nick

Ganz schön clever und rasant für mein Anfängerseelchen. Der Typ läßt nichts anbrennen und geht gleich zur Sache, bevor sich's eine neue, zögerliche Kundin vielleicht noch anders überlegt. Kurz und knapp die Preise, Terminvorschlag, genaue Uhrzeit, Eintrag in seine Agenda und er bräuchte nur noch eine Adresse, klar ... **nur noch eine Adresse**. Wär' aber günstig sie ihm noch zu geben, da hatte er schon recht. Ich staunte nicht schlecht, wie logisch, sachlich und emotional neutral der sich anbahnende Deal ausgehandelt wurde. Mir war das bloße »vereinbaren« schon zu heftig, ich brauchte erneut Bedenkzeit und ließ ihn erst mal ein paar Stunden zappeln. Wobei das für ihn sicher nur »Business as Usual« war und er wahrscheinlich immer mehrere solcher Anfragen gleichzeitig am Start hatte. Wer weiß, was da so in **der** Branche auf **dem** Preisniveau ablief. Ich hatte wirklich null Ahnung. Aber hin oder her, es war schon Dienstag und wir planten knisternd, bedrohlich nah den kommenden Freitag. Ich würde schon rechtzeitig Farbe bekennen müssen. Der Fortschrittsbalken[10] bis zum Geburtstag zeigte nur noch wenig verbleibende Zeit an. Ich schrieb ihm abends erneut.

DIE IDEE

> Tina, 24. Mai 17:08
> *Hi again, sorry for late answer – ja klar Nick, wir machen das am Freitag ☺. Adresse schreib ich Dir nachher noch. Sorry, aber zu meinem genauen Verständnis: Ist zum Beispiel bei 1 Stunde zu 300 Franken dann Deine Fahrt zu mir mit inbegriffen? Thanks for update. LG, Tina*

Damit blamierte ich mich jetzt wohl bis auf die Knochen und der lollte[11] doch sicher schon am Boden rum. Seine Antwort kam sofort.

> Nick, 24. Mai 17:11
> *Hallo Tina, da Du im Umkreis von 100km von Basel lebst, ist die Anfahrt selbstverständlich mit inbegriffen. LG, Nick*

Mit anderen Worten: Jetzt stell dich nicht so an, werte Lady! Rück endlich die Adresse raus und fertig mit dem Gelaber. Nerv mich nicht mit Administration!

SENSITIVITY *Inspirations*
bietet an:

Hör auf zu denken, daß Du wüßtest, wie irgendetwas wäre!

Was könnten wir Neues tun, etwas das wir noch nie im Leben erlebt oder unternommen haben? Vielleicht etwas, was wir kennen, aber noch nie **so** auf diese spezielle, neue Art, gemacht haben?

Gibt es veraltete Standpunkte oder unbegründete Vorurteile, die wir verinnerlicht oder von anderen übernommen haben? Sichtweisen, die wir wiederholen und verteidigen, ohne je eigene entsprechende Erfahrungen gemacht zu haben?

Bei was genau, in welchen Fragen/Dingen denken wir immer auf die gleiche Weise, wiederholen uns in unseren Denkmustern, ohne neue Informationen oder mögliche Veränderungen zuzulassen?

Wähle eins bis zwei Begebenheiten aus Deinem Leben, die Du hinterfragen könntest und ab jetzt neu betrachtet umsetzen möchtest.

Dabei möglichst eine neutrale Haltung einnehmen, nicht urteilen, einfach machen und nur schauen was passiert, ohne bestimmte Erwartungen zu haben. Nichts besser wissen, nicht denken, daß man ohnehin schon wüßte, wie es ist oder was sich daraus ergeben könnte. Zulassen, was dadurch neu zu lernen und zu erkennen sein könnte. Sich dem Fluß der Dinge hingeben.

Beobachte aufmerksam, möglichst wertefrei, was passiert. Etwas oder jemanden zu kritisieren ist dabei weniger günstig.

Sage einfach nur »aha«, egal was Du erlebst und erkennst. Sich »wundern« ist allerdings erlaubt und sogar gut, da es uns verdeutlicht, daß etwas erlebt wurde, was zu neuer Einsicht führen kann.

ZWEI

BUCHUNGSVORBEREITUNGEN

BUCHUNGSVORBEREITUNGEN

MUSS FRAU DAZU ETWAS WISSEN, BEACHTEN ODER GAR KÖNNEN?

*I*ch tippte meine Adresse ins Handy, bestätigte den Termin, erklärte wo parken, klingeln, rauf gehen. Schickte die SMS einfach ab und war erst mal mächtig erleichtert! Es kam keine Antwort mehr, kein »okay«, kein »danke«, kein »bis dann« oder »freu' mich«, einfach nur vielsagendes »Nichts«. Nachzufragen, ob er meine Adresse wenigstens erhalten habe, kam mir blöd vor. Ich ging davon aus, daß alles stimmte. Es blieb etwas Ungewißheit, aber vielleicht meldete er sich noch kurz am Tag davor, oder wenn er los fuhr. Wie auch immer so was ablief, ich hatte keinen Plan. Jetzt erst mal Verschnaufpause und die Vorfreude auf mein geheimnisvolles, spezielles Geburtstagsgeschenk schön genießen. So oder so, es gab kein Zurück – er war bestellt!

Der Mittwoch war hektisch und arbeitsreich wie immer im Büro. So war ich wenigstens gut beschäftigt und abgelenkt, was mir sehr recht war. Spätabends noch schnell in das luxuriöse Fitneßstockwerk der Firma, eine Runde an den Geräten trainieren. Auf dem Heimweg traf ich meine beste Freundin Maria aus der Firma, die Vertrauliches für sich behalten konnte und mit mir seit Jahren gern über das Leben, lustige Sprüche unserer Väter, Job, Männer und Erkenntnisse aus heutigen Beziehungen sprach. Sie wollte wissen, was ich für meinen Geburtstag geplant hatte und ich wagte es, ihr von meiner extravaganten Geschenkidee zu erzählen. Funkstille! Große Augen, Mund offen: » ... wie? jetzt echt? Du hast dir einen **Callboy** bestellt? Wirklich? ... Also das würd' ich ja **nie** machen. Da müßte ich schon **völlig verzweifelt** sein und **selbst dann nicht**!« Das Thema hatte sich schnell erledigt. Für sie selbst war das nicht denkbar, allein nur der Gedanke daran schon daneben und indiskutabel. Sie könnte niemals Sex haben, mit jemandem, den sie nicht kenne. Sie könnte **das** einfach nicht! Sie würde sich auch nicht wohlfühlen, eine gewisse Vertrautheit müsse dabei schon sein. Aber sie verurteile es nicht, wenn andere das machen. Ich müsse selber wissen, was ich für richtig halte, aber schade ums Geld! Wir verabredeten uns für den Tag »danach«, um in Zürich noch zum Geburtstag in Ruhe miteinander essen zu gehen. Sie würde dann natürlich »the full story« hören wollen, sprich: Ob's der Kerl vielleicht doch gebracht hatte. Wir lachten und ich machte ihr überzeugend klar, daß es sich nur um einen einmaligen Spaß handelte, den »Frau« mal erlebt und abgehakt haben mußte. Der aber nicht weiter ernst zu nehmen und somit nur halb so wild sei. Keinesfalls sei zu befürchten, daß ich dadurch meine inneren Werte oder Lebensziele verlieren würde. In einer Stunde konnte nicht viel passieren. Aber ich spürte, daß sie dennoch ganz schön schockiert war und nicht so recht wußte, was sie dazu sagen sollte. Sie wünschte mir höflich, aber vielschichtig grinsend, noch einen schönen Abend.

Als ich spät zuhause ankam, flutete ich die ganze Wohnung mit Melodic-Power-Metal-Sound, räumte temperamentvoll feurig alles auf und putzte auch noch dynamisch motiviert voll rum. Mannomann, ich fass' es nicht, was mach' ich da überhaupt? Durfte nicht im Detail darüber nachdenken, dann schien alles easy und vermeintlich entspannt. Erste Geburtstagskarten trafen per Post von Freunden und entfernteren Familienangehörigen ein. Ich stellte sie alle auf meinen mit Blumenstrauß dekorierten, flachen Glastisch im Wohnzimmerbereich der offenen Dachwohnung. Es sah schon recht gut und vor allem gemütlich und einladend aus. Genau so mußte es sein! Location und Setting authentisch – so lebt es sich bei mir!

Donnerstag, den gleichen Workload[13] im Büro. Abends fuhr ich direkt nach Hause und verlieh der Wohnung den letzten Schliff. Füllte Kerzen in all die kleinen Fackeln an den Wänden, die mit ihrem Flackern gedämpftes, warmes Licht und viel Romantik versprühten. Eiswürfel für die Drinks waren im Gefrierfach, Klopapier gab es noch genug. Hängt man einem Callboy ein großes Handtuch ins Bad, bringt er sein eigenes mit, oder vielleicht duscht er gar nicht? Keine Ahnung. Welche Musik hört man zusammen? Luca hatte mir vor Jahren erzählt, daß ein Callboy von Berufs wegen jeden Sound hören muß, auch wenn er ihn nicht gut findet, sich aber wohlwollend an die Kundin anpaßt. Egal also, ob sie Hip-Hop, Blues, Charts, Country, Dark Wave, Gregorianik, Klavier, Oper, Orgel, Punk, Reggae, Techno, Jazz, Schlager, Schnulzen, Klassik, Kirchenchöre, Märsche, Kinderlieder, Pop, Kirchen-, Chormusik, oder Rock und Metal hört, er würde immer zustimmen und während der bezahlten Zeit unbeirrt, tapfer durchhalten? Nun gut, wenn das so war, dann entscheide ich für die gemeinsame Stunde einen heftigen Mix aus Heavy-Metal. Die Kundin ist Königin. Ich hatte eine coole, neue Metal-Ballads-DVD, von hübschen »Gothic Ladies« stimmgewaltig gesungen, mit irre starken, passenden Videos präsentiert. Diese Scheibe lief gute anderthalb bis zwei Stunden, das würde wohl reichen für den kleinen »Kindergeburtstag«. Eine Stunde geht schneller vorbei als man denkt. In der Zeit ist erwartungsgemäß nicht viel vorangebracht. Vor allem bei uns Frauen. Wenn man sich noch nie zuvor gesehen hat, nicht kennt und keine Vertrautheit zueinander besteht. Kaum wäre er da – wäre er auch schon wieder weg, so würde das ablaufen! Aber okay – der Sound war zumindest geklärt, die DVD schon eingelegt. Schließlich mußte ja morgen Abend alles »schnell« gehen. Von null auf hundert sozusagen.

Es blieb noch ein typisch weibliches, zeitaufwendiges aber entscheidendes Detail zu klären: Die Wahl der Kleidung und Dessous treffen! Was sollte ich am besten anziehen? Keine Ahnung, was sonst! Reizvolle Fummel für drüber, schöne Wäsche für drunter hatte ich genug. Aber ich sah gar nicht ein, daß **ich** mich für den **bezahlten** Kerl »aufbitche[14]«. Ich war die zahlende Kundin, für ihn war es ein Job – also mußte **er** mir gefallen und **nicht ich** ihm! Wobei, ich hatte mir erst vor wenigen Tagen etwas Neues bestellt. Einen flotten, schwarzen Slip mit passendem Oberteil, kunstvoll mit schwarzen und dunkelgrünen fluffigen Federn verziert. Dieses Set war noch ganz neu und würde zum geplanten feierlichen Anlaß gut passen. Doch, ja, sehr gute Idee, das würde ich drunter tragen. Wahrscheinlich würden wir in der kurzen Zeit eh nicht so weit kommen, daß er es überhaupt sehen würde, machte auch nichts. Der etwas wärmeren Jahreszeit angepaßt, eine enge weiße Jeans. Dazu ein flottes, an den Schultern apart geknöpftes Ed-Hardy T-Shirt mit einem Motiv, das es hier nicht gab, welches ich erst auf der großen Reise im Licensed Store in Singapur entdeckt hatte. Dazu kombiniert schöne, schwarze, straßbesetzte, sexy High Heels. Auf keinen Fall einen Rock! Der war mir zu heikel, zu riskant und zu leicht zugänglich. Das ist typische Weiberlogik: Die bestellt sich einen Callboy und will dann keinen Rock anziehen. Ja das kann es geben. Aber ich lasse mich von dem Typ gar nicht erst anfassen, falls er mir unerwartet doch unsympathisch, blöd, plump, zu direkt oder respektlos daherkommt. Sicher ist sicher, auch mit einem Profi.

Menschen, die ich nicht kenne, leichtsinnig zu vertrauen und mit nach Hause zu nehmen, ist absolut nicht mein Ding. Angst, daß er gefährlich sein könnte, hatte ich keine. Dieser Nick sah nicht wie ein aufdringlicher, gestörter Lüstling aus, der mit Folterinstrumenten anrückt und dann seine Fesseln und die Axt auspackt. Außerdem würde er sich kaum ein mögliches Zukunftsgeschäft vermasseln wollen. Sicher würde er sich hinreißend alle Mühe geben so angenehm wie möglich aufzutreten; davon war ich von Anfang an restlos überzeugt.

Ich war längst nicht so cool, wie ich mir selbst einredete. Es war wieder kurz vor Mitternacht, als mir brennend heiß klar wurde, daß schon morgen, Freitag, nach der Arbeit, mein kühn bestelltes Geburtstagsgeschenk, womöglich schön verpackt, vor der Tür stehen würde. Bis jetzt wußte ich hingegen gar nicht richtig, wer dieser Mann überhaupt war. Auf was ich mich da, mutig über meinen Schatten springend, aber irgendwie dann doch wieder leichtfertig, eingelassen hatte. Vielleicht sollte ich ihn mir besser nochmal auf seiner Webseite etwas genauer anschauen. Noch mehr recherchieren zu dem Wenigen, das ich wußte, was so über ihn zu lesen und öffentlich bekannt war. Ich betrachtete nochmals seine Fotos, las seine Texte und kam auch auf die Seite mit den rechtlichen Hinweisen. Unmißverständlich markant! Er behielt sich tatsächlich das Recht vor, wenn es für ihn nicht stimmig war, »ohne Angabe von Gründen wieder zu gehen«. Oh, hoffentlich mußte er diesen Passus bei mir nicht anwenden! Diese Art der Unsicherheit war mir völlig neu, nie zuvor hatte ich so gedacht. Normalerweise kam man ja auch aus Sympathie zusammen und nicht, wie hier vereinbart, wegen in Aussicht gestellter Bezahlung.

Luca hatte sich hierzu mal so geäußert, daß sich die Escort-Typen nie etwas anmerken lassen würden. Man kriegt nie raus, was sie wirklich denken. Sie ziehen ihren Schauspielerjob gekonnt durch, verkaufen routiniert eine möglichst perfekte Illusion und die Kundin bedeutet ihnen nicht mehr als ein Geldschein. Dagegen war nichts einzuwenden, so lautete der »Deal«. Aber ungewohnt und befremdend fand ich das alles schon. Egal – diese eine Stunde würde ich irgendwie durchstehen. Und wenn es ganz schräg käme, könnten wir uns ja auf dem Sofa etwas unterhalten, früher abbrechen, er bekäme seine »Heididollars[15]« auch so und dürfte schlimmstenfalls unverrichteter Dinge wieder gehen. Ich war nicht darauf angewiesen mit ihm in die Kiste zu hüpfen. Je mehr ich darüber nachdachte, umso weniger konnte und wollte ich mir das leibhaftig vorstellen. Ich erwartete einen kalten, abgebrühten Knochen, der möglichst gleichgültig, aber breit grinsend seinen Job machen würde und nachher sah man sich eh nie wieder. Ich wollte das »Date« auch nicht gut finden! Denn wenn es gut wäre, würde jeder normale Mensch mehr davon wollen und schon wäre »zack« genau das passiert, was bei bezahlter Hingabe echt keinen Sinn macht. In solche Gedanken versunken, fand ich immer mehr aufschlußreiche Informationen auf seiner Webpage, Pressemitteilungen und sogar TV-Interviews. Bei einer Live-Sendung hatte er erstaunlicherweise seine Frau mit dabei. Provokante Situation! Ich hätte mir in meiner Welt der Vorurteile ja viele Varianten vorstellen können, wie die Ehefrau eines Edel-Callboys aussehen könnte. Aber niemals diese kleine, zarte, junge, ganz normale Frau. Sie saß, für mein Empfinden durchaus positiv gemeint, fast »unscheinbar« in den vordersten Zuschauerreihen und gab auf die angriffigen Fragen des Moderators nur wenig preis. **Das** ist also die Frau von **so** einem Kerl? Hätte mir eher eine langbeinige, ultralanghaarige, vielleicht blondierte, aparte, umwerfende, überlegen wirkende, leicht arrogante, auch unnahbare, showgewohnte Modeweltschönheit, oder auch eine perfekt gestylte Tittenmaus aus der gleichen Branche, vorgestellt. Aber wie ich sehen konnte – weit gefehlt! So ein Callboy, möchte man meinen, kommt doch weit rum in der Welt, hat Auswahl und noch mehr Überblick. Aber genau **sie** wird für ihn ihre versteckten Qualitäten und Werte haben, sonst wären sie ja nicht verheiratet, dachte ich. Irgendwo las ich plötzlich, daß er in ganz jungen Jahren Pornodarsteller in der Schweiz gewesen sei und private Stripshows macht(e) – uff, wie verschärft war **das** denn, das hatte ich ja total übersehen. Und was wird der bei mir zuhause alles aufführen wollen? Zum Glück haben wir keine Zuschauer. Mannomann ... langsam wurde es echt speziell und brenzlig, mir war schon fast mulmig zumute. Ich las weiter, »der Pornorummel war nicht sein Ding und er hat das schnell wieder eingestellt«. Sehr gut! Immerhin besaß er wenigstens einen Rest erkennbare Scham oder zumindest gesundes Unbehagen, hatte ein spürbares Gewissen und noch einen restlichen Funken Minimalanstand!

So richtig wohl war mir aber nicht mehr. Ich konnte weder Lage noch Risiko des morgen drohenden Supergaus einschätzen. Nur, absagen war definitiv keine Option. Dazu war ich generell zu gut drauf und sicher, daß es in jedem Fall eine außergewöhnliche, sehr amüsante Stunde werden würde, weil der Typ sicher viel zu erzählen hätte. Das Geld würde sich schon irgendwie amortisieren. Und wenn nicht, dann hatte ich als Frau auch schon sinnloser Geld ausgegeben und überhaupt könnte ich dieses lästige »denken« und den damit verbundenen, kreisdrehenden Wahnsinn in mir jetzt einfach mal abschalten! So ein Frauenkopf spinnt eben gern emsig weiter. Einfach Stecker ziehen!

Freitag früh, die Nacht war um, der Countdown lief! Am Morgen sprach ich noch mit Jana, einer meiner besten Freundinnen gleichen Jahrgangs wohnhaft in Deutschland, und gratulierte ihr zu ihrem Geburtstag von tags zuvor. Sie hatte auch schon die ganze Palette an wilden, vielversprechenden, auch ruhigeren Beziehungen, schmerzliche Trennungen, kurze Ehe, also alle emotionalen Heiß- und Kaltduschen erlebt. Momentan war sie fest überzeugt auf dem eher männerlosen Trip und lebte selbständig beschäftigt als Veganerin mit drei Ragdoll-Katzen. Obwohl sie nach wie vor umwerfend aussah und wertvollen Esprit zu bieten hatte, zog sie es vor, in Hinsicht auf Beziehungen ihre Ruhe zu haben und sich nur auf das für sie Wesentliche zu konzentrieren. Geschenke gab es bei ihr von niemandem, sagte sie. Humorvoll erwähnte ich, daß ich mir zumindest selbst, wie jedes Jahr, etwas »Schönes« oder grad Passendes schenken würde. Daß ich mir nämlich heute Abend einen »Callboy für eine Stunde« nach Hause bestellt hätte.
Die **vollste** Empörung! Auch Jana war deutlich hörbar empfindlich schockiert. »Ohhh neee, wasss? ... boah ... das würd' ich ja ganz sicher **nie** tun, das wär' das aller-, **allerletzte** was ich jeee machen würde. Und dann mußt **du den** auch noch dafür bezahlen? Dabei sollte eher er, einer so tollen Frau wie dir, was bezahlen, also das hätt' **ich nicht** gemacht!«, war ihre vorwurfsvolle, gezielte Ansage, mich schwer tadelnd und aus allen Rohren beschießend. Trotzdem wünschte Jana mir ironisch »viel Spaß« bei dem Unsinn, den ich mir, jetzt erst recht, vornahm mit Sicherheit auch zu haben!

Ich versuchte noch bei Robin, einem spirituell erprobt versierten Feng-Shui-Architekten, und Leonardo, einem ebenso beschlagenen spirituellen Persönlichkeitsfotografen, beides wendige, sehr aktive Freigeister und langjährige Freunde in der Schweiz, deren spontane Reaktion zu testen. Ich erwähnte, was ich heute vor hatte. Beide fanden es, unabhängig voneinander, voll scharf, echt mutig, richtig fetzig und auf jeden Fall ziemlich toll! Aber weder Robin noch Leonardo kannten eine andere Frau, die »so was macht«. Nein, ich sei mit Sicherheit die Erste, von der sie von **dieser Idee** hörten. Das sei noch nie dagewesen. Aber ich sollte auf jeden Fall gleich berichten wie es war, am besten im Detail und sie

BUCHUNGSVORBEREITUNGEN

wären schon recht gespannt auf diese spielerische Aktion. »Ja klar, mach ich doch nur zu gern.«

Da fiel mir fast in letzter Minute noch mein schwuler Kumpel Luca ein. **Dem** mußte ich diese heißen News gleich auch noch simsen, damit er wenigstens mitfiebern konnte. Der würde es nicht glauben! Und er glaubte es nicht und rief sofort zurück. »Wie? Förster, du hast dir 'nen Callboy bestellt? Ich fass' es nicht, nach zehn Jahren Bedenkzeit und in deeem Alter? ... Wo haste denn deeen aufgegabelt? Aber denk dran: Du bist ›nur‹ sein Geldschein. Mehr ist da nicht! Bild' dir bloß nichts auf seine Sprüche ein. Er ist bloß eine menschliche Illusion, er verkauft dir seine Schauspielkunst und du kannst froh sein, wenn er es im Bett dann überhaupt bringt. Die Förster 'nen Callboy ... Waaas hat der? Lange Haare? Auch das noch ... oooh Gott oh Gott! Du, erzähl das aber bloß niemanden, außer mir natürlich. Na denn, kann man dich ja nur noch beglückwünschen und ... hey mal ganz ehrlich gesagt, so unter uns, Förster, hätt' ich jetz' nich' von dir gedacht. Also so ganz im positiven Sinne, Förster, hätt' ich nie gedacht, daß du so was je machen würdest, wo du doch immer so ordentlich und brav warst und immer nur auf den ›One and Only‹ standst und mit ewiger Treue und so dem ganzen Hetenkram halt. Also Hut ab Förster, ich bin schwer beeindruckt.« Luca lachte sich hörbar schlapp und hatte sicher Tränen in den Augen vor Lachen. Ich merkte schon, ja ja, der stellt sich das jetzt bildlich vor und robbt im Rückwärtsgang über seinen Kanzleiteppich mit Blick auf die Alster und murmelt dabei unentwegt: »Die Förster, ich fass' es nicht, echt nicht ... 'nen Callboy ... in der Schweiz ... ich glaub es nicht ... das darf nicht wahr sein ... das halt ich nicht aus ... das ist zuviel ... ich kann nicht mehr vor Lachen, Hilfe – das geht ja gar nicht ... murmel murmel ... röchel, grins.«

Der Tag verlief vergnügt und sonnig. Die Arbeit im Büro ging äußerst flott von der Hand. Alles klappte wie geplant. Ich dankte, wem auch immer, aufrichtig dafür, denn ich kam pünktlich raus und unfallfrei nach Hause. Hätte ja alles Mögliche passieren können bei **der** Aufregung. Daheim hatte ich noch genau zwei Stunden um mich aufzurüschen[12]. Jeder kennt das bei uns Frauen, wenn wir uns chic machen. Je besser das Ergebnis werden soll, umso länger kann es dauern. Also ging es los mit duschen, anziehen, schminken, Haare in Form zupfen. Fingernägel waren lackiert, passender Schmuck lag bereit. Einfach alles in Bestform bringen und nichts dem Zufall überlassen! Dabei gute Stimmung, spürbare Vorfreude, knisternde Erotik, riesige Neugierde, Leichtigkeit und Freude auf das seltene Abenteuer. Vor allem einen neuen, garantiert interessanten Mann auf **diese** Art kennenzulernen – eine sehr gelungene Mischung! Ehrlich gesagt: Schon allein die mich tagelang angenehm aufwühlende Spannung und diese undefinierbare Aufregung waren mir das Geld, das er erst später kriegen würde, jetzt schon allemal wert, dabei war er noch gar nicht hier. Alles lief wie am Schnürchen – ich war begeistert!

Die drei einzelnen Hundertfranken-Scheine lagen dezent lose in meiner Handtasche parat und für alle Fälle hatte ich eine weitere Reserve von zusätzlich zwei Hunderten im Budget. Falls der Kerl unerwartet der »Burner«, um nicht zu sagen der »Knaller«, sein würde und wir mitten im »Zauber« den Verstand abgegeben hätten, wäre ich bereit eine kostbare **halbe** Stunde seiner exquisiten Zeit zu hundert Franken zu verlängern. Wenn gar alle Stricke rissen, würde ich mir maximal eine **ganze** Stunde »edlen Luxus für Genießerinnen« mehr gönnen. Dann wären es insgesamt zwei Stunden für superbe fünfhundert Franken. Das war wirklich die maximale Vorstellung meiner in Geldeinheiten gemessenen Gefühle. Dieses Szenario bitte wirklich nur im alleräußersten Fall der Fälle, der wohl kaum eintreffen würde! Ich wollte sicherlich kein Spielverderber sein, aber der Gedanke an Bezahlung befremdete mich enorm. In meiner diesbezüglichen Naivität beruhigte mich allein die Existenz der möglichen zusätzlichen Scheine. Einfach nur so »zur Sicherheit«. Andererseits war Verlängerung nach der Halbzeit nicht wirklich denkbar ... eine Stunde und basta! Das mußte für so einen Unsinn reichen!

Plötzlich klingelte um halb neun das Festnetztelefon. Auf dem Display leuchtete die Nummer von Luca. Ohhh Mann ... **der** hatte mir jetzt grad noch gefehlt. Luca wollte sich doch nur sensationslustig, wißbegierig vergewissern, ob die »Callboy-Nummer« noch stand, oder ob mich vielleicht in letzter Minute doch noch der Mut verlassen hatte. Sicher nicht! Ich nahm ab und meinte knapp und kurz angebunden:

»Hi, unpassender Moment, bin voll am rotieren, er kommt um neun.« Am anderen Ende: »Echt Förster? Jetzt willst du es aber echt wiss'n – denk dran – **verlieb dich nicht in den**! Der ist nur eine Illusion, der ist **kein** realer Lover! Komm mir danach nicht geheult und so, du hättest dich in den verliebt, ich will da nix hören!«, waren seine aufrichtigen Bedenken und Anweisungen.

BUCHUNGSVORBEREITUNGEN

»**Nein** – mach dir keine Sorgen, hab' alles unter Kontrolle. Hatte ja jahrelang Hardcore[16]-Ausbildung bei dir am Telefon. Bin bestens vorbereitet, weiß genau: Geldschein, Illusion, Schauspieler und so weiter. Ciao!« Ich zog den Stecker aus der Wand, weitere Anrufe brauchte ich jetzt echt von niemandem mehr!

Fünf Minuten vor der vereinbarten Zeit war ich »fertig« im wahrsten Sinne des Wortes. Ich hatte echt das Maximum aus meiner Optik rausgeholt. Alles, was nach einer Woche Job freitagabends in meinem Alter noch so ging. Ich mußte zugeben, daß ich total aufgeregt war und es mir schon leicht grottig[17] ging vor innerer ... was weiß ich was! Ich wünschte mir, daß er nicht pünktlich wäre. Am besten bitte erst zehn bis fünfzehn Minuten später kommen würde, dann hätte ich noch etwas Cool-Down-Pause für mich allein und käme etwas runter von dem ganzen inneren Wirbel. Außerdem würde sich die gebuchte Zeit nach hinten entsprechend verlängern und er könnte somit wenigstens bis etwa 22:30 Uhr bleiben. Anstandshalber wenigstens, beim ersten Kennenlernen, die Großzügigkeit eines »Neukundenbonus« oder noch besser, er würde als nette Geste heute einfach alles nicht so eng sehen. Wie lustig, was das Verrücktes auslöste und im Kopf so alles abfeuerte. Ein bezahlter Besuch auf Zeit ... wirklich ein völliges Novum für mich. Ich hatte längst nicht halbwegs alles zu Ende gedacht, was mich im Kopf noch massiv attackierte, da klingelte es bereits an der Tür!

20:56 Uhr – vier Minuten zu früh! Klar, Schweizer kommen nicht pünktlich, sie kommen schon vorher. Das gehört sich so. Das zeigt Respekt und Anstand. Das fing ja gut an. Der war also einer von der ganz pünktlichen Sorte. Wahrscheinlich stellt er dann gleich die Eieruhr auf, wenn er da ist. Ich war kaum mal sechzig Sekunden fertig gewesen und schon war er da! Ohne Warnanruf, ohne Bestätigung des Termins, ohne irgendwas, das mir zeigte, daß er sich tatsächlich auf den Weg gemacht hatte. Wie aus dem Nichts, war er da ... perfektes Timing! Ich ging Richtung Tür und dachte, ich werd' gleich ohnmächtig! Wie kann man **sooo** aufgeregt sein? Ja Frau kann! Warum überhaupt? Es zwingt mich doch niemand zu irgendwas ... aber ich müßte diese Tür jetzt dann schon mal langsam aufmachen. Ich kann ihn schlecht davor stehen lassen. Vielleicht ist er noch unten an der gläsernen Eingangstür – Blick durch den Spion – nein, er stand bereits oben ... direkt vor mir! Ich mußte jetzt stark sein, aber gleichzeitig natürlich, locker und entspannt wirken, ihm diese Tür mit dem schönsten verführerischen Lächeln bitte, einfach nur noch **öffnen!**

SENSITIVITY *Inspirations*
bietet an:

Gelebte Großzügigkeit kommt ins eigene Leben zurück.

Jeder wünscht sich ein langes, freudvolles Leben, das ihn großzügig behandelt. Am besten mit vielen Freunden, genug Geld, angenehmen Job, idealem Partner, netten Kindern, hübschem Haus, viel Freiheit, Entfaltung neuer Ideen und stets bester Gesundheit – das wäre der Idealfall.

Oft habe ich beobachtet, daß es den Menschen anders geht und sie sich keine Gedanken darüber machen, daß es einen Zusammenhang geben könnte mit den Energien, die sie täglich aussenden, wie sie sich selbst zum Leben und zu anderen Menschen verhalten.

Wie soll das funktionieren, wenn wir möchten, daß uns unser Leben großzügig behandelt, wir selbst aber die Tendenz haben uns weniger wohlwollend und nicht wirklich gönnerisch zu verhalten? Wo gäbe es Spielraum die eigene Großzügigkeit zu steigern?

- ✓ Wo liebt man mich für meine Herzlichkeit, liebevolle Betrachtung?
- ✓ Bin ich anderen gegenüber freundschaftlich gönnend unterwegs?
- ✓ Habe ich genug Zeit für die Anliegen anderer Menschen?
- ✓ Helfe ich, wenn ich eine Lösung habe oder weiß?
- ✓ Lobe ich jemanden, wenn etwas gut gemacht wurde?
- ✓ Wie hoch sind meine Trinkgelder, weil ich genießen durfte?
- ✓ Mache ich ehrliche Komplimente, zeige ich, wenn mir was gefällt?
- ✓ Lasse ich andere teilhaben an meinem Glück?
- ✓ Behandle ich Menschen so, wie wenn ich das selbst wäre?
- ✓ Kann ich ohne Berechnung geben, schenken ohne Erwartungen?
- ✓ Lade ich andere spontan auf etwas (einen Cappuccino) ein?
- ✓ Lasse ich anderen den Vortritt, bin ich tolerant?
- ✓ Was tue ich für andere, auch wenn niemand davon erfährt?
- ✓ Behandle ich Unbekannte respektvoll, wie den besten Freund?
- ✓ Achte ich Tiere, Pflanzen oder das Eigentum anderer Menschen?

Nutze jede Gelegenheit für Großzügigkeit, damit sich diese Haltung tief in Dir verankert und ausstrahlt. So können dazu passende Energien ins eigene Leben kommen. Großzügigkeit kann, aber muß nicht, an der gleichen Stelle zurückkommen, wo sie gewährt wurde. Sie kann sich zu anderer Zeit und anderer Begebenheit in ganz anderer Form manifestieren.

DREI

ERSTE BEGEGNUNG

ERSTE BEGEGNUNG

WIE LÄUFT SO ETWAS AB UND AB WANN ZÄHLT EIGENTLICH DIE ZEIT?

*I*ch öffnete die Tür und da stand er vor mir: Wie ein Gott! Große Statur, breit grinsend, sympathisch strahlend, richtig gut aussehend, lässig leger gekleidet, sehr lange, schöne, braune, offene Haare! Das war jetzt nicht real ... das war wie ein schleierhafter Traum. Mich haute es innerlich restlos um. Ich konnte nicht wirklich erfassen was ich sah, was ich spürte, was er ausstrahlte. Ich war, wie vom Donner, total getroffen. Der Kerl war unerwartet der **absolute** Volltreffer!

Der schmiß auch noch die für mich perfekte Optik! Das durfte nicht wahr sein. Ich verlor die Kontrolle! Der war weit **mehr** als erwartet oder als ich je für möglich gehalten hätte. Irgendwas ging hier nicht mit rechten Dingen zu. Das war doch nicht dieser »Jüngling« aus dem Internet? Vor mir stand ein Mann. Ein reifer, smarter Geist mit prägnantem, wissendem Gesichtsausdruck. Voller Herzensgüte, charismatischer Aura und menschlicher Wärme in den liebevollen, sehr wachen Augen. Eine markant aufrechte, stolze Haltung, stark spürbare, strahlende innere Kraft, reichlich Humor und ein Selbstbewußtsein, das seinesgleichen sucht! Spirituell ausgedrückt: Eine selten intensive Essenz an menschlichem Ausdruck.

Die Wahrnehmungen prasselten gleichzeitig, wie in Zeitlupe und in Einzelteile zerlegt, auf mich ein. Ich spürte und hörte, wie sich in mir theatralisch ein riesiger, innerlicher Schalter lautstark krachend umlegte.

... z-a-a-a-c-k-k-k ...

Ich konnte fühlen, wie sich mein restlicher, kläglich aufbäumender Verstand verabschiedete und sich ganz genüßlich einfach ausschaltete. Von nun an übernahm das Herz die Führung und entschied im Moment für den Moment, ohne Rücksicht auf Konsequenzen. Allerdings mit dem entscheidenden Vorteil, daß das Herz unsere Bestimmung kennt, da es mit unserer Seele in Kontakt steht.

»Hi, ich bin Tina, du bist schon da?« »Hallo, ja ... ich bin Nick.«

Wir küßten uns schnell, aber herzlich, dreimal abwechselnd auf die Wangen, wie es in der Schweiz zur Begrüßung üblich ist. Schon drängte er, schwungvoll und auffallend lässig, mit interessierten Augen und wachem Blick in meine Wohnung. »Mein Navi hat den Weg sehr gut gefunden und geparkt hab' ich gleich da drüben auf dem Parkplatz, unter den Bäumen.« Er hatte doch tatsächlich so eine mysteriöse, schwarze Umhängetasche mit dabei. Soso – **das** war wohl der geheimnisvolle »Callboy at Work«-Utensilienkoffer. Sicherlich voller Kondome als Kiloware. **Der** hat Vorstellungen von der Länge **einer** Stunde. Da werden wir doch sein Sexspielzeug und das ganze »Zubehör« nicht brauchen. Aber wer weiß, was er da noch alles rauszaubert, schmunzelte ich in mich hinein und schloß behutsam die Wohnungstür hinter ihm.

Nick schaute mich grinsend an, drehte sich in seiner fransigen, schwarzen Lederjacke mit ausgebreiteten Armen um die eigene Achse und fragte mich: »Und? Ist das okay so ... gefalle ich dir?« Was für eine Frage! Boah! »Jaaa sicher«, meinte ich. »Perfekt, einfach nur perfekt – Volltreffer, absolut genial – könnte nicht besser sein«, stammelte ich. Damit war der geschäftliche Vertrag zwischen uns jetzt wohl zustande gekommen und die winzige Garantiezeit auch schon abgelaufen!

Er stellte seine Tasche dezent neben dem Sofa ab und beteuerte begeistert: »Wow, so möchte ich auch einmal wohnen, echt genial hier.« In Gedanken blitzte mir schon Luca auf: »Glaub ihm **kein** Wort, das ist alles nur Show!« und ich fragte erst mal: »Was möchtest du denn trinken? Was darf ich dir anbieten? Wie wär's mit einer Caipirinha – so als kleiner ›Welcome Drink‹?« Darauf er: »Oh nein, bitte keinen Alkohol, am liebsten nur ›Hahneburger[18]‹.« »Oh verstehe, kein Alkohol bei der Arbeit. Ha, lustig, aber hey ... **eine** Caipirinha sollte schon okay sein. Ich mache nämlich die **weltbesten** Caipirinhas. **Die** bekommst du in der ganzen Schweiz so gut wie nirgends. Lohnt sich zu probieren. Mit Angostura-Bitter ... Kennst du Angostura? Daran erkennen sich weltweit die echten Barkeeper«, scherzte ich. »Also gut«, sagte er höflich, »**eine** von diesen Caipirinhas ist okay. Trinken wir so eine ›Special Caipirinha‹ von dir. Ja, sehr gern.«

ERSTE BEGEGNUNG

Die ganze Zeit schon hatte er sich auffallend aufmerksam im offenen Wohnzimmer umgeschaut und ich konnte mich nur noch schwer »egal auf was« konzentrieren. Wußte nicht mehr, wie ich die Drinks überhaupt zusammenbekommen sollte und brauchte kurz für ein paar Minuten all meine noch verfügbare Konzentration. Deshalb sagte ich: »Du kannst dich gern überall umschauen bei mir und dir dabei in aller Ruhe überlegen,« dabei schmeichelte ich mit gekonnt weiblicher, neckischer, leicht stichelnder Stimme, »ob du dann doch noch ›ohne Angabe von Gründen‹ gleich wieder gehen möchtest. Ich mach so lange mal die Drinks fertig.« Daraufhin Nick freudig grinsend: »Oh du, geile Wohnung, geiler Sound, geile Frau – ich werde **in jedem Fall** hier bleiben, da kannst du dir aber schon mal ganz sicher sein – es ist alles längst entschieden!«

Es ist alles längst entschieden – wie meinte er das? Ich grinste mindestens genauso vielsagend, aber frech zurück und versuchte die plötzlich so kompliziert gewordenen Caipirinhas in sinnvoller Reihenfolge doch noch irgendwie zusammenzukleistern. Erst die Limetten achteln, zwei bis drei kleine Löffel Zucker direkt im Glas draufgeben, ein paar Tropfen des edlen Angostura-Bitter beigeben. Mit dem Caipirinha-Stößel aus Holz alles gut auspressen, dann das Eis crushen, Gläser randvoll damit auffüllen und, ja klar, noch den brasilianischen Zuckerrohrschnaps Pitú über das zerstoßene Eis gießen. Alles mit langem Löffel gut vermischen. Es dauerte und dauerte und dauerte eine gefühlte Ewigkeit. Nick hatte seinen ersten Rundgang in Richtung offenen Wohnraum unter der imposanten Dachschräge mit hundertjährigen Sichtbalken und daran befestigter südamerikanischer Hängematte gemacht. Er kam wieder näher zu mir in die ebenso offene, cool integrierte Küche zurück. Er schien begeistert, stellte lustige Fragen und war in bester Partylaune. Ich »checkte«, daß ich **nichts** mehr »checkte«. Der ging vielleicht schnell ran, als ob er zeitlebens hier ein- und ausgegangen wäre. Die Zeit drängte, klar, denn wer weiß ab wann diese, mich voll stressende, bezahlte Zeit zählte? Ich hatte keine Ahnung. Irgendwas Spürbares war längst schon von allein passiert, irgendwas ... und alles war so oder so bereits völlig anders, als ich es mir vorgestellt hatte. Ich war mächtig neben der Spur, schon **vor** der Caipirinha und jetzt wo Nick wieder in meine Nähe kam, befürchtete ich bei mir einen Totalausfall ... Wow, war das aufregend, hätt' ich nicht gedacht! Nicht mit mir und schon gar nicht auf diese Art. Aber jetzt war ich zutiefst beeindruckt! Callboy Nick »höchstpersönlich« bei mir zuhause – Happy Birthday, my dear!

Ein Zustand von rauschendem Glück und tiefer Freude durchflutete uns und erfüllte die ganz in Kerzenlicht getauchte Dachwohnung. Jedes atomare Teilchen wußte wohl mehr über das Ganze Bescheid als wir. Es war, als ob ich Nick schon Ewigkeiten kennen würde und einen engen, sehr vertrauten Freund wiedersehen würde. Ein vorher selten so tief erlebter, für heute ungeahnter Zustand der Leichtigkeit und Freude war schlagartig überall präsent. Eine Freude, die aus den Tiefen des Herzes und möglicherweise auch aus der Glut der Seelenverwandtschaft kam. Ich war dankbar für diesen Moment, dankbar dies überhaupt erleben zu dürfen! So kann's kommen! Unfaßbar! Unglaublich! Oft stellen wir uns im Leben viel vor. Aber jetzt war es genau so Realität! Mit dem Edel-Callboy Nick Laurent, dem Callboy für echte Genießerinnen ... alles paßte! Sensationell, der Abend hätte nicht besser sein können.

SENSITIVITY *Inspirations*
bietet an:

Den Moment leben! Keine Vergangenheit – keine Zukunft!

In welchen Lebenssituationen können wir zeigen, daß wir die uns immer wieder gestellte spirituelle Aufgabe, den Moment so zu genießen wie er ist, verstanden haben und umzusetzen verstehen?

In der Gegenwart liegt die Wahrhaftigkeit – sie ist das **Jetzt**!

Jedes Leben bietet irgendwann Spitzenchancen um Theorie in Praxis umzusetzen und das »Jetzt« ohne Vergangenheit und ohne Zukunft voll auszukosten. Der schwebende Zustand des energetischen Nullkontos. Nichts schulden, nichts erwarten – einfach nur **sein**. In dieser Zeitlosigkeit spüren wir, wer wir **jetzt** sind. Das ist Freiheit!

Dies ist für sich allein möglich, oder auch in der Verschmelzung mit einer zweiten oder mehreren energetisch passenden Personen. Wir erweitern uns um die Summe dessen, was wir in unser eigenes System integrieren. Diese Zeiträume hinterlassen unauslöschlich eine ewig gültige Spur in unserer Seele.

VIER

EINE UNERWARTETE NACHT

DIE WAHRHEIT BEHÄLT FRAU AM BESTEN FÜR SICH UND GLAUBT SIE SELBST NICHT!

Die Caipirinhas waren – zu unser beider Erstaunen – irgendwann tatsächlich serviert und genießbar. Callboy Nick war immer noch da! Wir stießen feierlich auf diese erste Begegnung an und konnten unsere Freude nicht verbergen. Wir redeten ungebremst wie enge Freunde, die nach langer Zeit wieder vereint, viel auszutauschen haben. Mich bewegte dabei im Hinterkopf leicht irritierend der Gedanke, was seine geschätzte Ehefrau jetzt gerade zuhause machte. Wie sie sich wohl fühlen mochte, wenn Ihr Mann eindeutig »zweideutig« unterwegs war, um ganz bewußt, gewollt und bezahlt, fremd oder »bekannt« zu gehen? Was tat sie in der Zeit davor, während seiner Vorbereitungen und wie war das für sie, wenn er wieder nach Hause kam? Ich sprach Nick darauf an und erfuhr staunend die »Top News«. Daß er schon länger in Trennung lebte und seit genau zwei Wochen geschieden war. Noch mehr Staunen! So schnell kann's gehen und die einst so große Liebe ist Vergangenheit und wird Geschichte. Natürlich habe er bereits wieder eine Freundin, die nicht mit ihm zusammenlebe, aber wisse was er mache, mit der Branche nichts zu tun habe und zumindest »behaupte«, daß sie damit »kein Problem« habe. Na dann ist ja alles bestens, das trifft sich doch perfekt und richtig gut.

Ich dachte mir, jetzt sei es an der Zeit mutig zu fragen, ob wir beide gleich zu Anfang im Voraus so was wie ein nettes »Erinnerungsfoto« mit Selbstauslöser machen könnten? Für mein privates Fotoalbum, damit ich's morgen noch glaube, daß er wirklich da gewesen war. Nick war belustigt und willigte herzlich ein. Wir plazierten die Kamera mit Selbstauslöser auf dem Fernseher und stellten uns mit mehr Nähe, als zwischen uns bis jetzt entstanden war, in Position. Blink, blink, blink … klick und gleich noch eins … blink, blink, blink … klick! Sagenhaft, die Bilder waren im Kasten! Und jetzt den »sensationellen Kerl auf Zeit«, das Männermodel, am besten weiter fotografieren. Private Einzelaufnahmen von meinem teuer bezahlten »prominenten« Besuch. Nick posierte locker und ungeniert, in verschiedenen Ecken meiner Wohnung, scherzte und ich drückte ab, was das Zeug hielt! Hoffte nur, er würde mir im Nachhinein keine Rechnung schicken, denn schließlich arbeitete er seit Jahren auch als »Erotik Model« und verlangte saftige Preise pro halbe Stunde, die wir längst erreicht und überzogen hatten. Die Zeit verging wie im Flug. Es gab schon für jeden die zweite Caipirinha mit viel Flirten und lustigem Miteinander. Ich hatte jeden Bezug zu Zeit, und was man sich alles unter »Realität« vorstellen mag, verloren. Fühlte mich unbeschwert, alles paßte und ohne Verstand lebte es sich mit ihm fließend, ganz nach Herzenslust. Mein Bezug zu Raum und Zeit war nicht mehr relevant. Irgendwann warf ich aus Gewohnheit einen heimlichen Blick auf die Uhr, erkannte im Halbdunkel, daß sie kurz vor Mitternacht zeigte und er immer noch da war. Aber es war nichts von »dem« passiert, wozu man sich einen teuren Edel-Callboy bestellt. Schmunzelnd, grinsend fiel mir der Spruch der Feuerwehr ein, den ich auch für diese Situation passend fand: Bloßes Ausrücken wird nicht bezahlt. Der Wasserschlauch muß ausgerollt, einsatzbereit am Hydranten angeschlossenen sein und bereitgehalten werden. Dort heißt es so trefflich: »Die Spritze muß raus – sonst ist es kein Einsatz.« So sah ich das auch hier als Kundin von Callboy Nick. Los geht's!

Nick schien meine Gedanken zu lesen und begann von einer Sekunde auf die andere heftig seiner Aufgabe gerecht zu werden. Er startete einen zielstrebigen Angriff auf meine Feder-Dessous und wie von selbst küßten wir uns zum ersten Mal mit aller Leidenschaft ... und einer seltenen, hemmungslosen, explosiven, sehnsuchtsvollen, weil so perfekt zu uns passenden Hingabe. Wow, mir blieb zum Verstand jetzt auch noch grandios die Luft weg! Genau **das**, dachte ich bisher, gab es eben **nicht** für alles Geld der Welt zu kaufen! Oder doch? Ich erlebte es gerade selbst. Wer weiß – alles ist möglich!

In meinem Kopf wollte der unbrauchbare Verstand diskutieren, aber ich konnte nicht mehr denken. Ich fühlte nur reines, endloses Glück und Dankbarkeit diese »Aktion« hier in mein Leben gelassen zu haben. In einem Anfall von Erkenntnis wußte ich plötzlich, was ich durchaus hätte verpassen können, durch eigene Vorurteile und abfällige Gedanken über etwas, was sonst in einem rechtschaffenen, vermeintlich »anständigen Leben« gänzlich ausgegrenzt wird. Auch ich hatte übernommene Vorurteile in mir, über Menschen, die ich nicht kannte, deren Berufung ich vorher niemals als »wertvoll« hätte anerkennen wollen.

Nick küßte mich zügellos, leidenschaftlich, zärtlich und genau richtig – wie ein Gott. Ich wußte nur noch, was er mich jetzt auch fragen würde, meine Antwort wäre mit Sicherheit immer: »Ja«! Alles paßte wie von allein zueinander, ineinander, aufeinander, umeinander, übereinander, miteinander, beieinander, nebeneinander, untereinander, hintereinander, nacheinander, füreinander, wegen einander ...

Ein blitzartiger, halbwegs klarer Moment erinnerte mich daran, daß es wohl langsam mal an der Zeit war, ihm seine Schweizer Heididollars zu geben. Ich kramte die drei Scheine aus der Handtasche und meinte lachend, grinsend, tänzelnd: »Hier sind noch deine dreihundert Franken und bitte sag mir dann, ab wann diese ›bescheuerte Zeit‹ endlich anfängt zu zählen!« Voll peinlich für mein Gefühl. Ich wäre am liebsten irgendwo in den Boden versunken! Nick schaute mich bewußt sexy und souverän an, ließ die Scheine diskret, ohne viel Aufhebens, verschwinden und sagte genüßlich mit überlegener, wissender, verführerischer Stimme: »Wir ... haben ... alle ... Zeit ... der ... Welt!«

Ich verstand nicht ganz. Konnte nicht mehr klar denken, alles fühlte sich an wie ein bezaubernder Traum. Wir haben alle Zeit der Welt? Was meinte er damit? Vielleicht, daß wir heute Nacht alles ausleben, wonach es uns verlockt? Und ich zahle dann die astronomische Rechnung in kleinen Raten ab? Er hatte es wohl gar nicht eilig, aber ich würde sicher nicht mehr bezahlen als vereinbart, egal was da noch auf uns zukam. Er spielte seine Rolle perfekt! Wahrscheinlich war das sogar ein beabsichtigter Marketingtrick: Wenn man eine Kundin das erste Mal besucht, großzügig mit der Zeit umgehen. Richtig gut »anfüttern«, sie dann dafür lebenslänglich, hingebungsvoll, hörig, ergeben, sexuell abhängig und um weitere Termine bettelnd, in der eigenen Kundinnen-Kartei führen. Dieser »Callboy Nick« war, ehrlich gesagt, total undurchschaubar für mich und ich konnte die Gesamtsituation mit nichts vergleichen, zu keiner ähnlichen Erfahrung in Bezug setzen. Vielleicht wieder typisch Weib. Erst bereit zu allen wilden Konsequenzen und dann aber gleich ordentlich »rumpsychen[19]«.

Es gab nur den Weg mich einzig von meinem Herzen führen zu lassen und das war ungebremst in seiner Gewißheit, Hingabe und zeitlosen Wahrhaftigkeit. Kraßcore[20]! Voll fett kraßcore, das glaubt mir kein Mensch! Das traut mir auch niemand zu. Das kann ich wahrscheinlich nie jemandem erzählen. Nicht mal mir selbst! Aber es sollte ja etwas Besonderes zum Geburtstag sein – und hier war sie, die »männliche« Besonderheit in Bestform!

Anders als der Verstand, der unermüdlich Erfahrungen aus der Vergangenheit hochrechnet, wußte ich, daß das Herz im Moment für den Moment entscheidet. Das Herz schaut nicht in die Zukunft. Da es aber mit unserer Seele verbunden ist, kennt es unsere Bestimmung und ist deshalb die einzig wahre, wissende Instanz, der wir uns immer anvertrauen können. Somit ist es dem Verstand in solchen Belangen überlegen. Trotzdem sind wir Menschen nicht gewohnt restlos auf unser Herz zu vertrauen. Mich hatte es aber voll im Herz erwischt. Die Uhr stand auf halb zwei und wir surften auf wilder Welle.

Irgendwann entschieden wir uns doch noch ins viel bequemere Schlafzimmer überzusiedeln. Kerzenlicht für maximale Romantik auch dort. Die Endlos-DVD im Wohnzimmer hatte ich zwischendurch unbemerkt mit Teil zwei der gleichen Metal-Ballads-Reihe ausgetauscht. Wie für die allermeisten Frauen, muß auch bei mir das »Setting«, also das ganze Drum und Dran, stimmen. Die passende Stimmung, entspannte Atmosphäre, Gefühl von Wohlbefinden, ein würdiger Ort, die menschliche Verbindung, gegenseitiges Vertrauen, Innigkeit, Respekt, Achtung und vielleicht auch Hoffnung und Vorfreude auf noch mehr solcher prikkelnder Begegnungen. **Das** wußte so einer wie Nick nur zu gut für sich zu nutzen! Er hatte sowieso, das spürte ich, im Vergleich zu manch anderen, mehr auf sich selbst fixierten Kerlen, eine tiefe, aufrichtige, einsichtige, verstehende Erfahrung mit Frauen. Ein wahrer Experte!

Ich fühlte mich in besten Händen und blendete das Wissen um die gekaufte Zuwendung lässig, weil lästig, aus! Er machte wahrhaftig nochmal einen Unterschied zu dem, was ich bisher als Summe aller Erfahrungen gesehen und erlebt hatte. Womöglich entspricht jeder passende Partner zu jeder Zeit und in jeder Situation immer einem selbst. Dem eigenen geistigen Entwicklungsalter zusammen mit der sexuellen Entfaltung. Das körperliche Alter, das nur aussagt, wie lange wir auf der Erde schon rumlaufen, sagt nicht unbedingt etwas aus über die geistige Präsenz und Heranbildung. Wenn gemeinsame Reife aufeinandertrifft, steht sie noch in Relation zum entsprechenden Zeitgeist und Kulturkreis. Auch dies sollte passen. Ich hatte mich in relevanten Beziehungen über Jahrzehnte hinweg entsprechend weiterentwickelt. Angenommen es stimmt, daß sich in einer Beziehung ein uralter Kreis schließt, eine schon lange vorher bestehende Zugehörigkeit neu erwacht.

Daß ein Partner den anderen spiegelt und man sich dadurch gegenseitig hilft sich selbst zu entdecken, dann fand jetzt mit Nick die jeweils entsprechend passende Spiegelung unserer selbst statt. Das fand ich spannend, imposant, denn so ein bezahlter Kerl sollte doch gar nicht passen und in der eigenen Statistik besser nicht »zählen« und gar nicht erst auftauchen. Aber nichts geschieht ohne Grund. Alles hinterläßt eine Spur und wie jede passende frühere Verbindung auch, schien er heute genau richtig passend für mich zu sein und ich für ihn. Schon seine Hände fühlten und sahen sich anders an als alles, was mich bisher berührt hatte. Aber solche Wahrnehmungen sind subjektiv. Sein Augenausdruck sprach für sich! Ein knisternder »Blick-Cocktail«! Sein geheimnisvoller Mix aus den Ingredienzien seiner ungebändigten männlichen Leidenschaft, der mir jeden weiteren »blauen Schein« wert gewesen wäre, hätte ich ihn ewig so schwärmerisch ansehen können. Mir wurde erneut bewußt, daß er sich **genau** erinnerte, daß ich ihn nur für eine Stunde bestellt, für eine Stunde bezahlt hatte! Wenn er also länger bleiben wollte, dann war das sein reines »Privatvergnügen«, dachte ich. Schließlich war ich auch was wert und würde mit Sicherheit keinen weiteren Rappen bezahlen. Es stand ihm frei jederzeit abzubrechen und zu gehen. Aber wir waren weit davon entfernt diese Nacht zu beenden – die Party hatte erst begonnen! Der Rausch im Herzen und die tiefe Freude sich begegnet zu sein, sie waren einfach nur perfekt!

Unglaublich, dachte ich, Nick Laurent, der bekannteste Edel-Callboy der Schweiz, saß für dreihundert Franken im sexy Slip, ärmellosem T-Shirt und mit erwartungsvollem, verführerischem Blick im Halbdunkel auf meiner Bettkante. Das mußte ich unbedingt noch schnell fotografisch für mich festhalten! Ich würde es sonst morgen nicht mehr glauben, das war wie Science Fiction, ein phantastischer, märchenhafter Traum. Er ließ sehr geduldig alles geschehen und ich war restlos begeistert über seinen Spaß an der eigenen Gelassenheit. Er hatte von Anfang an Recht. Wir hatten alle Zeit der Welt! Es gab keinen anderen Gedanken mehr als wir zwei innig vereint in meinem Bett. Wer will da noch klar denken – wenn überhaupt denken? Wozu irgendwas denken?

Zwei wahre Kenner und große Genießer trafen in geeigneter Perfektion aufeinander und definierten die Qualitäten der Begegnung zwischen Mann und Frau in dieser Konstellation für sich völlig neu. Nick gefielen meine Nicknames »Soul on Fire« oder »Blasfee« und er amüsierte sich immens über die lustigen Geschichten, wie ich einst zu diesen Namen gekommen war. Wir hatten viel zu lachen und das Drumherum versank in weiter Ferne, wir hatten beide mühelos ausgeblendet, warum und wie wir hier zusammengetroffen waren. Was zählte, war das Jetzt! Es war für mich nur gerecht, ihm nicht mehr als eine Stunde bezahlt zu haben, denn auch der edle »Edel-Callboy« bekam, aus meiner Sicht, mehr als genug an Ideenreichtum, Inspiration und Weiblichkeit von mir zurück! Wir wußten beide sehr genau, was bei dieser Begegnung füreinander und miteinander gut und noch besser zu genießen war. Wir trafen uns auf einer geistig-körperlich eng verwobenen Ebene, die wir beide tief innen ahnten und ersehnten und welche wir lange schon, auf diese Art vergeblich, in zahlreichen anderen Menschen gesucht hatten. Ich wußte längst, daß menschliche Qualität, Freundschaft oder Liebe nicht erzielt oder gemacht werden können, sondern sich in seltenen Momenten als »Akt des Wiedererkennens« manifestieren.

Konnte das wirklich wahr sein, daß ausgerechnet ein »für Liebesdienste bezahlter Edel-Prostituierter« mich im Herzen berührte? Wir uns hier während einer »Buchung« im Herzen begegneten? War das dieser Blitz des »plötzlichen Wiedererkennens zweier Seelen«, oder war ich einem phantastischen Wahn erlegen? Wirkten die Caipirinhas stärker als sonst? Hatten wir uns beide in passender Partylaune einfach nur den restlichen Verstand derart schnell schon komplett »rausgevögelt«? Spielte es eine Rolle? Für die »Summe der Lebenserkenntnisse« ist egal wann etwas passiert und wie es passiert. Was zählt ist, **daß** es passiert! Diese Erfahrung gehörte in diesem Zusammenhang nur ihm und mir. Niemand sonst würde je von den Details Kenntnis haben. Ich wollte mich damit nicht rühmen und wußte, das kann ich sowieso niemals meinem Umfeld preisgeben und die dabei empfundene Aufrichtigkeit anderen komplett verständlich machen. Wer würde so was verstehen wollen? Oder sich gar für uns freuen?

Denn, wie es schon passiert ist, wer davon mit verschlossenem, kaltem, lieblosem Herzen erfährt, läuft Gefahr womöglich nicht richtig vollständig oder gar nicht zu verstehen. Würde mich möglicherweise verachten, bemitleiden, vielleicht hinter meinem Rücken noch abfällig über mich reden und sowieso für verrückt, krank, armselig, gottlos, unbelehrbar, oder für »schon immer eigensinnig gewesen« erklären. Was dann aus dessen Sicht auch alles stimmen und für mich gleich gültig, aber »nicht gleichgültig« wäre. Wen interessiert es?

Erneut fielen mir auch die Worte von Luca ein. Seine wiederholte, deutliche Warnung, daß solche herzlosen, geldgeilen, gerissenen und selbstverliebten Kerle uns weiblichen »gefühlsduseligen Opfern« die perfekte Illusion verkaufen. Schon allein deshalb war mir völlig klar, daß ich hier womöglich den »Meister der Illusion« persönlich im Bett hatte. Aber jede perfekte Illusion ist mindestens genauso gut wie eine gleichwertige Realität. Wir waren beide heute wohl sehr empfänglich für phantastische Zaubereien dieser Art! Uns gefiel es! Wozu also eine falsche Zier und Scham? Es gibt einfach keinen Grund ernsthaft zu sein, auch das stimmte sehr wohl!

Nur beschäftigte mich die Frage enorm: Kann ein Mann tatsächlich so gut schauspielern, daß Realität und Illusion von Anfang an nicht mehr zu unterscheiden sind? Ich hielt zwanghaft inmitten seiner geilsten, selbstbewußten, erfahrenen Mega-Action inne und wagte tatsächlich zu fragen: »Du ... ähm äh, ist das jetzt echt ›diese Illusion‹, die du mir für Geld verkaufst?« und er antwortete sogar, wenn auch ziemlich außer Atem, ohne seine gezielt und bedacht heftigen Stöße zu unterbrechen: »Ich bin immer ich selbst ... ich bin jetzt ganz ich selbst und nur ich selbst!« ... und weiter ging's mit unserem Feuerwerk voller Leidenschaft, das zu empfinden einfach nur grandios war. Über alles nachdenken könnte ich ja dann, wenn ich wieder alleine zur Ruhe käme und diese endlose Stunde abgelaufen war ... und ich würde noch zu genüge darüber nachdenken! Aber das ahnte ich in diesem bezaubernden Rausch noch nicht ... noch lange nicht.

Puh – mir fiel nichts mehr ein, außer die »lebendig« gewordenen dreihundert Schweizer Franken bedenkenlos zu genießen, selbst aktiv zu sein, zu nehmen und geschehen zu lassen, was er zu geben bereit war. Ich spürte, daß er geübt darin war, hemmungslos und ungebremst mit großer Freude restlos glücklich zu machen. Ich spürte seine tiefe Absicht, sich ausgiebig um die Frau zu bemühen und dabei sich selbst in den Hintergrund zu stellen. Stets darauf bedacht, daß in jedem Fall zuerst für die Frau alles stimmte. Doch ich war auch »ich selbst« und verwöhnte ihn nicht minder nach allen Regeln **meiner** Kunst. Es überraschte mich keineswegs, daß zwischen uns alles wie von selbst Hand in Hand lief. Denn zum Glück kannte ich längst die Binsenweisheit, daß »der Mann nur so gut ist, wie die Frau ihn macht« und das gleiche gilt auch anders herum. »Die Frau ist auch nur so gut, wie der Mann sie macht«. Eine gerechte Sache, mit nicht zu verfälschender Wechselwirkung. Nick nahm auf eine gewisse Art recht zaghaft an. Fast vorsichtig, überrascht, für meine Wahrnehmung sogar ein klein wenig versteckt, aber durchaus dankend, hatte ich den Eindruck. Die Grenze zwischen »bezahlter« und »privater« Begegnung war längst nicht mehr erkennbar. In meinem Kopf hämmerte irgendwo noch dumpf die oft wiederholte Erkenntnis: »Hör auf zu denken, daß du wüßtest, wie irgendwas wäre« ... yesss ... **das** hatte ich nun zuverlässig gesichert verstanden! Ich nahm mir fest vor, niemals mehr auch nur einen Anflug von abfälligem Denken gegenüber einer bezahlten sexuellen Hingabe zu haben. Ich würde von nun an alles und jeden verstehen und mich den gängigen Vorurteilen nicht mehr aussetzen. Nicht ohne zuerst eigene Erfahrungen gemacht zu haben, egal um was es gehen würde. Bereits geübt in Wahrnehmung, Gegenwärtigkeit oder im »Gewahr werden«, war ich besonders jetzt, um jede Sekunde, die ich hier in aller Ehrlichkeit erleben durfte, unendlich dankbar. Denn es gehören bekanntlich zu allem immer zwei dazu. Dabei spürte ich zutiefst die Verbindung zur Essenz, aus der ich geschaffen war. Mit einem Schlag war ich fern aller Glaubenssätze, Floskeln, Drohungen, Strafen, abwertenden Verunglimpfungen. Fern von Scheinweisheiten, Lügen, Vorurteilen, ethischen, moralischen, christlichen und sonstigen religiösen Verbannungen, Verteufelungen, Ausgrenzungen und Konsequenzen. Alles egal, denn ich hatte jetzt tief in mir **verstanden**!

Eine umfassende, wohltuende Heilung breitete sich gleichmäßig in mir aus, inmitten unübersichtlichen persönlichen und karmisch verwobenen althergebrachten Verletzungen. Ich mußte es vor mir selbst zugeben, weil ich es plötzlich wußte: Ich war mitten in meinem Herzen von der gleichen Herzensqualität wie meiner eigenen, von einem für mich selten wertvollen Menschen, unerwartet tief berührt worden! Das galt es erst mal zu verkraften! Lineares Denken war dabei nicht relevant! **Nichts mehr** war relevant!

Nick rauchte in dieser Nacht zwei Zigaretten einer ganz leichten Sorte. Ich selbst bin Nichtraucherin, im Sinne von nicht süchtig, aber rauche zum Vergnügen gern mal eine mit, am liebsten Zigarillos. Wir kühlten uns angenehm nackt und kichernd beim Rauchen eine Runde auf dem großen Balkon ab. Über uns ein klarer Sternenhimmel, rundherum die Stille der Nacht und der magische Zauber, der uns umgab. Es war schon weit nach 3 Uhr morgens. Wir wurden nicht müde, uns vielerlei Schönes und Spannendes aus unserem Leben zu erzählen. Versetz Dich in das Gefühl zu wissen, daß Du einen Menschen nur einmal im Leben triffst und dann nie wieder – genauso fühlte es sich an. Wir konnten nicht genug Essenz und Intensität in die uns gegebene Zeit hineinpacken, wohlwissend, daß der Moment einzigartig war und sich niemals wiederholen würde. So wie man theoretisch jeden Atemzug im Leben auskosten sollte, es aber nicht tut, weil man großzügig meint, es kämen noch unendlich viele weitere Chancen und Möglichkeiten und gewiß bliebe einem später immer noch Zeit genug für alles.

Wann genau sollte dieses **später** sein, wenn es nicht **jetzt** voll zur Entfaltung gebracht wird? Nicht alles kann später noch, und schon gar nicht ohne heute überschaubare Einschränkungen, genossen werden. Auch zunehmendes Alter bringt unter Umständen gravierende Veränderungen mit sich, nicht nur körperlich, auch geistig. Das wissen wir doch und machen vieles jetzt dann trotzdem nicht?

Irgendwann ging Nick auf meine lustige kleine Toilette, die ebenfalls mit Holzbalken, Dachschräge, kleinem Waschbecken und Minifackeln ausgestattet ist. Dort entdeckte er die oben in der Ecke kaum sichtbar installierte, nach unten gerichtete, rot blinkende Überwachungskamera und das absichtlich für meine sonstigen männlichen Besucher plazierte Schild: »Aus hygienischen Gründen wird diese Toilette videoüberwacht!«

Keine Frau, die ich kenne, schätzt es ein Klo putzen zu müssen, das von rücksichtslosen Stehpissern benutzt wurde. Nick kam lachend wieder raus, fragte, ob ich noch mehr so versteckte Kameras in der Wohnung hätte und meinte, daß er sich immer hinsetzen und sich zudem jedes Mal danach das gute Stück sowieso gründlich waschen würde! Zitat: »Das ist ein **gepflegter** Schwanz«, was ich gerne bestätigen kann, denn das sah, roch und schmeckte ich sofort. Diese Offenheit an genau dieser Stelle als kleine Inspiration für die ganz, ganz wenigen Herren, die das, vielleicht noch aus alten Überzeugungen oder unbewußter Nachlässigkeit heraus, anders handhaben und sich gleichzeitig wundern, wieso sich die Frauen in Bezug auf bestimmte Intimitäten sehr zaghaft oder gar abweisend verhalten. Vielleicht existiert in ihrem Leben eine echte, freiwillige Frau schon lange nicht mehr, auch das soll es geben. Der Trend geht heutzutage eindeutig in Richtung äußerst appetitlich gepflegt, maximal rasiert, überall und besonders **da**, stets frisch gewaschen. Für einen Callboy sowieso ein absolutes »Muß«! Das gilt ebenso für all seine Kundinnen.

Nicht, daß wir etwa zu viel Erzählstunde gehabt hätten, aber Nick stellte sehr lebendig dar, wie er sich privat mit Geschichte beschäftigte, genauer gesagt mit der Epoche der Spätantike und dem Frühmittelalter. Von diesen Dingen wußte ich verschwindend wenig und es machte Spaß ihm zuzuhören, denn er ist großer Kenner der nordischen Mythologie. So erklärt sich, daß er um den Hals an diesem Abend ein filigranes, symbolisches Schwert aus Silber und Thors Hammer aus massivem Silberblock, jeweils am Lederband, trug. Für ihn ist letzteres ein ganz besonderes Schmuckstück, welches eigens für ihn von einem in der Mittelalterszene bekannten Schweizer Schamanen geschmiedet und energetisch geprägt wurde. Er legte gleich noch einen drauf und erzählte mir, daß er Europäischen Schwertkampf betreibe und zuhause eine vielseitige und ausgesuchte historisch korrekte Rüstungs- und Schwertersammlung besitze.

Wir sprachen lange über Mystik, Magie, Kräfte und Kulte. Ich kenne mich mit südamerikanischen Kulten aus und habe seit Jahrzehnten ein paar personalisierte, auf mich und meinen geographischen Koordinaten geweihte, Schutzdolche in meiner Wohnung ausgewählt plaziert. Gleich am Anfang, als Nick die großzügige, mit unzähligen Rahmen dekorierte, Fotowand im offenen Wohnraum bei mir inspizierte, entdeckte er zwischen all den fotografischen Momentaufnahmen meines Lebens und einiger Freunde ein kleines, kunstvolles Replikaschwert, das ich kürzlich in Rhodos Stadt gekauft hatte. Das Schwert war schon immer Symbol für Status, Entscheidungen, Veränderungen und Schutz, worüber ich später noch weit mehr erfahren sollte.

Beeindruckt haben mich an diesem Abend schon Nicks Ausführungen über seinen geschätzten und heißgeliebten Kater Pascha, was ihn mir gleich ein entscheidendes Stück sympathischer machte. Tierfreunde sind mir willkommene Herzensmenschen. Vor allem Männer, die mit eigensinnigen, selbständigen, aber verschmusten Katzen leben, haben eine besondere Art mit diesen Eigenschaften auch sonst im Leben umzugehen. Dies zeigt sich in ihrer Haltung den Erfahrungen mit dem Tier gegenüber, ihrem Verhalten, ihrer Wahrnehmung von Nähe und Gemütlichkeit, welche wohl beide Seiten sehr schätzen. Prägnant auch ihre Verantwortung gegenüber dem Wohlergehen des Tiers. Seine Liebe zu diesem Kater ist spürbar stark. Nie hätte ich gedacht, daß ich dieses Tier einmal sehen und kennenlernen, geschweige denn ebenso lieben, füttern und versorgen würde wie mein eigenes. Pascha sollte noch eine herausragende Rolle im späteren Miteinander spielen. Ein wahrlich wunderbares Tier!

Nach 4 Uhr morgens gingen wir nochmals auf dem Balkon um uns abzukühlen. Wir blieben zur Abwechslung danach gleich im Wohnzimmer, wo's wenigstens noch was zu trinken gab. Nick erzählte weiter, daß er einen Teil seiner Jugend in Südfrankreich verbrachte, dort mit der französischen Sprache in enge Berührung kam und ihm die Mentalität der Menschen dort in Fleisch und Blut übergegangen war. Er geht sowohl als Germane durch, wie auch als Franzose. Den Schweizer in sich kann er bei Bedarf ausblenden. Er spricht und schreibt gewähltes Hochdeutsch und hat großes Interesse, sich sehr präzise auszudrücken und treffend mitzuteilen. Das merkt man sofort, wenn man mit ihm spricht. Er ist ein geübter Redner, Denker und In-Frage-Steller.

Seit Jahren sei er, im Rahmen seines Living-History[21]-Hobbies, der Häuptling der Sippe der Suna Élivágar, einer heute die Spätantike darstellenden Gruppe. Zu Deutsch sinngemäß »die Söhne des Ursprungs«. Leitung und Umsetzung der Philosophie dieses Vereins haben unter den Unruhen seines Privatlebens empfindlich gelitten. Gravierende Veränderungen haben stattgefunden. Neue Ausrichtung steht auch da an.

Interessant für mich auch zu erfahren, daß jeder in der Sippe sich einen altnordischen Namen wählt, der bestenfalls passend zu seiner Person ist. Bei manchen deckt sich die Bedeutung des Namens auch mit der Aufgabe in der Gemeinschaft. Dieses Thema fiel bei mir so sehr auf fruchtbaren Boden, da ich mich seit über zehn Jahren intensiv mit der Deutung von Namensenergie beschäftige. Ich kann anhand von Klang und Melodie eines Namens Rückschlüsse über Orte, Institutionen ziehen und vor allem bei Rufnahmen Eigenschaften des betreffenden Menschen sehen.

Bei letzterem spüre ich wie direkt ihre Verbindung zu Kindheit, Elternhaus ist, wie sie selbst mit dem Leben umgehen, welche Kräfte auf sie wirken und welche Strategien sie in ihren Beziehungen und Lebensaufgaben walten lassen. Die Ergebnisse sind immer verblüffend und zutreffend, wie die Feedbacks der Kunden und ihrer Angehörigen zeigen. Unzählige Beratungen habe ich auf dem Gebiet schon machen dürfen und konnte auch Nick mit diesen Erkenntnissen begeistern. Es sei etwas Wahres, Nützliches und sehr Praktisches daran, meinte er.

Wir kamen auf die Musik zu sprechen, die mich begeistert und welche wir die Nacht hindurch mitreißend laut gehört hatten. »Metal« in seinen neuzeitlichen, klassischen Kenntnissen zugrunde gelegten Kompositionen. Dazu die immer genialer werdenden, monumental ausgefeilten Touren, der technisch sehr versierten und dahingehend ausgereiften Bands. Besonderheiten für mich sind speziell die ausgebildeten Stimmen der charismatischen Front-Ladies. Selbstverständlich hauen mich auch extrem authentische männliche Stimmen, die was spüren lassen, immer wieder um. Ich erzählte ihm, wie und warum ich erst vor ca. zehn Jahren damit begonnen hatte, mir die hörenswerten Konzerte reihenweise anzuschauen. Teils im Hallenstadion Zürich, eher sparsam auf gut organisierten Open Airs im ganzen Land. Aber am wirkungsvollsten, weil fast auf Tuchfühlung und in sympathischer Stimmung, im Z7 Pratteln. Fulminante Konzerte namhafter Bands und faszinierende Auftritte sehr beeindruckender Künstler finden an diesem magischen Ort statt.

So manches Genie und immer mehr einzigartige Persönlichkeiten konnte ich dort in beinah schon familiärem, privatem Ambiente erleben. Zum Greifen nahe sind einige bereit zu persönlichen Gesprächen im Anschluß an die Shows. Unvergeßlich und sehr respektabel, welch famose Namen und Erlebnisse dieses Z7 über all die Jahre veranstaltet hat und bis heute immer noch bietet. Berauschend, was ich dort schon, fast ausnahmslos zusammen mit meinem langjährigen, superkorrekten Herzensfreund und Metalkumpel Tim, Unglaubliches erlebt habe. Tim wird von anderen auch gern »Stumpe-Tim« genannt, weil er ausnahmslos Zigarren raucht. So richtig diese ganz großen Exemplare, manchmal einen Zigarillo, aber niemals Zigaretten. Nick meinte zu Beginn des Abends, daß er privat auch solche Musik hören würde, aber gestand dann, daß er das legendäre Z7 nicht von innen kenne und noch schlimmer, dies obwohl er praktisch um die Ecke in Basel-Land lebte. Schade! Vielleicht hatte Luca aber auch recht gehabt, Nick flunkerte nur und hörte in Wahrheit ganz was anderes. Hatte ich schon vergessen **wen** ich vor mir, beziehungsweise neben mir liegen hatte? Trotzdem schlug ich frech und forsch vor, daß er doch einmal mit mir ins Z7 mitkommen könne, wenn mal wieder was richtig Gutes liefe. Enthusiastisch willigte er ein. Wir faßten unverbindlich schon recht heftige Konzerte von »Arch Enemy[22]« und »U.D.O.[23]« ins Auge, die erst viel später im Dezember stattfinden würden. Mir war wichtig ihn wissen zu lassen, daß ich in aller Freundschaft gern seine Eintrittskarte übernehmen würde, er seine wertvolle Zeit aber »privat« verbuchen müsse, damit da keine Mißverständnisse aufkämen. Es würde sich zeigen, bis dahin würde noch viel Wasser die Aare, Reuss und Limmat[24] runterrauschen.

Auch unser flirrender Abend rauschte vorbei. Es wurde langsam hell und die Zeit zerrann unaufhaltsam. Mittlerweile war es irgendwann nach 5 Uhr morgens. Wir lagen nebeneinander auf dem Bett, schauten auf die historischen Holzbalken der rustikalen Dachkonstruktion, in die kleinen flackernden Flammen der Fackeln an den schrägen Wänden und plauschten immer noch in aller Gemütlichkeit. Bis Nick plötzlich mit sanfter Bestürzung feststellte, er habe ja **die Zeit total vergessen**! Das sei ihm jetzt **so noch nie** passiert! Heute zum allerersten Mal, seit er als Callboy tätig war.

Guter Witz – kann ich ihm **das** glauben, fragte ich mich skeptisch? Aber ich solle diese lange »Extra-Zeit« als ein Geburtstagsgeschenk von ihm betrachten, fügte Nick fast schon mit einem Hauch verwunderter

Nachdenklichkeit über sich selbst hinzu. Immerhin eine nette Geste, fand ich, denn es fühlte sich sehr passend an. »Ja, mach' ich gern, vielen Dank lieber Nick – sehr großzügiges Geschenk von dir!«

Natürlich konnte ich das Geschehene schon lange nicht mehr einordnen und handelte nur noch intuitiv. Es war klar, daß er irgendwann mal wieder gehen mußte. Keiner ließ sich etwas anmerken. Am liebsten hätten wir uns erst mal ausgeschlafen und nach einem späten Frühstück überlegt, was wir jetzt noch schönes tun könnten. Doch nach wie vor handelte es sich hier um ein »bezahltes Treffen«, das anders gehandhabt werden würde, als alles was ich bisher kannte. Ich wollte weder Trennungsschmerz noch einen Anflug an Wehmut aufkommen lassen, denn das wäre ja sinnlos und entgegen aller erwachsenen, rationalen Überlegenheit, Nüchternheit, Ernsthaftigkeit und all das. Trotzdem war es ein **richtiger** Abschied! Ich fühlte mich zwar total unerwartet zum Geburtstag und für mein weiteres Leben kolossal reich beschenkt, aber das war's dann ja auch gewesen. Wie vereinbart **eine** Stunde, wobei für seine Art Business eine ausgedehnteste Version einer Stunde, was auch ihn sichtlich irritiert hatte. Etwas anderes schon an dieser Stelle hineininterpretieren zu wollen, wäre reine Spekulation, verrücktes Wunschdenken oder schlichtweg irreal und zweifellos verfrüht gewesen.

Nick suchte ohne Hektik seine großräumig, locker verteilten Textilien, Schmuck, Zigarettenschachtel, Feuerzeug und Autoschlüssel zusammen. Die schwarze Tasche stand unberührt am selben Platz und war zum Glück nicht zum Einsatz gekommen. Ich grinste in mich hinein. Wie witzig, vielleicht war auch alles nur ein flotter Traum, gleich wache ich auf und bedaure, daß einem so was im realen Leben natürlich nicht passiert. Aber doch, er war noch da und geduscht hatte er bei mir tatsächlich nicht! Aha!

Wieder komplett angezogen, standen wir, zwischen Deko-Palme und der an den Dachbalken wie im Dschungel befestigten, edlen aus Venezuela mitgebrachten »Hamaca matriomonial[25]«-Hängematte, neben dem Eßtisch, bereit zum Abschied nehmen. Ich erinnere mich, als sei es eben erst geschehen. Die gut achtstündigen Kerzen hatten ihr Geflacker zum Teil aufgegeben und das erste klare Tageslicht drang freundlich durch die vielen Dachfenster. Ich hatte bis jetzt möglichst vermieden von irgendwelchen spirituellen Dingen zu reden, damit Nick nicht meinen könnte, ich hätte »esomuttimäßig« einen an der Klatsche.

»Esomuttis« sind Frauen, die aus meiner Sicht spirituell zwar zum Teil schon recht aufmerksam unterwegs, aber immer noch reaktiv sind. Sie neigen dazu, sich von vielen selbst auferlegten Bedingungen abhängig zu machen, da ihr Energiesystem noch nicht stabil ist. Weiterhin tendieren sie zur Verherrlichung und Verharmlosung der Dinge – positiv denken reicht manchen bereits. Dann kommt ein erster Gegenwind und schon fallen sie um und baden in alten Mustern.

Auf diesem Weg war ich nicht und wollte auch nicht damit verwechselt werden. Ich hielt es für richtig, ihm, schon halb auf dem Sprung, unbedingt noch mit auf den zu Weg geben, daß ich spürte, daß er um die Herzgegend mit einer großen inneren Kraftquelle verbunden war. Über diesen Kanal zog er die passenden Menschen an, überwiegend Frauen, berührte sie tief und konnte sie energetisch spürbar aufladen, motivieren und auf eine gewisse Art sogar heilen. Er selbst fungierte dabei lediglich als Vermittler, als Überbringer in menschlicher Form. Nick bestätigte mir diese Empfindung, sagte, er wisse das bereits. Er wisse um seine Ausstrahlung und mögliche heilende Wirkung, habe es bisher aber noch nicht so direkt in Worte zu fassen vermocht. Da ich Nick sowieso nicht mehr so schnell, zumindest nicht in seiner »geschäftlichen Mission«, wiedersehen würde, wollte ich ihn jetzt noch wissen lassen, daß ich unerwartet beeindruckt sei. Beeindruckt von **dem**, was ich in diesen wenigen, aber für mich sehr prägnanten, Stunden mit ihm erlebt hatte und im erstaunlichen, offenen, vertrauensvollen Gespräch von ihm erfahren durfte. Von dem, »was« er Gutes für die Frauen als Callboy mache und vor allem »wie« er es mache.

Er sollte wissen, daß ich ihn in seiner persönlichen Art zu wirken bestaunte und jetzt **neu** für mich auch große Achtung vor seinem Beruf habe, seit ich diese Erfahrung **selbst** machen durfte. Zu **dem** Thema konnte ich nun (was selten genug ist) aus **eigener** Erfahrung etwas dafür oder dagegen sagen. Ich freute mich aus ganzem Herzen, ihn heute bei mir als Mensch und Mann kennengelernt zu haben. Ich meinte ihn bereits zu einem Teil tief in mir verstanden zu haben. Es fiel mir leicht ihn aus der Sicht seiner Seele zu betrachten.

Nick sagte, er habe Kundinnen sehr unterschiedlicher Art, allesamt aber mit eindrücklichen Lebensgeschichten. Darunter jüngere, wie reifere, manch früher vernachlässigte, aber heute selbstbewußte, viele lebenserfahrene und überwiegend intellektuelle Damen. Sogar körperlich behinderte Ladies, was wenig bekannt ist, seien geistig und sexuell ebenso einzigartig, vielschichtig und anspruchsvoll wie jede andere Frau. Er achte eben sehr darauf, was er in den Frauen bewirke, worum es ihnen im Austausch mit ihm gehe. Beeindruckend! Schon länger bediene er bewußt nur Stammkundinnen. Das Treffen mit mir heute sei sozusagen die berühmte »Ausnahme der Regel« gewesen. »Aha«, dachte ich, so kann's kommen. Auch bei einem wie ihm!

Ich begleitete Nick durchs Treppenhaus hinunter und wir liefen zusammen zu seinem schwarzen Smart Roadster mit dem Aufdruck seiner IT Firma. Er sagte, ich solle mich mal reinsetzen, da ich überrascht war, wie klein dieses Auto von innen war. Ich versprach ihm den Sound, den wir die Nacht durch gehört hatten, auf CD und DVD zu schicken und wünschte ihm eine gute und sichere Heimfahrt. Wir küßten uns zum Abschied, wobei ich erst viel später erfahren sollte, daß Callboys bei der Arbeit selten auf den Mund küssen. Er verabschiedete sich lachend mit den Worten: »Du weißt ja, wie du mich erreichst.« Kurz darauf bog er um die Ecke Richtung Autobahn und ich sah nur noch schwarzen Lack und dann die roten Rücklichter verschwinden.

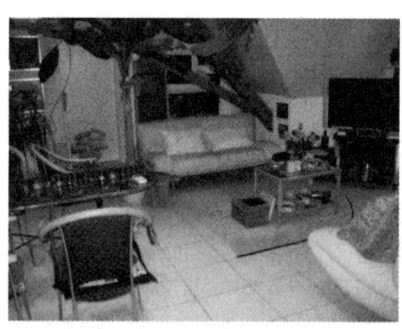

Zurück in meiner Wohnung wurde mir bewußt, welch emotionaler Tsunami hier durchgegangen war. Alles um mich herum schien wie wild zu tanzen und war in großer freudiger Aufruhr. Jedes Elementarteilchen war wohl auf Droge und sie hatten **alle** meine innere Hochstimmung absorbiert. Dieses Gefühl der inneren Vollkommenheit, das ich in mir spürte, war fast schon beängstigend, überwältigend, grandios, aber auch mächtig peinlich, weil aussichtslos! Ich war rundum happy, zugleich angenehm leicht müde, gleichzeitig ratlos, was das alles zu bedeuten hatte und was jetzt auf mich zukommen würde, nämlich **nichts**!

Langsam setzte ich mich an den Eßtisch, nahm das Handy zur Hand, sendete Maria folgende SMS und ging danach gleich schlafen.

Tina, 28. Mai 05:37
Nick ist soeben mit letzter Kraft gegangen. Er war superpünktlich um 9 da und bezahlt hab' ich 1 Stunde. So viele Details, wie Du willst, gern heute Abend. Nur so viel jetzt:

EINE UNERWARTETE NACHT

Von seiner Frau ist er seit dem 10. Mai frisch geschieden! Die 8 Stunden. eben waren sehr speziell und wertvoll für beide. Ich hoff', ich kann etwas schlafen. War sehr eindrücklich dieser Nick, als Mann und Mensch. Hab' mir vieles vorgestellt, aber niemals das was war. Bis heute Abend, Tina

SENSITIVITY *Inspirations*
bietet an:

Wie entkomme ich meinem Karma?

Karma ist keine Strafe nach dem Motto »da Karma nix machen!«, sondern eine familiäre, geistig weitergegebene Verstrickung, in der alle die gleiche Problematik haben und mit etwas nicht zurechtkommen.

Die Aufgabe lautet für alle zu verstehen, aufzulösen, zu begreifen und Erkenntnis umzusetzen. Demnach löst man sein Karma nicht unbedingt nur durch Aktionen – Karma löst sich durch die Erkenntnis. Handlungen braucht es jedoch, um diese Erkenntnis zu erzeugen. Gibt es Erkenntnis, braucht es keine Aktionen mehr. Karma beschränkt sich nur auf die Voraussetzungen, die man aus der Summe vieler Leben mitbringt. Was man daraus macht, ist beliebig. Denn freier Wille und Karma schließen sich diametral entgegengesetzt aus.

Karma ist nur dann lösbar, wenn es gelingt bei demjenigen und bei all denjenigen, die mit ihm/ihr verknüpft sind/waren durch ein energetisches Band Erkenntnis zu erlangen. Dabei ist es ganz wichtig im zwischenmenschlichen Bereich ein energetisches Nullkonto zu haben. Ein Versprechen ist ein karmischer Vertrag, den es einzuhalten oder auszugleichen gilt, oder man sorgt dafür, daß alles seinen richtigen Weg geht (karmisches Band). Die Absicht der energetischen Vereinbarung muß erfüllt sein, das energetische Versprechen muß erfüllt werden, sinngemäß so, daß die Energien wieder stimmen. Ausgleich schaffen, der allen gut tut. Karma ist nicht positiv oder negativ, es ist immer entsprechend und braucht klare Ausrichtung, eindeutige Absicht.

… FÜNF

ZURÜCK IN DIE NORMALITÄT

NICHTS IST WIE JE ZUVOR – ALLES WIRKT IMMER AUF ALLES!

»**K**lar hat **der** sich ins Zeug gelegt und ist ja schön, wenn es dir gefallen hat mit **dem**. Aber vergiß nicht, er ist nach wie vor ein Callboy, den du dafür **bezahlt** hast und daran wird sich auch nichts ändern! Außer du bezahlst ihn wieder und auch dann wirst du niemals wissen, was **der** wirklich denkt. Also ich wäre äußerst mißtrauisch, davon abgesehen, daß ich **so einen** erst gar nicht bestellen würde!«

Maria distanzierte sich deutlich von solchen Abenteuern und hatte aus ihrer Sicht natürlich alles berechtigte Bedenken. Sie versuchte mich auf nüchternem Boden zu verankern, die ganze Sache als eine interessante Abwechslung zu sehen, mehr aber auch nicht. Wir hatten ein amüsantes, sprudelndes, geschätztes Ladies Dinner in einem angesagten Restaurant in Zürich und redeten, in der uns seit Jahren ganz eignen Vertrautheit, über Plan A, Plan B oder gar Plan C bezüglich Männern. Jede auf ihre eigenwillige Weise, denn unsere Freundschaft zeichnete sich nicht dadurch aus, daß wir immer nur die gleichen Ansichten hatten, ganz und gar nicht. Aber wir konnten uns hundertprozentig vertrauen, das war entscheidend! Wir waren sogar ganz oft völlig anderer Meinung, aber das Spannende daran war, jede nahm aufmerksam teil an den Sichtweisen und Erlebnissen der anderen, zu denen man selbst so nie gekommen wäre. Das erweiterte beiden den eigenen Horizont. In jedem Fall dürfe ich ihr gern wieder berichten, falls diese Story irgendwann wieder weitergehen würde, unterhaltsam war's ja allemal. Aber wir könnten dann bitte auch noch über was anderes reden, genug sei jetzt genug!

Meine engste Familie, in Form von den Ellis[26] und meiner Schwester Claudia, rauschte wie geplant einen Tag später an. Wir waren es seit Jahrzehnten gewohnt immer weit zu reisen, um uns zu sehen und hielten über jede räumliche Distanz stets engen Kontakt und reisten auch sonst viel und gern gemeinsam. Früher lebten wir auf verschiedenen

Kontinenten und wir lieben die fernen südamerikanischen Länder. Im Moment waren wir alle in Europa angesiedelt, was unsere Treffen vereinfachte.

Erst im letzten Januar waren wir in Rajasthan gemeinsam unterwegs gewesen, in einer kleinen Gruppe und mit einem exzellenten Sikh-Reiseführer, der uns vor Ort das authentische, ungeschönte indische Leben zeigte. Durch seine präzisen Ausführungen, gepaart mit Witz, Weisheit und Wissen, spielte er jeden gedruckten Reiseführer routiniert an die Wand. Er machte auch gern Witze über die »schwere deutsche Sprache«, die er auf seine teils lustige Art nutzte und beherrschte.

»Deutsche Sprache, ist nicht einfache Sprache. Wenn ich habe Probleme mit die Därm', geh' ich immer zu Dermatologe. Habe ich Probleme mit Uhr, dann gehe zu Urologe und wenn Probleme mit Genick, dann besser gehe gleich zu Gynäkologe. Aber wenn mal habe grooße Probleme mit dem Arsche, dann aber sofort gehe zu Archäologe!«

So war er, der sympathische, indische Weise namens »Pami«. Die ganze Reisebusgesellschaft lachte und das Fahrzeug ratterte auf sehr riskanter Straße stundenlang weiter. Wir reisten siebzehn Tage lang, bei null bis zwanzig Grad, in einem ungeheizten, einheimischen bunten Bus durch den Norden Indiens, was uns alle sehr beeindruckt und völlig neu geprägt hat. Meine Familie und ich, wir kannten extreme Armut nebst protzigem Reichtum aus Südamerika. Aber diese Erfahrungen waren »**nichts**« im Vergleich zur ärmsten Realität und zu den unfaßbar schmerzlichen Gegensätzen, welche sich uns in Indien darboten. Die Menschen schliefen bei Temperaturen um den Gefrierpunkt nur auf etwas Zeitungspapier, direkt auf dem Boden neben einem Minifeuer aus einer Handvoll Müll, ohne groß was zu essen zu haben. Während wir hingegen gediegen im Restaurant erwartet wurden, saubere Betten in prachtvollen Unterkünften hatten, und am nächsten Tag monumentale, kulturelle Bauten und Sehenswürdigkeiten besichtigten. Mir und manchen anderen war nicht wohl dabei. Hier mußte man an Kastendenken und Karma glauben, sonst würde man das nicht ertragen. Wir verschenkten Essen und täglich etwas mehr von unserer Reisekleidung, kamen so mit den freundlichen Menschen in Kontakt. Pami durfte das nicht sehen. Er war strikt dagegen das Betteln zu fördern. Sie sollten etwas Anständiges lernen und arbeiten gehen, vertrat er seine Ansicht.

Wer heutzutage die Welt bereist und das Leben auch abseits der Luxushotels betrachtet, muß verkraften können unsägliche Armut oder ungerechte Verteilung und vielerlei Mißstände zu sehen. Diese inneren, eher düsteren, traurigen Bilder werden ebenso als Teil der Erinnerung und Reiseerfahrung, nebst buntem Luxus, mitgenommen werden.

Ich genoß meinen festlichen Besuch und die Ablenkung in der Bilderbuch-Schweiz. Wir feierten meinen Geburtstag in Form von ein paar Tagen Ausflug in den luxuriösen Schweizer Bergen, diesmal am Brienzer See, oben auf der Axalp. Ich erwähnte nur mal nebenbei, daß ich einen »neuen Typen« kennengelernt hätte, der mich sehr beeindruckt habe, mehr aber auch nicht. Wozu die Ellis mit Details beunruhigen, solange zu diesem Zeitpunkt noch nichts davon für sie relevant war? Und sie hatten in der Beziehung mit mir oder durch mich schon viel erlebt. Anhand von Trennungen in der Vergangenheit gezwungenermaßen so einiges mitmachen müssen. Was ich aufgrund von Dummheit, Gemeinheit oder Unüberlegtheit und Unreife anderer Menschen und selbstverständlich auch aufgrund meiner eigenen Naivität, Fehleinschätzungen, meines blindes Vertrauens zu ihnen, bei dringend angeratenen Kurskorrekturen, schon ausbaden mußte. Sie waren eher froh um alles, was sie **nicht** wußten, oder was für ihre diesbezüglich bodenständige Lebensanschauung einfach zu fremdartig oder gänzlich unbekannt war. Das Thema »Callboy« gehörte mit Sicherheit dazu. Das erwähnt man nicht mal grad so bei Kaffee und Kuchen und erntet dann kritiklos die volle Begeisterung – niemals!
Wieder allein zuhause und voll im Arbeitsalltag eingebunden, gingen mir trotzdem viele Dinge durch den Kopf. Der Kerl ließ mich nicht los! Gedanken kreisten um das Erlebte, das Gesprochene, das noch nicht fertig Erfahrene, die vielen Möglichkeiten dieser neuen Kombination von Austausch. Aber der Sache war nichts mehr hinzuzufügen. Er würde seine Wege gehen und ich meine. Das war's!

Erst kürzlich hatte mir ein weiser Mann, der von sich selbst sagt, er sei hellsichtig in Raum und Zeit, in Bezug auf Partnerschaft folgendes, sehr Seltsames gesagt:
»Liebste Freundin, Partnerschaft? Am besten vergißt du das Thema! In dem Umfeld, in dem du dich in deinem Leben bewegst, ist es sehr, **sehr** schwer bis unmöglich, **den** Menschen zu treffen, **der deiner Herzensqualität entspricht**. Wenn er vor dir steht, wirst du sofort wissen, daß er es ist – es muß dir dann aber auch völlig egal sein, **wer** das ist und **was** er macht.

Im Moment kann ich dir nur sagen: **Du mußt nichts machen und du kannst auch nichts tun – sei einfach nur still!**«

Na klasse, dachte ich, **das** Thema soll ich vergessen. Es vergehen die Jahre und ich muß nichts machen und kann auch nichts tun, soll einfach nur »still sein« – ha, wenn das so einfach wäre. Wo wir Frauen in Liebesdingen doch so gern nach unseren Vorstellungen **aktiv** sein wollen und die Dinge **genau** in unsere Bahnen lenken möchten und dann kontrollieren wollen, wie alles zu sein hat. Die Dinge müssen **so** sein, aber **nicht so** – eher so, aber nur wenn, dann genau so und niemals so, dann eher doch so. Ja, so eine war ich früher auch. Aber durch mehr und mehr Einsicht in freigeistige Sichtweisen und mehr Verständnis für das Ganze, rutschte ich in eine – zu mir selbst und gegenüber anderen – liebevollere, dankbarere und achtsamere Gelassenheit. Diese Gleichgültigkeit, im Sinne von gleich gültig, lies mich mein Leben von außen betrachten. So konnte ich inzwischen durch manch neue Erkenntnis innerlich immer mehr friedlichen Herzens breit grinsen und gönnen.

Vor Jahren besuchte ich mal Rossana, eine venezolanische Jugendfreundin in Kanada, die inzwischen lange in Toronto lebte. Es waren sehr erlebnisreiche, von ihr bestens organisierte Tage in der City und nahen Umgebung. Sie integrierte auch ihren gesamten Bekanntenkreis vor Ort in unsere abwechslungsreichen Aktivitäten. Eines Abends waren wir mit einigen ihrer engen Freunde im griechischen Viertel von Toronto essen. Bei lustiger Tischrunde wollte eine der Ladies jedem die Hand lesen. Ich stehe grundsätzlich nicht auf so Sachen und wollte mich auch entziehen, aber sie schnappte dann als letzte doch noch meine Hand und verkündete, daß ich »den Richtigen« erst mit sechsundvierzig kennenlernen würde. Daß uns engste Freundschaft und tiefe Liebe verbinden würde und wir sehr, sehr lange zusammen sein würden. Solche Prognosen mochte ich nicht und konnte darauf auch nur mit Humor reagieren und sagte so was wie: »Aha und was mache ich bis dahin, bis es soweit ist? Möchte mich ja jetzt vorher auch schon sinnvoll beschäftigen.« Alle lachten und sie fuhr mit ihrer Prognose weiter, sie sah im Dunkeln der Taverne wohl nicht mein tatsächliches Alter und legte noch einen drauf. Ich würde auch Kinder bekommen, Zwillinge sogar, zwei Jungs ... und sie würden bereits warten. Warten? Das war mir dann doch zu bunt, denn Kinder wollte ich nie haben, daß wußte ich nach einem Traumerlebnis, seit ich zwölf Jahre alt war. Ich habe eine zehneinhalb

Jahre jüngere Schwester, das hatte mir damals als Kind schon ausgiebig gereicht in Bezug auf Erfahrung mit »kleinen Kindern«. Ich meinte im Detail zu wissen, wie das dann im Alltag ablief und welche lebenslänglichen Konsequenzen, natürlich sicher manch große Freude, Erfüllung und viel Liebe, aber auch mächtig Quengeleien Kinder mit sich brachten. Das war definitiv nicht mein Weg! Seltsamerweise kamen mir diese Frau und ihre Worte von damals in Toronto in den Sinn. Doch es sollte bald noch verrückter kommen.

Bis Mitte Juni hatte ich es geschafft für Nick einen handgeschriebenen, interessant verzierten Brief, wie ich sie immer gern künstlerisch bastle, vorzubereiten. Diesen hatte ich ihm, zusammen mit den CDs und DVDs unserer Nacht und einer Zusammenstellung aller gut gewordenen Fotos, an sein Postfach gesendet, das im Internet irgendwo angegeben war. Nochmals bedankte ich mich für diese einmalige, außergewöhnliche, wertvolle, gemeinsame Erfahrung mit ihm, die ich, so wie erlebt, gern in die Ewigkeit mitnehmen würde. Machte aber deutlich, daß ich ihn mit Sicherheit **nicht** mehr buchen würde, da eine Wiederholung das Erlebte nicht toppen könnte. Er selbst hatte meine, in all den Jahren sowieso schon weit oben angesiedelte, »Meßlatte« noch höher gesetzt! Er hätte sich selbst durch eine weitere Buchung nicht überragen können. Ich wußte für meine Person, in Kombination mit ihm, derzeit nicht mehr, was dem noch folgen könnte? Es war alles gut wie es war. Das Geburtstagsgeschenk war ausgepackt, wurde weiterhin bewundert und in der Phantasie der Vergangenheit, meiner sehr lebendigen Erinnerung, bestens erhalten aufbewahrt.

Tage später kam seine Antwort darauf per SMS.

> Nick, 20. Juni 16:12
> *Hallo Tina, Du bist doch ein verrücktes Ding. Vielen Dank für den coolen Brief, die Fotos und die CDs/DVDs, welche ich heute in meinem Postfach fand. LG, Nick*

Wenn auch sachlich getextet, spürte ich, daß er sich richtig freute und die Energie meines Briefes in ihm als private Person wirkte. Damit sollte es gut sein und ich wollte nicht mehr groß drauf antworten. Hatte mich ja klar ausgedrückt und versuchte in der vermeintlichen Normalität meines »nie normalen Lebens« wieder Fuß zu fassen und die erlebte »Illusion des Callboys« nicht weiter zu glorifizieren. Zuhause hatte ich mir, ein »die Verliebtheit linderndes Gegenmittel« erhofft. Nämlich all die Bilder des Abends mit ihm ausgedruckt und nur **die** aufgestellt, die ihn weniger günstig oder in deutlich unvorteilhaftem Blickwinkel zeigten. Damit mir visuell deutlich würde, daß er gar nicht sooo toll, gar nicht sooo gutaussehend, gar nicht sooo faszinierend sei und manchmal gar nicht sooo sexy aus der Wäsche schaute, wie ihn meine Erinnerung schwärmerisch, rosarot und pinkfarben umwoben, anschmachten und abspeichern wollte.

Die »Schlechtestes-Foto-Aufstelltechnik« funktionierte nicht wirklich! Schon am nächsten Tag kam in mir ein Impuls ihm eine SMS zu schreiben und die Worte lagen bereits im Geist klar vor mir. Der Vollständigkeit halber hier wieder der Originaltext, denn was sollte mir noch peinlich sein? Es war doch eh alles schon peinlich genug! Mein Handy damals war noch schwarz-weiß, hatte sowieso keine Smileys (Emoticons) drauf, aber war wenigstens beleuchtet und konnte immerhin schon mehr als nur die einst maximal hundertsechzig Zeichen, nützlicherweise auch miteinander verkettete SMS, schreiben.

> Tina, 21. Juni 09:28
> *Hey Nick ... yesss! Nicht weniger verrückt als Du ☺.*
>
> *Hat echt Spaß gemacht Dir den Brief zu gestalten, nachdem ich den feinfühligen, wertvollen »Menschen« in Dir (er-)spürt habe. Diese starke, wundervolle, strahlende Kraft in/aus Deinem Herzen ... die hat mich schon sehr tief und nachhaltig berührt ... wow.*

Alles Liebe, Nick, für Dein einzigartiges, kraftvolles, sehr männliches und doch so tief von der zarten, gefühlvollen Weiblichkeit fasziniertes, und von wahrer Schönheit angezogenes, genußvoll geprägte Leben! Yes!

Meine volle Achtung und aufrichtigen Respekt an den lodernden Funken in Dir! Aus der Tiefe meines »geistigen Herzens« gönne ich Dich und Deine intensive Essenz JEDER wahrhaftigen Frau! Absolut Nick – go on!

Ciao Tina ☺

Die nächste skurrile Begebenheit in dieser Zeit stand buchstäblich ins Haus. Da ich präzise berichten möchte, was alles geschah, muß ich hier zum Verständnis etwas weiter ausholen. Völlig unerwartet meldete sich eine Frau bei mir über ein »Heavy Metal Forum«. Ich kannte ihren Namen, Ulli, und ein paar Details, da Finn mir von ihr erzählt hatte. Er war überwiegend bei ihr zu Besuch gewesen, während ich die vier Monate auf meiner Weltreise war. Diese Freiheiten hatten wir auch vereinbart und es war alles in bester Ordnung für mich. Doch Ulli war aus allen Wolken gefallen, als sie bei meiner Rückkehr von ihm erfuhr, daß ich wohl einst mehr war, als nur eine »gute Bekannte in der Schweiz«. Als sie mich anschrieb und fragte, wie es mir ginge, antwortete ich: »Hallo liebe Ulli – noch Fragen?« Sie war wiederum überrascht, daß ich ihren Namen kannte und so ergab eins das andere und sie wollte mich schnellstens persönlich kennenlernen, am besten gleich besuchen kommen. Mir war ein Leben lang schon Besuch aus aller Herren Länder immer sehr willkommen. Mein dickes Gästebuch platzte vor Texten und Fotos zu unvergeßlichen Begegnungen, Erinnerungen an viele spontane Partys und noch mehr malerischen Touristen-Touren. Da ich auch überall auf der Welt zuhause bin und bei meinen Freunden, Bekannten und Kontakten herzlich aufgenommen werde, bin ich auch selbst sehr gern Gastgeberin. Aber wollte ich jetzt diese fremde Frau zu Besuch haben, die mir womöglich nur wegen Finn in den Ohren liegen würde, oder sonst was abchecken wollte? Eher nicht! Ich schwebte auf einer ganz anderen Wolke und wollte am Wochenende in die Berge. Mit meinen Gedanken etwas allein sein und den Sommer genießen. Doch Ulli ließ nicht locker, sie wollte vorbeikommen, hatte alles schon organisiert, die Reiseroute ausgearbeitet, die Zeit berechnet und machte einen Vorschlag, wann sie Freitagabend da sein könnte. Irgendwie sah ich keinen

Sinn darin und wollte nicht so recht zusagen, ließ mich breit schlagen und ärgerte mich dann fast schon über mein nicht »nein« sagen können, oder nennen wir es auch Vertrauensseligkeit, denn wer weiß, was nun wieder käme.

Freitagabend, pünktlich war Ulli da und auf den ersten Blick wirklich eine ganz liebe, herzliche Person. Sie hatte einen Korb voller Lebensmittel, die sie bei mir zubereiten wollte und allerlei Geschenke mit dabei. Finn hatte schon immer betont, daß »die Versorgung bei ihr erstklassig sei«. Sie zeigte sich auch bei mir sofort von einer sehr hilfsbereiten und praktischen Seite. Sie arbeitete als Krankenschwester, erlebte dabei so einiges, was ich in der Deutlichkeit noch nie gehört hatte. Verheiratet war sie noch nicht, hatte aber einen Sohn im Teenageralter, der sie mit Schulaufgaben und seiner Entwicklung entsprechenden Situationen auf Trab hielt. Ulli ging erst einmal durch die ganze Wohnung und ihr fiel auf, daß diese für ihr Empfinden voller positiver, gut ausgerichteter Energie war. Sie bemerkte wohlwollend interessiert meine Schutzdolche aus Venezuela oberhalb der Eingangstür. Einer davon steckte direkt halb hinter einem spirituellen Ölgemälde meines Vaters, der den magischen Ort im venezolanischen Dschungel zeigte, wo der Dolch herstammte. Bis spät in die Nacht redeten wir über viele persönliche Dinge und auch über einiges in Bezug auf Finn. Was sie mit ihm erlebt hatte und was sie nun schmerzte, da ich wieder da sei und wie weiter? Sie war irgendwie keine Fremde und doch hatten wir uns nie zuvor gesehen und hätten uns sowieso nie kennengelernt, wie auch? Wir beschlossen den Abend nicht allzu lang zu machen und vertagten auf morgen. Wir hatten beide die ganze Woche gearbeitet, Ulli war noch über vier Stunden Auto gefahren, so war sie froh, sich im Gästezimmer zurückziehen zu können und ich plante beim Aufräumen von Küche und angrenzendem Wohnraum bereits die morgige Fahrt mit möglichst schönen touristischen Ausblicken und Stationen. In solchen Sachen war ich geübt, das machte ich immer gern – mit dem Geländewagen durch atemberaubende Landschaften fahren und vor Ort an spontan für schön befundenen Stellen aussteigen und essen, laufen, fotografieren, oder was einkaufen und herumspazieren, die Natur und die Sonne genießen.

Am nächsten Morgen erwachte ich spät und Ulli war schon einiges vor mir wach. Sie hatte die Küche bereits voll im Griff. Frühstück war gemacht, Kaffee gekocht, hier und da noch eine Frage zu meinen Schweizer Espressomaschinen, aber sonst stand alles in Hülle und Fülle bereit. Ebenso auf meinem Eßtisch ausgebreitet, lagen ihre abgewetzten Tarot-Karten. Ach ja, stimmt, Finn hatte erwähnt, daß sie Karten legte und ihm immer die Zukunft voraussagen wollte und ihn das mächtig nervte!

Auch ich hielt, wie gesagt, vom Kartenlegen bis dahin genauso viel wie vom Handlesen. Genauso wenig konnte man mit mir über Engelfiguren mit verklärtem Blick, goldenem Haar, sanft rauschendem Flügelschlag und vielleicht noch Harfenspiel reden. Engel, die anmutig in den Lüften schwebend über unsere Geschicke wachen. Für mich sind Engel und Dämonen schlichte »Elementale«, also energetisch geprägte und ausgerichtete Gedankenformen, die den Auftrag erfüllen für den sie geschaffen wurden. Selbst aber kein Wesen haben und demnach auch keine Fähigkeit zu logischem, eigenständigem Denken oder Handeln besitzen.

Es interessierte mich nicht, was irgendjemand meinte, was in meinem Leben geschehen würde. Manchmal gab es an spirituellen Seminaren Teilnehmerinnen, die in den Pausen zum Üben Karten legen wollten, oder sich auf diese Art für meine Beratungen und Inspirationen bedanken wollten. Zum Spaß habe ich das früher manchmal mitgemacht, mir den »Zauber« angehört und es trat nie wirklich was Grandioses davon ein. Voraussagen wie, es stehen Veränderungen an und du wirst neue Menschen kennenlernen und eine große Reise machen, einen Umzug erleben, neues auf die Beine stellen, berufliche Unebenheiten meistern und Entscheidungen fällen, trafen so oder so immer bei mir und anderen Menschen zu. Dazu brauchte ich keine Karten, dachte ich. Man könnte genauso gut, wie es so schön heißt, Knochen werfen, Eingeweide lesen oder den Vogelflug beobachten und kleine Steinchen deuten – all dies hält einen in der Opferrolle. Der Freigeist fragt nicht, was passieren wird, sondern gestaltet die Zukunft selbst und zwar so, daß sie zu ihm paßt. Wer will schon passiv und unabänderlich einem Schicksal ausgeliefert sein, weil es irgendwelche Karten vorhersagen?

Aber wenn eine »Kartenexpertin« wie die liebenswürdige Ulli nun schon mal persönlich da war, schaute ich ihr beim Kaffeetrinken gern interessiert zu. Ich fragte, wie sie das genau mache mit dem Kartenlesen und Symbole deuten? Wie sie das

Leben dazwischen spüre? Was sie dann, aufgrund der Motive, interpretativ an die interessierte, meist fremde Person sage? Sie wollte mir das gern anhand meines heutigen Kartenbildes zeigen und wieder einmal machte ich gute Miene zum, naja, irgendwas Spiel. Lustig war's auf jeden Fall.

Sie mischte die Karten, ich mußte »stopp« sagen, dann wurden die Karten ab dieser Stelle vom umgedrehten Stapel der Reihe nach, jetzt offen sichtbar, nach einem bestimmten Muster aufgelegt. Ulli ruhte total in sich selbst, schaute sich das gesamte Kartenbild überlegt an und begann dann voll in ihrem Element die Details zu deuten. Da ich ja wußte, daß sie meine neuste Story mit Sicherheit nicht kannte, hörte ich grinsend zu und war umso verblüffter, was sie mir im nächsten Atemzug sagte: »... arbeitsmäßig bist du ziemlich ausgelastet ... in der Liebe bei dir ist da einer, der dich gern hat und auch immer wieder kommt, aber auch noch andere Weiber hat ...« Dabei zeigte sie auf eine Karte mit einem Reiter. Haha, eindeutig Finn, dachte ich. »... und in Bezug zu deinem Herzensmann ...« Ich mußte an Nick denken. »... na toll ... paß auf, dein Herzensmann **ist dem Sex auch nicht abgeneigt** ... und er hat auf der Arbeit eine sexuelle Beziehung, die sein Privatleben **nicht** beeinflußt, aber **er hat Sex bei der Arbeit** ...«

Ulli war selbst über ihre eigenen Worte verblüfft, aber blieb bei ihrer Aussage. Es war ihr richtig unangenehm, mir nichts leichteres, irgendwie »besseres« verkünden zu können. Ich fand es jetzt angebracht und auch nur fair, sie in mein Geheimnis mit dem »Callboy, der mein Herz berührt hatte«, einzuweihen. Dadurch könnte sie auch ihre Karten besser verstehen, nämlich daß ihre Aussage, er habe »**Sex bei der Arbeit**«, **ja genau seine Arbeit war**!

Ulli war sprachlos! So was hatte sie überhaupt noch nie gehört! Aber jetzt machten die Karten tatsächlich noch viel mehr Sinn. Damit reichte es uns aber für heute! Wir wollten erst mal raus in die Natur. Starteten unsere kleine Sightseeing Tour und hatten viel Spaß und sehr ausgelassen einiges zu lachen. Es war rundum, zum Glück, sehr witzig mit ihr.

Sonntagnachmittag, bevor Ulli wieder weit nach Hause zurückfuhr, bat sie mich nochmals für mich in die Karten schauen zu dürfen. Sie war neugierig oder interessiert und konnte nicht einfach bei anderen schauen. Jeder seriöse Kartenleger fragt immer um Erlaubnis und nur wenn er diese hat, darf er sich über eine Person und ihr direktes Umfeld informieren. Alles andere wäre Bedrohung des Freiraumes der Persönlichkeit und ungünstig für die eigene Ausstrahlung und karmische Resonanz.

Schnell erlernte ich die Bedeutung der Karten. Daß es darauf ankam in welche Richtung die Personen (Herzdame/Herzbube) schauen und was die Symbole in Bezug auf ihre Position im gelegten Gesamtbild bedeuten. Es war klar zu sehen, ob die Ereignisse bevorstanden, gerade im Gange oder bereits bewältigt waren, weil sie im gesamten, gelegten Kartenbild direkt hinter den Personenkarten lagen, mehr in den Hintergrund getreten waren, oder schon ganz am Rand lagen. Ulli deutete sachlich und sprachlich voll im Fluß und sagte mir, daß Nick sich bei mir melden würde und wir zusammenkämen. Er sei der Herzensmann, der Schlüssel zum Glück. Wir seien unser Schicksal, der Ring, die treue Freundschaft (Hund), das gemeinsame Heim/Haus. Er stünde in der Öffentlichkeit und es gäbe noch die eine oder andere schwarze Wolke über ihm und mächtig Gegenwind vor ihm. Die Schlange (Symbol einer anderen Frau) war bereits von ihm abgewandt und überlagert vom Sarg. Der bedeutete ein Ende, aber alles hätte noch eine längere Wartezeit. Es lag das Buch, das Herz, die Liebe über uns und das Kind, Symbol für etwas neues, das man gemeinsam lebensfähig macht. Also, das war **fett kraßcore** von der Kartenlegerin so eine Deutung zu wagen! Was sollte ich mit so einer Aussage anfangen – und zu **der** Zeit?

Mir war das viel zu viel Information, die ich mir nicht real vorstellen konnte und wollte. Aussagen, die mich eher beunruhigten und ich meinte zu ihr, sie müsse sich damit nicht so ins Zeug legen. Es sei ja alles gut gemeint von ihr, aber sie könne »den Finn« auch gerne so haben, ohne mir einen anderen, völlig illusorischen, nicht realistisch greifbaren Kerl schmackhaft zu machen. Ich meine, einen Callboy – schlimmer geht's wohl kaum – wir wollen uns doch nicht komplett lächerlich machen. Ich will mir da keine weiteren Gedanken und erst recht gar keine Hoffnungen machen und an »Kartensimsalabim« glaubte ich bisher eher nicht und lehne es auch bis heute noch ab. Das sind Projektionen, aber klar, man kann auch an den Weihnachtsmann glauben, möglich ist alles. Sollte da jemals was weitergehen, was ich als sehr unwahrscheinlich erachtete, würde ich es ihr mitteilen. Ansonsten sei die Sache nun ad acta gelegt, denn Gewißheit hatte ich für gar nichts. Sie verstand mich und nahm es auch nicht tragisch. Jeder normal tickende Mensch hätte so reagiert. Aber richtig viel Spaß hatte es gemacht mit ihr und sie fuhr, dankbar für unsere freundschaftliche, inspirative Begegnung, wieder nach Hause. Wir vereinbarten gelegentlich per SMS und Skype in Kontakt zu bleiben. Auf jeden Fall!

Finn drängte immer beharrlicher auf seinen Besuch bei mir. Aber ich wußte, daß ich alles, was mit ihm zu tun hatte, so oder so nicht mehr wollte. Auch er hatte ein faszinierendes Wesen und ein wertvolles Herz, wenn man es schaffte, daß er dieses zeigte. Wir hatten zusammen so einiges über das Leben gelernt, beobachtet, verstanden und sehr viel Schönes geteilt. Mir gegenüber war er ein angenehmer, scheuer, vorsichtiger, aber auch toleranter Partner. Er liebte alles, was mit Radsport zu tun hatte und war selbst trainiert wie ein Profi. So oft wie möglich konnte er mit Leichtigkeit hundertzwanzig Kilometer am Tag auf seinen eigens mitgebrachten Rennrädern runtertreten. Er war naturverbunden, liebte Romantik am Lagerfeuer, am liebsten mit Grillgut und Weißbier an schönen Plätzen im Wald. Aus der Kindheit im weit gefährlicheren Südamerika geprägt, zeigte ich mich ab Einbruch der Dunkelheit ängstlich im Wald. Ich wollte bevor es dunkel wurde wieder raus sein, was ihn verwunderlich an mir gestört hatte. Weiber halt! Tiere mochte er genauso gern wie ich. So waren wir oftmals in der halben Schweiz unterwegs und besuchten Wildparks oder etliche kleine, edle private Zoos. Am liebsten solche, in denen man die Tiere anfassen durfte. Auch Finn hatte sehr lange gepflegte Haare und war nicht zuletzt dadurch speziell in seinen Lebensansichten. Trotz unterschiedlicher Vorstellungen wie man das Leben sehen könnte und am besten leben sollte, war er viele Jahre lang mein Vertrauter und enger Freund, wenn auch wohnlich auf Distanz. Bei Bedarf gönnten wir uns etwas Abstand oder individuelle Freizeitgestaltung. Aus seiner Sicht, so meinte er, könnten wir das noch dreißig Jahre so weiter machen. Doch aus meiner Sicht gab es bei beidem einige Grenzen der Kompatibilität. So kam die Zeit, in der Freundschaft noch okay sein sollte, aber anderes erschöpfend ausgetauscht und meines Erachtens nicht mehr entwicklungsfähig war. Da wir auf diesem Planeten alle in einem vampirischen System leben, wo alles und jeder sich von etwas anderem nährt, wäre das allein nicht bedenklich. Wenn aber Ungleichgewichte entstehen und einer den anderen teils als anstrengend oder entkräftend empfindet, ist zu überdenken, ob man seine Lebenskraft weiterhin in den nicht gänzlich passenden Partner investieren möchte. Eine ganze Menge hatte bei Finn und mir, im Nachhinein betrachtet, erstaunlich lange zusammengepaßt, aber es reichte bei weitem nicht für das weitere Leben. Über Jahre waren zu lockere Abgrenzungen nicht klar gezogen worden und jetzt drängte es mich plötzlich zu Neuordnung und Klärung. Auch die paar wenigen persönlichen Dinge, die von ihm in meiner Wohnung verteilt waren, mußten raus! Ich fand aus meiner Sicht eine faire Lösung und brachte ihm nach Absprache, auf einer kleinen Bayerntour zu meiner Tante, Cousine und Cousin in der Nähe seines Wohnortes, alles noch persönlich vorbei. In seine Wohnung wollte ich nicht mehr. Besser verbrachten wir, trotz Hitze, einige Stunden in einem von Finn ausgesuchten, schönen Biergarten. Hier konnten wir in aller Ruhe unsere Situation klären, ohne größere Schlußwunde[27], die weiteren freundschaftlichen Umgang gut ermöglichte. Das war uns beiden wichtig und ist bis heute unverändert so geblieben, keine Vorwürfe, keine Diskussion, aber auf eine gewisse Art vertrauensvolle Freundschaft, toll!

In dieser Zeit hatte ich irgendwann das Bedürfnis Nick wissen zu lassen, daß ich meinem »Langzeit-Energievampir« den Dolchstoß erteilt hatte, da er diesen befreienden Zustand nach seiner eigenen Trennung sicher gut verstünde, ohne zu befürchten, daß ich ihn jetzt »zupsychen« würde und er meinte darauf:

> Nick, 25. Juni 10:29
> *Ja, manchmal muß man sich im Leben von den Dingen entledigen, die einem nicht mehr gut tun und diesen Müll raustragen ☺.*

Ich ließ fünf Tage bis zu meiner Antwort, die ich nachts schrieb, vergehen. Es gab ja keine Eile, aber ich spürte wie die Anziehungskraft und ein unsichtbarer enger Kontakt zwischen uns emporstiegen. Mir drängten sich Gedanken auf, die ich ihm gern mitgeteilt hätte, aber wir waren keine privaten Freunde, die sich alles erzählen, sondern höchstens »Geschäftspartner einer einmaligen Dienstleistung und bezahlten Sympathie«, das mußte ich mir immer wieder vor Augen halten. Ein Wunder, daß er überhaupt Kontakt hielt, nach meiner schriftlich bekundeten »Unwilligkeit diese ›Geschäftsbeziehung‹ aufrecht zu erhalten«. Aber auch er war Geschäftsmann und Profi genug und gab noch lange nicht auf, sendete mir am Morgen danach folgende SMS:

> Nick, 30. Juni 09:06
> *Hallo Tina, ich würde mich sehr freuen Dich wiedersehen zu dürfen. Ich werde allerdings vom 07. bis und mit 28. August in Südfrankreich sein. Und ja, bei Müll muß man einfach konsequent bleiben, denn der ist manchmal arg anhänglich,*

> *wenn nicht schon fast klebrig. Ich wünsche Dir viel Kraft und selbstverständlich schöne Ferien. Kiss, Nick*

Also doch ein Marketing-Plan! Er versuchte die Kundin dezent deutlich wieder an die mögliche, »bezahlte« Begierde zu erinnern. Auch ich blieb meinem eingeschlagenen Weg treu. Gern würde ich Zeit mit ihm verbringen, jedoch sicher nicht bezahlen! Je mehr ich versuchte Abstand zu gewinnen, umso mehr spürte ich, wie unausweichlicher Magnetismus sich zwischen uns aufbaute. Ich spürte, für mich deutlich erkennbar, sein inneres Wesen in Bezug auf seine persönliche Bestimmung durch und durch und konnte dies mit Leichtigkeit sogar noch in Worte fassen. Vielleicht war es dreist, vermessen oder nicht ganz dicht, aber nachts darauf sendete ich Nick diesen, mit Abstand betrachtet, für den normalen Hausgebrauch und klaren Verstand, inhaltlich und in seiner Länge, relativ unglaublichen Text! Man mag darüber denken was man will, für mich war er zu dem Zeitpunkt genau passend.

Mir war auch längst wurscht, was dieser »Nick« von mir dachte. Ich wollte Klarheit, Ordnung und Heilung für diese Situation und deshalb mußten diese Worte an ihn per SMS einfach dringend raus!

> Tina, 01. Juli 23:55
> *Hi Nick, edler Krieger ... Du bist einfach gut in Deiner Essenz und ich danke für die Kraft und guten Wünsche, Ferieninfo und Müllberatung ☺. Ich bring die Dinge schon voran, bin unaufhaltsam unterwegs auf meinem Weg! Danke ebenso für so viel Inspiration, die ich nicht genug immer wieder schätzen kann. Vor allem die enorme, kraftvolle, ständig fließende Energie, die aus Deinem Wesen strömt! Für mich sehr eindrücklich spürbar seit der unerwarteten Begegnung mit Dir! Du hast erstaunlich kraftvolle Quellen, wie ich Dir schon persönlich sagte. Sie nutzen Dich für ihren irdischen Ausdruck und sie wählen nur die Besten, Stärksten mit bewußt liebevollem Herz, die Geistreichsten, die Entschlossensten und Feinfühligsten, Kraftvollsten, Leidenschaftlichsten, Hingebungsvollsten, Mutigsten, die weder am Zweifel zerbrechen noch an der Intensität des Erlebten verbrennen! Ha, so einer bist Du! Darauf kannst Du stolz sein! Das fühlt ja nicht jede(r) in Dir, aber Du bist erkannt und geschätzt und somit aus der geistigen Welt immer unterstützt. »Du würdest Dich sehr freuen mich wiedersehen zu dürfen?« Das sehe ich genauso mit Dir! Einen Nick, der auf die Frage, ob das*

nun Teil der Show ist oder der verkauften Illusion, antwortet: »Ich bin ganz ich, ich bin jetzt völlig ich selbst.« DEN will ich wiedersehen! Du weißt, für mich war die Sache eine einmalige Neugier, ein Geschenk an mich selbst und ich erwartete diffus einen »kalten Knochen«, der halt sein Standardprogramm auf freundliche, wohlwollende Weise abspult und wieder im Nichts verschwindet. Doch es kam völlig unerwartet ein schon gereifter Mann mit Leidenschaft, Feingefühl, Herzklopfen und einem außergewöhnlich offenen, gebenden Herzen, aus dem eine wertvolle Kraft strömt, einer der auch noch die für mich perfekte Optik schmeißt ... phänomenal ... schön! Vieles hat sich an dem Abend seinen ganz eigenen, perfekten Weg gesucht und eine völlig unerwartete Intensität, Unbeschwertheit, Bereicherung und schier endlose Dauer und Verbindung aufgebaut. Du hast mich durch Deine ehrliche Art, Neugier, Vertrauen und durch Deinen so entschiedenen, wertvollen, respektablen und die Frau verstehenden Nebenjob, mein Herz tief berührt, so daß ich Dich mit »großer Sorgfalt« bei »geistiger Entspanntheit« sehr, sehr »vorsichtig« dosieren muß und werde! Ich bin durchaus dankbar Dich kennengelernt zu haben, DAS sicher Nick, da liegen keine Zweifel, doch wann und wo wir uns wiedersehen, spüren wir gemeinsam raus, wenn's dann so wird. Ende Juli lockt, falls Du da viel Freizeit hast. Anfang September wäre optimal, da hast Du am meisten zu erzählen ☺. Wir sind sicher spontan ☺. Es gibt keine Eile, Du sagtest selbst, es ist alles längst entschieden und wir haben alle Zeit der Welt ☺. Also genieße ich noch die Erschütterung im Herz ☺. Lovely inspirations for you and dirty kisses all over your hot body, Tina ☺

Tagelange Funkstille – und die tat sehr gut, denn es war alles gesagt! Ich hatte meine Haltung und Empfindung offen gezeigt, dabei Klarheit angeboten. Da das Leben ja bekanntlich immer eine »Online Show« ist, kann man nichts zuerst üben und dann schauen wie es wird, korrigieren und hin und wieder mal auf »Reset« drücken geht nicht. Besser ist es, in Bezug auf alles, was man macht, sagt, denkt und fühlt »integer« zu sein. Das heißt, die volle Verantwortung zu übernehmen, indem man es auch durch und durch so meint und immer authentisch ist. Der Rest kommt und regelt sich von allein über die innere Ausstrahlung!

Ich tauchte wieder in mein First Life[28] ein, in das bisherige, reale Leben. Da war ich viel unterwegs, traf andere Freunde und lebte immer wendig und aktiv, wie es mir entspricht. Es vergingen Wochen und ich drängte dieses »Callboy-Erlebnis« in eine Erinnerungssackgasse, wo die losen Enden gut und sicher aufgehoben waren. Beide hatten wir wohl nichts gegen eine gelegentliche, unverfängliche, freundschaftliche SMS, zum Beispiel eine Kurzinfo zu den weit voraus geplanten, möglichen Z7 Konzertterminen im Dezember.

> Nick, 25. Juli 13:17
> *Hallo Tina, ich werde Dir wegen den Konzerten auf alle Fälle noch schreiben. Ich fände es nämlich schon ziemlich geil, wenn es wenigstens für ein Konzert klappen würde – vielleicht klappt es ja sogar für beide. Vielen herzlichen Dank für diese verlockende Einladung. LG, Nick*

... oder zum Schweizer Nationalfeiertag, dem 1. August.

> Tina, 01. August 20:18
> *Hi Nick, wünsch Dir ein ganz schönes 1. August-Fäscht*[29] *mit lieben Menschen, Freunden und/oder Familie. Bin in Engelberg und unerwartet total viel los ☺. Jetzt gibt's 'ne megafeine Pizza ... mmmh ☺. Love and passion, Tina*

> Nick, 02. August 08:49
> *Hallo Tina, ich war gestern auf einer Burg und wir haben lekker gegrillt. Und nun freue ich mich auf meinen Urlaub, der in ein paar Tagen beginnt. Ich werde also den Rest des Monats am Meer liegen und es mir gut gehen lassen. Dir wünsche ich ebenfalls eine ganz tolle Zeit und würde mich auf ein baldiges Wiedersehen mit Dir freuen. LG, Nick*

Ich schrieb Nick einen klassisch handgeschriebenen, schön verzierten Brief, um meinen Standpunkt nochmals ganz klar und deutlich zu machen, vielleicht war das visuell dargestellt eindrücklicher als per SMS. Damit einher nochmals eine Ladung hörenswerter Melodic-Metal-CDs.

Nick, 12. August 11:28
Hallo Tina, ich wollte mich einfach mal kurz bei Dir melden und Dir sagen, daß es mir gut geht und daß ich mich gut erhole. Ich bastle an einer Lamellenrüstung und verziere ein paar Schwertgürtel. Natürlich gehe ich auch ab und zu an den Strand meinen Po bräunen. Ach ja, Deine Musik hat mich auf meiner Nachtreise hierher begleitet. LG und einen »Schmutz uf e Buuch[30]«, Nick

Tina, 15. August 22:02
Tut richtig gut zu spüren, daß es Dir entspannt und erholt massiv gut geht, Nick. Hast Du Dir da am Strand was gemietet oder bist Du bei Verwandten? Du machst selbst die Lamellenrüstung? Wow! Ist ja spannend, wie so was paßgenau entsteht. Schwertgürtel, sind die aus Leder? Verzierst Du sie mit 'nem Brennkolben oder mit Applikationen aus Metall? Stell' mir grad vor ☺, wie megaheiß Sex mit Dir in Lamellenrüstung und Accessoires sein könnte. Ein richtiger Krieger voll in Action ☺. Und ob das überhaupt geht ... sehr sehr heiß ☺. Meine 2 Wochen Ferien haben auch heute begonnen. Dir weiterhin tolle Ferien! Freu' mich auf Dich und über Dich, irgendwann, irgendwo. Lovely kisses, Tina

Nick, 21. August 17:06
Hallo Tina, die Lamellenrüstung werde ich wohl jetzt im Urlaub nicht fertig bekommen, doch der Schwertgürtel ist fertig. Dieser besteht aus Leder und wurde mit Wollgarn verziert. Sex in Rüstung stelle ich mir etwas zu warm vor, doch Du kannst mir gerne mal unter die Tunika greifen, wenn ich

wegen der Hitze keine Hosen trage. Die Germanen kannten nämlich keine Unterhosen. Dafür würde ich aber meine ganze Bewaffnung (Speer, Rundschild, Spatha, Sax, Bartaxt und Gebrauchsmesser) tragen ☺.

Tina, 26. August 19:58
Hi Nick, jetzt würd' ich echt gern Deinen geilen, braungebrannten Po sehn – bist sicher total knackig braun und so richtig lecker zum sündig vernaschen und nicht wiederzuerkennen und Deine Haare noch viel länger, perfekt! Hast hoffentlich ein paar geil gute Fotos gemacht ☺. *Das Foto von Deiner Spatha zeigt mir auf Anhieb Dein Wesen, wie exakt Du arbeitest u wie viel Hingabe, Perfektion und Liebe zum Detail in Dir stecken. Kein Problem an der Grenze? Absolut total schön alles und faßt sich sicher sehr gut an, kann ich richtig spüren, die edlen Materialien. Auch das helle, schmale Trinkhorn ist faszinierend, wundervoll schön! Die Lamellenrüstung dauert so lange! Mußt Du da jedes einzelne Teil zuschneiden, formen, hämmern, verknüpfen? Bis ich Dich (vielleicht im Dezember) sehe, wird's ganz schön schattig sein darunter und unter der Tunika ohne Unterhosen sowieso* ☺. *Hehe ... sehr gern nehme ich Dein Angebot, Dir da mal drunter greifen zu dürfen an – spannend und kribbelig* ☺. *Allerdings wird mich das so derart heiß auf Dich machen, daß ich mich ungebändigt wild und hemmungslos auf den edlen Krieger stürzen werde! All seine Bewaffnung wird wild verstreut im Umkreis von 10-30 m liegen und auch er verliert erneut seinen Verstand ...* ☺ *aber Verstand brauchen unsere*

Treffen auch nicht, wir folgen nur Herz und Gefühl, Leidenschaft, Sehnsucht und der innigen Liebe zu all dem, was wir fähig sind uns zu geben und (an)zunehmen ...

Muß los, hagelt aber grad heftig runde Eiswürfel vom Himmel (Caipirinha-Gläser nur aus dem Fenster halten), hab' in Baden zum z'Nacht[31] abgemacht. Bin erst seit heute wieder daheim und tagelang 37 Grad die volle Megahitze – Klimaanlage hat's kaum geschafft Wohnung runter zu kühlen und jetzt kommt dieser Sturm. Morgen Temperatursturz auf 16 Grad angekündigt, kraß und Sonntag nur noch 22 Grad, damit Du weißt, was Dich erwartet. Okay Nick, genieße jede Stunde, wünsche Dir 'ne gute, sichere Heimfahrt. Deep and dirty sucks, Tina ☺

Ich wußte nicht, wohin dieses SMS-Geplänkel hinführen sollte, aber es war immer wieder locker und angenehm über ein paar Banalitäten weiterhin in Kontakt zu sein. Auch ich hatte zwei Wochen Urlaub gehabt und am schicksalhaften Sonntagabend, bevor ich Montag drauf wieder voll fit ins Büro gehen sollte, kam ich kurz nach 22 Uhr nach Hause. Ich freute mich auf einen ruhigen Restabend, genoß sichtlich entspannt meine Erholung und die schöne Bräune mit viel Urlaubsfeeling auf meiner Haut. Ich wollte ausnahmsweise mal so richtig schön »zeitig« schlafen gehen, was selten genug vorkam. Es war Zufall, daß mein Handy noch nicht, wie jede Nacht, auf lautlos gestellt war und ich überhaupt bemerkte, daß ich gerade jetzt die »Message« aller »Messages« erhielt. Nicht auszudenken, wenn ich sie erst am nächsten Morgen entdeckt hätte. Das darf ich mir gar nicht vorstellen. Wer solche überraschenden Sekunden selbst kennt, mag sich leibhaftig vorstellen, wie es einem dann geht, wenn sich plötzlich alles um einen dreht und man sich selbst innerlich überschlägt – mit einem Schlag ist man körperlich, geistig in höchster »Alarmbereitschaft«, auf ohnmachtsnahen, herzklopfenden absoluten Hochtouren. Vielleicht ist das auch nur bei Frauen so, ich weiß es nicht. Lest das:

Nick, 28. August 22:30
Hallo Tina, ich bin letzte Nacht von Südfrankreich zurückgekehrt und wäre gerade in Deiner Nähe. Was meinst Du? Lust mich zu sehen? LG, Nick

> Tina, 28. August 22:38
> *IMMER Nick! Du weißt, wie ich zu Dir stehe. Ich war immer im Herzen ehrlich zu Dir ☺. Die Antwort ist: GERN JEDERZEIT! Dann seh' ich ja Deinen braungebrannten Po vor Dezember ☺. Freu' mich! Wo bist Du grad? Big kiss!*

> Nick, 28. August 22:44
> *Nun ja, ich habe nicht die ganzen Tage an der Sonne verbracht und bin deshalb nur etwas brauner geworden. Ich wäre in 5 Minuten bei Dir ☺.*

> Tina, 28. August 22:47
> *Okay, ich bin selbst grad zur Tür rein. Freu' mich echt total Dich so spontan zu sehen! Absolutely great! Kannst vor der Tür parken. No prob.*

In fünf Minuten? **Fünf**? Ich checkte gar nicht, was da grad vor sich ging, alles passierte und bewegte sich gleichzeitig, aber in Zeitlupe. Wie? In fünf Minuten wollte er hier sein? Brennend heiß fuhr es mir durch den Kopf, was **jetzt** wohl auf mich zukäme, das hätte ich **nie** erwartet! Mein restlicher innerer Zwangscheck stellte schnell noch fest, daß die Wohnung zum Glück in Ordnung war und noch mehr zum Glück, ich selbst voll passabel gekleidet und geschminkt, sogar richtig cool partymäßig gestylt war, weil grad eben noch selbst unterwegs. Ich hätte ja, wie im Comedy-Film, schon mit der grünschleimigen, ekligen Gurkenmaske im Gesicht und braunknietschiger Naturschlammhaarpackung, vielleicht unter einer geblümten Duschhaube, mit durchlöcherten, ausgeleierten XXL-Pyjamahose im Bett liegen können. Das wär' der Witz gewesen! Zum Glück ist all das nicht passiert! Es lief geradezu perfekt!

Hey, was mache ich so lange noch in aller Eile? Mir war heiß, halb schlecht und schwindelig vor Freude zugleich. Das einzig Wahre, Sinnvolle, was mir einfiel, war ... grübel, grübel ... jetzt noch schnell meine Zähne zu putzen ... schrubb, schrubb, schrubb vor dem Spiegel und schon klingelte es. Das waren keine drei Minuten gewesen! Ich riß diesmal meine Wohnungstür sofort auf und wieder stand der smexy[32] Kerl berauschend, unverschämt gut aussehend, braun gebrannt, lässig gedreßt, mit seinem umwerfenden Blick und Lächeln auf den Stufen, die in meine Wohnung führen. Wir fielen uns rasant, wild küssend in die Arme ... ahhh ... vom Feinsten! Besser und spontaner geht's echt nicht! Nick war immer für eine Überraschung zu haben.

Klasse, so einen intensiven Umgang mit dem Leben fand ich sensationell! Welch ein Gefühl, welch' Überraschung! Mein Herz hüpfte wie wild. Der restliche Verstand, der sich seit der ersten Begegnung nur mühsam teilerholt hatte und sich ja seither nie wieder komplett einschalten konnte, bekam nochmals so richtig einen drauf, so einen ordentlichen, totalen Breitseite-Knock-out-Dämpfer. Z-a-a-a-c-k!

Ich träumte nicht, es war wahr: Nick Laurent, der berühmte Callboy, besuchte mich heute ganz offensichtlich »privat« und diesmal auf »seinen« Wunsch hin! Ich war schon sprachlos, aber groß sprechen mußten wir ja auch nicht. Wir waren einfach nur lustig, unbeschwert und restlos glücklich. Wie ewige Freunde, die es nicht erwarten können sich wiederzusehen und das Schöne am Leben gemeinsam zu genießen, mehr aber auch nicht! Die Nacht war alles andere als zum Schlafen da! Ich schaffte es noch eine knappe SMS an meine Arbeitskollegin zu senden, daß ich Montag erst mittags beginnen könne. Mir war ganz im klassischen Sinn wirklich völlig unerwartet »etwas dazwischengekommen«, was ich natürlich nicht erwähnte. Nach dem Urlaub hatte ich noch eine minimale Schonfrist, die ich später in der Workload-Flut sowieso doppelt büßen würde. Was soll's, es kam nicht mehr drauf an, arbeiten würde ich so oder so noch genug. Zum Glück hatte ich immer Limonen im Haus. Diesmal sollte Nick die Caipirinhas machen, wenn auch unter meiner Anleitung ... Haha, wir lachten, flirteten, was das Zeug hielt. Während ich ihn mit der fachkundigen Anleitung zur Zubereitung beschäftigt hielt, tippte ich noch eine SMS an Ulli, die Kartenlegerin.

> Tina, 28. August 23:45
> *BREAKING NEWS – Nick Laurent stand eben, nach spontanster Ankündigung per SMS, vor meiner Tür! Ich kann es nicht glauben, aber er ist PRIVAT hier und ich freue mich RIESIG! Es geht uns super gut! Weiter kann ich jetzt nicht denken ... GlG[33], Tina*

Es war eine wunderschöne, laue Sommernacht, die wir innig wie eine unbegrenzte Ewigkeit auskosteten. Nick rauchte diesmal deutlich mehr. Ganze fünf Zigaretten. Zwar diese Leichten, aber sein Suchtverhalten war schon gut erkennbar. Ich rauchte gern genüßlich mal eine oder zwei mit, habe aber Smirting[34] oder Suchtpotential nicht in mir, nie gehabt. Mit dem Rauchen hatte ich mit mir selbst noch nie das geringste Problem. Ob Zigarette, Zigarillo oder schwere Zigarre, ich kann heute so viel rauchen bis mir mulmig wird und ich auf allen Vieren krieche, aber es wäre am nächsten Tag abgehakt und vergessen. Wenn ich rauche, dann aus reinem Genuß, zum Glück nicht zur Verneblung meiner Sinne und schon gar nicht, um ein Defizit an anderer Stelle zu kaschieren. Es entging meiner Wahrnehmung nicht, daß Nick ein geübter, regelmäßiger Raucher war. Was immer tief in Persönlichkeiten blicken läßt und deutlich versteckte innere Unruhe, vielleicht auch Aggressivität, Rastlosigkeit, Suche oder Aufgehaltensein in dem was man leben möchte, aufzeigt. Was manchmal auch eine verdeckte innere Traurigkeit und Machtlosigkeit gegenüber den Dingen und dem Leben ausdrückt.

Auf meinem nicht überdachten Terrassen-Balkon hatten wir freie Sicht auf den klaren Sternenhimmel. Toll! Die gemütliche Auflage meiner Sonnenliege lud uns ein, es uns auch darauf gemütlich zu machen. Die frische, leichte Morgenkühle um die Pobacken zu spüren, tat richtig gut. Mir fiel markant auf, daß Nick auch heute sehr darauf ausgerichtet war, sich selbst total in den Hintergrund zu stellen und ganz für die Frau aktiv zu sein. Immer aus einer Art, wie soll ich es passend ausdrücken, handelnder Verantwortung für die gemeinsame Situation heraus. Ich zeigte ihm sanft, daß er jetzt »nicht bei der Arbeit sei«. Er sich jetzt selbst einmal in Hingabe und Genuß fallen lassen konnte, ohne etwas »tun« zu müssen, ohne daß eine bestimmte Reaktion von ihm erwartet wurde. Er sollte nun ruhig mal mir den Rest überlassen. Er ließ sich irgendwie leicht, oder erleichtert, zurückfallen und ging tatsächlich darauf ein. Schon konnte ich spüren, daß er mich bereits leicht verändert, inniger und sanfter küßte, mich auch noch einfühlsamer und sanft wie fest zugleich, aber doch spürbar anders und verbundener anfaßte als beim ersten Mal. Robust oder rauher veranlagte Menschen mögen all das gar nicht relevant finden. Für unsere Entwicklung miteinander jedoch war diese Feinfühligkeit und die sich, Stück für Stück tiefer und offener, in den anderen hineinwagende Wahrnehmung einfach grandios! Ein einzigartiges, im Herzen berührendes Erlebnis. Jetzt auf der zum Poppen umfunktionierte Sonnenliege, unter unendlichem Sternenhimmel, passend zu unserem erlebten, außergewöhnlichen Gefühl, irreal und berauschend, in dieser neuen Kombination. Ich war begeistert ... er hatte ein Herz – **und was für eins** – und er zeigte es mir!!

Nick blieb über Nacht und früh um 3 oder 4 Uhr waren wir uns einig, daß wir wenigstens versuchen sollten, noch ein paar der wenigen, von der

Nacht verbleibenden, Stunden zu schlafen. Er habe heute über Mittag eine Tagesbuchung. Ja und ich wollte im Büro doch zumindest einen halbwegs frischen, ausgeschlafenen, urlaubserholten Eindruck machen und nicht schon am ersten Tag aussehen, als hätte ich gar nicht geschlafen, was aber so war. Ich konnte es kaum glauben, welchen Höhenflug wir soeben wieder erlebt hatten. Daß er jetzt nackt bei mir lag, in meinem Bett unter der breiten Sommerdecke. Und das schier Unglaublichste für mich daran: Nick Laurent, der derzeit bekannteste Callboy der Schweiz, war in rein »privater« Mission unterwegs. Und ich hatte mir schon ausgemalt ihn schlimmstenfalls besser nie mehr zu sehen und nun war er von sich aus einfach zu mir gekommen, die reinste Euphorie. Das war für mich **das erste Wunder!**

Klar, hätte ich ihn immer wieder buchen können, bis ans Lebensende. Da hätte sein Geschäftssinn auch im Nachhinein sicher nichts dagegen gehabt, aber genau **das** war es ja, was mich **nicht** interessierte. Und jetzt war er zu seinem »eigenen Vergnügen« zu mir gekommen? Ich würde heute nicht bezahlen ... klasse! Doch **was** hatte **ihn** bewogen nachts vor meiner Tür zu stehen? Ich konnte schlecht fragen und mein überaktives Weiberhirn hatte erneut viele, wilde Varianten parat. Aber ich besann mich auf den Hinweis des Weisen: »Du mußt nichts machen und du kannst auch nichts tun – sei einfach nur still!« Ich stellte ihm keine Fragen!

Nie zuvor hatte ich Herzklopfen dieser heftigen Art verspürt. Während wir nebeneinander, ich in seinem Arm unter der doppelten Decke, im Bett lagen und er ruhig atmend tatsächlich schon seelenruhig schlief, schaute ich ihn an. Dabei dachte ich, mir hüpft gleich mein Herz aus dem Fleisch heraus! Es war ein so starkes Herzklopfen, daß ich es richtig laut pochen hören konnte und fühlte, wie es in mir »auf und ab hüpfte«. Ich spürte eine derartige, alles überströmende, riesige Freude im ganzen Herzen und Körper, die ich mit nichts je zu vor Erlebtem vergleichen konnte. Wie wenn mein Herz, soeben noch ahnungslos, sich jetzt aber aus »ganzem Herzen« freute. Endlich nach so vielen Lebensjahren, das zum ihm exakt passende Herz gefunden zu haben. Klingt megakitschig, ich weiß, aber das waren meine Empfindungen in der wertvollen Zeit dieser Nacht, wofür ich dankbar war: So was in der Intensität und Bewußtheit je erleben zu dürfen. Zwar mit einem Callboy, wie ich noch abwertend urteilte – aber immerhin! Das Herz schien darauf nicht zu achten – ich wußte und wiederholte vor mich hin: »Es entscheidet im Moment für den Moment, ohne Beachtung jedweder Konsequenzen und da es mit unserer Seele in Verbindung steht, kennt es unsere Bestimmung und lenkt uns in eine dazu passende Zukunft.« In mir drehte sich alles und das waren definitiv nicht die Caipirinhas. Mit dem Verstand war sowieso nichts mehr anzufangen – der war jetzt endgültig und eindeutig, im wahrsten Sinne des Wortes, wie »weggeblasen«, aufgelöst, ausgeschaltet, wie nie dagewesen. Macht-, kraft- und restlos, komplett spontanverpufft!

Am nächsten Morgen ging es da weiter, wo wir in der Nacht aufgehört hatten und wir waren bester Stimmung und total vergnügt, abenteuerlustig, flirty-sexy unbeschwert und es fühlte sich an, wie wenn wir uns schon immer kennen würden. Nicht die geringste Spur von »sich fremd sein«, oder »sich erst das zweite Mal peinlich betreten sehen«, oder irgendeiner »inneren oder äußeren Distanz«. Es war echt verblüffend ... total erstaunlich, denn woher kam diese Vertrautheit?

Nick hatte kein Necessaire oder sonst ein Detail zum Übernachten mit dabei. Was mir bewies, daß auch er diesen Einfall, bei mir vorbei zu kommen, spontan gehabt haben mußte und das Übernachten nicht geplant war. Wie auch? Er wußte ja gar nicht, ob überhaupt und in welcher Lebenslage er mich antreffen und ob ich auf sein Angebot eingehen würde. Nun, eine unbenutzte Gästezahnbürste aus einem Hotel oder Flugzeug hatte ich schnell gefunden. Er fragte auch grinsend nach einem Einmalrasierer. Ich hatte noch ganz neue in pink(!) und dachte für seinen Dreitagebart – haha, weit gefehlt, viel schlimmer! Er mußte direkt von mir zu einer »Callboy-Buchung« und wollte sich unter der Dusche nochmals schnell rundum den letzten Schliff geben. Die perfekte Rasur sei ihm äußerst wichtig, sagte mir Nick. Kraß! Da standen wir gemeinsam im Bad, hatten es lustig und »der Callboy« bereitete sich bei mir(!) in der Dusche für seinen nächsten »Sex-Einsatz« vor, als sei es das Normalste der Welt. **Das** war voll kraßcore!

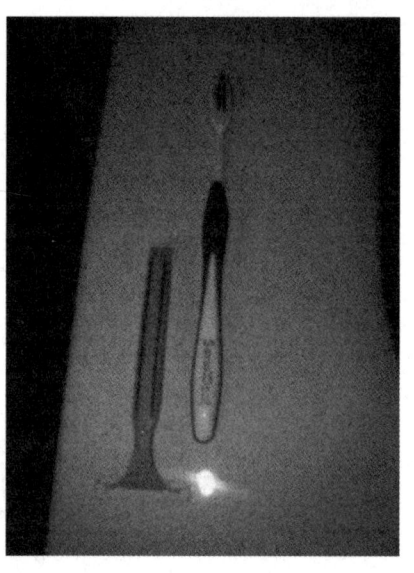

Wieder ging's mir durch den Kopf: Wie schlimm kann's noch kommen? Zugegeben, etwas neugierig ergriff ich noch die Gunst der Stunde und fragte ihn ganz nebenbei ein bißchen aus. Was das denn für eine Buchung wäre? ... ah, in einem Business-Hotel, oh ... während der Mittagspause ... ein Büroszenario, interessant ... zwei Männer, eine Frau, aha ... uff ... okay ... keine große Sache, nur anderthalb Stunden, ja klar ... und am Tag darauf gleich nochmal ... Ich staunte nicht schlecht ... und übermorgen sogar noch einmal ... immer in anderer personeller Kombination ... Ah ... gut, okay ... jaja, ach so ... aha, klar doch ... verstehe ... sehr »harte« Arbeit ... non stop ... klar ... ein voller Kalender, der Alltag eines Callboys eben! Lustiger Typ, dieser Nick, flockiger Humor auf jeden Fall!

Wir frühstückten gemeinsam, dekorierten uns wieder für die Außenwelt und wünschten uns zum Abschied innig küssend einen wunderschönen Tag. Den würden wir haben, ganz bestimmt! Wir fuhren in unseren Autos, beide in Richtung Zürich ab und verabschiedeten uns, breit grinsend, durchs Fenster während voller Fahrt auf der sonnigen Autobahn. Voll fett, dachte ich! Ich hatte schon ziemlich viel erlebt, aber der ... **der** toppte echt alles!

Im Büro erwartete mich stapelweise Arbeit noch und nöcher. Erst abends spät, als ich wieder nach Hause kam und bewußt real all die Spuren dieser Nacht in meinem Apartment sah, wurde mir bewußt, was da hier heute abgegangen war. Eine völlige Verrücktheit! Ein **riesiger Rückfall**! Zwar grenzenlos schön, unbezahlbar, wild, heiß und sexy, aber das machte doch die ganze Sache jetzt erst recht nicht wirklich einfacher. Was ließ ich mich auch von diesem Kerl derart verführen? Da steckte doch sicher eine **Absicht** dahinter? Umsonst kommt **so einer** doch nicht einfach nochmal vorbei ... wollte er mich aus männlichem Stolz oder übertriebener Selbstverliebtheit, eventuell um jeden Preis, doch noch zu einer Reihe teuer bezahlter Buchungen bewegen? Ich war mir über gar nichts mehr sicher. Bei aller Gefühlsduselei, echt schräg! Einerseits konnte ich das alles selbst gar nicht richtig glauben. Andererseits konnte ich es sowieso keinem erzählen und noch weniger konnte ich mir bei irgendwelchen, diesbezüglich unerfahrenen Ladies, ohne mich gänzlich lächerlich zu machen, Rat holen. Wie ich mich denn nun wohl am besten dem »privat aufkreuzenden« Callboy gegenüber zu verhalten hätte. Alles schien mir mit einem Mal voll lächerlich und ordentlich daneben! Brauchte ich so einen Egoboost[35], daß **der** mich gut findet? Klar schwebte ich noch lange Zeit auf den so berühmten rosa Wolken, dachte, ich sei sicher was »Besonderes« für ihn. Er, der ja wohl schon **alles** gehabt hatte, was »Mann« sich vorstellen konnte – aber jetzt hatte ich's doch erst recht so richtig fett an der Backe!

Jetzt war der Zeitpunkt gekommen die Notbremse zu ziehen und diese aus dem Ruder laufende, abgefahrene Sache bei aller »Liebe« endgültig zu stoppen!

Der Verstand, das muß ich ihm schwer anerkennend lassen, versuchte mit seiner Resthoffnung unaufhaltsam, vielleicht doch noch irgendwie erneut Oberhand zu gewinnen. Sich wieder einzuklinken in meine Denkvorgänge, mich sofort und ordentlich wachzurütteln, auf die zahlreichen Gefahren aufmerksam zu machen, runterzufahren auf den Normalzustand, oder wenigstens auf einen kläglichen Notbetrieb. Es war zwecklos – aussichtslos – nichts war mehr wie je zuvor!

SENSITIVITY *Inspirations*
bietet an:

Werde still in Gedanken und ganz friedlich im Herzen.

Denke an die Menschen, die Dich umgeben. Zuhause, in der Nachbarschaft, am Arbeitsplatz, an öffentlichen Orten, im Urlaub. An solche, die Dir nahe stehen, oder solche, die Du nur flüchtig kennst oder nur als Menge wahrnimmst.

Spüre diese Menschen in ihren Herzen, spüre was sie plagt, spüre ihre Sehnsüchte, spüre was ihnen gut tun, was ihnen den Frieden ins Herz bringen würde. Laß Dir Zeit – folge Deinem geistigen Auge – laß die Impulse fließen.

Jetzt denke für Dich in Gedanken, **was** Du diesen Menschen Gutes kraftvoll aus ganzem Herzen wünschst. Sei Dir dabei bewußt, Du kannst nur **das** in Dein eigenes Leben ziehen, was Du **aufrichtig** auch anderen wünschst.

SECHS

MAGNETISMUS DER HERZEN

DU MUSST NICHTS MACHEN
UND DU KANNST AUCH NICHTS TUN – SEI EINFACH NUR STILL!

Wer will schon eine private Affäre mit einem Callboy? Gut – immerhin zahlte ich nicht, das war ja schon mal lobenswert bis nobel. Und er war's wirklich wert, mit ihm Zeit zu verbringen. Ein smexy Kerl, das volle Paket mit natürlichem top Body, gewitzter Geist und für mich sympathisch, weil ein wahrhaftiges Herz, was wollte ich mehr? Aber es drängten auch Fragezeichen an die Oberfläche. Viele blöde Fragen durchbohrten mich. Und so viel ich mich erinnerte, hatte er gesagt, er habe wieder eine Freundin ... also der Posten war natürlich vergeben. Da mußte ich gar nicht drüber nachdenken, oder mich mit unbequemen Problematiken löchern. Vor allem gab es da noch einen ziemlichen Altersunterschied und ich traute ihm sowieso noch nicht ganz über den Weg! Wo der Gentleman genießt und schweigt, würde ich das, als die Lady, jetzt wohl auch können müssen! Außerdem hatte mir der Weise bezüglich Partnerschaft mit auf den Weg gegeben, ich müsse nichts tun und könne auch nichts machen. Also beschloß ich weiterhin »still zu sein« und einfach nur zu schauen, was noch kommen würde. Sonst generell den Ball möglichst flach halten. Ich wußte, Waitstate[36] war wieder angesagt – erstaunlicherweise aber nicht sehr lang! Es kam bereits seine nächsten SMS:

> Nick, 01. September 18:22
> *Hallo Tina, die Nacht mit Dir war echt toll und ich habe Deine Nähe sehr genossen. Von mir aus können wir das gerne mal wiederholen. Dicken Kuß, Nick*

> Nick, 01. September 18:32
> *Ach ja, ich möchte Dir außerdem sagen, daß Du eine wirklich ganz besonders tolle Frau bist und ich Dich unheimlich gern bald mal wiedersehen möchte* ☺.

Kurz und knapp von ihm alles auf den Punkt gebracht! Welch ein Egoboost! Und da wollte ich die Sache beenden? Reißleine ziehen? Mich zieren, rarmachen und vielleicht nie mehr melden? Jetzt, wo es interessant wurde und ich natürlich aus erster Hand miterleben könnte und wollte, wie diese »abgefahrene Story« weitergehen würde? Die erste SMS dieser beiden, empfand ich eher sachlich, fast etwas berechnend. Die hätte jeder andere in seiner Situation auch schreiben können. Aber aus der wenig später folgenden zweiten SMS sprach das Herz. Nur diese zweite SMS bewegte mich dazu erneut darauf einzugehen. Wie immer, waren meine Antworten an ihn schrecklich lang und breit rumgeredet, typisch Frau, wie ich halt.

Tina, 01. September 23:58
☺ DANKE ... Nick!

Ich fühle diese tolle Nacht und diese berauschend herzliche, natürliche, intensive Nähe zu Dir genauso faszinierend und bereichernd wie Du! Besonders DEINE Wertschätzung ist mir etwas vom Wertvollsten, das ich je im Leben bekommen habe. Wow! MERCI, Nick! Die »echt tolle Nacht« ist nur in der perfekten Kombination, mit Dir zusammen Nick, entstanden und möglich gewesen. Niemand wird das je genauso erleben ... auch wir beide können nichts wiederholen, aber wir können vertiefen, wenn wir beide wollen ... und nur dann! Es könnte sein, daß Du meine Nähe »sehr genießen« konntest, weil Du irgendwie tief in Dir verstehst, wie ich bin und was ich Dir zu geben habe und der, DER DU BIST (und was Du wirklich als Mensch und als Mann zu geben hast), von mir irgendwo tief geahnt wird. Ich habe mich von Dir extrem geschätzt gefühlt, nur so konnte ich mit Dir so natürlich ganz ich selbst und »wild und heiß« sein, wie Du es nanntest ☺. Du bist mir sehr vertraut und ich bemerke selbst etwas überrascht, daß ich von Anfang an Vertrauen ZU Dir und Respekt VOR Dir habe! Wenn das alles so ist Nick, dann ist mir SEHR SEHR BEWUSST, daß dies zu erleben ganz ganz ganz selten ist! Danke, daß es Dich gibt, so wie Du bist!

Eternal love and passion, Tina

> Tina, 02. September 00:30
> *Zu Deiner 2ten SMS möchte ich Dir gern sagen: NICK ... Du berührst meine Seele mit wie und was Du mir schreibst ...*
>
> *... ich werde mein Herz fragen ☺, ob es nochmal sooo viel Mut aufbringt, Dich erneut wieder zu treffen/sehen/fühlen!*
>
> *Nick, ich werde Dir im Leben immer ehrlich sagen wie es ist – denn das ist meine innere Haltung ... dieses kleine, zerbrechliche und doch so starke große Herz in mir riskiert mit Dir in 1'ooo Stücke zu zerspringen! Glaub mir, ich will hier weder ernst, dramatisch oder witzig rüberkommen, sondern Dir das Gefühl dafür geben, was in mir vor sich geht nach Deinen Messages, okay? Also Herz sagt: Für Nick Laurent sind Herz & Tür immer offen!*
>
> *... von da her ... schon mal guter Rückenwind ... hey, ich freu' mich unheimlich sehr auf Dich ☺.*

Wir spielten dieses SMS-Pingpong ganz gern und irgendwie war es, wie wenn wir beide die Kuh aufs Eis gelockt hätten und nun gar nicht recht wußten, was wir da angezettelt hatten.

Ich erinnere mich genau. Kurz darauf, an einen stark verregneten Sonntag, fuhr ich Lissy, eine vertraute spirituelle Freundin, in der Höhenklinik Montana besuchen, die dort aus verschiedenen Gründen wieder zu Kräften kommen wollte. Während der Fahrt telefonierte ich aus dem Auto mit der Kartenlegerin und berichtete über die neuesten Entwicklungen in meiner sogenannten »Callboy-Affäre«. Sie meinte, sie könne nochmal in die Karten blicken, wie es genau aussehe, was da im Moment los sei und mir dann noch per SMS Bescheid geben, wenn sie was deuten könne. Wenig später schrieb sie mir.

> Ulli, 04. September 15:27
> *Heute liegt Brief schon näher und er will Dich einladen, Schlange hängt sich an ihn, will Geld, auf Griechenlandreise hast Du 'ne liebevolle Begegnung.*

Ich rief sie gleich nochmals aus dem Auto an und fragte, was das solle, was für ein Brief liege näher? Sie meinte, es liege eine Einladung von ihm vor, eine Nachricht, spätestens Montag hätte ich einen Brief in der Post oder eine SMS. Ich meinte, daß ich nicht wüßte, wozu er mich einladen sollte und was für einen Brief er mir schicken würde? Das konnte ich mir nicht vorstellen. Sie solle mir nicht so Flausen in den Kopf setzen. Scherzhaft fügte ich hinzu, aber gut, ich würde ein Auge drauf halten, was nun passieren würde, inzwischen hielt ich schon viel für möglich, auch das Unvorstellbare – solange ich still blieb.

Lissy freute sich riesig über meinen Besuch in Montana. Ich kam aufgrund des Unwetters spät, aber immerhin war ich da und lud sie auf eine Pizza ein, gleich in der Nähe ihrer Klinik. Wir redeten dies und das und sie merkte auch, daß mit mir etwas im positiven Sinne nicht stimmte, und daß ich sehr froh und glücklich aussah, innerlich leuchte wie blöd, so sagte sie. Die ganze Pizzeria sei durchstrahlt von meiner Power ... was denn los sei? Ich erzählte zaghaft, daß ich einen neuen Mann, ohne groß in pikante Einzelheiten zu gehen, kennengelernt hätte, aber nicht wisse, was das genau zu bedeuten habe, und ob ich ihn überhaupt nochmal wiedersehen würde. Klaren Wein durfte ich ihr während ihrer Kur keinesfalls einschenken. Die Story konnte und wollte ich sowieso niemandem zumuten! Um 21:30 Uhr mußte sie zurück in der Klinik sein, danach schlossen die Pforten und die Lichter wurden gelöscht. Es war ein herzlicher Abschied und ich glaube, sie konnte etwas von meiner hohen Energie zur schnelleren Heilung für sich selbst annehmen. Ihre Dankbarkeit und diese Freundschaft waren mir ein schönes Geschenk.

Nun konnte ich mich entspannt und in aller Ruhe auf den gut dreistündigen Heimweg machen und die schöne Fahrt durch die Nacht, allein mit meiner Fülle an Gedanken, Fragen, Antworten, Spekulationen, Hoffnungen, Ideen, Verrücktheiten, lautem Metal-Sound und noch mehr von diesen rasanten, wilden Feelings, voll genießen! Ich liebte es unterwegs zu sein – schon immer – reisen ist grenzenlos klasse! Weit oder nah, wenn es rollt oder fliegt, dann bin ich auf dem Weg, in Bewegung, mit einer Absicht in Richtung Ziel, Zeit für Kreativität im Geist, für mich Lebensfreude und Leidenschaft. Im Geländewagen unterwegs sein, Getränke an Bord, Sound in den Baßboxen, ich am Steuer, Sterne am Himmel, Lichter, als ob direkt verbunden mit dem Universum, mit der Unendlichkeit oder dem, was wir kleinen Menschen uns darunter vorstellen – eine aus der Tiefe kommende Ahnung von Freiheit!

Piiiep piiiep piiiep ... eine SMS war durchgekommen, die Musik war zu laut, um es gehört zu haben, aber ich bemerkte sofort das Licht des Displays und mein Atem stockte!

Nick, 04. September 22:17
Hallo Tina, hättest Du Lust mich ev. am 17.09. auf Schloß Lenzburg ins Mittelalter zu begleiten? LG, Nick

Ich mußte anhalten ... ich glaubte es nicht, ich konnte es nicht fassen! Woher konnte die Kartenleserin das wissen? Ich war platt ... Erstens, daß »er« so bald wieder geschrieben hatte und einen gemeinsamen »privaten« Ausflug in Aussicht stellte. Ich erspar euch jetzt meine erneute Schwärmerei, aber ich war völlig aus dem Häuschen! Das klingt im Nachhinein alles so easy und als hätte es nicht anders sein können. Aber Gewißheit hatte ich nie für nichts, da waren doch noch so viele Zweifel! Dann, zweitens, war's mindestens genauso heftig, daß die Kartenlegerin einmal mehr Recht behalten hatte mit ihrer aktuellsten Prophezeiung einer Nachricht, ja sogar explizit von einer Einladung gesprochen hatte! Wie konnte sie das auf Distanz und überhaupt vor ein paar Stunden schon geahnt, gesehen, gespürt und so präzise vorausgesagt haben? Es wäre eine Einladung unterwegs, ein Brief, eine Nachricht. Er mußte sich also schon damit beschäftigt haben, die Energie stand im Raum. Ich stand ergriffen auf einem kleinen Autobahnrastplatz ... war eine Weile sprachlos – total baff und überlegte, was jetzt zu tun sei – jeder Raucher hätte erst mal geraucht! Mindestens eine oder vielleicht gleich zwei! Ich genehmigte mir eine kühle Energy-Cola in goldener Dose aus dem silbernen Autokühlschrank ... das half auch!

Tina, 04. September 22:30
Hi Nick, JA tönt interessant, sehr gern werde ich am 17.9. Deine Begleitung sein. DANKE, daß Du dabei an mich denkst. Was für 'ne Location/Event ist das genau? Dresscode? Ist das Samstag? Bin grad im Auto auf Rückfahrt von Crans-Montana, hab' noch 1,5 Stunden Fahrt vor mir. LG, Tina

Nick, 04. September 22:51
Nun ja, ich bin noch nicht 100% sicher, ob ich gehen kann, doch wenn ich gehe, würde ich mich über Deine Begleitung sehr freuen. Die Location ist das Schloß Lenzburg (siehe Internet). Ich würde natürlich als germanischer Krieger des 6. Jahrhunderts gehen und Du könntest ohne Probleme als ganz normal gekleidete, dem 21. Jahrhundert entsprechende, Besucherin kommen.

Tina, 04. September 23:29
Okay, gut zu wissen, ich schau's mir morgen mal im Internet an. Ganz normal gekleidet geh' ich sicher nicht ☺. Laß Dich überraschen ... wilde Küsse durch Regen und Nacht.

Tina, 05. September 18:49
Darfst Du in Lenzburg Dein Schwert mit reinnehmen?

Nick, 05. September 18:54
Sicher, weshalb denn nicht? Und sonst würde ich nicht gehen ☺.

Tina, 05. September 19:01
Genau das dachte ich mir, Du gehst nur komplett oder gar nicht ☺. This is totally you! So sicher und eindrücklich beschützt war ich wohl mein ganzes Leben noch nicht unterwegs ☺. Ja Du, Sicherheitsvorschriften sind halt manchmal grotesk, aber dann ist Lenzburg authentisch! Freu' mich ☺.

Tina, 05. September 19:10
Noch was Nick, ich flieg' Donnerstagnacht 22:45 noch für 4 Tage zu Eltern nach Griechenland direkt an Strand. Falls Du vorher zufällig in meiner Nähe wärst, würde ich Dich unheimlich gern nochmal umarmen und leidenschaftlich küssen! Komm' auch gern auf 'nen kurzen Sprung in die Waffenkammer ☺. Wenn's für Dich nicht paßt, dann ist es auch okay. Sehen uns dann vielleicht um den 17. September. Bin jetzt erst mal noch im Fitneß, hab' Hunger, aber grad Pizza mit Kollegin abgesagt ☺.

Vor der Abreise in das verlängerte Wochenende fand ich es für richtig noch meine jüngere Schwester Claudia zu informieren, wen ich da kennengelernt hatte, und vor allem **wie**, und **daß** dieser Mann mich sehr beschäftigte, obwohl ich nicht wußte, wohin das führen würde. Aber diese enorme Anziehungskraft war nicht wegzuleugnen oder zu kaschieren. Ich machte es spannend am Telefon und empfahl ihr sich hinzusetzen und sich »anzuschnallen«, sich jetzt auf **alles** gefaßt zu machen und mir dann aber auch ehrlich zu sagen, was sie davon halten würde. Sie hörte mir lange sehr aufmerksam zu, blieb dabei ganz ruhig, stellte nur wenige, kurze, präzise Fragen und meinte am Schluß ganz gelassen: »Das ist doch super, ist doch nichts Schlimmes. Ich dachte schon, du seist schwanger oder so was.« Ich merkte, andere Generation, zehn Jahre jünger als ich, sie findet nicht so schnell etwas schockierend. Eher sieht sie die Dinge als interessant an, die eigene Weltanschauung bereichernd und: »Wenn **der** so cool und spitzenmäßig drauf ist und man mit ihm sogar noch was Witziges unternehmen kann, dann nur zu und kommt soweit ihr kommen mögt.« Claudia meinte zugleich freudig, entspannt und gelassen: »Find' ich gut, also mein Einverständnis habt ihr beiden!«

> Nick, 08. September 11:46
> *Hallo Tina, das war nun wieder eine verrückte Woche und ich bin froh, daß sie bald vorüber sein wird. Nun, so wie es im Moment ausschaut, sollte das mit dem 17. eigentlich klappen und falls es dann warm oder gar nochmals heiß ist, werde ich dort ganz bestimmt unten ohne sein ☺.*

> Tina, 08. September 15:45
> *Hi Nick, same same but different. Woche war/ist rasant und vielseitig, aber läuft alles total gut, bin happy! Arbeite heut' noch und fahr' mich dann gegen 21 Uhr selbst zum Airport, laß' Auto dort stehen und melde mich eventuell nochmal vom Gate oder dann vom Strand bei Dir. Yesss, Weekend 17/18 halt ich sicher frei, kannst Dich 100%ig auf mich verlassen! Ich werde dem großen, edlen Krieger eine ebenbürtige Begleitung sein! Unsere Ausstrahlung an Optik, Geist, Herz und Seele werden weitaus stärker spürbar sein, als die üblichen 8 Meter! Love and passion from the heart are absolutely unbeatable!*

Bei der Gelegenheit fragte ich auch ganz frech, ob er Interesse hätte im nächsten Jahr mit zu einem Konzert von Stargeiger David Garrett zu kommen? Ich plante solche Konzerte weit im Voraus, das sollte er jetzt finden wie er wolle.

> Nick, 08. September 15:50
> *Das hört sich doch gut an. Ich habe für nächstes Jahr noch nichts geplant und wäre auf jeden Fall dabei, wenn alles klappt ☺. Ich wünsche Dir einen guten Flug und eine schöne Zeit am Strand. Den Termin habe ich eingetragen und freue mich schon jetzt darauf. Big kisses and more, Nick*

Ein paar Tage später, in Griechenland, genoß ich das verlängerte Wochenende bei meinen Eltern im Haus mit dem typischen blauweißen Licht, am herrlichen Ägäischen Meer, direkt am Strand, wo wir jedes Jahr einige Zeit miteinander verbrachten. In der ausgelassenen Stimmung konnte ich auch den »Ellis« etwas über meine neue Bekanntschaft erzählen. Wir hatten immer engen Kontakt und ich mußte ihnen gegenüber nie etwas verheimlichen. Grundsätzlich kann ich schon alles in der »Light-Version« erzählen. Darf sie aber eben nicht **total** überfordern, was schnell mal passieren kann. Meine Schwester und ich, wir hatten noch nicht herausgefunden, womit genau wir sie überanstrengten und wo wir ihnen zu viel zumuteten. Genauso wenig konnten wir im Voraus einschätzen, ab wann genau diese Überlastung konkret einsetzen würde. Dies treffsicher auszuloten war nicht wirklich möglich, da die wirkenden Gesetzmäßigkeiten schwankten und uns Töchtern bis heute noch verschleiert geblieben sind. Es gab die Jahre hindurch schon immense Fortschritte, aber leider auch unerwartete Rückfälle. Aber was jetzt kam, hatte ihnen mit Sicherheit noch nie jemand erzählt, geschweige denn eine eigene Tochter. Claudia hatte auch jahrelang anstrengende Arbeit geleistet, unsere Ellis in Bezug auf das heutige Leben aktuell versiert zu halten. Sei es die Schul-, Ausbildungs-, Arbeitswelt, Wohnsituationen, die Art und der Verlauf oder das Beenden von Partnerschaften und ganz cool natürlich, auf welchen Wegen man sich heute kennenlernen kann.

Unsere Ellis haben nie aufgehört sich am heutigen Leben aktiv zu beteiligen, um sich Meinungen bilden zu können, was sie beide durchaus zu angenehmen, kompetenten Gesprächspartnern macht. Doch manchmal hielt ich inne und es wurde mir bewußt, daß »ihre Liebe« zwar bis heute lebendig ist, was sich nebst bester Gesundheit auch in Form einer andauernden, stabilen Ehe zeigt. Dieser Bund aber zu einer völlig anderen Zeit, in den frühen 60er-Jahren, entstanden ist. Es wurde bereits der fünfzigste Hochzeitstag mit Bravour gefeiert, das mag manchen viel Wert sein. Aber können wir Jüngeren überhaupt einen optimalen Gesprächsverlauf oder gar eine nützliche, anwendbare Beratung von älteren Generationen bekommen? Von Ellis, die sich vor über fünfzig Jahren, damals ähnlich wild und unaufhaltsam, verliebten? Die sich für die damalige Zeit auch regelwidrig und unüblich verhielten, um sich dann in ihr unüberschaubares, sehr gewagtes Abenteuer zu stürzen. Doch sie haben uns Jüngeren gegenüber einen Vorteil. Sie wissen bereits, daß ihre Verbindung mittlerweile in ihrer Aufrichtigkeit bewiesen hat, weit mehr Bestand zu haben, als wie so oft in der heutigen Generation, all unsere bisherigen Beziehungen zusammen.

An dieser Stelle sei nebenbei am Rande erwähnt, daß meine Mutter bei der Eheschließung mit meinem Vater Katholikin war. Nach der grausamen Flucht inmitten der Wirren des Zweiten Weltkriegs in Deutschland, als Kleinkind schon dem kompletten Verlust des elterlichen Anwesens und des familiären Bäckereibetriebes ausgesetzt, war sie als Jugendliche im tiefen Oberbayern wohnhaft, an der Grenze zu Österreich. Dort wurde sie als viertes Kind von ihren Eltern weiterhin streng katholisch und ängstlich vor der Bestrafung durch die Kirche, nicht vor dem Göttlichen selbst, erzogen. Mein Vater ist Einzelkind und stammt aus einem evangelischen Elternhaus. Auch seine Eltern hatten im Krieg auf unmenschliche Art ihr angesagtes Hotel, mit Restaurantbetrieb und Tanzlokal, und auf brutale, rohe Weise über Nacht jegliches Hab und Gut verloren. Deshalb siedelten sie sich neu in der kurpfälzischen Residenzstadt Heidelberg an, die heute weltberühmt ist für ihre Schloßruine. Von der sich anbahnenden »Mischehe« wurde beinahe flehend bis dringlich abgeraten und auch vorausgesagt, daß sie keinen Bestand haben würde. Es wurde in Betracht gezogen, daß meine Mutter vorher noch schnell evangelisch werden könnte. Wobei mein Vater, wegen dieser Idee seiner Eltern, von der Gegenseite als »Heide« betitelt wurde. Jung und verliebt hatten sie sich über derartige, dramatische Reaktionen vorher nie Gedanken gemacht. Sie wußten fest entschlossen in ihren Herzen, daß sie vor »dem Göttlichen« den ewigen Bund der Ehe schließen wollten und egal wo oder wie, diesen auch eingehen würden. Sie heirateten am 10. März 1962 protestantisch mitten in Heidelberg, mit dem Ergebnis, daß meine Mutter aus der katholischen Kirche exkommuniziert wurde. Sie schloß sich dem evangelischen Glauben an, damit auch ihre Kinder christlich erzogen würden und getauft aufwachsen könnten. Trotz manchem Unverständnis, einigem Kopfschütteln, strengem Gegenwind des zähneknirschenden Umfeldes, waren sie nicht aufzuhalten auf ihrem ganz persönlichen Weg in die Freiheit. Die große, weite Welt lockte sie beide von Anfang an.

Schon in den 60er, 70er, 80er Jahren haben meine Ellis, dieser Freiheit zuliebe, viel vermeintliche Sicherheit riskiert. Sie sind immer frohen Mutes und beständig abenteuerlustig mit Sack und Pack, erst mit einem, dann auch mit zwei kleinen Kindern, in ferne Länder ausgewandert. Ohne den üblichen Tourismus oder besondere Kenntnisse über diese exotischen Länder, auf weiten Kontinenten und in uns sehr fremde Kulturen. Auch ganz ohne die heutige Schnellebigkeit und praktischen Kommunikationsmittel. Sie haben immer zusammengehalten und konnten sich hundertprozentig vertrauen! Na, wenn das kein Geheimrezept ist, an dem sich heute manch vorschnell, unüberlegt oder unfair rücksichtslos in Grund und Boden gerittene, kläglich gescheiterte Verbindung ein Beispiel nehmen könnte.

Trotzdem galt immer: Ellis nicht überfordern. Nichts verheimlichen oder beschönigen, sie sollten ruhig wissen, **wer** hier mein Handy piepsen ließ. Sie fanden es immer gut, wenn ich interessante Menschen, insbesondere Männer, kennenlernte, mit denen was »anzufangen« war. Die intelligent, kernig, aktiv zu was zu gebrauchen, ehrlich, zuverlässig und einfach noch echte Männer waren. Immer gut, so jemanden zu kennen, durch den man selbst neue Wege gehen konnte, Neues lernte, einer der Initiative zeigte und auch selbst gern was Neues ausprobierte, eben einfach alles mitmachte ohne zu klagen. Ja, warum nicht mit ihm einen »Mittelalter Event« besuchen, mal ganz was Neues für mich. Andere Sichtweisen, neue Ideen, andere Menschen und Hobbies kennenlernen, toll! Ellis waren am Witze machen und jetzt schon gespannt, wie's weitergehen würde. Den für sie womöglich unvorstellbaren, mich fordernden Unsicherheitsaspekt »Callboy«, konnten sie entweder nicht ganz ausloten oder ignorierten ihn einfach und ließen ihn somit beiseite. Es hieß noch: »Vielleicht hört er ja von alleine auf.« Wetterfeste, robuste und alles könnende Abenteurer waren uns schon früher auf unseren Dschungeltouren in Südamerika immer angenehm willkommen gewesen. Nick schien aus ihrer Sicht in diese Sparte zu gehören. Er wäre sicherlich auch ins Team passend gewesen auf unseren Dschungelfahrten und Jeep-Touren durch die »Gran Sabana« oder »Selva Venezolana« und die »Chilenische Atacama Wüste«. Jetzt ging es immerhin schon mal einen Tag auf eine Schweizer Burg. Doch bald sollte sich das Ziel des mittelalterlichen Wochenend-Events neu in den »Histotainment-Park« ADVENTON in Osterburken ändern. Spannend mit jemandem, der sich damit auskannte und in voller, historisch korrekter, Montur aufkreuzte. Jemand, für den es aber lustigerweise schon ein Abenteuer war im Auto zu übernachten, wie witzig. Ohne südamerikanische Mücken und anderes Getier für mich eine lockere Wohltat. Hängematten wären mir lieber gewesen, aber hier, mangels Palmen und nachts meist Regen und Kälte, nicht so wirklich praktisch oder klimatisch bedingt unüblich.

Nick, 09. September 17:40
Hallo Tina, es gäbe am Wochenende vom 17. noch einen weiteren coolen Event (siehe www.mittelalterpark.de), welchen wir besuchen könnten. Allerdings müßten wir dann dort vom Samstag auf den Sonntag übernachten, denn das ist bei Heilbronn ☺.

Tina, 09. September 22:21
Nick, das fühlt sich alles extrem gut an, Du bist sensationell und ein liebevoller Mensch und dafür möchte ich Dir danken! Du, ich hab' hier kein Internet, aber vertraue Deinem Gespür, daß auch der Heilbronn-Event genau das Richtige für uns sein wird ☺. Wirklich sehr gerne bin ich an Deiner Seite! Die griechische Göttin wird den großen Krieger begleiten! Ich freu' mich sehr und grüße Dich bei warmem Wind aus der griechischen Taverne direkt am Meer ... innige Küsse, Tina

Nick, 12. September 11:31
Hallo Tina, guck' Dir die Webseite trotzdem noch kurz an, sobald Du wieder Internet hast. Außerdem sollten wir uns überlegen, wie und wo wir von Samstag auf Sonntag übernachten wollen. Von mir aus können wir natürlich auf Abenteuer machen und im Auto schlafen. In dem Fall würde sich Dein großes Auto sehr gut eignen. Ich bin diesbezüglich nicht kompliziert, aber schlußendlich sollst Du das entscheiden dürfen. Kisses and more, Nick

Tina, 12. September 18:42
Hi Nick, Du ... es ist sooo genial schön und warm hier, außergewöhnliche 4 Tage, gefühlte 2 Wochen ... ich genieße die Sonne, das Meer, die direkte Nähe zum Strand. Komm' grad zurück vom schwimmen mit den Taucherflossen. Paddle mit Daddy immer um eine kleine, vorgelagerte Steininsel. Geht ganz schön in die Beine, aber Wasser dort 1A. Koffer für Rückflug heut' Nacht ist gepackt. Eltern bringen mich nachts um 3 zum Flughafen, lande 6:10 in Zürich und fahre direkt ins Büro ☺. Werd' mir dann morgen die Webpage anschau'n. Vermute das ist so ein Mittelalterlager, wo die alle ihre Tipis, Zelte und Gerätschaft aufbauen und die Nacht Outdoor zelebrieren mit Lagerfeuer und so. Klar macht's dann keinen Sinn, wenn wir im Hilton Heilbronn an der Bar sitzen ☺. Schlafen in meinem Auto stell' ich mir nicht sehr

bequem vor, außer man organisiert noch 'ne dicke zugeschnittene Schaumstoffunterlage für hinteren Bereich – habe ich aber immer verworfen, weil dann Zelt doch besser. Oder meinst Du nur paar Stunden auf den zurückgeklappten Autositzen hängen, wie im Flugzeug? Oder gar nicht schlafen ☺? Danke, daß ich entscheiden darf. Wir entscheiden das schon noch zusammen. Ich bin als Kind des Dschungels (solange ich nicht total friere) auch völlig unkompliziert, weil eh mit Hängematten unter freiem Karibikhimmel aufgewachsen. Weißt Du schon, wann wir Samstag zur Lenzburg starten? Würdest Du mich auf dem Weg dorthin abholen, getrennt fahren, dort treffen, oder kommst Du schon Freitag zu mir? Können wir alles noch am Freitag easy entscheiden. Freu' mich wirklich sehr! Genieße jetzt noch den griechischen Sonnenuntergang (wir sind 1 Stunde voraus) und gibt gleich 'nen Drink bei Eltern auf Terrasse. Sie sind sooo süß, gelegentlich etwas anstrengend, aber man weiß ja, worauf man sich einläßt, wenn man Eltern besucht ☺. Aber sie machen's sehr gut und sind witzig und wir haben viel Spaß. Anbei noch ein Foto vom Ausblick. Überall jetzt gaaanz wilde Küsse für Dich, aber ganz zarte auf den Mund und auch das, was Dir jetzt grad vorstellen magst ... Ciao, Wild Tina

Nick, 12. September 23:42
Hallo Tina, wenn wir zum Wikingerfest nach Osterburken (zwischen Heilbronn und Würzburg) fahren, dann gehen wir vorher nicht nach Lenzburg. Außerdem habe ich letztes Wochenende erfahren, daß Lenzburg diesmal eher für Familien

und Kinder ausgelegt wurde. Um im Auto gemütlich schlafen zu können, reichen doch zwei Schlafsäcke als Unterlage und ein paar Decken zum Zudecken. Ein entsprechendes Zelt habe ich leider noch nicht und weiß auch noch nicht, ob wir dort als Besucher überhaupt aufbauen dürften. Ich möchte auch nicht bei jemandem im Zelt übernachten, denn dann wären wir sicherlich nicht ungestört. Ein Hotel ginge auch, doch ich liebe das wilde Leben und das Abenteuer, auch wenn es manchmal nicht so gemütlich ist. Doch Du mußt sagen, was Du möchtest. Big kisses, Nick

Tina, 13. September 03:44
Danke für die vielen Infos. Nick, ich schau's mir an. Bin im Flieger und schlaf' in den Armen des großen Kriegers am Wochenende. Bin bei Dir. Kisses, Tina

Tina, 13. September 17:21
Hi Nick, hab' mir die Adventon-Seite im Detail einverleibt und hab' nun klarere Vorstellung, neue Ideen dazu, Fragen, Antworten. Erinnert etwas an Ballenberg, nur andere Zeitepoche. Aber laß es uns so machen, wie von Dir vorgeschlagen (wildes Leben und Abenteuer), das entspricht mir ebenso und finde ich auch am aufregendsten ☺. Lenzburg hätt' mich am Samstag zwar auch sehr interessiert, zumal Osterburken Samstag und Sonntag, so wie ich's versteh', das gleiche Programm hat und relativ früh machen die Samstagabend 18:30 schon dicht. Aber uns fallen sicherlich noch andere spannende, lebendige Ideen ein. Wegen Übernachten kann ich mir viel vorstellen. Das Haus von meinen Eltern ist sogar dort ganz in der Nähe (Mannheim/Heidelberg) und meine Schwester wohnt auch dort (also ich will da nicht hin, meine nur, ich fahr' diese Strecke oft noch nachts zurück). Bis zur Waffenkammer schaffen wir's von überall, aber wir bleiben unabhängig im Entscheid auf jeden Fall. Auto hat keine große Fläche wegen den Sitzen, die auch hochgeklappt viel Platz einnehmen. Beine ausstrecken wird schwierig. Können's aber gern testen ☺. Ich wünsch mir einfach nur in Deinen Armen zu liegen, kuscheln, küssen, schlafen. Der Rest ist nicht relevant, einfach genießen pur mit allem, was wir sind und in uns haben. Wär' klasse, wenn das Wetter noch so genial durchhält! Zärtliche Küsse und ich freu' mich auf Dich, Tina

Nick, 13. September 20:02
Hallo Tina, Lenzburg macht eben auch schon um 18:00 Uhr dicht. Ich kann mir jedoch vorstellen, daß wir – zumal ich ja historisch korrekt gewandet bin – nicht gleich aus dem Park in Osterburken geschmissen werden und sonst machen wir dort noch irgendeine Stadt unsicher – in Gewandung natürlich. Ich werde auf jeden Fall am Samstagvormittag in Gewandung mit voller Ausrüstung bei Dir einschlagen und dann kann unser Timetrip losgehen. Big kisses and more, Nick

Tina, 14. September 12:42
Nick, ist nordische Mythologie das gleiche wie germanische Mythologie? Oder kannst Du mir ein Buch besonders empfehlen? No rush, okay? Bad News bezüglich Wettervorhersage für Osterburken: Samstag Gewitter und Sonntag Schauer! Shit! Donnerstag/Freitag wär's noch sonnig ... Vielleicht kannst Du den nordischen Wettergott noch umstimmen.

Nick, 14. September 12:56
Hallo Tina, die nordische und germanische Mythologie sind eigentlich dasselbe. Nur die Götter werden zum Teil anders genannt. Odin im Nordischen ist im Germanischen z. B. Wotan oder Wodan. Und Thor wird hier im Süden Donar genannt. Das Buch »Nordische Götter und Heldensagen« von Edmund Mudrak kann ich Dir empfehlen. Und ja, das mit dem Wetter ist ab und zu halt so eine Sache. Ein richtiger Krieger friert niemals. Er zittert bloß vor Wut, daß es nicht noch kälter ist ☺.

Tina, 14. September 15:17
Tolle Empfehlung! Hab's schon bei Amazon gesehen, gibt 'ne 2009 Ausgabe, hab' sie bestellt ☺. Lese grad bei Mudrak: »Nicht Kämpfertum allein macht den Helden aus, denn nur der verdient diesen Ehrennamen, bei dem sich Mut und Kraft mit sittlichen Werten, mit Ausdauer, Treue und dem Eintreten für das einmal als recht Erkannte vereinen.« Wow, schön gesagt. Du, ich bin sicher, die Erkenntnisse des Buches werden auch mich als spirituelle Philosophin nachhaltig bereichern. Mir ist wichtig, daß Du dazu weißt, daß ich keine Engelsesoterikerin bin. Ich kenne vieles, um die Menschen zu

verstehen, die zu mir kommen, um Wege aus ihren Sackgassen zu finden. Aber sämtliche Denkweisen und Methoden unseres Zeitgeistes und naher Vergangenheit bin ich nicht! Ich verfolge Ziele und Werte, die bereits LANGE, sehr lange auf diesem Planeten abhanden gekommen sind! Die nordische Mythologie wird mein Bewußtsein und den Weg zu meiner Bestimmung zur richtigen Zeit bereichern! Danke, Nick, für all Deine bisherigen Inspirationen. Du, das Wetter wird den Wert der erlebten Zeit nicht schmälern ☺.

Nick, 15. September 01:27
Hallo Tina, falls Dich das Thema wirklich interessiert, dann solltest Du Dir zu einem späteren Zeitpunkt auch die Edda besorgen. Von der Edda gibt es zwei Versionen. Es gibt die Snorra-Edda[37] und die Lieder-Edda[38]. Guck dazu mal bei Wikipedia nach. Sei aber gewarnt. Die nordische Mythologie ist schon ziemlich brutal und archaisch. Ach ja, von der von Dir erwähnten Engelsesoterik, welche manche Traumtänzer so toll finden, halte ich übrigens auch nicht viel. So, nun gehe ich aber mal schlafen, doch am liebsten würde ich jetzt mit Dir schlafen. Egal, wir sehen uns ja schon bald. Heiße Küsse, Nick

Ich hatte niemals zuvor etwas mit solchen Events zu tun gehabt und auch keine passenden Kleidungsstücke für solche Anlässe. Das einzige, was mir in der Eile von fünf verbleibenden Werktagen einfiel, war mir einen Amazonenrock zu besorgen. Ein halbwegs geeignetes Oberteil hatte ich schon. Etwas im Internet recherchiert und das passende aparte Röckchen war online bestellt. Nach einem witzigen, flotten Telefonat mit den Betreibern der Seite, setzten sie mit großem Verständnis für meinen dringlichen Spezialwunsch alle Hebel in Bewegung. Mit Kreditkarte sofort bezahlt, war der Fetzen innert weniger Stunden aus dem originellen, exotischen **PSY7.com** Online-Shop in Berlin per Kurier unterwegs in die Schweiz. So machte das Spaß! Generalanprobe, dekorativer Schmuck bereitgelegt und ich war vorbereitet für Samstagvormittag. Auto vollgetankt, weiche Unterlagen im hinteren Bereich ausgelegt, Schlafdecken und große gemütliche Kissen geladen, Getränke und etwas zu essen verstaut, grünes Licht aus meiner Sicht und pünktliche Abfahrt garantiert!

Da kam Nick mit der nächsten grandiosen Überraschung um die Ecke. Etwas, worüber ich bisher nie nachgedacht hatte, wir hatten immer nur gesimst, nie miteinander telefoniert.

> Nick, 15. September 18:43
> *Hallo Tina, wenn Du magst und Zeit hast, kannst Du mich ja heute auch mal anrufen. Ich werde eh nicht vor Mitternacht schlafen gehen. Heiße Küsse, Nick*

Damit hatte ich in meinem Zeitmanagement nicht gerechnet und ich hatte echt keine Fragen. Was gab es noch zu besprechen? Wir würden uns doch in Kürze sehen und das Wochenende miteinander verbringen. Ich wollte mich gar nicht so sehr an ihn gewöhnen, umso schlimmer würde dann wieder eine etwaige Entwöhnung. Aber gut, so nach 23:00 Uhr, vor dem Einschlafen, ließ ich mich einwickeln, könnten wir noch kurz miteinander telefonieren, dann würde ich wieder seine schöne Stimme hören und könnte dann hoffentlich ruhig einschlafen, auch gut!

Gesagt, getan – wir telefonierten stundenlang durch die Nacht, sehr interessante, aber auch recht anstrengende Themen für diese Morgenstunden. Ich war fast schon weggedämmert und hundemüde, aber keiner wagte es zuerst aufzulegen. Es plapperte immer weiter aus uns heraus, bis Nick plötzlich sagte, er sei jetzt nach sooo viel heißem Geflüster natürlich völlig heiß auf mich. »Haha, das kann jeder sagen!« ... »Doch, doch ... du kannst ja kommen und nachsehen« ... »Ja ja, natürlich ... ich fahre jetzt los und schaue nach, ob das stimmt« ... sehr witzig, dachte ich, der hatte echt jugendlich leichtsinnige Vorstellungen. »Doch, doch es ist so ... du kannst ja gern nachschauen, du wirst Freude haben« ... »Du – ich schlafe doch längst schon, oder bin sogar wahrscheinlich schon länger eingeschlafen und träume das alles sicher nur«, redete ich mich raus. »Ah, wär' das schön, wenn du jetzt hier wärst und du selbst sehen könntest, wie es mir geht«, raunte er am anderen Ende ... geht's peinlicher? Das war doch schlimmer als vor dreißig Jahren im zartesten, oft noch unbeholfenen, Teenageralter, dachte ich. Etwas sehr »eineindeutig« und allzu leicht durchschaubar seine Absicht, der macht Witze ... **sehr** witzig! Hatte er als Callboy nicht schon genug Weiber und Abenteuer? Ich wollte doch bitte endlich noch etwas in Ruhe schlafen.

Wie ein Ruck ging es auf einmal durch mich hindurch. Ich war mit einem Schlag wach! Was hatte er gesagt? Ich sollte »vorbeikommen« und irgendwas bei ihm »nachschauen«? Hatte ich das **richtig** verstanden? Nick Laurent, der Edel-Callboy aus Basel, bot an, oder eher »forderte mich auf«, zu ihm **privat** nach Hause zu kommen und mir »etwas« genauer anzusehen? Ich sollte in seine heiligen Hallen, vielleicht sogar mitten in sein schwer behütetes, privates Schlafzimmer, dürfen? Wenn ich diese seltene Chance jetzt verspielte, würde ich mich dann sicher später gründlich schwarz ärgern. Mir vielleicht auf ewig vorwerfen, wie ich so dumpf, dumm und dämlich gewesen sein konnte, dieses Angebot aus nichts checkender Bequemlichkeit und Übermüdung nicht sofort angenommen zu haben. Wann käme ich wieder in die Situation, die vier Wände eines angeblich so berühmten Edel-Callboys mit eigenen Augen zu sehen? Das wär' doch mal reizvoll und sicher auch etwas ganz Neues. Die durchgemachte Nacht voller Müdigkeit würde es, sicher auch im Nachhinein noch vertretbar, voll wert sein. Der wollte allen Ernstes, daß ich jetzt mitten in der Nacht noch zu ihm fahre ... Schon sonderbar, aber es sickerte langsam durch meine Hirnwindungen ... wie realistisch ist das jetzt? Überhaupt machbar? Blick auf den Wecker ... 2:30 Uhr ... uff, aber ich dachte – jetzt oder nie – und sagte ihm:

»Okay, du – einverstanden, ich komme jetzt zu dir und ›schaue nach‹, ob das stimmt, was du mir hier die ganze Zeit flüsternd schmeichelst.«

Dann spielte ich halt sein »heißes Erotik-Spielchen« mit, alt genug war ich ja wohl. Ich mußte zumindest niemanden fragen, ob ich das jetzt um diese Zeit noch dürfte.

»In einer guten Stunde bin ich bei dir! Wohnst du genau da an dieser Adresse bei der Hauptstraße? Da wo ich dir die Briefe hingeschickt habe? Also gut, ich gehe jetzt duschen, montiere nochmals meine Kontaktlinsen, streife ein Kleidchen über und bin so gut wie schon unterwegs zu dir, ciao!«

Am anderen Ende sah ich regelrecht sein Gesicht vor Überraschung stutzen und gleichzeitig breitete sich seine wohlig grinsende, siegessichere Vorfreude darin aus.

Er sagte: »Okay – bis gleich – ich freu' mich!« Wir legten auf! Mit Sicherheit war das ein Test von ihm ... für irgendwas!

Oh je, dachte ich beim Duschen. Ich hatte mittlerweile in Bezug auf den Callboy-Typen schon einen gehörigen Schatten weg! Aber hey ... auf der steten Suche nach neuem im Leben kam das gerade recht, denn **das** hatte selbst **ich** noch nicht mit **so** einem erlebt.

Jetzt wollte ich wissen, **wo** er wohnte und **wie** er lebte. Was ich mir dort zu allem denken würde, oder ob er nur bluffte ... voll kraß, aber geil! Lud **der** mich mitten in der Nacht zu sich nach Hause ein ... kraß, kraß, kraß ... los abtrocknen – vorwärts!

Selten so schnell geduscht, minimal geschminkt mitten in der Nacht, zack ins Kleidchen, zack in die Pumps, mich mit DKNY Parfum gut verteilt zugedieselt[39], Haarlack aufgesprüht und ordentlich eingenebelt, gemäß dem lustigen Werbespot »New York, Rom, Paris, Tokyo ... die Frisur sitzt!«. Blick in den Spiegel ... alles genial, das reichte für **den** spontanen Einsatz ... Tasche und Laptop geschnappt, Treppe runter, den Geländewagen gestartet, los ging es auf diese Nachttour. Der Metalsound rauschte durch die Boxen. Angetrieben von den Bässen und dem zusätzlichen Baßbooster, rauschte ich durch die Nacht. Das Navi quatschte nüchtern den Weg, stimmgewaltiger Gesang dazu war wie ein zusätzlicher Turboantrieb, »Hell yeahhh ... stay metal«. Ich war echt bestens drauf und spürte ihn bereits.

Die folgenden zwei SMS von Nick erreichten mich während der Fahrt und vor allem die zweite steigerte die Vorfreude unermeßlich ...

> Nick, 16. September 02:55
> *Wenn Du bei der Post vorbei bist, kommt eine Kurve und kurz danach steht mein Auto auf der linken Seite. Parke Dein Auto, von der Straße aus gesehen, gleich links neben meinem Auto beim Baum und den Motorrädern.*

> Nick, 16. September 03:43
> *Ich freue mich schon und kann es kaum erwarten* ☺.

Doch, konnte er. Er erwartete mich bereits breit grinsend unten auf der Straße und es war ein stürmisches Wiedersehen, wie jedes Mal! Man kennt diese seltenen Momente, wenn man sowieso nicht mehr klar denken kann und alles wie ein phantastischer Film von alleine abläuft.

Ich betrat die Wohnung von Nick Laurent! Auf dem Weg vom Auto dorthin hatte er mir noch versichert, daß normalerweise **keine** Frau, die ihm nicht privat sehr nahe steht, diese Schwelle je übertritt. Niemand kommt in seine private Wohnung! Wieso wollte er mich damit so besonders ehren? Keine Zeit darüber nachzudenken, ich mußte »glotzen« und schnellstens verarbeiten, was ich sah. Schon an der Tür kam uns seine süße, miauende Mietze mit orange-weißem Fell entgegen und lugte neugierig schnuppernd, wen Herrchen denn da anschleppte. »Das ist mein Kater Pascha – wir leben hier zusammen in einem richtigen Männerhaushalt.« Ja cool, daß ich Pascha kennenlernte. Er hatte mir ja schon am ersten Abend von diesem flauschigen »Wundertier« erzählt. Er machte mit mir einen kurzen Rundgang durch alle Räume, wobei mir auffiel, daß ich inmitten einer authentischen Waffenkammer stand. Überall hingen Schwerter aller Art, große und kleine Felle, komplette Rüstungen, Helme, Speere, Pfeile und viele kleine Details als einzigartige Deko überall verteilt. Nick bot mir an, in seinem Wohnzimmer auf dem Sofa Platz zu nehmen, während er etwas zu trinken holte. So tolle Caipirinhas wie bei mir, hätte er jetzt auf die Schnelle nicht anzubieten, aber Cola tat's ja auch. Es gab viel visuell zu entdecken bei ihm und am liebsten hätte ich die ganze Hütte fotografiert, damit ich mir dann zuhause alles in Ruhe einverleiben konnte. Jetzt hier, in dieser irrealen Traumblase, war ich viel zu aufgeregt, um noch groß Details zu chekken. Ich ging immer davon aus, daß es jedes Mal das letzte Treffen mit ihm sein könnte. Daß ich nur einmal in diese Wohnung kommen würde und diese ganze Geschichte jederzeit abrupt enden könnte.

Solche Szenarien stellte ich mir vor, denn Gewißheit gab es nie. Ich traute dem Leben schon lange nicht mehr über den Weg. Zu oft waren Dinge passiert, oder hatte es seltsam eigenwillige Reaktionen von Menschen in meinem Leben gegeben, die ich mir gar nicht hätte vorstellen können. Die ich nicht erwartet hatte, dadurch völlig nicht verstand und welche mich dann blöderweise auch noch schmerzlich trafen. Was mich jetzt hier in der Waffenkammer alles neu überraschen würde, wußte ich ganz und gar nicht, ich war nach wie vor … einfach nur still!

Nick führte mir – gefühlt »alle« – seine Schwerter vor. Erzählte mir spannendste Geschichten zu diesen Raritäten und der dazugehörigen europäischen Zeitepoche des 6. bis 16. Jahrhunderts. Ihre mystische Bedeutung, praktische Handhabung, beeindruckende Fakten zum Material in Bezug auf Härte, Stabilität und Flexibilität bei der kunstvollen Herstellung und jeweils aufwendigen Schmiedekunst. Interessant auch die Begebenheiten zum Erwerb jedes einzelnen Exemplars. Er hängte manche von der Wand ab, zeigte sie mir aus der Nähe, aber anfassen war nicht erlaubt, da es keine Deko-Schwerter waren, sondern solche aus echtem Stahl, der sofort rosten würde. Zu Schutz und Konservierung waren sie immer eingeölt. Er wickelte ein prächtiges Samurai-Schwert aus dem Stoff. Zeigte mir seine Trainingsschwerter aus Holz, einige europäische, historisch korrekte Schwerter aus dem 6. Jahrhundert und der Wikingerzeit, den wirkungsvollen, furchteinflößenden »Zweihänder« aus dem 16. Jahrhundert. Dann prächtig verzierte Säbel, ziselierte Macheten, einen hundertjährigen Degen und wunderschöne, voll gebrauchstaugliche Fantasy-Film-Schwerter aus den bekanntesten Epen – unter anderem den beeindruckenden »Anderthalbhänder«, das Schwert »Ranger« aus »Herr der Ringe« (dem Original entsprechend nachgeschmiedet und natürlich auch dieses voll gebrauchstauglich). Er führte mir Techniken vor, zeigte Bewegungen und Griffe, erzählte mir Geschehnisse und war, für einen Laien wie mich, ein Profi außer Rand und Band. Zum zweiten Mal hatte ich im Büro mitgeteilt, daß ich den Vormittag unerwartet »frei« brauchte. Zum Glück fragte dort niemand warum. Die Wahrheit hätte auch niemand geglaubt.

Ich saß bei Nick Laurent früh um 5 Uhr auf dem Sofa, nippte an einer Cola und erhielt vom Meister persönlich ein mehrstündiges »Schwerter-Seminar«, sozusagen einen Einzel-Crash-Kurs für Anfängerinnen. Immerhin schauten wir nicht die Briefmarkensammlung an. So konnte ich im passenden Moment gnadenlos den geschmacklosen Witz reißen: »Darf ich auch mal **dein** Schwert sehen?« Klar ... er war schlagfertig und sagte darauf: »Ja, und du weißt ja, das Schwert gehört in die Scheide ...« Sehr witzig, dachte ich ... sehr, **sehr** witzig ... das war wohl das Stichwort und es war längst an der Zeit das heilige Schlafzimmer des Herrn Laurent zu inspizieren. Wie sieht es wohl bei »Callboys« im Schlafzimmer aus? Ich konnte es nicht erwarten es mit eigenen Augen zu besichtigen. Nicht schlecht: Ein riesiges, gemütliches, schwarzes Bett mit rotschwarzer Satinbettwäsche, die ein Drachen-Tattoo zierte. Wie passend, grinste ich in mich hinein. Eine großzügige Spiegelwand, schon kultig und auch hier: Schwerter an der Wand, Felle überall, ein ausgestopfter Turmfalke, zahlreiche Kerzen, gedimmtes Licht, dezente Musik, viele große Kissen, alles frisch hergerichtet. Toll, er hatte meine Fahrzeit wohl noch genutzt und sich voll ins Zeug gelegt, weil er wußte, wie wichtig für Frauen das Setting, der würdige Ort, die Stimmung der »Location« ist ... erneut ein Volltreffer! Ich fühlte mich wohl bei ihm.

Zwei, drei Stunden Schlaf kriegten wir maximal auf die Reihe und mußten dann beide sowieso den ganzen Tag bis abends spät arbeiten, unser Tagespensum schaffen. Meine Kosmetikerin kam, erstmals und einmalig vereinbart, noch so spät zu mir nach Hause, um Wimpern und Augenbrauen für die Verkleidung des nächsten Tages in Bestform zu bringen. Wir probierten falsche Wimpern (einzelne Büschel) aus, mit denen ich keine Erfahrung hatte. Die aber voll cool aussahen und die hoffentlich am nächsten Morgen noch alle an der richtigen Stelle kleben würden.

Auf meine SMS »BREAKING NEWS – bin unerwartet unterwegs nach Hause zu Nick Laurent«, kam am nächsten Morgen von Ulli der Kartenlegerin die folgende Antwort:

> Ulli, 16. September 09:15
> *Slampensnuff[40] in Waffenkammer sich pulverisieren läßt ☺.*
> *Da wirst arg müde sein heut', warst sicher unanständig und*
> *hast nix geschlafen. Alles gut in Liebe mit Nick, hab' Dir in*
> *Skype Kartenbild geschrieben, super gut alles ☺.*

Wieder eine kurze Nacht, aber wenigstens allein und im eigenen Bett – das tat gut! Drei Wecker gestellt für den nächsten Morgen, damit ich auf keinen Fall verschlafen würde, was bei dem Schlafdefizit mittlerweile leicht hätte passieren können. Die Stimmung war bestens, alles lag bereit – ich schlüpfte, für meine Verhältnisse, flink in die Klamotten. Nick klingelte wieder überpünktlich und vor der Tür stand ein großer, authentischer Häuptling und »Krieger des 6. Jahrhunderts«. Sogar mit Wadenwickel und Lederschuhen, bortenverzierter Tunika, wegen der Hitze jedoch ohne lange Hose, scharfem Speer, einem germanischen Spatha am selbstverzierten Gurt, Gebrauchsmesser, kleinem weißen, edlen Trinkhorn, Schmuck, Kette mit Thors Hammer, Schwertanhänger, großen Ringen, Ledertäschchen, Münzsäckchen und zeitgemäßer, halboffener Langhaarfrisur. Lange Haare waren bei den Germanen, je nach Stamm, nur dem »freien« Mann vorbehalten. Ein besonderes Statussymbol und Ausdruck von Reichtum, Macht, Stolz und Ehre ... wie hat sich doch die Welt verändert! Grinsen, lachen, amüsieren war alles eins bei mir ... was für ein Anblick ... ganz anders als beim letzten Mal an dieser Tür. Heute war er ganz sein Hobby! Und er bewunderte auch mein cooles, kreatives Outfit. Wenigstens waren es nicht Normalo-Jeans und 0815-T-Shirt – auch ich sah anders aus als sonst. Sein Auto war unten geparkt. Wir luden gerade das sperrige Equipment in meinen Geländewagen um, als Nachbarskinder angerannt kamen. Besonders ihn schauten sie mit sehr großen Augen an und fragten, ob wir an »es Fasnacht[41]« gehen würden? Da wußten wir wie wir aussahen: Wie nicht von dieser Welt und das waren wir sowieso schon länger nicht mehr.

> Claudia, 17. September 09:11
> *Freue mich für Dich, daß Du so einen Glücksgriff bekommen hast! Und Nick kann sich mit Dir auch glücklich schätzen!*

Der Event war klasse, ich hatte so was noch nie gesehen oder erlebt, eine andere Welt. Sehr friedliche Stimmung und angenehme Menschen, die Bräuche und Handwerk vergangener Zeiten zelebrierten und ihre Aufmachung sichtlich sehr genossen. Nick zeigte mir zuerst das ganze Gelände, traf Freunde, sprach hier und da über zeitspezifische Details und erklärte mir Neues, was das Zeug hielt. Das Wetter war erstaunlich gut, richtig warm noch, und so strahlten wir glücklich, Hand in Hand, über alle Wege. Es war wieder dieses vertraute Ewigkeitsgefühl im Herzen. Der Verstand wollte analysieren in welcher Konstellation und mit welchem Sinn wir hier umherwanderten und warum wir so taten, als gäbe es doch noch eine Distanz zwischen uns. Hieß es nicht in allen spirituellen Lehren wir sollen »gegenwärtig« sein, den Moment leben, im »Jetzt« liege die Kraft? Na gut, dann würde ich das hier gleich mal umsetzen! Es lief bestens, solange ich das Denken ausschaltete und einfach nur genoß, was in diesem Zeitfenster stattfand. Fremde Leute fragten, ob sie uns fotografieren dürften, manche wollten ein Foto mit mir – klar, der Mann war zwar der historisch authentische, prächtige Häuptling, aber die Frau mußte man erobern, das war auch hier so. Ein paar lustig gekleidete Jungs in einer uns begegnenden Living-History-Gruppe meinten, ich solle doch mit ihnen weiterziehen, denn »meinen Mann« hätte ich ja immer ... woraufhin ich entschieden sagte: »Das mag vielleicht stimmen, aber ich bleibe jetzt trotzdem bei ihm.« Sahen wir etwa schon aus wie »Mann und Frau«? Was lag denn schon so Solides, Entschiedenes in unserer Ausstrahlung? Wir würden es später, nach ordentlicher Metbetankung in der Kräuterbar, noch früh genug erfahren!

Die Stände schlossen, die Marktleute wieselten mit Laternen und Fackeln durch die sich eindunkelnden Gänge. Wir beobachteten das Geschehen von der großen Bank in der Dorfmitte aus und amüsierten uns über was auch immer. Alles war witzig und jeder, der vorbei wallte oder huschte, war drollig zuzuschauen. Das ganze Ambiente irreal, weil alles so passend zum Gefühl in mir, wie auf einer anderen Zeitschiene als gewohnt, ablief. Wir hatten es auch nicht eilig. Kein Hotel wartete auf uns und vom »mein Zelt aufbauen« wollen, riet Nick konsequent energisch ab. Es war Regen angesagt für den nächsten Tag und dann müßte man alles naß einpacken. Da hatte er Recht, das machte keinen Sinn. Er sah das Übernachten in meinem großen Auto immer noch als den Favoriten, mit einem Hauch Abenteuer, an. Ich hatte noch nie in diesem Auto geschlafen, aber mit ihm hätte ich auch an einen Baum angelehnt übernachtet. Hauptsache, wir waren uns nah und alles war gut. Dieses Gefühl, es könnte nun am besten dreißig, dreihundert oder gleich 3'000 Jahre so bleiben wie es war, kennt sicher jede(r), die/der schon mal heftig, unvernünftig und kopflos verliebt war. Wenn es sich für beide so anfühlt, dann ist alles Gemeinsame berauschend und einfach nur der Himmel auf Erden. Was wollen wir mehr? So kann's gern immer sein und ewig bleiben!

Wir gingen auch auf entlegenen Wegen am Rande des Geländes in romantischer Dämmerung entlang. Da waren keine Leute mehr, aber noch Standkonstruktionen und historische Zelte für den nächsten Tag aufgebaut. Nick überfiel mich regelrecht und packte mich. Drückte mich sanft, aber bestimmt, gegen einen Holzlattenzaun und zeigte mir, was ein »Callboy« im Falle eines Einsatzes, auch hier im Freien, gekonnt drauf hatte. Selber schuld, wenn ich mit so einem im kurzen Röckchen unterwegs war – aber glaubt mir, ich war schon etwas überrascht. Hier ging das volle Klischee ab, eine Szenerie, wie im Film.

Ich orakelte, das liefe jetzt in Nicks Preisliste höchstwahrscheinlich unter »Quickie an ausgefallenem Ort«. Dieser Zaun, an dem ich mich, wie in einem theatralisch gestellten Porno, noch festzukrallen versuchte, gab bedrohlich nach, lag fast ganz flach, bis wir ihn danach lachend wieder aufstellten. Aber ich war sooo beschäftigt mit Ausschau halten, ob nicht doch noch jemand aus so einem Mittelalterzelt kriechen würde oder unter einem Stand hervorkäme und uns schockiert entdecken würde, daß ich gar nicht primär drauf achten konnte, wie der »krumm- und niedergepimperte Zaun« butterweich nachgab. Wir wollten ihn sicher nicht beschädigen. **So** waren sie also die wilden, verwegenen Krieger. Schon im 6. Jahrhundert nicht anders, als einige Männer heute auch noch gern wären – freudig, feurig wild. Überall zu jeder Zeit einsatzbereit, schnell und heftig bei der Sache. In unseren Outfits der absolut surreale Genuß der Extraklasse!

Wir wollten in der Ortschaft vielleicht noch irgendwo eine Kleinigkeit essen gehen. Es war schätzungsweise gegen 21 Uhr, als wir mit den allerletzten Tagesgästen Richtung Ausgang schlenderten. Unsere Pläne änderten sich schnell, als wir dort die Dorfschenke des Histotainment-Parks ADVENTON entdeckten: Die »Kräuterbar«. Jaaa, die kam uns zum Aufwärmen auch sehr gelegen. Gleich mal einen kleinen Schlummertrunk aus Met, das war genau das Richtige!

Der überaus freundliche, historisch gewandete Wirt hinterm Tresen zeigte uns die Getränkeauswahl und wir entschieden uns für das vielversprechend klingende »Drachenblut« in wunderschönen, getöpferten Bechern. Es mußten »magische Becher« sein, denn sie füllten sich unübersichtlich oft wie von allein. Unser neuer Barkeeper-Freund, der sich mit der Ministory »hier nennt man mich den Kräuter« vorstellte, füllte unsere Becher in unbeobachteten Momenten, damit wir noch etwas blieben, denn Nick erzählte coole Stories und führte sein historisch korrektes »Feuermachen mit Eisen und Feuerstein« jedem immer wieder vor, der es geduldig sehen wollte. Lustig wenn es klappte ... noch viel lustiger, wenn nicht.

Ich meinte gesehen zu haben, daß Nick auch mal bezahlte und sich die Becher erneut füllten, doch so viel wollte ich gar nicht trinken. Ich kannte die Wirkung von dem süßen Zeug nicht. Ich trank erstmals Met und er schmeckte super, aber ich wollte keinen Totalausfall am nächsten Tag riskieren. Nichts dergleichen passierte, uns ging es durchwegs nur gut! Die Stimmung wurde besser und besser in der Steinhütte. Mehr und mehr Gewandete suchten Zuflucht, denn die erste Regendusche brach vom Himmel. Es kam originelle Live-Musik hereinspaziert, es wurde sehr witzig gesungen, beherzt getanzt und sehr ausgelassen gefeiert – ein spontaner Mega-Abend! Jeder von uns unterhielt sich mit den anderen Feiernden rechts und links an der Bar. Wir setzten uns an Tische, man gab uns weiter Met aus und fragte uns, wer wir seien. Ob wir das gemeinsame Hobby schon lange machten? Einige Hinweise kamen auch zu unserer glücklichen Ausstrahlung, die uns selbst so nicht auffiel. Doch »Kräuter« brachte es dann, wieder an der Theke stehend, mittlerweile früh morgens, irgendwann auf den Punkt. Er und Nick philosophierten über die »Liebe«, über »Frauen« und über »die Richtige finden« und weibliche »Verlockungen«. Kräuter bemerkte schon, daß Nick provokativ argumentierte, aber dabei nicht mehr verriet, als daß er unter anderem auch als Model im »Erotik-Business« tätig sei, ich damit aber nichts zu tun habe. Und ich hörte Nick laut und deutlich noch eine seiner »Männerweisheiten« zum besten geben:

»Ein Mann sollte nur mit **einer** Frau fest zusammen sein – und zwar **mit der Richtigen** ...« Am liebsten wäre ich ihm kitschig, wie im Film, um den Hals gefallen und hätte gehaucht: »Jaaah, genauuu ... und hier ist sie schon, die Richtige – direkt neben dir!« Stattdessen sagte Kräuter mit Blick zu Nick und dann direkt zu mir: »Wieso? ... ihr beide seid doch ein total vertrautes Paar! Ihr habt euch doch eh schon laaange gefunden! Seid ihr verheiratet? Habt ihr Kinder?« Boah – ich war sprachlos! Sahen wir für andere echt schon so aus?

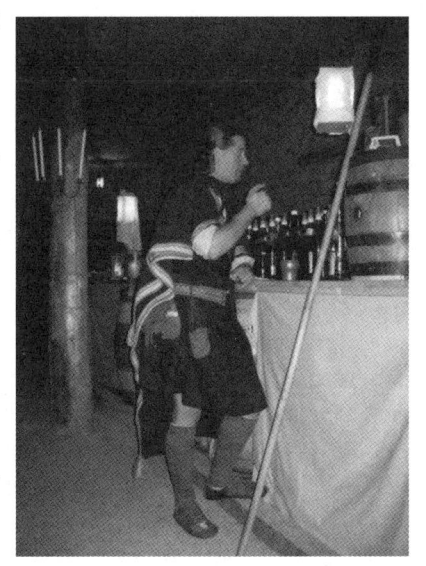

Nick fing sich auch wieder mit einem Lächeln, Luft holen, räuspern, grinsen, Blick zum Boden, umständliches zur Zigarette greifen, Feuer machen und plötzlich genüßlich ein sehr undurchschaubarer, geheimnisvoller Blick ... künstlerische Sendepause ... Dann versuchte er das Thema zu retten, so anschaulich wie möglich zu relativieren und meinte scherzend, aber ernsthaft leicht über die Theke gebeugt, vertraut nah zu Kräuter: »Wir? Ha! Wir kennen uns kaum ... Wir sind heute zum **allerersten** Mal überhaupt miteinander unterwegs. Wir sind nicht mal zusammen, wir sind einfach nur gute Freunde.« Aber das glaubte ihm Kräuter sowieso nicht! Er lachte richtig laut mit vollem Körpereinsatz, theatralisch amüsiert hinterm Tresen, füllte mit generöser Geste diese magischen Becher nochmals ordentlich schwungvoll nach und meinte: »Ach was, erzählt **mir** doch nix! Ihr seid doch **völlig heiß** aufeinander. Ihr seid doch **viel meeehr** als ›gute Freunde‹ ... Ihr könnt' es doch gar nicht mehr abwarten, das steht euch beiden sowieso schon riesengroß und breit **auf die Stirn geschrieben!**« Na klasse, dachte ich, als Zaungast der Szene neben meinem Verstand stehend. Danke für die ehrliche Einschätzung! Wie Recht der geschätzte »Kräuter« allerdings hatte! Man sah es uns also voll an! Kräuter war sicherlich unbezahlbar lustig, aber spiegelte auch sehr **direkt**, was wir uns selbst noch nicht eingestanden hatten. Nick redete sich um Kopf und Kragen und ich hing an ihm und nutzte die Gunst der Stunde, nach dem Motto: »Ist der Ruf erst ruiniert, lebt sich's locker ungeniert.« Wozu sich zurückhalten, wozu Fragen beantworten, die der eigene Kopf stellte? Jetzt ist immer jetzt – und nur **der** Zustand zählt – wir spürten das unfaßbare Glück und wollten es genießen, festhalten, ausleben, ran gehen, entdecken! Wir zelebrierten diese Nacht festlich, waren unter uns, die Leute mochten uns und wir beide begehrten uns grenzenlos!

Die Zeiger der Uhren schwankten Richtung 4 Uhr morgens und nachdem sich die magischen Becher erneut gefüllt und geleert hatten, entschied Nick zu Recht, daß es nun Zeit war den kurzen, aber unebenen Weg zum Naturparkplatz in Richtung Hotel »rauchender Eisenwagen[42]« anzutreten. Kräuter wünschte uns breitest grinsend eine »angenehm heiße Nachtruhe« und wir mußten ihm versichern, daß wir ihn am nächsten Tag nochmals besuchen würden. Nick war noch orientiert genug meinen Honda zu orten und ich klar genug, um für uns beide auf den Weg zu achten – lustig witzelnd bastelten wir das Auto so um, daß die Rückbank heruntergeklappt war, sich die Schlaffläche freilegte. Das Gepäck und die historische Waffensammlung plazierten wir ganz vorne auf den Sitzen und wir lagen hinten. Nach diesen drachenblutdurchfluteten, von uns aber noch erstaunlich gekonnt performten Umbauten, als hätten wir seit Ewigkeiten nichts anderes gemacht, nach schnellem, kurzem Zähneputzen neben der Autotür, zogen wir unsere letzten Felle ab. Wir waren happy in das königliche Gemach, in die weichen XXL Kissen und meine XXL-Double-Size-Decke zu fallen. Ein herrschaftlich adeliges Bettgefühl im Auto, vor allem warm, weich und trocken! Ich weiß wirklich nicht, woher wir nach allem noch die Power hernahmen, jetzt, wie von Kräuter klar erkannt, durchschaut und vorausgesagt, heiß und verrückt aufeinander, herumzukaspern, aber wir spulten das gesamte Programm ab. Als wir um 8 Uhr morgens, von kreischenden Kinderstimmen aus Nachbarautos und Campern geweckt, bei Nieselregen erwachten, fanden wir es eindeutig viel zu früh, um uns schon wieder zu bewegen und schliefen, nach ein paar Schluck Wasser, Oliven und Schafskäse, gleich nochmal eine grandiose erholsame zweite Runde.

Das Wetter hatte umgeschlagen und so war das offene Gelände eher schlammig. Nick schlug vor, in das nahegelegene Limesmuseum zu gehen. Dort könne er mir einiges über die Römer zeigen und erklären. Da ich während meiner Kindheit in Venezuela von deutschen Museen verschont geblieben war und immense, gravierende Wissenslücken in diesbezüglicher Allgemeinbildung habe, fand ich es sehr gut etwas davon nachzuholen. Besser jetzt als nie mit meinem originellen »privaten Museumführer« durch Hallen voller Exponate zu ziehen und die dort überdachte, originale Ausgrabungsstätte erklärt zu bekommen. Nick trug heute die komplette Gewandung, nur schritt er diesmal in der Version mit der germanischen Hose einher, authentisch wie im 6. Jahrhundert. Die Blicke der Kassiererin, wie auch von anderen Besuchern in dicken Winterjacken und vor allem die der Kinder, waren schon etwas irritiert. Sie dachten, **der** gehört sicher zum Museum und steht sonst in einer Vitrine! Man gewährte ihm ermäßigten Eintritt und sagte noch nicht mal was wegen der offen zur Schau getragenen Waffen. Nick war ein lebendiges, wandelndes, einzigartiges, authentisches Exponat. Vielleicht dachten manche Besucher, er sei ein extra engagierter, bezahlter Gag zu Ehren des nahegelegenen Mittelalter-Events.

Auch die Ortschaft war hübsch, aber es war mir zu zugig für ausgedehnte, lange Spaziergänge. Etwas Warmes zu essen wäre optimal und sich danach bei Kräuter grinsend verabschieden, um den dreistündigen

Heimweg anzutreten. Nick mußte noch umladen und dann weiter zu sich nach Hause fahren. Es war wieder ein möglicher Abschied für immer! Gewißheit hatte ich nie auf nichts, das kann ich nicht oft genug betonen. Es war wieder alles offen, unverbindlich, freibleibend, ein Abenteuer! Ich versuchte jede Begegnung mit ihm ganz nüchtern als die möglicherweise letzte zu sehen. Die Begegnung zu ehren und stellte ihm, auch erstaunlich und ungewohnt für mich selbst, weiterhin keinerlei Fragen. In jüngeren Jahren hätte ich ihn mit Sicherheit an Ort und Stelle in Grund und Boden geredet und mit ihm lästige Klärungen ausdiskutieren wollen. Doch Nick kam in den Genuß meiner erstmals im Leben experimentierten und durchgeführten »Stille-Taktik«. Damit lebte ich bewußter, dankbarer, gegenwärtiger, ohne Erwartungen und ohne Verwicklung. Ich ließ ihn völlig frei sein und war somit selbst auch ungebremst frei. Eine ganz neue Betrachtungsweise, die zu leben ein Durchbruch für mich war, den ich mir, über Jahre durch Einsicht und Erkenntnis Stück für Stück vorbereitet, endlich erarbeitet hatte. Erkenntnis verstand ich dabei als scheibchenweisen Tod für einen jeweils winzigen, schwindenden Teil meiner Naivität. Was für ein Wochenende! Was für ein Hochgefühl! So ein Erlebnis! Voller Spaß!

> Nick, 18. September 23:53
> *Hallo Tina, ich bin gut zuhause angekommen und wünsche Dir nun eine erholsame, schöne Nacht. Es war wirklich ein ganz tolles Wochenende mit Dir. Kisses and more, Nick*

> Tina, 19. September 00:09
> *Ja, Du, für mich war das Wochenende und die äußerst intensive Zeit mit Dir auch sehr eindrücklich. Ich fühle mich so total entspannt und sehr friedlich. Deine Nähe ist sehr harmonisch! Fühlt sich sooo gut an! Danke Dir SEHR für die vielen »historisch korrekten« Erklärungen und Neuheiten, mit denen ich bisher keine Berührung hatte. Danke Dir ebenso für die geistig philosophischen Berührungen, für jede einzelne körperliche Berührung und besonders wertvollen Dank für Deine Berührungen ins Herz! Bin bei Dir und werde sehr sehr gut schlafen ... Kisses and much more von Wild Thing ☺.*

> Nick, 19. September 00:24
> *Schlaf gut, liebes Wild Thing ☺.*

> Tina, 21. September 00:14
> *Behalte den Frieden, die Stärke und die Unbeschwertheit im Herzen, die wir am Wochenende fühlten, es kommt alles gut! Ich bin sehr dankbar für die wilde ☺, so wertvolle Zeit, die wir in abenteuerlicher Perfektion erleben durften!! Love, passion and more 4 u, Tina*

Es folgten wieder Tage ohne jeglichen Kontakt. Diese Achterbahnfahrt mit anschließender Stille war mir schon zur vertrauten Gewohnheit geworden. Ich wußte nicht, was das Göttliche mit uns vorhatte, aber ich war bereit jede Prüfung anzunehmen. Hier konnte ich wahrlich zeigen, was ich meinte im Leben bereits gelernt zu haben. Jetzt hieß es »nur« die Ruhe bewahren und darauf zu vertrauen, daß passieren würde, was passieren kann und was passieren soll.

Die Kartenlegerin wollte mich aufmuntern und schrieb:

> Ulli, 24. September 22:19
> *Snuff[43], sei nicht so ein Skeptiker und glaub' an die Liebe und an Nick, daß Du und er zusammenkommt. LG, Ulli*

Wir schickten uns die tollsten Wochenendfotos elektronisch hin und her und ich sendete ihm wieder einen Brief mit kunstvollen A4-Prints unserer Fotosession. Eines davon, in der Perfektion eines Kunstwerkes, rahmte ich mir für zuhause ein. So konnte ich es im Bett liegend bewundern und in seiner Ausstrahlung und meiner Erinnerung sanft träumen.

> **SENSITIVITY** *Inspirations*
> bietet an:
>
> **Berührt mich mein Leben? Wie finde ich meine Bestimmung?**
>
> Um das herauszufinden, lohnt es sich bei jedem und allem zu fragen:
>
> - ✓ Berührt es mich? Wird es mich in der Zukunft berühren? Befreit es mich? Entfalte ich dadurch Fähigkeiten, die ich vorher nicht hatte und werden diese auch wachsen? Bin ich bereit für Wunder?
> - ✓ Geschehen in mir und meinem Leben Dinge, die aus meiner Vergangenheit oder der Vergangenheit der Welt nicht erklärbar sind?
> - ✓ Was genau würde ich tun, wenn ich genügend Geld hätte und genügend Freunde, aber nie jemand je etwas davon erfahren würde, was ich tue?
> - ✓ Das, was ich jetzt tue, würde ich es auch tun, wenn es keiner sehen und niemals jemand davon erfahren würde?
>
> Die Antworten auf diese Fragen zeigen mir meine wahren Wünsche, die keiner Fremdbestimmung unterliegen, oder aufgrund von Rollenspiel oder Geltungsbedürfnis entstehen. Diese Dinge mache ich ganz allein für mich, sie berühren mein Herz.

SIEBEN

DIE LIEBE UND DER KRIEGER

JEDER TAG ZÄHLT – DAS GÖTTLICHE LIEBT DICH DURCH MICH!

Die Tage vergingen zäh, aber unsere SMS-Kreativität nahm zu. Nicht, daß es für irgendwas Gewißheit gab, doch es machte uns berauschend Spaß miteinander auf neue Ideen zu kommen.

> Tina, 27. September 00:02
> *x ... x ... x*
> *<<< 2h :o*

> Nick, 27. September 00:03
> *Was heißt denn das jetzt?*

> Tina, 27. September 00:23
> *Die exakte, kreative ☺ Übersetzung für Nick um Mitternacht lautet ☺: »Drei endlos ewige fetzige, rockige ... wilde, ungebremste ... hemmungslose ... versaute ... geil sehnsüchtige ... pangalaktische ... sexsüchtige ... zärtliche ... geborgene, vertrauensvolle, beißzarte, verschlingende, allbody liebende, beruhigende, herzberührende Küsse und weitaus locker über gut 2 Stunden genußvolle Blasfee bis Ragnarök and more passion ... never stop that feeling!«*

> Nick, 27. September 00:27
> *Ui, da hast Du Dir aber etwas vorgenommen. Wann kriege ich das alles denn? Nur in meinen Träumen? Gute Nacht und geile Träume, Du verrücktes Ding ☺.*

> Tina, 27. September 00:58
> *Sobald Dein Herz erkennt, was diese Werte »wert« sind, wirst Du sowas bekommen! Nicht in Träumen, sondern real ehrlich gelebt, gefühlt, gegeben und von beiden in Dankbarkeit geschätzt, dann erst bist Du bereit für diese Tiefe im Leben des wahrhaftigen, edlen (alles Lieblose auf Erden restlos*

vernichtenden und gnadenlos rächenden) Kriegers! Ich bin mir sicher, Nick, daß Du derjenige warst/bist, den Du in Dir fühlst und er wird durch Dich im und nach 2012 seine einzigartige Aufgabe/Bestimmung erfüllen! Daran hab' ich keine Zweifel! Du wirst innerlich wachsen (wenn Du möchtest) und wahre, gönnende, Dich unterstützende Liebe erfahren! Zum 1sten mal! Wenn Du's zuläßt und erkennst! Ich hab' mir nicht viel vorgenommen, das ist nur ein Teil davon, bin immer authentisch und vieles hast Du in bits and pieces schon bekommen. Mehr davon, sobald Du Zeit zum genießen hast ☺. Können das sehr gern mit 'nem Nachtessen bei mir, bei Dir, oder in 'nem Restaurant verbinden. Sag einfach wann's Dir paßt und wo ☺. So, ich kann jetzt nicht mehr sprechen, weil mein Mund besetzt ist und Dich die Blasfee durch die Nacht begleitet ☺. Kisses, Tina

Im erneuten, tagelangen Waitstate begann ich mich zu fragen, was im Leben von Nick los sein mochte, was das mit mir zu tun hatte und was es für uns beide jetzt zu tun gab? Ich zog hierzu drei Wicca-Karten zu Rate – eine vierte fiel mir dazu noch in die Hände. Ich bin, wie gesagt, keine Kartenlegerin, aber einzelne Karten aus dem speziellen Set geben in ausgesuchten Situationen Impulse. Für manch, sich überlegen oder freier einschätzenden, Weisen ist es vorsintflutlich noch mit materiellen Krücken zu deuten. Denn das Wissen hätten wir, bei entsprechender Übung, auch in uns, ohne die bunten Bilder anzuschauen. Trotzdem mag ich diese schönen phantasieanregenden Karten. Aus Achtung und Respekt davor nutze ich sie sehr selten. Wie immer spürte ich deren Deutung, die durch sie und mich hindurchfloß, aber ich weiß, ein wahrer, unabhängiger Freigeist braucht sowas nicht.

Es war erst nicht ganz klar, welche seine und welche meine Karte war, ich tauschte sie verdeckt nochmals aus, dachte, daß beide Karten jeweils bei beiden zutreffen würden. Hier nur die Kurzversion meiner Deutung:

<u>Für Nick</u>: **Prinzessin der Kelche**
Er hat immer noch die Leichtigkeit und Leidenschaft im Vordergrund. Er sucht aber Erfüllung im seelischen Bereich.

Für mich: **Die Lust**
Lebenslust und Sexualität als Kraftquelle der Erneuerung, als die absolute Energiequelle zu begreifen, die nie versiegt.

Für beide: **Die Hohepriesterin / Wachstum** (die vierte Karte)
Dies haben wir beide jetzt zu tun und zu lernen: Die Geheimnisse des Lebens möchten eine Deutung erfahren. Lebt eure Intuition, die für alles eine Lösung hat. Vom inneren Führer leiten lassen, dann könnt ihr nicht fehlgehen ... und erkennt eure Möglichkeiten, zögert nicht eure Vorstellungen umzusetzen (Wachstumskarte). Jeder Zweifel könnte das erfolgreiche Vorgehen gefährden. Arbeitet daran, daß sich der Wille immer wieder erneuert und festigt!

| Prinzessin der Kelche | Die Lust |

Die Hohepriesterin — **Wachstum**

Interessant – ich staunte! Und während ich das alles nun für dieses Buch hier niederschreibe, fällt mir auf, daß diese Deutung noch heute ihre berechtigte Gültigkeit hat. Schon kraß, irgendwie! Jetzt aber weiter mit der eigentlichen Geschichte und meiner nächsten SMS an Nick:

> Tina, 29. September 07:34
> *Bist Du am Wochenende da?*
>
> Nick, 29. September 22:07
> *Hello Wild Thing, morgen und am Samstag habe ich leider schon volles Programm. Am Sonntag wollte ich eigentlich mal wieder ein wenig faul sein, oder an meiner Rüstung bauen. Willst Du mir dabei helfen kommen? Kisses, Nick*
>
> Tina, 30. September 01:29
> *Spitzenidee für Sonntag, Nick! Faul sein und an des edlen Kriegers Rüstung basteln, da helfe ich Dir besonders gern! Sag mir einfach, wann das »Faulsein« in der Waffenkammer beginnt. Bin begeistert von dem guten Gefühl in Deiner Nä-*

he und beim »nichts tun« und relaxen! Einfach nur »sein« mit Dir, Pascha und den Schwertern! Mußt mir gegenüber nicht »leider« schreiben, daß Du Freitag/Samstag schon volles Programm hast. Hey Nick, ich find's toll, daß Du so 'n spannendes, vielseitiges, wildes, lebendiges Leben hast! Erlebe alles, was Dir gut, tut in vollen Zügen! Das macht Dich für Dich selbst und für mich so wertvoll, so einzigartig und wissend! Ich hab' morgen mit Metalkumpel Tim fürs GALLERY in Pratteln abgemacht. Wollte diesen Kneipen-Ableger vom Z7 schon lange mal kennenlernen. Samstag bin ich ebenso mit Tim und den »harten Jungs« im Z7. Diesen Sonntag faul sein mit Dir ist optimal. Freu' ich mich total, denn das Wochenende drauf verreise ich gen Skandinavien und werde, nördlich von Göteborg, das neu erworbene und umgebaute Haus eines langjährigen, sehr guten Freundes, inmitten schwedischer Natur, bewundern. Mudraks Werk werd' ich im Gepäck haben!

Nick, 01. Oktober 21:47
Bis wann dauert denn heute eigentlich Dein Ausgang[44] mit den harten Jungs? Denn theoretisch könntest Du ja danach zu mir kommen. Gib mir einfach Bescheid ☺.

Ich entdeckte diese mich erneut überraschende SMS erst nach dem Konzert, um Mitternacht, im Auto meines Metal-Kumpels Tim, mit dem mich seit Jahren eine sehr aufrichtige Freundschaft verband. Mit ihm hatte ich unzählige Konzerte besucht, er hatte mich immer superkorrekt behandelt, ich schätzte ihn außerordentlich. Mit ihm besuchte ich vor Jahren schon Amsterdam, wir wohnten in zwei nebeneinanderliegenden Einzelzimmern. Wir waren der Beweis, daß echte Freundschaft, ohne nervige, beunruhigende Hintergedanken, zwischen Mann und Frau auf jeden Fall möglich ist. Von dieser Freundschaftsqualität habe ich noch mehr hier in der Schweiz und in anderen Ländern. Ihm erzählte ich nun erstmals Genaueres von Nick. Das freute ihn sehr, aber ließ ihn auch schmunzeln, denn er kannte mich gut und lange genug. Zwar war er kein Mann der vielen Worte, verstand jedoch stets tief in seinem Innern was Sache war. Er hätte mich auch zu Nick gefahren, das lag ja in der Nähe, aber ich hatte rein gar nichts mit dabei. Keine Klamotten, keine Zahnbürste und ich brauchte mein Auto, um am nächsten Tag wieder heimzufahren. Was tun? Na klar würde ich die Nacht bei Nick verbringen, aber erst mußte ich mich nach Hause bringen lassen, kurz die drei Sachen zusammensuchen und wieder eine Stunde in die Richtung fahren, aus der ich jetzt kam. Es war längst entschieden, daß ich Nicks sehr spontane Einladung annehmen würde, kein Zweifel! So außer Rand und Band hatte Tim mich selten erlebt! Er kannte zwar die mir einst sehr nah gehende Geschichte mit dem Ausnahme-Gitarristen Rico Bennett, die er mir von Herzen endlich geklärt gewünscht hätte. Aber das war eine andere Baustelle. Die lag über zehn Jahre zurück und damals hatte ich alles ungeduldig, drängend, ordentlich »vergeigt«! Es gab also einen Neuen, der alle anderen in den Schatten stellte ... okay ... schmunzel, schmunzel ... grinste Tim in seiner stoischen Ruhe sehr geheimnisvoll ... wohlwollend ... vielsagend, schweigsam ... ein Freund der Extraklasse!

Tina, 02. Oktober 00:39
Bin at home ☺. Möchtest Du wirklich, daß ich jetzt schon (noch) zu Dir komme? Dann würd' ich grad, so wie ich bin, jetzt zu Dir losfahren. Crazy kisses, Tina

Nick, 02. Oktober 00:41
Wenn Du noch fahren magst. Wir können es uns ja gemütlich machen, denn ich denke, daß wir beide inzwischen ziemlich auf der »Schnorre[45]« sind ☺.

Tina, 02. Oktober 00:50
Mir geht's top gut, bin extrem megaguet druf[46]. Gemütlich machen sowieso. Morgen ist ja der »faul sein« Tag ☺, d. h. Sonntag hat ja schon begonnen. Bis gleich!

Nick, 02. Oktober 00:52
Erwarte aber nicht mehr allzu viel Energie von mir, doch ich freue mich wirklich auf Deinen Besuch ☺.

Tina, 02. Oktober 00:57
Ich erwarte nie, ich freue mich über Dich. Ich gebe Dir Energie, ganz viel und ich komme nicht wegen Sex, sondern wegen Dir, Nick ... zu Dir, mit Dir, bei Dir!

Tina, 02. Oktober 01:19
Wild Thing on it's way to wild warrior's cave of sword armory!

Deutsche Übersetzung: *Wildes Ding auf seinem Weg zum wilden Krieger in die Höhle seiner Schwert-Waffenkammer.*

Tina, 02. Oktober 01:37
Extrem Nebel, muß etwas langsamer fahren. Hoff' Du bist noch wach bis ich ankomme. Ca. 30 Minuten noch ☺.

Das zweite Mal unterwegs zu ihm und schon war es wie »nach Hause« kommen. Er hatte die Tür aufgeschlossen, so daß ich (wie in der Schweiz üblich) nur mit der Türklinke von außen runtergeklinkt, eintreten konnte. Sein ganz lieber, zarter Kater erwartete mich neugierig an der Tür und das süße Katzengesicht begrüßte mich zuerst. Schon war Nick bei mir, freute sich riesig, daß ich so spät und wieder spontan, aber zuverlässig, doch noch zu ihm gekommen war. Wieder eine berauschende Begegnung mit viel Herz. Es war uns erneut ein Fest bis in die späten Morgenstunden!

Wir genossen unseren »faul sein« Tag in vollen Zügen. Nick ließ am Abend zwei superleckere Pizzas von einer Pizzeria kommen und wir »strickten« weiterhin emsig die von ihm designten Metalllamellen seiner neuen Rüstung zusammen, witzig! Ich freute mich so richtig wieder hier zu sein und der Verstand wurde nicht gefragt, was das sollte, oder wohin das führen würde. Ich folgte einfach meiner Sehnsucht wieder in seiner Nähe sein zu wollen. Nick nahm mehr und mehr Raum in meinem Leben ein. Wir waren ein klasse Team, sprachen uns gut ab und jedes Treffen war unbeschwert, sehr kommunikativ und amüsant ohne Ende. Unsere Gespräche waren bisher immer tiefgründig gewesen, das gefiel mir und das gefiel auch ihm. Aber inzwischen wurden die Themen schon weitaus persönlicher, vertraulich und wirklich sehr privat. Ich war mir sicher, diese Inhalte und Vertraulichkeiten konnte er ganz bestimmt nicht jeder Frau erzählen. Das wollte auch gar nicht jede wissen! Wer hörte ihm aufmerksam zu, wer konnte mit seinen Lebenserfahrungen was anfangen und mit dem umgehen, was ihn jetzt bewegte. Und wer konnte dann noch etwas Sinnvolles dazu sagen, was ihn genau jetzt passend voranbringen würde? Ich fand's spannend mich auf ihn einzustellen, mich einzufühlen in seine Welt und mal ganz was anderes zur Unterhaltung zu haben, statt der üblichen Stories. Mich faszinierte, daß er meinen intensiven Konversationen auch standhalten wollte und konnte. Das gab's genauso selten. So tief konnte ich Menschen sehr selten, bis fast nie, blicken lassen. Aber Nick wußte zu argumentieren, das gefiel mir! Uns ging's gut, wir waren jedesmal dankbar für die gemeinsame Zeit, wußten schon besser und besser wie wir sie, für uns perfekt arrangiert, genießen wollten und freuten uns auch über **diese** eine Nacht. Bis in die frühen Morgenstunden verknüpfte er mit einer Lederaale und ich mit geschickten, aber kleineren Fingern, die geölten, metallenen Rüstungslamellen in kunstvoller Knotenwebtechnik. Für diese mühselige, feinmotorische, aber sehr künstlerisch anspruchsvolle Arbeit gab es ein spezielles, besonders reißfestes, nicht ganz historisch korrektes Kängurulederband. Das war echt eine seltene Erfahrung, wir hatten richtig viel Spaß!

In der darauffolgenden Nacht, wo ich zum Geburtstag meiner Schwester in Mannheim war, schrieb er mir:

> Nick, 04. Oktober 00:11
> *Bald sind vier Reihen miteinander verbunden. Nochmals danke für Deine wertvolle Hilfe. Nun aber wünsche ich Dir eine gute Nacht und schöne Träume.*

> Tina, 04. Oktober 00:34
> *Ich spüre wieviel Arbeit das Verknüpfen der Reihen ist und wie sehr Du Freude daran hast, daß wir vorwärts gemacht haben. Würde gern noch viel mehr dazu beitragen, jetzt wo ich ein Gefühl für Material und Technik von Dir vermittelt bekam. Wirklich ganz speziell toll eine historisch korrekte Rüstung zu bauen! Danke für die entspannenden, wertvollen Stunden. Ich habe mich bei Dir durch und durch wohl gefühlt! Werde Deine gewünschten Träume haben und möchte Dich dabei endlos, stundenlang massieren, berühren und Dich überall lang und intensiv erspüren. Danke für Deine liebevolle Hingabe. Küsse mit viel Gefühl, Wild Thing*

> Nick, 04. Oktober 00:52
> *Du weißt gar nicht, wie sehr Du mir mit Deiner Unterstützung geholfen hast. Du gabst mir wieder die nötige Motivation für dieses arbeitsintensive Projekt. Dafür bin ich Dir unendlich dankbar. Auf jeden Fall freue ich mich auf ein Wiedersehen mit Dir und gehe jetzt aber auch bald träumen. Kisses, Nick*

Tina, 04. Oktober 18:38
Ja Nick, hab' gespürt, wie sehr Du relaxt hast, Freude hattest und ich hab's auch geliebt, sowas Einzigartiges für Dich speziell anzufertigen. Baue gern noch so manche Rüstung mit Dir! Wir werden uns im Tempo noch steigern ☺. Ich find's toll, was Du alles weißt und wie Du das lebst. Ich genieße sehr mit Dir ☺. Ach ja, Du, ich werde heute Nacht ca. 23 Uhr in Basel über die Grenze fahren. Darf ich das Futter für Pascha vor Deine Tür legen? Wenn die Haustür zu ist, würde ich's bei Dir in den Milchkasten legen, wenn das für Dich okay ist und Du's da irgendwann mal rausziehst ☺. Lovely kisses von der Blasfee ☺.

Nick, 04. Oktober 18:54
Du darfst auch eintreten oder läuten, falls die Türe zu ist ☺.

Abermals blieb ich über Nacht bei ihm und es war erneut eine wunderschöne, aber auch wilde, innige Begegnung zweier im Gleichtakt schlagender Herzen. Wurden wir übermütig? Hatten wir die Realität verpeilt? Beide? Hatte ich vergessen oder ausgeblendet mit wem ich mich da zusammengetan hatte? Daß ich je wieder seine Kundin werden würde, konnte er mit tausendprozentiger Garantie abhaken. Den Business-Rückfall brauchte ich nicht. Unsere privaten Treffen fanden immer öfter und in schnellerer Abfolge hintereinander statt. Es wurde schon bald »normal«, daß mein kleines Rollenköfferchen mit kombinierbarer guter Business-Kleidung, mehreren schönen, lockeren Freizeitklamotten und edlen sexy Dessous immer gepackt bereit stand und fast konstant im Einsatz war. Es machte Spaß zu planen, etwas vorzubereiten und die immer noch existente Ungewißheit durch stetig größer werdende Vorfreude mit Vertrauen auszutauschen. Was alles noch lange nicht mit dem Zustand der Zuversicht verwechselt werden konnte und auch nicht sollte. So blieb immer alles einzigartig und wirklich sehr speziell! Das war uns beiden bewußt! Ich durfte nicht anfangen nachzudenken ... das hätte nicht gepaßt und wäre nicht zu stoppen gewesen.

Nick, 05. Oktober 20:15
Hello Wild Thing, ich hoffe, Du hattest einen guten Tag. Es war schön, daß Du gestern noch zu mir gekommen bist. Ich sende Dir viele heiße Küsse, Nick

Tina, 05. Oktober 20:53
Hi, großer Krieger, danke für Deine Worte. Es macht mich glücklich zu spüren, wie gut es Dir geht. Ich war auch einfach nur glücklich bei Dir zu sein. Deine Rüstung wird phantastisch, das Leder, das Du da in Perfektion angebracht hast, ist sowas von edel. Hab's mir heute Morgen noch angeschaut, klasse! Mehr und mehr verstehe ich Deine Faszination und beginne einen Teil Deiner inneren Großartigkeit zu ahnen. Dafür danke ich wieder und wieder, in Dir steckt ein ganzes Universum! Du, mein Tag lief so sensationell gut, alles strahlt gut auf mich zurück. Du, Nick, bist Du zuhause? Würde gern mit Dir nachher noch telefonieren, wenn Du das auch möchtest. Wild Thing setzt sich aber auch, verrückt wie immer, ins Kutschli[47] und kommt zum großen Krieger, falls Du heute wieder bastelst. Aber nur wenn's paßt. Verrückte Idee, ich weiß, aber es geht auch morgen oder Freitag. Samstag muß ich früh Richtung Flughafen. Sonst nach Schweden, aber soweit kann ich im Moment gar nicht denken ☺. *Ich bin sehr gern bei Dir, mit Dir und freue mich über Dich. Küsse Dich sehr wild!*

Wenn mir früher jemand gesagt hätte, daß mich später mal ein Mann begeistern wird, der sogar noch jünger ist als meine schon so viel jüngere Schwester, dann hätte ich denjenigen für völlig bekloppt oder zumindest schwer danebengehalten. Jüngere Männer haben mich früher gar nicht, später wenig und dann nur gelegentlich etwas interessiert. Wesentlich ältere Partner aber auch nicht, bis auf sehr flott gebliebene Ausnahmen. Da war ich tief vom Elternhaus geprägt: Der Mann sollte so an die drei Jahre älter sein als die Frau, damit er ihr ein annehmbares Leben bieten kann ... uff. Es dauerte lange, bis ich mich von dieser Prägung sowie mich bremsenden, einengenden Zeitstrukturen löste und nur die Persönlichkeit eines Menschen, unabhängig von der äußeren Hülle, wahrnehmen konnte. Gut, mit zunehmendem Alter relativieren sich bekanntlich Altersunterschiede. Nicht grundsätzlich, aber wahrscheinlicher als früher. Deshalb fragte ich mal meine Schwester als »Unbeteiligte«, da sie ja fast im gleichen Alter ist wie Nick, was sie von der einen oder anderen SMS hielt. Warum er genau so schreibe, wie sie das empfinde, wo er doch »fast jede« andere haben konnte und aus keinem denkbaren Grund auf mich angewiesen sei:

> Claudia, 05. Oktober 20:32
> *Meiner Einschätzung nach hat er keine Andere im Hintertürchen und ist total verrückt nach Dir. Vielleicht versucht er aber auch nicht kitschig zu wirken, da Du älter in Bezug auf Reife bist!?*

> Claudia, 05.10.2011 21:22
> *Ich denke, Nick hat genauso viel Kopfrattern wie Du, nur eben von seiner Seite aus, von der er Dich betrachtet und (ein)schätzt. Und ihm hat wohl niemand einen Ratschlag gegeben ... ☺.*

Und Ulli die Kartenlegerin meinte:

> Ulli, 05. Oktober 22:25
> *Toll, Du der Nick hat sich doch schon lange in Dich verliebt, meine Süße. Bin mit Dir happy, lieben Gruß.*

Träumte ich das alles, oder war das wirklich real? Hatte ich schon ein Rad ab? Mit Sicherheit! Wollte ich das alles? Und falls nicht, oder plötzlich nicht mehr, käme ich aus der ganzen Sache überhaupt noch unbeschadet raus? Aber dafür war es schon bei der allerersten Begegnung zu spät. Die Nummer war voll auf der Schiene! Am Abend schrieb Nick mir zwischendurch auch wieder:

> Nick, 05. Oktober 20:57
> *Wenn Du magst, kannst Du gerne kommen. Ich bin am Basteln und würde mich über Gesellschaft freuen ☺.*

> Nick, 05. Oktober 21:08
> *Weißt Du, Donnerstag, Freitag und Samstag sind bereits verplant und deshalb wäre wohl heute nicht schlecht. Kommst Du?*

Ha ha, was dachte er, was ich tun würde? Daß ich absagen würde?

> Tina, 05. Oktober 21:12
> *Hast Du gezweifelt?*

Ja, ich komme zu Dir, sehr gern. Muß paar Sachen daheim noch machen. Melde mich dann aus dem Auto nochmal und muß auch noch tanken. Freue mich!

Nick, 05. Oktober 21:13
Nee, ich habe nicht gezweifelt und freue mich auf Dich.

Tina, 05. Oktober 21:13
Ich zweifle auch niemals an Dir und freue mich total unbeschreiblich, aber brauche noch etwas Zeit hier. Also, let's fetz! Plane bis 22 Uhr abzufahren! Kiss, kiss, kiss!

Nick, 05.10.2011 21:19
No stress ☺.

Tina, 05.10.2011 21:21
TX[48], bin nur einiges unausgeschlafener als Du ☺. *Nicht wundern, wenn ich etwas ruhig bin.*

Nick, 05.10.2011 21:24
Schon okay, ich habe keine Erwartungen ☺.

Tina, 05.10.2011 21:32
Die darfst Du immer haben ☺. *Ich werde Dich nie abweisen, das darfst Du nie falsch verstehen, auch wenn ich mal 'nen Witz mache. Aber Du spürst eh wie ich bin und denke.*

Tina, 05.10.2011 22:20
Hab' getankt und bin mit silbernem Pfeil on my way ☺.

Tina, 05.10.2011 22:47
Hab' ich heute auch wieder die Freikarte ☺, *all access?*

Nick, 05. Oktober 22:48
Du hast die immer ☺.

Tina, 05. Oktober 22:51
... was ich zu schätzen und lieben weiß.

Wir planten das fulminante Nightwish-Konzert, gleich in der Woche nach David Garrett, im Hallenstadion in Zürich. Ich hatte zwei VIP Premiumtickets, ab 18 Uhr mit Stehdinner und allen Getränken inklusive, Kategorie eins Tribünen-Sitzplätze, separater Eingang, Garderobe, Parkhausticket. Das würde ich gern mit ihm erleben, die Band hatte ich schon oft gesehen, er aber noch gar nicht. Um danach nicht mehr Auto fahren zu müssen, organisierte ich eine Übernachtung für uns im eleganten Swissôtel Zürich Oerlikon, einschließlich Room-Upgrade über meine Geschäftskontakte. So könnten wir am nächsten Tag ausschlafen, ein spätes Frühstück genießen und den Pool hoch oben über den Dächern von Zürich für private Wellness nutzen.

> Nick, 07. Oktober 09:50
> *Hallo Tina, das mit dem Nightwish-Konzert hört sich wahrlich gut an. Was sind denn das für Tickets? VIP? Ich würde Dich natürlich sehr gerne begleiten. Küsse, Nick*

Nick machte tatsächlich alles mit, da hatte er mir anfangs nicht zu viel versprochen. Das gab's noch selten und gefiel mir total. Auch wenn es lange sechs Monate bis dahin waren, freute ich mich darauf und organsierte alles in beruflich gewohnter Perfektion, gleich alles unter Dach und Fach. Zuhause wurde abermals der kleine, edle Flugkoffer und eine Handgepäcktasche, gefüllt mit wintertauglichen Fellstrings, für die bevorstehende Schwedenwoche bei Robin gepackt. Ich freute mich sehr auf diese spezielle Tour zu ihm und die Gespräche, die wir in gewohnter Einzigartigkeit und auf für uns passendem Niveau führen würden. Es gab von beiden Seiten immer viel ausgesucht Besonderes zu berichten.

Flug nach Göteborg, dort per Bus zum Bahnhof in die City, über eine Stunde weiter mit dem X2000-Hochgeschwindigkeitszug nach Skövde. Das kleine Städtchen, in dem mich Robin mit offenen Armen und dem ihn auszeichnenden Lächeln, im Gefühl seelenverbundener Freundschaft, zuverlässig empfing. In Skövde gab's zur Begrüßung erst mal ein Schwedisches Törtchen mit Käffchen, bevor wir in Robins Geländewagen zu unserem Zieldörfchen Lerdala brausten. Er hat sich ein typisch Schwedisches Anwesen, zum Kraft schöpfen und Träume verwirklichen, gekauft und genial umgebaut. Sein Naturparadies liegt inmitten unverkennbar schwedischer Landschaft, bei Trollhättan. Weitgehend menschenleer, sehr naturnah, konnten wir die tiefe Ruhe und den Frieden dort spüren. Die passend gewählte Einrichtung seines Traumhauses, der märchenhafte Ausblick und die heilsame zartleise Stimmung waren pure Erholung, so wie gewünscht. Eben genau **das** Ambiente, wie wir uns das nordische, malerisch idyllische Leben in Skandinavien erträumen möchten. Es geht nichts über Freunde wie Robin, bei denen man einfach nur »sein« und »ankommen« darf.

In Schweden war ich früher beruflich und privat schon sehr oft. Sogar schwedische Lover hatte ich zweimal. Die beiden hatten mir zu ihrer Zeit Land und Eigenheiten nahegebracht. Ein seltenes langhaariges, sehr blondes Exemplar begleitete mich schon zu Schulabschlußzeiten in Caracas, Venezuela. Ich besuchte ihn nach meinem Abitur längere Zeit in Stockholm, nachdem er kurz vorher in seine Heimat zurückgekehrt war. Damals freundete ich mich auch mit seiner Schwester an. Sie war Anästhesieschwester bei einem internationalen Hilfswerk und schon viel in der Welt umhergekommen. Mit ihr konnte ich so richtig gut was unternehmen! Zumindest mehr als mit ihm. Unterschiedliche Lebenswege, völlig andere Lebensanschauungen verhinderten zu viel Nähe, aber mit seiner Schwester stehe ich bis heute in Kontakt. Einige Jahre später traf ich wieder einen typisch schwedischen, ganz naturverbundenen Kerl, der damals schon und bis heute noch langhaarig war/ist. Er wohnte aus Überzeugung auf einem winzigen Boot. Wir sahen uns vor über zwanzig Jahren öfter mal in Schweden, während meiner vielen Geschäftsreisen im Auftrag eines Herstellers von Hochgeschwindigkeitszügen. Irgendwann fiel der Kontakt auseinander, ging total verloren. Aber vor ein paar Jahren fand er meine Koordinaten heraus, was ja heute im Zeitalter von Facebook und ähnlichem keine Kunst mehr ist und besuchte mich, wie in alten Zeiten, aber jetzt in der Schweiz. Solche Begegnungen und Freundschaften sind mir wertvoll, denn es ist als wäre keine Zeit vergangen. Meist sind beide unabwendbar älter geworden oder dicker und nicht selten grauhaariger, doch die persönliche Ausstrahlung bleibt unverändert. Mir fiel auf, an den Augen erkennt man so gut wie jeden Menschen auch noch nach Jahrzehnten, egal wie sich das körperliche Drumherum über die Jahre gestaltet oder verunstaltet hat. Wertvoll meine ich, weil besondere Freundschaften in uns Menschen, dadurch, daß sie so lebendig in Erinnerung bleiben, viel bewegt haben und uns im Nachhinein deutlich machen, was man Seltenes, Schönes oder tief Prägendes miteinander erleben, teilen, voranbringen, entfalten und verstehen durfte!

Jetzt bin ich aufs Neue nach Schweden gereist, mit dem Wunsch dort mit Robin, der ebenso wie ich, mit aller Sehnsucht den Weg seiner Freiheit geht, in geborgener Ruhe alles zu reflektieren und zu verstehen, was ich mit Nick rasant erlebt hatte. Robin hatte mein vollstes Vertrauen, bei ihm fühlte ich mich wertefrei angenommen und sehr willkommen. Ich freute mich auf die Weite und Ruhe der Landschaft seines Anwesens sowie auf seine herzliche Gastfreundschaft. Als Schweizer erholt er sich in Schweden und läßt sich neu inspirieren für seine europäisch umgesetzte Feng-Shui Architektur. Er entwirft außergewöhnliche, energetisch wirkende, inmitten der Natur integrierte, Wohnprojekte. Speziell nur für die Schweiz entwickelt, dann selbst mitgestaltet und er arbeitet unermüdlich an futuristischen Konzepten und Ideen. Ein wünschenswerter, fundierter Gesprächspartner in freigeistigen Betrachtungsweisen. Einer, der auch hart an sich gebastelt hat, für seine nicht alltägliche spirituelle Entwicklung, die er weiterentwickelt und so konsequent wie möglich auslebt. Was heißt: Einer, der sein Leben unermüdlich an seine neuen Erkenntnisse anpaßt. Ich war gewiß, daß er meine offene Berichterstattung von »Callboy Nick hinter den Kulissen« verkraften und mir seine Einschätzungen dazu zur Verfügung stellen würde. Die wertvollen und vor allem ehrlichen Gespräche mit ihm, würden mir sicherlich den gewünschten Abstand einer weitumfassenderen Perspektive zu meiner heiklen Situation bringen. Mich selbst bestenfalls, durch neue Klarheit und halbwegs etwas Ordnung in mir, weiter ans Licht der Erkenntnis führen. Robin nahm aufmerksam, entzückt und sichtlich sehr amüsiert teil an meinen pikanten, nächtlichen Erzählungen, wie an einer modernen Folge von »Tausend und eine Nacht«.

Tina, 08. Oktober 01:06
Das wird wieder 'ne kurze Nacht, alles gepackt, um 5 klingelt der Wecker. Bis dahin träum' ich von Dir. Good night :o x x x

Nick, 08. Oktober 07:05
Guten Flug, wild Thing, auf das Dich die Götter auf Deiner Reise begleiten und behüten mögen. Vor allem Grimnir[49] möge Dir zur Seite stehen. Heiße Küsse, Nick

Tina, 08. Oktober 07:07
Bin grad am First Check-in. Melde mich gleich. Kiss with wild passion!

Tina, 08. Oktober 07:44
Bin auf Runway, muß abschalten, Stopover in Vienna. Danke Dir so sehr für Deine wohlwollenden Wünsche! Werde lesen, wer Grimnir ist. Die Götter sind präsent, unabhängig

von Raum und Zeit, danke danke, ready 4 take-off! In Gedanken bist Du auch dabei, Rüstung weiterbauen ☺ ... Kisses and much more from your Wild Thing

Tina, 08. Oktober 12:50
Safely landed in Gothenburg und die geistige Welt zeigt mir bereits, daß irdischer Ballast völlig überflüssig ist! Mein Köfferchen hat das Umsteigen in Wien, Dauer 35 Minuten, nicht geschafft. Kommt abends und wird mir morgen after lunch an die einiges nördlichere Ferienadresse geliefert. Dumm gelaufen, denn da bin ich am »Tor zu Walhall[50]«. Also lebe ich aus meiner Handtasche und hab' zum Glück da noch 'nen gefütterten Fellstring eingepackt. Swedish kisses from your Wild Thing

Tina, 08. Oktober 23:46
Einsames, supergemütliches Haus inmitten wilder, fast unberührter Natur, umgeben von Wäldern und Seen. Auch Du bist hier jederzeit willkommen. Meine nächste Wohnung hat auch wieder 'nen Kamin! Akku fast leer, Ladegerät natürlich im Koffer ☺. Deine kleine Blasfee küßt Dich da, wo's Dir gefällt. Gute Nacht!

Nick, 08. Oktober 23:55
Ach wie schön, dort möchte ich jetzt auch sein. Ich bastele immer noch an meiner Rüstung und werde wohl bald fertig werden. Gute Nacht meine Blasfee. Kisses, Nick

Tina, 09. Oktober 00:06
Irgendwann wirst Du's auch hier genießen. Ich werde die Sehnsucht in meinem Herzen pflegen, mit dem großen Krieger seine Heimat zu besuchen. Freue mich morgen auf Hunneberg. Ist Riesenareal – an einem Tag nicht zu schaffen. Melde mich, wenn wieder Akku. Ja, mach' die Rüstung fertig. Du trägst sie ja nächsten Sonntag. Find' ich genial. Hätte gern mehr dran geholfen, aber immerhin konnte ich Dich motivieren ☺. Hey, hier werden die Kerzen gelöscht, Haustür wird nicht abgeschlossen und schnurrenden, schwarzen Kater gibt's auch ☺. Eine sagenhafte Ruhe und total friedliche Schwingung. Bin bei Dir mit vielen sanften Küssen.

Es gab genau dort ein Gesteinsgebilde, von dem gesagt wurde, daß dort der Eingang zu Walhall sei. Faszinierend! Das schauten Robin und ich aus der Nähe an, verbrachten einen ganzen Tag auf dem Bergmassiv.

> Tina, 09. Oktober 22:42
> *Hey, wie weit bist Du mit der Rüstung? Eben wurde mein Koffer gebracht – toll! Waren auf Hunneberg/Halleberg. Sehr mystischer Ort. Der vordere, kleinere Berg ist der kraftvollere, an dem die Felswand mit dem angeblichen Eingang zu Walhall ist. Es ist ziemlich schattig[51] hier, sehr sehr ruhig und totale Einsamkeit – Skandinavien pur! Bin ziemlich müde und küsse Dich vor dem Schlafengehen.*

Darauf sendete mir Nick in den frühen Morgenstunden ein Foto des edlen Stücks – der Rüstung natürlich.

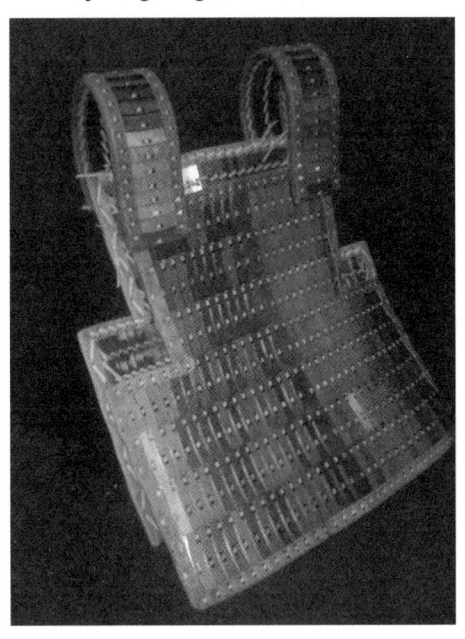

> Nick, 10. Oktober 04:26 (Meine Rüstung ist bald fertig)
> *Die Lamellenrüstung wird bald komplett fertig sein und kann jedoch schon ab jetzt getragen werden* ☺.

> Tina, 10. Oktober 04:40
> *Bin grad aufgewacht und hab' Dein Foto abgerufen – wow, TOTAL schön! Alles mit Leder umfaßt und Schulterteile befestigt, klasse! Fehlen noch die Seitenverschlüsse mit den Holzknöpfen, oder? Sieht wunderschön aus, perfekt gemacht. Dann kannst Du sie am Sonntag entjungfern ☺. Möge sie Dich IMMER schützen! Kisses, Wild Thing*

Meinen Gastgeber und Freund hatte ich schon bald in die komplette Geschichte eingeweiht, denn er bemerkte relativ schnell, daß mit mir komplett was nicht stimmte. Daß ich so derart begeistert und happy war, daß er im leichtesten Fall meinen konnte, ich hätte eine irreversible Meditationshypnose in totaler Überdosierung. Wir kannten ja Motivationen, die langanhaltende Wirkung von Energetisierungen und daraus resultierende, grinsige Begeisterung, aber hier spürte er noch eine ganz andere Komponente. Ich rückte unverblümt mit den Details raus. Ja, erstaunlich ... so eine Geschichte hatte er natürlich noch nie gehört. Er erinnerte sich an die geplante Buchung, in die ich ihn vor Monaten einweihte. Aber er hätte nie gedacht, daß die Geschichte nun privat weiter ging. Ich konnte offen reden, denn seine neutrale, liebevolle, urteilsfreie Haltung war mir gewiß. Er wußte und verstand genug von mir, daß ich bereit war, mich furchtlos dem Unbekannten in den Rachen zu werfen. Dabei nicht wußte, wohin die ganze Sache führen sollte und wie das im Detail ausgehen könnte, wie das tägliche gemeinsame Leben mit so einem Menschen, mal angenommen, es käme dazu, sein würde. Aber er wußte, wie Anziehungskraft entsteht und was passende Herzen alles aufführen können um zueinander zu kommen, das kannte er selber zu genüge! Da war er Experte!

> Nick, 12. Oktober 23:30 (Gute Nacht)
> *Guck mal, die Verstärkungen und die Knöpfe sind nun an meiner Rüstung angebracht. Jetzt muß ich bloß noch die Schulterteile fertigmachen. Schlaf gut, Wild Thing. Küsse aus der Schweiz, Nick*

Die Woche war voller Abwechslung, ich war viel unterwegs in der Natur und idyllischen Ortschaften. Die Zeit verging sehr schnell und wirkte beruhigend. Ich hatte Robin geholfen sein Haus und gesamtes Anwesen winterfest zu machen. Dann luden wir seinen großen Jeep randvoll mit den Erzeugnissen seines Gartens und stapelten unser Gepäck drum herum. Tags drauf fuhren wir morgens in aller Frühe die schöne Strecke von Schweden nach Hamburg ins wundervoll restaurierte, erste Designhotel »Hotel Gastwerk« im einstigen Gaswerk Hamburgs.

> Tina, 13. Oktober 18:13
> *Bin grad in Dänemark und konnte hier Deine MMS abrufen ☺. Danke für die Küsse aus der Schweiz. Mmmh ... stöhn ... die tun besonders gut, immer noch und überall ... endless geiles Feeling mit Dir! Die Rüstung wird immer luxuriöser und komfortabler, die Verstärkung erhöht sicher den Tragekomfort, die Knöpfe sind ja aus Metall – historisch korrekt? Sehen sehr gut aus! Jetzt kannst Du sie am Sonntag schon einweihen ☺ – freut mich! Geht grad auf die nächste Fähre, Rødby-Putgården, dann in Hamburg spätes Nachtessen und morgen ganzen Tag alles, was Hamburg zu bieten hat, hehe ... hab' local guide, Sonne scheint nonstop und nun weiß ich »Unwissende« auch, daß Grimnir ein weiterer Name für Odin ist. Er hat mich nun kennengelernt, überprüft und für schützenswert befunden, wofür ich stets dankbar bin, denn NICHTS ist selbstverständlich! Eben hat's im Auto 'ne Dose zerrissen, kraß! Bin jetzt noch taub! Inzwischen auf Fähre*

Mega-Sonnenuntergang! Ich geh' mal 'ne Runde an Deck. Zurück zum Thema Dankbarkeit: Ich freu' mich, daß es so einen wertvollen Menschen wie Dich gibt und ich Dich küssen kann. Merci[52], Wild Thing

Nick, 13. Oktober 19:10 (Die Knöpfe der Lamellenrüstung)
Das ist einer der beiden Knöpfe und ja, solche Dinger konnten die damals bereits herstellen ☺*.*

Tina, 13. Oktober 19:24
Und wo hast Du die her? Speziell bestellt? Wolltest doch Holzknöpfe nehmen. Aber die silbernen sind besser. Hab' mir in Schweden historische Replica-Mittelalter-Becher gekauft. Find' sie klasse! Es gab nur noch 2 und die mußten mit! Wenn es mal die Möglichkeit gibt, Deine Rüstung in action zu sehen, sag mir bitte Bescheid. Würd' mir mal ein Gefühl dafür geben, was Du da machst und könnt' die Begeisterung spüren!

Nick, 13. Oktober 22:16 (Die Entstehung der Schulterteile)
Nun entstehen die Schulterteile und das ist ziemlich knifflig. Ach ja, wann kommst Du eigentlich wieder in der Schweiz an?

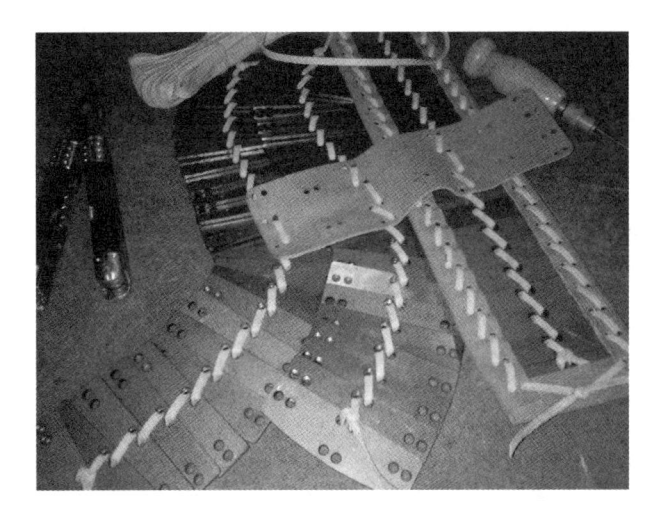

Wir genossen die einzigartige Architektur des Hotels, das hervorragende Restaurant und trafen noch eine Freundin, die Augenärztin bei Hamburg ist. Nebenberuflich hatte sie ganz außergewöhnliche, spirituelle Heilerfahrungen und Entwicklungen in Indien gemacht, diese weiterhin verfolgt und uns darüber berichtet.

> Tina, 13. Oktober 22:16
> *Hi and good night Nick, komm' grad ins Hotel und hab' selten so exzellent gut und gediegen gegessen wie heute. Möcht' ich mit Dir auch mal machen ☺. Du, ich geh' morgen Abend nach der Hamburgtour auf den Autoverladezug, schlaf' im Nachtzug bis Lörrach und schätze mal, daß ich diesen Samstag bis mittags wieder zuhause bin. Würd' mich enorm freuen, Dich bald wiederzusehen! Blasfee hat sich bestens erholt, kann aber auch anständig bleiben. Wilde Küsse von »Wild Thing« gibt's immer! Aber stimmt, ich hab' ja immer die Freikarte ☺. Also darf die (niemals grobe) Blasfee Dir auch angenehme, heiße, ewig geile Stunden bereiten. Du, Deine Rüstung wir besser und besser! Die Schulterteile sind echt der Hammer! Danke für das tolle Foto, wow! Verspielte Küsse durch die ganze Nacht, Wild Thing*

Am nächsten Tag konnten wir meinen ortsansässigen Instruktor Luca treffen, der mit uns beiden eine ortskundige Stadtführung von Feinsten unternahm. Alle namhaften Sehenswürdigkeiten von ganz Hamburg zu Fuß an einem Tag erobert. Abends holten wir das Auto im Hotel und er verabschiedete sich von uns ziemlich ausgepowert am Verladezug, der uns über Nacht durch ganz Deutschland bis an die Schweizer Grenze rattern würde.

> Tina, 14. Oktober 11:34
> *Good morning Wild Warrior! Eben kam Deine MMS »Entstehung der Schulterteile« noch ein 2tes Mal durch. Ich hätte gern viel mehr mitgeholfen, auch mit der Ledereinfassung. Die kniffligen Schulterteile sehen interessant aus, auch durch die Rundung. Bleiben noch Beinteile, bin gespannt ☺ – einzigartig! Wild kiss!*

> Nick, 14. Oktober 12:08
> *Hallo Tina, das war wohl ein Fehler meines Handys. Nun, die Beinteile müssen warten, denn ich habe nicht mehr genug Leder und zudem langsam auch keine Lust mehr. Die kann ich ja auch zu einem späteren Zeitpunkt noch machen. Jetzt werden einfach noch die Schultern fertig und dann ist gut. Sweet kisses, Nick*

> Tina, 14. Oktober 17:34
> *Ach, ich glaub', der Fehler liegt an meinem Handy. Es ist durch so viele Länderzonen gefahren, daß das MMS halt nochmal durchkam – kein Thema. Freu' mich, wenn's Dir gut geht und Du Spaß hast. Beinteile würd' ich nicht so lange damit warten, denn oft macht man's dann gar nicht mehr. Wir könnten ja d. Metalteile schon mal zusammenfügen. Hab' halb Hamburg zu Fuß gezeigt bekommen, mein Kumpel hat sich Zeit genommen, aber bin froh, wenn ich heute Nacht im Autozug gen Schweiz bin. Freu' mich, wenn wir wieder entspannte Zeit miteinander verbringen und einfach nur schööön faul sind. Heiße Küsse!*

> Nick, 15. Oktober 00:43
> *Ach Tina, ein Besuch der Blasfee wäre jetzt gerade das absolut Richtige. Spaß beiseite, ich würde mich wirklich sehr freuen, wenn wir uns nächste Woche mal wieder sehen würden. Jetzt aber bastele ich erst einmal ein wenig weiter an meinen Schultern. Sweet kisses and good night, Nick*

Interessant! Ich wurde also auch nach dieser Woche noch von Nick Laurent erwartet und zu ihm nach Hause eingeladen. Er fühlte sich ganz und gar nicht entfernt, sondern noch viel enger und vertrauter an. Das machte mich glücklich. Ich blendete erneut aufflackernde Ungewißheit, Zukunfts- und Sinnfragen aus und machte der sehr präsenten Vorfreude wieder allen Platz in mir. Aber ich mußte erst einmal ankommen, wieder voll arbeiten und irgendwann konnten wir dann mal weitersehen und schauen, was wir beide mittlerweile alles dachten.

> Tina, 15. Oktober 22:06
> *Heute muß ich mal zeitig in die Federn, bin groggy von der Tour. Küsse Dich zart, fühlt sich auch sehr gut an ☺.*

> Nick, 15. Oktober 22:11
> *Schlaf gut und erhol Dich ein wenig. Zarte Küsse, Nick*

> Tina, 15. Oktober 22:23
> *Ja genau, mach ich und besuch Dich im Traum ☺, wo wir wild, liebevoll und sehr leidenschaftlich sind! Vielleicht sind wir nächsten Samstag zusammen. Bin eingeschlafen ...*

> Nick, 16. Oktober 03:09 (Es ist vollbracht)
> *Es ist vollbracht, die Rüstung ist fertig und wird heute getestet. Vermutlich werde ich aber bei den Schultern noch ein paar Änderungen vornehmen müssen, denn da paßt mir noch etwas nicht so ganz in den Kram. Nun aber etwas anderes. Möchtest Du mich diese Woche eventuell auch mal nach Feierabend besuchen kommen?*

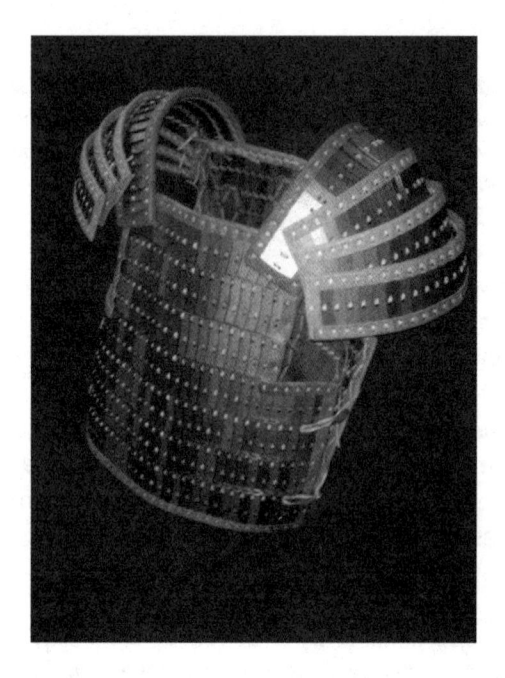

Tina, 16. Oktober 07:21
Wow, Deine Rüstung jetzt, Nick, ist ein wahres Prachtstück! Danke für das tolle Foto. Ja die Schulterteile sehen zwar mächtig gut aus, aber im Kampf womöglich einschränkend. Wirst Du ja heute rausfinden. Ich komm' Dich gern besuchen, auch nach Feierabend. Wochenende ist halt besser wegen ausschlafen, aber noch viel zu lang hin ☺. Ich freue mich wirklich sehr auf Dich, wann auch immer und wo auch immer spielt keine Rolle, edler Krieger! Kiss you!

Nick, 17. Oktober 09:09 (Gestern beim Training)
Hallo Tina, so sah das dann gestern aus beim Training und so wie ich das bis jetzt abschätzen kann, muß ich an der Rüstung nichts mehr ändern. Ach ja, was machst Du heute nach Feierabend?

Tina, 17. Oktober 13:18
Hi Nick, good day from the office. Die Rüstung sieht perfekt aus und steht Dir einfach genial, vor allem auch mit dem schwarzen Gambeson drunter. Sieht echt klasse aus die edle Rüstung und der edle Krieger, der drin steckt! Wie lange kann man mit so einem Gewicht auf den Schultern kämpfen? Du, heute Abend bin ich nach Feierabend ganz normal zuhause, morgen ist ein Konzert im Volkshaus (da könntest Du sogar mitkommen, falls Du noch nicht verplant bist) und am Freitag bin ich bei den Chippendales in Basel ☺. Ich freu' mich wahnsinnig sehr auf Dich! Kisses and much more, Tina

Nick, 17. Oktober 13:36
Die Rüstung liegt nicht schwer auf und ich konnte sie den ganzen Nachmittag ohne Probleme tragen. Nun, wenn Du magst, könntest Du ja heute nach Feierabend zu mir kommen, um mit mir gemeinsam den Abend zu genießen. Morgen Abend hab' ich leider schon eine Buchung und kann Dich somit nicht begleiten ☹.

> Tina, 17. Oktober 13:50
> *Ja okay, sehr gern genieße ich den Abend heute zusammen mit Dir. Kann was zu essen mitbringen. Melde mich, wenn ich losfahre. Wild kisses from your Wild Thing!*

Gesagt getan! Nach Feierabend vom Büro aus noch bei mir zuhause vorbeigehuscht. Hastig ein paar Sachen geholt und den Briefkasten geleert, mein Auto fuhr nun schon ohne Navi in Bestzeit den Weg bis ins kleine idyllische Dorf, in dem Nick seit gut zehn Jahren wohnte.

> Tina, 17. Oktober 19:08
> *Wild Thing on it's wild way to Wild Warrior!*

> Nick, 17. Oktober 19:10
> *Wild Warrior ist zuhause und wartet auf Wild Thing* ☺

Meine Pausenwoche in Schweden hatte tatsächlich Klarheit zur Gegenwart gebracht! Unsere Treffen würden weitergehen, sich noch mehr intensivieren, an Häufigkeit zunehmen, nun auch unter der Woche stattfinden und dann? Ja dann, aber in Zukunft wohin genau führen?

Ich war immer noch im »Sei-einfach-nur-still«-Modus! Irgendwann würden wir unser berauschendes Zusammensein sicher mal klarer definieren müssen. Ich war tief innen zuversichtlich, daß es richtig war, was ich tat. Da ich aber den Weg nicht sah, der vor uns lag, blieb ich weiterhin mit meiner kläglichen Restvernunft gefaßt, daß jedes Treffen unser letztes, in dieser manchmal unfaßbar vertrauten Art im Gefühl der Ewigkeit, sein könnte. Alles war möglich.

Mit meiner Erfahrung hatte ich eben schon die diversesten unvorstellbarsten, nicht nachvollziehbarsten Unmöglichkeiten erlebt und war eher vorsichtig, wenn es darum ging, dem Leben blauäugig zu vertrauen. Ich hielt es jederzeit für realistisch, daß irgendwann der Hammer fiel. Daß sich, mir vielleicht gar unverständlich, alles fies und schmerzhaft im Nichts auflöste – Weiberkram halt! Ich mußte damit rechnen, daß diese, mit klarem Verstand betrachtet, unverständliche oder gar unvernünftige Affäre eines Tages unerwartet und schlagartig beendet sein würde. Oder daß Dinge ans Licht drängten, die für mich und für ihn unüberwindbar waren und weiteren ausgelassenen, unbeschwerten Begegnungen, die jetzt noch voller Leichtigkeit waren, im Weg standen.

Auffallend neu war mir aber diese enorme Freude im Herzen. Darauf hatte ich diesmal weitaus mehr geachtet als früher. Dort hatte ich meine Wahrnehmung vergrößert und viel an mir gearbeitet, was mir ermöglichte, die Menschen auf Knopfdruck sozusagen mit dem Herzen zu sehen, sie in ihrem Wesen zu spüren. Diese tiefe Freude hatte ich in der Intensität auf beiden Seiten selten, oder noch gar nie so umwerfend erlebt. Es war nicht eine drangeklatschte, verzückte Verliebtheit, die sofort wieder verflog, wenn irgendwas nicht so lief wie gewünscht und gequengelt. Es war vielmehr ein alles einschließender Zustand, eine Ebene, die einfach nur verstand. Gut, wer sich wie ich intensiv mit Wahrnehmung und Bewußtsein oder Feinfühligkeit beschäftigt, empfindet anders und bemerkt zuerst besonders die Veränderung an sich selbst. Hier war für mich etwas ganz Neues im Gange. Aus meiner damaligen Sicht war es wohl auch für Nick neu und einzigartig. Es kam mir nicht so vor, als würde er das routinemäßig immer wieder mal erleben. Dafür war er mir als Mann aus der Branche zu feinfühlig, zu speziell aufnahmefähig für das, was ich entgegenbrachte, zu zart besaitet, zu aufmerksam, zu hingebungsvoll, zu staunend, zu einfallsreich und selbst viel zu sehr um diese Begegnung bemüht. Mein pochender Restzweifel warnte mich: Wenn er doch schauspielert was das Zeug hält? Nur damit du ihn wieder teuer buchst und er dann kalt, von einer Minute auf die andere, den unbezähmbaren, minutenverbuchenden, autarken Business-Callboy raushängen läßt? Aber all das kam gar nicht erst bis zu meinem Herzen durch. Mein Verstand war unfaßbar, bemerkenswert, nachhaltig, langsam total unbrauchbar. Er war zwar Zaungast, konnte aber schon lange nicht mehr in das aktuelle Geschehen eingreifen.

Ich hatte jedes Mal rücksichtsvoll vorsichtshalber mein Köfferchen wieder nach Hause mitgenommen. Auch im Bad nie etwas liegenlassen. Möglichst keinerlei Spuren hinterlassen, da ich nicht wußte, was hier sonst noch stattfand, wenn ich nicht da war. Ich verhielt mich wie eine dezente unsichtbare Besucherin und jeder Abschied, wie bereits erklärt, war ein möglicher Abschied für immer. Ich wollte weder Druck noch irgendwelche Erwartungen aufbauen und Nick größtmögliche Freiheit lassen, sein Leben so zu leben, wie er es für richtig hielt. Welche Rolle auch immer ich darin gerade spielte ... wußte ich noch nicht ... aber ich hatte eine innere Ahnung, die mich sehr gegenwärtig, bewußt, dankbar werden ließ und tief glücklich machte.

Ich durfte bei Nick alles beobachten und aus erster Hand daran teilhaben. Das war mir sehr wertvoll, denn ich liebe es, das Leben hinter den Kulissen zu erleben. Bloße Fassaden sind mir oft und zu Recht sehr suspekt! Sein Vertrauen mir gegenüber schien längst uneingeschränkt zu sein. Er vertraute hundertprozentig darauf, daß ich nicht herumschnüffelte und in seinen Schubladen, Schrankfächern oder Zettelkram rumstöberte, was ich auch nie tat. Wenn ich etwas in der Küche oder um den Tisch zu decken brauchte, dann fragte ich, ob und wo er das habe und er fand es für mich oder sagte präzise, wo genau ich schauen sollte. Er spürte, wie respektvoll ich mich ihm gegenüber bewegte, auch in Bezug auf seine Sachen in seiner sehr privaten Welt. Er ließ mich morgens allein in seiner Wohnung, da sein Wecker lange vor 6 Uhr klingelte und er spätestens um halb sieben aus dem Haus war. Wegen dem bald bedenklich werdenden Schlafmangel gab ich Nick täglich drei von den feinen goldenen Energy-Cola-Dosen aus meinem immer prall gefüllten Autokühlschrank mit auf den Weg. Damit konnte er sich, gut über den Tag verteilt, zumindest halbwegs über Wasser halten. Daß ich der Grund für chronischen Schlafmangel war, machte mir schon etwas schlechtes Gewissen, denn er hatte ein ziemlich anstrengendes berufliches Doppelprogramm. Ich konnte wenigstens länger schlafen und mußte erst um 8 Uhr losfahren. Wachte aber regelmäßig wegen der Sleep-Modus-Wecker-Parade um halb 6, viertel vor 6 und 6 Uhr auf. Zwei- bis dreimal pro Monat durfte ich Home-Office machen, oder ich fuhr erst in der Mittagspause ins Büro, um dann bis abends um 20 oder 21 Uhr am Stück durchzupowern. Das brachten meine Arbeit in einem internationalen Konzern und meine in anderen Zeitzonen arbeitenden Chefs mit sich. Diese Flexibilität kam mir und meiner Gesundheit sehr entgegen. Nick vertraute mir sowieso das Heiligste und Allerliebste in seinem Leben an: seinen Kater Pascha! Ich durfte mit Pascha alleine sein, das war nicht selbstverständlich. Durfte ihn füttern, sein Kistchen sauber machen, mit ihm kuscheln und ihn streicheln und bald hatte ich Pascha so gut wie adoptiert. Er war so flauschig und hatte so ein plüschiges Fell, daß ich ihn auch »Plüsch« nannte oder »Päschi«, denn der Name »Pascha« war mir zu hart für dieses zarte, einfühlsame, angenehme Tier. Aber seinem Namen machte er alle Ehre, vor allem wenn eine Nachbarskatze zu Besuch in die Wohnung kam. Er war wie Nick, der wildeste Revierverteidiger überhaupt. Obwohl schon damals an die zwölf bis dreizehn Jahre alt, sprang er zeitweise rum wie eine junge Raubkatze und fing seine Spielmäuse oder uns. Plüsch brauchte viel Nähe und war sehr auf seine geliebten Menschen fixiert. Aber er war ein Kämpfer mit Herz, wie Nick – unter diesem Aspekt betrachtet, paßten die beiden Kerle richtig gut zusammen. Das gefiel mir besonders an diesem Tier, das eine ganz eigene, große Ausstrahlung im Blick hatte.

Die nächste unerwartete Vertrauensstufe stand an! Ich war echt gerührt – Nick meinte an einem Morgen bevor er ging, ich solle doch den Wohnungsschlüssel mitnehmen, denn dann könne ich am Abend unabhängig von ihm auch wieder rein. Konnte ich das glauben? Er hatte doch schon zu Beginn bezüglich seiner vier Wände gesagt, daß keine Kundin oder Affäre und überhaupt fremde Menschen je diese Schwelle übertreten würden. Das sei sein Rückzugsort vor der Welt. Sein heiliges Reich, eine energetische Zone, die absolut störungsfrei sein mußte, damit ihn Unpassendes nicht (zer-)störte. Er sagte, wenn überhaupt jemandem, dann konnte er mir immer hundertprozentig vertrauen, das wußte er von Anfang an! Das berührte mich, denn ich hatte nicht darum gebeten oder Anspielungen gemacht, ich war gern Besuch. Anfangs legte ich den Schlüssel trotzdem immer wieder zurück. Bis ich ihn fest an meinem Schlüsselbund befestigte, dauerte es noch Tage. Mir war bewußt, daß mir zwar einerseits viel Vertrauen entgegengebracht wurde, aber es andererseits auch Verantwortung und Zusammengehörigkeit bedeutete, die damit einherging. Wollte ich das? Jetzt schon? Wollte ich es überhaupt je? Was ging hier vor sich? Wo war mein Restverstand? Er war so gut getarnt oder schon total weg! Bei nächster Gelegenheit würde ich ihm auch von Herzen gern meinen Wohnungsschlüssel anvertrauen, drängte es in mir. Nick nahm dankend an. Kraß!

Mehr und mehr erkannte ich schon, was sich hier zusammenfügte und blickte grinsend, aber doch auch ernsthaft gen Unendlichkeit nach oben und meinte in Gedanken (wie soll ich es am besten ausdrücken), leicht vorwurfsvoll das Spiel durchschauend, sicher auch etwas zynisch, aber dankend im Sinne von: ... na toll, super, genial, danke ... vielen Dank ... womit habe »ich« das verdient? Einen Edel-Callboy als Freund/Partner, oder was sonst noch so raus kommen würde ... super ... danke vielmals! Wirklich spitze (ironisch gemeint) und dann so viel jünger ... aber gut, ich erkenne ganz klar die spirituelle Aufgabe, die Prüfung, die mir gereicht wurde und fühle mich geehrt, daß die geistige Welt mich für fähig hält, diese auch zu bestehen, durchzuspielen, zu lösen und voranzubringen. Jetzt konnte ich vermutlich alles zeigen, was ich meinte, während vieler theoretischer Jahre auf der spannenden Fährte freigeistiger Lebensanschauungen, gelernt zu haben. Jetzt konnte ich den praktischen Part all dieser Lektionen am lebendigen Exemplar umsetzen und in vielen Facetten anwenden ... ja, danke nochmal ...

ich fühle mich wirklich geehrt. Aber hey, wer will das schon in dieser Konstellation?

Na klasse ... wieder hämmerte es in mir: »Wie schlimm kann's denn jetzt noch kommen?« Ich fand es irgendwie »schlimm«. Doch doch, ich war mit der neuen Aufgabe weder vertraut noch enthemmt, oder konnte abschätzen, was alles auf mich zukäme. Aber wie hieß es so schön: Wenn das Herz zustimmt, soll man sich dem Unbekannten furchtlos in den Rachen schmeißen. Sich auch nicht restlos dabei ruinieren, aber ich war schon mitten drin in diesem Rachen ... »Drachen« ... Nick hatte ihn ja sogar auf seinem rechten Schulterblatt tätowiert ... einen Drachen. Zumindest hatte ich ihn schon stückchenweise gezähmt. Also gut, mir blieb nur die Wahl daran zu glauben, daß das Göttliche mir verläßlich beistehen würde. Keiner bekommt eine solche Aufgabe, wenn er/sie nicht im Stande ist sie auch zu lösen. Stell dich nicht so an – weiter geht's! Wenn es eine Prüfung ist, ich gehe sie an, fest entschlossen – mit Sicherheit stimmte ich mir zu – willigte ein!

Wir redeten so gut wie jede Nacht stundenlang über alle erdenklichen, aktuellen, uns bisher bewegenden, gemeinsamen Begebenheiten, über alles, was uns im Leben nennenswert auffiel. Was wir vorher erlebt und gelernt hatten. Uns unsere innere Haltung, zu was auch immer und warum, gegenseitig zu berichten, zu erklären, war interessant. Da gab es endlos Gesprächsstoff und ich verstand täglich mehr und ihm ging es merklich auch so mit mir. Er erlebte genauso was für ein Mensch ich war. Welche Wesenszüge, gepaart mit skurrilen Geschichten, mich zu dem machten, was ich heute bin, wo ich tendenziell hin will, was mir wertvoll ist, wo ich spezielle Unabhängigkeit lebe oder suche. Auf welchem geistigen Level ich rangiere, um mit ihm und seinem Leben, auf die bereits gezeigte Art, ungekünstelt umzugehen. Manche Menschen haben ihm gegenüber die Tendenz gezeigt, sein Handeln abwertend, skandalös oder schlichtweg als dumm zu betrachten. Das alles ohne den Job zu kennen, ohne ihn als Mensch zu kennen, ohne mit Kundinnen gesprochen zu haben, ohne bereit zu sein sich durch neue Erkenntnisse von veralteten Vorurteilen befreien zu wollen. Und sie waren schon gar nicht bereit zu verstehen, was Größenwahn und Starrsinn bei ihnen selbst und so manch anderen Widersachern bereits zerstört hatte. Nicht zuletzt auch den Verlauf seiner Ehe. Nick betonte, daß sie nicht wegen seiner Tätigkeit als Callboy zerbrach, aber von außen immer gut dagegen gehetzt und geschürt wurde. Seine geschätzte Ex-Frau, damals noch sehr jung, besaß nicht die Kraft und schlagfertige Eloquenz diesen

Attacken, meist aus den engsten und vertrauten Reihen, standzuhalten, geschweige denn dagegenzuhalten. Ich verstand von Begegnung zu Begegnung mehr über ihn. Das Bild der Privatperson »Nick Laurent« wurde mir von Tag zu Tag klarer und verständlicher. Ich erlebte ihn zu der Zeit vereinzelt auch schon direkt vor und direkt nach seinen Buchungen, was ich mir in meiner früheren »Normalität« nie hätte vorstellen können oder wollen. Ich dachte zu Anfang höchstens, daß er vor einer Buchung sicher absolute Ruhe brauchte. Am allerwenigsten eine Frau um sich herum haben möchte, die ihm vielleicht noch provokative, verletzende, stichelnde, unpassende Fragen stellt, mißtrauische Gespräche aufdrückt, ihn beleidigt, vorwurfsvoll jammert oder bockige Stille walten läßt. Nach einer Buchung, dachte ich, hätte ich an seiner Stelle wohl noch viel länger meine Ruhe haben wollen, als während der Zeit davor. Also mindestens erst mal ein bis zwei oder drei Tage nichts hören und keine(n) sehen wollen. Nichts dergleichen aber beim Profi! Nick war die wahre Natürlichkeit in Person. Er switchte ohne Verzögerung von Job auf privat um und schlug mir vor, doch bitte dazubleiben, er käme bald nach Mitternacht wieder nach Hause. Ich solle mir solange bei ihm »mit Pascha« einen gemütlichen Abend machen. Ein sehr interessantes Angebot – bestimmt lehrreich für meinen Weg der Erkenntnis, mit Ziel, das eigene Ego klein und im Hintergrund zu halten. Den Belangen des anderen Vorrang zu geben. Den anderen nicht unter Erwartungen oder Bedingungsdruck zu setzen. Sich nicht aufopfern, sondern freibleibend anbieten und entgegenbringen.

Ich könnte, wenn ich jetzt bliebe, herausspüren, wie es mir selbst dabei ging, wenn er weg war. Wie fühlte ich mich, was machte mein Herz, wenn ich genau wußte: Er war jetzt bei einer anderer Frau. Er war mir keine Rechenschaft schuldig und ich war ebenso frei in meiner Entscheidung. Ich hätte auch nach Hause fahren können, pausieren oder alles von vornherein beenden können, das wäre auch okay gewesen, er hätte es verstanden – besser gesagt verstehen oder akzeptieren müssen. Irgendwie war es für ihn auch eine ganz neue Erfahrung, eine Frau in seine Privatsphäre angezogen zu haben, die ihn nicht nur einfach selbstgefällig »haben« wollte, um ihn dann von allem, was ihn damals ausmachte, mahnend abzubringen und zu isolieren. Sondern erstmals eine, die fähig sein könnte, ihn durch und durch zu verstehen und dank diesem Verständnis mit seinem ganzen Leben, in all seinen Facetten, umzugehen vermochte. Konnte es das geben? Die gängige öffentliche Meinung in den Medien dazu ist: Nein! Ein Callboy kann keine feste

Partnerin haben, das macht keine Frau mit! Das kann man keiner Frau antun, so was will doch keine, daß der eigene Kerl auch noch Sex mit anderen Frauen hat. Da sind sich alle, die mit diesem Thema an die Öffentlichkeit gehen, kurz und knapp, sehr einig. Wobei ich denke, um einen Mann zu haben, der nebenbei noch Sex mit anderen Frauen hat (und das am besten heimlich), braucht es noch lange keinen Callboy, das können andere Berufe auch. Dies habe ich natürlich nur von anderen gehört, die gelesen haben, daß das schon vorgekommen sein soll … Oder kennst Du so jemanden persönlich? Nick meinte, er staune selbst, aber es störe ihn ganz und gar nicht, wenn ich da sei, wenn wir uns easy unterhalten und er seinen ganz genau getakteten Vorbereitungs-Countdown zelebriert. Er spüre keinerlei Streß bei seinen Buchungsmeditationen, wenn ich da sei. Alles sei harmonisch und unbeschwert locker, witzig … passend! Das war auch ihm neu!

Ich willigte erstmals ein und sagte: »Gut, ich bin noch einkaufen fürs Wochenende, aber danach wieder hier und freue mich darauf, wenn du nachher ›nach der Arbeit‹ nachhause kommst.« Kraß … eine so wertvolle Übung konnte ich jetzt »live« an mir selbst erleben. Ich konnte mir die Frage bald selbst beantworten, die ich mir stellte, als er zum ersten Mal bei mir war, damals vor fünf Monaten. Wie geht es seiner Frau zuhause, wenn sie weiß, er ist als Callboy unterwegs? Ich durfte auf Probe die Rolle heute selbst spielen, phantastisch … okay. Game **Start**!

Ich wollte wissen, wie **das** war! Ich wollte wissen, wie **ich** damit umgehen würde. Ich verstand täglich mehr, wie **er** ist und warum er so ist wie er ist und warum er tut was er tut und auf **dieser** Basis wünschte ich ihm das Allerbeste! Ganz besonders wünschte ich ihm (und das von Herzen) einen schönen Abend mit der Kundin, die auf ihn wartete. Die sich seit der Terminbuchung auf ihn freute und viel Geld für ein paar Stunden mit ihm bezahlen würde. Ihr mußte es das wert sein. Ich wußte, er würde sein Bestes geben! So war er und so ist er immer noch! Bis später … ciao! Die Tür fiel ins Schloß, er schloß von außen ab und lief über die Straße zu seinem Sportwagen.

Der Kater lag mit Vorliebe mitten in meinem offenen Koffer und hinterließ mit seinem weißen, feinen Unterfell einen großflächigen, haarigen Abdruck auf meinen Klamotten. Besonders bevorzugte er dunkle, beziehungsweise schwarze Klamotten und kuschelte sich so richtig rein. Nicks Kommentar dazu: »Dieser Kater weiß halt, was gut ist.«

Pascha war immer ein herzlicher Begleiter während der Zeit ohne Nick. Gemeinsam freuten wir uns, daß er wieder heimkäme und wir drei dann wieder komplett sein würden. Die Zeit verging wie im Flug, gar nicht elend quälend, wie es auch hätte sein können. Ich fühlte mich gut, ich wußte Nick ging es auch gut und spürte wieder diese enge Verbindung zu ihm. Spürte, daß, was für ihn gut, auch für mich gut war. Was für ihn paßte, auch passend für mich war. Es hinterläßt immer alles eine Spur. Er gab sehr viel von sich, konnte aber im Gegenzug auch selbst über die Jahre ganz enorm an diesen außergewöhnlichen Begegnungen wachsen, reifen und zu dem werden, der er heute war und ist. Ich gönnte ihm diesen Weg!

Ich freute mich, daß er für sich etwas gefunden hatte, das ihn begeisterte. Wo er anderen etwas Gutes von sich geben konnte, aber gleichzeitig sehr darauf achtete, was auch für ihn gut war oder was er keinesfalls wollte. Das war entscheidend! Nichts zu tun, was ihn zerstört, was nicht zu seiner Wesensenergie paßt. Oder wie Vanessa Eden in ihrem hervorragenden Buch »Warum Männer 2'ooo € für eine Nacht bezahlen« so trefflich Jean-Jacques Rousseau zitiert: »Die Freiheit des Menschen liegt nicht darin, daß er tun kann, was er will, sondern daß er nicht tun muß, was er nicht will.« Dies trifft den Nagel auf den Kopf und auch auf Nick zu. Er hatte in jedem Fall erfolgreich verhindert, nur auf dem heimischen Sofa zu sitzen und sich dort schon früh im Leben endlos zu wiederholen. Oder wie es ein Kumpel in einem kleinen Dorf in Deutschland für seine Zukunft so befürchtete und ablehnte: In Zukunft nur noch mal gelegentlich hinterm Haus für die Familie zu grillen. Nick war sehr präsent unterwegs, aktiv in Bewegung, fühlte den Puls der Zeit auch besonders durch die Ladies, die ihn buchten. Dieser Teil seines Lebens paßte zu ihm, hielt ihn geistig wie körperlich in Schwung und brachte Einblick hinter viele Kulissen, mitten in interessante Wohnungen und Häuser. Er schaute in allen Details in so manch anderes Leben. Ich staunte echt im großen Stil! Tue ich immer noch! Und das Grandioseste für mich in dem Moment war: Mein Herz war friedlich – das zu erfahren, fand ich sehr, sehr schön – und äußerst interessant!

> Tina, 20. Oktober 02:43
> *Wollt mich sicher noch bedanken für Deine spontane »Montag-nach-Feierabend-Einladung«, die, zusammen mit Dienstag, rundum echt sehr geil war. Einfach alles perfekt mit Dir (wie immer) und bei Dir – echt ein Kurzurlaub von dieser Welt! Total harmonisch und schön, zeitgefühlt abschalten, nur genießen ... Danke für Deine Nähe und danke, daß Du*

mir ermöglicht hast, die beiden tiefsinnigen DVDs zu schauen und deren Gefühle und Weisheiten zu erleben. Mich haben beide nachhaltig beeindruckt. Mir ist auch wichtig, Dir nochmal wiederholt zu sagen, Nick, daß ich Dich immer ernst nehme! Ich spüre, daß Du DER bist, nach dessen Leben und Zeitepoche Du Dich sehnst. Ich höre Dir GENAU zu und ich verstehe mehr und mehr wer Du bist und warum Du tust, was Du tust und ich bin begeistert von Dir und dem, was Du sagst, mir erklärst und zeigst, weil Du authentisch bist. Ich sagte Dir das schon mal anfangs und meine Begeisterung wächst, je mehr ich erkenne, welche geistige Haltung dahinter steckt, welches Potential da noch zusätzlich vorhanden ist bei Dir. Da auch Dir nichts entgeht, magst auch Du Dich sicher erinnern, daß ich Dir mal schrieb, daß ich spezielle Werte und Vorstellungen in mir habe, diese Werte mehr und mehr leben möchte, vieles bereits umsetze und auch bei anderen (viel zu oft vergeblich) suche im Leben, höchste Werte und eine feinfühlige, wohlwollende Wahrnehmung, die auf diesem Planeten schon vor langer Zeit abhanden und verloren gegangen sind, die die Menschheit nicht mehr kennt. Nur wenige erinnern sich, der Krieger könnte so einer sein, mit (s/d) einer Sehnsucht nach einer völlig anderen Welt und Zeit, dies so tief in seinem Herzen verankert. Kein einfaches Thema. Und kein leichter Weg, oft angedroht als einer der Schwersten und (im Herzen) der einsamste Weg (aller Wege), aber aus meiner Sicht für meine Essenz des Lebens, wahrhaft der einzig lohnende Weg! Ich werde mich niemals für falsche Werte hinreißen lassen! Niemals! Ich bin sehr froh, Nick, daß es so einen Menschen/Mann wie Dich jetzt gibt und genieße Zeit und Nähe mit Dir, ohne sicherheitsbestrebte Hochrechnung eines immer vergangenheitsbezogenen Verstandes. In dieser für mich einzigartigen Situation, folge ich stets den Impulsen des (geistigen) Herzens, denn das Herz entscheidet aus dem Moment für den Moment und es kennt unsere Bestimmung, das macht es so unvergleichlich wertvoll! Ich bin wirklich sehr gern bei Dir und möchte, daß Du weißt, daß Du auch bei mir zu jeder nur denkbaren Zeit absolut immer sehr herzlich willkommen bist, geplant oder spontan macht da keinen Unterschied. Bisher ist alles wild und recht abenteuerlich mit Dir gewesen und ist es immer noch ☺. Vielleicht sollte ich auch alles hier zu kompliziert geschriebene löschen ☺, aber auch schade drum (sorry for that). Also, Wild Thing streift jetzt die Felle ab und küßt den Wilden Krieger bis auch er in wohligen Schlaf versinkt. Love & passion! Endless ... gute Nacht auch von der kleinen Blasfee ☺.

Nick, 20. Oktober 12.22
Wow, ich weiß gar nicht, was ich auf solche SMS antworten soll. Ich bin irgendwie sprachlos und auf jeden Fall sehr gerührt. Leider gehöre ich zu einer ausgestorbenen Spezies und habe es deshalb wirklich ziemlich schwer. Ich muß stets aufpassen, daß ich nichts »Falsches« sage oder tue. Ein Krieger wie ich riskiert in dieser schrecklichen Gesellschaft den Verlust seiner Freiheit oder gar seiner Identität. Der Mensch von heute zieht die Sicherheit der Freiheit vor und ist deshalb zu Recht ein Sklave. Ich jedoch bin kein Sklave, doch ich bin von Sklaven umgeben, welche großen Neid in meiner Gegenwart empfinden. Daß sie jedoch selbst Schuld daran haben, können und wollen die wenigsten von ihnen verstehen. Aus diesem Grund finde ich es besonders schön, daß mich wenigstens eine Person versteht und mich ernst nimmt. Dafür danke ich Dir, liebe Tina, von ganzem Herzen ☺.

Tina, 20. Oktober 15:34
Nick, Du berührst mich nicht nur mit Deinen Worten, sondern erschütterst mein Herz zutiefst, mit allem, was Du da schreibst und vor allem zwischen den Zeilen rüberbringst! Der »lodernde Funke« in meinem Herzen brennt hemmungslos und lichterloh, ein unbeschreiblicher Zustand der Verbundenheit! Dank allein ist dafür zu wenig! Ich lasse das auf mich wirken und schreibe zu gegebener Zeit. Kisses!

Tina, 20. Oktober 17:58
Bin mal früher unterwegs nach Hause, aber Kollegin in Habsburg hat mich spontan zum Nachtessen bei ihr abgezweigt, doch nur kurze Session. Ich mag daheim noch paar Sachen machen, weil morgen Chippendales usw. Aber ich schreib' Dir schon noch auf Deine SMS. Oder hast Du auch mal Lust was essen zu gehen? Wenn Du magst, gern, oder brauchst Du Pause von mir? Sag mir einfach Bescheid, okay?

Nick, 20. Oktober 19:42
Weshalb sollte ich denn eine Pause von Dir brauchen? Gerne gehe ich auch mal mit Dir essen ☺.

Tina, 20. Oktober 23:32
Bin zurück von Habsburg. Du, wegen der »Pause«: Ich möchte Dir stets Deinen Freiraum lassen und deshalb frage ich Dich, okay? Je mehr ich eine Ahnung bekomme, was für eine Qualität Mensch Du für mich sein könntest, wird der Magnetismus zu Dir für mich halt immer stärker ☺. Ich bin kein berechnender Mensch, sondern durchdrungen von Großzügigkeit, wo es geschätzt wird. Wann hast Du Zeit/Lust, daß wir uns sehen? Morgen könnte ich nach den Chippendales nur relativ spät zu Dir kommen und Samstagnachmittag hab' ich 'ne Hochzeit. Aber nur Apéro. Besser wäre Samstagabend. Sonntag ginge auch. Weiter bin ich noch nicht in meiner Planung ☺. Zu Deiner SMS heute Mittag möchte ich Dir noch sooo viel sagen, wenn mehr Zeit. Hab' jetzt grad noch etwas Haushalt zu tun. Ich schicke Dir die Blasfee und küsse Dich durch die Nacht ☺. Great Warrior, schön Dich zu kennen!

Nick, 21. Oktober 01:07 (Gute Nacht)

Ach, ich weiß noch nicht, was dieses Weekend ansteht und muß erst mal gucken. Jetzt aber gehe ich schlafen und wünsche Dir eine gute und erholsame Nacht. Sweet kisses, Nick

Tina, 21. Oktober 18:42
Hey Nick, ganz ganz lieben Dank für Dein »Gute Nacht«-SMS mit Kater Pascha bei seiner Lieblingsbeschäftigung ☺. Hab's piepsen gehört im Halbschlaf, bin nochmal raus, hab' mich gefreut und sofort eingeschlafen! Jetzt bin ich schon heiß aufgerüscht, hol' Maria ab und unterwegs ins Stadtcasino Basel. Mal schauen, was die Chippendale-Kerle so drauf und dran haben ☺. Werde Dir berichten. Bin heiß und wild auf Dich und in Gedanken bei Dir! Wet dirty licks from your Wild Thing

Nick, 21. Oktober 23:15
Hallo Tina, Du kannst bereits heute vorbeikommen, wenn Du magst. Und morgen gehst Du an diese Hochzeit und kommst danach wieder. Du entscheidest ☺.

Tina, 22. Oktober 00:00
Erhole mich grad von den Chippendales und bin mit Maria was am Essen, leider mit Zwiebel und Knoblauch, wenn das für Dich zumutbar ist. Bin sehr begeistert von Deiner Idee und das machen wir so. Wird noch bissi[53] später. Ich melde mich nochmal. Wild kisses, Wild Thing ☺

Tina, 22. Oktober 16:39
Du, die Nacht mit Dir und was Du gesagt hast alles, war/ist sehr sehr tief und äußerst berührend für mich. Auch für mich ist das so neu und ich ahne die Größe, oder sagen wir die »Mächtigkeit« des Wertes, von all dem, was Du geistig und körperlich gibst und bist. Kann die Dimension aber noch nicht recht fassen. Du bist nicht kaputt, ganz und gar nicht! Du bist auf Deinem ganz eigenen Weg des klaren, entschlossenen Kampfes und hast eine enorme Liebe und Feinfühligkeit und Hingabe in Dir, für die ich die »Rezeptoren« habe. Jeder Atemzug meines Lebens hat sich gelohnt, um das mit Dir jetzt zu erleben! Und das meine ich, Nick, wie ich es sage. Was ich erkannt habe in meinen Existenzen, was ich heute weiß und bin, kann ich Dir nur respektvoll anbieten, mich zu nutzen für Deine eigene Vollkommenheit, Weiterentwick-

lung, Harmonie und strahlende Herzensenergie. Ich möchte Dich nicht »haben«, das ist jämmerlich, reines Ego und nährt Ängste und Sicherheit in Abhängigkeit, liebster Nick. Meine Art zu »lieben«, wenn Du mir erlaubst dieses endlos mißverstandene Wort zu verwenden, ist, zu verstehen, wer Du bist, wohin Du willst und Dich darin zu unterstützen. Deine Freiheit (wie auch meine) als höchstes Gut zu erhalten und zu vergrößern sowie Deine wahre Identität zu schützen, zu stärken und mehr und mehr in Dein zukünftiges Bewußtsein zu holen. Mit Hilfe des göttlichen Urgrundes, wie ich das nenne. Bis heute bin ich von Dir reich beschenkt, wofür ich dankbar, stolz und erfüllt bin. Ich freue mich auf Zeit mit Dir in dieser Dimension. Bis heute Abend. Wild kisses von der hemmungslosen in Genuß zerfließenden Blasfee.

Nick, 24. Oktober 21:08
Oh, danke vielmals für den lieben Gruß in der Küche und das gemachte Bett, liebe Tina. Ich habe das Wochenende mit Dir sehr genossen und freue mich bereits auf ein hoffentlich baldiges Wiedersehen, resp. Zusammensein. Sweet kisses, Nick

Tina, 24. Oktober 22:46
Hey Nick, Du, es berührt mich sehr, wie aufmerksam Du bist und daß Du viele Details immer wahrnimmst und schätzt. Ich hab' diese Tage mit Dir sehr wertvoll erlebt und Dir versucht, das auch zu zeigen und zu sagen. Du mußt wissen, ich handle nur aus dem Herzen, so bin ich sicher, daß ich mit Dir das Richtige tue und spüre, sonst hätte mich der Mut vielleicht schon verlassen. Ich hab' auch tiefe Sehnsucht nach mehr Nähe und Zeit mit Dir. Bin noch an einem spirituellen Trancevortrag am Zürichsee. Wenn Du magst, melde ich mich noch bei Dir, oder fahre gleich zu Dir. Die Idee ist verrückt, aber verlockend. Vernunft muß her ☺. Ich küsse Dich mit Liebe und Leidenschaft. Hier im Vortragsraum geht's Licht aus ...

Nick, 24. Oktober 22:58
Hallo Tina, das mit dem Besuch wäre zwar wirklich eine coole Idee, doch ich muß morgen wieder um 08:00 Uhr ausgeschlafen im Büro sein. Sweet kisses, Nick

Tina, 24. Oktober 23:33
Ich weiß, früh raus ist klar. Dürfte ich jetzt kommen oder ist Dir ein anderer Tag lieber? Frag Dein Herz, nicht den Verstand, dann weißt Du die Antwort.

Tina, 24. Oktober 23:42
Sorry Nick, will Dich nicht bedrängen. Ich fahr' heim, es ist zu weit bis zu Dir und dann hätten wir keine Zeit zum Genießen. Wir spüren wenn der Zeitpunkt stimmt. Würde gern an Deiner Seite schlafen und freue mich darauf, wenn es wieder soweit ist. Liebe Küsse, schlaf gut und fühl' Dich berührt, überall, Tina

Nick, 24. Oktober 23:51
Du bedrängst mich nicht und sicher dürftest Du jetzt noch kommen ☺.

Tina, 24. Oktober 23:57
Läßt Du mir die Tür offen?

Nick, 25. Oktober 00:05
Du bist verrückt! Ja, ich lasse sie offen, doch ich werde bei Deiner Ankunft wohl bereits schlafen und darf morgen auf gar keinen Fall zu spät im Büro sein. Die legen auf Pünktlichkeit leider einen krankhaften Wert, weil es schon immer so war und Pünktlichkeit zum Selbstzweck gemacht wird.

Tina, 25. Oktober 00:29
Verstehe! Diese Kerle spüren unbewußt Deine starke Individualität, Deine Einzigartigkeit und Unabhängigkeit Deiner inneren Haltung. All das werden sie in ihren angepaßten, farblosen, bedeutungslosen Leben nie erreichen, deshalb fuchteln sie mit vermeintlicher Macht wie Pünktlichkeit oder starren Richtlinien, so was nährt ihren Größenwahn, der zeigt wie freudlos und abhängig ihre Leben im Durchschnitt sind. Aber jetzt mußt Du so tun, als hätten sie gewonnen. Hab' so was wie schlechtes Gewissen, wenn ich jetzt noch zu Dir komm'. Muß meine Verrücktheit zügeln und Wild Thing und Blasfee in Sicherheitsverwahrung geben. Ab morgen!

Nick, 25. Oktober 18:10
Liebe Tina, Verrücktheiten sollen auch in Zukunft willkommen sein, doch heute muß ich eindeutig wieder einmal etwas früher in die Federn kommen und Du solltest Dich vielleicht auch ein wenig erholen. Sweet kisses, Nick

Nick, 25. Oktober 22:18
Ach ja, ich fand's übrigens auch schön, verrückt und genial, daß Du gestern Nacht noch zu mir gekommen bist und bei mir geschlafen hast. Das wollte ich Dir unbedingt noch sagen. Schlaf gut und träum etwas Schönes, Du verrücktes Ding. Sweet kisses for you from Wild Warrior

Tina, 25. Oktober 23:37
Wildest Warrior, Du berührst mich mehr und mehr und ich sehe Dich tiefer und klarer – liebster Freund. Du sinkst mir immer mehr ins Herz. Alles, was Du mir schreibst, löst meinen letzten Rest Verstand auf. Angst oder geringe Zweifel fallen ab wie Dreck und ich mag mich nicht mehr zurückhalten Dir zu sagen, daß Du in meinem Leben oberste Priorität erlangt hast. Bei allem Respekt Deiner Person gegenüber, genieße ich Deine Nähe, einfach weil es so schön ist mit Dir! Dieses Wunschlos-glücklich-Gefühl hat mich schon mehrmals richtig geil schwebend ergriffen diese Tage. Auch wenn ich längst nicht wirklich was von Dir im Äußeren weiß, bin ich begeistert, was für ein speziell wertvoller Mensch Du innerlich bist, wenn ich Dich erlebe! Ich vertraue einfach, nach all dem was (und vor allem wie) wir zusammen bisher erlebt haben, daß wir weiterhin den richtigen Weg gehen und uns sehen und genießen, wenn es für beide stimmt und wir immer offen und ehrlich im Leben miteinander kommunizieren können. Ich freu' mich einfach auf alles mit Dir und weitere Verrücktheiten sowieso ☺. Wir sind beide sehr spezielle, individuelle, einzigartige, ungewöhnliche Menschen und die Kombination von uns 2 ist wild und abenteuerlich, immer wieder, da bin ich sicher. Wild Thing mit Wild Warrior, schön heftig und leidenschaftlich und stets unberechenbar ☺. Du, ich bin heute auch sehr spät heimgekommen und hatte einiges im Office zu tun, was sich angesammelt hat. Hab' heute Morgen bei Dir nochmal 'ne Stunde schlafen können, was mir enorm gut getan hat und war auch im Fitneß. Bin nun auch nur noch easy drauf und etwas müde, werde nicht

mehr lange hier rumkaspern, nur noch schnell die Wäsche im Keller holen. Ja Du, Wildest Warrior, würd' lieber mit Dir telefonieren, als hier im Mäusekino[54] rumtippen. Noch viel viel lieber wär' ich bei Dir! Meine Vorfreude ist riesig! Wäre Dir sehr dankbar, sobald Du etwas Überblick über Deine Pläne hast und eine Ahnung bekommst, wann wir wieder einige Tage zusammen sein könnten, mir das zu schreiben, damit ich auch etwas disponieren kann. Du hast bei mir nun (wie schon gesagt) wirklich von Herzen gern die oberste Priorität. Sicher wahren wir beide unsere Freiräume, sind flexibel und ich bin, wie Du zu recht sagst, »verrückt« ☺, verrückt nach Dir und Dir geht's richtig gut dabei. Also leben wir das auch aus. Ich bin gern dabei mit Dir! Danke, daß Du mir schreibst, daß es Dich gefreut hat gestern. Hatte schon gemeint, nun hätte ich's übertrieben ☺. 1'ooo Küsse und ganz wildes Umarmen und Streicheln bis Du einschläfst. Die Blasfee begleitet Dich in all Deinen Träumen und erfüllt dann real Deine Wünsche, so daß Du Dich spürst und Du in wilder Leidenschaft den »Krieger mit Herz« durch Dich fließen läßt. Ich glaub, ich bin übermüdet ... sorry ... in Gedanken schlaf ich friedlich an Deiner Seite. Your wild crazy thing! Kiss you!

Tina, 26. Oktober 13:47
Fühlt sich gut an mal wieder ausgeschlafen zu sein. Mücke bei Dir hat mich am Arm erwischt. Bin grad ziemlich heiß auf Dich! Die Blasfee wär' jetzt gern unter Deinem Schreibtisch, unbemerkt, während Du am PC tippst und die anderen Typen dort keine Ahnung haben und sich immer noch sooo wichtig vorkommen ☺. Heiße Vorstellung ... Blasfee ist nicht aufzuhalten! Wild kisses!

Nick, 26. Oktober 18:35
Hallo Tina, der genügende Schlaf hat tatsächlich gut getan, doch ich bereue auch keine der aufregenden und zum Teil schlafreduzierten Nächte mit Dir. Nun, heute und morgen habe ich leider bereits volles Programm und am Sonntagabend treffe ich mich mit einem Kumpel. So wie es aber zurzeit scheint, könnten wir uns von Freitagabend bis Sonntagmittag sehen. Und die Blasfee könnte sich wohl kaum unbemerkt unter meinen Bürotisch schleichen. Das würden die sofort registrieren, leider. Sweet kisses, Nick

Tina, 26. Oktober 18:41
Deal! Wann, wo Freitagabend? Sagst mir noch? Freu' mich ziemlich sehr und nutz meine freie Zeit bis dahin. Wünsch' Dir das Beste bis wir uns sehen und spüren! Tough kiss!

Nick, 28. Oktober 00:14
Hallo Tina, wann hast Du denn morgen Feierabend, worauf hast Du Lust (außer auf mich ☺), oder was willst Du unternehmen? Sweet kisses, Nick

Tina, 28. Oktober 00:43
Hey Nick, what a nice surprise ... Du, ich hab' morgen rechtes Programm im Büro, aber hab's im Griff und werde ALLES dran setzen, da 16/17 Uhr spätestens rauszukommen. Auch zuhause hab' ich's under control, so daß ich relativ früh zu Dir fahren könnte, oder Du auch zu mir kommen kannst, wie Du magst. Selbst Pascha könntest Du jetzt oder ein andermal einfach mitbringen. Er fühlt sich hier sehr wahrscheinlich sofort wohl, vertraut uns und müßte eben nicht alleine rumhängen. Aber ich komme sehr gern auch wieder zu Dir, Nick, okay? Falls Du morgen noch 'nen spontanen Einsatz hättest, kann ich auch Mitternacht erst kommen, no prob, okay. Ja was meinst Du mit unternehmen? Ausgang? Puh, hab' mir noch keine Gedanken gemacht. Magst Du echt unter die Leute mit mir? Essen gehen, tanzen, Bars oder Kino? Ich glaub' da haben wir's mit 'ner DVD gemütlicher. Klar können wir 'ne Pizza essen gehen, oder ich mach uns was Kleines. Hab' bissi was eingekauft. Sag worauf Du Lust hast, dann sag ich Dir, ob ich's gut find' ☺. Wünsch' Dir 'ne entspannte Nacht und freu' mich sehr auf Zeit und wild küssen mit Dir!

Nick, 28. Oktober 13:45
Hallo Tina, das Problem bei Pascha ist, daß er überhaupt nicht gerne reist. Er schreit dann die ganze Zeit und sogar die kurze Fahrt zum nahegelegenen Tierarzt ist ein riesen Katzenjammer. Also kann ich ihn leider nicht einfach zu Dir mitnehmen. Nun aber, was machen wir beide heute Abend?

> *Wir könnten zusammen in einen Erotiktempel gehen. Dort gibt es gutes Essen und wir könnten uns sogar mal in einem großen Bad vernaschen. Unter www.freubad.ch findest Du alle nötigen Infos und heute wäre der Dresscode sexy (Lack, Leder, Sexy und so weiter). Was meinst Du dazu? Sweet kisses, Nick*

Obwohl ich damals meine von mir selbst gewohnte, verläßliche Bodenhaftung schon lange verloren hatte, wurde mir in solchen Situationen wieder real bewußt, mit wem ich mich eben eingelassen hatte. Frei nach dem Motto: »Adel verpflichtet!« Klar, daß die Frau an der Seite eines »Edel-Callboys« diesen auch mal in einen »Erotiktempel« begleitet, ist doch spannend! Logisch schlägt er nicht »Blümchensex in Missionarsstellung« vor dem Einschlafen vor. Mich jetzt zu zieren und zu sagen, daß mich sowas »normalerweise« nicht interessiert, wäre die verpaßte Chance etwas Neues an der Seite eines »Kenners« zu erleben. Mit Nick war ich ja in guten, vertrauten Händen und ging keinerlei Risiko ein. Also, komm hab' dich nicht so, ermutigte ich mich selbst, spring etwas über deinen Schatten, ja und schon war ich begeistert. Und wieder ein paar Vorurteile abgebaut, denn dort waren alles andere als »Bünzlis[55]«.

Da waren ganz coole Leute, interessant sexy gekleidet und die Gespräche an der Bar waren amüsant, teils anspruchsvoll oder humorvoll, wie sonst überall auch. Insgesamt ein sehr gutes Ambiente, ich staunte. Gut, als Frau alleine hätte ich dort vielleicht nicht sein wollen, aber mit Nick zusammen war es für meine Auffassung ein positives Erlebnis, das, sparsam dosiert, für mich verkraftbar und in Ordnung war.

Weiterhin möchten wir in Erinnerung rufen, daß unsere damaligen, sehr privaten SMS, nie hinsichtlich schriftstellerischer Perfektion verfaßt waren, noch war es je geplant diese Dritten zugänglich zu machen. Sie sind auch nicht nachträglich beschönigt, um heute niemanden damit auf die Füße zu treten. Auch wir machen mal einen unüberlegten, vorschnellen Kommentar, des Witzes wegen, oder hauen einen relativ unfairen Spruch raus. Doch wenn wir mit diesem Buch zeigen möchten, wie es zu Anfang war, haben wir nur die Optionen die SMS unverfälscht zu bringen, sie zu manipulieren oder ganz weg zu lassen. Diesen Dreisatz müssen wir auf einen Nenner bringen und bitten um Einsicht und Verständnis. Doch zwecks Flusses der Story und dem Erinnerungswert für uns selbst, haben wir sie eins zu eins ins Buch übernommen. Es lohnt sich also nicht Steine des Anstoßes zu suchen, denn wenn wir uns selbst zensieren, leidet die Authentizität und das fänden wir irgendwas zwischen sehr schade, nicht beabsichtigt, am Sinn vorbei bis hin zu verwerflich und falsch.

Tina, 28. Oktober 13:49
Coole, aufregende Idee ... tönt sehr interessant ☺ und sexy ... solange ich da nicht mit irgendwelchen Bünzlis was machen muß, sondern nur mit Dir, wär's das glaub' echt wert ☺. Bin grad im Fitneß und schau mir die Webpage nachher an ☺. Sexy leather kisses and wild screams from your Wild Thing

Nick, 28. Oktober 14:35
Nee, wir können dort, soweit ich weiß, ziemlich ungestört sein. Und schließlich will ich Dich ja auch mit keinem »Bünzli« teilen. In dem Fall kommst Du also in sexy Unterwäsche zu mir und wir fahren dann gemeinsam mit meinem Auto dorthin? Schau Dir aber erst mal die Seite an und entscheide danach ☺.

Tina, 28. Oktober 17:15
Tougher Tag hinter mir. Lauf' grad aus der Firma. Location ist echt okay, macht guten Eindruck, kannte ich noch nicht. Mit Dir erlebe ich das sehr gern und bin froh, daß Du mich keinem Bünzli zum Fraß vorwirfst ☺. Die sind eh beschäftigt mit den Professionellen. Nur sexy Unterwäsche oder auch das Gothic-Kleidchen?

Nick, 28. Oktober 17:25
Du kannst natürlich auch Dein Kleidchen anziehen, doch denke daran, daß wir dort auch baden können und dies bestimmt auch tun werden. Ich bin übrigens jetzt auch unterwegs nach Hause. Wann darf ich Dich denn bei mir erwarten?

Tina, 28. Oktober 17:34
Okay! Ich hab' einfach mal alles dabei ☺. Freu' mich sehr! Tolle Idee von Dir. Essen kann man dort auch, even better ☺. Hat etwas Stau grad, hmmm ... hoff' ich kann noch vor halb 7 bei mir abfahren, bis halb 8 (roughly speaking) hoffentlich bei Dir. Ist das noch früh genug? Curious kisses for a special night, Wild Thing

Nick, 28. Oktober 17:35
Ich habe zwar schon ziemlich Hunger, doch ich werde mich gedulden können ☺.

Tina, 28. Oktober 17:39
Darfst mich dann mit vernaschen ☺. Hier stop and go. Werde mich sehr beeilen at home. Ist halt viel Fahrerei für mich. I'm not complaining. Forgive me ☺ 4 being hungry.

Nick, 28. Oktober 17:43
No stress, baby ☺.

Tina, 30. Oktober 01:25
Hey, sexy man, sehr heiß wir 2 ☺ und was machen wir jetzt? DVD fertig schauen? Küsse von Deiner unersättlichen Blasfee

Nick, 30. Oktober 01:34
Ja sicher ☺.

Nick, 30. Oktober 22:09
Liebe Tina, Du bist echt verrückt und zwar auf eine extrem angenehme Art. Auf jeden Fall fand ich's auch schön mit Dir und freue mich schon jetzt auf ein baldiges Wiedersehen. Sweet kisses, Nick

Tina, 31. Oktober 23:57
Hey Nick, noch ganz viele richtig leidenschaftliche Blasfee-Küsse auf des wilden Kriegers heißes, scharfes Schwert und dann 'ne richtig gute Nacht, von Wild Thing

Nick, 31. Oktober 23:59
Das wünsche ich Dir auch, Du verrücktes Ding.

Ich arbeitete zwei Tage in der Zweigstelle Mannheim, für die Firma, bei der ich angestellt war. Bei der Gelegenheit besuchte ich wieder mal meine Eltern, die sich sehr freuten und auch aufmerksam zuhörten, was ich von meiner neuen Erfahrung mit Nick zu erzählen hatte. Auf dem Rückweg würde ich abends bei ihm in der Nähe vorbeifahren und am liebsten bei ihm einen Stopover machen und fragte ihn, was er von dieser Idee halten würde?

>Nick, 02. November 20:33
>*Du bist willkommen ☺.*

Dieser Rhythmus, nach der Arbeit zu ihm zu fahren, spielte sich ein. Ich kochte gern. Nick schwärmte über meine kunstvollen Gerichte und kulinarischen Kreationen, auch aus »wenig« immer etwas Interessantes zu machen. Lebensmittel werden von mir sehr geachtet. Etwas unbewußt verkommen lassen oder voreilig wegwerfen, kommt für mich nicht in Frage. Es geht nicht allen Menschen auf der Welt so gut wie uns in der Schweiz. Das Leben in Südamerika hat mich sensibel gemacht, wie kostbar jedes Essen ist. Diesbezüglich werde ich niemals wählerisch oder heikel sein. Zur Feier unserer Treffen und der oft auch anstrengenden Arbeitstage bereiteten wir zusätzlich zu den kultigen Caipirinhas, die Nick inzwischen lieb gewonnen hatte, mehr und mehr neue selbst kreierte Drinks zu und testeten diese dann natürlich sofort selbst aus. Sie waren für uns alle Weltklasse! Wir begannen sie zu vergleichen, in den Feinheiten zu unterscheiden und abzuwägen, zu benennen und wurden zu wahren Cocktail-Experten. Nick lernte die geschmacklichen Finessen und Vorzüge von »Angostura« kennen. Er verstand, daß man eine gute, professionelle, international versierte Bar daran erkennt, ob ihre Barkeeper dieses »Bitter« tropfenweise in ihren Drinks verwenden. Auf unserer Reise, die wir noch machen würden, lernten wir Barkeeper »Steinar« im Double-Tree by Hilton in Oslo kennen. Er bestand den Test besser als jeder andere zuvor. Er erzählte uns auch, daß er Barkeeper-Kurse in Zürich gab – also ein Vollprofi. Für die zur Verfügung stehenden Grundzutaten zeigte mir Nick seine bisher unberührte Bar. Ein mittelgroßes Fach im Wohnzimmer, voller ungeöffneter Flaschen. Was sollte das denn? Nie was getrunken? Viele Sorten hochprozentiger Alkohol in interessanten Farben und mit schönen Etiketten, aber alle verschlossen. Das verstand ich nicht und fragte, wie das? Er erzählte mir, daß er und ein paar andere vor Jahren schon, bei einem Aushilfsjob an einer Bar, anstelle von Geld mit diesen Flaschen bezahlt wurden, er aber dann keine spezielle Verwendung dafür hatte. Und so warteten die edlen Tropfen darauf, daß wir sie noch mehr veredelten. Wir tobten uns mischungsmäßig aus, mit allem, was ich aus Venezuela wußte und uns hier an Früchten und für die geschmackvolle Aufmachung zur Verfügung stand – dabei entstand nebenbei die auf Seite 531 abgebildete, leckere Cocktail-Karte. Du kannst selbstverständlich mit viel Gefühl zusammengemixt die einzelnen Cocktails zu speziellen Events durchprobieren. Unsere Test-Partygäste aus Habsburg fanden alles extrem lecker. Heute gibt's diese Auswahl auch immer in unserer Karibik-Bar in unserem Dachgeschoß.

Meine schöne Wohnung verwaiste zusehend und diente lange nur noch als kurzer Boxenstop. Ich holte dort abends schnell Klamotten, leerte den Briefkasten, oder putzte am Wochenende mal schnell durch während die Waschmaschine rund lief. Aber leben tat ich längst bei Nick. Wir hatten das Paradies auf Erden, das jeder kennt, der schon mal in großer, kleiner, kurzer oder langer Liebe mit jemandem vereint war. Nick meinte, er könne gern mal eine Zeit lang zu mir kommen, damit ich mal weniger Fahrerei hätte, aber dann müsse auch Pascha dabei sein und den konnte man nicht so leicht hin und her evakuieren. Im Auto meint Pascha grundsätzlich es ginge zum Tierarzt und schreit so lange kläglich rum, bis er heiser ist und hat Panik und Streß ohne Ende. Er ist reisen nicht gewöhnt, das wurde womöglich versäumt als er klein war. Schade, aber wir würden es riskieren die knappe Stunde Katzenjammer zu ertragen, da mußten wir durch. Ich besorgte ein Katzenklo. Ein paar Zutaten und Futter hatte ich schon rangeschafft, das wäre also kein Problem. Bei mir hatte der Kater in der Wohnung viel zu entdecken, an den Sichtbalken konnte er vielleicht sogar klettern und auf dem Dachbalkon würde er gerne draußen sein. Nur wäre er dann fix bei mir und könnte nicht gleich wieder zurückfahren. Wir wollten es demnächst einmal wagen – auf jeden Fall war klar: Pascha würde dort sein, wo auch wir waren, denn er war uns wichtig und gehörte dazu, wie bei anderen der Hund. Nick erzählte mir, daß Paschas Vorbesitzerin eine ehemalige Schweizer Pornodarstellerin war und dieser Kater mit Sicherheit schon »alles« gesehen hatte. Ich müßte mich vor ihm nicht zieren oder verstecken, er war das »gewohnt« ... aha. Pascha war wahrlich der einzige Zeuge von allem, was in unseren vier Wänden während der letzten Wochen und Monate vor sich gegangen war. Er war sehr dezent, sehr angenehm und spürte genau, welches Verhalten wann angesagt war, genau passend zu dem, was wir erlebten. Nick und Pascha waren sowieso ein eingespieltes Männer-WG-Team. Pascha hatte einen Blick, der uns zu vielen lustigen Spekulationen anspornte. Schon allein sein interessierter, aber doch in sich ruhender und wertefreier Blick, wirft in uns oft die Frage auf, was er wohl gerade denkt, wenn er überhaupt was denkt über sein Katzenleben bei uns. Mittlerweile sind wir ziemlich sicher, daß er alles, was er bei uns erlebt, sieht und hört, gnadenlos, unzensiert, sozusagen frei Haus über seine erhabene, gestreifte Schwanzspitzenantenne beim Rundgang in der Wohnung direkt an seinen fernen Katzenplaneten weiterfunkt. Gern würden wir ihn später dort einmal besuchen. Wer weiß? Er schaute zumindest immer sehr weise, machte sich nie lustig über uns, fragte auch nichts und mir fiel auf, er war genau wie ich – einfach nur still!

Ich mag mich erinnern, daß ich an einem Samstag zu Nick kam und er ziemlich aufgelöst war. Ja, recht mitgenommen, so hatte ich ihn noch nie erlebt. Er wollte erst nicht gleich mit der Sprache raus, aber wozu zurückhalten was Sache war? Ich spürte seine Aufregung und Unruhe – da mußte etwas Gravierendes vorgefallen sein. Er meinte, er sei sich sicher, ich sei die einzige Person auf dieser Welt, die ihn durch und durch verstünde, die ihn nicht, unpassend für ihn selbst, verändern wolle. Und er wünschte sich nichts mehr, als mit mir zusammen zu sein, aber er müsse auch akzeptieren, wenn ich nun ginge. Es wäre verständlich! Aber worum ging es dabei?

Es folgte bewegend die gesamte Geschichte und viele Details, die ich bis dahin nicht wußte, aber immer in etwa ahnte. Er hatte nun reinen Tisch gemacht mit seiner seit längerem bröckelnden Vergangenheit, klare Verhältnisse geschaffen und fühlte sich nun frei – frei für sein neues Leben mit mir! Er war überzeugt, mit mir würde es **endlich** der richtige Weg sein! Er war **angekommen!**

Erstmals spüre er, daß einfach **alles** bereits paßte, ohne daß er mich erst mühevoll zu »der« machen mußte, die er sich immer gewünscht hatte. Ohne, daß jahrelanges erklären, aufbauen, abmühen, antreiben, rechtfertigen, verteidigen und diskutieren erforderlich sei, sondern, daß einfach alles schon da sei. Endlich könne er mit mir sofort und ohne Einschränkungen loslegen, seine und unsere Träume im Leben zu verwirklichen! Nick hatte anhand der letzten fünfzehn Jahre und vieler Verluste gelernt, was passierte, wenn seine ganze Energie komplett in seine Partnerin floß. Wenn diese an anderer Stelle als er stand und somit auch andere Ziele und Werte als er hatte, er aber mit aller Kraft versuchte sie parallel zu seiner Entwicklung an das vermeintlich gemeinsame Ziel zu bringen. So verging zwar viel gemeinsame Zeit, aber er selbst kam im Leben niemals dorthin, wo er sich hin sehnte – zum Ziel, das er für sich und eine rundum passende Partnerin hätte erreichen wollen. Oder noch fast schlimmer: Wenn Partnerinnen dachten, daß sie liebten, weil sie seinen Körper, seine Liebe, sein Geld, seine Frechheit und all das haben wollten, was sie so selbst nicht hatten und dann versuchten ihn entsprechend zu verändern, ihn an sich zu binden. Damit er **ihrem** Ideal entsprechen würde, obwohl er so sein Leben nicht mehr leben konnte und ein kraftloser Schatten seiner selbst wurde und dadurch seine Ziele mehr und mehr verfehlen und gar aufgeben müßte. Das hätte nie funktionieren können und keinen glücklich gemacht, am allerwenigsten den wilden Krieger Nick!

Bei mir fühlte er, daß ich ihm jederzeit integren Rückenwind geben würde, weil meine Liebe, durch den Freigeist in mir, nicht aus »haben wollen« bestand, sondern aus »gar nichts« wollen, aus verbunden sein in tiefem Verständnis, tiefer Zuwendung, bestehend aus tiefem wohlwollendem lassen und »begeistert sein«. Nicht aus Aufhalten, Kritik, Zweifel, Komplexen, Mißtrauen, Hetze bestand und all dies womöglich noch auf relativ geringem Selbstwertgefühl gebaut. Das brauchte kein Mann seines Formats.

Wie viele Menschen kennt man, die eine Innigkeit so leben? Man liest dazu zeitgemäß auch Aufschlußreiches in den aktuellen Biographien von Rocksängern wie Stephen Tyler, Ville Valo von HIM oder Latino Superstar Ricky Martin. Selbst Boris Becker ist geeignet für die einfach verständliche Erkenntnis, was Männern mit nicht in allen Aspekten gänzlich passenden Partnerinnen oder Partnern so alles passieren kann. Nicht wirklich ebenbürtige oder nicht gleich ausgerichtete Partner bringen so manches Kaliber zu Fall, da sie selbst nicht in sich autark und stabil genug unterwegs sind. Sondern überwiegend nur »fordern«, haben wollen und erwarten, aber im Herzen nicht durch und durch an den Zielen ihrer prominenten Partner beteiligt sind. Irgendwann wiederholen sie sich unter Umständen auch geistlos, sind vielleicht noch sinnlos im Alltag gefangen und zerbrechen daran, während der Partner ganz woanders rangiert. Was bleibt sind Vorwürfe und Anwälte, oftmals viel zu viel Ärger, finanzielle Verluste und traurige Scheidungskinder.

Ja gut, das mochte so stimmen, das konnte ich alles nachempfinden. Ich hatte auch schon Beziehungen, wo ich an das Gute im Menschen und an den Weihnachtsmann glaubte. An die Kraft und den Willen des anderen mit meiner Hilfe an sich selbst zu arbeiten, in seiner Einsicht voranzukommen, mit meiner Energie für dringende, überlebensnotwendige Veränderung zu sorgen. Doch auch ich füllte schon blauäugig und fest entschlossen das eine oder andere Faß ohne Boden. Ich verstand **sehr** genau was er meinte.

Nick liebte alle seine bisherigen »feste-Beziehung-Frauen« auf seine ehrliche Art, daran hatte ich keinen Zweifel. Aber seine Entwicklung war in eine Richtung galoppiert, in welche keine von ihnen bisher hin wollte, hin konnte, oder geschweige denn, schon dort war. Natürlich war in jeder seiner festen Beziehungen die Frau bedeutsam. Sie waren alle auf seinem bisherigen Weg eine Vorbereitung für die Zukunft, die er jetzt erreicht zu haben meinte und ausbauen wollte. Jede Zusammengehörigkeit und Intimität hatte ihren Sinn und er war dankbar für die gemeinsame Zeit, hegte keinen größeren Groll wegen schwieriger Zeiten. Nick legte immer Wert darauf, mir nur Gutes, aber auch realistisch Kritisches aus der Vergangenheit zu berichten. Ich erfuhr, daß er vor mir immerhin schon vier »feste« Partnerinnen hatte, ich also die fünfte Frau (grins) in seinem Leben war. Das sollte reichen, meinte er. Aha ... immerhin sehr mutig von ihm, denn auch ich hatte guten Vorsprung in Sachen eindrucksvoller Liebesverhältnisse sowie vom Alter her in meiner Vorbereitung auf ihn. Nick meinte, ich stünde mit ihm auf Augenhöhe und das begeistere ihn!

Das habe sein Herz geöffnet. Ich sei die Erste, die einfach nur verstand und ihm eine pure, bedingungslose Liebe angeboten hatte. Die Kartenlegerin hatte es prophezeit:

Die Liebe und der Krieger wurden eine Einheit – eine sehr interessante Kombination!

SENSITIVITY *Inspirations*
bietet an:

Dankbarkeit empfinden für das was ist!

Unser Leben beginnt überall zu heilen, wo Heilung angebracht ist, wenn wir jeden Tag tief aufrichtig dankbar sind, indem wir Dankbarkeit zeigen und ausdrücken für das, was jetzt bereits ist. Was wir im Moment leben, haben wir durch unsere Gedanken und Haltung in der Vergangenheit erzeugt. Was die Zukunft uns bringen wird, bewegen wir jetzt.

Eine dankbare innere Haltung wird uns bewußt machen, daß rein gar nichts einfach so von alleine zu uns kommt, alles zu jeder Zeit ganz anders sein könnte. Wenn wir **das** ausstrahlen, beginnt der Frieden in unserem Herzen zu wachsen, in Dankbarkeit für die Inspiration. Parallel dazu können wir immer an den gewünschten Veränderungen für die Zukunft arbeiten, denn diese gehen auch wieder aus dem hervor, was jetzt ist.

Dankbarkeit in unserer Wohlstandsgesellschaft läßt sich dadurch ausdrücken, Essen und Getränke besonders zu ehren. Nichts zu verschwenden oder verkommen zu lassen und **niemals etwas wegzuwerfen!** In Gedanken allen Dankbarkeit zukommen lassen, die diese Nahrungsmittel angepflanzt, gehegt, gepflegt, geerntet, transportiert, zubereitet und uns durch ihre Kraft ermöglicht haben. Nichts ist selbstverständlich!

DIE LIEBE UND DER KRIEGER

ACHT

LIEBE IST KEIN GEFÜHL, SONDERN EIN ZUSTAND

DAS PRINZIP DER LIEBE – WAS IST TREUE?
WIE LIEBT EIN FREIGEIST?

Seit wir fest zusammengekommen sind, glaube ich an Wunder! Ich bin täglich aufs Neue sehr reich beschenkt!

Erfahren zu sein hin oder her, mir drehte ganz schön der Kopf! Wie eine prickelnde Riesenwelle rauschte es über, unter, in mir und um mich herum. Ich war mittendrin. Der Verstand planschte hilflos darin umher, doch das Herz hüpfte in ungeahnt, freudig brennender Feststimmung.

Geredet hatten wir in den letzten Monaten echt genug. Einen Plan für die Zukunft hatten wir bislang nie gewagt entstehen zu lassen. Keiner von uns beiden suchte Verwicklung, Einschränkung, Abhängigkeiten irgendwelcher Art. Eine passende Entscheidung sollte einem im Leben immer mehr Möglichkeiten als je zuvor geben um sich selbst mehr leben zu können.

Wir wußten, daß wir keinem flüchtigen Gefühl auf den Leim gegangen waren, sondern in einem relativ unerschütterlichen Zustand liebevoller Wahrnehmung waren. Was wir sicher wußten, stark motiviert wollten, war und ist den anderen an der Schönheit des eigenen Lebens teilhaben zu lassen. Und das gehe nur »ganz oder gar nicht«, meinte Nick.

Eine lang vereinbarte Buchung an diesem Abend kam Nick in seinen Emotionen nicht wirklich gelegen, aber absagen war für den Profi keine Option in seinem Business. Ich war teils froh ein paar Stunden durchatmen zu können, für mich allein zu sein (mit Kater) und drehte eine größere Runde in meinem Geländewagen durch die Nacht. Ich weiß es wie gestern, was an dem Abend alles durch mich hindurch ging, und daß mir irgendwann nur noch die Tränen runterliefen aus Freude und tiefgreifendem berührt sein.

Es war ein gehaltvoller und zugleich behutsamer Moment, eine sehr einschneidende Veränderung auf meinem und seinem Weg. Die letzten Monate, all diese »Zufälle«, Meilensteine und Überraschungen zogen in aller Ruhe nochmals an meinem geistigen Auge vorbei. Nun verstand ich seine Bemerkungen vom ersten Abend »es ist alles längst entschieden« und »wir haben alle Zeit der Welt« aus ganz neuem Blickwinkel. Er konnte es nicht gewußt haben! Er konnte nicht ahnen, was durch diese völlig entgleiste Buchung entstehen würde. Auch ich hätte mir viel vorstellen können, aber nicht das. Kein Mensch bestellt sich einen Callboy ... Du weißt was ich sagen will ... und erwartet das, was mir geschah. Niemand hätte damit gerechnet. Aber es wären auch nicht viele Frauen, wenn überhaupt, bereit gewesen für den Verlauf der Dinge und die vor uns liegende Zukunft. Es war mal wieder an der Zeit Ulli, der Kartenlegerin, die »Breaking News« mitzuteilen. Ihre Originalantwort steht hier:

> Ulli, 5. November 18:34
> *Ich freu' mich so für Euch, und daß Ihr beiden aus Liebe und im Herzen zueinander gefunden habt. Es macht mich glücklich, wenn mein liebes Snuff glücklich ist. Grüß mir Nick, er ist ein guter Mensch, ehrlich aufrichtig und liebevoll.*

Auch meine Schwester wollte ich schnellstmöglich teilhaben lassen.

> Tina, 5. November 18:35
> *Hola Claudia, hab' tiefste tiefe Gespräche mit Nick gehabt, gestern bis heute spät in die Nacht. Bin am Anschlag meiner Kräfte aber glücklich! Nick und ich, wir sind nun zusammen, offiziell und amtlich ein Paar und von ihm sehr gewünscht, von mir ja sowieso. Unglaublich immer noch die ganze Story. Ich glaub' an seine Ehrlichkeit und hohen Werte. Nick und ich, wir sind ein Paar! Unfaßbar! Alles bestens! S2T[56]*

Ihre Antwort kam erst Tage später, doch sie kam und freute mich.

> Claudia, 17. November 21:36
> *Bin noch gar nicht zum Antworten gekommen. Nick meint es sicher ernst mit Dir. Ist echt lieb, was er schreibt und von Herzen gemeint. Schön, ich freue mich für Dich und Euch! Saludos[57], Claudia*

Und dann mußte ich diese Neuigkeit einfach mit ein paar Freunden teilen. Wohlgemerkt erfuhren sie in meiner kurzen SMS nichts über Nicks Callboy Aktivitäten. Damit wollte und konnte ich nicht wahllos jeden belasten, belästigen, beunruhigen oder beängstigen. Dafür gibt es jetzt ja dieses Buch!

> Andi, 5. November 20:21
> *Hey, das klingt ja super. Gönne es Dir/Euch. Genießt es, so soll es sein. Liebe Gruess[58]!*

> Ralph, 5. November 20:54
> *☺ freu' mi[59] RIIIIIIESIG für Dich! Bin grad in Atlanta ufem Heiweg vo[60] Vegas ... isch dä absoluti Hammer gsi[61]! Kisses und bis bald, Ralph*

Auch Nick bekam eine SMS von mir, die er heute, gleich nach seinem »Einsatz«, lesen würde, bevor er sich auf den Heimweg machte.

> Tina, 5. November 21:02
> *Hey Nick, Great Honest Warrior, möchte Dir sagen, ich bin sehr sehr glücklich mit Dir und äußerst dankbar, daß jetzt Klarheit und Ordnung in unsere Herzen gekommen ist. Du hast genau DIE Werte in Dir, die ich immer suchte und von jetzt an mit Dir ewig leben möchte! Was zählt, Nick, ist die ABSICHT, okay? Freue mich wie verrückt auf das wilde und sicher stets abwechslungsreiche Leben zusammen mit Dir, das wir jetzt vor uns haben! Für mich alles richtig tief ergreifend! Bis jetzt war echt JEDE Begegnung mit Dir speziell wertvoll, abenteuerlich, sehr liebevoll und immens schön! So und vieles mehr soll es weiterhin bei uns beiden sein! Es hat sich gelohnt durch das Leben bisher gelernt zu haben, damit wir uns auf dem Level begegnen konnten, auf dem wir nun beide irgendwie zusammenpassend stehen. Danke, daß Du Dich so so sehr im vollsten Vertrauen geöffnet hast und von nun an im Herzen bei mir bist! Danke ... ich bin sehr gern bei Dir und bin auch von ganzem Herzen des großen Kriegers wildes Weib! Freu' mich sehr auf Dich! Wild and stormy kisses from your one and only Wild Thing*

Ein naher Freund in Australien drückt mir seine Verbundenheit aus.

> Pete, 5. November 22:19
> *Hi Tina! I am crying with tears of joy for you, my beautiful friend, for your happiness and new love which you deserve*

> *so much. I am thanking God for blessing you with a special love. I will email you later with more detail. Love and gratitude, Pete*
>
> Deutsche Übersetzung: *Hi Tina, ich weine Tränen des Glücks für Dich, meine wunderschöne Freundin, für Dein Glück und die neue Liebe, welche Du so sehr verdienst. Melde mich später per E-Mail ausführlicher. In Liebe und Dankbarkeit, Pete*

Ein Freund, mit dem mich eine Seelenberührung verbindet, sollte es auch als einer der Ersten wissen und er antwortete:

> Edi, 6. November 03.10
> *Danke Dir fürs Teilhaben ☺. Ich mag es Dir, vielleicht mehr als Du es denken kannst, gönnen. Jeder Weg ist gewagt, wichtig scheint, daß es einen gibt. Eine Liebe ist immer einzigartig, Tina, ansonsten wär' es keine. Das weißt Du doch selber. Ein lieber Freundesgruß und eine innige Umarmung ☺, Edi*

Mein Metalkumpel Tim gehörte auch zur »Elite« derer, die »Bescheid« wissen sollten.

> Tim, 8. November 13:09
> *Hoi Tina, esch äs geils Konzert gsi gäschter[62]. Be ersch am 1 Uhr di hei gsi höt[63]. Schön send ehr zämme[64] ☺. Gruessli, Tim – bis gli einisch[65].*

Eine Arbeitskollegin, die nicht im Detail eingeweiht war, aber viel von der Entstehung der neuen Liebe wußte, freute sich mit mir – auch für sie gibt es jetzt dieses Buch.

> Sabine, 8. November 13:17
> *Hallo Tina, dies sind tolle Neuigkeiten, das mit Dir und Nick! Ich finde es genau richtig, daß Ihr diesen Schritt geht, denn in Eurem Herzen gehört Ihr schon lange zusammen, da bin ich mir sicher. Ich wünsche Euch alles Liebe. Liebe Grüße von Sabine*

Und schon kommt Nick wieder mit einem neuen Vorschlag, wie wir unsere gemeinsame Zeit schön verbringen können. An der Basler Herbstmesse war ich noch nie.

> Nick, 9. November 15:13
> *Hallo Tina, Du kannst übrigens dieses ganze Weekend auf mich zählen und wenn Du magst, könnten wir heute Abend an die Herbstmesse in Basel gehen. Kisses, Nick*

Und nochmals Glückwünsche von Schweizer Freunden aus Australien.

> Sue und Dani, 20. November 17:07
> *This is wonderful! We can't wait to see you both. Thank you very much for the invite. Love, Sue and Dani*
>
> Deutsche Übersetzung: *Dies ist wunderbar! Wir können es kaum erwarten Euch beide zu sehen. Vielen Dank für die Einladung. Herzlich, Sue und Dani*

Ja, meine Freunde freuten sich mit mir zusammen für uns beide. Entsprechend waren auch ihre Reaktionen positiv, wie man lesen konnte.

Interessant fand ich in dieser Zeit auch, ausgerechnet mit einem Callboy das Thema »Treue« zu besprechen. Nick sagte mir dazu:
»Ich bin da altmodisch – ich finde Treue geil!« Treue bedeute für ihn Loyalität und Herzenstreue. Treue schließt Verrat aus.

Meine Ansicht dazu ist: Ich möchte diese Qualität des Vertrauens, den einzigartigen Wert von Treue der Herzen, gern auch in Nicks Leben, wie bisher in alle Menschen, die mir nahe stehen, fließen lassen. Was nicht heißt, daß ich von nun an mein Wesen verleugne und andere Menschen, dazu gehören auch Männer, für mich dadurch tabu werden. Lebendige Treue von einem sorgfältig gewählten, ins Leben gezogenen Partner angeboten zu bekommen, der mich nicht braucht, viele andere Möglichkeiten im Leben nutzen könnte, aber bewußt ein Leben mit mir wählt, erlebt, bespricht und die Zukunft plant, ist mir sehr viel wert. Auch ich habe in der Vergangenheit, sicher auch manchmal jetzt noch, streng gewertet und bin noch nicht gänzlich frei davon. Es gab sogar Menschen, deren Treueangebot mir nichts wert war, da sie mich langweilten, nicht passend waren, in dem was sie als Summe ihrer Gedanken und Erkenntnisse waren und in dem was sie im Leben zukünftig wollten. Trotzdem kann und soll man aber immer jedem Menschen gegenüber ausnahmslos integer sein und bleiben. Es gibt da wohl so viele Nuancen wie Menschen auf dem Planeten.

Altmodisch find ich Treue nicht, nur weil manch andere Menschen vergessen haben, daß es so was gibt, daß sie einen Wert hat und daß sich damit, wenn sie unaufgefordert von Herzen kommt, die Lebensqualität enorm steigern kann! Die Kunst ist es, so denke ich heute, diese Treue freiwillig zu leben, dies weil man will und nicht weil man sollte oder muß. Ich gehe mit Nicks Wunsch nicht leichtfertig um. Es ist für mich der einzig sich lohnende Weg.

Doch von Treue muß man noch lange nicht reden, solange die Energie der Lüge, der Falschheit, der Irreführung, der großflächig verbreiteten Halbwahrheiten, kritisch oder ängstlich berechnender Bestimmung uns Menschen zerstört. Früher dachte ich, das Problem könne sich lösen, wenn die, die sich anlügen wollen, oder dominant bestimmend, berechnend miteinander umgehen, ganz einfach untereinander bleiben und jene in Ruhe lassen, die so nicht sind, nicht lügen und all dem keinen Platz in ihrem Leben geben möchten.

Aber so einfach geht das nicht. Was seit langem unter dem Deckmantel von »Liebe« passiert, öfter als man es wahrhaben möchte, ist nicht Liebe, sondern »Angst«. In heutigen Zeiten nicht besser, sondern schlimmer als im tiefsten Mittelalter, weil modern getarnt und am liebsten als notwendig gebilligt oder ganz verschwiegen. Absichtlich überspitzt formuliert, haut mal eben jeder dem anderen, wo er nur kann, die Keule rein! Unehrlichkeit liegt fühlbar in der Luft und kommt früher oder später an die Oberfläche. Es gibt eine Idee, die besagt, daß alles, was nicht aus Liebe entsteht (also die Freude darüber, daß etwas so ist wie es ist, oder daß der andere seinen Lebensweg sucht), zum Scheitern verurteilt ist. Man schaue sich nur aus weltweitem Betrachtungswinkel die global wirkenden politischen, religiösen, wirtschaftlichen, bildenden und zwischenmenschlichen Systeme, Institutionen, Strukturen und unzähligen Verträge an.

Ich stelle mir vor: Sollte die Energie der Lüge auf diesem Planeten plötzlich abhanden kommen, wäre jegliche Unwahrheit oder Halbwahrheit nicht mehr existenzfähig, oder unmöglich zu erzeugen, dann hätten wir echten Weltuntergang! Dann bliebe kaum ein Stein auf dem anderen, kaum ein Mensch dort wo er ist. Aber dieser Eingriff, von außen auf die Psyche der Menschheit vorgenommen, ist nicht möglich, solange wir noch den freien Willen zur Verfügung haben und erhalten möchten. Solange wir riskant und generös selbst wählen können, wie wir uns allem gegenüber verhalten, und wie wir es im kleinsten Detail ausleben.

Ich folge bewußt keinen üblichen Vorstellungen, sondern habe mir zu vielen möglichen Sichtweisen jahrzehntelang intensive Gedanken gemacht.

Man möge sich den Menschen mal als multidimensionales Wesen vorstellen. Dieses menschliche Wesen ist zusammengesetzt aus der Spur, die alle gelebten Leben hinterlassen, plus aus der Bestimmung im jeweiligen Leben, okay? Dann ist jedes Wesen in jedem Leben sehr einzigartig, es ist das wahre Selbst und hat nur ein einziges Interesse: Es will sich selbst spüren und entfalten und zwar für sich selbst! Das bedeutet »wesentlich« leben. Das heißt nicht, daß dieser Mensch nichts für andere oder nichts für die Welt tut. Aber wenn er etwas für andere oder für die Welt tut, dann weil er will und nicht weil er sollte, was ein großer Unterschied ist. Dagegen ist ein Mensch, der nicht wesentlich lebt, ein Mensch, der sein Wesen nicht zum Ausdruck bringt, der überwiegend für andere lebt, fremdbestimmt ist, sozusagen »fremde Päckchen« auspackt und diese vielleicht noch zum falschen Zeitpunkt.

Jeder Mensch sollte aber seiner ganz persönlichen Lebensaufgabe nachkommen und entsprechend leben, um zu den für ihn relevanten Erkenntnissen zu kommen – auf welchem Weg auch immer wir das tun, darin besteht angeblich unsere Freiheit, **nicht aber in der Wahl der Lebensabsicht**. Dem mag man vielleicht folgen mögen, aber jetzt wird es noch ungemütlicher:

Beim Konzept der Treue wird überwiegend erwartet, daß sich der Partner sexuell nur mit einem einzigen Partner abgibt und mit sonst niemandem. Dies wird als Liebesbeweis gewertet. Ich kenne das von früher bei mir zu genüge, aber kommt man damit je zur Ruhe? Dahinter steckt möglicherweise Angst, Eifersucht, das aufgeblasene Ego, Angst vor Verlust und davor verlassen zu werden, den anderen zu brauchen um sich »ganz« zu fühlen, Liebesbeweise aus ihm herauszupressen, damit man in Ruhe schlafen kann und weiß, er wird einen nie verlassen.

Größenwahn, im Sinne von »ich bin enorm wichtig und habe das verdient«. Vielleicht gibt es auch eine energetische Betrachtungsweise, die besagt: Ich möchte nicht, daß mein Partner sich mit Fremdenergien mischt, ich möchte mich mit diesen nicht arrangieren müssen, wenn er sie in seinem Körper anschleppt. Ich möchte, daß der Partner etwas nicht tut, selbst dann nicht, wenn er es will und es ihm gut tut, weil ich unterstelle, es ist weder für mich noch für die Beziehung gut, weil ich von ihm Treue erwarten kann.

Das alles hat mit Liebe nichts zu tun. Und wie lösen die Meisten das Problem? Nach meinen Erfahrungen mit Halbwahrheiten, die wesentliche Teile einfach weglassen, wie zum Beispiel »du hast ja nicht gefragt«. Oder durch Notlügen und ganz beabsichtigte Volllügen mit kurzen oder gar keinen Beinen, daß sich die Balken biegen und krachen. Im Normalfall geht das so lange gut bis alles auffliegt und auseinanderdriftet. Und dann beginnt der ganze Zauber zu anderem Zeitpunkt woanders wieder von vorn. Welche Frau kennt das nicht? Das morphogenetische Feld[66] ist voll von solchen Informationen. Aber auch Männer leiden unter einem solchen Verhalten ihrer Frauen. Ich habe mir erschütternd viele solcher, nicht selten dramatischer, Fälle schon angehört. Einer sagte mir mal dazu, daß man uns »Weibern« die Wahrheit nicht erzählen könne, denn dann fliege man als Mann gleich raus. Frauen »wollen« doch angelogen werden, war seine ehrliche Sicht.

Ein wahrlich heikles Thema! Treue so verstanden, wie oben dargestellt, ignoriert das Wesen des anderen Menschen. Es ignoriert seine Freiheit, es ignoriert seinen (wesentlichen) Weg. Diese Art der Betrachtung ist auf dem eigenen Größenwahn aufgebaut, auf einer einzigen, selbstbezogenen Meinung und in gewisser Art sogar auch auf Lieblosigkeit. Wenn ich jemanden liebe, dann gönne ich ihm **das**, was **ihm** gut tut! Nicht das, was mir oder der Beziehung gut tut. Deshalb ist Treue eigentlich eine vornehme Umschreibung für die »Idee von Schändung«. Ich mißbrauche den anderen dahingehend, daß ich ihm nicht gönne, daß er etwas tut, das er will.

Das heißt nicht, daß der andere ständig fremdgeht, oder sexuelle Kontakte zu anderen Personen sucht. Vielleicht will er das ja gar nicht. Es ist durchaus denkbar, daß sich ein Pärchen bildet und beide haben nur Interesse an sich, das ist nicht abwegig. Aber wenn das so ist, ist es völlig überflüssig über Treue zu reden, denn sie haben nur Interesse an sich, weil sie nur an sich Interesse haben. Nicht weil sie »treu sein« wollen! Sie wollen aus freien Stücken nur füreinander Interesse haben, aus ihrer inneren Haltung und Absicht heraus.

Wenn der Partner an Austausch mit anderen Menschen Interesse hat, ist es auch müßig über Treue zu reden, weil ich ihm dann abschlagen würde, daß er seinen Sehnsüchten folgt, seine Fähigkeiten lebt und das in seinem Leben erfährt und erreicht, was wichtig für seine Entwicklung ist. Diese Gedanken tief verinnerlicht, lassen mich Nick sein Leben gönnen, so wie er es sich aufgebaut hat. Selbstverständlich wird er diesen Weg weitergehen, auch wenn ich jetzt an seiner Seite bin und vieles mit ihm teile. Der berufliche Austausch hat eine Bedeutung für sein Leben, seine Fähigkeiten, seinen liebevollen Umgang mit Frauen und aus Sicht seiner Seele, für die Entwicklungen in ihm und für ihn. Er selbst wird entscheiden, was daran genau ihm wie lange gut tut.

Wenn ich jemanden liebe, so sehr, daß ich sage: »Eigentlich interessierst mich nur du, dein Körper, deine Seele, ich liebe dich durch und durch«, dann muß sich der andere nicht für die Treue bedanken. Denn in dem Fall will ich gar nicht treu sein, sondern bin so oder so über absehbare Zeit beim Partner und brauche über Treue nicht zu reden. Anders sieht es aus, wenn der andere das so nicht empfindet und sagt: »Ich liebe dich durch und durch, aber Tatsache ist, mich mit anderen Menschen zu arrangieren, andere Menschen zu fühlen, ihre Energie durch mich fließen zu lassen, erweitert mein Bewußtsein enorm. Ich werde mit jedem Kontakt mehr. Nicht, daß ich andere Menschen als Partner haben will in meinem Leben, als Partner will ich dich. Aber mein Bewußtsein nicht zu entwickeln, nur weil es dich gibt, das geht auch nicht, dann würde ich verhungern.« Ihm dann zu sagen: »Aber ich erwarte von dir, daß du treu bist, das geht nicht, daß du dein Bewußtsein entwikkelst neben mir. Ich erwarte, daß du bleibst wie du bist, mir treu bist und dann ist gut.« Damit wäre das Wesen des Partners eingeengt, vergewaltigt und man entzöge und verunmöglichte ihm die Freiheit. In diesem Fall brauche ich auch wieder nicht über Treue zu reden, denn das wäre ein gemeiner Akt, in dem ich dem Partner wegnehme, was er zu seiner Entfaltung braucht. Aber wie viele Personen kennst Du, die das so leben? Ich weiß, das ist nicht einfach, aber es ist gut zu wissen. Auch ich bin noch unterwegs diese Haltung zu verinnerlichen und passend zu leben.

Es gibt Menschen, deren Ideen ich mir über lange Zeit durch den Kopf habe gehen lassen und sie sagen: Wenn mein Wesen sich entfalten will, kann ich es mir nicht leisten, wenn ich »wesentlich« leben will, mich auf meinem Weg von irgendwelchen Strukturen abhalten zu lassen. Ob das jetzt Erwartungen anderer Menschen, des Partners, des Chefs sind, oder, ob das philosophische Ideen, religiöse, ethische, moralische Strukturen sind. Das alles hält mich ab, mich selbst zu spüren. Der Mensch braucht keine Moral, er braucht auch keine Ethik und keine Religion im eigentlichen Sinn.

Was der Mensch braucht, ist ein Gespür, für das was er ist: Ein göttliches Wesen auf dem Weg zu seiner Erfüllung. Und wenn er das Gespür hat, dann ergibt sich daraus heraus eine Ethik, die sehr tiefgreifend ist. Dabei handelt es sich nicht um eine Summe von Vorschriften, die irgendwelche Leute gesammelt haben. Er braucht auch keine Moral, weil das innere Gewissen uns sagt, was richtig ist. Weil es dem göttlichen Weg entspricht. Der Mensch braucht, wenn dies so gelebt würde, auch keine Religion, weil die Stimme des Herzens als göttlicher Funke ihm den Weg weist. Er braucht das alles nicht. Er braucht nur seine innere Stimme. Aber es gibt sehr wenig Menschen, die die göttliche Stimme in ihrem Herzen noch hören. Also suchen sie nach äußeren Strukturen, nach Moral, nach Ethik, nach religiösem Gefüge und tun das, was andere ihnen sagen. Aber wenn es so ist, daß wir ein göttliches Geschöpf sind, mit einer Stimme in unserem Herzen und wir hören auf, auf unsere Stimme zu hören und folgen stattdessen dem, was irgend jemand sagt, dann verlieren wir unser Wesen und werden unbewußt, was gleichbedeutend ist mit dem Verlust des eigenen Wesens. Wir verlieren den Kontakt zu unserem inneren Gott. Das ist das eigentliche Problem, so gut ich es heute aus dem, was ich meine erkannt zu haben, vermitteln kann.

In der gegenwärtigen Zeit werden die Menschen dazu erzogen den Kontakt zu ihrem Wesen zu verlieren. Man stellt das sogar noch als gut dar und lobt den Menschen als sozial und total ethisch, seine Moral sei unglaublich stabil, er sei zum Beispiel ein Vorbild in der Kirche und dürfe dann dort besondere Aufgaben übernehmen, die »Kerze tragen«, wenn mir noch Humor erlaubt ist. Hinter dieser »Vernichtung des Wesens« steckt ein Prinzip. Ich erlebe es in vielen Alltagssituationen immer wieder, daß es verschiedene Bewegungen gibt, vor denen man viel Achtung hat, die scheinbar das Gute wollen. Aber wenn ich genauer hin schaue, meine ich zu erkennen, daß sie tatsächlich das Wesen des Menschen vernichten, den Kontakt zur Stimme des Herzens blockieren. Dies, indem Menschen überall (zum Beispiel in der Werbung, bei Vorschriften, bei Verträgen) gesagt bekommen, was sie zu tun haben. Statt auf die Stimme des Herzens und auf ihr Gewissen zu hören, tun sie einfach, was andere ihnen sagen. Das ist das Ende des Weges zu sich selbst. Jesus sagt dazu: »Das Himmelreich ist in uns!« Und da hat er, wie mit allem, Recht!

Doch genug jetzt des philosophischen Exkurses in andere Gedankenwelten. Ich wußte für mich, was ich von all dem zu halten hatte, wie ich schon immer und auch jetzt mit meinem Partner umgehen würde.

Nick äußerte den dringlichen Wunsch möglichst bald meine Eltern und Schwester, die in Deutschland leben, kennenzulernen. Ich fand, das habe doch noch etwas Zeit und scherzte, daß ich jeden verstehen würde, der Eltern und Schwiegereltern erst am Abend vor der Hochzeit zusammenführt wenn man sicher davorstand »miteinander verwandt« zu werden. Wozu wollte er so dringlich in erster Linie meine Eltern kennenlernen? Seine Antwort kam wie aus der Pistole geschossen: »Weil ich einfach sicher gehen will nicht nochmals Schwiegereltern zu bekommen, die gegen mich wettern, die im offenen Kampf gegen mich vorgehen.«

Mein Vater ist jetzt passionierter Maler und stellt seine Kunstwerke im Rahmen von Vernissagen in Hotels oder in aparten Gemeindegewölben aus. Nick meinte, wir sollten gleich jetzt hinfahren, zur Vernissage gehen und das Wochenende bei meinen Eltern verbringen. Die Ellis freuten sich und es war insgesamt ein lustiges, aufgeschlossenes, sehr kommunikatives Wochenende. Tags darauf machten wir zusammen mit meinem Vater, der sich gut auskennt, eine ausgedehnte Sightseeing Tour zum größten Denkmal der Romanik, dem Speyrer Dom und dessen Königsgräbern. Davor ein exquisiter Weihnachtsmarkt, auf dem sich Nick eine weiße, kunstvolle Eule kaufte. Anschließend schritten wir trotz ungemütlicher Novemberkälte zum imposanten Heidelberger Schloß. Dort gibt es den Rittersprung in der Mitte des Schloßaltans vor dem Friedrichsbau. Auf dem Boden ist im Stein eine Vertiefung, welche die Form eines Fußtrittes hat. Das ist der sogenannte »Rittersprung«. Uns gefällt die Version, daß der »Rittersprung« von einem Edelmann stammen soll, den man in flagranti bei einer jungen Kurfürstin ertappte. Hunderttausende treten beim Schuhgrößen-Vergleich in seine Fußstapfen. Nicks Stiefel paßte perfekt in den ritterlichen Abdruck. Laut Sage werden diese Männer mit einem glücklichen Leben belohnt.

Meine Eltern und Nick waren sich auf Anhieb auf eine natürliche Art, die alle vereint, supersympathisch. Meine Schwester hatte mit Nick sowieso gar keine Berührungsängste. Sie traf sozusagen auf einen gleichaltrigen, coolen Kerl. Auch ihr Partner und Nick – plus/minus im gleichen Alter – verstanden sich pangalaktisch einwandfrei und waren ein lustiges Team. Wir begegnen uns immer alle in Freundschaft und hatten von Anfang an Spaß, immer irgendwie Party. Weihnachten war also schon gebongt, wir alle zusammen bei den Ellis in Mannheim! Dann großes Festessen am zweiten Weihnachtsfeiertag bei Nicks Eltern im Emmental, zusammen mit seinem ebenso smexy, nur wenig jüngeren Bruder und dessen auf Anhieb sehr sympathischen, hübschen, süßen Partnerin – die Jüngste von allen in dieser Runde.

Wir begannen bald unsere Urlaube für das nächste Jahr zu planen und mehrere Reisen zu organisieren. Nicks sehnlichster Herzenswunsch war es, so schnell wie möglich, seine gefühlte Heimat in Südwestnorwegen kennenzulernen und mit mir zusammen diese für ihn »heilige Erde« zu betreten.

Gemeinsam großartige Kraftorte, wie zum Beispiel den Preikestolen am Lysefjord oder das Monument »Sverd i Fjell« in Stavanger und das Freiluftmuseum an Originalfundplätzen in Landa zu besuchen und dort die einzigartige Ausstrahlung zu spüren. Ein besonderes Erlebnis für mich war es später, an der Seite des »großen Kriegers« und Anführers der Sippe der Suna Élivágar, dort überall gewesen zu sein. Mir macht es immer riesig Spaß abenteuerliche Reisen, in möglichst vielen Komponenten, auf eigene Faust zu organisieren. Okay, Flug nach Oslo, Leihwagen ab Flughafen Gardermoen, eine phantastische Nacht im DoubleTree by Hilton Hotel mitten in der City. Besuch des im Zentrum nahegelegenen historischen Museums, in dem das legendäre Snartemosverdet[67] liegt. Hard Rock Café Oslo vis-à-vis, tags darauf Besuch bei einem Freund von Nick, den er bisher nur unter seinem Pseudonym aus dem Mittelalterforum kannte. Dessen Frau war besorgt, daß ihr Mann so einfach irgendwelche »Fremde« eingeladen und sogar eine Übernachtung angeboten hatte. Später meinte sie erleichtert lachend, daß ihre Bedenken sofort verflogen seien, in dem Moment, als wir aus dem Wagen stiegen, sie uns beide sah und unsere immense Ausstrahlung spürte. Wir waren als »Fremde« gekommen und gingen Stunden später als »Freunde«. Das hatte sie tief beeindruckt, eine uns alle bereichernde Begegnung und tolle Gespräche bis weit in die Nacht.

Tags darauf wollten wir völlig begeistert mit dem mobilen Navi aus der Schweiz, daß auch die Norwegische Karte anzeigte, durch die noch mit Schnee bedeckten Berge bis nach Stavanger fahren. Ganz oben, nach den malerischen Eisseen, war die Straße jedoch noch vom Winter gesperrt und wir mußten umkehren. Das norwegische Navi im Auto hätte gewußt ab wann die Sommerwege geöffnet sind, ab Mitte Juni nämlich, und hätte uns von vorneherein den Weg über Kristiansand empfohlen, der aber länger war und wir hatten die kürzere Route gewählt. Somit verspäteten wir uns gute zwei Stunden bis zu unserem nächsten Ziel. Über ein online Netzwerk fand ich nach dreißig Jahren einen Freund, der als Deutsch-Norweger damals in Caracas an der Deutschen Humboldtschule, wie ich auch, das deutsche Abitur machte und jetzt genau dort wohnte, wo es Nick so stark hinzog.

Erik, der Wikinger, freute sich so sehr auf dieses Wiedersehen und stand, während seine Familie schon schlief, auch noch um Mitternacht geduldig wartend an seinem Gartentor und lächelte uns sehr herzlich und willkommen entgegen. Erik hatte schon Bergtouren in den Fjorden für uns vorbereitet, bei denen er uns begleiten wollte und hatte für fünf Tage in der Nähe eine praktische private Spitzenunterkunft bei einer deutschen Lehrersfamilie für uns organisiert. Klasse! Die Erlebnisse dieser Reise waren wie in Stein gemeißelt. Nick war hier der glücklichste Mensch, den ich seit langem so erlebt hatte. Um vor Ort möglichst frei und spontan im Ablauf zu sein, hatten wir die Hälfte der Übernachtungen offen gelassen. Es gab überall Hütten an Seen, kleine Pensionen und wir waren mit unserem geräumigen, sehr komfortablen Leihwagen gut unterwegs. Mit Vergnügen schliefen wir, wohl auch in Gedenken an die lustige Zeit in Osterburken, dreimal auf den bequemen Liegesitzen im Nissan Qasqai. Es war bis in die frühen Morgenstunden hell und man merkte gar nicht, wie spät oder früh es schon war, und da sich überall ein friedliches Plätzchen in der Natur fand, war es schön an Ort und Stelle zu schlafen, wieder weiter zu fahren und sich von der norwegischen Natur leiten zu lassen. Kaffee und Tee gab's rund um die Uhr im Auto, von mir in großen Pappbechern mit einem Mini-Tauchsieder zubereitet. Nick nahm lange vor dieser Reise mit der Norwegischen Botschaft in der Schweiz Kontakt auf, damit er die Formalitäten vorbereiten konnte, die es brauchte und die es sich einzuhalten empfahl, um seine Leibschwerter und einen Speer mitzunehmen. Dies läuft unter Brauchtumspflege und die Waffen dürfen in einem speziellen, länglichen Waffenkoffer, als sperriges Spezialgut, zollfrei aufgegeben werden. Als frühestmögliche, beste Jahreszeit wurde uns Mitte Mai empfohlen, also würde ich mir dieses Jahr zum Geburtstag die Reise nach Norwegen schenken. Den Callboy hatte ich, als Geschenk des Hauses, im Gepäck mit dabei. Mehr zu dieser Reise wird Nick später noch im zweiten Teil des Buches berichten.

> Nick, 16. November 14:00
> *Hallo Tina, Deine Worte berühren mich sehr, und auch das, was Du mir vorletzte Nacht sagtest, traf mitten in mein Herz. Du bist eine echt tolle Frau und ich bin glücklich darüber, daß ich Dich kennenlernen durfte. Ich küsse Dich von morgens bis abends und die ganzen Nächte durch. Ach ja, die Norweger haben geantwortet. Guck mal in Deine Mail ☺.*

An ein paar Sonntagen begleitete ich Nick nach Liestal im Kanton Baselland zum Schwertkampftraining, das in kompletter Rüstung bei Vollkontakt stattfand. Eine lustige, gut trainierte Gruppe traf sich auf geeignetem, abgelegenem Gelände. Für die Schnitttests wurden unzählige, mit Wasser gefüllte PET-Flaschen verwendet, denen dann unter Einhaltung aller Sicherheitsvorkehrungen (zum Beispiel keine plötzlich durchrennenden Kinder), mit diversen Schwertern und spezieller Technik, der Flaschenhals sehr gekonnt durchgeschlagen wurde oder es wurde mit einem Schwerthieb die gesamte Flasche zerteilt und das Wasser spritzte meterweit.

Diese Übung wurde auch mit mehreren Flaschen, die rechts und links auf Holzpfählen standen, durchgeführt. Kunstvoll mit Schwung rechts und Schwung links rassig zerteilt, flogen sie durch die Luft. Imposante Bilder für jemanden wie mich, die das so nah und live noch nie gesehen hatte. Später wurde in einer großen Halle mit verschiedenen Waffen, Helmen und Schildern gekämpft. Ich mußte, während ich mit der Cam filmte, immer im Sicherheitsbereich gut auf Abstand bleiben, denn die unbeabsichtigte, extremste Verletzungsgefahr ist hoch. Die historisch nachempfundenen Helme boten nicht wirklich eine optimale Rundumsicht. Die tosenden, Stahl auf Stahl, klingenden Geräusche waren noch dramatischer. Respekteinflößend, bis beängstigend, wenn man nicht gewußt hätte, daß alles nur ein freundschaftliches Spiel war – es sah zumindest sehr zum Fürchten aus. Uns wurde irgendwann kalt. Wir gingen mit der ganzen Truppe essen.

Die anschließende Waffenpflege zuhause war eine aufwendige Angelegenheit und nahm viel Platz ein. Die Gerätschaft liegt erst mal überall rum und so eine Lamellenrüstung hängt man nicht mal eben auf dem Kleiderbügel in den Schrank. Früher noch auf Rüstungsständern, prangen die prächtigen Rüstungen heute bei uns auf modernen, männlichen Schaufensterfiguren mit eigens für Männerpuppen hergestellten Langhaarperücken, komplett historisch gekleidet und mit diversen Accessoires. Sie sind gediegene Deko in unserem großen Wohnzimmer. Zum Glück betreibt Nick das aktive Schwertkampfhobby nicht exzessiv, denn es würde enorm Zeit in Anspruch nehmen. Wir haben gemeinsam noch so viele andere Interessen, da müssen wir immer wieder Prioritäten setzen oder verschieben. Auch ich kann nicht mehr eins zu eins wie früher allem nachgehen. Manches würde sich auch nur wiederholen, aber mir fällt auf, daß wir viel Neues machen und das ist gut so.

Natürlich ist auch für Nick meine allgegenwärtige Präsenz und Verfügbarkeit eine ganz neue Situation. Seine Buchungen fallen nach wie vor zwischen unseren privaten Unternehmungen und Abenden an. Ich stelle es mir für ihn nicht leicht vor alles unter einen Hut zu bekommen, denn er muß auch mit seiner Zeit und Energie gut haushalten. Die Zeit mit ihm ist mir immer sehr kostbar. So etwas wie Eifersucht kenne und habe ich in diesem Zusammenhang nicht. Auch hier greift der »alte« Spruch, daß jede Frau ihn in seinem Leben zu dem Mann macht, der er heute ist und morgen und übermorgen sein wird.

Ich respektiere voller Achtung seine Person und seine Freiräume. Dadurch habe ich so etwas wie eine »verstehende Liebe« zu allen Frauen entwickelt, die er seit längerem kennt, also länger als er mich kennt, und für deren Entwicklung und Leben er auch wichtig ist. Frauen, die ihn immer wieder erwarten, die er, wenn auch für Geld, aber immerhin ebenso mit einem Teil seiner Art und seinem ganzen Körper berührt und denen er wertvolle Zuwendung und Verständnis gibt. Trotzdem kann er deutlich zwischen dem beruflichen Part und mir differenzieren, sagt er.

Völlige Hingabe, totales Fallenlassen, was sonst unter Verschluß bleibt, und absolutes Vertrauen ebenso, habe in der eigenen Beziehung und Partnerschaft auch für einen Callboy eine ganz besondere, einzigartige Qualität und das sei ihm, genauso wie mir, extrem wertvoll. Wird es uns unablässig sein, in der gemeinsamen Zeit, die uns vergönnt ist. Ich wünsche sehr, daß er an meiner Seite permanent ein unbeschwertes Herz haben kann. Er muß daheim nicht lügen, nichts verbergen, nichts weglassen, nichts beschönigen, nicht schauspielern, nicht schweigen und nichts verschweigen.

Auch noch heute für uns interessant, sind unsere damaligen SMS, da wir daran erkennen, wie sehr wir uns bereits schon wieder weiter- oder gar wieder davon wegentwickelt haben. An viele Details konnten wir uns jetzt schon nicht mehr vollständig erinnern. Sogar ganze Passagen sehen wir heute auch anders. Man bedenke, daß wir uns noch nicht gut kannten, erst anfingen unsere inneren Haltungen abzutasten und diese neue Situation zu erfahren. Heute leben wir auf einer stärker fundierten, schon ein paar Jahre länger erprobten, besser bewiesenen Stabilität in Bezug aufeinander, wenn man es so nennen möchte. Wenn Stabilität im Fluß des Lebens überhaupt wünschenswert ist.

Die Entscheidung, ob es hier im Buch bei den SMS ratsam ist großzügig zu löschen, weil nicht mehr aktuell oder beibehalten, weil doch interessant genug für manchen Leser, fällt uns nicht leicht. Wir bieten die Originaltexte rein als Denkanstöße oder für zusätzlichen Einblick an. Sie repräsentieren keine allgemein gültigen Wahrheiten, sondern sind, wie alles in diesem Buch, rein subjektive Empfindungen, oder einst spontane, private Kommunikation zwischen Nick und mir, die, mit Verlaub, nicht immer bis ins Letzte durchdacht oder gar rechtlich abgeklärt waren. Wer möchte, kann die kursiven Texte gern aussparen und nicht lesen.

> Tina, 17. November 00:18
> *Nick, erst mal küsse ich Dich jetzt ☺ bis wir schlafen und vorher sowieso den Verstand verlieren! Die Zeit mit Dir ist mir sehr kostbar und sowieso einzigartig. Aber ich respektiere auch Deine Freiräume und habe sowas wie eine verste-*

hende Liebe zu all den Frauen, für die Du seit längerem auch so wichtig bist, die Dich immer wieder erwarten, die Du (wenn auch für Geld) aber immerhin ebenso mit einem Teil Deiner Art und Deinem ganzen Körper berührst und wertvolle Zuwendung gibst, aber trotzdem deutlich differenzieren kannst zu mir, die völlige Hingabe, das totale Fallenlassen und das absolute Vertrauen haben eine besondere Qualität und das ist mir wichtig und wertvoll, Nick, wird's mir immer sein, okay? Wüßte gern, wie es Dir geht! Ich wünsche so sehr, daß Du ein unbeschwertes Herz haben kannst mit mir.

Uns beiden wünsche ich ein langes, begeistertes, liebevolles Leben, damit wir endlos viel von dieser tiefen Liebe spüren, erleben, genießen und weitergeben können. Gemeinsam sowie jeder für sich – unaufhaltsam unterwegs auf dem Weg in die Freiheit, was tiefe Geborgenheit und Vertrauen durchaus miteinschließt, oft abenteuerlich, immer wieder spannend, Neues suchend, zielbewußt kämpferisch, wild entschlossen und mit viel viel Liebe, wo es nur geht. Du weißt ja schon: Alles andere wäre zu wenig! Ein Leben, ein neuer Weg, den man aber niemals geschenkt bekommt, für den jeder von uns beiden vieles bereits verstanden haben mußte und enorme Bereitschaft für gemeinsame Entwicklung zeigt und beide in Geist/Körper/Herz, und wohl auch in der Seele, die Fähigkeit und tiefe Sehnsucht nach all dem spüren. Kleingeistereien sind mir zuwider, interessieren mich nicht. Ich weiß, Nick, wir sind auch nur Menschen mit kl. Fehlern und Ängsten und Verletzungen, doch soll uns all das niemals aufhalten oder vom rechten Weg abbringen. Du meintest ja entweder »ganz oder gar nicht« und Du hast damit recht, recht, recht! Lange Rede kurzer Sinn: Ich bin ebenso überglücklich, daß es Dich gibt und spüre Dein Herz, freue mich auf das Abenteuer LEBEN mit Dir! Ich wünsche so sehr, daß wir von nun an das gemeinsame Leben noch mehr auskosten und genießen als je zuvor, weil wir wissen, daß wir ein reines, starkes, klares Herz an unserer Seite haben. Ich wünsche einfach nur, daß ich Dich stets durch und durch glücklich machen kann! Du, ich schlaf mal 'ne Runde! Soft, loving kisses, Tina

DIE LIEBE UND DER KRIEGER

Tina, 17. November 08:30
Bin im Zug zum Büro und lese ein paar gespeicherte SMS von uns. Wenn Du möchtest, lies mal, was ich Dir am 1.7. um 23:58 Uhr geschrieben habe. Lohnt sich! Lovely dirty kisses

Nick, 17. November 08:46
Du, jede SMS von Dir lohnt sich ☺.

Tina, 17. November 08:50
Danke ☺, lieb gesagt.

Nick, 17. November 11:53
Soll ich Dich heute Abend bei der Arbeit abholen? Ach ja, auf den Fotos aus der Tiger-Bar schaust Du neben mir extrem glücklich aus ☺.

Tina, 17. November 12:09
Du überraschst und faszinierst mich immer wieder! Klar sehr sehr gern! Sag mir einfach, wann Du ca. da wärst, dann bin ich parat[68] ☺, freu! Ja, hey ... ich bin auch endlos maximal glücklich mit Dir!

Nick, 17. November 13:03
Ich melde mich bei Dir, sobald ich nach Feierabend im Auto sitze und die Fahrzeit auf dem Navi sehe ☺.

Tina, 17. November 13:04
That's fine – works 4 me, TX.

Deutsche Übersetzung: ***Das ist gut – paßt für mich, danke.***

LIEBE IST KEIN GEFÜHL, SONDERN EIN ZUSTAND

Tina, 19. November 03:04
Großer Krieger, Deine kleine Fee geht langsam schlafen, Komm gut durch die Nacht ... alles Liebste, was vorstellbar ist, findet in Dein schönes Herz ☺. Kiss!

Nick, 19. November 11:54
Du bist wundervoll und machst mich glücklich. Ich hätte gerne bei Dir geschlafen, doch nach manchen Buchungen brauche ich das Alleinsein mehr als bei anderen. Das hat nichts mit Dir oder meinen Gefühlen zu Dir zu tun. Das kannst Du mir glauben. Bis hoffentlich bald, mein Wild Thing ☺.

Tina, 19. November 13:31
Ich verstehe Dich, Nick, durch und durch! Kann mich in Dich hineinversetzen, absolut! Danke für Deine Ehrlichkeit. Ja sicher, Nick, ich glaube Dir das, daß Du zwischen Deinem Job und uns ganz klar trennst, das auch in Perfektion kannst, ich mache das ja genauso und stelle mir da auch keine Details vor. Die Idee, daß ich mir irgendwann mal, wenn Du Buchung hast, auch einen anderen Callboy bestelle, ist für Dich auch nicht angenehm, obwohl das ja nicht von privater Natur wäre und nichts mit Dir zu tun hätte. Aber schon klar, alles hinterläßt eine energetische Spur in der Seele, alles! Sei Dir sicher Nick, ich geh' sehr bewußt damit (also auch mit Dir) um und glaub Dir immer! Ich glaube und vertraue Dir aus ganzem Herzen! Nur so kann ich Dir das »Unbezahlbare« geben und es selbst erleben und nur deshalb kann ich diesen »wilden Weg« mit Dir gehen! Wie wir schon in Osterburken damals noch generell philosophierten: Wenn das Herz stimmt, wenn die Herzen miteinander klar sind, dann geht alles! Du bist der 1ste, mit dem ich aus dem »Herzen« gefühlt und im Herzen entschieden habe, diesen Weg mutig und unaufhaltsam beschreite. Es gibt keine Zufälle, Nick. Wir sind vermutlich beide an einer Stelle, wo wir uns nach dieser hohen Qualität und heftigen Intensität, mehr als alles, zutiefst sehnen, und weil das jeder für sich aufgrund unseres hart erarbeiteten Geistesgutes und Erkenntnisstandes verdient hat, somit können wir gemeinsam überhaupt fähig sein, für unsere Seelen solch sehr spezielle, nicht alltägliche und keinesfalls übliche Wege zu gehen, aber für uns ist es

DER WEG, der für uns gemacht ist: Die Liebe und der Krieger!

Ich nutze die Zeit alleine auch für Klarheit und Ordnung in mir, die schönen und intensiven Gefühle und Gedanken brauchen auch große Beachtung und viel Energie. Nimm Dir Zeit, Nick, soviel Du brauchst, Du weißt, Du bist bei mir immer willkommen, ich bin im Herzen bei Dir, Pascha ist auch bei Dir, hoff' Du schaffst heute den Baumarkt. Mein Papierkram und Rechnungen stapeln sich auch schon lange, gibt immer was zu tun ☺*. Freue mich auch auf »bald« mit Dir, entscheide Du, wann das ist, ohne Druck und mit aller Freiheit in Deinem liebevollen Herzen! Danke für alles! Strong soft hugs, Wild Thing*

PS: Sorry, daß ich wieder so viel schreibe, es drängt in mir Dich all das wissen zu lassen und dabei im Detail genau zu sein.

Nick, 19. November 13:51
Der Unterschied wäre jedoch, daß ich nur deshalb Sex mit anderen Frauen habe, nicht weil mir etwas fehlt, sondern weil ich diese Dienstleistung anbiete und etwas von mir gebe. Wenn ich also zu einer Prostituierten ginge, oder eine Escort-Dame bestellen würde, wäre das nur deshalb, weil mir etwas fehlt oder ich eine neue Erfahrung machen wollte. Da mir jedoch nichts fehlt mit Dir und ich auch keine weitere Erfahrung auf diesem Gebiet brauche, habe ich das nicht nötig. Genauso würde ich das auch sehen, wenn Du Dir einen Callboy bestellen würdest. Das heißt nicht, daß ich Dir da etwas vorschreiben oder Dich einschränken will. Verstehst Du?

Tina, 19. November 17:11
Ansonsten (und ich mache jetzt 'nen blöden Witz) kann ich mir gar keinen Callboy leisten, weil ich für das Geld jetzt wunderschöne sexy Wäsche gekauft hab', die ich besser nur mit Dir zusammen genießen möchte (und das ist jetzt ernst und liebevoll gemeint). Hey, ich melde mich dann zuhause bei Dir, wir besprechen das Thema noch, oder morgen. Ich möchte, daß wir unbeschwerte Herzen haben, die sich freuen übereinander, miteinander und wir werden das schaffen, mit Leichtigkeit wohlbemerkt. Happy kiss, Wild Thing

LIEBE IST KEIN GEFÜHL, SONDERN EIN ZUSTAND

Tina, 20. November 01:56
Dein Wild Thing geht schlafen ☺ bin sehr, sehr glücklich mit Dir, halte Dich den Rest dieser Nacht. Freu' mich auf die Zeit und Liebe mit Dir, großer Krieger! Hab' noch germanische Männernamen für Dich geschaut. Mache morgen weiter, das muß auch über die Bühne. Du brauchst 'nen neuen kraftvollen Namen!

Nick, 20. November 18:51
Kommst Du morgen nach Feierabend wieder zu mir? Ich würde mich sehr darüber freuen, denn Du fehlst mir ☺.

Tina, 20. November 18:58
Ja sicher, komme ich morgen nach Feierabend liebend gern zu Dir. Was machst Du denn heute Abend? Ich könnte auch heute in ca. halber Stunde zu Dir fahren. Kisses, Wild Thing

Nick, 20. November 19:07
Heute erhole ich mich körperlich und seelisch noch etwas von den letzten 2 Tagen, damit ich morgen wieder fit für Dich bin ☺.

Tina, 20. November 19:12
Körperlich UND seelisch?! Das tönt ja heftigst!?

Gut, dann sehn wir uns morgen Abend wieder bei Dir. Ich freu' mich natürlich auch sehr auf Dich! Lovely kisses!

Nick, 20. November 20:06
Ach, Du weißt ja wie ich das meine – so von wegen Energien und dergleichen. Ab und zu brauche ich einfach meine Ruhe. Und das hat, wie bereits geschrieben, nichts mit Dir oder meinen Gefühlen zu Dir zu tun. Auf jeden Fall freue ich mich auf morgen und ganz besonders auf Dich. Lovely kisses, Dein Krieger

Tina, 20. November 21:00
Ja sicher, so wie Du schreibst, spüre ich wie Du das meinst und bin Dir nah und heilfroh, daß Du mir jetzt in der Anfangszeit sowas noch erklärst. Denn auf mich stürmt auch viel innere Veränderung, viele Emotionen und manche Frage ein. Und mir ist Nähe zu Dir extrem wichtig! Nicht immer nur

die körperliche, geographische Nähe, sondern auch Nähe durch das, was Du mir von Dir zeigst und erklärst. Dafür danke ich! Ich bin hier auch ruhig daheim beschäftigt und freu' mich auf neue, stille Momente und wilde Abenteuer mit Dir! Es ist alles einfach nur sehr sehr schön mit Dir ... wilder Krieger mit Herz ☺.

Nick, 21. November 16:14
Hallo Wild Thing, wann machst Du heute Feierabend? Soll ich noch etwas besorgen, oder essen wir einfach den Kühlschrank leer?

Nick, 21. November 16:19
Ich kann lecker Rührei machen, es hat noch frischen Zopf, etwas Fleisch und Käse, Tomaten, Marmelade, Honig und, oder auch noch ein Pack Knödel ☺.

Tina, 22. November 12:03
Es ist jede Sekunde wert gewesen gestern! Mich hat's sehr berührt wie und durch was Du auf dem Sofa gekommen bist. Das sind Momente, die bei mir die Welt aus den Angeln heben! Eben diese gesamte Nähe mit Dir ist ein großes Erlebnis für mich, mit konstant bleibender Intensität und immer mit dem Bewußtsein der Besonderheit und Einzigartigkeit. Freue mich ganz sehr aufs spezielle Wochenende mit Dir, und daß Du den Wunsch oder die Idee hast, und Du meine so lieben, witzigen, süßen Eltern kennenlernen möchtest. Sie freuen sich auch sehr auf Dich! Okay, ich wünsche Dir kribbeln ☺, da wo's gut tut, Deine Blasfee

Tina, 23. November 15:24
Wilde, heiße Küsse für Dich, so zwischendurch ☺. Ich tigere dann mal ins Fitness, anstatt in den Mittag. Freue mich auf heute Abend. Lohnt sich doch immer zusammen zu sein!

Tina, 23. November 19:39
Bin grad zuhause rein und fahre in 1 Stunde dann los zu meinem Wild Wildest Warrior ☺. Liebe, süße Küsse von Wild Thing

LIEBE IST KEIN GEFÜHL, SONDERN EIN ZUSTAND

Nick, 23. November 19:41
Ui, dann kommst Du ja schon bald. Ich freue mich auf Dich ☺.

Tina, 23. November 20:53
Fahre jetzt erst los! Mußt mit essen nicht auf mich warten, wenn Du Hunger hast, okay? Kiss U

Nick, 23. November 21:06 (Bloß kein Streß)
Ach, mach's wie Pascha und nimm es gemütlich ☺.

Tina, 23. November 21:06
Hab' Dir auf AB gequatscht. Autobahnauffahrt bei Brugg komplett gesperrt wegen Unfall. Muß in Mellingen drauf fahren und bin bald bei Dir ☺. More kisses!

Tina, 23. November 21:17
Sehr sehr süß ☺. Der Pascha überträgt uns viel Liebe, Ruhe und Geborgenheit. Würde auch schon gern bei Dir im Koffer liegen ☺. Halbe Stunde noch ... coming ...

> Tina, 23. November 21:42
> *Witzig, die Autobahnumleitung bei Dir auch gesperrt. Muß wieder Pampa-Route fahren ☺.*

Meiner deutschen Freundin in San Francisco hatte ich sofort klaren Wein eingeschenkt. Gerade im letzten Februar war ich knapp zehn Tage bei ihr zu Besuch gewesen und wir hatten viele spirituelle Abgleiche machen können. Ihren spirituellen Erkenntnisweg hat sie durch das »Self-Mastery Training« gefunden, das sie vor vierzehn Jahren mit einem »Seventh Degree Daoist Master« begann.

> Martina, 24. November 04:33
> *Tja, wann immer es »amtlich« heißt, nimmt man natürlich an, daß es mit Institutionen zu tun hat. Aber ich freue mich für Dich in jedem Fall. Die Hauptsache, Du bist happy und kannst mit der Situation umgehen, die nicht trivial ist. Eine neue Herausforderung, um zu lernen und wachsen. Ist zumindest die Rationalisierung. Ich habe endlich mal ein paar Tage über »Thanksgiving« frei und sause in der Gegend herum Läden anschauen, weil ich im Begriff bin mein Haus nun endlich zu kaufen. Es ist riesig groß – 3. Stockwerke mit einer Einliegerwohnung, die ich vermieten kann. Gebaut in den 70ern und nie renoviert. Das heißt, ich kann alles »rausreißen« und neu anfangen das Haus zu designen. Macht Spaß – muß wahrscheinlich bald was vermieten, um genug Geld zu haben! Erik ist noch im Bild und ich hoffe er kann etwas helfen. Habe ihm angeboten als »roommate« mit einzuziehen, aber das interessiert ihn zurzeit nicht. Wir hängen immer noch ziemlich viel zusammen und ich frage mich etwas, wo es hingeht. Aber besser nicht fragen ... Das Leben ist schon eigenartig – manchmal, oder sehr oft, hat man keine Ahnung wo es hingeht. Nachdem ich versucht habe alles loszulassen und mit einem kleinen Raum zufrieden zu sein, kommt dieses Haus und all das Potential irgendetwas damit anzustellen. Ach so – das sichtbare Detail – das Haus hat einen super Blick über Oakland und San Francisco – besser als die Wohnung allemal! Also hoffe ich, daß Ihr mal vorbeikommt, sobald ich etwas eingerichtet bin. Also chama[69], ich wünsche Dir alles erdenklich Gute und genieße! Es ist selten, daß man so eine intensive Verbindung zu jemandem findet und zumindest für mich eine neue Erfahrung ... Immer etwas*

LIEBE IST KEIN GEFÜHL, SONDERN EIN ZUSTAND

Neues in der Beziehung, so bleibt das Leben abwechslungsreich! LG, Martina

Nachdem Nick und ich an diesem Wochenende nun bei meinen Ellis waren, wollte natürlich auch Ulli wissen, ob er sich bei ihnen bewährt hätte und ob sie mit dem neuen Schwiegersohn einverstanden wären. Ja, wie bereits erwähnt, war es ein wirklich gelungenes, erstes Zusammentreffen. Zurück aus Mannheim ging es bei uns beiden mit Leichtigkeit und Freude an unserem jungen Glück locker flockig weiter.

Nick, 28. November 18:40
Sag mal, was wollen wir heute essen?

Tina, 28. November 18:48
Hätten nur noch die Weißwürste aus Deutschland im Kühlschrank. Können Knödel und Sauce dazu machen. Oder Nudeln, hast Du »en masse« zuhause ... und es gibt Stollen ☺.

Nick, 28. November 18:49
Okay, dann ist ja alles perfekt ☺.

Tina, 28. November 18:53
D'accord[70] ... wie immer bei uns beiden ... paßt immer alles! Ich plädiere für einen neuen Facebook-Button der besagt: Fühlt sich guuut an! ☺ und lachendes Herz.

Nick, 28. November 18:54
Gefällt mir ☺.

Tina, 29. November 18:54
Hi großer Krieger, bin gleich daheim und wollte fragen, freust Du Dich, wenn ich heute wieder zu Dir komme? Oder erst morgen wieder, oder sehen wir uns erst Freitag bei mir?

Nick, 29. November 18:55
Natürlich würde ich mich auch heute über Dich freuen ☺.

Tina, 29. November 18:59
Gut, dann mach ich zuhause nicht lang rum und fahre so schnell wie möglich weiter. Freue mich auch sehr ☺.

Das ständige Hin-und-her war zwar körperlich vielleicht etwas anstrengend, doch wir genossen diese schöne, aufregende und spannende Zeit.

> Nick, 1. Dezember 13:55
> *Morgen Abend bist Du fällig, Wild Thing ☺.*

> Tina, 1. Dezember 15:18
> *Ui ... zitter ... zitter ... Großer-Krieger-Überfall ... Wild Thing liegt dann ergeben auf dem Bärenfell ... Ich genieße schon heiße Vorfreude ... rot-werd ☺.*

> Nick, 1. Dezember 15:35
> *Tja, wir müssen die durch totale Erschöpfung gestern verpaßte Gelegenheit nachholen ☺.*

> Tina, 1. Dezember 16:05
> *Ahhh, hot and wild ... Schon der Gedanke an Dich und mich macht mich grad völlig heiß. Kribbelt schon alles vor Aufregung in mir ... uiii Du ... heftig ... sehr geil ...*
>
> *Gestern hätte ich nichts mitgekriegt, so dizzy[71] wie ich war, auch wenn der Krieger mich wild rangenommen hätte. Aber es war auch so schön mit Dir und heute früh sowieso. Bin jetzt echt heiß! Ein Quickie, egal wo, wär's jetzt total ... und Blasfee in Deinem Büro, egal wie sie glotzen! Freue mich auch auf heiße Stunden mit Dir bald wieder im Freubad! Wenn Du jetzt hier wärst, wärst Du jetzt gleich dran ... grrr!*

> Nick, 1. Dezember 16:50
> *Ui, mir wird beim Lesen Deiner Worte ganz heiß im Schritt ☺.*

> Tina, 1. Dezember 17:10
> *Viele Schmetterlinge im Bauch und lodernde Flammen etwas weiter unten, sehr sehr, SEHR heiß ... Der Krieger kann sooo wild sein, wie sein Schwert verlangt ☺.*

> Tina, 1. Dezember 17:39
> *Wenn Du auch hier arbeiten würdest, würden wir mit Sicherheit einen nicht videoüberwachten Raum finden ☺ ...*

LIEBE IST KEIN GEFÜHL, SONDERN EIN ZUSTAND

Nick, 1. Dezember 17:40
Genau, und dann ginge es aber sowas von ab ☺.

Tina, 1. Dezember 17:42
Schalldicht müßte er auch sein ☺.

Natürlich hatte Nick auch in dieser Zeit seine Buchungen und so freuten wir uns auf den nächsten Abend und kostbare Momente in Leichtigkeit.

Tina, 2. Dezember 16:29
Wie möchtest Du mich heute Abend genießen? Normal, casual oder gestyled?

Nick, 2. Dezember 17:08
Wie es Dir beliebt ☺.

Nick, 2. Dezember 17:11
Die Frage sollte lauten, was Du mit mir vorhast? Gehen wir aus, oder bleiben wir bei Dir? Wollen wir in einen SC, eine Bar oder sonstwo hin, oder genießen wir den Abend zuhause?

Nick, 2. Dezember 17:14
Egal, entsprechend müßte auch ich mich kleiden. Also, liebe Tina, worauf hast Du Lust?

Tina, 2. Dezember 17:27
War bis eben in Meeting, alles läuft bestens, nur viel zu tun und bleibe aber länger deshalb. Viele Fragen, ui. Alles verlockend, aber hab' keine Antworten. Dachte an relaxten Abend daheim mit selbstgemachten Crêpes. Können auch in Pizzeria gehen. SC ist auch geil, aber vielleicht mal geplant. Egal Nick, ich bin bestens drauf und für JEDE Schandtat bereit mit Dir ... hell yeah ... Mein Gedanke war nur, wenn Du bald bei mir bist, bleibe ich wie ich bin mit Hose und Bluse, oder wenn Du erst heimfährst wegen Pascha oder so, hätte ich Zeit für Strümpfe, Wäsche und Jupe montieren. Weißt Du, heißes Outfit ist auch für daheim okay. Muß nicht zwingend Ausgang sein. Es ist immer (!) speziell mit uns beiden, egal wo und wie. Entscheiden wir später zusammen und spontan. Die Nacht ist noch laaang ☺.

Tina, 2. Dezember 19:33
Stau, Regen, Unfall ... potz Blitz ... Am besten laß ich die Hüllen schon im Treppenhaus fallen und komm in »Nix für Nick«.

Nick, 2. Dezember 19:41
Mir geht's gerade auch nicht besser ☺.

Tina, 2. Dezember 19:42
Umso besser geht's uns dann bald ☺.

Nick sagt, für ihn bedeutet der SC (Swinger- oder Sauna-Club) ein geschützter Ort, an dem man mit der eigenen Partnerin Dinge tun kann, die man andernorts, zum Beispiel in einer Bar oder in einem Restaurant, nicht tun könnte. Dazu zählen schon kleinste Berührungen an Stellen, die sehr geschmackvolle sexy Kleidung bei beiden zuläßt. Es geht ihm nicht darum sich mit anderen Unbekannten wahllos einzulassen, sondern viel mehr darum, das ungezwungene Ambiente mit der eigenen Partnerin unter Gleichgesinnten genießen zu können. Schon allein die kulinarischen Angebote und anspruchsvoll gestalteten Restaurants ermöglichen zur Abwechslung ein Dinner der besonderen Art. Wenn solche Besuche, dann nur auf alleroberstem Niveau punkto Stil und Verhalten der Besucher sowie der gesamten Räumlichkeiten. Dann kann es eine wahre Bereicherung sein. Auch Kundinnen haben sich schon in Form einer Buchung den Wunsch erfüllen lassen, von ihm an solche Orte begleitet zu werden, da es sie interessierte so was einmal kennenzulernen. Von Nick gegenüber Wahllos-Attacken der, je nach Club, zahlreichen Singlemänner abgeschirmt zu sein, machte den Besuch für sie vorstellbar, angenehm und würdevoll. Sie konnten sich so dort sicher und geschützt bewegen.

Mich haben Swinger-Clubs noch nie interessiert. Wahllose Anmache erinnert mich bedrohlich an meine Kindheit und Jugend in Südamerika. Dort wurden wir hellhäutigen, blonden und blauäugigen Mädchen pausenlos angestarrt, bewundert, eindeutig zweideutig angesprochen und in manchen Fällen auch angefaßt. Ich war immer auf Abwehr, oder noch besser, auf Flucht programmiert. Mein Wissen über solche Etablissements beschränkte sich höchstens auf das, was mittlerweile jedes Kleinkind schon per Knopfdruck im Internet oder Fernsehen um die Ohren geföhnt bekommt. Irgendwann wurde ich mir im Zuge meiner spirituellen Betrachtungsweise erstaunt darüber klar, daß ich selbst, genau wie viele andere, voller Vorurteile war und über Dinge abwertend, diskriminierend urteilte, die ich selbst weder kannte, noch hatte ich je mit Menschen gesprochen, die so was machten. Hm, was tun? Das wäre eine gute Möglichkeit im Sinne von »Seminarhausaufgaben«, um etwas zu tun, das man noch nie gemacht hatte. Wo ich festgefahrene Standpunkte überarbeiten, und ich, wenn man so will, mein in dem Punkt äußerst enges Bewußtsein erweitern konnte. Ich kannte zwei Mädels, die damit Erfahrung hatten und dachte mir, als nächste Übung könnte ich mit einer oder gar beiden mal mitgehen und mir mein eigenes Bild machen, damit ich danach zumindest aus eigener Erfahrung voll dagegen wettern konnte! Es kostete mich extreme Überwindung, denn auch da war bei mir leere Datei, null Ahnung. An jedem venezolanischen Strand trugen wir früher weitaus weniger als die Leute in so einem Club. Am Strand waren die knappsten Bikinis, oft nur Zahnseide mit drei größeren Briefmarken verknüpft, bei rundum braungebrannten und die Sonne direkt am Meer genießenden Frauen und Männern, weder peinlich noch anzüglich, sondern einfach nur schön und passend. In so einem Club wollte ich, aus verschieden motivierter Scham, so wenig wie möglich von mir preisgeben und zog alles an, was mir zum dahinter verstecken zur Verfügung stand. Hochhackige Schuhe, schwarze Strümpfe, ein knielanges, gerüschtes Gothik-Röckchen, eine schwarze, nur leicht durchsichtige Bluse, aber mit gepflegter, edler Unterwäsche drunter. So ging es im Schutze meiner Freundin an die Bar. Oder wir Ladies trafen uns ein anderes Mal zu dritt in einem sehr edlen Club bei Nürnberg. Für uns war der Eintritt pro Dame nur fünfzehn Euro, inklusive feinstem All-you-can-eat-Buffet und aller Getränke, auch alkoholische. In keinem Restaurant oder keiner normalen Bar wären wir zu dem Preis davongekommen und hier konnten wir hübsche Menschen in gediegenem, glamourösem Umfeld anschauen. Sehr schön gemachtes Interieur, muß ich sagen, ich war überrascht. Es gab im Sommer auch Sauna Clubs mit Schwimmbädern auf Dachterrassen, wo man sich entspannt sonnen konnte und die Drinks an die Sonnenliege serviert bekam. Früher oder später kam man mit Leuten ins Gespräch und die waren, zwar nicht ausnahmslos, aber meistens angenehmer als ich dachte. Ich fragte an verschiedenen Orten bei einigen nach, warum sie da seien. Mich interessierte, ob sie verheiratet, in Beziehung oder Single waren, denn ein Großteil dünkte mich verblüffend jung zu sein. Außer bei Paarabenden, da fanden sich eher ältere Semester ein. Keine repräsentative Aussage, sondern wohlbemerkt nur meine subjektive kleine Minimalerfahrung, die mich erstaunte. Die Kerle, mit denen ich redete, waren Ende zwanzig oder Mitte dreißig, verheiratet, in fester Beziehung oder lebten noch bei ihren Eltern. Waren aber der Meinung, daß sie es ihrer Partnerin nicht erzählen konnten, was sie hier genau machten. Sie erwähnten zuhause nebenbei, daß sie mit einem Kumpel in die Sauna gehen würden, was auch stimmte, aber daß diese Sauna noch anderes ermögliche, war zum Beispiel streng gläubigen Eltern, oder der ahnungslosen, jungen, anvertrauten Ehefrau, die samstags lieber mit der besten Freundin shoppen ging, nicht klar. Diese Männer, die sich dort aufhielten, hatte ich mir leichtfertig kategorisiert als schon von weitem erkennbare Außenseiter vorgestellt, dabei waren es ganz normale, nette, freundliche, gebildete, liebenswürdige, eher unauffällige Typen, wie von nebenan und überall zu finden.

>Tina, 4. Dezember 21.52
>*Alles okay bei Dir und Pascha? Bin in Gedanken bei Dir! Liebe Küsse, Tina*

>Nick, 4. Dezember 22:42
>*Ja, bei uns ist alles okay und bei Dir? Ich denke ebenfalls an Dich, Du Wild Thing* ☺

>Tina, 4. Dezember 22.57
>*Wild Thing sehnt sich immer nach großem wilden Krieger* ☺. *Hab' extrem viel geschlafen, versinke in administrativem Papierkram, konnte Arosa verschieben und erspüre mit meinem Herz seit längerem wie es empfiehlt, aus welchem Material mein »Schutzschild« beschaffen sein soll und ist. Aus »Gleichgültigkeit« darf es niemals gemacht sein. Liebe und Verständnis, keine Standpunkte, keine Wertung, keine Angst schon eher. Die Grundsehnsucht in mir ist Unbeschwertheit. Kisses, Wild Thing*

>Nick, 5. Dezember 10:22
>*Ach Tina, Du schreibst mir stets so schöne Worte und ich spüre, daß es eben nicht bloß Worte sind. Tausend zarte Küsse, Nick*

Tina, 5. Dezember 11:15
Uiii ... 1'000 zarte Küsse von Dir, da versinke ich ja den Rest allen irdischen Lebens, heiß verschmolzen mit Dir, in gänzlich schutzloser Hingabe! Und ich genieße es in der Ewigkeit! Es macht mich glücklich, Nick, daß Du spürst, daß es nicht nur Worte sind, was ich sage oder schreibe, sondern, daß ich es aus tiefem Herzen Dir so gebe. Dazu möchte ich einen weisen, großen Krieger des 6. Jahrhunderts zitieren, der einst sagte: »Ich bin da altmodisch, ich finde Treue geil! Ganz oder gar nicht!« Weißt Du, unser beider Leben ist kostbar, jeder Tag zählt, und es liegt in unseren Händen was wir daraus machen, welchen Kräften wir Zugang und Macht geben. Ich habe mich längst für »die Liebe« entschieden! Auch zu Dir! Sende Dir stürmische Küsse mit der Kraft von allen Mächten, die Dir und mir wohlgesinnt sind. Ich umarme Dich, weine ein bißchen (vor Freude) und schicke den Wahnsinn hier mal ab. Passion from Wild Thing to Great Warrior

Tina, 5. Dezember 11:42
Sorry, wenn ich zu heftig bin – ich kann mich auch zurückhalten und einfach normal und relativ beherrscht sein. Jedoch wozu? Mußt sagen, wenn Dir das zuviel ist, okay?

Nick, 5. Dezember 11:44
Ach nee, Du bist mir nicht zu heftig ☺.

Tina, 5. Dezember 11:46
Dann ist gut ☺. Du liebst, wie ich, das wilde Feuer!

Nick, 5. Dezember 11:51
Genau ☺

Nick, 5. Dezember 23:11
Kommst Du morgen oder erst am Mittwoch wieder zu mir?

Tina, 5. Dezember 23:19
Komme sehr gern morgen schon, aber wird spät. Hab' ab 19 Uhr erst noch die Kosmetikerin-Kollegin bei mir. Hoffe daß ich 20 Uhr abfahren kann. Freue mich sehr auf Dich!

Nick, 5. Dezember 23:22
Aber nur, wenn es kein Streß für Dich wird, okay?

Tina, 5. Dezember 23:45
Keine Sorge, alles im grünen Bereich. Wenn ich früher daheim bin, kann sie eventuell früher kommen. Die viele Arbeit streßt etwas im Moment. Kommt aber alles gut. Ich werde morgen bei Dir an Deiner Seite sein. Das ist wesentlich und mir wichtiger, als die verblendenden Nebensächlichkeiten des Lebens. Zarte Küsse durch die Nacht!

Nick, 6. Dezember 00:41
Ach, Du bist wirklich eine tolle Frau und ja, Du fehlst mir jetzt gerade extrem. Schlaf gut, Du wunderbares Wesen. Sweet kisses from Wild Warrior

Tina, 6. Dezember 01:02
Danke mein großer, wilder Krieger für sooo viel Wertschätzung aus Deinem Herzen! Du bist für mich genauso ein toller, wundervoller und einzigartiger Mann, da darfst Du Dir ganz ganz sicher sein! Ich möchte mein Bestes geben, damit es Dir in diesem Leben nie mehr an den wesentlichen, wirklich wertvollen Dingen fehlt! Nie mehr! Wäre jetzt auch gern bei Dir, genieße die Vorfreude auf morgen und schlafe in Gedanken einfach nur glücklich in Deinen Armen! Bin mehr als dankbar, daß es Dich gibt! Und daß wir zusammengefunden haben! Wir haben nur schönes Leben vor uns und ich freue mich auf so vieles mit Dir! Endless kiss!

Tina, 6. Dezember 22:14
Die Kosmetikerin ist soeben gegangen. Wenn Du noch magst, daß ich so spät komme, fahre ich in 5 Minuten los zu Dir ☺.

Nick, 6. Dezember 22:38
Wenn Du noch fahren willst ☺.

Tina, 6. Dezember 22:44
Auf dem Weg zum großen Krieger kann die Liebe NICHTS aufhalten! Mir geht's gut und hab' top Sound im Auto. Bis gleich ...

Nick, 6. Dezember 22:45
Ich bin auf jeden Fall noch wach und freue mich auf Dich. Fahr aber vorsichtig, okay?

LIEBE IST KEIN GEFÜHL, SONDERN EIN ZUSTAND

Tina, 6. Dezember 22:50
Ja, okay, mach ich ganz sicher! Und wenn Du schon schläfst, streichle und küsse ich Dich durch die Nacht.

Tina, 7. Dezember 11:11
Hey, der Abend und die Nacht mit uns 2 waren sehr sehr speziell wild und schön wieder. Und natürlich habe ich Dich »vermißt«, aber wir können damit umgehen. Meine Sehnsucht ist immer bei Dir und ich freue mich so sehr über die Nähe und außergewöhnliche Liebe zu Dir. Kisses, Wild Thing

Alejandro, 7. Dezember 14:52
Mi querida, hermosa y gran amiga Tina! Te mando saludos, fuerte abrazo y besos de Venezuela! Este sms te va a llegar, porque tengo tri-band! Tu amigo Ale!

Deutsche Übersetzung: *Meine liebe, schöne und großartige Freundin Tina! Ich sende Dir Grüße, eine feste Umarmung und Küsse aus Venezuela. Diese SMS wird Dich erreichen, denn ich habe tri-band! Dein Freund Ale!*

Nick, 8. Dezember 09:37
Also, meine Planung für die nächsten Tage sieht wie folgt aus: Heute ist schon mal gar nichts, morgen ein Termin von 19:00 bis 20:00 Uhr und am Samstag ein weiterer Termin von 18:00 bis 0:00 Uhr. Und jetzt weißt Du Bescheid ☺.

Nick, 8. Dezember 10:21
Auch wenn ich heute etwas Kopfweh habe, fand ich den gestrigen Abend mit Dir extrem schön – alles perfekt und in Harmonie. Du bist eine wahrlich tolle Frau.

Tina, 8. Dezember 13:02
Hi großer Krieger, kann nicht genug danke sagen für alles, was Du mir schreibst. Ich hab' immer extrem Freude, daß Du mich wissen läßt, wie's Dir geht, wie Du den Ausgang mit mir erlebt hast und wie die Planung ist. Vor allem, daß es Dir etwas gefallen hat, auch wenn mich die Band gestern eher nicht mehr sehen wird ☺. Aber wir werden noch weit bessere, sensationelle Konzerte zusammen erleben, und auf die bin ich schon heiß mit Dir ☺. Es berührt mich tief, daß Du das Wort »Harmonie« verwendest. Das ist ganz ganz genial.

Wer hat das schon zusammen? Ich hab's auch sehr genossen mit Dir, auf jeden Fall. In Deiner Nähe spüre ich tiefe Harmonie und Faszination und alles geht wie von selbst mit Dir.

Nick, 8. Dezember 15:31
Also, Du kannst Dich während dem ganzen Weekend, inklusive heute Abend, unabhängig von meinen Buchungen, bei mir einquartieren – Du bist willkommen. Da am Sonntag ja mein Burzeltag ist, würde ich meinen ruhigen Abend gerne auf Montag verschieben und dann alleine sein wollen. Das bekomme ich energetisch schon irgendwie auf die Reihe.

Tina, 8. Dezember 15:51
Also gut, einverstanden! Laß es mich koordinieren ☺.

Nick, 8. Dezember 15:56
Am Sonntag oder vielleicht schon am Samstag würde ich gerne mit Dir zusammen die Ledertiere basteln, wenn Du Lust hast.

Zum ersten Mal feierten wir Nicks Geburtstag gemeinsam bei ihm zuhause. Ich backte einen Kuchen und verpackte ein paar kleine Geschenke. Ich mochte solche Geburtstagsfeiern im engsten Kreis. Nick hätte ihn ausfallen lassen, der Tag bedeutete ihm nichts. Es erinnerte ihn nur daran, daß er auch nicht mehr zwanzig war und er meinte dazu: »So was muß man gar nicht erst feiern.«

Trotzdem gratulierte ich ihm bereits um Mitternacht von unterwegs.

Tina, 11. Dezember 00:01
Hey Wildest Warrior ☺, Wild Thing wünscht Dir von Herzen nur Schönes, das Allerliebste und Beste zu Deinem 35. Geburtstag im 21. Jahrhundert! Auf Dein Wohl! Dein Wild Thing

Nick, 11. Dezember 00:17
Hey, danke, Du warst die Erste ☺.

Nick, 11. Dezember 00:19
Die erste Person, welche mir geschrieben hat ☺.

Tina, 11. Dezember 00:28
Hab' schon genau verstanden ☺. Die wirklich Erste, wird die Frau gewesen sein, mit der Du den Abend verbracht hast. Datum steht ja im Internet und sie kennt Dich ja sicher schon länger. Konzert war fett geil und volle Hütte! Richtig heftiger, aggressiver, Melodic-Progressive-US-Metal! Bin auf Heimweg. Kisses, Wild Thing

Nick, 11. Dezember 00:31
Nee, Du warst auch die erste Frau, denn sie hat nicht daran gedacht ☺.

Tina, 11. Dezember 00:36
Dann war sie aber schlecht vorbereitet und hat viel verpaßt für ihr eigenes Gefühl ... und hätte Dich gleich die ganze Nacht gebucht ☺. Hey, jetzt hast Du freiii ...

Nick, 11. Dezember 00:48
Ja und ich bin unterwegs nach Hause ☺.

Tina, 11. Dezember 00:36
Ja genau ... freue mich sehr, daß Du bereits »on your way home« bist. Da schaff ich's ja gar nicht vorher einzuschlafen ☺. Ich bin noch im Auto und hoffe, Pascha hat nicht schon Deine Geschenke ausgepackt. Die Schleifen gefielen ihm nämlich SEEEHR ☺.

Entgegen Nicks vor einigen Tagen geäußerten Wunsch, nach seinem Geburtstag einen Abend alleine sein zu wollen um sich zu erholen, lud er mich auch danach wieder zu sich ein. Wir sahen uns fortan mit einzelnen Ausnahmen jeden Tag.

Nick, 13. Dezember 09:21
Hallo Tina, es tut mir leid, daß ich heute Morgen gestreßt und so kurz angebunden war – hab' fast verschlafen. Ich wollte Dir eigentlich noch sagen, daß ich mich sehr darauf freue, sämtliche Geheimnisse dieses Lebens mit Dir gemeinsam zu entdecken. Doch für den Moment wünsche ich Dir erst einmal einen ganz schönen Tag. Tausend zarte Küsse, Dein Nick

Tina, 13. Dezember 10:01
Hallo Nick, das mit heute Morgen ist doch völlig okay, da mach ich mir keine Gedanken. Mit mir sämtliche Geheimnisse dieses Lebens erkunden, das sind große und einzigartige Worte, für die ich Dir ganz arg dankbar bin. Auch ich möchte das sehnlichst mit Dir! Du bist der erste Mensch/Mann, bei dem ich dieses »Verlangen«/Wunsch auch habe, zu dem ich im Herzen »Ja« sage, diese Nähe zulasse und fühle, es ist richtig, es paßt für beide! Gestern waren wir nach unserem Gespräch zu Recht müde, aber ich hab' große Sehnsucht auf Nähe zu Dir und freue mich auf das wertvolle Leben mit Dir! Das Gefühl und Erkennen, daß wir uns gefunden haben, ist ein unbeschreibliches Glück. Ich danke Dir auch dafür, daß Du mir gestern sagtest, ich sei die »Richtige« ... das ist mir sehr sehr tief gegangen ... ich küsse Dich ... wünsche Dir auch einen besonderen, schönen Tag und schaue Dich in Gedanken mit liebevollen Augen an, Deine Tina

Nick, 14. Dezember 00:06
Gute Nacht und Süße Träume, meine wilde Tina. Ich bin ganz nah bei Dir. Tausend zarte Küsse durch die Nacht von Deinem Krieger.

Tina, 14. Dezember 00:34
Stimmt, WT heißt nicht nur Wild Thing, sondern auch wilde Tina ☺. Freue mich so sehr auf das Leben mit Dir und wenn wir sterben, dann mit einem wissenden Lächeln auf den Lippen, das besagt, es war spannend, angenehm, aufregend und alles hat sich mehr als gelohnt miteinander. Freue mich auf den Moment, wo ich Dich wieder so nah wie möglich in mir spüre und Du mich so fühlen kannst, wie nur Du das erlebst. So von der Qualität wie am 29. August morgens, woran ich mich sehr genau erinnere, weil so tief ergreifend, und Du hast mich angeschaut wie nie jemand zuvor. Ich genieße Deine Küsse und bin ... eingeschlafen ☺.

Nick, 14. Dezember 15:01
Hallo schöne Frau, magst Du heute Nacht zu mir kommen? Ich würde allerdings erst nach Mitternacht zuhause eintreffen ☺.

LIEBE IST KEIN GEFÜHL, SONDERN EIN ZUSTAND

Tina, 14. Dezember 15:10
*Uiii ... what a surprise ... Du fühlst wieder meine Wünsche ☺.
Ich werde da sein für Dich! Wild Thing loves Wild Warrior ☺.*

Nick, 14. Dezember 15:13
Ich werde allerdings wohl schon ziemlich müde sein, doch wenigstens können wir gemeinsam einschlafen ☺.

Tina, 14. Dezember 15:17
... und gemeinsam aufwachen ... ☺

Ich wollte heute Abend Weihnachtspost machen und neue Musik-DVD schauen. Aber schreiben kann ich auch bei Dir, oder spät losfahren.

Nick, 14. Dezember 15:38
Oder ich komme nach der Buchung einfach zu Dir und müßte am Morgen etwas früher aufstehen ☺.

Tina, 14. Dezember 15:41
Hm, auch 'ne Variante, die sich gut anfühlt ... Kommt drauf an wo die Buchung ist. Wenn Zürich, hättest Du nachts weniger zu fahren und wenn Basel, fahr ich nach 23 Uhr zu Dir.

Nick, 14. Dezember 15:43
Nee, ist in Zürich ☺.

Tina, 14. Dezember 15:46
Gut, dann komm besser Du zu mir, hast ja Schlüssel ... und ich kann noch etwas Ordnung machen und die DVDs schauen.

Tina, 14. Dezember 15:57
Du kannst sagen was Dir lieber ist. Sonst fahr ich auch gern zu Dir.

Nick, 14. Dezember 16:04
Ach, ich komme am besten zu Dir und kann so viel eher bei Dir sein ☺.

Tina, 14. Dezember 16:09
Tolle Idee ... ich bin begeistert!

Nick, 15. Dezember 12.12
Hallo meine wilde Tina, ich fand es extrem schön, daß ich letzte Nacht bei Dir und vor allem mit Dir verbringen durfte. Ich freue mich auf alles mit Dir ☺.

Nick, 15. Dezember 13:12
Ich habe soeben erfahren, daß die Buchung morgen doch nicht so eine kurze Sache wird, wie es eigentlich geplant war. Die Kundin möchte mich nicht nur 2 Stunden, sondern 4-6 Stunden mit Option »overnight« buchen. Das heißt dann wohl, daß wir uns von Freitag auf Samstag eventuell nicht sehen können ☹.

Tina, 15. Dezember 13:43
Es ist alles bestens Nick. Mach Du Dein overnight in aller Ruhe. Ich käme dann heute zu Dir und bin morgen dann bei mir. Das ist optimal so. Mit viel Liebe, innige Küsse von Wild Tina

Tina, 15. Dezember 16:42
Du, ich wollte Dir am Morgen auch schon schreiben wie außergewöhnlich speziell diese Begegnung mit Dir wieder war! Ich bin so so ergriffen von allem was ist mit Dir und wie Du bist, was Du sagst, denkst, tust, vorschlägst und wie Du mich im Herzen nicht nur berührst, sondern mir dort begegnest, so daß ich erstmals voller Bewußtheit beginne an Wunder zu glauben! Ich weiß, Du magst den Begriff »Gott« nicht und das Sinnbild »göttlicher Urgrund« macht auch nix greifbar, aber ich möchte Dir das Gefühl beschreiben, das ich hatte (und immer noch habe), als Du mich nach dem Duschen nackt und lange, und inniger denn je, umarmt hast. Ein Gefühl, das mit nichts vergleichbar ist, was ich je fühlte. Vielleicht fühlt es sich so an, Nick, wenn einen das Göttliche, respektive die göttliche Energie, berührt und durch einen/uns fließt, im Sinne von: Das Göttliche liebt mich durch Dich genauso wie Dich das Göttliche durch mich liebt und wir den göttlichen Plan in Form von unserer Bestimmung erfüllen. Was uns im Herzen freut und unsere Energie extrem ansteigen läßt, liegt definitiv auf dem Weg zu unserer Bestimmung! Worte wie »glücklich und dankbar« reichen jedoch nicht mehr aus, um genau zu wertschätzen, wie überwältigt ich täglich aufs Neue bin, so einen »schönen Menschen« und

wundervollen Mann »erkannt« zu haben und mit Dir in dieser Dimension selbst wachsen und zutiefst genießen zu dürfen, Dich zu bereichern mit meinem Wesen, und wir auch an andere von unserer Ausstrahlung und Berührung (heilend) abgeben! More per Mail.

Nick, 15. Dezember 16:49
Dabei habe ich Dich doch bloß von Herzen geknuddelt ☺.

Tina, 15. Dezember 16:59
Ja, ich Dich auch und es ist gigantisch schön mit Dir und nur mit Dir! Andere haben in meiner Nähe keinen Platz mehr. Sie würden nur liebevolle Energie absaugen, die ihnen lange nicht oder niemals je zusteht. Deine Buchungsfrauen spüren auch wie gut es Dir geht und werden Dich noch mehr und länger und öfter wollen als je zuvor!

Tina, 15. Dezember 17:22
Ich kann hier heute um 17 Uhr gehen und wenn's für Dich okay ist, komme ich nach kurzem touchdown @ home direkt, so wie ich bin, zu Dir. Dann hab' ich morgen Abend ja Zeit für mich und Du kannst mit freiem Kopf, in aller Ruhe, Deine extended overnight Buchung machen. Samstag wirst Du lange schlafen und wir können dann ja spontan schauen, ob, wie, wann und wo wir uns sehen, okay? Ich küsse Dich, wildester Krieger, und heute bist Du nochmal so richtig fällig! Wild Thing kisses Wild Warriors sword

Nick, 15. Dezember 17:39
Ich kriege gleich Angst vor Dir ☺.

Tina, 15. Dezember 17:43
Ja ... leg die Rüstung an und das gefettete Stahlkondom, dann kann die Amazone nahen ... Übrigens melden sich bei mir auch plötzlich Kerle, die 'ne Zeitlang ruhig waren.

Nick, 15. Dezember 17:56
Spüren die etwas?

Tina, 15. Dezember 18:22
Na klar, was denkst Du, was wir beide ausstrahlen ... Seit Wochen und Monaten wird das ja immer stärker und klarer

und dann kommen alle Arten von Vampiren aus dem Dunkel, wie die Fliegen auf den Scheißhaufen, und wollen von uns profitieren! Sie wollen »nur unser Bestes«, unsere Energie, sinnbildlich das rote dynamische Blut als Symbol für Lebenskraft. Ich denke viele Menschen in Deinem Leben leben seit Jahren maßgeblich, überwiegend und ausschließlich, nur von Dir, nur von der Kraft, die Du ihnen gibst. Für viele der einzig ersehnte Sonnenstrahl oder Lichtblick in Relation zu dem sonst oft trostlosen, verlorenen, enttäuschten, einsamen oder karrieregeilen, leistungsorientierten Leben, das manche Menschen führen.

Tina, 16. Dezember 20:30
Du siehst heut' absolut sensationell aus! Wenn ich Dich jetzt zum ersten Mal sehen würde, hätte ich einen Herzstillstand und die Luft würde mir komplett wegbleiben! Genieß Deine Ausstrahlung und Wirkung auf diese Frau heute. Sie wird Dir restlos ergeben und voller Hingabe sein. Ich finde Dich toll so. Absolut geil ☺, Wild Thing

Nick, 16. Dezember 20:32
Ich werde mich gerne mal auch für Dich so vorbereiten, meine wilde Tina. Tausend heiße Küsse, Dein Nick

Tina, 16. Dezember 20:38
Du wirst Dein Leben lang dazu Gelegenheit haben ☺. Sinnliche Küsse von Deinem Wild Thing

Nick, 17. Dezember 12:54
Guten Morgen meine wunderbare Tina, ich gucke noch die Wochenwiederholungen von »Gute Zeiten, schlechte Zeiten«, danach mache ich mich auf den Weg zu Dir ☺.

Tina, 17. Dezember 12:59
Küß küß, Du bist auch wunderbar Nick! Bin erst 'ne Stunde wach und weiß nicht wo anfangen daheim, alles irgendwie unwichtig, freu' mich ganz ganz sehr auf Dich!

Nick, 17. Dezember 14:24
Ich bin in ca. 35 Minuten bei Dir ☺.

Tina, 17. Dezember 14:29
Uiii ... Herzklopfen! Gut sagst Du's, da kann Deine Latina beginnen sich zu dressen. »The Evil[72]« ist sicher schneller als Navi, denn Du »bremst ja nur zum ficken« ☺.

ICH BREMSE NUR ZUM FICKEN!

(Humorvoller Heckaufkleber, passend zum Callboy, den ich Nick schenkte, weil ich mich seit Jahren nicht traute ihn an meinem eigenen Auto anzubringen.)

Fairerweise informierte ich auch mal die Armada von Chat-Partnern, die ich in meinem Handy gespeichert hatte, über die Veränderung in meinem Leben. Da zeitgemäße Kommunikation, mit möglichst verschiedenen Menschen aller Altersklassen zu sehr vielen Themen, wirklich ein großer Teil meines Lebens ist, ging die Info grenzübergreifend rund. So gut wie fast alle freuten sich mit mir und tun es immer noch. Sie sendeten freundschaftliche Kommentare, hatten viele Fragen und formulierten gute Wünsche zurück, denn es machte keinen Unterschied für unsere Gespräche, daß ich die Existenz eines neuen, festen Partners mitteilte. Aber es gab auch die, die eventuell auf ihre Chance gewartet hatten oder meinten, sie hätten eine gehabt, und dann monierten: »Ach, dann hast du ja keine Zeit mehr für mich« oder »Wie alt ist der? Der will dich doch nur ficken.« Diese zogen es vor den Kontakt ganz abzubrechen. So würde es für sie nichts mehr bringen. Gut, in diesen Fällen zwang sich mir das Gefühl auf, daß ich auch nichts verlieren, sondern Platz gewinnen würde für die Menschen und Kontakte, die mir bereits über Jahre und andere Beziehungen hinweg im Leben wesentlich waren und auch in Zukunft weiterhin wertvoll sein und bleiben werden. Manche verhalten sich eben plötzlich seltsam, fühlen sich persönlich zurückgesetzt und wollen nicht wissen, wie gut es einem geht. Oder wie sehr begeistert ich bin und wie gut sich das neue Leben anfühlt, was sich damit erleben läßt und wie man sich spirituell entwickelt, oder was dazu führte und überhaupt erreicht wurde, welch neue Möglichkeiten sich ergeben.

Genauso begann Nick mir parallel dazu zu berichten, daß seine Kundinnen ihm anmerkten, daß es ihm neuerdings besonders gut ging, daß er extrem gut drauf (und gut drunter ... grins) war, und daß er sich stark merkbar sehr zum Positiven hin verändert hatte. Er meinte, mit einigen Ladies könne er auch teils über Privates reden. Diese Kundinnen kennen ihn schon lange und bemerken, wie ein Seismograph, jede noch so kleine Veränderung in ihm. Sein psychisch emotionaler Zustand sowie jedes halbe Körperkilo. Sie freuen sich, wenn es ihm gut geht und er glücklich ist. So mache er seine Arbeit bei ihnen noch besser und strahle auch auf sie enorm Energie, Inspiration und die volle Begeisterung des Lebens im Überfluß aus.

Nick betonte damals, in vielen Gesprächen aus allen Blickwinkeln zu diesem Thema, auch immer wieder, wie wichtig es gerade in diesem Beruf sei, daß privat diesbezüglich keinerlei Probleme gewälzt, oder Querelen im Hintergrund vor sich hin schwelen würden. Auch ein versteckter, nicht zugegebener, abgeleugneter latenter Widerstand gegen seine erotische Betätigung würde sich sofort zeigen und sich relativ vernichtend auf seine gesamte berufliche Performance und sexuelle Qualität auswirken. In einem solchen Fall würde alles so anstrengend oder zermürbend für ihn, bis ihm die Ausübung des Jobs verunmöglicht würde, er letztendlich pausieren müsse, was früher schon mehr als nur einmal vorgekommen sei, erzählte er mir.

Ich wiederum konnte zu der Zeit nicht ganz verstehen, daß er Kundinnen von seinem (neuen) privaten Glück erzählte. Wenn ich mich versuche in deren Situation hineinzuversetzen: Da bezahle ich viel Geld, damit ich die Illusion bekomme, **ich** sei an diesem Abend die Frau seiner Begierde, dann will ich doch mit Sicherheit nicht hören, wie glücklich er zuhause und privat mit seiner »ersten Wahl« ist. Aber er hatte eine solch wertvolle Kommunikationsebene mit den Ladies, daß solche Gespräche über Privates angeblich möglich waren und seine Arbeit und Stimmung vor Ort davon nicht nachteilig beeinflußt wurde. Im Gegenteil, sie gönnten ihm das private Glück! Ich staunte und staune immer noch.

Nick erwähnt wieder und wieder wie wertvoll es für ihn sei, daß er mit mir keinerlei Streß vor den Buchungen spüre. Auch nicht während er unterwegs sei und ebenso nicht, wenn er wieder nach Hause komme. Das stimmt hundertprozentig und läßt auch mich sogar verblüfft sein. Wir hatten bis heute, während all seiner Vorbereitungsphasen, bei denen ich so gut wie immer dabei bin, noch nie eine belastete Zeit. Im Gegenteil, es ist immer lustig, humorvoll, denn wir machen beide ordentlich viele Witze und lustige Kommentare, auch explizit genau zu diesem Thema. Wir lollen oft durch die Wohnung. Es bieten sich einfach immer wieder die witzigsten Bemerkungen oder Witze dazu an. Ja, und wenn er wieder daheim ist, herrscht ausnahmslos jedes Mal beste Stimmung – unser Leben geht lückenlos weiter. Bisher hatten wir nach seinen Buchungen noch nie eine Mißstimmung oder irgendeine Art von Streß, absolut nie! Das überrascht mich selbst, das hätte ich mir so nicht gedacht, aber nur so funktioniert es als entspanntes, passendes Soulmate[73]-Paar.

Aus Respekt vor **all** seinen Kundinnen, komme ich ihm in der intensiven Einstimmungsphase, die normalerweise zwei Stunden vor Abfahrt, halbstündlich getaktet, beginnt, körperlich nicht mehr zu nahe. Die Aura, die ihn dann umgibt, ein gewisser Zauber, den er auf jede Kundin individuell ausgerichtet aufbaut, und den er insbesondere nach dem Duschen bereits »erkennbar« ausstrahlt, muß aus meiner Sicht **völlig** intakt bleiben, darf **nicht** von meinen Energien beeinflußt werden. Wir küssen uns dann auch nicht mehr grandios zum Abschied, denn die perfekte, intakte Zurechtmachung gehört für mein Verständnis der Dinge mit zur Qualität und damit uneingeschränkt zum Anspruch der exklusiven Buchung für die Kundin. Ich spüre jede einzelne Kundin oder Art der Buchung durch Nick und kann die Situation wahrnehmen, die ihn erwartet, oder die er hinter sich hat. Von Anfang an habe ich mich intuitiv in die Situation der Kundinnen versetzt und muß sagen, daß ich es höchst unseriös und verantwortungslos fände, wenn ich als Frau einen teuren Callboy bestellt hätte und seine Frau oder Freundin ihm zuhause, vielleicht noch unmittelbar vorher, den Hals oder sonst was ableckt und er dann, kaum von ihr losgerissen, nun bei mir stünde. Diese Unüberlegtheit oder gar fehlende Seriosität könnte man spüren, die läge in der Luft. Ich erachte die Wahrung einer aufrichtigen Distanz, aber sehr wohl auch all meine wohlwollenden Unterstützung, als integren Ausdruck meines aufrichtigen Einverständnisses.

Nick und Pascha wohnten inzwischen tatsächlich bei mir und wir hatten es rund um die Uhr sehr lustig. Abwechslungsreich lebten wir das Leben nach unseren Vorstellungen. Obwohl uns unsere Bürojobs zeitlich und energetisch ziemlich forderten, wurde die geringe Freizeit immer speziell genutzt und war voller reichhaltiger Erlebnisse. Viele Wochenendkurztrips machten gemeinsam Spaß und zeigten mir, daß sich Nick, als derzeit bestmöglicher Begleiter und eloquent kommunikativer Partner in unterschiedlichen Situationen und Umfeldern, echt bewährte. Das gefiel mir, das konnten wenige. Er hatte mir anfangs nicht zu viel versprochen als er sagte: »Mit dir reise ich überall hin ... ich mache immer alles mit.« All diejenigen, die ihn zahlreich einfach nur als meinen »neuen Partner Nick« kennengelernt haben, mögen verstehen, daß es oft gar nicht Thema war mehr zu erzählen. Wer gefragt hat, bekam allerdings Antwort. Ich erinnere hier an unser viel späteres Treffen, auf der Nordseeinsel Sylt, mit einem ehemaligen Lehrer von der Humboldt Schule in Caracas. Derjenige, den ich meine, erinnert sich sofort, wenn ich sage: »Hut ab! Das war einfach nur cool!« Wir danken für die sensationelle Inselführung und die witzigen Details zu allem, was man über Sylt wissen muß und kann!

Zusammenziehen war überhaupt kein Thema. Wir kannten in unserem Alter beide die Gefahren und Verwicklungen einer solchen Aktion. Ganz drastisch formuliert es ja der Spruch, der besagt, daß eine gemeinsame Wohnung bei Beziehungen stets »der Anfang vom Ende« sei. Gut, mag sein, aber dann müßte man konsequenterweise die eigene Geburt gleich mit erwähnen. Aber wer will denn so denken? Nick betonte, daß er sowieso noch lange da wohnen bleiben würde, in seiner langjährigen Wohnung. Er hasse Veränderungen! Er möge auch keine Entscheidungen. Aha! Er amüsierte sich noch über seinen eigenen Spruch: »Nie wieder mit **einer Frau** zusammen wohnen.« Mehr und mehr erlebte er, daß Zusammensein mit mir in manchen Aspekten anders verlief, als er das bisher kannte. Daß vieles wie von allein ganz anders gemacht wurde, und daß auch völlig andere Möglichkeiten das Leben zu leben zur Verfügung standen. Schneller als für ihn damals vorstellbar, wurde aus dem einstigen Spruch die leicht verfeinerte Version: »Nie wieder mit **so** einer Frau.« Ein Fazit bedingt durch irgendwas irgendwann, mit Sicherheit aber durch alle Beteiligten, die eine gescheiterte Zusammenwohnvergangenheit in Erinnerung riefen. Er verstand, daß endgültige Sichtweisen, oder jegliche Urteile über die Vergangenheit, auch dem Fluß der Veränderung unterliegen. Daß das Verteidigen von Standpunkten jeglicher freigeistiger Betrachtung und Entwicklung nicht wirklich förderlich ist, daß sich Sichtweisen rückwirkend ändern können.

Es war Ende März, als die nächste völlig unerwartete Überraschung über uns rauschte. Ich fragte Nick, ob er mit mir die Baustelle der neu gebauten Häuser zwei Straßen weiter im Dorf besichtigen würde. Lange beschäftigte mich der Gedanke und Wunsch von der lärmenden, vielbefahrenen Hauptstraße wegzuziehen. Jetzt würde ich mir auf den Herbst hin eine der Dreizimmer-Wohnungen in dem neuen Wohngebiet auswählen. Da er dort in Zukunft zu Besuch käme, könne er mir sicher bei der Entscheidung, welche Wohnung, mit Rat zur Seite stehen.

An einem Sonntag wagten wir uns in den zugigen Rohbau und kletterten gleich ganz nach oben in die noch größere Dachwohnung. Nick war sofort hell begeistert, sprudelte voller Ideen, wo was wie hingestellt werden könnte, was er basteln könnte. Es dauerte nur wenige Minuten, bis er mit der Idee und dem Vorschlag kam: »Wie wär's, wenn wir uns zusammen diese großzügige Dachwohnung nehmen würden? Am besten komme ich doch zu dir.« Ich war platt! Hatte er das wirklich gesagt? Er wollte plötzlich seine Wohnung verlassen und zu mir in das kleine Dorf auf dem Land ziehen? Totale Überraschung, aber gleichzeitig große Freude in mir! Ein völlig neues Szenario ... die große, jungfräuliche Wohnung gemeinsam einrichten ... unglaublich!

Nick bewies, er war nach wie vor für weittragende Überraschungen gut. Ich fand die Idee genial, sagte einfach nur »Ja« und schon war sofort entschieden! Dieser neue Weg brachte uns noch mehr Verbindung, noch mehr Tiefe, noch mehr Möglichkeiten. Wir hegten keinerlei Zweifel. Erfahrung mit Partnern zusammen zu wohnen, hatte ich seit meinem Auszug bei Ellis daheim in Venezuela mehr als genug. Ich war von Mal zu Mal vorsichtiger geworden. Die letzten acht Jahre genoß ich es, meine Wohnung frei und unabhängig für mich alleine zu haben. Aber jetzt war klar, das war der neue richtige Weg! Ich handelte völlig sicher und so überzeugt, daß ich selbst staunte. Es bereitete einem möglichen geistigen Freund, Beobachter und Helfer sicherlich viel Spaß uns breit grinsend, von wo aus auch immer, zuzuschauen.

Tags drauf kündigte Nick bereits seine Wohnung. Wir planten diese so schnell wie möglich auf- und abzugeben, denn sie machte keinen Sinn mehr. Den Wohnungsinhalt konnten wir in aller Ruhe, umzugsgerecht verpackt, bei mir im Keller stapeln bis es soweit war und der definitive Umzugstermin im Herbst bevorstand. Dann würden wir gleich beide Wohnungsinhalte gemeinsam in die neue Wohnung transportieren. Uns war klar, welch aufwendige Detailarbeit nun bevorstand. Jeder kennt den »nix-mehr-finden-Streß« beim Umziehen. Mit dem eigenen Hausrat von A nach B geht ja noch. Am neuen und meist besseren oder größeren Ort genauso wieder aufzubauen und schnellstens einzuräumen und fertig – geht auch noch. Aber unsere spezielle Schikane oder zusätzliche Herausforderung bestand darin zwei komplette, opulent ausgerüstete Haushalte zusammenzuführen, die schon lange über das IKEA-Starterset hinausgewachsen waren. Grundsätzlich mußten wir sowieso entscheiden wessen Bett, wessen Sofa, welchen Eßtisch, welche Stühle und Regale, Kommoden, Stereoanlagen, TVs, Surround-

Lautsprecher, CDs, DVDs und reichlich Deko, Deko, Deko aus beiden Haushalten, wir dann kombiniert zum Einsatz bringen würden. Jeder sortierte aus, verschenkte und entsorgte Dinge. Am nervigsten aufzubewahren, aber schön nostalgisch, sind natürlich persönliche Kindheitserinnerungen, schöne handschriftliche Briefe, Ansichtskarten aus der Zeit vor den sozialen Netzwerken im Internet und vor jeglicher digitalen Kommunikation, Fotoalben aus der Steinzeit, unendlich viele Kleinkramsachen und massig Küchenutensilien. Jeder hatte Besteck, Gewürze, Töpfe, Gläser, Geschirr und verschiedenste Lebensmittelvorräte. Alles, was man sowieso leicht mal doppelt hat, hatten wir nun mindestens vierfach! Wir paddelten wie wild wochenlang tagsüber in unseren Bürojobs und standen abends und am Wochenende vor der sich wie Sisyphusarbeit anfühlenden Vorbereitung für unseren XXL-Umzug. In der neuen Wohnung entschieden wir uns anfangs erst mal für sinngemäß, geordnetes Einräumen. Das große Aussortieren wollten wir auf dann verschieben, wenn wir über beide Haushalte, in einen zusammengeführt, so was wie Überblick haben würden. So erhielten wir uns die gute Laune und hatten Spaß unseren neuen Wohnraum ideenreich zu gestalten. Nick ist Perfektionist, wenn es um häusliche Installationen geht, die er liebevoll und sehr durchdacht ausführt. Sein ursprünglicher Beruf als Maschinenkonstrukteur kommt all dem sehr zugute. Es ist uns ansprechend gelungen Nicks metallisch braunschwarzen, ledernen Mittelalter-Touch und Tinas farbenfrohen, sonnigen Latino-Wohnstil interessant zu kombinieren. Wir wohnen in einer Art sehr moderner, stilvoller Waffenkammer, umgeben von seinen historischen Raritäten, einer beeindruckenden Schwertersammlung, dazugehörigen schweren Rüstungen und Helmen. Neben großen Zimmerpalmen, Drachenbäumen, Bildern des venezolanischen Dschungels, von Indianerdörfern der Panare-Indios und von den bekannten Hütten in Kavac bei Canaima, strahlt alles bei uns, inklusive wir selbst, viel Mystik und Magie aus.

Vieles, so planten wir, würden wir später in unserer angedachten Ferienwohnung im Süden und in unserem Haus im Norden verwenden. Deshalb waren wir noch gnädig mit den schönen Sachen, verwahrten vieles sorgfältig, denn gefallen tat uns alles. Der Umzug war knackig, zumal wir uns täglich immer erst abends spät nach der Arbeit bei Nick in der alten Wohnung trafen und dort räumten, räumten und räumten. Jeden Abend luden wir meinen Jeep bis unter das Dach mit Kisten, Taschen und Möbelteilen voll. Drückten vor Mitternacht, auf dem Weg zu mir, unterwegs noch einen Burger oder 'ne Pizza rein und luden selten vor 1 Uhr morgens in meinem Keller alles aus. Unerwartet viel Material, und das nicht zu knapp, von seiner ehemaligen Frau, befand sich noch auf Nicks Dachboden und im Keller, obwohl es hieß, das sei alles schon lange aussortiert. Weit gefehlt! Da taten sich noch beachtliche Mengen an Material auf. Vorab von uns informiert, kam sie mehrmals mit ihrem Auto vorbei, um die für sie im Treppenhaus gestapelten Kisten abzuholen. Eine größere Fuhre brachten wir ihr einmal mit dem geräumigen Geländewagen vorbei, was sie sehr freute. Der Kontakt zu ihr war und ist immer sehr unverstellt und herzlich. Sie ist wirklich der gute Kumpel, mit dem (der) man Pferde stehlen kann, wie Nick es oftmals mit lustigen Geschichten beteuert hatte. Sie hatten eine sehr verbundene, liebevolle Art miteinander umzugehen, trotz allem was schon länger hinten ihnen lag. Ich war total froh nicht der oder ein Grund ihrer Trennung gewesen zu sein. So stand ich der ganzen Sache sehr neutral und wohlwollend gegenüber. Wichtig für ihr inneres Abschließen mit der Vergangenheit war der Tag, an dem die einst gemeinsame Wohnung gänzlich leergeräumt war. Ich gab den Putzarbeiten noch den letzten Schliff und sie konnte nochmals in aller Ruhe und ganz friedlich Abschied nehmen. Wir waren zusammen alleine in der Wohnung und sie konnte mit eigenen Augen sehen, daß es diesen Ort von nun an nicht mehr geben würde. Dorthin auch keine Energie mehr fließen mußte. Beide waren jetzt frei! Sie erzählte mir in den leeren Räumen stehend noch viel, was ihr auf dem Herzen lag. Erinnerungen an damals und Gedanken dazu von heute. Die nie erwartete Trennung! Die angeblichen Gründe, die wahren Gründe, die Intrigen, die Anfeindungen, der Kampf, die Hoffnungen, die Wut, die Ängste, die Lehren und die dadurch erstmalig entstandene Leere, gefolgt von vielen neuen Aufgaben und Möglichkeiten. Sie hatte von Anfang an volles Vertrauen zu mir. Ich verstand sie durch und durch, mochte sie sehr. Konnte nachempfinden, was es für sie bedeutet hatte, die letzten zehn Jahre an der Seite von Nick gewesen zu sein. Beide noch sehr jung als sie sich kennenlernten, beide voller Illusionen. Details, bei denen er ihr half, Einblicke, wo sie ihn stützte. Teils waren sie in gemeinsamer Entwicklung unterwegs, teils hatten sie sehr unterschiedliche Betrachtungsweisen. Bis es mehr und mehr nicht mehr passend war, alles auseinander driftete und Nick eine neue Richtung einschlug, sich ihr gegenüber aber loyal verhielt. Sie hatten nach allen Wirren einen Weg gefunden, das Angebot aufrechtzuerhalten, bei Bedarf immer noch füreinander da zu sein, und ganz besonders jetzt, wieder liebevoll und wohlwollend miteinander umzugehen.

Ich hatte von Nick das eine und andere dazu gehört oder gefragt. Deshalb schätzte ich die Begegnungen und Gespräche mit ihr immer wieder. Ihre Sicht der Dinge war sehr wertvoll und gut zu wissen, um die Vergangenheit der beiden, die Veränderungen und die Heilung, die sie durchmachten, zu verstehen. Auch ihre selbstlose Tierliebe, die Ausbildung zur Jägerin und Tierpräparatorin sowie ihre Falkenpatenschaft fand ich besonders interessant und bemerkenswert. Ich hörte ihr gern zu, wenn sie erzählte. Sie wußte und weiß bis heute: Wir würden für sie da sein, wenn sie mit uns Zeit verbringen wollte, oder wenn sie uns brauchte für Rat und Unterstützung, zu jeder Tages- und Nachtzeit. Anfangs rief sie Nick wieder vermehrt an, was sich, noch vor mir, eine Zeitlang ungünstig auf seine vorherige Beziehung auswirkte. Aber nun waren noch abschließend einige organisatorische Dinge zu klären (Versicherungen, Verbleib gemeinsamer Objekte), über die man entscheiden mußte. Mich überraschte, daß dies alles noch nicht geschehen war, aber Trennungen brauchen oft Zeit. Sie hatten einiges verdrängt, da die Frau zwischen Nicks Ex-Frau und mir, verständlicherweise, nicht immer gänzlich entspannt zu dem Thema unterwegs war, dort zu viel direkte Nähe zur Scheidung bestand. Es war für alle gut, daß nun ein Schlußpunkt gesetzt war und Nick sich komplett anders ausgerichtet hatte.

Die neue Wohnung stand voller Kisten, im Wohnzimmer bis unter die Decke gestapelt. Unser Kater hatte dadurch einen selten großen Spielplatz mit vielen abenteuerlichen Verstecken. Wenn wir heimkamen, sahen und fanden wir ihn nicht, aber sobald er uns hörte oder wir ihn riefen, fand er uns. Mehr und mehr wurde unser neues Zuhause unser verwirklichter Traum. Wir fühlten uns von Anfang an richtig wohl, umgeben von jungen Paaren in der Nachbarschaft des ganzen Neubaugebietes. Die wunderbare, freundschaftliche Vermieterfamilie, die gleiche wie bei meiner vorherigen Wohnung, war ebenso in dieses Haus eingezogen. Man half sich gegenseitig mit Tipps, Ideen, Fragen und Antworten, denn alle kannten sich, mochten sich und hatten Vertrauen zueinander. Nick fühlte sich in dieser Gemeinschaft bestens aufgenommen. Wenn man davon ausgeht, daß es im Leben keine Zufälle gibt und unser Umfeld auf uns wirkt, wie auch wir auf unser Umfeld wirken, dann überraschte es uns nicht, daß unter uns ein ganz besonderes, junges Paar mit ihrer Mutter wohnte, die wir alle drei sehr schnell in unser Herz geschlossen hatten. Man trifft sich im Treppenhaus, hilft sich mit Werkzeug, raucht eine gemeinsame Zigarette auf der Terrasse, bespricht mögliche Installationen von Sicht- und Sonnenschutz, und sie lieben

Katzen genauso sehr wie wir. Ihre eigenen Katzen sind eher schüchtern, aber sie bekommen lebhaften Besuch von Nachbarskatzen, die waghalsige Akrobatik aufführen, um auf das Terrassendach des mittleren Stockwerks zu gelangen. Von dort aus springen sie auf den Grill, schleichen sicheren Tritts über das Sonnendach, um uns ganz oben unterm Hausdach zu besuchen. Wir freuen uns über diese anmutig hereinspazierenden, edlen Exemplare. Pascha bemerkt meist sehr schnell die fremden Kater und macht seinem Namen alle Ehre. Er wird zum herrischen, wilden Krieger, verteidigt territorialbezogen fauchend, kämpfend sein Revier, unsere Festung und seine beiden Menschen fest entschlossen und bis aufs Äußerste! Er duldet keine anderen Katzen, ohne Ausnahme! Schade! Daß Nick dieses Nachbarspärchen in unsere Wohnung läßt, ihnen Pascha anvertraut, wenn wir auf Reisen sind, entspricht, aus seiner Sicht, der höchsten Weihe, die in den letzten Jahren nur sehr selten jemand oder gar niemand erlangt hat. Wir freundeten uns in angenehmer Nähe alle mehr und mehr untereinander an. Sie sind fast schon wie eigene Familie für uns und wir für sie geworden. Sie genießen unser vollstes Vertrauen, womit sie bis heute umzugehen verstehen und haben dadurch hier und da einen seltenen Einblick in unser Privatleben.

Für uns ist die neue Gemeinsamkeit episch[74] und in diesem Gefühl leben wir unser Glück, hegen neue Ideen und schmieden Pläne, wie viele andere Menschen und Paare auch. Wir haben uns am neuen Ort eingelebt als wäre es nie anders gewesen. Von diesem zentralen Mittelpunkt aus strömen wir in die Welt. Highlights sind bisher all unsere Reisen nach Skandinavien, Südfrankreich, aber auch mehrmals schon nach Griechenland. Als ich Nick meine Lieblingsinsel »Hydra« zeigte, die mit dem Schnellboot von Athen aus zu erreichen ist, meinte er nur: »Ich liebe diese Insel, hier könnte ich ohne weiteres ein Jahr oder länger mit dir leben.« Er fühlt sich verbunden mit Orten, die für mich Bedeutung haben, genießt es meine Freunde zu besuchen, die gut verstreut auf der Welt sind. Das Geschenk neuer gemeinsamer Freundschaften, die wir an spannenden, fernen Orten gemeinsam schließen, ist uns eine wichtige Reflektion unserer heutigen, einzelnen und gemeinsamen Ausstrahlung.

Jeder Tag, jeder Monat, jedes Jahr zusammen, ist ein neues Erlebnis und eine große Bereicherung. Nichts ist uns endgültig, vieles gleich gültig, nichts aber gleichgültig. Neue Inspirationen liegen auf unserem freiheitlichen Weg, einen Weg, den wir mehr und mehr umzusetzen versuchen, und täglich lernen wir auf unterschiedliche Weise dazu. Der vollendete Freigeist läßt sich ja von nichts aufhalten, hat keine Angst, lebt eher unauffällig und ist immer kerngesund. Solche kenne ich nur sehr, sehr wenige, aber es gibt sie. Der Zustand des gegenseitigen Verständnisses ist konstant und nicht abhängig von Liebesbeweisen und damit verbundenen Schwankungen. Wir sind dankbar, setzen uns nicht unter Druck, jeder bleibt größtmöglich selbständig und unabhängig in seinen Möglichkeiten und freut sich darüber, daß es dem anderen gut geht, daß er seinen Lebensweg sucht. Jeder bietet dem anderen wohlwollend die maximale Unterstützung um auf diesem Weg voranzukommen, der nun auch zu großen Teilen der gemeinsame Weg ist. Ein Zustand, den wir allen wünschen, die auch an dieser Stelle ihres Lebens sind. Auch denen, die fühlen, daß sie liebend gern dorthin kommen möchten und der Liebe viel Raum geben möchten. Zu oft habe ich beobachtet, daß sich die Menschen heutzutage als Opfer des Lebens gefangen fühlen und hartnäckig versuchen mit dem Leben zurechtzukommen, ihre Haut zu retten, aber damit werden sie lieblos. Das sieht man ganz einfach daran, wenn sie jemanden lieben, dann weil sie sich was von ihm versprechen. Und daß sie denjenigen sehr schnell nicht mehr lieben, wenn er sich nicht so verhält wie sie sich das erhoffen oder erwarten. Dann sind sie verletzt, sauer und gekränkt. Das ist Egoismus und Eifersucht. Beides wird gern als Beweis für die Liebe dargestellt.

Für mich ist lange schon klar, daß man es sich erst **leisten kann** von »Liebe« zu sprechen, wenn man von der Person oder den Dingen in keiner Weise abhängig ist, nichts davon braucht, nichts erwartet und am allerwenigsten nur Sex erhofft. All das fällt eher unter »verliebt sein«, unter »haben wollen«, oder ganz scharf formuliert, »den anderen für die eigenen Belange mißbrauchen zu wollen«. Über solche Erkenntnisse anderer Vordenker habe ich mir jahrelang intensiv Gedanken gemacht und mein Leben und das Leben von anderen dabei genauestens beobachtet. Ich habe großflächig, überall auf der Welt, nach derartigen Vorbildern gesucht. Aber wo sind sie, die Menschen, die das so leben? Kennst Du solche? Ich wagte sogar mal vor vielen Jahren auf einem gut besuchten spirituellen Seminar diese Frage zu stellen. Nämlich wo denn solche Vorbilder zu finden wären, wo es Menschen gäbe heutzutage, von denen man lernen könne, wie das genau geht, auf diese anspruchsvolle Art zu lieben? Und die nüchterne Antwort, vor versammelter Mannschaft in einem Riesensaal, war:

»Liebste Freundin, diese Vorbilder gibt es nicht, oder es gibt sie **noch** nicht ... du hast nur eine Chance ... indem du selbst ein solches Vorbild für andere wirst ... (grins) ... «

Nick und ich haben von Anfang an realisiert, daß jeder von uns relativ unabhängig unterwegs ist und den anderen nicht braucht, für gar nichts! Im Gespräch fällt es anderen immer schwer, das zu verstehen, denn sie meinen, nur wenn man sich braucht, kann man sich lieben. Oder es kommen Einwände wie: Mit Kindern ist das gar nicht möglich und alles nochmal ganz anders, mit einem gemeinsamen Haus, mit Schulden, mit Firma, Krankheit kann niemand so denken und so weiter. Bei uns ist das nicht das Thema, es ist kein Zufall, daß unsere Leben so aufgebaut sind. Wir freuen uns jetzt natürlich an diesem gemeinsamen Leben, ohne uns in Erwartungen zu verstricken und uns in Bedingungen und Abhängigkeiten sehen zu wollen. Es geht uns nicht darum unsere Verbindung zu stärken, indem wir möglichst viele Verwicklungen erschaffen, bis wir so festgefahren sind, daß es nicht mehr anders geht. Der Freigeist möchte immer auf eine spezielle Art »frei« sein und rein theoretisch »immer gehen können«. Er muß ja davon keinen Gebrauch machen, aber die Möglichkeit muß stets bestehen. Man bleibt, weil man bleiben will, nicht weil man muß!

Jede Begegnung mit passenden Menschen ist besonders und etwas vom Schönsten, wenn man Menschen findet, die einen im Herzen berühren und verstehen. Noch vollkommener, wenn man selbst diese Menschen genauso im Herzen versteht. Das heißt den anderen in der Tiefe seines Seins und seines Weges zu verinnerlichen, im täglichen Leben Rückenwind anzubieten, damit der andere auf seinem Weg weiterkommt. Dem Partner zu geben was ihn glücklich macht und voranbringt, aber immer mit der inneren Haltung eines Angebots. Bitte nicht verwechseln mit sich »aufopfern« für andere, oder zusammenbleiben, egal was passiert, mit Folge der Selbstaufgabe, das ist nicht das Gleiche. Wenn Du aber erkennst, was für den Partner gut ist, und Du hast dies anzubieten, dann gib es ihm aus freien Stücken.

Alle, die bereits den passenden Partner für sich gefunden haben, haben mit Sicherheit vieles gespürt, richtig erkannt und für sich selbst auch richtig gemacht in ihrem Leben. Sie könnten sicher auch ein Buch schreiben über diese magische Begegnung und die vielen Wunder, die dazu beigetragen haben.

Alle, die noch nicht dort angekommen sind, fragen sich zu Recht, warum er/sie noch nicht aufgetaucht ist und finden vielleicht Inspiration in Kapitel vierzehn über Seelenpartner, Wunschpartner und wozu überhaupt einen Partner? Strahlen sie die einen Partner einladenden Sehnsüchte aus? Wir können nichts erzwingen, aber wir können so leben, daß wir in uns mehr und mehr authentisch, integer und gelassen werden und diesen Menschen in unser Leben ziehen, wo auch immer wir ihr/ihm dann begegnen werden. Vielleicht kennt man sich auch schon, aber der Zeitpunkt stimmt noch nicht, vielleicht muß noch etwas erkannt und erlebt werden bis es soweit ist. Manche leben mit Hund oder Katze oder beidem – auch eine gute Wahl, diese Tiere sind oft wahre Heiler!

Egal an welcher Stelle unseres Lebens, unserer Beziehung, unserer Erkenntnis und Zukunftsplanungen wir stehen, wir alle haben die Aufgabe, im Sinne unserer geistigen und physischen Gesundheit und Lebendigkeit, das Leben abwechslungsreich und immer wieder neu erlebt in Gang zu halten. Sobald wir ausruhen oder beginnen uns sinnlos zu wiederholen, wird unser Bewußtsein langsam und zuerst kaum spürbar, aber mit Sicherheit stetig kleiner. Bis wir uns festfahren und gar nicht mehr spüren, wir sehr wir an Elastizität, kindlicher Neugier und Energie verloren haben. Drastisch formuliert, aber durchaus wahr, ist der gnadenlose Spruch, der besagt:

»Was sich wiederholt, stirbt!«

Darüber lohnt sich nachzudenken! Auch wir achten darauf, uns nicht wahllos zu wiederholen und den Blick auf Neues und Spannendes gerichtet zu halten. Jeder mag sein Leben auf seine eigene Art dahingehend durchleuchten. Manche machen auch einfach nichts und die einzigen Veränderungen, die sie zulassen, sind die, die sich anhand des Alterungsprozesses und im Einhergehen mit Krankheiten zeigen. Das ist Geschmacksache, aber nicht wirklich angenehm. Aus meiner Sicht gibt es große Zusammenhänge zwischen den Krankheitsbildern und der inneren Haltung (geprägt von Vorwurfshaltung) zu sich selbst, zu anderen Menschen, zum Leben an sich und zur gesamten Welt. Was ich über viele Jahre lernen, erfahren und beobachten durfte, ist ein weiter, sehr spannender und vielseitiger Einblick in die unendlichen Möglichkeiten selbst wieder heil zu werden. Nicht zwingend immer mit einem Callboy, aber auch eine Variante, wie Nick uns zeigt.

Wer's jetzt für sich genau wissen will, wer sich hat mitreißen lassen und vor allem mutig genug ist für die nächste spirituelle Aufgabe, kann sofort beginnen seine Zeit sinnvoll zu nutzen. Jetzt etwas auf eigene Faust im Leben in Gang bringen. Mit den vielen am Schluß jedes Kapitels befindlichen und bestimmt bereits entdeckten »SENSITIVITY Inspirations®«-Kästchen kann jeder für sich passend »vorglühen«. Ob einem die Themen neu oder schon lange bekannt sind, es gibt auf jedem Level immer etwas zu tun.

Je intensiver der Wunsch im Herzen und im Geist bewegt wird, desto schneller können sich die Antworten darauf zeigen. Am besten eignet sich dazu aus meiner Sicht die Zeit spät in der Nacht oder in den frühen Morgenstunden, wenn fast alle anderen schlafen. Dann steht wesentlich mehr Energie zur Verfügung als am Tag, wenn alle Menschen davon ihren Teil verwenden und herumwuseln. Wer nachts nicht wach ist, dem wird, auch von mit diesen Dingen sehr erfahrenen Persönlichkeiten, folgendes für diese Technik empfohlen:

Der Zeitpunkt unmittelbar vor dem Einschlafen, oder der Moment direkt beim Aufwachen, falls man da schon etwas auf die Reihe kriegt. Mit etwas Übung geht es besser und besser. Was zählt, ist immer die Intensität der bewegten Wünsche und Gedanken, bitte nicht die bloß halbherzige, dafür aber ewige, wirkungslose Wiederholung. Gib Deinen Gedanken eine Richtung und laß dann mit aller Entschiedenheit die Kraft Deines Geistes und Herzens in diese neue Richtung fließen. Ganz wichtig dabei: **»Hör auf zu denken, daß Du weißt, wie irgendwas ist!«**

Nur das Ziel ist entscheidend, nicht der unübersichtliche, unbekannte, verschlungene, lange Weg. Wir wünschen spannende, liebevolle, freudige, aufmerksame Veränderungen, oder vielleicht bleibt auch alles ganz anders, aber wie es ist ... **alles ist möglich!**

SENSITIVITY *Inspirations*
bietet an:

Ein mutiger Wunsch!

Wer mutig genug ist für sich selbst, der wünscht sich, daß alles in seinem Leben, was dem Weg zur eigenen Bestimmung nicht förderlich, oder nicht (mehr) dienlich ist, sich auf angenehme Weise verabschieden möge. Innert kurzer Zeit wird man erkennen, wer oder was sich verabschiedet, was wegfällt, wegbricht, was sich auflöst. Unpassende Jobs, falsche Partner, längst überholte Wohnsituationen, manche Freunde, wenn sie es noch sind oder je waren, nahestehende Menschen, Ideen, Institutionen, Gegenstände, Pläne, Krankheit ... es ist spannend sein Leben unter diesem Aspekt zu betrachten, nachdem man den Wunsch kraftvoll und tief in sich bewegt hat.

Lehn Dich zurück und beobachte was jetzt passiert. Kosmische Zeichen können auftauchen, versuch sie zu deuten. Genieß die Veränderungen um Dich herum.

Alte Schleifen, die auch nach sehr langer Zeit, immer wieder und unverhofft plötzlich, wieder in Form von Problemen, Ängsten und unliebsamen Erlebnissen auftauchen, können jetzt wegfallen. Sobald durchschaut und nicht mehr beachtet, verlieren sie den Einfluß, die Wirkung auf uns. Wichtig ist, möglichst nicht darauf zu reagieren. Gewöhn Dir an wahrzunehmen und Dich maximal zu einem »Aha« hinreißen zu lassen. Mehr aber auch nicht. Denn all das sind nur Reliquien unserer Geschichte, die zeigen, daß wir in unserer Ausstrahlung noch nicht genug Souveränität aufgebaut haben, damit diese nicht wieder erscheinen.

NEUN

NICKS VERGANGENHEIT

WIE KONNTE ES DAZU KOMMEN?
AUS NICKS SICHT

Über meine Vergangenheit werde ich nur wenig wiedergeben, denn das wird Tina, nachdem ich ihr in den letzten Jahren alles Wesentliche von mir erzählt habe, noch ausführlicher tun. Auch spielt das in meinen Augen nicht wirklich eine große Rolle, denn was zählt, ist das Hier und Jetzt. Allerdings gibt es doch etwas, das einer Antwort bedarf: Wie konnte es dazu kommen?
Nun, das ist tatsächlich eine gute Frage. Wie konnte es dazu kommen, daß ein Mann wie ich eine solch tolle und vor allem passende Frau finden konnte? Die zum einen nichts mit meinem Beruf als Callboy zu tun hat und mir zum anderen durch ihre eigene Entwicklung auf Augenhöhe begegnet? Diese Frage kann, entgegen meiner Angewohnheit mich sonst eher kurz zu fassen, nicht einfach so mit wenigen Worten beantwortet werden. Das würde der Frage nicht gerecht werden. So vielschichtig wie das Leben ist, so verschlungen ist auch die Beantwortung.

Meine Mutter legte sicher den Grundstein. Nicht dafür, daß ich Callboy wurde, sondern vielmehr dafür, daß ich andere Menschen, vor allem Frauen, verstehe und für ihre Einzigartigkeit liebe. Sie zeigte mir zusammen mit meinem Vater und meinem Bruder was wahre Liebe ist. Daß diese Liebe nicht an Bedingungen geknüpft ist, sondern demjenigen, den man liebt, hilft seine Bestimmung zu finden und dieser nachzugehen, wenn er sie erkannt hat. Liebe heißt verstehen und loslassen, und **nicht** »haben wollen«, **nicht** festhalten und den anderen auf seinem Weg behindern oder davon abbringen.

Auch mein Vater und mein Bruder verfügen, wie meine Mutter, über dieselbe Qualität Liebe zu leben, auch wenn beide bei diesem Thema eher schweigsam bleiben.

Meine Eltern sind immer bedingungslos für meinen Bruder und mich da gewesen, wenn wir sie brauchten und ließen uns stets unsere Freiheit. Dafür bin ich beiden unbeschreiblich dankbar. Wenn es sie nicht gäbe, wäre ich wohl nicht zu dem geworden, der ich heute bin. Sie gaben mir aber auch noch andere Eigenschaften mit auf meinen Lebensweg. Sie und auch mein Bruder waren schon immer Menschen, die nie das Bedürfnis hatten der Norm zu entsprechen. Stets den eigenen, für sich selbst passenden Weg suchten, Freiheit brauchten und diese auch anderen zugestanden, hinter sämtliche Fassaden schauten, Gerechtigkeit wünschten und diese entgegen jeden Widerstand vertraten.

In manchen Sichtweisen sind wir jedoch auch wieder komplett verschieden. Auch das ist interessant, denn Tina unterscheidet sich ebenfalls von mir und meinen Vorstellungen. Während ich zum Beispiel bei Ungerechtigkeit sinnbildlich das Schwert ziehe und Köpfe rollen lasse, versuchen die beiden in meinem Leben nun »wichtigsten Frauen« den »Feind« zu verstehen, weshalb er tut was er tut. Mich interessieren solche Details eher weniger. Es ist auch nicht meine Aufgabe als Krieger jeden bedingungslos zu verstehen und schon gar nicht zu lieben. Meine Aufgabe ist vielmehr, den »Feind« zu erkennen, die Gemeinheit, das Unrecht und das Böse gar nicht erst zuzulassen und all diese Widersacher gänzlich zu eliminieren.

Manch einer wird sich jetzt sicherlich denken, daß sich das Kriegerische und das Liebende in mir widersprechen. Nun, das sehe ich etwas anders. Ich finde nämlich, daß sich beides wunderbar ergänzt. Ein großer Krieger mit Herz stellt sich dem »Feind«, treibt diesen in die Flucht, weiß ganz genau Bescheid über das, was er hütet, und versteht was er beschützt. Alles andere wäre ein unüberlegter Raufbold.

Wie sieht das jedoch im täglichen Leben aus? Menschen, die mir wohlgesinnt, in freundschaftlicher Absicht begegnen und rechtschaffen sind – das spüre ich sofort – sind mir stets willkommen. Auch ihnen will ich von ganzem Herzen liebevoll zur Seite stehen. Die anderen lasse ich einfach links liegen, blende sie aus und wenn sie mich trotzdem nicht in Ruhe lassen, gibt's einfach etwas auf die Mütze! Sicher nicht körperlich, es gibt auch andere Wege solche »Feinde«, aus des Kriegers Sicht, loszuwerden.

Die Gemeinheit, die Ungerechtigkeit und das sogenannt Böse sind da schon etwas anspruchsvollere »Feinde«. Erstens, weil sie sich sehr trickreich, wie eine Testung, in unser Leben schleichen. Zweitens, weil wir aufpassen müssen nicht selbst zu deren Werkzeug zu werden. Da arbeite ich noch an einer gut praktikablen Lösung. Bis jetzt habe ich dagegen noch kein wirksameres Kraut gefunden, als jeden und alles täglich **selbst** von neuem **zu hinterfragen**.

Ich war schon immer anders als andere, oder wollte es zumindest meistens sein. Aber so geht es bekanntlich vielen, das allein ist noch kein Grund für gar nichts. Manchmal fühlte ich mich nicht so leichtfüßig gut dabei, denn je andersartiger man ist, desto mehr Widerstand und Gegenwindtypen bekommt man tagtäglich zu spüren. Mich verbiegen zu lassen, der Bequemlichkeit wegen anzupassen, war keine Option.

Meine Mutter hat mir auf ihre Art, wie von selbst, die Feinfühligkeit gegenüber Frauen vermittelt. Wer etwas davon versteht, weiß um die Zerbrechlichkeit, um den allgemeinen Schmerz im Wesen der Frau. Und weiß um ihre Suche nach Schutz und Verständnis, um dann Vertrauen zu fassen und sich langsam zu öffnen. Einiges von diesem Wissen war schon in mir und noch viel mehr Wissen begegnete mir auf meinem späteren Weg. Die allgemeinen Spielregeln des Lebens mußte auch ich mir hart erarbeiten. Dabei begegneten mir die unterschiedlichsten Menschen und Situationen, die mich maßgeblich beeinflußten, mir meinen Weg zeigten oder mich mit List davon abbringen wollten, und mich zu dem machten, was meinem Wesen entspricht. Ob dies nun allgemein ungerechte oder brillante Lehrer, willkürliche Staatsvertreter oder liebenswürdige Sachbearbeiter, gemeine und mit sich selbst unzufriedene Menschen waren, oder aber solche, die mir in faszinierender Freundschaft begegneten: Sie alle zeigten mir, was ich in meinem Leben will und was nicht. Sie schulten meine Wahrnehmung und meinen Gerechtigkeitssinn, ebenso wie meine Möglichkeiten auf meinem Weg zu bleiben.

Meine jeweiligen Partnerinnen spielten in meinem Leben ebenfalls stets eine große Rolle. Jede von ihnen ist einzigartig und wertvoll für mich. Sie begleiteten mich das passende Stück durch das Leben. Ich wurde von ihnen reich beschenkt und gab auch alles was ich zu geben hatte zurück. Auch wenn sie jetzt nicht mehr an meiner Seite sind, kann ich immer noch sagen, daß ich sie liebe, so wie sie waren, sie verstehe und ihnen nur das Beste auf ihrem Weg wünsche.

Weshalb wurde ich jedoch Callboy und habe somit Kontakt zu so vielen verschiedenen Frauen? Das liegt daran, daß mich Frauen schon als Teenager faszinierten. Ich wollte sie verstehen und noch mehr, daß es ihnen gut ginge. Dabei kommt mir wieder in den Sinn, daß ich schon im zarten Alter von sechzehn bereits einmal daran dachte mich den Frauen für Sex anzubieten. Obschon ich damals noch »unschuldig« war und mich noch weitere zwei Jahre ausschließlich mit »mir selbst beschäftigte«. Der Gedanke war auch schnell verflogen, die Unsicherheit noch viel zu groß. Zu abstrus die Vorstellung wie und was genau. Damals hätte ich nicht daran geglaubt, daß diese Phantasie einmal Realität werden würde.
    Jahre später war ich mit Jessy, meiner Ex-Frau, zusammen. Wir waren für unser Alter sexuell erstaunlich aufgeschlossen, was aber damals schon keinesfalls mit oberflächlich zu verwechseln gewesen wäre. Ganz und gar nicht, aber man traf uns beide öfters in Swingerclubs.
    Dort merkte ich erstaunlich schnell, welche Ausstrahlung und motivierende Wirkung ich besonders auch auf andere Frauen hatte. Obschon ich damals sicher noch nicht annähernd das Selbstvertrauen und Wissen um Energien besaß wie heute.
    Es war eine aufregende, abwechslungsreiche Zeit, die Jessy und ich gemeinsam in unserer Beziehung genossen. Bisher kannte ich Sex nur innerhalb von Beziehungen. Oder man wurde betrogen und ging dann im Umkehrschluß selbst fremd was das Zeug hielt.
    Zur selben Zeit hatte ich einen eher unpassenden und in Relation zu den Arbeitszeiten (bis zu vierzehn Stunden am Tag) schlechtbezahlten Job. So wollte ich mir nebenbei mein eigenes Business im IT-Bereich aufbauen. Dies gelang mir anfangs auch gut. Die Aufträge häuften sich schnell und es floß zusätzliches Geld in die gemeinsame Kasse. Leider konnte Jessy mir aus zeitlichen Gründen nicht bei der Administration helfen und so kam es wie es kommen mußte. Ich schlief nicht mehr ausreichend und versank immer mehr in Arbeit. Kunden zahlten spät oder gar nicht, ich mußte dem Geld teils auch mit rechtlichen Mitteln kräftezehrend nachrennen, verlor irgendwann den Überblick und brannte fast komplett aus. Das »Burnout« war da! Ich mußte umgehend handeln,

um nicht gänzlich unterzugehen und alles zu verlieren. Sofort stoppte ich sämtliche Aktivitäten meiner eigenen, kleinen Einmannfirma und legte alles auf Eis. Zum Glück hatte ich ja noch den anderen Büro-Job. Dennoch war das der erste und vor allem wichtigste Schritt um das »Burnout« hinter mir zu lassen, um wieder gesund zu werden und neue Energie zu haben. Doch etwas Neues mußte her, das war mir klar geworden.

Ich erinnerte mich an unsere unzähligen Swingerclub-Besuche und an das, was ich dort erlebt und was es bewirkt hatte. Weshalb sollte ich das nicht nutzen? Die Idee war geboren und mußte nur noch professionell umgesetzt werden. Jessy gab mir ihr Einverständnis, denn ich wollte das Ganze nicht hinter ihrem Rücken machen und offen dazu stehen können. Dies war mir nämlich von Anfang an wichtig. Keine Lügen und keine Heimlichkeiten. Schnell war das erste Inserat in einer Zeitung plaziert und wer hätte das jemals gedacht, kurze Zeit später war ich zu meiner ersten Buchung unterwegs. Es war ein Erfolg auf ganzer Linie. Ich konnte der ersten Kundin etwas von mir geben, das ihr wertvoll war und bekam dafür Anerkennung in Form von Bezahlung. Wenig später erstellte ich meine eigene Webseite, machte Werbung, zeigte mich dabei mit Gesicht und die Medien entdeckten mich sehr schnell.

Wenn ich heute zurückdenke, fällt mir auf, daß dies wohl die allerbeste, zu meinem Wesen passendste Entscheidung war, die ich in meinem bisherigen Leben jemals getroffen habe. Nämlich **das** zu geben, was in mir auf seinen Einsatz wartete. Damit wurde ich zum Krieger der liebt, versteht, wahrnimmt, mitfühlt und immer mehr Sicherheit gibt, Ängste auflöst, für das Gute kämpft, sich unaufhaltsam weiterentwickelt. Der Frauenversteher in mir, der beruflich ausschließlich den Frauen viel Liebe, Aufmerksamkeit und Lebensqualität schenkt.

Natürlich hat alles seinen Preis und kein Weg ist einfach oder geradlinig. Ich bedaure absolut nichts, doch wenn ich an meine Ex-Frau denke, dann weiß ich heute, daß dies trotz aller Ehrlichkeit der Anfang vom Ende unserer bisherigen Beziehung war. Dies obschon alles mit ihrem Wissen geschah, sie stets hinter mir stand, mir selbstlos den Rücken stärkte und wir kurze Zeit später sogar heirateten. Es sollte alles anders kommen als gedacht. Knapp vier Jahre nachdem ich als Callboy angefangen hatte, trennten sich unsere Wege endgültig. Die Diskrepanz in unserer persönlichen Entwicklung, also was jedem von uns für die Zukunft wichtig war, wurde einfach zu groß. Dennoch danke ich ihr und bin froh, daß sie damals für mich da war.

Zwischen Jessy und Tina gab es noch eine andere reife Frau, die im passenden Moment in Erscheinung trat und mich mit ihrem Wesen maßgeblich geprägt hat. Sie stand mir bei meiner Scheidung zur Seite und war die lehrreiche Entsprechung meiner neuen Entwicklung. All das bereitete mich auf das intensive Leben an der Seite von Tina vor, wovon ich damals natürlich nicht den leisesten Schimmer hatte. Auch dieser zarten, starken weiblichen Persönlichkeit bin ich dankbar für alles, was ich durch sie erleben, verstehen, genießen und voranbringen konnte.

Wie durch ein Wunder trat Tina völlig unerwartet in mein Leben. Ich prüfte sehr genau, mit wem ich mich da Stück für Stück einließ, was sie über mich wußte, sagte und so deutlich zeigte. Unfaßbar, daß eine Frau alles, was ich mir wünschte und was relevant für meine Vorstellung der Zukunft war, bereits in sich trug, so daß ich an nichts mehr zweifeln oder lange vorbereitend arbeiten mußte. Sie war meine neue Vollkommenheit und wurde somit unaufhaltsam der neue Mittelpunkt meines Lebens. Sie ist die Frau, die alles vereint, mir viel wahre Liebe schenkt und alles Bisherige in Perfektion abrundet. Sie nahm mich schon bei unserer ersten Begegnung als Mann und Mensch deutlich wahr, was mich spüren ließ, daß hier eine Herzensqualität vorhanden ist, die alles überstrahlt, was ich mir je vorstellen konnte.

Sicher mache ich mir heute auch Gedanken warum ich immer noch als Callboy unterwegs bin. Was mich all die Jahre motivierte mich für das Wohl vieler Frauen einzusetzen, was es mir gebracht hat und wo der Unterschied zu dem liegt, was ich heute bin und zu geben vermag.

Wie damals, als ich noch ein Junge war und das Wesen meiner Mutter spürte, ihre Stimmungen fühlte und mit ihr lachte, weinte, ich sie tröstete oder sie mich, so spüre ich auch heute jede Frau in ihrer Einzigartigkeit. Es ist mir eine Ehre, daß sie durch mich ihr Leben schöner, lustiger, freier, bewußter, wertvoller, aufrichtiger, frecher, anspruchsvoller, verspielter, sorgloser, körperbewußter, freudvoller, viel heißer und hingebungsvoller gestalten kann. Es bewegt mich das Vertrauen, das sie in mich haben und die Wertschätzung, die sie mir ausnahmslos entgegenbringen. Das zu erleben ist eine Sensation!

    Sie reifen an mir und freuen sich über meine Entwicklung und sogar über meine passende Partnerin, die mich um so vieles bereichert. Wenn ich es nicht selbst erleben würde, würde ich denken, das ist nicht möglich. Doch auch Tina spürt die Haltung meiner Kundinnen und schätzt was es mir bedeutet auf diese Art zu wirken.

Tina konnte sich von Anfang an in mich hineinversetzen, indem sie mich versteht. Genau versteht was ich mache, genau fühlt warum und wie ich das mache, was es jeder einzelnen Kundin und auch mir bedeutet, warum ich diesen Weg gehe. Tina hat mich gestärkt und diese Stärke darf ich teilen, weitergeben, vervielfachen und zuhause wiederum ungebremst ausstrahlen.

Gern möchte ich noch etwas über unsere erste gemeinsame, weite Reise erzählen, die für mich die Erfüllung eines lang gehegten Lebenswunsches war. Dem Ruf nach Norwegen, den ich seit meiner Kindheit verspüre, zu folgen.

Etwa ein halbes Jahr nachdem wir definitiv zusammenkamen, besuchten wir Norwegen. Dieses Land faszinierte mich schon immer, doch ich war vorher noch nie dort gewesen, zumindest in diesem Leben nicht.

Wir flogen von Zürich nach Oslo und ich schlief im Flugzeug eine kleine Runde. Als wir uns der Küste näherten, wachte ich auf, schaute zum Fenster raus und hatte dabei das überwältigende Gefühl endlich nach Hause zu kommen. Die erste phantastische Nacht verbrachten wir dann im Double-Tree by Hilton Hotel mitten in Oslo. Am nächsten Tag drängte es mich in die Museen zu gehen, um mit Tina zusammen so viel wie nur irgendwie möglich zu sehen und zu erleben, um ihr vieles zu zeigen. Als erstes stand das »Vikingskipshuset« mit dem Gokstad Schiff, dem Oseberg-Schiff und dem Tuneschiff auf dem Plan. Wir waren beide fasziniert davon, daß diese Schiffe so gut erhalten waren und man konnte sich lebhaft vorstellen, wie die Wikinger damit einst über die Meere fuhren. Als nächstes wollten wir uns auch das »Kulturhistorik Museum« anschauen, doch da wir schon ziemlich spät unterwegs waren, konnten wir dort nur kurz durchhuschen. So entschieden wir uns, daß wir dieses Museum in ungefähr zwei Wochen auf dem Rückweg, wenn wir nochmals in Oslo wären, in aller Ruhe anschauen würden.

Den Abend und die Nacht verbrachten wir, wie Tina bereits in Kapitel acht beschreibt, bei meinen Mittelalterforum-Bekannten aus Krokstadelva, die wir inzwischen wieder trafen und die uns jedesmal bei sich zu Besuch behalten möchten. Die beiden sind uns sehr ans Herz gewachsen.

Am nächsten Tag ging es mit unserem gemieteten Nissan Qasqai weiter nach Stavanger zu Erik. Er führte uns auf den Preikestolen. Der Aufstieg dauerte mindestens zwei Stunden oder laut Tina, gefühlte vier Stunden. Doch Erik war gut vorbereitet und hatte, von Tina und mir unbemerkt, Champagner dabei, den er uns, oben angekommen, kühl servierte. Wir fühlten uns wie Könige auf dem 604 Meter hohen Felsen über dem Lysefjord mit einem Glas des edlen Tropfens in der Hand. Erik und ich kletterten danach noch etwas weiter hoch, während sich Tina im Schatten ausruhte. Nachdem wir wieder unten waren, fuhren wir nach Stavanger zurück, wo wir einen Arbeitskollegen von Erik trafen, der mit uns zusammen eine kleine Bootsfahrt machte.

Zwei Tage danach bestellte Erik uns nach Forsand, in die Nähe von Landa. Dort erwartete er uns mit einem kleinen, gemieteten Motorboot am Ufer des Lysefjords. Wir fuhren mit dem Boot in Richtung Lysebotn und fanden einen geeigneten Platz für ein kurzes Bad im 13°C »warmen« Wasser. Auch wenn dies nicht die für Tina übliche Badewassertemperatur ist, schwamm sie doch eine Runde mit. Zum Glück für sie war es an diesem Tag mit 27°C Lufttemperatur ziemlich warm.

An den restlichen Tagen erkundeten wir auf eigene Faust die Freilichtmuseen »Jernaldergarden« und »Landa«, besuchten das »Arkeologisk museum i Stavanger«, bestaunten das Monument »Sverd i Fjell« und genossen das Zusammensein.

Nach fünf Tagen Stavanger ging es weiter nach Bergen. Unterwegs konnten wir nicht einfach am »Vikinggarden Avaldsnes« auf Bukkøy vorbeifahren ohne uns diesen auch anzuschauen. Leider hatte das dazugehörige Museum bereits um 15:00 Uhr geschlossen. Deshalb übernachteten wir im Auto direkt davor um sicherzugehen, daß wir es am nächsten Morgen um 10:00 Uhr als erste erstürmen konnten. Doch die Tür blieb auch am nächsten Tag verschlossen – mit einem Schild versehen, das auf eine geschlossene Gesellschaft hinwies. Das konnten wir nicht glauben, das durfte nicht sein! Wir klopften an die Scheibe und machten mit Handzeichen verständlich, daß wir doch bitte wenigstens den genialen Museumsshop gern besuchen würden. Wir wurden hereingelassen und konnten unsere Geschichte erzählen: Die weite Fahrt und selbstlose Übernachtung im Auto oben vor der Museumspforte. Das bewies unsere Entschlossenheit. Wenig später meinte die freundliche junge Frau an der Museumskasse, wir sollten uns doch gleich möglichst unauffällig einfach der Hochzeitsgesellschaft anschließen und später bei ihr bezahlen. Klasse, unser Stimmungsbarometer schnellte in die Höhe bis in den maximalen Bereich. Das interaktive Museum war aufwendig und prächtig gemacht. Wir waren fasziniert von der Qualität und lebensnahen Darstellung der Informationen. Der Aufwand hatte sich für uns voll gelohnt!

Wir quartierten uns in der Nähe von Bergen in einer süßen Hütte ein und tags drauf wohnten wir in einer weiteren landesüblichen, kleinen, bezaubernden Hütte voller Charme. Auch hier besuchten wir verschiedene Sehenswürdigkeiten wie den Fischmarkt, den Troll oben bei der Fløibane, das »Sjøfartsmuseum«, das UNESCO-Weltkulturerbe Bryggen inklusive Museum. Und noch das Bergen Museum, wo im unteren Stock wirklich interessante Fundstücke sehr ansprechend ausgestellt waren. Doch im Obergeschoß gefiel es uns irgendwie gar nicht. Die massiven Kirchenbögen, -türen und die seltsam bedrohlich wirkenden, monumentalen christlichen Ausstellungsstücke waren dort sehr konzentriert und übten auf uns eine sehr erdrückende, unangenehme Stimmung aus. Ich mußte meinen Schutzschild für uns beide hochfahren, denn Tina spürte plötzlich Übelkeit, Beklemmung und Angst. Es war wie wenn lange gespeicherte Energien, die überhaupt nicht zu uns paßten, versuchen würden an uns heranzukommen, sich uns anzuhängen, um aus der Dunkelheit der Museumgänge ans Licht der Sonne herausgetragen zu werden. Hätten wir dort im Museum übernachten müssen, wir hätten kein Auge zugemacht. Die Horde von unruhigen, friedlosen Geisterwesen war im ganzen Gewölbe spürbar. Und anstatt wie sonst vor Exponaten interessiert zu verweilen, rannten wir zügig die verschlungen Wege in Richtung Ausgang, bis diese Kräfte zurückblieben und von uns abließen. So etwas hatten wir noch nicht erlebt. Die Dame an der Kasse hatte uns besonders diesen Teil des Museum empfohlen und ihre verklärte Verzückung war deutlich zu sehen, als sie uns fragte, wie es uns gefallen habe. Möglichst neutral meinten wir, daß uns andere Bereiche diesmal mehr interessiert hätten. Wir wollten sie in ihren Festungen nicht erschüttern. Alles war gut für sie wie es war. Nicht für uns! Aber damit mußten wir sie nicht beunruhigen, sie war auf ihrem Weg und fest davon überzeugt ihrer Vorstellung von Gott nahe zu sein.

Von Bergen aus, ging es wieder zurück nach Stavanger, wo wir abends einen kurzen Abschiedszwischenstopp bei Erik einlegten. In der Nacht fuhren wir über Kristiansand nach Krokstadelva weiter.

Wir feierten mit unseren Freunden zusammen Tinas Geburtstag – den ersten Geburtstag, den ich mit ihr gemeinsam erleben durfte. Ihr zu Ehren wurde Elch zubereitet, wir besorgten Champagner und Wein. Tina erhielt Anrufe aus verschiedenen Teilen der Welt, von Freunden, die ihr wertvoll waren. Es war schön zu sehen, wie sie sich freute und alles wertschätzte. Zuvor hielten Tina und ich am Nachmittag in der Nähe vom »Midgard Historisk Senter« ein spontanes Dankbarkeitsritual ab. Die grandiose Natur, einmalige Fjord-Aussicht und die schönen, großen Bäume ließen die Worte, die wir abwechselnd sprachen, wie von selbst in uns fließen, während wir unsere Schwerter hielten, unsere Herzen voller Dankbarkeit waren und wir kraftvoll in die Zukunft blickten.

Am nächsten Tag fuhren wir nach Oslo und besuchten bevor es wieder zurück in die Schweiz ging, nochmals in aller Ruhe das »Kulturhistorik Museum« mit »meinem« Snartemosverdet.

Diese Reise hat uns beide tief beeindruckt. Tina ist reiserfahren und dazu noch eine aufmerksame, sehr interessierte Zuhörerin, wenn ich ihr Fundgegenstände in den Museen zeige und dazu die historischen Hintergründe erkläre. Ich habe auf dieser Reise in Norwegen einerseits meine Herzensheimat wiedergefunden und andererseits an Tinas Seite meinen Platz in ihrem Herzen eingenommen.

Ich weiß, daß ich angekommen bin. Mein Herz schlägt für sie und das pure, echte Lebensgefühl in Norwegen. Was das alles genau auf sich hat, werde ich noch herausfinden. Die Zeit wird allen alles zeigen, denn die Vision der Zukunft ist unsterblich in mir lebendig.

WIE KONNTE ES DAZU KOMMEN?
AUS TINAS SICHT

Nick erzählt mir, er sei seinen Ellis durchaus sehr dankbar für eine unbeschwerte, glückliche Kindheit in gutem und solidem Schweizer Elternhaus. Er sei mit christlichen Werten erzogen worden, denen seine Eltern damals schon ausnahmslos folgten und bis heute weiterhin gerecht werden. Er kenne die Bibel durch seine Urgroßmutter in- und auswendig. Dennoch bewog es ihn, schon als junger Erwachsener, auch die religiösen Dinge zu hinterfragen. Er begann für sein eigenes Leben zu verstehen, aus eigener Kraft zu entscheiden, mit prüfendem Blick hinter die oft sehr hohen Kulissen der Gesellschaft zu schauen. Er mußte entdecken, was manche, auch unter dem Deckmäntelchen ihrer christlichen Religion, trotzdem so machten. Was er in dieser Zeit erlebte, wie sich diese Menschen verhielten, was sie gezielt verheimlichten, wie sie sprachen oder urteilten, veranlaßte ihn, sich bewußt und zweifelsfrei alldem zu entziehen und bis heute eine deutlich distanzierte Haltung dazu einzunehmen.

Eine gepriesene Göttlichkeit, die die Liebe zur eigenen Schöpfung und damit auch zum Menschen durch Unterdrückung, Verbote, Macht, Angst, Androhung von Strafe, Ausgrenzung und Verdammnis ausübt, befremdete ihn sehr. Nicht nur bei den Christen, sondern ebenso bei anderen Religionen. Eine geduckte Opferhaltung einzunehmen und zu glauben, was andere ihm sagen, was sie nicht einmal selbst erlebt haben oder gesehen haben können, reichte bei weitem nicht aus um ihn zu überzeugen. Er wollte »das Göttliche« selbst erfahren und am besten direkt mit dieser ihn lebendig haltenden »göttlichen Instanz« in Kommunikation treten.

Zusammen mit seinem zweieinhalb Jahre jüngeren Bruder war zuhause immer was los. Natürliche Rangeleien unter Geschwistern, aber auch viele Erkundungen der Natur und dem Alter entsprechende Abenteuer mit Nachbarskindern im nahegelegenen Wald. Der sportliche Papa förderte Muskelbildung, Abhärtung und Durchhaltevermögen seiner beiden zwölf- und vierzehnjährigen Jungs auf langen Fahrradtouren in den Schweizer Bergen. Im Sommerurlaub wurde diese Übung meist im Juli/August auf zweiwöchigen Touren durch den dann so richtig heißen Süden Frankreichs erweitert.

Die jung gebliebene Mama begleitete Nick, als er fünfzehn und mit seinem »Puch Maxi N«-Moped bereits mobil war, ganz cool auf ihrem »Piaggio Ciao«-Mofa bis nach Italien, in die Gegend um Milano. Dort besuchten sie Ornella, die erste Urlaubsbekanntschaft seiner Fahrradtouren. Sie verbrachten alle eine lustige, unbeschwerte Zeit. Bei Ornellas Familie waren sie sehr willkommen. Sie unternahmen gemeinsame Ausflüge. Die beiden Turteltauben wagten aber nicht mehr als zum Abschied ein flüchtiges Küßchen auszutauschen. Leider ist der Kontakt inzwischen schon lange abgebrochen.

Nick sagt, die Schule habe ihn meist mehr gelangweilt, als auf das Leben vorbereitet. Da er angeblich schneller verstand als erklärt wurde, fiel es ihm schwer, seine Aufmerksamkeit stundenlang auf das Gleiche zu richten. Er war oftmals mit den Hausaufgaben fertig, bevor der Unterricht beendet war. Dies, wenn er sich entschied, sie überhaupt zu machen. Damals sei leider nicht erkannt oder gefördert worden, wo seine Stärken lagen. Heute wüßte er natürlich besser, was sinnvoll zu tun gewesen wäre. Aber Vorwürfe an irgendjemanden zu richten, liegt ihm fern. Vielleicht wäre er (Schönheits-)Chirurg geworden. Doch er landete stattdessen an einer Privatuniversität in Frankreich, ein von seinen Eltern eingefädeltes Zwischenjahr. Daraus wurden zwei Jahre und er schloß dort mit zwei französischen Sprach-Diplomen ab. Zur selben Zeit begann er in seiner Freizeit eine Kung-Fu Ausbildung bei einem außergewöhnlichen und sehr geschätzten Menschen iranischer Herkunft, der früher Shaolin-Mönch war. Genau in dieser Zeit schenkte ihm ein herzlich zugetaner Kommilitone ein schweres, unförmiges, selbstgeschmiedetes, schwertähnliches Teil, was Nick den auslösenden Impuls gab zusätzlich Europäische Schwertkampfkunst zu trainieren. Eine unvergeßliche Zeit, doch die Rückkehr in die Schweiz stand bevor. Er begann, wie einst sein Vater, eine Ausbildung zum Maschinenkonstrukteur. Aus privatem Interesse bildete er sich parallel im IT-Bereich weiter. Technik und Informatik in allen Facetten – am besten in selbständiger Erwerbstätigkeit – wurden zum großen Traum. Vieles interessierte ihn. Wozu sich also jetzt schon endgültig festlegen? Er schaute sich auch die aufregenden Tätigkeiten im Security-Bereich an. Bald arbeitete er auf Schweizer Konzerten und Events als Sicherheitsangestellter hinter den Kulissen. Dort war die Stimmung sehr abwechslungsreich und oft richtig spannend, erforderte aber tiefere Kenntnisse und erweiterte Techniken, also absolvierte Nick berufsbegleitend die Ausbildung zum Bodyguard. Aber auch alles Erotische übte immer wieder den starken Reiz der Neugier auf ihn aus. Was sollte Schlechtes daran sein, wenn es doch allen Beteiligten anscheinend so viel Spaß machte?

Bereits mit zarten zwölf Jahren hatte er bei älteren Freunden zuhause die allerersten Pornos mit anschauen dürfen. Was heute, in wesentlich verschärfter Form, jedem Kleinkind mit nur einem einzigen »Mausklick« zu jeder Tages- und Nachtzeit im Internet zur Verfügung steht, gab es damals so einfach noch gar nicht zu sehen. Trotzdem führten heimliche Wege dorthin und Nick war bereits als Jugendlicher gepackt von dem, was er dort von Reizen gefesselt beobachten konnte. Wenn er selbst etwas im Fernsehen aufnehmen wollte, nach Mitternacht und nur für Erwachsene bestimmt, mußte er den Videorekorder seiner Eltern mitten im Wohnzimmer vorprogrammieren. Dann aber sofort den roten Aufnahmekontrollleuchtpunkt mit schwarzem Klebeband abdecken, sodaß es niemandem auffiel, daß er sich hier gerade sein Kindernachmittagsprogramm für den nächsten Tag selbst zusammenstellte. Bereits in dem Alter, scherzt Nick heute, bedauerte er es noch keine Freundin zu haben, die all dies, zumindest teilweise, mit ihm ausprobieren würde.

Mit den Mädels, fast schon klischeehaft (wie sollte es anders sein, ich mußte grinsen), lief es schleppend bis gar nicht. Nick bezeichnet sich als Spätzünder. Er wurde gut achtzehn, bis er die erste große Liebe erlebte. Aber »die« hatte es dann richtig in sich. Nick schwärmt mir heute noch begeistert vor, was diese zweieinhalbjährige Beziehung beiden damals schon, ihrem Alter entsprechend, bedeutete. Constanze lebte bei ihren Eltern in Deutschland. Zu der Zeit und in diesem Alter relativ unüberwindbare geographische Distanzen, die regelmäßige Treffen nicht einfach machten. Auch unterschiedliche Lebenspläne in Bezug auf Ehe, Haus und Kinder ließen mit der Zeit dann die Beziehung friedlich, liebevoll auseinander driften.

Oft möchte man im Leben **das** anders machen was vorher der Knackpunkt gewesen sein könnte. So kam es, daß er mit seiner zweiten Freundin in der Schweiz bald zusammenzog. Ein völlig anderer Charakter und eine ganz andere Art mit unterschiedlichen Ansichten (fliegende Suppenkellen ihrerseits) umzugehen, lies diese Verbindung nach zweieinhalb Jahren zu Ende gehen. Enttäuschungen, kleine Bosheiten, Revanchen und viele interne »Fights« verursachten auf beiden Seiten den Wunsch, sobald wie möglich wieder die Kurve zu kratzen.

An Familienfesten hatte er ihre Cousine kennengelernt, die mehr und mehr seine Aufmerksamkeit auf sich zog. Kurz nach Silvester 2001 wurde sie seine dritte feste Partnerin und nach einigen Jahren auch seine Ehefrau. Neue Entscheidungen, positive Veränderungen, gemeinsame Entwicklungen und große Hoffnungen das Zusammenleben und die Beziehung diesmal in Perfektion zu gestalten, breiteten sich schnell aus. Die beiden waren während dieser Zeit einfach füreinander geschaffen. Viele Einzelheiten, die aus heutiger Sicht sicher leichter durchschaubar sind, damals aber für beide wichtige, unausweichliche Entwicklungsschritte waren, füllten das Faß, das irgendwann überlaufen würde und mußte. Sehr private Details gehen niemanden etwas an. Auch mich, als heutige Partnerin von Nick, nur zum Teil, als ich einige Fragen stellte, um Nicks frühere Lebensumstände und daraus resultierende Entscheidungen verstehen zu können. Wenn wir so etwas besprochen haben, bekam ich auf alles immer eine verständliche Antwort.

Nick stellt es mir so dar, daß seine damalige Frau bedingungslos für ihn da war. Er sich selbst aber die Verantwortung für ihr Leben und Vorankommen weit zu belastend aufgebürdet hatte. Dinge in meinem Leben, die meine Eltern angesprochen oder mir ermöglicht haben, wie zum Beispiel den Führerschein, meine Ausbildung, den ersten Job, wurden weder von meinem Partner ins Rollen gebracht noch von ihm finanziert. Im Hause Laurent lief das anders. Irgendwann bemerkte Nick, daß sich manche Bemühungen, aus seiner subjektiven Sicht, als Faß ohne Boden erwiesen und ihre beiden Entwicklungen nicht mehr im Einklang waren. Manch sinnlose Wiederholung zermürbte ihn. Verdeutlichte ihm, daß er **sein** Leben wieder auf **seine** Spur bringen mußte, wenn er nicht die nächste energetische Krise bei sich hochbeschwören wollte. Sich aus Nächstenliebe aufgeben, es beruflich und privat nur allen anderen recht machen zu wollen, zehrte längst bedrohlich an seinem Energiehaushalt. Ein massives »Burnout« im Alter von achtundzwanzig Jahren brachte ihn zur Strecke und es kam zum Zusammenbruch vieler bisheriger Strukturen. In der Auftriebsphase taten sich wieder neue Wege auf, mehr Möglichkeiten als zuvor eröffneten sich ihm.

Seine Entwicklung machte einen für ihn selbst spürbaren, gewaltigen Sprung. Sichtweisen veränderten sich, Ansprüche steigerten sich, innere Prozesse kamen in Gang und neue Ideen entfalteten sich vor ihm. Die neuen Erkenntnisse und Vorgänge in seinem Inneren konnte er damals mit seiner Frau nur sehr bedingt besprechen. Geschweige denn, zusammen mit ihr all das gemeinsam voranbringen, da sie ganz andere Baustellen im Leben hatte als er. Außerdem gaben das ihre individuellen Kommunikationsbedürfnisse gar nicht her. Das kann auch, ehrlich gesagt, kein Mensch verlangen. Welche Ehe verläuft schon durchgehend optimal? Beide dachten, sie kennen sich lange genug, könnten aufkommende Schwierigkeiten wohlwollend, großzügig ausblenden und ansonsten so normal wie möglich, um Felsklippen herum, weiter leben. Eine Zeit lang mag das auch gehen.

Die Idee, nebenberuflich als Callboy und Stripper unterwegs zu sein, hatte sich bei Nick schrittweise entwickelt, scheinbar im Einklang mit ihr. Doch es war ein paralleles Leben, das er führte. Ein Leben, welches, laut Nick, von ihr nahestehenden Personen stark verurteilt und häßlich geächtet wurde. Fairneß ist bei akut Betroffenen kein Thema mehr. Aber ich kann diese Reaktion bei unvorbereiteten leidtragenden, empfindlich oder konservativ ausgerichteten Menschen vollkommen verstehen. Gute Eltern haben immer Angst um ihre Tochter, das ginge mir nicht anders. In so einem Fall kann man generell, aus Sicht vieler Eltern, logischerweise Protest und Mißbilligung am besten durch Fernbleiben an der Hochzeit ausdrücken. Manch einer mag das als lieblos betrachten, andere als hilflos, stillos, wenig locker oder vieles mehr. Wie gesagt, ich verstehe beide Seiten und werde heute nicht um eine Meinung gefragt. Wozu auch? Es ist Geschichte und jetzt müßig zu erörtern, wie wirklich alles gewesen sein könnte und warum.

Nicks im Jahre 2006 beginnenden, sehr erfolgreichen, erotischen Tätigkeiten, seine öffentliche Internetseite, seine schon zu Beginn zahlreichen Medienauftritte in der Schweiz, Deutschland und Frankreich, bei denen es ihm um Aufrichtigkeit und »ehrlich dazu stehen« ging, veranlaßten zwar zuhause keine Diskussionen, dafür aber zur Genüge und strapaziös diverse im Umfeld.

Gut, ich stelle mir vor welche Möglichkeiten eine Seele hat und nutzt, um die Person, die aus ihr heraus »lebendig« ist, auf dem Weg zu ihrer Bestimmung zu halten. Jeder Mensch setzt durch sein Denken, seine innere Haltung und seine Sehnsüchte Energien in Gang, die dazu passende Situationen und Menschen anziehen, die derjenige dann nutzen kann oder nicht. Viele wählen übliche, bequeme, sichere, lukrative, anerkannte Wege und andere entscheiden sich für steinige, abenteuerliche, unabwägbare, riskante, einsame oder für andere Personen nicht nachvollziehbare Wege. Die Möglichkeiten sind vielfältig und grenzenlos.

Nick wählte in dieser Phase nicht das heimische Sofa und zur Abwechslung nur noch gelegentliches grillen hinter dem Haus. Er folgte seiner inneren Neugier das Leben aus vielen neuen Winkeln betrachten zu können und dadurch an Bewußtsein und Erkenntnis zu wachsen. Ein mutiger, entschlossener Weg, um den ihn viele Männer, die wir persönlich kennen, beneiden und sogar mit »Hut ab« anerkennend achten, wie sie offen im Gespräch zugeben. Mit Sicherheit haben Nick seine »Buchungserfahrungen« relevant verändert; dies würde ich schon so sagen. Ihm wurde dadurch auf intensive Art innerhalb kürzester Zeit gezeigt, wie verschiedenste Frauen so sind. Wie sie sich sexuell ausleben und verwirklichen möchten. Wie und wo Frauen unterschiedlichster Altersstufen und Reifegrade leben, was sie alles denken, wie sie Dinge und Gefühle ausdrücken, worüber sie sprechen möchten, wie sie genau fühlen, was ihre Persönlichkeit ausmacht, oder was sie finanziell und beruflich zu bieten haben. Natürlich insbesondere auch was sie sich sexuell erhoffen, zutiefst wünschen, vom Leben oder vom illusorischen Mann ihrer Träume ersehnen, was sie menschlich annehmen können, was sie strikt verabscheuen, schlichtweg nicht möchten. Oder was sie selbst bereit sind zu geben und vor allem: Was ihnen Zeit und Sex, ganz speziell mit ihm, wert sind!

Ich denke so etwas steigt jedem mindestens »leicht« zu Kopfe. Das formt sicherlich auch auf mutige Art das Selbstwertgefühl. Egal wer dann zuhause gesessen und auf ihn in ehrfürchtigster, aufrichtiger Liebe noch so inbrünstig gewartet hätte, keine Frau hätte die kleinste, geschweige denn leichte Chance gehabt, dieser speziellen Entwicklung des Partners völlig schadlos zu entkommen. All dem langfristig standzuhalten oder gar, vergleichbar rasant, selbst mitzuhalten, ist wahrlich keine einfache oder überhaupt wünschenswerte Situation!

Das Wenige, was ich weiß, ist genug, um immer große Achtung vor Nicks Ex-Frau zu haben. Denn sie hat an seiner Seite gekämpft, ihn mit all ihrer Kraft unterstützt und verteidigt. Sie ist auf ihre Art eine ganz große Kriegerin. Aber der Preis wurde zu hoch und aus meiner Sicht war es nicht ihr Weg, diesen Mann weiterhin zu begleiten. Ihre Bestimmung liegt woanders. Es kam unausweichlich die Zeit dies sehr schmerzlich, aber auch befreiend zu erkennen.

Wir alle wissen doch selbst, daß fast jede neue Beziehung meist eine deutliche und ruckhafte Weiterentwicklung, fernab der vorangegangenen Erfahrung, bedeutet. Entscheidend dabei ist noch nicht mal die Zeitdauer, sondern die Intensität, mit der diese Verbindung erlebt wird. Jeder neue Mensch, mit dem wir uns verbinden, ist eine großartige Welt für sich. Jede Kombination von Menschen in enger Verbindung ist immer unvergleichbar, absolut einzigartig in Erlebnis, Erfahrung und Weiterentwicklung zu dieser Zeit, bestenfalls auf beiden Seiten gleichzeitig. Doch jede Begegnung hinterläßt eine bleibende Spur.

Bei zahlreichen Beobachtungen und in Gesprächen wurde mir klar, daß sich Menschen selten über den energetischen und karmischen Austausch bewußt sind, der besonders stark durch die Nähe einer sexuellen Begegnung entsteht, wo Herzen spürbar nah oder körperlich direkt beieinander sind. Viele stellen nur fest, ob es ihnen danach unbeschreiblich gut geht, oder sie sich einfach nur elend oder schuldig und dreckig fühlen. Nick hatte schon immer instinktiv ein Gespür für Energien, die zu ihm passen, oder solche, die er bereits am Telefon abblockt. Was es in unserem Körper bewirkt, wenn wir uns wahllos mit Menschen einlassen, die uns nicht interessieren und die nicht zu uns passen, werde ich später noch erklären. Ist ein Callboy (oder auch jeder andere Mann, wie Ehemann, Freund, Partner) mit »eindringlichem Austausch« außerhalb der »festen« Beziehung unterwegs und kommt dann wieder nach Hause, sei es zu Frau oder Freundin, so trägt er Teile dieser neuen Persönlichkeit oder anderen Energie, mehr oder weniger passend, in sich. Je nachdem wie stabil er in sich ist, kann er diese unbeeindruckt verarbeiten oder zu ihm passend integrieren, sich abschirmen oder auch die zerstörerischen Wirkungen ausbaden. Was aber löst dies bei einer Partnerin oder einem Partner zuhause aus? Ob gewollt oder ungewollt, wirken tun Energien oder Ausstrahlungen auf alle Beteiligten, auch auf eine wissende/unwissende Beteiligte. Selbstverständlich gilt Gleiches auch für Frauen, die inkognito oder mit dem Partner vereinbart »vielseitig« unterwegs sind und bekannt- oder fremdgehen, oder die im Erotikgewerbe auf irgendeine Art tätig sind. Auch der Austausch mit vielen verschiedenen Personen gleichzeitig bildet immer eine energetische Summe und kann sehr unterschiedlich wirkende Auswirkungen haben. Das Umfeld ist immer involviert und kann die fremden Impulse auf differenzierte Weise erleben und spüren. Es muß sie ebenso verarbeiten, denn sie strahlen durch die Herzen in jedes beteiligte System aus.

Auch Tiere haben eine unverkennbare Ausstrahlung und stehen als Haustier in besonderer Wechselwirkung zu uns Menschen. Es gibt die Ansicht, daß Tiere nicht zufällig zu ihrem Menschen kommen, daß auch dabei eine Anziehungskraft wirkt. Nick bekam noch zu Zeiten seiner Ehe einen rotweißen, zehnjährigen Kater von seiner vorherigen Halterin geschenkt, die ihn, aufgrund ihrer geringen Präsenszeiten zuhause, in liebevolle Hände geben wollte. Nick kannte das menschenliebende, neugierige, selbstbewußte, angenehme und dezente Tier bereits, wollte sich aber zuerst auch nicht in die neue Verpflichtung einbinden lassen. Doch als er sah, wie angetan seine damalige Frau war, konnten beide dem »tierischen« Angebot nicht wiederstehen und der flauschige, plüschige Kater namens Pascha wechselte den Besitzer.

Es heißt, Katzen lassen sich nicht aussuchen, sondern **sie** suchen gezielt nach dem Auserwählten mit dem **sie** leben möchten, dem sie vertrauen, der sie bedient. Katzen suchen sich ihre Menschen. Nichts ist selbstverständlich, auch solch eine Bindung baut sich erst mit der Zeit auf, wenn es zwischen Mensch und Tier gut paßt. Wer ein Haustier hat, das ihn liebt, der kann sicher sein, daß er viel Liebe und Dankbarkeit, die das menschliche Herz tief rührt und nährt, von diesem Tier relativ bedingungslos entgegengebracht bekommt.

Pascha ist so ein anschmiegsames, vertrauensvolles, weises, sehr charakterwertvolles Tier. Er ging auf sehr liebevolle Art genau solch eine Bindung mit Nick ein, als er eine Zeit lang mit ihm alleine lebte. Der Kater war immer an seiner Seite, wartete Tag und Nacht auf ihn, wollte gefüttert und gestreichelt werden und gab so dem Männerhaushalt Nick-Pascha eine individuelle Tagesstruktur und vor allem ein Glück-Treue-Wärme-Gefühl. Es erwartete ihn jemand und gab ihm so auf seine Art stabilen Halt. Eine Bindung, die beide begeisterte und tief erfüllte. Pascha wurde zum einzig stillen Zeugen und privat Allwissenden und das ist er bei uns noch heute.

Mich, den Neuzugang, hat Pascha nach kurzer, aber spürbarem Beschnuppern mit in sein großes Katzenherz geschlossen. Auch meine endlos große Liebe gilt Pascha, den ich lieber passend »Plüüüsch« nenne und der mittlerweile auch auf diesen Namen hört. Wenn wir ihn suchen, sagen wir: »Wo ist denn das Fell?« Denn er hat ein ganz besonderes Fell, dies obschon er mittlerweile fast sechzehn Jahre alt ist. Daß er mir besonders zugetan ist und immer meine Nähe sucht, sagt mir, daß er längst erkannt hat, daß ich mich um ihn und für ihn sorge und seine zuverlässige »Futterfee« bin. Auch wenn er als Wohnungskatze morgens in unser Bett hüpfen darf und sich bis an unsere Nasen anschleicht, um uns durch stupsen zu zeigen, daß wir doch längst wach genug wären um ihn endlich zu füttern, versucht er seine besondere Beziehung zu mir wirken zu lassen. Nick meint, Pascha hätte eigentlich zu mir gewollt, konnte mich aber nur über ihn kennenlernen. Also schickte er Nick los um mich »an Land zu ziehen«, damit er sein Leben auch an meiner Seite verbringen darf. Wir finden den Gedanken lustig, wenn wir dabei in Paschas schnurrendes Katzengesicht schauen, das durch typisches Augenzwinkern in seiner Katzensprache Freundschaft ausdrückt. In der Anfangszeit gab Nick mir per SMS Anweisungen, wie ich erzieherisch durchgreifen sollte. Ich sendete ihm gern Momentaufnahmen über Paschas lustiges Treiben, wenn Nick außer Haus war.

Tina, 28. November 11:21
Pascha ist heute sooo insistierend schmusig wie noch nie. War eben Kaffee in Küche holen, dann prangte er sofort auf meinem Stuhl. Witzig, hab' keinen Platz mehr☺.

Nick, 28. November 11:29
Ja, der Pascha weiß sich schon sehr gekonnt in den Mittelpunkt zu rücken.

Tina, 28. November 12:31
Ja, Pascha ist halt auch ein ganzer Kerl! Lieb schmusen und dann wild rumspringen, fiktive Mäuse fangen, beißen und Krallen ausfahren ☺. Jetzt wetzt er hier rum und will spielen.

Tina, 28. November 17:38
Extremst anhänglich heute, der Pascha, und Du siehst WER heute meinen Job macht! Du, er weicht nicht von der Stelle ... uiii, entweder liegt er auf meinem Stuhl oder gleich auf der Tastatur und schnurrt mit 80 dB. Hey, ich freu' mich auf schnurren heute Abend mit Dir! Schnurrende Küsse von Lovely Thing ... Oh, Pascha macht sich's extremst bequem, obwohl Tastatur Alarmsignale abgibt. Muß ihn runterheben ☺.

Nick, 28. November 17:47
Du, der darf nicht auf den Tisch. Du mußt etwas strenger mit ihm sein, denn sonst gewöhnt er sich solchen Mist noch an.

Tina, 28. November 17:50
Er ist auch schon unten, aber gut, daß Du's mir nochmals sagst. Er macht's jedesmal, wenn ich kurz in Küche oder Bad bin. Zack, liegt er auf dem Stuhl oder PC. Bin jetzt streng!

In seinem reifen Alter hat Pascha wenig später ganz tapfer und wohlauf die zwei großen Umzüge mit uns gemeistert. In der neuen großen

Wohnung hat er sich schnell eingelebt und viele interessante Plätze ausgewählt, von denen aus er uns wachsam im Auge behält. Er gibt uns täglich ein Vielfaches von dem zurück, was er von uns reichlich und aufrichtig bekommt. Dieses »Katzengesicht« überrascht uns täglich mit immer neuer Freude. Die Zeit mit Pascha ist, außer wenn er uns nachts, laut schnurrend und mit Dingen auf dem Nachttisch spielend, weckt, immer wieder tief bereichernd und unbezahlbar.

Wenn man bedenkt, was ein Tier in unseren Herzen bewegen kann. Für uns gehört er voll und ganz dazu, denn er ist einzigartig, faszinierend, ungeahnt witzig, wild und zart verspielt zugleich, sehr wach und total schlau.

Nick gründete im Rahmen seines Living-History-Hobbys die Sippe der Suna Élivágár, deren Häuptling er ist. Der Name dieser die Spätantike darstellenden Gruppe bedeutet auf Deutsch sinngemäß »die Söhne des Ursprungs«. Élivágár ist der Sammelname für die elf Flüsse gemäß Snorra-Edda, die sich aus dem Brunnen Hvergelmir ergossen haben und die den leeren Raum aufgefüllt haben, der vor der Entstehung der Welt da war. Im Norden gefror das Wasser dieser Flüsse. Im Süden jedoch verhinderten dies die Funken der Flammenwelt Muspellsheim. Ein menschenähnliches Wesen, der Ur-Riese Ymir, ging aus dem dort entstehenden Wasser-Glut-Dampf-Gemisch hervor.

Die aufwendige Leitung und die Umsetzung der Vereinsphilosophie unter den Mitgliedern haben unter den beträchtlichen Unruhen in seinem Privatleben empfindlich gelitten. Gravierende Veränderungen wurden in der Sippe ausgelöst, so daß auch da eine neue Ausrichtung anstand. In der Sippe wählt sich jeder Teilnehmer einen Namen, passend zu seiner Person, aus einem allgemeinen altnordischen Namensverzeichnis. Unterteilt in männliche und weibliche Namen, zeigt es vielfältig woher zahlreiche unserer heutigen Namen ursprünglich stammen. Bei manchem gewählten Namen deckt sich die Bedeutung auch mit der jeweiligen Aufgabe in der Gemeinschaft.

Nick hatte damals einen altnordischen Namen, den er aber ab dem Moment als unpassend empfand, als ich ihn das Erspüren der Kräfte und die Ausrichtungen in der Namensenergie lehrte. Dies nach Klang und Gesamtmelodie der kurzen Tonfolge, die ein Name im Grunde genommen prägt.

Den heute und in Zukunft für den Häuptling passenden Namen Ásaþór spürten wir, mit dem für ihn durch mich neu erlangten Wissen über die Energie der Namen und in Übereinstimmung mit seinem Herzen, sehr sorgfältig heraus.

Es kam der Tag an dem sich Nick neu verliebte. Eine faszinierend jung gebliebene Frau, die zwar älter war als ich, die aber mit ihrem elfenhaften, zarten Wesen wie eine fünfunddreißigjährige daher kam, eroberte sein Herz. Sie ließ in ihm eine neue Qualität der Vorstellung, was Liebe sein könnte, entstehen. Mit der Erotikbranche hatte sie, laut Nick, rein gar nichts zu tun. Aber sie konnte ihn auch nicht über Nacht aus allem herauslösen und beteuerte ihm, daß ihr seine Arbeit als Callboy nichts »ausmachte«.

Nick meint dazu andere Schwingungen empfangen zu haben. Immer wieder führte gerade **das** zu Blicken und Stimmungen, die ihm ihr unausgesprochenes Unbehagen versteckt anklagend vorhielten. Aber sie beharrte bis zum Schluß auf ihrer Aussage.

Damals war sie bereits seit dreiundzwanzig Jahren eine liebende Mutter und Ehefrau, stets durch ihren geduldigen, sehr loyalen Mann abgesichert. Er wußte von ihrer Verbindung zu Nick und gönnte den beiden großzügig dieses neue Glück. Er fuhr sie zu ihm, brachte sie an den Urlaubsort, nahm an gemeinsamen Festen teil. Ich staunte! Kinder waren ihr Ein und Alles. Sie machte ihr Hobby zum Nebenberuf und praktiziert spirituelle Geburtsvorbereitung und -begleitung.

Mittelalterevents, schamanische Rituale und Träume einer fernen Welt führten beide zusammen. Sie lebten über zwei Jahre lang das, was ihnen in der geringen Freizeit miteinander für ihre jeweilige Weiterentwicklung vergönnt war zu erfahren, zu genießen und zu erkennen.

Es gibt die Betrachtungsweise, daß sie insgeheim darauf gehofft haben könnte, daß Nick sie eines Tages aus der bestehenden Ehe herausheiraten, seinen Job als Callboy aufgeben und von nun an für sie sorgen würde. Daß er sie am besten gleich mitnehmen würde in das Reich der Träume, wo sie an seiner Seite, bis in alle Ewigkeit, die »Unschuld und Reinheit« verkörpern könnte.

Nur wäre er dann vielleicht nicht mehr ganz er selbst gewesen, aufgehalten auf seinem weiteren Weg, meinte Nick. Auf Fotos stellten sie ein wunderschönes Paar dar, das sich viel zu geben hatte, aber keinen richtigen Alltag kannte.

Als ich zu erkennen begann, welche Ziele Nick im Leben hatte und wie er den Weg dorthin und sein tägliches Leben gestalten wollte, verstand ich, wieso diese Liebe viel zu schnell an ihre Grenzen stoßen mußte. Die nächste Trennung stand schmerzlich für beide an.

Nick hat sie nicht leichtfertig aufgegeben. Einstige Illusionen und Erinnerungen endgültig der Vergangenheit übergeben zu müssen, schmerzte ihn enorm. Er hätte anschließend eine Freundschaft in Ehren aus ganzem Herzen begrüßt. Doch sie war vermutlich enttäuscht, da sie noch Erwartungen oder Bedingungen pflegte. Sie sah keinen Weg mehr mit ihm diese und eine neue Ehe zu erreichen und so schien er für sie des weiteren Kontaktes nicht mehr würdig. Ich habe nie mit ihr persönlich gesprochen, noch kenne ich die gesamte Geschichte in allen Details. Deshalb ist es reine Spekulation, wenn ich im Moment annehme, sie könnte den Zustand der bedingungslosen Liebe trotz Sehnsucht danach, noch nicht gänzlich verinnerlicht haben.

Aber wer kann das in unserer Gesellschaft schon? Es sind verschwindend gering wenige, die diesen Weg überhaupt suchen. Es könnte sein, daß sie gemäß gängigen Mustern noch in Vorstellungen besitzergreifender Ideen des »haben wollen« und »verliebt sein« verharrte, anders kann ich es mir nicht erklären. Nick hat Eigenschaften und eine Lebensart, die ihr selbst fehlen, die sie aber gern in ihr Leben integriert hätte, um möglicherweise, den uns allen schnell mal innewohnenden, Tendenzen zu Eintönigkeit, Abhängigkeit und in jedem Leben lauernder Wiederholung zu entkommen.

Den einen Mann durch den anderen Mann zu ersetzen ist dabei vergleichbar mit seinen Schrank von rechts nach links zu schieben. Es hätte sich nicht wirklich was verändert. Ihre Zuneigung richtete sich vielleicht danach, in wieweit der Mann sich für ihre Belange einsetzen läßt und bereit ist wieder größtmögliche Sicherheit, Geborgenheit und Versorgung zu bieten und sichern.

Liebe zu empfinden für einen anderen Menschen ist unabhängig davon, was der andere für einen macht, dieser Zustand ist unantastbar. Alles andere ist der in unserer Gesellschaft so weit verbreitete, selten durchschaute »übliche egoistische Ansatz«, den Partner danach auszuwählen und zu beurteilen, was er für einen tun würde. Auch ich dachte einst, es sei »normal« die Liebe so zu betrachten.

Ich war zum Glück nicht der Trennungsgrund; bei den beiden war von mir nie die Rede. Aber jeder geht unterschiedlich mit diesem Thema um und vielleicht ist auch alles ganz anders. Denn auch die Sicht von Beteiligten über die Vergangenheit ändert sich mit fortschreitender Entwicklung in der Gegenwart und Zukunft. Nun, ich bin überzeugt, daß sie in den Wirren seiner Scheidung, während der er auch mit seiner Callboy Tätigkeit eine Pause einlegte, zu einem beachtlichem Teil für Heilung, Ordnung und Klärung sorgte, gleichzeitig aber neue Forderungen stellte.

Erstmals habe er durch diese, im Vergleich zu seinen früher jungen, eher sehr mädchenhaften Frauen, reifere »wahrhaftige Frau« vieles über angewandte Spiritualität erfahren und erste, bewußte Erlebnisse dieser Art mit ihr besprochen. Unbekannterweise bin ich ihr sehr dankbar für alles, was sie Nick gegeben und gelehrt hat. Sie ist die entscheidende Verbindung zwischen der damaligen Welt seiner Ehe und der Welt, die er heute mit mir lebt.

Eine Welt, die er jetzt bewußter kontrolliert, geistig und physisch ganz neu gestaltet. Alles macht zu gegebener Zeit einen Sinn. So wie ich ein Puzzleteil im Gesamtwerk von Nicks Leben bin, so ist es auch Nick in meinem, in ihrem und im Leben aller Menschen, die durch ihn, durch sie und durch mich berührt wurden und noch werden. Wir haben alle eine verbindende Wechselwirkung zueinander, was für mich durchaus stimmig ist. Längst ist bekannt: Alles wirkt auf alles, denn es gibt keine geschlossenen Systeme.

Nick sagte mir, daß auch er sich nach einer wahrhaftigen, wesentlichen, dauerhaften Beziehung sehnt, die sein Herz berührt. Daß er sich eine Frau wünscht, der er hundertprozentig vertrauen kann, die ihn auf seinem Weg versteht und unterstützt. So wie auch sie ihm voll vertrauen kann, er sie verstehen und unterstützen möchte, um ihr passenden Rückenwind auf ihrem Weg zu geben.

Denn ich hatte von Anfang an die Frage an ihn, wieso sich ein Callboy privat überhaupt bindet? Ob daß Sinn für ihn und eine mögliche Partnerin macht, ihn vielleicht schnell mal überfordert, zu viel Verantwortung auferlegt, oder immer wieder neue Verwirrung stiftet?

Seine Antwort darauf bestätigte mir einmal mehr, daß sich wirklich jeder Mensch auf diesem Planeten danach sehnt tief im Herzen verstanden zu werden. Tief in sich versichert zu wissen: Ich bin völlig in Ordnung genau so wie ich bin! Keine Zweifel zu haben oder Rechtfertigungen bringen zu müssen. Nur passende Menschen in das eigene Leben ziehen. Sich möglichst dort aufhalten, wo die größte Resonanz ist, die für einen selbst lebendig spürbar und erlebbar wird.

Nick brachte es mir total glaubhaft rüber: »Eine intakte, integre, wahrhaftige, ewige Liebesbeziehung geht mir über alles!«

SENSITIVITY *Inspirations*
bietet an:

Ausmisten! Schulden begleichen!
Was hält mich in der Vergangenheit?

Wer sein Leben entrümpeln möchte, sollte alles hinterfragen. Gegenstände, Fotos, Wohnraum, Arbeitsplatz, Menschen, Nachbarn, Freunde – überall stelle ich mir die Frage: Was paßt heute noch zu mir? Was hat sich überlebt? Vorsicht auch mit leeren Schachteln und Kartons zum Beispiel in Garagen oder im Keller. Auch diese bergen Energie der Person, welcher sie gehören. Alles zieht, wenn auch fein, an unserer Energie, die uns in der Summe woanders fehlt. Was nicht mehr paßt, sollte weggegeben oder weggeworfen werden, um Platz für Neues und jetzt passendes zu machen. Wenn das Umfeld organisiert ist, ordnet sich auch unser Inneres. Wer kennt sie nicht die befreiende Wirkung, wenn man sich alter Sachen entledigt, oder Klärung in unklare Verhältnisse bringt.

Auch Schulden sollten immer schnellstens beglichen werden. Denn wer anderen etwas schuldet, kann nicht in die Freiheit gehen. Sollte derjenige, dem ich etwas schulde, unauffindbar sein oder bereits verstorben, kann ich die entsprechende Summe jemand anderem geben, auch einer fremden Person, oder den Betrag spenden. Wichtig ist, daß ich ihn freiwillig gebe und/oder jemand anderem zur Verfügung stelle um den Ausgleich wiederherzustellen und damit sich Harmonie einstellt. Auch Dinge, die gesagt werden müssen, sollten deutlich geklärt und ausgesprochen werden, auch wenn die betreffende Person nicht für ein Gespräch bereit, oder unauffindbar oder verstorben ist. Man kann es auch einer unbeteiligten Person erzählen und dieser die Situation genauestens erklären. Einsicht und wahres Verstehen wirken befreiend.

ZEHN

TINAS VERGANGENHEIT

WIE KONNTE ES DAZU KOMMEN?
AUS TINAS SICHT

Mich interessieren keine Fassaden, denn fast alle beginnen irgendwann zu bröckeln. Das Faszinierende, Schockierende, Erfreuliche und Lehrreiche ist für mich dahinter zu schauen. Stets zu hinterfragen, was genau tut sich auf der Rückseite der Kulissen? Wie sind das Leben, die Menschen und die Welt ungeschminkt und unverfälscht zu betrachten? Die Geschichte der Menschheit ist bekanntlich geprägt von Täuschungen und Verheimlichungen bis hin zu beabsichtigt falschen Darstellungen. Polarität ist für das Kontrastprogramm des »freien Willens« vielleicht sogar erforderlich. Das bedeutet, daß man das sogenannte »Böse« nicht bekämpfen und für immer ausrotten kann, denn der Mensch kann nicht löschen, was im göttlichen Urgrund[75] existiert. Aber man kann sicherlich daran arbeiten zu verhindern, daß es bewußten Wesen, die nach aufrichtiger Entfaltung suchen, im Weg steht.

Viele Menschen sprechen heute über ihren »freien Willen« und glauben darunter eine »mäßige Kraft« der Entscheidung zu verstehen, die ihnen die Freiheit gibt, sich selbst in einen bestimmten Bezug zu dem zu setzen, was ohnehin stattfindet. Aus meiner Sicht ist das nicht so, denn:

- Freier Wille ist für mich eine tiefe Fähigkeit des menschlichen Bewußtseins, sich **nicht** zu dem in Bezug zu setzen was passiert, sondern sich unabhängig davon, aus dem eigenen Bewußtsein heraus, eine Wirklichkeit zu gestalten, die uns persönlich entspricht. Klar ist diese »Liga« nicht einfach zu erreichen. Aber es ist belanglos, ob wir das einfach finden oder nicht. Jeder »spielt« auf dem Niveau, das er für sich selbst erkannt und verinnerlicht hat. Nicht jeder Mensch hat das gleiche Bestreben und schon gar nicht jeder sucht überhaupt nach Freiheit. Allein das »Denken« macht nach George Steiner bekanntlich schon anhaftend traurig und nachhaltig betrübt. Genauso ist es müßig mit einem Einzeller über eine mögliche zweite Zelle zu verhandeln. Er braucht diese nicht, hat sie nie vermißt und wüßte auch nicht, was dadurch besser werden könnte, denn er ist »zufrieden« mit dem wie es ist. Das ist gut so, denn auch Einzeller haben ihren Sinn. Irgendwann wagen manche dann aber doch den Schritt zur zweiten Zelle und so weiter ...

- Der freie Wille, wenn angestrebt, braucht eine Richtung und er braucht Kraft. Die Richtung bekommt der Wille durch unsere Phantasie. Die Phantasie ist die Fähigkeit Schöpfungsideen des Bewußtseins in einen beliebigen Bezug zueinander zu setzen, eine beliebige Welt von Bildern zu erschaffen. Die Kraft des freien Willens ist also die Kraft der Schöpfungskräfte, zu denen wir uns wieder in Bezug setzen können. Dazu ist es gut zu wissen und anzuerkennen, daß aus uns selbst heraus keinerlei Energie entspringen kann. Sondern, daß immer nur die Energie der Schöpferkräfte durch uns hindurchfließt. Sowohl durch »die Wolke« der Energie des Körpers, mit dem wir uns so sehr identifizieren, als auch durch »den Nebel« unseres Bewußtseins. Der Raum unserer Schöpfungsideen, der ebenfalls von den Urkräften des Seins aufrechterhalten wird.

Ein beginnendes Verständnis für die Vielfalt der Beeinflussung des Lebens, für Logik, Ziele und ein mögliches Wirken der geistigen Welt und deren Kräfte auf uns Menschen, war auch mir nicht einfach angeboren. Jedes Kind ist vom Augenblick der Zeugung an und über die Geburt hinaus erst mal stark mit den Empfindungen und Reaktionen der Mutter verschmolzen. Darüber hinaus ist es auch mit dem Vater verbunden, ob er anwesend ist oder nicht, spielt dabei keine Rolle. Und genau betrachtet, mit jedem Menschen, der mit den Eltern zu dieser Zeit in Kontakt steht. Ich bin, wie jeder andere auf dem Planeten, stark geprägt von Zeitgeist, Tradition, Mentalität der Menschen und Eigenarten der Länder in denen ich lebte und lebe. Wir alle sind beeinflußt vom gesamten familiären Umfeld, vom großen Freundeskreis, von fähigen und unfähigen Lehrern, später Chefs, älteren oder jüngeren Geschwistern, von der subjektiven Perspektive der Vergangenheit, aktuellen Umständen oder der Zukunftsplanung. Oft noch unbewußt fremdbestimmt, darauf trainiert der Gesellschaft, anderen Menschen und vielerlei Erwartungen zu entsprechen und zu tun, was üblich, lukrativ, gut, sicher und möglich ist, oder generell: was andere so von uns möchten und erwarten.

Irgendwann kam bei mir, wie bei vielen Menschen, der Tag, an dem ich feststellte, daß das Leben keinen Selbstzweck hat. Sondern daß wir bestimmte Eigenschaften haben, die uns dazu dienen sollen unsere ganz persönliche Bestimmung zu erlangen. Begebenheiten, Möglichkeiten und Entscheidungen sind in unserem Leben oftmals nur Wegkorrekturen, mehr oder weniger einfach oder gar drastisch deutlich. Davon abgesehen, daß jedes Leben einzigartig ist, dachte ich, daß manche Lebenswege sehr vorhersehbar, deutlich geradlinig, präzise geplant und direkt verlaufen.

Mein Leben dagegen empfand ich schon von Kind an als verschlungen, aufwendig und sehr unübersichtlich. Zwar vielseitig, aufregend, aber auch anstrengend und im Vergleich zu den Kindern, die ich sonst so kannte, wenig normal. Aber ein durchaus privilegiertes Leben, wenn auch zum hohen Preis der steten Veränderung. Meine Schwester kam gut zehn Jahre später auf die Welt und hatte es, aus meiner Sicht des langjährigen Einzelkindes, schon etwas leichter. Aber für sie selbst war ihr Leben wieder anders widerspenstig und sicher nicht nur einfach.

Unsere Eltern sind frühe Weltenbummler, Abenteurer, Lebenskünstler und rechtschaffene, aufrichtige, ehrliche, mutige, interessierte, lebendige, witzige und immer jung gebliebene Menschen. Sie haben es vor allen Dingen bewundernswert verstanden uns Töchtern ohne Stimmungsschwankungen tiefe Werte wie Liebe, Vertrauen, offenes Kommunizieren, Selbständigkeit, Entscheidungskraft und viele humorvolle Betrachtungsweisen des Lebens beizubringen und vorzuleben. Sie haben auf ihre sehr natürliche und vor allem menschliche Art alle ihre Erkenntnisse, ihre Freude und jegliches Erstaunen und Wundern im Leben zu jeder Zeit mit uns geteilt. Noch heute haben wir in ihren Herzen und wenn wir bei ihnen zu Besuch sind, wo auch immer sie sich gerade aufhalten, ein bedingungsloses Zuhause. Beides Orte der tiefen Verbundenheit, die in ihrer Stabilität meines Erachtens kaum allein nur in diesem Leben entstanden sein können.

Durch die Auslandseinsätze meines Vaters für einen damals schon international agierenden Deutschschweizer Elektrokonzern kam es, daß er meine Mutter noch in Deutschland heiratete und, Anfang der 6oer-Jahre, im Auftrag der Firma mit ihr zusammen nach Griechenland in die Nordmazedonischen Berge zog. Bekam ein Paar spätestens neun Monate nach der Eheschließung kein Kind, wurde im Dorf schon gemunkelt, daß sicher etwas mit ihr, oder vielleicht ja mit ihm, oder gar mit beiden, nicht stimmte. Als Deutsche ließ man sich von solchen Zwängen nicht drängen. Erst zwei Jahre später war ich da. Papa kaufte sich stolz die erste Filmkamera, um alles in Bild und später auch mit Ton festzuhalten. Als blondes Kind war ich im Dorf bekannt und beliebt. Traditionell rannten die Nachbarn mir mit dem Teller hinterher und fütterten mich, nach griechischer Manier stets um mein Wohl besorgt, restlos faltenfrei. Mit zwei Jahren kam ich erstmals nach Deutschland, wo wir beruflich ständig zwischen Hamburg und Mannheim pendelten, bis die Firma uns 1972 für drei Jahre nach São Paulo in Brasilien schickte. In der Schule kam ich gut mit, hatte gerade die dritte Klasse begonnen, meine Freundinnen und Haustiere liebgewonnen und natürlich wollte ich nicht aus Deutschland weg. Eine fremde Sprache und so weit fort von den Großeltern. Das machte Angst und war für mich im Alter von noch nicht ganz acht Jahren unvorstellbar. Schmackhaft gemacht wurde mir das unbekannte Abenteuer damit, daß mir Mama versprach, ich bekäme ganz sicher einen großen, bunten Papagei und so einen netten Affen wie Pipi Langstrumpf ihn hatte. Das tröstete und überzeugte mich mitzugehen. Mehr mußte ich auch nicht wissen. Ich glaubte alles, was sie mir sagten. Damals wußte man so gut wie nichts über diese fernen Länder. Massentourismus oder bunte Reiseführer, Internet, Fax, Skype oder Handy gab es noch nicht verglichen mit heute. Man schlug den antiquarischen Familienatlas auf und bestaunte die Größe des südamerikanischen Landes im Vergleich zu ganz Europa. Monate im Voraus begannen die gesundheitlichen Abklärungen im Frankfurter Tropeninstitut. Damals impfte man noch was das Zeug hielt. Pocken-Viren wurden in einer Spezialklinik mit dem Messer eingeritzt. Gegen Typhus gab es bittere Tabletten. Für die Gelbfieberimpfung mußten wir nach München, wo wir auf dem Rückweg in einen Schneesturm kamen, der uns zwang auf der Autobahn zu übernachten. Von der Schule gab es ein notariell beglaubigtes Zwischenzeugnis für die brasilianischen Behörden. Von der Klasse ein liebes Abschiedsgeschenk, die Nachbarn tuschelten: »Die Försters wandern aus.« Unser gesamter Hausrat, inklusive meiner Spielsachen, war bereits, von der Speditionsfirma sorgfältig in Kisten verpackt, in einem Frachtcontainer zum Hamburger Hafen unterwegs. Mit dem Flugzeug reisen war 1972 noch eine privilegierte, kostspielige Sache. Ein Flugticket kostete weit mehr als ein Fahrschein erster Klasse für ein Passagierschiff. So wählten meine Eltern die zweiwöchige Reise ab Genua, dem italienischen Hafen, in der ersten Klasse des italienischen Luxusdampfers »MS Augustus«. Ich war das einzige

Kind unter den etwa dreißig gediegenen Passagieren der »First Class«. Auf dem großen Schiff schaute ich mir alles an. Ich war begeistert vom rund um die Uhr gratis Kino und lachte mit Papi über lustige Bud Spencer und Terence Hill Filme. Kleine, feine Boutiquen und sogar einen Frisör gab es an Bord, der mir lachend die frisch frisierten Perücken der Millionärsgattinnen aufsetzte, wovon meine Eltern lustige Fotos schossen. In Lissabon gab es noch einen Tag lang Landausflug, bevor wir durch die Straße von Gibraltar vom Mittelmeer in den offenen Atlantik fuhren. Zu sehen gab es tagelang in alle Richtungen bis zum Horizont nur noch diesigen Himmel und das weite Meer. Oben an Deck spielten wir Shuffleboard und bereiteten uns auf die bevorstehende Äquatortaufe im Schiffspool vor. Neptun, der Gott des Meeres, taufte mich, unter Übergabe einer Urkunde, auf den Namen »Langustina«. Er seifte mich, vor dem Sprung ins Wasser, mit Schokopudding und Sahne ein. Da ich die Jüngste war, kam ich zuerst dran und das Wasser war noch sauber. Nachdem alle getauft waren, wurde es sofort abgelassen. So hatten die Fische auch noch was davon. Ich durfte überall dabei sein, außer bei den Abendgalas. Meine Eltern waren vorgewarnt worden und entsprechend darauf vorbereitet, daß man sich auf so einem Schiff als reisende Elite ca. viermal am Tag umzuziehen hatte. Am Abend waren weißer Smoking und elegantes Abendkleid Vorschrift. Beim Abendessen standen mehrere aufmerksame, italienische Ober allein um unseren Tisch herum. Lachend beklagten sie die von Mama praktisch eßbar, kindgerecht zerschnittenen Spaghetti als »Spaaagheeetti kapuuutt«. Als Kind nimmt man das Umfeld so hin wie es ist und alles ist irgendwann normal. Wir waren umgeben vom erwartungsvollen Pioniergeist junger Diplomaten und souveränem Unternehmertum, von wohlhabenden deutschen Fabrikantenehepaaren der 40er- und 50er-Jahre, die in Brasilien längst Fuß gefaßt hatten und bekannte Millionäre und Ehrenbürger von São Paulo waren. Die sich aber mit uns »Greenhorns« gern anfreundeten, die voller hilfreicher Ratschläge, Ermutigungen und Einladungen vor Ort waren. Wir wohnten anfangs mitten im Zentrum von São Paulo im Firmenappartement des berühmten S-förmigen »Edifício Copan[76]« im achtundzwanzigsten Stock. Dort feierte ich fünf Tage nach unserer Ankunft meinen achten Geburtstag. Das Millionärsehepaar Kömmerling, Gründer von Europas führender Firma für Haustür-, Fenster- und Sichtschutz-Profile, hatte herzlich verbunden beim Portier einen goldenen »Figa« vom berühmten Juwelier H. Stern für mich hinterlegt. Dieses brasilianische »Symbol für Glück« trage ich, inzwischen auch von »Tomás Green Morton«, einem brasilianischen Heiler, energetisiert, in Verbindung mit anderen Symbolen bis heute. Die neuen Eindrücke in der damals sieben Millionen Einwohner zählenden Riesenmetropole waren überwältigend. Immer warm und täglich Sonne. Verlockende Palmenstrände, bunte, exotische Tiere, lebensfrohe rhythmische Musik, lustige Tänze und viele Menschen unterschiedlicher Rassen. Monumentale Einkaufszentren, vierundzwanzig Stunden geöffnet, sechzehnspurige Autobahnen, anderes Essen, erstaunliche Früchte, unbekannte Verhaltensweisen der Leute, überschwenglich lebensfrohe Stimmung, fremde Geräusche in der Luft der vibrierenden Metropole. Zur Deutschen Schule stand zweimal täglich über eine Stunde abenteuerliche Autofahrt durch den ganzen Wahnsinn an. Wir lebten uns erstaunlich gut ein und erkundeten jedes Wochenende alles, was sich uns ermöglichte. Bald hatte ich wieder eine beste Freundin, ein paar Haustiere und konnte ebenso gut brasilianisch wie deutsch. Meine Schwester wurde in São Paulo geboren, feierte ihren ersten Geburtstag noch in Brasilien.

Es war ein Schock für alle, als es nach knapp drei Jahren hieß: Die Firma schickt uns und andere Mitarbeiter zurück nach Deutschland! Auf demselben Schiff ging es im Oktober 1975 wieder nach Europa. Es war seine vorletzte Fahrt bevor es im nahen Osten in ein schwimmendes Krankenhaus umfunktioniert werden sollte. Diesmal wurde deshalb nur noch die Touristenklasse bedient. Zurück in die menschliche, klimatische Kälte und lange Dunkelheit unseres vermeintlichen Heimatlandes, das uns durch das berauschende Leben in der brasilianischen Ferne **mehr** als fremd geworden war. Wir konnten uns nicht mehr einleben – wir wollten am liebsten zurück oder gleich wieder weit weg, wenn auch woanders hin!

Sofort verhandelte mein Vater über neue Einsätze für südamerikanische Auslandsprojekte. Der Bau-Boom in Venezuela hätte uns schon Anfang 1976 für ein Jahr nach Puerto Ordaz am Orinoco Delta bringen können. Doch ausländische Familien waren dort, im dauerhaften Malariagebiet bei immenser feuchttropischer Hitze, in umgebauten Containerstädten untergebracht. Die behelfsmäßige Deutsche Schule bestand aus einer Klasse für alle anwesenden Schüler und es war fraglich, ob dieser Privatunterricht später in Deutschland anerkannt werden würde. Da der Aufwand für ein Jahr mit zwei Kindern zu riskant war, entschieden sich meine Eltern zu warten, bis sich im Januar 1978 die Möglichkeit für einen Dreijahresvertrag, mit Option auf Verlängerung, ergab und wir direkt nach Caracas, in die Hauptstadt Venezuelas, reisen. Dort kam ich in die siebte Klasse der renommierten »Deutschen Humboldtschule«, die nach deutschem Lehrplan mit deutschen Lehrern unterrichtete und das Abitur in Aussicht stellte. Venezuela war damals noch eine Demokratie, nach amerikanischer Lebensweise ausgerichtet und galt als gigantischer Ölproduzent als das »reichste Land Südamerikas«. Es war mit seinen Stränden die »Perle der Karibik«. Caracas hatte auf fast 1'000 Meter Höhe am »Ávila« Berg das angenehmste Klima, das wir je kannten. Das ganze Jahr konstant tagsüber bis 28°C, selten über 30°C und nachts angenehme 20°C bis 22°C. In höher gelegenen Stadtteilen auch mal nur 18°C. Zwölf Monate im Jahr angenehmer Sommer mit leichtem tropischem Wind, weshalb Venezuela auch »Land unter den Winden« genannt wird. An diese natürliche Klimatisierung gewöhnten wir uns schnell und gern. Genauso auch an unsere freizeitlichen Ganzjahresoutfits aus farbenfrohen Bikinis und frecher Bademode.

Die in europäischen Breitengraden so gehuldigten Wettervorhersagen gab es dort nicht, denn es war immer gleich schön. Die Regenzeiten waren ein tolles Abenteuer, das jeder kannte und in den Tagesablauf einplante. Dann regnete es täglich einmal zur selben Zeit für gut eine Stunde und zwar alles, was der Himmel her gab. Autos hielten dann auf den Straßen besser an und danach kam wieder die Sonne hervor so als wäre nichts geschehen. Und kalt war es ja nie. Wir waren das ganze Jahr gebräunt, denn wer konnte, verbrachte jedes verfügbare Wochenende am Strand. An verlängerten Wochenenden organisierten sich kleinere Gruppen unter Freunden für Touren durch die heißen Savannen, vorbei an Tafelbergen hin zu den Urwaldgebieten des Landesinneren. Ich heizte aber auch gern mit Papis Toyota »Macho« Jeep einfach so durch die moderne, verrückte, lebendige Stadt. Besuchte bei Tageslicht Freunde in hügeligen, vornehmen Stadtteilen. Sah Villen, die umgeben von imposanter tropischer Vegetation und voll üppiger Flora und Fauna in schönsten Gärten lagen. Tagsüber hörte man allerorts laute tropische Vogelstimmen und die Grillen zirpen. Nachts quakten die zarten, kleinen Glasfrösche. Es lebte und keimte überall. Nach **dieser** Erfahrung im Leben brauchte ich keine wechselnden Jahreszeiten mehr. Auch kein hellschwarzes Dauergrau mit ewiger Winterstarre in Pantoffelgemütlichkeit. Winterzauber in den Bergen ist etwas vom Schönsten, das ja. Aber bitte nicht das monatelange Schmuddelwetter, das allen aufs Gemüt drückt. Dafür haben wir in Europa angeblich diese, nicht nur aus südamerikanischer Sicht, so geschätzte, hohe Sicherheit und einen, statistisch belegten, noch höheren Lebensstandard.

Zum Ausgleich für so viel Schönes gab es schon damals in Caracas auf den Straßen eine bedrohlich zunehmende Kriminalität und bald überall auch eine dramatisch schwindende persönliche Sicherheit. Jeder wußte sehr genau, welche Stadtteile und Orte zu meiden waren. Was man öffentlich nicht zur Schau trug und wie man sich grundsätzlich zu verhalten hatte, um sich bei Shopping-, Kino- Restaurant- und privaten Besuchen, oder bei Geschäftsreisen im Landesinneren in höchstmöglicher Sicherheit bewegen zu können. Ohne sich unnötigen Gefahren wie Raubüberfall oder gar Entführung auszusetzen. Es passierten verheerende Dinge im Bekanntenkreis. Von schweren Überfällen Betroffene verließen umgehend das Land und versuchten auf die Schnelle in Deutschland wieder Fuß zu fassen. Manche kamen nach ein paar Jahren im für sie völlig ungewohnten Klima, und dadurch depressiv erlebten Wintern, ungeachtet vorher gemachter Erfahrungen, erneut zurück.

Venezuela wurde trotzdem **aus ganzem Herzen** zu unserer Heimat, Caracas auf **immer** zu unserem unvergleichbar schönsten Zuhause! Wir waren »eins« geworden mit dem Ambiente, der Sprache, der Mentalität, der Musik, dem Essen, den Fiestas, dem feuchten subtropischen Klima. Wir liebten unsere Freunde, die Strände, die Karibikmode und den multikulturellen Lebensstil. Ich wollte **nie** woanders leben!

Ich konnte mir nicht vorstellen jemals von dort wieder wegzugehen. Doch es kam der Tag, an dem es hieß, daß **ich** nach dem Abitur **allein** zurück nach Deutschland müsse, um dort eine anerkannte Ausbildung zu machen. Na toll! Das war unvorstellbar schlimm für mich! Ich schwor mir die Zeit genau zu zählen, um keinen Tag länger zu bleiben als ich müßte. Ich würde voller Heimweh zwei bis dreimal im Jahr nachhause fliegen – darauf konnten sie sich schon mal alle gefaßt machen!

Wer noch die legendäre venezolanische Airline VIASA kennt, bevor sie 1991 an IBERIA verkauft wurde, weiß um das spektakuläre Gefühl, wenn man trotz aller beträchtlichen Verspätungen mit diesem Flieger andächtig nachhause flog. Schon am Check-in in Zürich oder Frankfurt herrschte eine spezielle Atmosphäre und sobald man auf dem Rollfeld im Flugzeug saß, befand man sich in einer anderen Welt - man **war** bereits **in** Venezuela! Spanische Latino-Aussprache und Wortwahl, die es nur in Caracas gibt. Ausgelassenheit, Humor, Witz und immer lustige Kontaktaufnahme mit der Crew zwecks Austausches der neusten Infos aus der Heimat. Jeder Wunsch wurde einem erfüllt, oder eine wunderbar ehrliche, fast liebevolle Ausrede erklärte, warum nur gerade jetzt leider nicht. Ansagen des Kapitäns im, den Venezolanern ganz eigenen, Englisch. Es herrschte eine gemeinsame Vorfreude auf das Reiseziel, die konkurrenzlos ist. Sobald man »un caballo frenado« (eine geachtelte, ausgepreßte Limone, dazu Eiswürfel, Cola und venezolanischen Rum, auf dessen Etikett der Befreier »Simon Bolivar« auf einem sich aufbäumenden Pferd dargestellt ist) bestellt hatte und der elegante Steward sofort wußte, was gemeint war, das richtige Getränk, frisch zubereitet, fast tänzelnd und auffallend gut gelaunt an den Platz brachte, war die Welt für uns diesbezüglich darbende »Auslands-Venezolaner« wieder vollkommen in Ordnung. Unsere zwischenmenschlich wärmeverwöhnten, sehr empfindlichen südamerikanischen Herzen, die unter frostiger Reserviertheit, schroffer Nüchternheit oder kaltschnäuziger Distanziertheit fern der Heimat so manches Mal still gelitten hatten, begannen während eines solchen Fluges, in der sofort spürbar wohltuenden Aura, bereits zu heilen. »Que goze« – welch' Wohltat und riesige Freude auf dem Weg nach Hause, in Richtung Heimat, zu sein.

Freundschaften, die Familie und eine ganze Jugend blieben wieder dort, weil ich, aus diesem intensiven Lebensabschnitt gerissen, zurück mußte. Mit einem Koffer voller unbrauchbarem Karibikfirlefanz flog ich nach Europa. Winterkleidung hatte ich nicht. Geld natürlich auch nicht, denn meine Eltern hatten nicht ganz in Betracht gezogen, daß sich das Preisniveau, mittlerweile 1984, seit ihrem Auswandern drastisch verändert hatte. Fünfzig Mark die Woche sollten reichen und »ein Telefon brauchst du nicht«, hieß es, »wir hatten in deinem Alter auch noch keins«. Ich streikte! Daraufhin bekam ich eins. Nicht mal mehr diese graue Wählscheibenmaus. Sondern schon so ein, für damals ultramodernes, weinrotes, längliches Telefon, das die Tasten schick im backsteingroßen Hörer integriert hatte. Inklusive Wahlwiederholungstaste und Mithörmodus, klasse! Aber telefonieren war damals noch exorbitant teuer. Drei Minuten nach Venezuela kosteten umgerechnet fünfunddreißig Euro und was ist in aller Kürze der Familie schon groß gesagt? Nichts! Jahre später erst faxten wir uns die seitenlangen Briefe, die mit der Post gesendet wochenlang unterwegs gewesen wären, von denen einige verloren gingen oder vereinzelt zwölf Monate unterwegs waren. Skype, WhatsApp, Facebook, Twitter oder Threema wären damals **die** Rettung gewesen. Aber zu der Zeit war ich wirklich **weg** und total abgeschnitten von zuhause. Völlig entwurzelt und ziemlich allein!

Doch ich tat, was von mir erwartet wurde. Aus meiner Bleibe wurde bald eine WG mit Ines, später mit Simone. Dadurch erzielte Ersparnisse ermöglichten mir zwei weitere Heimreisen pro Jahr. Ich machte brav meine Ausbildung, begann sogar in Deutschland zu arbeiten und hatte nach zwei Jahren mein erstes eigenes Auto, einen flotten »Mitsubishi Colt«, finanziert. Eine ganz neue Freiheit! Damit war ich witterungsbeständig, gepäckflexibel und busfahrplanunabhängig unterwegs. Jetzt begann mir schlagartig alles viel mehr Spaß zu machen. Endlich konnte ich das aufgedrängte, mir so fremde »Heimatland« selbstbestimmt, detaillierter, großflächiger anschauen um einen größeren Überblick zu bekommen. Statt wie vorher und für mich umständlich einschränkend, mit fahrplangesteuerten Provinzbussen zu gondeln, die endlos im Abseits rumkurvten. Oder mich in nur von Bahnhof zu Bahnhof ratternden Zügen fortzubewegen. Ich wußte, daß ich die Zeit für möglichst viel Sightseeing, Weiterbildung, Kultur und Besuche nutzen wollte, denn ich würde nicht immer hier bleiben, dessen war ich mir latent gewiß.

Unvergeßlich war die Zeit und sehr wertvoll die Erfahrung, daß mich damals die besten deutschen Freunde meiner Eltern, unabhängig von meiner eigenen Wohnung in der Nähe, bedingungslos bei sich aufnahmen. Wie das eigene, dritte Kind hatte ich so echten Familienanschluß. Dazu flotte Gesprächspartner und vertrauensvolle Geborgenheit mit Beratung in zahlreichen, mir bisher unbekannten, Lebenslagen. Die ganze Familie war unermüdlich im Einsatz, um die Förderung meiner oft widerspenstigen Anpassung an die Gegebenheiten in Deutschland mit all ihren Kräften, Ideen und Möglichkeiten zu beschleunigen. Ich hatte bei ihnen zwei weitere, jüngere »Geschwister«, mit denen es total lustig war und wir viel gemeinsam lachten und noch mehr zusammen unternahmen. Die unübertroffene, enorm liebevolle Großzügigkeit dieser »einzigartigen Familie« war für mich sicherlich entscheidend wichtig, um viele zukunftsformende Situationen bestmöglich zu überleben.

Bis heute bleibt es für mich beispiellos beeindruckend, daß sie ohne zu zögern bereit waren, über relativ lange Zeit, **so viel** von sich zu geben und mir auch vertrauensvollen Einblick in ihr eigenes Leben zu erlauben. Sie gewährten mir ungebremsten Rückenwind wo sie nur konnten. Sie nahmen mit Freude und Interesse an vielen Episoden meines Lebens, meiner Freundschaften, Überlegungen, Pläne und Sorgen teil. Sicher gab es auch mal familiäre Hochs und Tiefs, unterschiedliche Ansichten oder ganz einfach zu viel um die Ohren. Aber ich weiß, daß wir alle so gut agierten, wie wir es in der damaligen Zeit nur konnten. Mein ärgerlicher Bänderriß beim Treppenlaufen, die Operation mit Aufenthalt im Krankenhaus und anschließend wochenlange Rücksichtsname auf das sperrige Gipsbein, waren schon einschneidende Erlebnisse für uns alle. Besonders meinen »Adoptiveltern«, wie ich die beiden liebevoll scherzend nenne, bin ich für Rat und Tat, für ihre von Herzen gutgemeinte Zuwendung in einer für mich nicht immer lustigen oder einfachen Zeit in der Fremde, weit weg vom gefühlten Zuhause, bis heute unendlich dankbar! Natürlich lebte ich mich, durch das authentische Familienleben mit meiner »Adoptivfamilie« über Jahre hinweg, derart signifikant gefördert, zu einem Teil in Deutschland überhaupt oder sogar recht gut ein und blieb um einiges länger als anfangs erwartet.

Lebensfreude und Begeisterung lebte ich im Standard- und Latein-Tanzsport an der »Kult-Tanzschule Nuzinger« in Heidelberg aus. Theorie mit Trainings in speziell dafür angesagten Discotheken und die Prüfungen durch alle Bronze-, Silber-, Gold- und Gold Star-Abzeichen, waren bis zum Schluß in Deutschland das absolute Highlight meiner Freizeit. Mit zwei nacheinander folgenden, ausdauernden, sehr geduldigen, humorvollen, charmanten, schon damals für mich recht professionellen Tanzpartnern, genoß ich mit Begeisterung die erstklassige Ausbildung bei der »Weltmeisterfamilie Nuzinger«. Ein Abschluß mit »CreaDance« fand im »Robinson Club« auf Kreta statt, wo wir am letzten Abend eine präzis einstudierte Tanzshow auf der Freiluftbühne darboten.

Aber das berufliche Leben, heute fast schon peinlich zu sagen »die Karriere«, forderte mich zeitlich mehr und mehr. Es präsentierten sich verlockende, unausweichliche Möglichkeiten zur firmeninternen Weiterentwicklung, zur nebenberuflichen akademischen Weiterbildung und räumlichen Veränderung in Richtung nahes Ausland, in die Schweiz. Leben im Ausland, wieder von vorn anfangen, auf sich **alleine** gestellt sein, jedes Detail neu zu erobern, das kannte ich ja von klein auf nur zu gut. Der nächste Schritt war in klar umrissener Sichtweite, sogar aus eigener Kraft greifbar und somit voller Freude schnell entschieden!

In Venezuela wurden die Lebensbedingungen schwieriger und härter denn je, so daß der Weg dahin zurück schon aus Vernunftgründen gehörig versperrt war. Wer heute die aktuellen Nachrichten kennt, weiß, daß dort inzwischen sehr bedauerliche Zustände herrschen und Caracas die gefährlichste Stadt Südamerikas geworden ist. Diese Entwicklung war lange abzusehen. Venezuela rangiert mittlerweile unter den zehn gefährlichsten Ländern der Welt. Meine Eltern haben 1993, nach knapp siebzehn Jahren, schwersten Herzens ihre Zelte dort abgebrochen. Kauften ein passendes Haus in Deutschland, um wenig später erneut beruflich nach Südamerika aufzubrechen. Diesmal für sechs Jahre nach Santiago de Chile. Oft betitelt als die »südamerikanische Schweiz«, besuchte ich sie auch in Chile mehrmals und lernte dort eine ganz andere Seite Südamerikas und vor allem ein völlig anderes Spanisch kennen. Ein für unser Empfinden stark gefärbtes Spanisch. Mit abgewandelter Grammatik, an den Endungen eine gehauchte, fast genuschelte Aussprache, mit impulsiver Sprachmelodie und indigenen Begriffen, deren Bedeutung wir so nicht kannten. Ein befremdenderes Spanisch als in anderen südamerikanischen Ländern. Aber doch fanden wir es angenehm, daß wir uns zumindest noch halbwegs gut verständigen konnten. Obwohl sich dort, generell betrachtet, nicht so viel eins zu eins mit Venezuela vergleichen lies, vervollständigte auch Chile unser südamerikanisches Heimatgefühl. Eine bedachtere Mentalität als die der Karibikküste, ein differenziertes Klima, das an der Küste stark durch den Humboldt-Strom beeinflußt ist. Eine großartige Hauptstadt, in der sich vierzig Prozent der Bevölkerung konzentrieren, die von der imposanten Kulisse des »Cerro El Plomo« mit 5'424 Metern und des »Cerro El Ramón« mit 3'253 Metern umgeben ist. Wenn man der angenommenen Herkunft des Wortes »Chiles« aus der Sprache der Aymara folgen möchte, bedeutet Chile »Land, wo die Welt zu Ende ist«.

Genau diese Art der Freiheit und Weite war dort zu spüren. Auch als kurzeitiger Besucher grandios zu erleben. Reisen in den Süden Chiles bis auf die Halbinsel Chiloe, zum Cerro Aconcagua, dem mit 6'962 Metern höchsten Berg Südamerikas, nahe Mendoza in Argentinien und vor allem, lange, einzigartige, gemeinsame Jeep-Touren, zusammen mit unseren Freunden in Zweier-, Dreier- und Viererteams durch die Atacama-Wüste, ganz oben im Norden in der »Primera Región« an der Grenze zu Peru, bleiben für alle Teilnehmer sehr bereichernd, unvergessen!

1993 wurde ich von meinem Arbeitgeber, mit damals noch monatelang im Voraus präzise vorbereiteter Aufenthaltsgenehmigung und sofort unbefristet gültiger Arbeitserlaubnis, in die Schweiz versetzt. Ich dachte mir, das könnte ja mal so für ein Jahr ganz interessant sein und unterschrieb den neuen Vertrag. Beruflich reiste ich von Anfang an viel in der Schweiz, in Europa und dort überwiegend in Skandinavien herum. Erneut baute ich mir ein völlig neues Leben, zunächst in Zürich, später in

St. Moritz und dann in Brugg auf. An Wochenenden und Feiertagen hatte ich fast ausnahmslos freundlich interessierten, aber auch einfach reiselustigen und neugierigen, Besuch aus dem Ausland. Ich schaute mir, mit wer immer gerade da war jeden Winkel der Schweiz an. So lernte ich das Schweizer Leben im Detail kennen und schätzen. Ich baute ein großes Verständnis auf, wie Einheimische sich hier verhalten und vor allem dafür, wie sie denken und warum sie so oder so handeln.

Unerwartet machte ich Fortschritte mit der Sprache. Mich reizte es diesen geographisch stark variierenden, interessant ausgesprochenen, erstaunlich sinnreich ausgefeilten Dialekt überhaupt erst mal richtig verstehen zu lernen. Nach Jahren des konsequenten Einsatzes meiner eigenen »Papageien-Technik«, begann ich fest entschlossen mehr und mehr selbst Schweizerdeutsch zu sprechen. Mir wurde von Anfang an, von verschiedener Seite komplett entmutigend, **dringend** davon abgeraten. Man hatte mich sogar bedrohlich ernsthaft davor **gewarnt**. Diese Sprache könne man als Ausländer **niemals** richtig erlernen, geschweige denn **je** richtig beherrschen, man mache sich höchstens nur lächerlich! Doch ich lernte von **allen** Schweizern, denen ich begegnete, etwas dazu und imitierte ihre Sprache in interessierter Perfektion. So lange, bis sich etwas in mir selbst dazu verinnerlich hatte und die Landessprache, fast schon magisch, ein Teil von mir geworden war. Ab dann ging alles von ganz allein, als hätte ich nie je was anderes gesprochen. Cool!

Die höchste Weihe und Auszeichnung für mich kam nach Jahren, als mich ein Schweizer Geschäftskollege, der mich nahtlos zwischen Schweizerdeutsch und Hochdeutsch wechseln hörte, später unter vier Augen fragte: »Wo haaaben sie sooo guuut Doitsch gelääärnt?« Diesen Moment werde ich nie vergessen.

Die wohl niemals erreichbare Perfektion geschliffener, sprachlicher Feinheiten der verschiedenen Kantone erarbeitete ich mir damals, so gut wie erforderlich, anhand der ersten SMS-Mitteilungen meiner Freunde und Kontakte. Sie schrieben mir aus ihren verschiedenen Regionen wie selbstverständlich in Schweizer Mundart. Manche Mitteilung mußte ich mir anfangs selbst laut vorlesen, um sie überhaupt und wenn möglich auch noch richtig zu verstehen. Ein einfaches Beispiel zum 1. August, dem Nationalfeiertag: »Wänd wörsch cho, wördmer d'Wörscht no usm Chueler nä.« Was auf Schriftdeutsch, wie hier Hochdeutsch genannt wird, soviel heißt wie: »Wenn du kommen würdest, würden wir die Würste noch aus dem Gefrierfach nehmen.« Oder: »Losset si, wi isch da öppe xsi – am beschte lömer da jetz' la blibe.« Was ungefähr bedeutet: »Hören sie mal, wie war das damals überhaupt – am besten lassen wir das jetzt sein ... oder geben auf.« Ja, unser deutscher Zungenbrecher »Fischers Fritz fischt frische Fische ... und so weiter.« ist **nichts** gegen die Kreationen, die hier, scheinbar keiner grammatikalischen Regel oder üblichem Satzbau folgend, völlig logisch und klar, mit flüssiger Leichtigkeit von jedem Einheimischen und natürlich auch Kindern verwendet werden.

Am Anfang hilft es sehr, wenn man zumindest weiß, daß »eis go ziehe« »ein Bier trinken gehen« bedeutet. Daß man Wein, nicht wie in Südamerika flaschen- und glasweise, oder wie in Deutschland mit einem »Achtel« oder einem »Viertel«, sondern in »Deziliter« bestellt. Also »ein Dezi«, »zwei Dezi« oder »drei Dezi« Wein zum Beispiel sind die üblichen Bestelleinheiten. Am Anfang wußte ich nicht wirklich worum es geht. »Mir gönnt go poschte« heißt nicht, daß man evtl. auf die Post, sondern ganz einfach nur einkaufen geht. Oder, wenn man mitten im Winter in der Apotheke gefragt wird: »Hend sie de Schi debi?«, keiner wissen will, ob man seine Ski dabei habe, sondern lediglich nach dem »Rezept« (dem Schein) gefragt wird. Oder, wenn bei einem Arztbesuch wegen einem kleinen Ausschlag an den Armen der Arzt teils undeutlich ausgesprochen fragt: »Hend si das au am Buuch un a de Bei«, er nicht wissen will, ob man »das Buch auch dabei hat«. Welches Buch? Sondern, ob man dieses Symptom auch an Bauch und Beinen habe. In meiner Zürcher[77] Anfangszeit, vor über zwanzig Jahren, waren das noch für beide Seiten sehr verunsichernde, sprachliche Barrieren. Ich wollte nicht auf ewig überall nur »die Düütschi si[78]«, auf deren Sprachlimitierung von allen einschränkend, teils Unwohlsein auslösend Rücksicht genommen werden muß. Sprache ist Teil der Essenz einer Nation, der ich in jedem Land mit großem Respekt und Hingabe gegenübertrete.

Beeindruckend fand ich die Korrektheit, Pünktlichkeit und Zuverlässigkeit der Schweizer Bevölkerung miteinander und mit dem Leben umzugehen. Vor allem schätzte ich wie »sicher« man hier im Vergleich zu Südamerika leben konnte. Daß man sich fast völlig angstfrei in der Natur, auf den Straßen, in der City, zu Fuß, per Fahrrad, in öffentlichen Verkehrsmitteln und auch nachts, als Frau alleine unterwegs, bewegen konnte. Die Lebensqualität, die mit dieser Sicherheit und Bewegungsfreiheit einhergeht, ist vielen Menschen, die alles für selbstverständlich halten, nicht sonderlich was wert. Oder es ist ihnen noch nie bewußt geworden, daß es auch ganz anders sein könnte. Allein schon der Luxus rund um die Uhr immer fließend Wasser (Trinkwasserqualität sogar) zu haben, in den Geschäften an jedem Ort jedes nur denkbare Lebensmittel, äußerst sauber verpackt und perfekt sortiert, angeboten zu bekommen, ist eine Wonne. Zu Fuß in die Schule zu gehen, auf der Straße Fahrrad fahren zu können, Gärten ohne hohe Mauern mit Flaschenglas obendrauf zu haben, Supermärkte und Banken betreten zu können, ohne an schwer bewaffneten Security Leuten vorbeischleichen zu müssen, Autos auf der Straße parken zu können und sie am nächsten Tag dort noch komplett intakt vorzufinden, faszinierte mich. Oder immer ein Freizeichen am Telefon zu haben, sobald der Hörer abgenommen wird, was nicht überall auf der Welt so funktioniert. Straßen ohne fehlende Kanaldeckel, ohne Schlaglöcher, in denen das halbe Auto versinkt oder mindestens Achsenbruch erleidet und wo man dann auf einen Abschleppdienst wartet, der vielleicht nie kommt. Der Lebensstandard ist spürbar einer der höchsten der Welt. Auf engem Raum wird sehr viel geboten. Ich fühle mich privilegiert hier leben zu dürfen und dank der zentralen Lage auch von hier aus immer wieder schnell mal in ganz neue Gebiete der Erde reisen zu können.

Aber genauso hart und unerbittlich spürbar ist auch der Leistungsdruck, den jeder hier zeitlebens hat. Die ausnahmslose Gehorsamkeit, Angepaßtheit und Spielregelakzeptanz, die gnadenlos verlangt wird, um allen denkbaren Erwartungen zu entsprechen. Nirgends anzuecken, ausnahmslos überpünktlich sein und stets ordentlich zahlungskräftig bei dem hier üblichen Luxus mitmischen zu können. Nach über achtzehn erkenntnisreichen Jahren bei den Eidgenossen hatte ich teils aus Überzeugung, teils auch aus Stolz auf das hier gemeisterte Leben und einem neuen echten Heimatgefühl, den zweijährigen, mehrphasigen, kostspieligen »Einbürgerungsprozeß« ins Rollen gebracht - Emil läßt grüßen. Als ich bereits mit Nick zusammen war, bin ich voller Freude, und teils mit Staunen über mich selbst und das Leben, nach zwanzig Jahren auch noch Schweizerin geworden! Wer hätte **das** je gedacht?

Wertvolle Freundschaften und nette Flirts gab es von klein an viele. Längere, lehrreiche, feste Beziehungen später einige. Als kleines Mädchen hatte ich den typischen Traum, nur **einen** Mann zu wollen und zwar gleich »den Richtigen«. »The One and Only« und **den** dann bitte für immer! Das hat sich bis heute nicht geändert. Aber wo wäre dann meine Weiterentwicklung geblieben?

Schon früh lernte ich vieles zu überdenken, neu zu betrachten, herauszufinden und zu erneuern. Die Seele stellt uns andere Menschen an die Seite, damit jeder sich über diese Menschen wieder daran erinnern kann, wer man ist und was man so Passendes für sich herauszufinden vermag. Möglicherweise ist keine einzige Begegnung mit Menschen zufällig. Vielleicht hat jedes Zusammentreffen mit jedem Menschen im Verlaufe unseres Lebens, aus Sicht der Seele, einen Sinn. »Der Mensch ist nicht hier um zu überleben, sondern um sich zu entfalten.«

Diese eigenwillige Sichtweise halbwegs anwendbar zu verinnerlichen, brauchte bei mir noch geraume Zeit. Trennungen hatte ich immer mit Schmerz verbunden, weniger mit Dankbarkeit oder gar einem geschärftem Sinn zu mehr Freiheit. Heute weiß ich, wenn wir nach diesem Sinn Ausschau halten, werden wir feststellen, daß Begegnungen mit anderen Menschen viel bedeutsamer und nutzbarer sind, als wir bisher anzunehmen wagten.

Früher gestand ich mir schon zu, daß es vielleicht zwei oder drei Probeläufe geben könnte, bis »der Auserwählte« dingfest gemacht sein würde. Mehr war zu dem Thema aus niedlicher Kindersicht gar nicht vorstellbar. Trennungen waren in meinen Teenie-Jahren unumgänglich vorprogrammiert, weil immer wieder einer von beiden in ein anderes Land zog. Wir waren zu jung, um ernst genommen zu werden oder um uns über zigtausend Kilometer zu folgen. Wir schrieben uns richtig lange und viele, teils durchnumerierte Briefe, weil einige davon immer wieder auf der Strecke blieben und wir der nachlässigen Latinopost so auf die Schliche kommen wollten. Zu besonderen Anlässen sendeten wir besprochene Kassetten über den Atlantik, bis die Sache irgendwann im Sande verlief. Manchmal besuchten wir uns noch in irgendwelchen Ferien, telefonierten ganz kurz ein paar teure Minuten, aber die jugendliche Verbindung oder junge Liebesbeziehung endete trotzdem.

Später, in Deutschland, wollte ich dem jeweiligen deutschen Partner sofort das Land zeigen, in dem ich aufgewachsen war. Ich nahm sie über Weihnachten, an Ostern oder im Sommer mit auf Tour nach Venezuela. Das war zwar lustiges Abenteuer, aber vor Ort kam nicht jeder so ganz klar mit den vielen neuen Eindrücken: Die Koketterie der Karibik, meine Verhaltensveränderung, der Kleidungsstil und die Stimmlage beim Sprechen einer ihnen völlig fremden Sprache. Schnell waren sie genervt und gereizt. Manchmal bis zum Anschlag überfordert vom auf sie einprasselnden, südamerikanisch unbeschwerten, offen gezeigten Ausdruck von Lebensfreude, von den ausgelassenen, tanzintensiven Partys und dem von Einheimischen immer mit großer Nähe und Natürlichkeit gesuchten »Miteinander«. Ende der 8oer-Jahre war der Tourismus noch nicht nennenswert über Venezuela hergefallen. Das Land war nicht wirklich bekannt. Sogar deutsche Nachbarn dachten, ich käme da von irgendwo (Zitat): »hinter Portugal.«

Heutzutage sind viele der weitgereisten Urlauber zumindest schon mal auf der Isla de Margarita, an der kultigen Playa El Agua, gewesen. Einige sogar dort am Festland an der berühmten Playa El Yáque zum Wind- oder Kitesurfen. Sogar bis nach Kavac und Canaima, zum Salto Angel, dem höchsten **freien** Wasserfall der Welt, in die einst fast unberührten Gebiete zu den Panare Indios, führen die heute verlockenden, günstigen Pauschalangebote der auf Abenteuer spezialisierten Reisegesellschaften. Dorthin, wo wir früher, mit viel Aufwand von Caracas aus, fernab der Zivilisation, tagelang mit unseren robusten Jeeps und kompletter Survival Ausrüstung, Trinkwasser sowie Proviant rationiert, auf naturbelassenen, roten Erdpisten durch tiefe Löcher und meterhoch aufwirbelnden Staub, vorbei an Tafelbergen und einzigartiger venezolanischer Vegetation, unterwegs waren. Um dann in großen, bequemen Hängematten, abwechselnd in Zweier-Teams sicherheitshalber Nachtwache schiebend, unter sternenklarem, freiem Himmel zu übernachten. Unsere kleinen Familientouren mit Freunden an nationalen Feiertagen und die einzigartigen Erlebnisse waren der unbezahlbare, wertvolle Ausgleich, für den wir die vielen Unzulänglichkeiten, des oft auch kräftezehrenden Alltags, in einer südamerikanisch organisierten, fünf Millionen Einwohner zählenden Metropole gern in Kauf nahmen. Zuhause, vor dem mit Werbung überladenen Novela-Fernseher, hingen wir selten rum. So etwas wie Langeweile, oder Schlechtwetterfrust und daraus resultierendes Gejammer, kannten wir nicht.

Flotter Merengue und Salsa-Sound hielten durch die Urlauber plötzlich Einzug in europäische TV-, Radiosender, Discotheken und Tanzschulen.

Als Anfang der 90er-Jahre selbst Ricky Martin und Shakira in deutschsprachigen Ländern bekannt wurden, war eine neue Brücke der Begeisterung und des Verständnisses geschlagen. Diese Künstler kannten wir seit sie als Kinder, nur auf Spanisch singend, in Lateinamerika ihre Karriere begonnen hatten. Nun konnten sie plötzlich Englisch und wir sahen sie als Erwachsene und Weltstars alle irgendwann in Zürich auftreten. Sehr emotionale Momente für uns! In Venezuela gab und gibt es Dutzende solcher Interpreten und einer ist besser als der andere. Wir kennen sie fast alle. Aber hier lebt eine andere Kultur. Nicht jeder Ausdruck und jede Emotion dieser Musik paßt dazu. Schon gar nicht zum kalten trüben Wetter, den zahlreichen Verboten, Richtlinien, Belehrungen und der, im Vergleich zu Lateinamerika, strukturierten Enge des täglichen Lebens.

So beschloß ich eines Tages mit dem »ewigen Leiden«, nicht mehr in der lockeren »Dauersommer-Karibik« zu leben, aufzuhören! Ich packte die umfangreiche Latino-CD-Sammlung einfach weg und startete neu durch. Mit einer jetzt zu mir besser passenden Hingabe zum aktuellen, melodiösen »Heavy Metal«. Eine ganz neue Einsicht hinter die Kulissen dieser musikalischen Welt nach der Jahrtausendwende.

Mein damaliger Schweizer Partner, der etwas aussah wie Winnetou, arbeitete jahrelang als Grafiker und Allrounder beim Label »Hall of Sermon«, der 1990 gegründeten Gothikband »Lacrimosa«. Ein zeitintensiver Job. Aber besonders während der Tourneen war er, als rechte Hand im Büro noch mehr gefragt als sonst, weil er die einzige Kontaktperson für denkbar alles war. Eines Tages sagte er, sein »Chef« und dessen Partnerin, die zusammen die Stars der Band waren, hätten am Abend einen Auftritt in einer, neu zur Konzert-Location umfunktionierten, Lagerhalle in Pratteln. Anstandshalber und aus Interesse sollten wir zur Show gehen; die Backstage-Pässe hatte er schon dabei.

So kam ich erstmals an diesen Ort und entdeckte die außergewöhnlichste Location für solche Musik in der Schweiz, vielleicht sogar in ganz Europa, die «Konzertfabrik Z7» im Dreiländereck Schweiz, Deutschland, Frankreich in Pratteln bei Basel. Obwohl anfangs relativ unbekannt und mit im Gegensatz zu heute, damals noch karger und schmuckloser Innenausstattung, startete ich mit vollem Einblick auf der «All-Access-Party« hinter der Bühne. Dort wo die Künstler Wäsche waschen konnten, wo ihre Aufenthaltsräume und Garderoben waren und Interviews gegeben wurden.

Wir feierten mit, beglückwünschten »Lacrimosa« zur gelungenen Performance und wünschten gute Reise für ihre bevorstehende mehrmonatige Welttournee. Über die Jahre hinweg kannte man sich im Rahmen von guten Gesprächen im Büro, übers Telefon, großzügige Weihnachtsessen und sonstigen Details hinter den Kulissen, die zur Entstehung und zum Vertrieb von CDs und Merchandising Material beitrugen. Wir hätten damals für jedes Konzert sämtlicher Bands im Z7 zwei Freitickets haben können und nutzten das nicht.

Erst Jahre später, als ich wieder Single war, wurde ich regelmäßige Besucherin von immer mehr Konzerten der besonderen Art. Plötzlich entdeckte und erlebte ich greifbar real namhafte Bands aus aller Welt in fühlbar berührender Nähe. Große Namen, die ich höchstens mal aus Magazinen, von verstaubten Schallplatten meiner Kindheit, oder später von ein paar aktuelleren CDs her kannte, standen jetzt wie neu, live, professionell, besonders durch ihre eigene Weiterentwicklung beeindruckend, auf der überschaubaren Bühne. Direkt vor uns, so spürbar nah, menschlich, wahrhaftig, überzeugend, freundschaftlich, fast familiär, beinahe wie in vertrauter Wohnzimmeratmosphäre. Und das Z7 wurde über Jahre hinweg sowas wie mein zweites Wohnzimmer. Das war »heiliger Boden«, ein magisches »Metal-Mekka!« Energien wurden gebündelt versprüht, die es nur hier zu erleben gab ... und wie!

Ein ganzer Stapel im Voraus gesicherter Tickets prangte zuhause an einen Sichtbalken gepinnt und strukturierte auf angenehme Weise die Freizeit. Da die Dinger alle gleich aussahen, war es immer eine kleine Herausforderung jeweils mit dem richtigen Ticket ans entsprechende Konzert zu gehen. Nicht mit dem Doro- oder Amon Amarth-Ticket versehentlich am Iron Maiden-Konzert im Hallenstadion oder am Metallica-Open Air zu erscheinen. Im Zuge des Nachholens von Dingen, die ich in meiner Jugendzeit in Südamerika nicht erleben konnte, schaute ich mir hier im Zürcher Hallenstadion nun auch die Auftritte von Limp Bizkit, Nena, sogar Otto, oder Eros Ramazotti, Christina Aguilera, Rihanna, Nightwish, David Garrett und Madonnas erstes Schweizer Open Air auf dem Militärflughafen in Dübendorf an. Aber das waren Shows, die mit dem Publikum wenig bis gar nicht in Kontakt kamen und sie liefen bei mir unter »Allgemeinbildung« im Sinne von »besser spät als nie«.

Wer das Z7 kennt, weiß um das intensive Erleben der durchaus anspruchsvollen, klassischen Kompositionen, der Ausnahmemusiker und der dazugehörigen Juwelen so manch begnadeter Stimme charismatischer Frontsänger, dies aus allernächster Nähe. Inzwischen gibt es eine weiterhin wachsende Zahl an faszinierenden, umwerfend hübschen und äußerst passend zu Sound und Musikstil gekleideten Sängerinnen in Metal-Bands. Von diesen mich überzeugenden Ladies haben viele eine eindrückliche, ausdrucksstarke Opern- oder immerhin überhaupt eine klassische Gesangsausbildung.

Mich persönlich fasziniert diese Ausstrahlung und Präzision junger Metal-Bands. Wie sie erstaunliche musikalische Qualität, aufgrund von Vorbildern des klassischen Metals der 70er- und 80er-Jahre, gepaart mit fundiertem, musikalischem Verständnis ihres Instrumentes und der heutigen Ton- und Bühnentechnik, hervorbringen. Die erst in den letzten Jahren entstandene Vielfalt an »Symphonic Metal«, »Trash Metal«, »Progressive Metal«, »British Progressive Metal«, »Power Metal«, »Nu Metal«, »Metalcore«, »Melodic Metal«, »Industrial Metal«, »Heavy Metal«, »Grunge«, »Gothic Metal«, »Death Metal«, »Atmospheric Metal« und »Alternativ Metal«, um mal nur ein paar der angesagtesten Stile zu nennen, ließ mich nicht mehr los. Je mehr ich selbst davon hören, sehen und erfahren durfte, desto härtere Gangarten konnte ich von der »Metal-Genialität« verstehen. Die richtig **heftigen** Sachen, die man am besten nur mit Gleichgesinnten live erlebt, oder nachts alleine »fucking loud« auf der Autobahn im Auto hört, ohne jemand unschuldigen damit zu belästigen, werden überwiegend von Männern gemacht. Auch überwiegend nur von Männern für gut befunden. Es gab Konzerte, wo ich mich unter den dunkel gekleideten Gestalten umschaute und dachte, ich sei wahrscheinlich die einzige Frau an dem Abend. Zumindest habe ich vielleicht anwesende Frauen kaum als solche erkannt.

Jede Band, jede Musikrichtung zieht ihr ganz eigenes Publikum an. Klar, wenn ein Magnet wie Joey Tempest mit EUROPE »The Final Countdown« schmetterte und leibhaft in Persona (unglaublich, nach **der** Karriere) auf der kleinen Z7-Bühne stand und uns glücklich anstrahlte, waren zu gefühlten neunzig Prozent nur kreischende Mädels und Frauen da. Aus dieser Nähe war Joeys charismatische Power nach einer Woche noch am ganzen Körper zu spüren. Trotz der sonst meist harten, aggressiven Musik, habe ich die Besucher und die Atmosphäre auf den perfekt organisierten Konzerten in der Schweiz immer ausnahmslos entspannt, sehr sicher, total friedlich, freundschaftlich, tolerant, rücksichtsvoll und in einem respektvollen Miteinander erlebt.

In meiner vollsten emotionalen Verbundenheit war ich diesen Männern auf der Bühne oft einfach nur dankbar, daß es sie in der Art gab. Daß sie für sich und uns paar Zuschauer solch eine »geniale« Musik machten! Sich mit Leib und Seele konsequent dafür einsetzen, so daß die Perfektion von Jahr zu Jahr sogar noch zunahm ... grandios!

Ausstrahlung und Wirkung dieser oft völlig verkannten, stark unter Vorurteilen leidenden oder einfach nur unbekannten Musik, entspricht und entspringt nach meiner Erfahrung einer immensen Energiequelle. Die wir, wie jede andere Faszination, auch zur Motivation in unserem Leben nutzen können. Sicher sind die Darsteller oder ihre Darbietungen nicht jedermanns Sache. Aber wie überall, gibt es auch da signifikante Unterschiede. Große Achtung habe ich vor diesen Bands und allen anderen Künstlern dieser Welt, weil sie Reisestrapazen fern der Heimat auf sich nehmen. Dabei unzählige, disziplinierte, aber sehr leidenschaftliche Auftritte auf die Bühnen schmettern, um uns Zuschauer für ein paar Stunden an ihrem Traum teilhaben zu lassen, indem sie uns das Extrakt ihrer Musik oder Kunst hautnah präsentieren. Sie lassen diesen gewissen, international verbindenden, energiesprühenden Funken überspringen, der, wie eine stabile, harte Währung mit weltweiter, grenzenloser Gültigkeit, seine Anhänger um den ganzen Globus restlos begeistert. Mit Sicherheit gibt es sinnlosere Jobs!

Obwohl auch Heavy Metal Teil des Prozesses der Globalisierung ist, entsteht dadurch etwas Einzigartiges. Immer mehr Menschen auf der ganzen Welt fühlen sich dem »Metal« verbunden. Egal was für einen kulturellen oder religiösen Hintergrund sie haben. Sie konsumieren oder hören nicht einfach nur Metal, sondern erschaffen sich damit ein neues Ventil, das es so in ihren traditionellen Kulturen nicht gibt. Metal wird zur Stimme, die den Ärger ausdrückt über das Chaos und die Unsicherheit einer sich mehr und weniger in Ungewißheit befindlichen Gesellschaft. Für »Metalheads[79]« überall auf der Welt ist Metal weit mehr als nur eine Musik, mehr als nur eine Lebenseinstellung.

Metal ist **die** große, unstillbare, ewige Sehnsucht nach »Freiheit«. Trotz der Verschiedenheit der Nationen sind über diesen »Sound« alle gemeinsam zu einem starken »weltweiten Stamm« vereint.

Entgegen gelegentlichen Tendenzen zur Aversion von »Nicht-Insidern« solchen Konzerten gegenüber, ermöglicht diese Musik mit den dazugehörigen Stimmen starke, tiefe bis hin zu heilende Emotionen. Aber ich weiß, daß es viele Menschen von vornherein, trotz mangelnder eigener Erfahrungen oder wegen eines einmal gefaßten Urteils, nicht interessiert. Daß sie alles, was damit auch nur entfernt zu tun hat, vorsorglich und entschieden ablehnen. Gut, das ist okay so, denn sie haben sicher anderes, was sie auf ihre Art fasziniert. Auch wenn dieses

Desinteresse nur aus »einfach seine Ruhe haben wollen« besteht, habe ich Verständnis dafür. Es geht mir ja genauso, wenn mir jemand etwas näher bringen möchte, wozu ich innerlich keinerlei Verbindung aufbauen kann. Dann ist es, ungeachtet dessen worum es noch so genial gehen möge, sinnlos ... vergiß es! Gemäß eines Vergleichs von »SETH« in den Büchern von Jane Roberts, erinnert mich genau das an **den Versuch, eine Rose mit der Zahl drei zu erklären.**

Meine musikalische Liebe gilt von Anfang an auch vielen Techno-Stilrichtungen, wie Trance, Ambient, House, Goa Trance und Industrial. Soeben habe ich mit meiner Schwester die 23. Zürcher Streetparade erlebt, die wieder einmal etwas von Feinsten in der Richtung war. Heute, mit knapp einer Million Teilnehmern, gilt sie als die größte Parade dieser Art weltweit. Sie steht für Liebe, Frieden und Freiheit in der Welt und wird von den Menschen auf sehr eindrückliche, einzigartige Weise mit aufwendigen, einfallsreichen Stylings und ca. 30 imposanten »Love Mobiles« zelebriert. Wir sind jedes Mal begeistert und freuen uns immer wieder aufs Neue, mitten in der großen Party dabei zu sein, Menschen und Musik so nah zu spüren. Ebenso berührt mich teilweise Klassik, vor allem wenn sie so flott und perfekt präsentiert wird, wie zum Beispiel von David Garrett. Freude am vermittelten Gefühl und Ausdrucksstärke sind mir lieb und teuer, auch wenn es um schwermütige Kompositionen geht. Authentizität ist immer ein Volltreffer!

Spannende, sehr lebendige, teils rasante Liebesbeziehungen mit Jungs, und später mit Männern in ungefähr meinem Alter, gehörten immer zu meinem Leben. Wir erlebten viele dem Alter entsprechende Abenteuer und bereicherten mit Illusion und voller Phantasie unsere Herzen, unseren Geist und Körper. Große Altersunterschiede waren früher nie mein Ding, bis sich dies, wohl aufgrund des reiferen Alters, von allein relativierte. Die Partner wurden eher noch jünger. Wesentlich ältere Männer empfand ich selten passend, denn ich war ihnen zu anstrengend und sie erinnerten mich an meinen Vater. Da ich eine intakte Vater-Tochter-Beziehung habe, mußte ich auch kein Manko mit einem zehn, zwanzig oder dreißig Jahre älteren Mann ausgleichen, der mir, wie es oft so altmodisch hieß, »ein Leben bieten« würde. Ich hatte Eltern, die mir ein Leben geboten hatten und jetzt organisierte ich es schon lange selber, dachte ich. Es gibt immer überall auf der Welt viele verschiedene, das eigene Wesen bereichernde, faszinierende Menschen, mit denen es sich **sehr** lohnt eine gute Zeit zu verbringen und gemeinsames Erleben und

Erkennen zu genießen. So kam ich nie auf die Idee mich festzulegen oder gar zu heiraten. Was tiefe Werte und aufrichtiges Miteinander, aus meiner Sicht, zum Glück nicht ausschließt!

Mich im klassischen Sinne »unterzubringen«, finanzielle Absicherung und die damit verbundenen materiellen Verwicklungen anzustreben, und dann darauf zu spekulieren, daß diese Verbindung, »egal was passiert«, bis ans Lebensende schon irgendwie gut funktionieren würde, oder im anderen Falle gar aushalten zu müssen, war nicht mein Weg. Obwohl ich diese Konstellation um mich herum, zuerst hin und wieder und dann zunehmend häufiger, beobachtete.

Alle Ehren den Menschen, die eine lebenslänglich passende Partnerschaft auf Anhieb, oder später, finden und diese dauerhaft eingehen. Bei denen die »Bilderbuchehe« vorgesehen ist und durch alle Phasen des Lebens, sagen wir wohlwollend, das meiste so verläuft wie ersehnt. Gibt es ganz bestimmt und dies bringt ja auch passende gemeinsame Entwicklung. Jeder Mensch steht an einer anderen Stelle und hat eine andere Absicht und somit seine Aufgaben zu bewältigen oder Wege zu gehen, die einen anderen nicht belangen oder zuteilwerden. Das muß man gar nicht diskutieren, das ist völlig okay wie es ist. Jeder wird fühlen, was für ihn selbst an der Zeit zu leben ist. Partnerschaftlich in allen Belangen, die es im Leben zu entwickeln gilt, auf **eine** Person fixiert und ein noch unbekanntes, langes Leben lang mit diesem Menschen unterwegs zu sein, klingt romantisch und sehr verlockend. Schien mir aber immer zu riskant und weit gefaßt zu spekulativ. Für manche ist genau **das** der bestmögliche Entwicklungsprozeß. Für andere eine Zeit lang der passende erkenntnisbringende Weg und Veränderung nicht weiter tragisch. Es wurde mir mal, wohl zur Beruhigung, ganz interessant erklärt, daß je später oder älter man heiratet, so auch die gemeinsame Zeit entsprechend kürzer wird und damit die Chance auf »Gelingen« und »Erträglichkeit« möglicherweise sehr viel größer sei. Aha!

Schon was ich durch kleinste Einblicke im weit gescannten Umfeld, mit meiner sicherlich sehr eigenwilligen Betrachtungsweise, zu Gesicht bekam, schob diese Lebensvariante für mich ganz früh in den Bereich, der außerhalb meines Vorstellungsradius lag. Ich bestaunte Anfang zwanzig zwar meine Freunde, die fast über Nacht solche Entscheidungen trafen. Die wild entschlossen heirateten, mich auf ihre recht kostspieligen, rauschenden Feste einluden, sehr jung die ersten Kinder hatten, sich aber (bis auf ganz wenige, geschätzte Ausnahmen) schon nach für mich irritierend kurzer Zeit wieder grandios trennten. Vor allem aus

was für Gründen! Ziemlich kraß, was ich in langen Telefonaten, Briefen oder bei Treffen so erfuhr! Andere kommunizierten gar nichts, tauchten unter und wieder auf oder ganz ab. Diese erste Scheidungsrunde im Bekanntenkreis, im Alter zwischen Ende zwanzig bis Ende dreißig, hatte ich mir für mein Leben schon mal gespart!

Über das »normale Familienprogramm« konnte man also mit mir, als mögliche Partnerin für derartige Vorhaben, nicht reden. Trotz bestem Vorbild aus dem Elternhaus wollte ich noch nie heiraten, bin deshalb auch nicht geschieden und habe bewußt keine Kinder. Beim »Doppelklick« auf den »Kinderbutton« kam immer »leere Datei« oder »Datei nicht gefunden«. Ich folge hier meiner inneren Stimme. Wohlwissend, es hätte auch alles ganz anders sein können, wenn man bedenkt, daß jeder Mensch immer die Summe aller Möglichkeiten zur Verfügung hat.

Irgendwann fiel mir auf, daß fast alle Partner, mit denen ich eine Trennung durchlebt hatte, unmittelbar nach mir, mit der nächsten Frau mindestens ein Kind oder mehrere Kinder hatten. Ich vermutete, wenn dies ihr Schicksal sei, so mußten wir auseinandergerissen werden, da sich mit meiner inneren Ausrichtung dieser Weg nicht gehen lies. Nicht jeder war glücklich mit den Kindern, den Frauen, den Umständen, die dazu geführt hatten. Aber sie hatten es sich angezogen und waren erst mal auf Jahre hinaus ordentlich verwickelt oder zwangsgereift.

Ich weiß, daß Kinder extrem im Herzen berühren können. Dafür sind sie auch da. Ihre Blicke können scharfsinnig voller Poesie, Unschuld und Zärtlichkeit sein. Wer Kinder hat, für den sind sie der Sonnenschein, ein Lebenselixier, oft der Sinn für Existenz und Streben. Aus meiner Sicht soll liebend gern jeder sein süßes Kind oder viele liebe Kinder haben, wenn das für denjenigen zur Freude am Leben, Kultur, Tradition und Religion gehört. Jeder, den es im Herzen dazu drängt neues Leben zu ermöglichen, obwohl die Menschheit aus allen Nähten platzt. Oder wer durch eigene Kinder selbst noch innerlich wächst. Wer eigene Sichtweisen vertieft, sich, durch die Augen seines Kindes betrachtet, weiterentwickelt, sich selbst damit heilt oder Sinnhaftigkeit, neue Lebendigkeit, Rentenbeiträge und menschliche Zukunft generiert.

Auch Eltern, die unerwartet wie die »Jungfrau zum Kind« gekommen sind, erkennen meist bald schon ihre unverkennbare Aufgabe, den möglichen Sinn, oder ihre damit verbundene Absicht sich im Leben auszudrücken. So ein richtiges Familienleben ist zwar aufwendig, aber durchaus eine tolle, bereichernde Lebensform. Ich bin gern zu Besuch bei solchen »IKEA-Familien«. Auf meiner Festplatte wurde irgendwie keine

Babysoftware installiert. Der Server oder Hersteller meines Lebensprogramms stellt nichts zur Verfügung. Oder ich habe all das geschickt ausgeblendet und nicht rechtzeitig die passenden Apps heruntergeladen. Warum genau, konnte ich mir noch nicht erklären, aber es ist gut so wie es ist. Vielleicht hätte ich es nicht ertragen, wenn meine Kinder später in der Schule auf unpassende Lehrer, sie verbiegende Lehrpläne oder lieblose, alle über einen Kamm scherende Bewertungssysteme gestoßen wären. Vielleicht hätten sie sich mit Leichtigkeit gut durchgeboxt und ich habe sehr Wertvolles verpaßt. Mag sein.

Verzeiht, aber Kinder sehe ich manchmal auch als schwarzes Loch, in das Zeit, Geld und Haare der Eltern verschwinden, oder sehe sie als sehr geschickte, kleine Vampire. Die ihren nicht selten überforderten Eltern gnadenlos und gierig Energie, in jeder nur möglichen Form, zugunsten ihres jungen, hungrigen, neugierigen Lebens, regelrecht aussaugen, abquengeln, abzwingen und abringen. Und das zu Recht, wenn man bedenkt, daß sie **anders** sein wollen, aus allem **neu** hervorgehen müssen. Nur selten in die Fußstapfen der Eltern treten und sowieso alles ganz anders und möglichst modern machen möchten. Wie auch immer es sich darstellen möge, sie können mit Sicherheit sehr viel Schönes ins Leben bringen. Aber verwickelt ist man mit ihnen auf Lebzeiten, das sehe ich ja schon an meinen Eltern und mir. Wenn Kinder, dann sollten sie wirklich erwünscht sein und liebevoll, bewußt gefördert werden.

Eigene Kinder könnte ich mir erst vorstellen, wenn die Selbstverantwortung auf der Welt drastisch erkennbar zunehmen würde. Wenn mehr Raum für Liebe und Verständnis unter den Menschen geschaffen ist. Im Moment ist die Welt noch geprägt durch zu viel Isolation vom Wesen, Gier, Angst, Kontrolle, Manipulation, Schuldzuweisungen und Opfergefühl. Vielleicht sucht schon bald der »neue Mensch«, also die Kinder von heute, nach mehr Liebe, Freude, Verständnis, Harmonie, Nähe und nach Entfaltung des unkalkulierbaren Neuen. Dann sähe die Sache gleich ganz anders aus. Dann wären Nick und ich sofort mit vielen eigenen Kindern aus ganzem Herzen gern dabei.

Es gibt die Idee von karmischen Verbindungen, also das Weitergeben ungelöster Familienproblematiken von Generation zu Generation, im Sinne einer »geistigen Vererbung«. Zum Beispiel die gleiche Denkweise oder gleiches Umgehen mit Situationen haben. Dies alles so lange bis Erkenntnis kommt. Die sich dann, wenn sie erlangt wird, gleichermaßen in die Zukunft und in die Vergangenheit (das auch bei längst verstorbenen Generationen) heilend und konfliktlösend ausbreiten kann.

Karma löst sich meiner Meinung nach nicht, wie oft mißverstanden, durch ergebenes Ertragen auf, sondern wie eben schon erwähnt, durch die entsprechende Erkenntnis. Ich wäre froh, wenn an meinen Problematiken niemand anderer mehr herumbasteln müßte, sondern möglichst alles von mir selbst geklärt würde. Wer weiß, aber wie heißt es doch so schön? ... da »karma« halt nichts machen ...

Obwohl das auf Vertrauen basierende Dauer-Ehe-Modell meiner Eltern mich stark prägte, heutzutage so ohne weiteres aber nicht ganz so leicht nachzuahmen ist, war dies schon lange nicht mehr das erklärte Ziel. Jede eigene Beziehung, auch wenn sie kürzer war als »für immer«, ist mir immer wertvoll und liebgewonnen gewesen. Gern erinnere ich mich an jeden meiner Partner und die Tage, Wochen, Monate oder Jahre voller freudiger und unbeschwerter Zeiten. Klar gab es Herausforderungen, die dem Zeitgeist oder unseren Fehleinschätzungen entsprachen und gelöst werden wollten. Gemeinsam verwirklichten wir aber unsere Träume, bauten gemeinsames Leben, Berufe und aparten Wohnraum auf. Wir lebten Leichtigkeit und Freude, wollten möglichst unbeschwert sein und philosophierten immer besser und weiser anhand wachsender Lebenserfahrung. Besonders freuten wir uns über gemeinsame ferne Reisen, hatten unsere ganz eigenen Ziele, keinerlei Zweifel an dem »für immer« und vertrauten einander. So wie wir auch Gott und der Welt manchmal blauäugig vertrauten, weil wir vertrauen wollten.

Trotzdem muß mir bei aller Euphorie irgendwie Entscheidendes entgangen sein! So peinlich, kläglich oder offensichtlich das dann ist, wenn andere über Trennungen, bei denen die Fetzen flogen, urteilend sagen: »**Das** hätten wir dir **gleich** sagen können.«

Vermutlich glaubte ich bei menschlichen Beziehungen noch an so was wie den »Weihnachtsmann«. Ich hatte ganz einfach nie damit gerechnet von Menschen, mit denen ich alles im Leben teilte, und irrtümlicherweise meinte Nähe und Verständnis im Herzen zu leben, wissentlich hintergangen und bewußt angelogen zu werden. Was hin und wieder auch in den besten Familien vorkam. Wohlbemerkt, nicht mit allen, die Ausnahmen auf ewig in Ehren!

Manche hatten gar kein schlechtes Gewissen dabei zu lügen, da sie Lügen gar nicht als solche erkannten oder sie großzügig vor sich selbst ausblendeten. Sie argumentierten, dieses Verhalten stünde ihnen als Mann, wegen ihrer Nationalität oder unter den speziellen situativ bedingten Umständen zu, das sei doch nur normal. Was hätten sie denn sonst tun sollen? Lügen hatten immer kurze Beine, manche hatten gar keine Beine. Aber sie wurden eifrig genährt, um das abenteuerliche Lügenkonstrukt möglichst lange aufrecht zu erhalten. Vielleicht, um sich die Bequemlichkeiten zuhause, oder die Illusion ein toller Hengst und im Recht zu sein, vor sich selbst möglichst lange zu bewahren. Mit großer Wahrscheinlichkeit zum Teil auch aus dem gleichen Grund, den Wilhelm Busch vor langer Zeit in seiner »Kritik des Herzens« schon trefflich formulierte: »Wer möchte diesen Erdenball/Noch fernerhin betreten/Wenn wir Bewohner überall/Die Wahrheit sagen täten.«

Auch Halbwahrheiten waren eine gern angewendete Strategie. Das Unpassende wurde einfach weggelassen. Schlimmstenfalls so argumentiert, daß ja nicht danach gefragt wurde. Aber die Energie der Lüge ist spürbar fühlbar, fast schon sichtbar. Irgendwann bekommt jede(r) Hintergangene zumindest eine Ahnung von dem, was verheimlicht wird. Bis sich die Wahrheit durch die unglaublichsten Zwischen-, Zufälle oder Persönlichkeitsveränderungen offenbart und alles immer verletzend und schmerzhaft ans Licht drängt.

Ich, als gnadenlose »Hinter-die-Kulissen-Schauerin«, mußte allerdings dann mit dem zurechtkommen, was ich dort sah, und daraus resultierend schnell neue Entscheidungen treffen. Es gibt Frauen, die mir sagten: »Ach, was ich nicht weiß, macht mich nicht heiß«. Aber wollte ich in solchen unehrlichen Verschleierungen leben? Entschieden nein!

Geschlagen wurde ich nie. Gewalt oder Mißbrauch waren zum Glück niemals ein Thema. In meiner Blauäugigkeit schmerzte es mich früher sogar in jungen, eheähnlichen Partnerschaften solche Dinge herauszufinden wie zum Beispiel: Ein vor mir verheimlichter, oder überhaupt ein Drogenkonsum, von Joints bis Heroin und jeder Menge Ecstasy. Im Nachhinein bereute, parallele, verschwiegene Affären, auffallend herablassendes Schlechtmachen von Frauen, mit denen genau **das** lief, was abgestritten wurde. Viele Frauen haben sicher weit Gravierenderes erlebt. Mich befremdete schon, wenn mal während krankheitsbedingter oder beruflicher Abwesenheit fremde, für mich wenig vertrauenswürdige Personen bedenkenlos in unsere Wohnung, oder andere Frauen in unser Bett gelassen wurden. Wenn eine frühere Ehe einfach nicht erwähnt, jahrelang ein Kind verschwiegen, gemeinsames Geld in beachtlichen Mengen veruntreut, die Miete auf Monate nicht bezahlt wurde, ich aber schön brav meinen Anteil übergab. Heimlich mit meinem Auto ohne Führerschein gefahren wurde, bis es mir die Nachbarn erzählten, lange unbemerkt der Weinkeller leer gesoffen wurde, die Flaschen kopfüber, aber jetzt leer, wieder ins Regal geschoben wurden. Dazwischen versteckte Pornoheftchen, deren Besitz abgestritten wurde, um mal eine Handvoll einfachste Beispiele zu nennen. Gravierenderes lasse ich weg, es macht keinen Sinn sich daran zu erinnern.

Heute verstehe ich die Hintergründe und was daraus zu lernen war etwas mehr. Habe das meiste davon relativiert und erkenne, was in den Personen damals vor sich ging. Aber das auch nur aufgrund jahrelanger Übung durch die Augen der anderen zu schauen. Eine Kunst, die ich früher nur spärlich bis gar nicht beherrschte. Heute wohlwollend und mir sehr hilfreich ständig erweitere und möglichst überall praktiziere.

Früher schon hat mich Unehrlichkeit maßlos genervt und immer eine Trennung veranlaßt. Ich wollte erzwingen, daß andere **so** mit mir umgingen, wie ich mit ihnen umging! Aber das lief so nicht. Ein Ungleichgewicht von dem sicherlich viele Menschen ein Liedchen singen können. Auch heute kann ich darüber nicht unbedingt nur lachen und sagen: »Ach, das war ja alles nicht **so** schlimm« oder »die Zeit heilt **alle** Wunden.« Nein, so ist es eben **nicht**! Die Zeit heilt gar nichts, indem sie einfach nur vergeht und das berühmte »Gras drüber wächst«.

Bei dieser Taktik verdrängt man ja nur. Es war zu der Zeit maximal schlimm, weil ich weiß welche Konsequenzen dies für mich seinerzeit, auf Grund von Dummheit und Gemeinheit anderer, mit sich brachte und weil ich zuvor etwaige Warnzeichen nicht erkannt hatte. Vielleicht auch all das Begünstigendes zugelassen hatte.

Ich dachte oft über »verzeihen« nach. Aber wie soll das gehen, ohne daß der Verursacher und daran Beteiligte etwas verstehen, einsehen oder ändern? Sich womöglich weiterhin genauso oder schlimmer noch verhalten, sich neue »Opfer« suchen, oder wie scheinbar »zu Unrecht geprügelte Hunde« von dannen ziehen? Gäbe es eine gut sichtbare Kennzeichnung für »rücksichtslose Arschlöcher«, wären wohl einige Menschen ziemlich verunstaltet, aber Gutgläubige oder Träumer besser gewarnt. Eine direkt auf die Stirn tätowierte »Schadstoffklassifizierung« für »schlechte Charaktereigenschaften« gibt es leider nicht. Wäre ja auch gemein für die Wenigen, die sich plötzlich doch noch positiv verändern, wenn ich an dieser Stelle ein klein wenig zynisch sein darf. Wir können nur unsere Sinne und Wahrnehmung schärfen, um sie zu entlarven und konsequenterweise gar nicht erst in unser Leben zu ziehen.

Heute weiß ich, daß verzeihen bereits »urteilen« ist und es somit als Freigeist niemals etwas zu verzeihen gibt. Durch das Verzeihen maßt man sich den «Größenwahn« an zu wissen, was richtig oder falsch, gut oder schlecht, passend oder unpassend für andere ist. Nur ein tiefes »verstehen« sei angebracht, heißt es, warum jemand tut oder tat was er tat, mehr aber auch nicht. Man läßt jedem den »Freiraum« so zu sein wie er sein möchte. Soll das heißen, wer beispielsweise durch andere verursacht zu emotionalem Schaden kommt, springt halt mal über den eigenen Schatten und läßt Fünfe grade sein, und hat dann selbst daran zu arbeiten, denn schließlich ist jeder so wie er ist? Nicht einfach!

Heute grinse ich breit, wenn ich bedenke, mit was für Ärger wir uns abstrampelten, bis wir uns besser durchs Leben oder facettenreiche menschliche Schwachstellen manövrierten. Doch als damals die fetten Lektionen zuschlugen, war das besonders tragisch für das Herz.

Ich hatte nie mit der anschließenden Feigheit oder Unfähigkeit mancher Partner und Freunde gerechnet, wenn es darum ging, die Scherben und Details einer Trennung ruhig und sachlich zu klären. Nicht daß das »Zusammensein« mit mir immer nur einfach gewesen wäre. Vieles habe auch ich verbummelt, viel zu lange nicht durchschaut. Mich sicher mehr als genug ungünstig oder mäßig passend für die Belange meiner Partner eingesetzt. Ganz sicher war bei Trennungen alles von beiden Seiten her belastend, weil durch elende Erwartungshaltung geprägt.

Aber hey, ich habe meines Wissens niemanden emotional oder gar finanziell derart ruiniert, daß dadurch seine Festungen aus heiterem Himmel irreparabel zugrunde gerissen worden wären. Anschließende »es tut mir alles so leid«-Bekundungen und gar eindrückliches »um Verzeihung flehen« erhörte ich zwar, aber ich hatte meine andere Art der Härte: Es gab bisher keine zweite Chance, für niemanden!

Bei manchen Menschen, nicht nur Partnern, auch anderen, die mir im Leben begegnet waren, beruhigte es mich (primär zu ihren Gunsten) zu wissen, daß »keine Seele ewig unwissend« bleibt. In einem unendlichen Universum, wo Zeit keine Rolle spielt, ist dies so gut wie nicht möglich. Also gibt es immer Hoffnung! Natürlich auch für mich, falls sie mich ähnlich unfähig betrachten, wie ich sie einst sah.

Mit achtunddreißig Jahren reichte es mir nach erneuter, anstrengender Trennung von dem Partner, der Winnetou ähnlich sah, vorerst endgültig mit dieser Lebensform! Sechseinhalb Jahre Zeit investiert, aber jetzt hatte ich die Schnauze endgültig **absolut** gestrichen voll!!!

Ich zog die »Feste-Beziehung-Reißleine« und wollte verstehen, wieso ich mir solche Situationen ins Leben zog? Was dies genau mit mir, meinem Verhalten, meiner inneren Haltung, dem wohl aufgeblasenen Ego, dessen Ausstrahlung, insgesamt mit meinem Verständnis der Dinge, oder gar karmischen Verbindungen und womöglich noch mit meinen Vorfahren zu tun hatte? Um von all dem eine Ahnung zu bekommen, die solche Erkenntnis mit sich bringt, bedarf es sicher einer wesentlich größeren Perspektive des Verständnisses. Am besten müßte man unbegrenzt hellsichtig in Raum und Zeit sein. Aber wie viele Menschen kennt man so, die das mal eben sind? Ich gehöre noch nicht dazu.

Alles war wohl kaum geschehen, um mich wütend, verzweifelt oder kaputt zu machen. Aber ich war noch viel zu sehr von teils unpassender Fremdbestimmung geprägt. Dann kommen immer wieder, jedes Mal deutlicher und härter, die Hinweise für eine mögliche Wegkorrektur.

Ich erkannte: Sinnlose Wiederholungen von Beziehungsmustern zehrten an den Kräften, brachten mir aber keine Freude. Genauso auch meinem Wesen nicht entsprechende, psychostressige Karriere-Jobs, als vor langer Zeit die Anfeindungen machtsüchtiger, eigenwilliger Chefpersönlichkeiten noch damit einhergingen. Dem ausgesetzt zu sein, war für meine Lebensphilosophie das verdiente Geld allemal nicht wert.

Weiteres hinter die Kulissen schauen, um die Unzulänglichkeiten der Welt verurteilend, anklagend zu entlarven und die Schuldigen möglichst gleich dingfest zu machen, würde niemanden während der relativ kurzen Dauer unserer menschlichen Lebensspanne nennenswert voranbringen. Vorher geht man vor die Hunde. Aber wozu soll das sinnvoll sein? Gut, manch einer mag auch leichtfüßig, andere kämpfend oder schlängelnd irgendwie zu seinem Ziel kommen. Aber in welchem Zustand, zu welchem freiheitlichen, gesundheitlichen, energetischen, angepaßten oder alles ignorieren müssenden Preis?

Obwohl, Burnouts sind ja allerorts sehr in Mode, damit fällt man nicht mehr sonderlich auf, das versteht jeder und ist sogar akzeptabel.

Ich machte mir gerade in solchen Lebenssituationen vermehrt meine Gedanken, daß jeder Mensch, der uns begegnet, genauer gesagt, **das**, was wir dadurch erleben, aber auch die Gefühle und Ideenwelt die er/sie pflegt, als Vorbild auf uns wirken könnte. Vorbild verstanden als eine energetische Struktur, bei der wir überprüfen müssen, ob wir sie integrieren sollten, uns danach richten möchten, uns neu inspirieren lassen. Oder, ob sie zu vermeiden ist und ähnliche Aspekte in uns aus unserem System herausgeworfen werden sollten.

Grobes Verhalten von Menschen, dachte ich, zeigt uns oft nur, daß es ihnen innerlich schlecht geht. Sie versuchen wenigstens hier einen Gewinn zu erreichen, weil sie zu mehr nicht in der Lage sind in ihrem Leben. Was mir so manche Kollision mit Vorgesetzten, Lehrern oder überheblichen Persönlichkeiten voller Größenwahn in Erinnerung rief.

Es gibt viele Möglichkeiten, wie und warum uns ein Mensch begegnet. Interessant sind teils intensive einmalige Treffen. Besonders aber diejenigen Menschen, die mehr Zeit mit uns verbringen. In einer Partnerschaft, als Freund, Bekannter, Arbeitskollege, Schulkamerad, Eltern, Geschwister, Verwandte oder die, die wir, einfach so, oft treffen.
Ich fragte mich, woran erinnern sie mich? Was war die Inspiration hinter ihren Rollen, hinter ihrem Handeln, was wollten sie mir zeigen? Haben sie meine Phantasie beflügelt, haben sie mich herausgefordert, oder haben sie mir gezeigt, wie es sicher nicht geht?
Sollte ich dem Ganzen etwas Positives abringen, dann vielleicht der Gedanke, daß ich durch die zahlreichen Trennungen immer wieder gezwungen war, meinen Arbeitsplatz, Freundeskreis oder meine Partner und Wohnortwahl in Frage zu stellen. Mein Verhalten, mein Fühlen und meine menschlichen Werte unermüdlich zu überdenken und zu hinterfragen. Vor allem bewahrte mich das erneute »Auf-mich-allein-gestellt-sein«, fern der Familie und südamerikanischen Heimat, immer mehr erfolgreich davor, mich vorschnell äußeren Einflüssen anzuschließen. Natürlich war ich vor Rückfällen noch lange nicht gänzlich gefeit. Und wenn es dann mal dicke kommt, dann kommt es bekanntlich noch ganz dicke und sowieso alles auf einmal. Wieder war ich reichlich überfordert aus Unkenntnis von dem, was mich jetzt aus heiterem Himmel traf.

Mit meiner erneuten Trennung kamen viele Veränderungen im Umfeld. Eine ansprechende, alleinstehende Frau wird vielerorts sozusagen über Nacht »gedisst[80]«, denn sie könnte nun eine Gefahr für häuslichen Frieden andernorts sein. Von Paaren wurde ich merklich ab sofort nicht mehr eingeladen, bis auf handverlesene Ausnahmen, die ich dankend anerkennen möchte. Allem erlebten Drama hinzu, lies mich ein sympathischer, gutaussehender Nachbar wissen, daß er angeblich seit Jahren in mich »verliebt« sei. Und daß er sich schon so gut wie »alles« mit mir in seinen Träumen vorgestellt hätte. Das traf mich zu der Zeit wie ein unerwarteter Schlag. Bisher waren wir als Paar, also mein Ex-Partner und ich, besonders diesen Nachbarn in jahrelanger, unkomplizierter

Freundschaft sehr verbunden und hin und wieder zusammen unterwegs gewesen. Wir hatten uns gegenseitig eingeladen, mal Silvester oder kleine private Tanzpartys gefeiert. Gemeinsam Konzerte besucht, gute Restaurants ausprobiert und so weiter. Jetzt stellte er mir seine Sichtweise so dar, daß er (im Traum oder real?) bereit war seine Frau für mich zu verlassen. Nur hatte ich ihn mir unter dem Aspekt »ein neuer Mann für mich« so noch nie genauer betrachtet.

Er war ein Freund, ein Mensch, den ich sehr schätzte, und nun solch eine Situation? Es war nie das Geringste zwischen uns geschehen. Ich war mir damals auch nicht sicher, ob wir überhaupt der jeweils passende Typ füreinander waren. Aber klar, wir könnten miteinander etwas trinken gehen. Ich war nie zuvor in der Situation mich verstecken zu müssen gewesen. Jetzt als Single sowieso nicht. Aber **er** war nicht frei und seine Frau, die ja auch meine Nachbarin und gute Bekannte war, wußte von all dem nichts. Gehetzt vom schlechten Gewissen traf ich jetzt ihren Mann einige Male allein zwecks »Besprechung der Lage«. Mehr als an den Händen gefaßt, hatten wir uns dabei nie. Aber genau diese Begegnungen hatten jetzt »Magisches« an sich. Berührten wir uns nur an den Händen, rauschte eine derart starke Energie durch uns beide hindurch, daß wir ehrfürchtig ergriffen waren. Wir wußten längst nicht, was es zu bedeuten hatte, was wir damit oder daraus machen sollten. Ich fühlte mich wie ein Teenager, unsicher, voller Angst entdeckt zu werden, aufzufliegen wegen der Heimlichkeiten, total elend und schrecklich mies. Ich wollte ihm gegenüber loyal bleiben und war damit schon viel zu tief mitten hineingeschlittert. Dabei hatten wir uns nichts vorzuwerfen, uns nicht einmal geküßt. Aber sicher schon hunderte SMS geschrieben. Das lud mir virtuelle Schuld auf. Damit ich wußte, daß er und diese traumartigen Treffen real waren und ich etwas Wertvolles von ihm am Herzen tragen würde, schenkte er mir bei einem der schweren Abschiede unter freiem mitternächtlichen Himmel plötzlich seine lange Goldkette mit einem goldenen Delphin dran. Diese Geste berührte mich tief und ich wußte noch weniger wie weiter. Seinen »Delphin der Freiheit«, ein Symbol für Feinfühligkeit, Lebensfreude und Harmonie trage ich samt Kette bis heute noch in tiefer Dankbarkeit. Er hatte uns beide in die Freiheit geführt ohne uns miteinander zu verwickeln, wie wir später verstanden. Ich dachte damals nicht und heute denken wir es beide nicht, daß wir unausweichlich füreinander bestimmt waren. Aber doch war ich verwirrt von seiner so hohen Aufmerksamkeit, von zweifelnder Unklarheit und der neuen emotionalen Herausforderung. Logischerweise noch verstört von meiner unverdauten, schmerzenden Trennung. Ich wollte diese schöne Freundschaft mit dieser mir wertvollen Familie aber auch nicht leichtfertig verlieren. Am besten die Situation schnellstens geklärt haben und wissen wie wir in Zukunft miteinander umgehen würden. Doch dazu kam es nicht, denn von einem Tag auf den anderen hörte ich nichts mehr und wußte auch nicht, was geschehen war.

Zum x-ten Mal verstand ich nicht, wieso man mit vielen Männern in brenzligen oder ungeklärten Situationen, bei Trennungen oder Meinungsverschiedenheiten, einfach nicht mehr reden, die Dinge nicht besprechen und klären konnte? Ich hatte mir nichts vorzuwerfen. Ihn sogar von der Umsetzung manch wilder Phantasie, damals noch aus Vernunft, abgehalten. Ich stand plötzlich voll blöd da. Das checkte sogar ich, die immer lange nichts checkt. Später behauptete er inbrünstig, er habe mir eine **alles** erklärende SMS gesendet. Aber ausgerechnet **diese** ist **nie** bei mir angekommen. Alle anderen SMS davor jedoch tonnenweise und vollständig in ihrer Anzahl.

Seltsam, ich glaubte ihm, daß er überzeugt war, sie geschrieben und gesendet zu haben, aber ich hatte nichts erhalten, warum auch immer. Insistiert man in ungeklärten Situationen auf eine Kontaktaufnahme und Gegenüberstellung, wird man unfreiwillig noch zum »Stalker«. Nicht daß ich diese Machenschaften vollumfänglich kenne, verharmlosen oder billigen möchte. Aber wenn ich mir in Bezug auf mich selbst in dieser Situation eine »gewagte Teildefinition« geben möchte: Hat nicht so mancher vermeintlicher Stalker einfach nur das Bedürfnis noch etwas mitzuteilen, zu klären oder den Drang danach, für ihn wichtige Dinge zu erfahren und damit relevante Unklarheiten in ihm zu heilen? Vorstellen kann ich mir vieles, seit ich selbst die Not »ignoriert zu werden«, inmitten der tumultartigen Geschehnisse und vor allem der unrechtmäßigen Beschuldigungen kurz darauf, kennenlernen mußte. Eine fiese Sache!

Seine sehr feinfühlige Tochter, damals noch Teenager, hatte die Veränderung in ihm sehr schnell gespürt. Er sprach und schrieb mit ihr darüber, daß er sich in eine andere Frau verliebt habe. Sicher wollte sie, daß die Familie beisammen blieb. Aber sie verstand auch ihren Vater aus ganzem Herzen und sicherte ihm zu, immer seine Tochter zu sein, wo auch immer ihn sein Herz hinführen möge. Die Briefe der beiden, die er mir in Kopie schickte, zeigten mir die Tiefe unserer zu meisternden Situation. Seine Tochter war die Einzige, die mich auf der Straße noch grüßte oder mir von weitem ein freundschaftlich achtendes Lächeln entgegenbrachte. Für dieses Verständnis und für ihre urteilsfreie Aufrichtigkeit hat sie auf ewig einen besonders ehrenvollen Platz in meinen Erinnerungen.

Wenig später schoß seine Frau dann noch den Vogel ab, indem sie mir einen Brief schrieb, mit der Aufforderung: »**ich** solle aufhören eine Familie auseinander zu bringen«. Ich war völlig irritiert, doch sie toppte sich selbst noch im selben Brief indem sie schrieb: »Solange es Frauen wie dich gibt, wird es auf der Welt immer Krieg geben.«

Das war **sehr** kraß, ich war **total schockiert**! Aber auch tieftraurig, daß es ihr so **brutal schlecht** ging und ich deshalb zu dieser vorurteilsbehafteten Verurteilung gekommen war. Ich lernte dadurch, wie sich eine verheiratete Frau verhalten kann, wenn sie meint, ihr Mann **gehe fremd** oder wolle sich **neu orientieren**, vielleicht etwas **inspirieren lassen**, oder einfach nur **sein festgefahrenes, erlahmtes Leben retten**. Eine für mich gänzlich neue, sehr unerwünschte Situation. Der Brief war ein stechender Fremdkörper und gehörte weder zu mir noch in mein wohnliches Umfeld. Sie bekam ihn, mit einem treffenden Kommentar auf dem Kuvert versehen, zurück in ihren Briefkasten, dann war Ruhe!

Nach Jahren des erzwungenen Schweigens hat sich die Situation mit ihm zumindest glücklicherweise geklärt, indem wir eines Tages wieder unbeschwert in Kontakt kommen konnten. Er war längst zuhause ausgezogen und hatte eine neue, sehr sympathische Freundin. Inzwischen lebt er sogar nochmals mit einer anderen Frau zusammen, die jetzt noch besser zu ihm paßt. Ja, so kann es kommen. Die beiden machten beim letzten Treffen einen rundum glücklichen Eindruck und alles ist entspannt und gut. Mir und Nick begegnen sie in Freundschaft und mit tiefem Verständnis. Seine, immer noch, Ehefrau konnte bis heute nicht über den Schatten springen und zumindest eine Facebook-Freundschaft mit mir eingehen. Die Tochter aber gleichwohl. Es wäre tendenziell wünschenswert, wenn seiner Frau mittlerweile, trotz ihrer verbissen scheinenden Ignoranz, längst aufgefallen sein würde, daß ich in ihrem Fall noch die weit Harmloseste von allen war.

Aber lassen wir es gut sein, ich arbeite weiterhin an mir nicht zu urteilen, niemanden anzuklagen. Jeder wird seinen Weg so gehen, darf sein Glück so suchen, wie er es für richtig hält und dann ist es in Ordnung so. Wenn sich jemand zurückzieht, kann ich das heute eher respektieren. Grundsätzlich hat niemand das Recht sich in das Leben von anderen Personen hineinzudrängen. Nur, mit etwas beschuldigt zu werden, das man weder gesucht noch getan hat, das wird niemand auf sich sitzen lassen. Solche Dinge verjähren auch nicht!

Ich schreibe das nicht, um irgendwelche alten Abrechnungen öffentlich auszutragen. Sondern damit andere sehen, was es alles gibt. Vielleicht um Ähnlichkeiten zu einer eigenen Situation aufzuzeigen, oder um davor zu warnen, am besten gar nicht erst selbst in solche verzwickte Situationen zu kommen. Ungeklärte Dinge nagen immer. Aber man kann niemanden zwingen diese gemeinsam zu klären, wenn sich jemand quer stellt, abschottet und das Herz verschließt. Jede(r) hat das Recht zu sein wie er/sie möchte. Wunderbar ... ich dann aber auch!

Verheiratete Männer, die gern eine Affäre mit mir gehabt hätten, die eine »Anmache« in diese Richtung starteten, oder heimlich nach zusätzlicher Lebensqualität in Liebesangelegenheiten suchten, haben mich vorher sowieso noch nie, und jetzt ganz gewiß erst recht nicht mehr, interessiert. Aber ich verstehe Menschen, denen das passiert, weil »das passende Herz« ihrer unaufhaltsamen Sehnsucht nun eben verheiratet ist oder gar beide es sind, der Kompliziertheit halber. Das kann es geben und dann ist guter Rat teuer – sehr, sehr teuer!

Mit diesem Verständnis meine ich aber nicht eventuelle Nutznießer einer Ehe, die aus dem sicheren Hafen heraus auf irgendein wahlloses Abenteuer aus sind. Wirkungsvoll, und vor allem schnell hilfreich, bei solchen Herren war dann immer zu fragen, ob ihre Frau denn davon wüßte, was natürlich verneint wurde. Sie relativierten mit Argumenten wie zum Beispiel: »Meine Frau bekommt ja das, was sie will. Das, was ich halt **mehr** will als sie, hole ich mir eben woanders, das ist doch okay, oder?« »Klar ist das okay, solange die Ehefrau davon weiß und damit einverstanden ist«, meinte ich. »Kannst sie ja erst mal fragen, wie sie das findet. Wenn sie dir das gönnt und alles für sie okay ist, dann sprechen wir nochmal konkret darüber.« Damit hatte ich sofort dauerhaft meine Ruhe und hörte von den entsprechenden Herren nie mehr etwas. Perfekt! Lügen und Heimlichkeiten nicht begünstigen, probier's aus!

Mir ging es inzwischen viel mehr darum zu verstehen, wo genau meine Lebensabsicht lag. Nur noch die dazu passenden Menschen und Situationen anzuziehen. Zu lernen, das aufgeblasene Ego mehr und mehr in den Hintergrund zu stellen, das Herz viel mehr öffnen zu können. Den eigenen Größenwahn, was bedeutet, zu denken zu wissen, wie alles ist und sein muß (vor allem bei anderen), in jedem Fall beginnen zu verringern. Falls man bewußte und unbewußte Vorurteile jemals komplett eliminieren kann, dann wollte ich unaufhaltsam daran arbeiten!

Vom antrainiert »alles kontrollieren wollenden Kopf« jetzt in das »verstehende liebende Herz« zu rutschen. Noch mehr, oder überhaupt, mit den Augen der anderen Personen schauen zu lernen. Erwartungshaltungen zu streichen, genaue Vorstellungen und starre, einseitige Standpunkte aufzugeben. Am besten zu jeder Zeit alles zu hinterfragen und dabei keinen Stillstand mehr zuzulassen. Schön, wer das für sich erkennt, aber leichter gesagt als getan. Eher voll der üble Streß!

Ist diese Haltung, punktuell oder dauerhaft, überhaupt möglich? Das ist doch aufwendig und schwierig, wird mancher denken. Aber auch auf die Gefahr hin mich zu wiederholen: Wen interessiert das?

Die besten Einsichten sind wertlos, bedeutungslos und nicht relevant, wenn sie nicht umgesetzt werden. Das gilt gerechterweise für jeden! Der Weg in die Freiheit mag ein schmerzvoller, steiniger oder einsamer, vielleicht auch der schwierigste Weg von allen sein. Aus meiner Sicht ist er aber **der einzig lohnende Weg**, für den ich gern in dieses Leben gekommen bin.

Ich hatte mich gerade erst freigestrampelt. Begann meine neue Freiheit auf ungeahnte Weise erkundend zu genießen, ging ganz neue Wege. Die willkommene Pause zwischen zwei kräftezehrenden Jobs nutzte ich jetzt für meine neu passenden Erfahrungen: Viel Natur erleben, Zeit für täglichen Sport, weitere Reisen, intensiv wirkende Seminare, Öffnen des Dritten Auges, heftige Konzerte, Wiederaufnahme meiner einstigen Standard- und Latein-Tanzkarriere. Besuche bei Menschen, die was zu erzählen wußten. Noch tiefer gehende Gespräche über das Leben als zuvor, Lesen spannender Bücher, Heilerfahrungen bei mir und anderen, Erspüren und Nutzung der Namensenergien, Verstehen von kosmischen Zeichen, Zeit zum shoppen von attraktiven Klamotten und sexy Wäsche. Aufregender, erotisierender, fesselnder (nicht gefesselter), genußfreudiger, reizvoller, sinnlicher, verführerischer, lasziver, antörnender, knackig-knuspriger, leckerer, schnuckelig-toller, wilder Sex, ohne einengenden Zeitdruck. Zwischendurch neuer Sinn für Tantra-Romantik mit einem Naturtalent.

Einem »Zwillingsbruder«, der tatsächlich am gleichen Tag, im gleichen Monat und gleichen Jahr geboren war wie ich. Wieder ein Zufall?

Blicke hinter so manch unbekannte Kulisse, das mußte einfach mal sein. Es gab für mich noch viel dazuzulernen. Dies nicht zuletzt durch die damals neue Nutzung des Internets und pausenlosem Einsatz der Kommunikation per SMS. Bei den damaligen Handys und dem Stand der Technik war dies die einzig mögliche, orts- und zeitunabhängige, schriftliche Form des direkten Austausches. Damals noch nicht wirklich kostengünstig, aber eben sensationell schnell und immer höchst aktuell!

Meine Karibikflair-Wohnung war zu der Zeit ein geschützter Ort, von dem es mich freute zu wissen, daß es ihn gab und wie sorgfältig schön er gestaltet war. Leben tat ich jedoch unterwegs im Auto und dort wohin es mich brachte. Eine sehr lebendige Zeit, um die mich manche staunend beneideten, oder über die sie argwöhnisch die Stirn runzelten. Aber neugierig waren sie **alle** und fragten was das Zeug hielt. Schon vor Jahren hieß es, ich solle unbedingt ein Buch schreiben über meine neuen Erfahrungen, Sichtweisen und Erkenntnisse. Damit andere daran teilhaben können, die diese Art zu leben selbst nicht umsetzen können, oder sich nicht trauen Vergleichbares zu unternehmen. Diejenigen, die mich noch aus dieser Zeit kennen, erinnern sich, daß sie sich schon immer für die winzigsten meiner Erzählungen brennend interessierten. Daß sie die Veränderungen an mir faszinierten und sie unbedingt mehr wissen wollten, am besten **alles**! Leider schrieb ich das Buch darüber damals nicht. Ich würde es heute echt gern selbst lesen. Es war noch nicht an der Zeit dafür. Nicht zuletzt aus Zeitmangel, da der nächste Job mich schon bald erneut voll und ganz vereinnahmte.

Das vorliegende Buch schreibe ich jetzt aber unter anderem auch, damit Nick und ich später etwas lesen können, was uns selbst vor allem richtig interessiert. Ein Buch, das amüsiert, erinnert und staunen läßt, welche

Details bereits in Vergessenheit geraten sind. Schon jetzt ist es gar nicht so leicht im Bewußtsein des Wissensstandes von vor drei Jahren zu schreiben. Dabei ist es erstaunlich zu lesen, wie wir erst kürzlich noch waren und wie wir uns bis jetzt bereits verändert und erweitert haben. Wie wird das erst in zehn, zwanzig oder dreißig Jahren sein? Wie die Schlange, die sich oft häutet, lassen auch wir Menschen im Falle von Entwicklung das viel zu eng gewordene Korsett unserer Geschichte hinter uns. Manche häuten sich oft, manche gelegentlich und manche vielleicht nie. Oder wir werfen praktischerweise den uns einst übergestülpten, mehr oder weniger passenden Flickenmantel einfach ab. Gehen daraus verändert, leicht und unbeschwert, am besten wie neu hervor.

Ich erhebe sicherlich nicht den Anspruch allgemeingültige Dinge erkannt zu haben, aber für mich hatten sie ihre Gültigkeit. Ich kann Euch lediglich durchs Schlüsselloch auf einen Teilbereich meines Lebens schauen lassen. Wer etwas für sich Brauchbares erkennen kann, der nutzt es einfach. Was jeder Betrachter durch den Filter seiner ganz eigenen Wahrnehmung meint zu erkennen, was genau mich bewegt hat, so zu werden wie ich in dieser Sekunde bin, um vielleicht auch schon im nächsten Moment durch neue (Er-)Kenntnisse wieder ganz anders zu werden, kann niemand im Voraus sagen. Alles ist relativ, subjektiv und hoffentlich stets in Bewegung für ein sinnvolles, größeres Ganzes.

Hier sollte ich mich auch »kurz« fassen (haha, grins), **das** erwähnen, was dazu führte, was mit Nick geschah. Es geht also nur um **den** Teil, damit ich Einsicht geben kann, wieso ich (für manche schlimm und verwerflich genug) einem »Mann wie Nick« überhaupt begegnen konnte und (für andere ganz unverständlich oder noch wesentlich schlimmer) warum ich mit diesem »Tabu-Thema-Typ« gar zusammenlebe.

Verstärkt wollte ich Menschen nicht einfach als Menschen hinnehmen, die mir eben »zufällig« begegnen, sondern sie als Vorbild oder als Funktion in meinem Leben betrachten. Sie bieten einen Schlüssel für ein tieferes Verständnis, nicht nur dieser Menschen, sondern auch von uns selbst und der Rolle, die diese Menschen für uns spielen sollen. Es klingt vielleicht etwas merkwürdig sich vorzustellen, daß jeder Mensch, der in unserem Leben auftaucht, auch eine Bedeutung hat. Vielleicht glauben wir lieber an einen »Zufall« oder an die »Liebe und Romantik«.

Mittlerweile denke ich **»Zufall oder Liebe und Romantik« sind nicht die treibenden Kräfte in diesem Leben.** Sondern es ist die präzise Strategie unserer Seele, im Versuch uns zu helfen unser Potential zu entfalten, das zu leben, was wir sind, und das zu erreichen, was wir erreichen könnten und sollten.

Parallel zum Erlangen der erweiterten Sichtweisen gingen mehrmals »Hausaufgaben« voraus – nämlich sich dazu passende Übungen auszudenken. Wichtig dabei war, daß es Dinge waren, die man **nie zuvor** gemacht, oder **noch nie so** gemacht hatte, um dann urteilsfrei zu beobachten was passiert. Am besten Dinge, die einen im Herzen berühren, zu denen es einen wie von selbst hinzieht, auch wenn wir Vorbehalte auf die Seite schieben und über den eigenen Schatten springen müssen.

Ich wählte damals die mich verlockende und anstehende Aufgabe viele neue Männer parallel kennenlernen zu wollen. Meine bisherigen Vorurteile und Auswahlverfahren beiseite zu lassen, sie verstehen zu lernen, mit ihnen zu reisen, zu fragen, was ihnen wichtig war im Leben und noch mehr dabei zu beobachten. Dabei jedem offen und ehrlich von meinem Experiment zu erzählen, in dem es nur darum geht Neues kennenzulernen, zu sehen, verstehen, gern auch auf Zeit Schönes miteinander teilen. Stets dabei gänzlich frei zu bleiben. Nur anzubieten, nichts einzufordern. Rein gar nichts in Richtung Beziehung, Verwicklung, oder sonst eine Verpflichtung, ausrichten. Würde ein Mann diese Übung bei Frauen vorschlagen, könnte er möglicherweise Schiffbruch erleiden. Die Akzeptanz bei Männern gegenüber meiner vorübergehend gesuchten, experimentellen Lebensform war erwartungsgemäß erstaunlich hoch. Logisch, wen wundert's?

Alle Männer, mit denen ich zu tun hatte, fanden es durch die Bank weg spannend, unglaublich, außergewöhnlich, rassig, mutig, lustig, lebendig. Eine für sie selbst ganz neue, sehr entspannende, druckfreie, bisher selten gekannte Erfahrung auch einmal mit ihrer eigenen ganzen Wahrheit angstfrei ans Licht kommen zu können. Eine wiederholte Meinung war, daß man Frauen halt »anlügen« mußte, denn wer die Wahrheit, vielleicht noch andere Frauen zu haben, erkennen läßt, fliegt entweder raus oder wird von vornherein gemieden und verurteilt.

Ein anderer meinte: »Weißt du, du bist die erste Frau, die ich kennenlerne, die ihr Leben genau **so** lebt, wie wir Männer es wohl gerne alle leben würden! Respekt!«

Das Leben ist eine »Onlineshow« ohne je die Möglichkeit zu proben. Jeder Moment ist einmalig in seiner Zeitqualität im jeweilingen Lebensabschnitt. Unser ganzes Leben ist einzigartig, es ist endlich und wir haben nicht unbegrenzt die Möglichkeit hier herumzukaspern. Jeder Tag und jede Begegnung zählt und nichts ist zeitgleich wiederholbar.

Die Seele ist ein sehr ökonomisches System, eine Schöpfungsdimension und stellt uns Energie zur Verfügung, solange dies aus ihrer Sicht für unsere Entwicklung Sinn macht. Es heißt dabei auch, daß uns die Lebensenergie abgezogen wird, sobald wir unsere Bestimmung erreicht haben. Also wenn wir alles, was wir hier tun, erleben und lernen sollten, abgeschlossen haben. Oder wenn wir von unserem Lebensweg so weit weg sind, daß keine nennenswerte Hoffnung besteht unsere Absicht je zu erreichen, daß dieses Leben, so gelebt, jemals einen Sinn macht. Wir sterben niemals zufällig, heißt es – kein Tod kommt unverhofft. Also liegt die goldene Mitte des Lebens bekanntlich irgendwo dazwischen.

Aber wer garantiert uns dabei überhaupt irgendwas? Können wir auf bestimmte Dinge einfach hoffen? Garantien gibt es fast nur noch auf neue Autos. Und bezüglich Hoffnung sagte einer der wichtigsten deutschsprachigen Dramatiker, Heiner Müller, einst:

»Hoffnung ist ein Mangel an Information« und damit hat er Recht – wir haben keine Ahnung, die aus eigener Erfahrung resultiert. Der französische Chemiker und Mikrobiologe, Louis Pasteur, sagt:

»Der Zufall begünstigt nur den vorbereiteten Geist.« Was für mich so viel heißt wie, daß plötzliche Erkenntnisanfälle oder auch Ideen und Gedankenblitze nicht einfach passieren, sondern Produkte einer bewußten oder nicht immer nachvollziehbaren Vorbereitung sind.

Ich kenne auch Menschen, die vor sich hinleben, nur an sich selbst glauben und kein Interesse an Informationen der geistigen Welt und Entwicklung haben. Sich dem sogar verschließen und trotzdem ist alles für sie bestens. **Es muß nicht immer alles oder überhaupt irgendwas in Bezug auf Spiritualität hinterfragt werden.**

Es geht auch einfach(er) den Weg des Herzens zu gehen und damit spiritueller zu sein als Menschen, die nur **scheinbar** spirituell sind. Weil sie sich Gedanken machen, ob und in welcher Form es das Göttliche gibt, wie es wirkt, wann und wie Strafe kommt. Ohne das spirituelle Prinzip des Göttlichen je in ihrem Herzen zu tragen, leben sie überhaupt keine Spiritualität. Andere tragen das Göttliche in ihrem Herzen, leben und verhalten sich auch so und sind spiritueller als alle anderen, die nur viel darüber sprechen, oder vielleicht wie ich, erschöpfend darüber schreiben. Viele Wege sind dabei möglich!

Das männliche Prinzip (kurz: Immer wieder Neues suchen, möglichst vieles anzetteln und Erkenntnis in das eigene Leben integrieren) und das weibliche Prinzip (kurz: Vorhandenes lebensfähig machen, dann erhalten und dem allen Raum geben), beide Prinzipien stecken in uns und sollten möglichst ausgeglichen von Männern und Frauen gelebt werden. Ich bewundere oft und immer noch die Art vieler Männer, mit denen ich sprach, das Leben zu betrachten und kann mich mit Leichtigkeit in sie hineinversetzen. Auch der Ausdruck vieler Frauen, die ich kennenlernen durfte, ist faszinierend, großartig, aber anders genial. Und wenn beides sich passend zusammenfügt, dann entstehen Wunder!

Die oben genannten Aufgaben stets etwas Neues zu tun, stelle ich mir bis heute noch und es ist erstaunlich, was und wo einem etwas dazu einfällt. Neue Aktivitäten und Betrachtungsweisen erhalten unsere körperliche und geistige Gesundheit, Phantasie, Lebendigkeit, Möglichkeiten und maximale Wendigkeit.

Anfang des neuen Jahrtausends wollte ich so also erstmals den Blick von mir selbst nehmen, dafür aber Männer generell mehr verstehen und auch **die** Art Männer besser verstehen, die mir privat nun des öfteren begegnet war. Dazu müßte ich zumindest teilweise einmal so leben wie sie und viele vorurteilslose Gespräche führen. Dabei vielseitig interessiert, unterwegs, unverbindlich, ungebunden und ohne Erwartungen sein. Nicht einfach, aber ich fand den für mich machbaren Weg.

Das Wissen über den eigenen Sinn im Leben bringt ganz neue Zukunftsideen mit sich. Obwohl der fremdbestimmte Spruch »man muß Ziele haben im Leben« auf mich jahrzehntelang eine starke Wirkung ausübte, konnte ich bei mir noch größere Erkenntnissprünge beobachten, als ich ein neues Denken verinnerlichte. Von nun an war ich mit Leib und Seele **»ziellos aber nicht absichtslos«**.

Nichts mehr von den Menschen erwarten, aber ihre Vielfalt dadurch kennenzulernen, indem ich mir sagte: Je andersartiger der andere in Bezug auf mich oder das, was ich bisher kennen lernen durfte, ist, um so mehr kann ich von ihm lernen und für mich Neues erfahren und mehr verstehen. Anfangs unbequem, bald herzöffnend. Ich hörte viel, erfuhr noch mehr, lernte so viele neue Menschen kennen und es prasselten neue Inspirationen von überall her auf mich ein. Und trotzdem wird es einen immer »magisch« dorthin ziehen, wo am meisten Resonanz zu

einem selbst ist. Ich verstand jetzt erst langsam den vielsagenden Satz:
»Jede Trennung ist ein Angebot zu mehr Freiheit.«

Die Kunst war neuerdings sich nicht mehr zu verwickeln, distanziert und doch nah zu agieren und einfach zu verstehen was ist. Es heißt:
»Der Freigeist ist mitten im Spiel, aber er ist nicht Teil des Spiels.«

Das galt es nun neu zu leben. Wahrzunehmen, nicht zu urteilen, frei und unabhängig zu bleiben, keine Erwartungen zu haben und auch selbst keine zu erfüllen. Umgeben von Strukturen aller Art spielte das nicht jeder mit. Nicht alle waren an dieser Stelle oder hatten Verständnis für diese Sichtweisen. Im Zusammenhang mit sehr freigeistigen, spirituellen Seminaren reiste ich viel durch die Welt.

In der Zeit dazwischen übte ich, meist unbemerkt für die anderen, mit den Menschen, die mir begegneten, auf sehr unterschiedliche Art. Ich schaute mir jede Person ganz anders an, übte ihr Wesen zu spüren, eine Ahnung ihrer Bestimmung zu bekommen, erkannte an jedem Merkmal ihrer Körper Teilbereiche oder ihre gesamte geistige Haltung. Ganz genau schaute ich mir Kleidung, Verhalten und verbale Äußerungen an. Anhand der deutlich sprechenden Namensenergie erkannte ich mehr und mehr genau, **wen** ich vor mir hatte. Ich übte mit mehr als hunderten von Fremden. Es wurden bald weit mehr als tausend. Das für mich so interessante Menschenstudium ging, parallel zu allem anderen, über Jahre hinweg. Es hörte, ganz ehrlich gesagt, nie mehr auf. Ich verstand die Menschen! Das berührte mich im Herzen!

Ich konnte mich auf Knopfdruck sozusagen in sie hineinversetzen, ihnen genau erklären, wie ihre Vergangenheit war und wo sie heute standen. Wie sie mit dem Leben, mit anderen Menschen und mit der Welt umgingen. Anfangs machte ich das aus Spaß an der großen Freude über die neu erworbenen oder endlich ausgelebten Fähigkeiten. Heute setze ich diese Kenntnisse sparsam, bewußt und gezielt ein.

Mein Übungsspielraum, um zu lernen die Menschen wahrhaftig zu sehen, war im privaten und beruflichen Umfeld bald erschöpft. Vereinzelte Neuzugänge hier und da waren mir zu wenig und so mußte der Radius irgendwie möglichst unerschöpflich erweitert werden. Handynummern in Zeitschriften oder viele Online-Chat-Foren waren völliges Neuland für mich. All das interessierte mich vorher nie. Plötzlich fand ich es aber für die weiteren Übungen faszinierend, daß mir völlig unbekannte Menschen unter verschiedenstem Vorwand schrieben. Es befremdete mich anfangs ihre unbedachte Offenherzigkeit und die nicht seltene Obszönität, zu der ich mir damals erst eine stabile Abwehr und später Gelassenheit aufbauen mußte. Ich stellte mir selbst bei jedem schriftlichen Kontakt die Aufgabe, anhand des Vornamens und möglichst nach ein bis zwei Texteinheiten, schon genau zu definieren was für ein Mensch mir hier schrieb. Was in dessen Leben gerade so anstand, welche innere Haltung zu bestimmten Themen vorherrschte. Womit sie sich alle rumschlugen und ob ich eine Lösung anzubieten hätte. Persönlich sehen mußte ich dazu niemanden. Meine Menschenstudien klappten anonym am allerbesten und je weniger ich wußte, desto überzeugender war ich für die anderen. Das war mir selbst auch das Allerliebste.

Ich wurde mehr und mehr Profi auf dieser Übungsplattform und es wurde zu einem richtigen Sport. Die Einzelheiten der Feedbacks und wie es sich anfühlte, wenn etwas stimmte, ließ mich von Tag zu Tag besser werden und mich in jeden hineinfühlen. Die Betroffenen fragten umso verblüffter, woher ich denn all das wüßte? Ich würde sie doch gar nicht kennen, hätte sie nie gesehen. Aber ich wüßte nach zwei, drei SMS mehr als sie selbst über sich hätten formulieren können. Ich verstünde mehr als die eigene Frau nach x Jahren Ehe. Oder ich beschriebe warum die Kinder sich so oder so nicht verhielten, wüßte erstaunlicherweise genau, wie der Partner denke, den ich noch weniger, ja eben gar nicht kennen würde. Insgesamt viel Erstaunen, aber noch mehr Freude an den virtuellen Meetings und Dankbarkeit für die Gratisberatung. Da passierten ganz interessante Konstellationen an Erkenntnissen und Informationen, die ich durchgab. Und es erfüllte mich, im Gegensatz zu früher, wo ich dem Größenwahn verfallen selbst das Maß der Dinge war, jetzt fremde Menschen einfach nur zu verstehen und nicht über sie zu urteilen. Ihnen sogar wertvolle Tipps geben zu können und ihre tiefe Erleichterung zu spüren. Parallel zu meinen Wahrnehmungsstudien setzte ich neue Kenntnisse um und bewegte mich immer mehr auf die praktische Anwendung zu. Aber ich mußte diese enormen Internet-Zeitfresser limitieren. Da ich diese Kontakte nicht weiter ausdehnen, keine Hoffnung schüren wollte, schlich ich mich deshalb wieder dezent raus und zog mich davon, nach getaner Arbeit, großflächig zurück.

Wer in Chat-Foren unterwegs ist, weiß, daß man sich dort einen Namen geben und ein Profil anlegen muß. Ich war erstaunt, daß »Die Liebe«, als ein Wort zusammengeschrieben, vielerorts nicht vergeben war. Also verwendete ich liebend gern diesen alles auf den Punkt bringenden Namen. Ich begann mich einzufühlen, in was die dort »mitspielenden Menschen« für Texte schrieben, **was** sie wollten und **wie** sie es suchten. In einigen Fällen hatten sie Pseudonyme, die schon tief in ihre

Problematik blicken ließen, aber nicht immer das anziehen würden, was sie so gern hätten. Noch drastischer war es dann bei den Kurztexten zu ihrer Person und zu dem was sie angeblich suchten. Über diese Erfahrungen und Erkenntnisse könnte ich ein tief Aufschluß gebendes, separates Buch als Spiegel unserer Gesellschaft schreiben.

Kurz zusammengefaßt: Zahlreiche seriöse, sehr liebevolle und ganzehrlich suchende Menschen hielten ihre sensible Angel in den großen Partnerschaftsozean und suchten tatsächlich voller Herz die Liebe ihres Lebens. Aber auch eher wenig zimperliche, »bitch checker[81]« und teils verruchte, jedoch durchaus sehr schöne Frauen, trieben auf sehr vielseitige Art ihr weitgestreutes »Unwesen« und suchten egal was. Hauptsache hemmungslos, uneingeschränkt willig und am besten jetzt gleich, sofort, Treffpunkt irgendwo. Fast nichts scheint ihnen überhaupt eine Rolle zu spielen. Jede(r) die/der Spaß hat, darf mitmachen.

Sind sie vielleicht die wahren Freigeister? Wohl kaum, oder doch? Aber auch sie spielen diese Rollen, um ihr Wesen ans Licht zu bringen und dieses Leben in all seinen Möglichkeiten auszukosten, zu erspüren. Ich konnte die meisten irgendwann durch und durch verstehen. Jeder Schriftwechsel, wenn auch oft in einer frappierenden Offenheit, die erstmal zu verkraften war, offenbarte sich mir erst als sehr eigenwillig, dann aber doch als einzigartig, später sogar überwiegend als wertvoll. Denn so bekam ich mehr und mehr Gespür für was da hinter den dünnwandigen Kulissen vor sich ging, für die wundervollen Menschen, die sich auch dort verbargen. Wie sie sich plötzlich nochmal ganz anders zeigten, mit Herz. Meinen großen Dank an jeden einzelnen Kontakt über all die Jahre meiner wilden Studien hinweg.

Trotzdem scheinen nicht alle im Internet aktiven Personen zu wissen, daß auch der winzigste Text besonders zwischen den Zeilen ausstrahlt, was die Persönlichkeit ausmacht, um die es geht. Was ein Leser ungeachtet dessen, was dort steht, wenn er (auch oft nur unbewußt) feinfühlig ist, daraus alles wahrnehmen kann. Dazu kommt, daß die Texte größtenteils ungeschickterweise genau **das** beschreiben, was jemand **nicht** will. Nur wenige verstehen es auf den Punkt zu bringen, was sie tatsächlich wollen und was sie sich vorstellen zu finden.

Floskeln wie: »Wenn du wissen möchtest wie ich bin, dann find's raus«, interessiert doch fast keinen Menschen mehr. Oder bei beschwörender Partnersuche die wenig glorreiche Beschreibung einer Person: »Ich bin wie ich bin, aber bitte mit mir« und sehr viel mehr Unsinn, dem ich hier weiter keine Energie geben möchte. Gute Texte sind selten, aber es gibt sie natürlich auch. Diese Texte und die faszinierenden Menschen dahinter, wären unbedingt auch ihr eigenes Buch wert.

Immer wieder herzlich lachen muß ich allerdings über den angeblichen Klassiker, den Anzeigentext einer Frau: »Suche Mann mit Pferdeschwanz – Frisur egal!«

Es kam eine praktische Phase, wo ich, für mir unbekannte Menschen, Texte schrieb, damit sie optimal zu ihnen passend inserieren könnten. Sie nahmen schon die »ersten Würfe« dankend an und übernahmen, mit meinem Einverständnis, die neuen Texte schnellstmöglich eins zu eins auf ihrer Online-Plattform. Sie fanden meine Worte über sie viel passender als ihre eigene Darstellung und fühlten sich wohl damit. Es wäre spannend zu wissen, bei wem sich dann was genau daraus ergeben hat. Ich freue mich generell immer wieder, wenn andere vorankommen, wenn sie etwas erkennen oder passend und gezielt umsetzen.

Dann folgte die eigene aktive Phase, in der ich damals testweise selbst in einem Metal-Magazin inserieren wollte, um sich vielleicht irgendwo auf Konzerten zu treffen. Ich formulierte, was ich mir vorstellte kennenzulernen und war überrascht, mit welcher Geschwindigkeit sich ein Wäschekorb voller Briefe mit interessanten Fotos füllte. Aus dieser Zeit habe ich bis heute noch Kontakte, die teils zu wertvollen Freundschaften herangereift sind. In damals noch handgeschriebenen Briefen scheint Überlegung und echtes Interesse einen höheren prozentualen Anteil gehabt zu haben. Später bei der gleichen Übung online, war es ein regelrecht zielloses Massen-Bombardement wahlloser Interessenten, vor denen man sich nur noch ducken wollte. Denen man völlig ausweichen mußte, wenn man keinen Schaden abkriegen wollte.

Die ganze verbale Kultur hatte meines Erachtens gelitten. Keiner druckste mehr groß rum, sondern kam gleich unverhüllt auf den Punkt. Man schlug sofort zweifelhafte Treffen vor und schaltete Fotos oder Videos frei, die ich nicht wirklich sehen wollte. Insgesamt eine recht rauhe Gangart, die jeden irgendwann abstumpfen läßt. Aber dazu reicht ja TV schauen auch schon aus. Vielleicht strahlte ich aus, daß man mit mir so reden und mir alles unverblümt schreiben und zeigen könne.

Ich spreche nach wie vor nicht allgemeingültig, sondern nur für meinen eigenwilligen Fall in einer länger zurückliegenden Zeit, als diese Medien noch relativ neu waren. Als ich eines Tages entschied ein paar ganz wenige der kürzlich online kennengelernten Personen privat im direkten Gespräch erleben zu wollen, um zu sehen wie sie sich verhalten, was sie erzählen, was ich unter Umständen noch von mir erzählen wollen würde, hab' ich sehr gestaunt, wie viel da geflunkert wurde. Daß sie schon mal gar nicht alle so aussahen wie sie schrieben, daß veraltete Fotos eingesetzt wurden. Daß manche ausnahmslos ihre komplizierten Beziehungs-, Ehe- oder Scheidungsprobleme und sogar Krankheiten besprechen wollten. Dabei schnell einsahen, daß sie mich langweilten. Daß sie auch nicht von sich aus begeistern, oder sonst irgendwie bereichern, oder punkten konnten. Obwohl ich das mit so einem Treffen nur sehr selten machte, war ich danach der glücklichste Mensch, sobald ich wieder in meinem Auto saß, den Sound voll aufdrehte, mich regelrecht vom eben erfahrenen entgiftete und impulsiv flott nur noch die Rücklichter zeigte. Ich konnte diesen Hype der zahllosen Partnerbörsen nicht verstehen. Dadurch wurde nichts wirklich besser, aber sicherlich die Durchlaufzahl der Bekanntschaften erhöht. Heute würde ich das vielleicht wieder ganz anders erfahren. Es gibt hundertprozentig auch seriöse Plattformen und sehr anspruchsvolle Persönlichkeiten darunter. Wie ich mir, vor allem von seriös und ergebnisorientiert suchenden Frauen und Männern im Bekanntenkreis, habe sagen lassen.

Wir Frauen nahmen ja noch meist gratis teil. Männer dagegen wurden manchmal richtig ausgenommen. Sie zahlten monatliche Beiträge und wollten deshalb so schnell wie möglich auf ihre privaten E-Mail-Adressen wechseln, woran ich wiederum kein Interesse hatte. Obwohl ich von anderen erfuhr, die sich auf diesem Weg kennengelernt hatten. Ein mir bekanntes Paar hat innert kürzester Zeit sogar auch (beide zum zweiten Mal) geheiratet. Im Freundeskreis sprachen immer mehr davon ihre Partner »im Internet« kennenlernen zu wollen oder kennengelernt zu haben. Es war für moderne, berufstätige, niveauvolle Frauen und Männer ein legitimer Weg mit möglichen Partnern, vor allem auf neuen, seriösen gut bezahlten Plattformen, in Kontakt zu kommen.

Ich wurde beim Coiffeur von einer Freundin gefragt, wie denn »die Männer« im Internet so seien, ob sie besser seien als anderswo? Lustige Frage - nun, es sind ja dieselben wie sonst auch überall, nur gibt es im Internet mehr Möglichkeiten um zu verschleiern oder um zu täuschen, warnte ich sie. Seriös gehandhabt, kann man sich so natürlich schon im Vorfeld recht gut kennenlernen oder sinnvoll aussortieren und einkreisen. Aber ein immenser Zeitfresser ist und bleibt es allemal.

Heutzutage ist ja gut bekannt, daß selbst organisierte, kriminelle Personengruppen versuchen auf unseriöse Weise unbedarften Opfern vieles vorzugaukeln. Sie in emotionale Abhängigkeiten zu führen und früher oder später nach beachtlichen Geldüberweisungen zu trachten. Welche sie direkt durch Mitleidstorys und unter auferlegtem Zeitdruck für die Notwendigkeit einer größeren Geldsumme einfordern. Und sie haben erstaunlicherweise auch immer wieder Erfolg. Sicher rückt die Welt durch online Präsenz näher zusammen. Aber es geht doch nichts über einen lebendigen, realen Menschen, der keine virtuelle Illusion ist, den man sehen, hören, anfassen, spüren und dem man bestenfalls auch vertrauen kann.

Fast hätte ich im Sommer 2005 die Schweiz verlassen. Irgendwie hatte ich Lust auf etwas Neues. Der Konzern in dem ich arbeitete, hatte sich aufkaufen lassen und sich dann im großen Stil vom Großteil seiner Belegschaft entledigt. Die Jobsuche im alten Tätigkeitsmuster erwies sich als harzig, teils auch als unseriös. Zusage, dann Absage ganz knapp vor Stellenantritt. Oder freudige telefonische Zusage, dann unerklärliches Schweigen. Also es kam nie ein Vertrag. Und das in einem Umfeld, das für Seriosität, Zuverlässigkeit und Rechtschaffenheit steht ... nichts schien unmöglich! Ich entschied mich meine doppelstöckige, jetzt für mich allein, viel zu große Wohnung aufzugeben. Alles Hab und Gut einzupacken, in einem Möbellager unterirdisch zu deponieren. Bis ich wußte, wo es mich hin verschlug, könnte ich mir alles nachsenden lassen. Es tat mal gut, mich wieder nur auf die wesentlichen Dinge zu konzentrieren, die man zum Leben braucht. Ich hatte alles, was mir wichtig war, in meinem geländegängigen Auto verstaut. So war ich unabhängig und frei »on the road«, dies zum Preis der Ungewißheit in allen Belangen.

Bei einem befreundeten Ehepaar, das in der Nähe wohnte, durfte ich mich anmelden. Mit ihm ging ich damals sogar in Caracas in die deutsche Schule. Die gemeinsame Abiturfeier werden wir nie vergessen, jetzt wohnte er, einen Steinwurf entfernt, ebenfalls in der Schweiz. Im Keller durfte ich ein paar Kisten mit Klamotten für wechselnde Jahreszeiten, oder einen eventuellen neuen Job, deponieren. Und ... **sehr wichtig** ... den Briefkasten nutzen. Meine umgeleitete Post legten sie jeweils in den Milchkasten, der sich in der Schweiz direkt unterhalb des normalen Briefkastenfachs befindet, in den auch kleinere Päckchen passen. So konnte ich zu jeder Tages- und Nachtzeit, auf Durchreise und während spontaner Touren, meine Post abholen. Ohne deren Anwesenheit koordinieren zu müssen, oder nachts um drei zu stören.

Ich zahlte während dieser Zeit auch meine Steuern in dieser Gemeinde. Dabei beobachtete ich, wie das damals 386-Einwohner-

Dörfchen Straßenbeleuchtung, Fahrradwege, Bushaltestellen und andere Details sanierte. Spaßeshalber sagte ich: »Das alles natürlich von meinen Steuergeldern!« Worauf mein Kumpel scherzhaft meinte: »Ja und nachdem dort mit deinem Geld alles saniert worden ist, hat man im Jahr darauf sogar den Steuerfuß gesenkt.«

Spaß beiseite, es war nicht nur witzig so zu leben! Für die meisten, denen ich davon erzählte, völlig undurchschaubar, unfaßbar und doch am allerwenigsten bei jemandem wie mir erwartet. Total unvorstellbar für viele einmal derart ungewiß zu leben. Irgendwo im Bereich von »voll bemitleidenswert«, weil alles verloren, scheinbar keinen Halt. Oder dann doch »irgendwie beneidenswert«, weil abenteuerlich, spannend und frei für Entwicklung und startklar für so viel Neues. An dem Tag, als ich meine alte Wohnung für die Schlüsselübergabe putzte, klingelte das Festnetztelefon, kurz bevor wir dort alle Stecker zogen.

Ein Konzern, bei dem ich mich nicht beworben hatte, bot mir aus heiterem Himmel einen verlockend guten Job an. Sie hatten meine Telefonnummer über eine Freundin von anderen Hausmitbewohnern bekommen. Es war Donnerstag und am Telefon wurde mit freundlicher Stimme und bester Absicht gefragt, ob ich am kommenden Montag anfangen könne? Nein, konnte ich nicht, denn ich war erst mal weg und hatte keinen Wohnsitz mehr – außer dem Briefkasten. Aber in zwei Monaten käme ich nochmals ins »Heidiland« und könne mich gern vorstellen, wenn man bereit wäre mich so lange hinten an zu stellen. Ein Vorstellungsgespräch mehr oder weniger, dachte ich, war mir, nach dem was ich alles erlebt hatte, inzwischen echt egal. Tja und wie das Schicksal so spielt, bekam ich den mich überzeugenden Job sofort!

Auch hierbei glaube ich nicht an Zufälle. Es war die passende Stelle zur richtigen Zeit am richtigen Ort. Die Schweiz hatte mich wieder, aber ich lebte acht Monate in und aus meinem Auto. Niemand meiner »sogenannten Freunde«, von denen ich doch sooo viele zu haben meinte, wollte mich vorübergehend aufnehmen. Niemand konnte mir ein noch so winziges Zimmer, oder auch nur einen bescheidenen Schlafplatz irgendwo im Eck unter einem Dach, zur Verfügung stellen. Die Erklärungen, Ausreden oder Darstellungen ihrer eigenen Wohnverhältnisse und momentanen Umstände waren vielseitig bis dramatisch. Ich hielt den Ball meiner Bedürfnisse absichtlich flach, um nicht zu jammern. Sie erkannten vielleicht deshalb meine Situation, in der für mich erlebten Dringlichkeit, nicht deutlich genug, wenn ich hier auch etwas zu deren

Verteidigung anbringen darf. Manche dachten sicherlich ich würde scherzen. Es klang ihnen zu unwirklich, was ich zu erzählen hatte.

Damals trennte sich der Spreu vom Weizen schnell und deutlich. So einige zeigten ihr wahres Gesicht, ihre flatterhafte Unfähigkeit, oder ihre Scheu und Trägheit vor der sie viel zu anstrengenden Mühe sich in andere Leben hinein zu spüren. Schließlich hatten sie genügend eigene Probleme. Diese einstigen vermeintlichen Freunde fehlen mir bis heute nicht. Sie haben rigoros Platz gemacht für Menschen, die jetzt wesentlich passender sind und sich wie von alleine einfanden.

Eine besondere Freundschaft entwickelte sich in dieser Zeit mit einer zweiunddreißig Jahre jungen Schweizerin namens Sanserai, die ich bis dahin nur einmal gesehen hatte. Metalkumpel Tim fragte einst, ob eine seiner Bekannten mit ihm und mir in meinem Auto ins Z7 auf ein Konzert von Stratovarius fahren dürfe und ich willigte ein. Wir sprachen dies und das mit ihr. Sie hörte uns viel zu, war von der »interessanten Frau«, die Tim kannte, fasziniert. Irgendwie war Sanserai via Tim an meine Handynummer gekommen. Sie fragte mich Monate später per SMS, wie es mir ginge? Mir ging es gut, ich hatte sogar wieder einen Job aber leider keine Wohnung mehr, schilderte ich ihr scherzend im Kurztext meine Situation. Worauf sie ohne zu zögern schrieb: »Dann kommst du doch am besten einfach zu mir.« Sagenhaft, ich war tief gerührt und nahm das Angebot liebend gern an. So wohnte ich zwei Monate bei Sanserai und fuhr an den Wochenenden zu den Ellis. Konnte dort in aller Ruhe Wäsche waschen und in deren Haus mit Garten etwas regenerieren vom heftigen neuen Job. Damals gab es schon Finn, dem Sanserai auch erlaubte mitzukommen. Sie selbst nutze diese Zeit, um bei ihrem damaligen Freund zu sein. Finn und ich hatten die Aufgabe ihre beiden Katzen zu füttern und zu betreuen, was wir liebend gern taten. Sie überließ uns in vollstem Vertrauen ihre Wohnung, samt Wasserbett, und es war ein richtiges Zuhause auf Zeit. Sanserai wollte es nicht glauben, daß mein großer Freundeskreis zu zurückhaltend war, um mich aufzunehmen, als die Jobsituation ungeklärt war. »Was sind das für Freunde?«, fragte sie, »Die brauchst du doch alle nicht, wenn sie dir in solch einer Situation nicht helfen.« Sie hatte Recht – einige blieben auf der Strecke.

Später wohnte ich in einer anderen lange leerstehenden Wohnung im großen Bauernhaus, in dem ich einst mit »Winnetou« wohnte. Finn liebte den spartanischen Lebensstil, den wir zu freundschaftlichem, minimalem Teilmietpreis, weil sowieso leerstehend, in der Luxuswohnung mit Matratzen am Boden und leichtem Gepäck genossen. Küche, Bad und Waschmaschine waren ja eingebaut, mehr brauchten wir nicht. Wir bekamen in der Zeit sogar spontanen Besuch mit Isomatte und Schlafsack, genossen Gespräche ohne Möbel bei Kerzenlichtromantik auf Bodenheizung. Ich hatte meine ehemalige Telefonnummer wieder angemeldet und bekam sofort Anrufe, was auch dort ein gewisses Gefühl von zuhause sein vermittelte. Niemand in der Ferne bemerkte die außergewöhnliche Situation. Die komplette Einrichtung braucht man gar nicht. Man kann sie sich vorstellen und hat keinerlei Ablenkung durch den üblichen Krempel, den man sowieso nur endlos ordnet und hoffnungslos oft abstaubt.

Das war klasse – Camping de luxe! Ich fand damals großen Gefallen am Vagabundieren. Je mehr einige Bekannte allerdings von meiner jetzt scheinbar wieder geregelten Situation – neuer Job in renommierter Firma und anspruchsvolles Wohnungs-Hopping – erfuhren, desto mehr waren davon begeistert und meinten: »Bei uns mußt du dann aber auch mal eine Woche wohnen und uns **alles** erzählen.« Das nächste Buch!

Plötzlich wurden Kinder umquartiert, Gästezimmer abgestaubt und auf einmal kam Bewegung ins Spiel. Ich wohnte während jeder Woche Montag bis Freitag woanders. Niemand wollte Geld dafür, ich wiederum wollte auch nicht umsonst wohnen. Damals gab es Aldi noch nicht in der Schweiz. So bot ich allen an, daß ich am Wochenende in Deutschland für umgerechnet hundert Franken oder Euro, war mir egal, bei Aldi Nähe der Ellis querbeet einen Wagen voll einkaufen würde. Einfach etwas von allem, was jeder Haushalt so nutzen könne und die Ware dann mitbringen würde. Das klappte gut und machte Spaß. Je nachdem wo ich war, wußte ich was sie ungefähr brauchten, denn eigentlich kann vom Discounter jeder alles irgendwie verwenden. Die Schweizer staunten, wieviel man in Deutschland für hundert Franken bekam. Die für sie neuen oder anders verpackten Waren stießen auf Interesse und wir hatten alle richtig Freude daran: Ich am einkaufen und mich erkenntlich zeigen und die anderen am ausprobieren neuer Produkte und Sorten.

Nachdem die Probezeit der neuen Arbeitsstelle bestanden war, fand ich es angebracht wieder eine passende Dachwohnung für mich zu suchen, die ich in der renovierten »alten Post« eines idyllischen Dorfes an einem malerischen Fluß fand. Noch dazu bei den **besten** Vermietern und Nachbarn aller Zeiten, alle stets top und außergewöhnlich gut!

Die lustige Freundschaft mit Sanserai blieb bis heute erhalten. Sie begleitete mich Jahre später auf einem Teil der Weltreise. Zusammen mit den Ellis kam sie mit nach Indien auf die Bustour durch Rajasthan. Alle zusammen hatten wir eine einmalige, unvergeßliche Reise. Inzwischen ist sie nach harten Lebenslehren und Beziehungsirrfahrten, wie sie sagt, glücklicherweise mit ihrem Soulmate verheiratet. Die beiden haben heute eine ganz liebe, ganz besondere Tochter, über deren starke Präsenz und Intuition wir immer wieder staunen. Sanserai und alle, bei denen ich in dieser erlebnisreichen Zeit wohnte, und denen ich schon damals von meinen Erlebnissen erzählte und dadurch für diese Zeit zu einem bedeutsamen Teil ihres privaten Lebens wurde, haben mein Leben auf ihre Art sehr bereichert, so wie ich auf meine Art ihres.

Zu dieser Zeit verstand ich einmal mehr, daß Gegenwindssituationen auch viel Gutes bringen. Daß die Konfrontationstypen, die mir bisher im Leben begegnet waren, mir dabei halfen, auf einem vertrauten Weg nicht einzuschlafen, sondern mich anspornten, diesen in Frage zu stellen. Daß mir vielleicht auch absichtlich so Gegenwindtypen geschickt wurden, um mich zu zwingen meine Kraft ans Licht zu bringen und das Letzte aus meinem Wesen herauszuholen, mein Potential zu entfalten, frei zu werden und mich selbst zu leben.

All dies mag der Sinn von zwischenmenschlichen Begegnungen für uns alle sein. Wir sind nicht hier um zu überleben, sondern um uns zu entfalten. Es ist die zwischenmenschliche Zusammenkunft, die uns mehr hilft als jede andere Inspirationsquelle auf dieser Welt. Es geht darum zu erkennen, wo die Entfaltung vor sich gehen könnte, in welche Richtung, wie intensiv und vor allem wozu?

Rico Bennett war so einer, der mir gezeigt hat, wo ich hinwollte ...

Die Begegnung mit Rico in 2003 hinterließ bis heute Spuren in mir. Enge Freunde, Familie und selbst Nick kennen die Story und verstehen die einhergehende Bedeutung für mich. Ich erinnere mich genau, als ich mir die Aufgabe stellte, daß ich zwei neue Dinge lernen wollte, die ich bisher nicht kannte.

Erstens hatte ich bis dahin noch nie selbst einen Mann angesprochen, da ich noch nicht auf die Idee gekommen war. Weil ich mich, bisher zierlich zierend zurückhaltend, wohl wegen der wenig zögerlichen »Machos« aus Südamerika, immer »auswählen« lies.

Zweitens wollte ich wissen, was es mit diesen weltberühmten »One Night Stands« auf sich hatte. Sowas kannte ich nicht und konnte deshalb weder Gutes noch Schlechtes davon halten. Nach der Trennung von »Winnetou« war ich logischerweise wieder viel mehr alleine unterwegs. Im Alleingang auf einem meiner ersten Konzerte im Z7 und es spielte ganz genial »Threshold«. Eine hervorragende Band, die zwar einzigartigen British-Progressive-Metal macht, aber an diesem Abend wenig Publikum anzog. Vielleicht, weil sie hier damals noch niemand richtig kannte, oder weil es der abartig heiße Jahrhundertsommer war und sich kaum noch jemand draußen bewegen wollte.

Gut, ich nahm mir vor, der nächste Typ, der mich nennenswert beeindruckt, den spreche **ich** an. Egal wie, ich muß über meinen Schatten springen, die selbstauferlegte Übung durchziehen, um das endlich mal hinter mich zu bringen. Kann doch nicht so schwer sein, dachte ich. War es damals aber, denn ich wußte nicht wie. Sobald man sich innerlich zu etwas entscheidet, werden einem die passenden Menschen und Situationen zugeschoben, agieren muß man allerdings immer noch selber.

An der Z7-Bar fiel mir bald einer von hinten auf. So wie er da stand, sich bewegte, mit der Dame hinter der Bar sprach. Ich sah, daß er wunderschöne, äußerst gepflegte, sehr lange, leicht gelockte Haare hatte. Eine absolute Seltenheit für einen Mann, aber **den** würde ich jetzt ansprechen, das wußte ich sofort. Ich hatte keinen Plan und er drehte sich um, stand vor mir, lachte mich an.

In dem Moment sah ich eines der schönsten, ausdrucksvollsten männlichen Gesichter, die ich je im Leben gesehen hatte. Mir fiel nur nichts mehr ein und es war mir oberpeinlich. Er hatte sein Handy in der Hand, von dem er nun aufschaute, weil ich da stand und ihn anstarrte. Quälende Sekunden vergingen, bis ich (damals noch Handy-Neuling) zusammenhanglos und direkt fragte, ob er mir seine Handynummer geben würde. Ich war mir sicher er dachte, »die hat sie nicht mehr alle« und würde mich stehen lassen. Aber statt dessen schaute er mich freundlich an und meinte: »Ja, warum eigentlich nicht?« Unbeholfen und sehr ungeübt gab ich im Halbdunkel die paar Zahlen ein ins damals noch unbeleuchtete, erste erfolgreiche Nokia 3210 Mini-Handy. Ich glaube, ich fragte noch, ob er öfter hier sei, ich selbst sei das zweite Mal hier. Er meinte, ja er wär' schon öfter hier gewesen. Er sei Gitarrist einer eigenen Band und er habe hier auch schon selbst auf der Bühne gestanden, dort oben auf der rechten Seite. Wie ein Idiot fragte ich, was für eine Art von Gitarre er so spiele, akustische oder elektrische? Oh Mann, wie schlimm konnte es noch kommen ... elektrische natürlich! Und das war's dann auch schon mit der grandiosen Unterhaltung. An mehr erinnere ich mich nicht mehr, oder mein Hirn hat es zum Selbstschutz verdrängt. Besser so! Und daß er Rico heiße, verriet er mir. Er sei Schweizer, aber sein Künstlername sei schon immer Rico Bennett.

Nach Mitternacht wieder zuhause, hatte ich zwar seine Nummer, wußte aber nicht weiter. Irgendwas schreiben, aber was? Ich schrieb irgendwas und er antwortete irgendwas. Wir vereinbarten, uns am nächsten Abend zu treffen, aber vorher nochmal zu telefonieren. Was genau, wie und wo mit einer Wegbeschreibung. Ein langes Wochenende mit Feiertag stand an, das konnte richtig gut werden.

Zuhause kramte ich in meinen CDs. Voller Begeisterung fand ich sogar ein Exemplar von seiner Band in meiner Sammlung. So konnte ich ihn mir auf dem CD Cover und im Booklet ganz in Ruhe so richtig aus der Nähe anschauen. Alter Falter, sah **der** aber gut aus, reduzierte ich ihn anfangs noch auf sein Äußeres. Er hatte auch eine spezielle, sehr starke Ausstrahlung auf mich und **den** würde ich morgen Abend privat treffen? Nicht schlecht für den ersten Versuch aus eigener Initiative jemanden kennenzulernen. Einer, der mir zur großen Abwechslung, nicht nur in seiner Art, sondern sogar optisch sehr gefiel.

Zuverlässig rief er am nächsten Tag an und stand pünktlich am Treffpunkt vor einer Tankstelle in Nähe einer größeren malerischen Schweizer Stadt. Er kaufte bei der Gelegenheit dort im Shop gleich noch Katzenfutter wegen des bevorstehenden Feiertags, was ihn mir, auf Anhieb natürlich, praktisch und sehr lebensnah herüberbrachte. Kurz danach latschten wir turtelnd durch die City, fanden alles lustig und er lud mich in eine angesagte Pizzeria, die brechend voll war, zum essen ein. Wie von selbst war mittendrin in dem überfüllten Laden noch genau ein Tisch für uns zwei frei. Sehr gute Gespräche und ein neuer Schweizer Dialekt, in den ich mich noch einhören mußte, faszinierten mich. Er sprach auch exzellentes Hochdeutsch, hatte bis vor kurzem noch eine deutsche Freundin gehabt. Wir fanden schnell heraus, daß wir beide Single waren, gerade erst ähnlichen »Scheiß« erlebt hatten und froh waren, auf neue Gedanken zu kommen.

Auch Rico war einer der Menschen in meinem Leben, die mir von der ersten Sekunde an so derart vertraut und bekannt vorkamen, daß ich mich seinem Bann nicht entziehen konnte. Alles passierte wie von allein, denken war nicht mehr möglich. Heute weiß ich, sowas ist »hot« und »gefährlich«. Es gab noch ein romantisches Sightseeing in seinem Auto, dem See entlang. Die volle hochsommerliche Wärme umschmeichelte uns während wir beide wild knutschend übereinander herfielen.

Rico meinte, daß er sowas seit Ewigkeiten nicht mehr erlebt habe. Da er nur erfüllt war von Ärger und Wut auf seine Ex, die ihn so derart gelinkt habe, das habe er noch nicht verkraftet. Er war genau dreißig und meinte scherzhaft, ab da würde sowieso nichts mehr besser werden im Leben. Wie »alt« ich eigentlich sei, fragte er und ich ließ ihn raten. Es war mir superpeinlich einzugestehen, daß ich so viel älter war als er, nämlich schon achtunddreißig. Ich dachte, wenn er das jetzt erführe, würde ich aussteigen und zu Fuß nach Hause gehen müssen. Irgendwie hatte ich dazu nicht alle Tassen im Schrank, aber mein Alter war mir so peinlich, daß ich als er mich vorsichtig auf dreiunddreißig schätzte, einfach nur «ja» sagte. War das ein situationsbedingter Gedächtnisausfall, vielleicht schon nur eine Halbwahrheit oder gar eine manipulative Lüge? Wenn Letzteres, dann ist sie bis heute noch nicht aus der Welt geräumt. Mit der Wahrheit habe ich mich bei Rico nie mehr rausgetraut.

Ich war neugierig und unerfahren, wie sowas abläuft. So folgte ich seiner sehr anständig ausgedrückten Einladung und ging mutig mit zu ihm nach Hause. An der Tür verriet ein schlichtes Namensschild seinen komplett anders lautenden bürgerlichen Namen. Interessant! Dahinter seine sehr schöne, große Dachwohnung. Tolles Ambiente und zwei wundervolle junge Katzen, die uns höchst aufmerksam sofort entgegen kamen. »Norwegische Waldkatzen, Geschwister«, sagte er. »Sie gehören eigentlich meiner Ex, aber die kommt nicht mehr.« Sie habe ihn, ihre Katzen und alles was ihr gehörte, unangekündigt, in der einst gemeinsamen Wohnung, vor ein paar Monaten, kurzentschlossen oder lange geplant, zurückgelassen. »Bist du sicher, daß sie nicht jeden Moment hier hereinkommt und uns überrascht?« »Ja, ganz sicher, sie kommt nicht mehr, ganz sicher!« Es lagen tatsächlich überall persönliche Gegenstände einer Frau, als wäre sie noch hier. Ja, er müsse alles wegräumen, aber er würde hier sowieso bald ausziehen, es sei vorbei! Seine Wut war kompakt und auch für mich spürbar im Raum schwebend. Rico wechselte das Thema, dies sollte uns jetzt nicht belasten! Er zeigte mir mit humorvollen Kommentaren seine Wohnung und machte mich auf funktionelle Details aufmerksam, die mich teils verwunderten, teils amüsierten, aber in unserer jungen Vertrautheit besonders freuten. Danach spielten wir lange mit den lustigen, lieben Katzen, die dem Punkt seines Laserpointers kreuz und quer und auch die Wände hoch, wie wild äußerst witzig hinterherjagten.

Rico hatte eine Anziehungskraft, die mich massiv faszinierte. Dazu war er einer der angenehmsten, sympathischsten und schönsten Menschen, die ich je kennengelernt hatte. Ich bat um einen Tee und genoß den inneren Frieden, den ich hier mit ihm und durch ihn spürte.

»Einfach nur sein«, sagte er. »Einfach nur sein – ohne irgendwas zu denken, ohne etwas zu wollen, ohne was zu müssen … einfach … nur … sein«, weil so enorm entspannend und für uns jetzt heilsam.

Er hatte Häßliches erlebt, wie auch ich seit Monaten nur noch Unklarheiten und Gezeter zuhause gehabt. Es war einfach eine sehr willkommene Pause und richtige Wohltat für uns beide.

Die Aura von Rico zu spüren und seine intimste Privatsphäre zu erleben, bereicherte mich unerwartet so sehr, daß ich den Moment nicht ganz auf die Reihe bekam. Dazu kam, nicht der Ort, aber das Gefühl mit ihm war mir so maßlos vertraut, genauso wie er selbst. Wie wenn ich ihn seit einer Ewigkeit kennen würde, in voller Geborgenheit zuhause angekommen wäre. Obwohl ich den Ort nicht kannte und ihn selbst am Vorabend erstmals und nur flüchtig gesehen hatte, war ich tief beeindruckt! Etwas dergleichen ihm gegenüber zu sagen, traute ich mich nicht.

Ich war insgesamt unsicher, was nun zu tun und zu fühlen war. Ihn erlebte ich recht vorsichtig, nicht zuletzt auch wegen seiner Bekanntheit in der Musikszene, dachte ich. Oder dem, was er schon mit den Mädels so erlebt hatte. Seine respektvolle Art mit mir an dem Abend umzugehen beeindruckte mich, er drängte mich zu nichts. Ich hätte nach Hause fahren können. Höchst anständig, bot er mir das große, bequeme Sofa im Wohnzimmer zum übernachten an, zeigte mir außerdem mit einem Augenzwinkern und den Worten, »ich könnte jetzt aber auch sofort wild über dich herfallen.« sein Schlafzimmer. Welch ein Angebot!

Ich erinnerte mich blitzschnell an »die Aufgabe«, die ich mir ja selbst gestellt hatte. Jetzt, schon so derart weit gekommen, wollte ich keinesfalls einen ängstlichen Rückzieher machen. Einen »Geeigneteren« als ihn würde ich nie finden!

Die Nacht mit Rico ist auf ewig unvergessen, großartig, einzigartig! Diese mir wertvollste Zeit mit ihm fand keinen annähernden Vergleich in meinem damaligen Erfahrungsschatz. Erst vierundzwanzig Stunden hatten wir zusammen verbracht und es fühlte sich für mich an wie 1'000 Jahre Vertrautheit. Ich spürte eine innere Verbindung und Erinnerung in mir, für die ich bis heute keine Erklärung habe. Seitdem verging kein einziger Tag, über lange, sehr lange Zeit hinweg, an dem ich nicht mit Rico geistig »connected« war. Seltsam! Sehr, sehr seltsam!

Als ich vom Ort der »Zeitlosigkeit« mal wieder weggehen mußte, achtete Rico auffallend darauf, daß ich in seiner Wohnung keinesfalls

Klamotten, Schmuck oder Badutensilien vergaß. Er wirkte unruhig, in Gedanken vielleicht bereits woanders. Er schien mir doch noch ziemlich belastet, trotz unseres paradiesischen Kurzurlaubes fern aller Realität. Ich spürte, daß er es anders erlebt hatte als ich, daß er nüchterner damit umging. Und wie er später sagte, er noch gar nicht bereit war für etwas Neues in seinem Leben. Ich dagegen war ungebremst dabei, fand ihn klasse, sehr passend, liebevoll, wertvoll und begehrenswert – die pure Inspiration! Integrierte ihn gedanklich bereits in mein Leben ...

Aber wie damit umgehen, daß er von hunderten hübscher Frauen umschwärmt war und vielleicht tausende ihn auf dem gesamten Globus anschmachteten? Damit hätte ich damals hundertprozentig nicht umgehen können. Der Spruch aus der TV-Serie »How I met your mother«: «Ich bin froh, daß du vor mir mit zweihundertfünfzig Frauen schlafen mußtest, um herauszufinden, daß du es mit mir am liebsten machst«, wäre eher nicht aus meiner vollsten Überzeugung heraus gekommen und wäre vermutlich auch nicht seine Einschätzung mir gegenüber gewesen.

Kaum zuhause erhielt ich seine nächste SMS. Rico dankte mir für diese »schöne Erfahrung« und wünschte mir gut zu schlafen. Er sagte, er brauche diese innere Distanz noch, als Notwendigkeit um nicht zusammenzubrechen. Er sei auch sehr froh, mich kennengelernt zu haben, aber im Moment sei er alles andere als stark, aber er bewundere meine Geduld und Einstellung. Er wisse nicht, was er fühlen solle. Er könne noch nicht alles an sich heranlassen, weil die Verletzungen zu tief sitzen würden. Erneut dankte er, daß ich sehr lieb und verständnisvoll sei, er keine Angst habe, daß ich ihn verletzen würde, daß es ihn beeindrucke, denn er habe noch nie jemanden getroffen, der in dem Alter (dreiunddreißig, wie er dachte) so eine Einstellung habe. Es sei ihm klar, daß ich auch Verletzungen in mir trage. Aber er selbst glaube nicht, daß er noch mehr Glauben verlieren könne, denn »es sei keiner mehr da«. Es koste ihn viel Kraft sich zusammenzureißen und mit seinem Leben weiterzufahren, es gelinge ihm nicht immer so wie er es wolle. Bis er das Vergangene im Griff habe, könne oder wolle er sich wahrscheinlich nicht auf, für ihn, dünnes Eis begeben. So kommunizierte er die nächsten Tage und Wochen.

Eines Abends hatte er Bandmeeting und gerade erfahren, daß seine Ex heiraten würde – es war nicht sein Tag. Wir könnten telefonieren, aber näher könne und wolle er mich im Moment nicht an sich heran lassen. Ich entschuldigte mich für mein Drängen und daß es überhaupt zu unserer vielleicht »überstürzten Begegnung« gekommen war. Worauf er meinte, da gäbe es doch nichts zu entschuldigen. Er hätte sich ja nicht darauf einlassen müssen. Seine Probleme könne er auch nicht ausblenden. Gerade deswegen brauche er ja Zeit.

Zeit, die ich ihm nicht gewährte. In der ich unpassend drängelte und Druck machte. Wissen wollte woran ich war, was und ob überhaupt was war. Auch mir fiel es enorm schwer mein generelles Mißtrauen und zahlreiche Zweifel, die ich mir durch frühere Beziehungen hatte aufdrängen lassen, auszublenden. Ihn nicht mit den gängigen Vorwürfen zu beschweren, mit denen er nichts zu tun hatte, die mich aber aus meiner Vergangenheit her in ihren Schlingen gefangen hielten.

Ich wollte ihn trösten, ihm helfen seine Wohnung, sein Leben, sein Herz in Ordnung zu bringen und ihm neuen Mut machen, weiterhin Geduld zu haben, bis seine »undankbare Ex« einsah, **was** sie an ihm hatte. Vermitteln, daß sie wieder zu ihm zurückkommen würde und wenn sie es nicht tat, dann wäre sie eh nicht die Richtige für ihn gewesen, aber dann vielleicht ja ich?

Worauf er antwortete: »Geduld ist nicht meine Stärke und Hoffnung mache ich mir keine, sie wird heiraten! Vielleicht hast du Recht, vielleicht ist das aber auch nur ein blöder Spruch, um uns selber Mut einzureden. Sonst müßten wir uns ja eingestehen das Glück verpaßt zu haben.« Er konnte auch mich verstehen und es tat ihm leid mich wegen ihm unglücklich zu sehen. Rico hoffte mir bald etwas Besseres sagen zu können. Er dankte immer für mein Verständnis und wußte dies zu schätzen. Er war direkt und sehr authentisch im Ausdruck.

Ich war überglücklich, aber auch restlos unglücklich zugleich, als er mir schrieb: »Unser gemeinsamer Abend war **sehr** schön und ist **nicht** vergleichbar mit anderen. Es ist **sehr** interessant **wie** du gewisse Sachen **fühlst**, die für die meisten Leute einfach **nicht wahrnehmbar** sind, und da ist etwas, das mich einfach angezogen hat. Etwas **in** dir. Und es hat sich einfach **richtig** angefühlt. Ich weiß, was du meinst. Ich glaube, ich weiß es aber wirklich. Du bist sehr einfühlsam und **ganz speziell,«** ich war den Tränen nahe, als ich **das** alles las, »aber in mir wird eine ganze Weile gar nichts lodern, da kenne ich mich gut genug. Was du tust oder sagst, hat keinen Einfluß darauf, wann ich wieder für etwas bereit bin. Habe dir am ersten Abend gesagt, daß ich im Moment keine Beziehung will, also laß es bitte dabei. **Du hast mich ziemlich gut verstanden. Das verstanden, was ich selber nicht so genau in Worte fassen konnte.**

Vielleicht solltest du das zu deinem Beruf machen? Danke für dein Verständnis und einfach dafür, daß es dich gibt.«

Grandios, dachte ich. Aber meine innere Gelassenheit hatte damals noch viel zu viel Spielraum, als daß ich den Dingen ihren natürlichen Lauf gelassen hätte und dabei alles zu seiner Zeit hätte entstehen können oder wenn nicht, eben nicht.

Inzwischen hatte ich mich intensiv mit Ricos Musik beschäftigt. Sein Gespür für die Leadgitarre, seine Kompositionen, Texte und diese einzigartigen, unverkennbaren Gitarrensoli bringt kein anderer so trefflich zu Papier und setzt kein Zweiter so einfühlsam ergreifend, fast schon schmerzhaft schön um, außer er selbst. So ist und so spielt **nur** Rico Bennett! Wenn ein Herz Leadgitarre spielen könnte, dann würde es sich **so** anhören wie **seine** melodiösen, tief durchdringenden, ausdrucksstark fließenden, magischen Melodien! Das ist **seine** Liebe zur Musik, pur!

Sein Gitarrenspiel berührt zutiefst. Man spürt dabei (s)ein Herz wie es vielleicht weint, sich freut, sich befreit, lacht, hüpft, springt, fliegt, Ketten sprengt, explodiert und irgendwie in aller Verschlungenheit auch Harmonie und Frieden findet. Er verbindet auf magische Weise Welten durch Musik und Herz, mit seiner großen Leidenschaft, maximalen Perfektion in einer liebevollen Leichtigkeit und Ausdauer. Meisterhaft – Rico Bennett, so gibt es ihn nur einmal!

Wer seine Musik liebt und versteht, fühlt direkt sein Wesen, weiß viel von ihm, spürt noch mehr in ihm, liebt ihn durch seine Musik. Ein großer Meister und Könner, der hart an sich arbeitet, sein Spiel unaufhaltsam verfeinert und erweitert. Vor allem aber niemals aufgegeben hat, seine Band durch drastische Veränderungen zu erhalten, voranzubringen und dadurch seinen Traum im Leben zu verwirklichen. Ich freue mich besonders **jetzt** für Rico, daß es Jahre später wieder so gut für ihn und seine neuen Freunde läuft. Sie sind **alle** wahrhaftig im Herzen und **voll** dabei!

Sicherlich war ich damals schon auf meinem Weg und annähernd ähnlich, wie ich heute bin. Aber es fehlten auch bei mir über zehn Jahre harte Arbeit an meiner Art mit den Menschen und Dingen umzugehen und die konsequente Entwicklung meiner Persönlichkeit durch Aufgabe von alten Standpunkten und Sichtweisen. **Er** hatte es bereits erkannt und ausgesprochen. Rückwirkend betrachtet unglaublich, aber wahr.

Rico hatte mir womöglich unbewußt klar gemacht, daß ich noch viel, sehr viel mehr zu erkennen und lernen hatte. Mit seiner geradlinigen, konsequenten Art hatte er mir gnadenlos gezeigt, daß ich kein Recht hatte mich in sein Leben hineinzudrängen. Daß ich es zu respektieren hatte, wenn sich eine Person zurückzieht, ob mich das trifft oder nicht. Es ist ein Anspruch **seines** Freiraumes, denn er hat das Recht darauf sich zu verhalten, wie er will. Sein Glück auf **seine** Art zu suchen und finden.

Natürlich plagte mich damals an diesem Zustand, daß meine Bemühungen ins Leere gingen. Ich hatte mir Hoffnungen gemacht und fand es ungerecht, da ich nicht verstand, wie er dazu kam, so zu reagieren. Weil aus meiner Sicht für all das kein Anlaß bestand. So wollte und konnte ich auch nie zur Ruhe kommen.

Rico hatte nach unserer Session wenig Zeit und stand terminlich enorm unter Druck wegen der Erstellung einer weiteren Studio-CD der Band. Mehrmals mußte er noch Richtung Norddeutschland reisen und war dort angeblich tagelang konzentriert und versunken in Arbeit, rund um die Uhr beschäftigt. Ich machte voll daneben noch zusätzlichen Dampf, indem ich per SMS quengelte was das Zeug hielt, um ein nächstes Treffen mit ihm voranzubringen. Er hatte enorm Geduld mit mir und blieb immer höflich. Erklärte was er tat, warum er keine Zeit zum sofort antworten hatte. Aber wir sähen uns bestimmt, wenn er zurück sei, denn dann sei er freier.

Gut, so schaute ich mir zwischenzeitlich im Internet die Homepage der Band an, recherchierte hier und da. Für mich damals alles neue Technik. E-Mails gingen zuhause fast wie zu Fuß per Modem über die Telefonleitung hin und her. Da war noch lange nichts mit High-Speed oder sofortige Übertragung auf Knopfdruck. Jedenfalls entdeckte ich, daß es bei der Band eine Gästebuchseite gab, auf die man öffentlich etwas schreiben konnte, und daß ein gewisser »Webmaster Jeff« den Leuten sogar antwortete. Das fand ich spannend und überlegte mir am Beispiel anderer einen netten Text, den ich der ganzen Band, als gemeinsames Kompliment verstanden, widmete. Webmaster Jeff antwortete auch mir, gut sichtbar, voller Witz und Schlagfertigkeit. Der war cool! Die kleinen Texte zwischen ihm und mir gingen online im Gästebuch hin und her, bis er bald vorschlug, man könne sich doch besser per E-Mail schreiben, dann bliebe der Inhalt unter uns.

Irgendwann schnallte ich, daß dieser »Webmaster« der Sänger der Band sein mußte, zumindest hatte er dessen Vornamen. Ja, er war es und er schrieb richtig gut. Ich dachte mir nichts dabei, nicht mal dann, als er konkreter wurde. Man könne sich doch mal treffen. Eines Abends schlug er spontan vor: »Heute – essen – bei dir!«

Bei mir? Essen? Nee, sicher nicht! Wenn schon treffen, dann irgendwo draußen, öffentlich. In meiner Arglosigkeit dachte ich mir nichts dabei. Rico war im Studio beschäftigt und wieso sollte ich dann nicht spontan mit seinem Kumpel Jeff etwas essen gehen, statt umständlich hin und her zu schreiben, wenn man sich unterhalten will. Jeff wußte noch nichts von unserem Kontakt. Das könnte ich ihm am besten gleich selbst als kleine, pikante Überraschung, aber in aller Freundschaft erzählen. Jedoch weit gefehlt, es kam anders!

Dieser Jeff war ein eher rauher Bursche. Vielleicht daran gewöhnt oder voller Wunschdenken, daß alle Mädels sofort auf ihn abfahren. Schon die Begrüßung mißfiel mir total! Treffpunkt Bahnhof, auf sein Drängen hin gleich noch am selben Tag nach meiner Tanzstunde, gegen 22 Uhr. Blauäugig und wohl etwas sehr naiv fragte ich nach der landesüblichen Begrüßung Küßchen rechts, links, rechts: »Und was machen wir jetzt, in welches Lokal wollen wir gehen? Italienisch, gutbürgerlich oder vielleicht auf die Habsburg, wo man noch schön draußen sitzen kann?«, schließlich wollte er ja »essen«, dachte ich.

Seine frech grinsende Antwort war: »Jetz' gömer go ficke[82].« Puh, mich haute es fast um und es fiel mir damals schwer diese Situation zu überspielen, ruhig zu bleiben und weiterhin gute Mine zu machen. War das ein Witz? Hoffentlich! Ich hätte gehen sollen! Es hätte mir viel Ärger erspart! Sehr viel sogar!

Jeff und ich fuhren auf die Habsburg und er zog einiges vom Leder über sein Leben, seine Freundin und amüsante Interna aus der Band. Für mich entgleiste es erneut total, als er auch Einzelheiten über den Lead-Gitarristen der Band auspackte und damit natürlich Rico meinte. Was dieser angeblich so treibe, oder wie er sich früher verhielt und was sonst so ging oder noch ginge mit all den Weibern. Dieses und jenes Detail, das weder mich noch sonst jemanden etwas anging und ich dachte: Verhält sich so ein Freund seinem Freund gegenüber? Zum Glück hatte ich ihm von Rico und mir noch nichts erzählt und entschied mich endgültig auch weiterhin meinen Mund zu halten.

Der Abend endete unangenehm, abrupt. Jeff bekam nicht was er sich vielleicht vorgestellt hatte, wurde mißtrauisch, schien sich in blitzende Feindseligkeit zu wandeln und flüchtete. Ich hätte auf all das gern verzichten können! Nun drängte es mich natürlich noch mehr Rico von all dem in Kenntnis zu setzen, denn ich wollte niemals Geheimnisse vor ihm haben. Aber nicht per SMS, sondern auf jeden Fall persönlich.

Frisch aus dem Studio zurück, kam Rico erstmals zu mir nach Hause und verzauberte mich erneut zutiefst, allein nur durch seine Anwesenheit. Auch mit ihm war ich auf der Habsburg essen und die Stimmung zwischen uns war sehr friedlich, ich genoß jede Sekunde. Er wollte wissen, wie ich wohnte und wir ließen den Abend bei mir zwar ausklingen, aber bleiben wollte er nicht.

Er war unruhig, mußte morgens früh raus und ich hatte eine (oder vielleicht auch keine) Ahnung, was ihn derzeit alles belastete. Er sagte, er war die letzten Tage nicht gut drauf. Seine Ex würde ja bald heiraten, er mußte eine neue Wohnung suchen, Dinge, die er nicht mehr brauche, verkaufen, vom einen neuen Job suchen wollte er gar nicht erst reden und wegen der CD müsse er gleich nochmal ins norddeutsche Tonstudio. Die Termine drängten, die Technik war vielseitig. Das war nicht wenig Last.

Sollte ich jetzt mit dem anfangen, was Jeff über ihn gesagt hatte und daß ich den überhaupt getroffen hatte? Wie es dazu kam, feindselig endete und warum das Ganze überhaupt? Besser nicht, ist doch unwichtig, redete ich mir ein. Das hatte sicher Zeit bis zum nächsten Mal, dachte ich, das war doch jetzt gar nicht weiter relevant. Und schon wieder weit gefehlt! Ein nächstes Mal gab es nicht – bis heute nicht!

Halbwahrheiten hatten also auch in meinem Leben kurze Beine. Beim nächsten Treffen der Band im Studio müssen die beiden zufällig im Gespräch dahinter gekommen sein, daß mich beide kannten. Rico war »not amused« und schrieb per SMS: »Es ist besser, wir beenden unseren Kontakt. Ich stehe nicht darauf, wenn du die ›halbe Band‹ anmachst. Habe deinen Gästebucheintrag auch gelesen. Wer wen anmachte spielt keine Rolle, aber **das** ist voll daneben.«

Meine kläglichen Versuche, die Situation zu klären, gingen ins Leere. Er meinte: »Du begreifst scheinbar überhaupt nicht worum es mir geht. Allein die Tatsache, daß du Kontakt aufgenommen hast, zeigt mir, daß ich dich falsch eingeschätzt habe. Ich brauche niemanden, der sich gleichzeitig mit meinen Bandkollegen ›beschäftigt‹.« Er glaubte mir, daß es nicht gegen ihn gerichtet war, aber er sähe darin einen Fehler und möchte vorläufig keinen Kontakt mehr. Ja, meine Entschuldigung sei akzeptiert, mir sei vergeben, aber es sei nicht vergessen. Männer seien einfach. Sie sagen was sie denken und nicht das Gegenteil. Und ob mir schon mal einer gesagt habe, daß ich zu viel denke? Ja, in dem Punkt gab ich ihm schon damals recht, aber nur in dem.

Alleine die Tatsache, daß ich Jeff getroffen habe, reiche ihm! Er wolle **nichts** mehr hören! Er werde nicht anfangen mit mir zu diskutieren! Denn dazu fehle ihm die Grundlage, nämlich das Vertrauen! Meine Angebote seien lieb, aber unnötig, er werde seine Meinung nicht ändern, ich solle es endlich begreifen, er möchte **keinen** Kontakt! Er sei ein Kopfmensch!

Zack – die Tür war zu – abgeschlossen, doppelt gesichert! Fassungslos stand ich da! Es kostete mich Zeit, Verständnis für all das aufzubauen, um mir den Blick durch seine Augen zu ermöglichen, bis ich halbwegs verstand, was möglicherweise alles vor sich gegangen war.

Man mag Rico und sein abschließendes Verhalten mit verschiedenen Urteilen von sich weisen: Lächerlicher Kinderkram, voll von Größenwahn, recht arrogant, noch unreif, total rücksichtslos, voll gemein, enorm desinteressiert, gnadenlos egozentrisch, ziemlich ungerecht, ganz schön leichtfertig oder da stimmt doch sowieso was nicht, wenig vertrauenswürdig, vielleicht lügt er selbst oder hat er gar recht? Es hieß auch: »**Den** kannst du sowieso vergessen, mit dem wärst du **nie** glücklich geworden, der hatte doch **längst** 'ne andere und vor dir nichts als Geheimnisse!!« Ich blickte nicht mehr durch, alles konnte sein.

Ich wollte ihn nur verstehen und machte mein schweres Herz und meine Sichtweise nicht davon abhängig, wie er mich behandelte.

Bekannte, die von uns wußten, meinten glasklar und überzeugt, ich würde so ein »Theater« machen, **nur** weil ich **den** halt nicht »gekriegt« hätte, so wie ich es mir vorstellte. Andere fragten: »Was willst du denn von dem »Arschloch«, so mies wie **der** dich behandelt? Das ist doch so ein »Idiot«, der ist dich doch sowieso nicht wert«, und so weiter. All das schmerzte! Aber mir gab **er** gehörig zu denken, denn ich wußte, es hatte auch etwas mit meinem Verhalten und meiner Art zu sein zu tun.

Erst mit viel weiterem Abstand zu allen Emotionen konnte ich, Jahre später, einiges mehr verarbeiten. Meine tiefe Liebe, im Sinne von »eine Person verstehen wie sie ist und warum diese Person tut was sie tut«, mache ich nicht davon abhängig, wie jemand zu mir steht. Ich wußte jetzt für mich nur:

Rico hat etwas beobachtet, daraus seine Schlüsse gezogen und er hat seine eigene Art die Dinge zu bewerten. Daß **seine** Sichtweise nicht **meine** ist, ist davon unabhängig. Ich verstand, er ist ein Typ Mensch, dem es egal ist, welche Meinung ich über etwas habe und wie ich sie vertrete. Er war damals sehr eigenwillig überzeugt von sich selbst, was ein Großteil seines Konfliktes war und vielleicht immer noch ist.

Er wurde oft »vergewaltigt«, indem andere Menschen ihn verletzten, und hatte sich deshalb zurückgezogen. Er hatte sich daran gewöhnt eine sehr eigene Sichtweise über die Dinge zu haben. Es interessierte ihn nicht, was andere denken. Damit hatte sich damals sein Herz abgeschottet und war leer, was sein eigentliches Problem war. Ich wußte mittlerweile, daß die Ursache Nummer eins, das sich ein Herz verschließt, die Sorge um das eigene Wohl ist, die Angst mißverstanden zu werden, nicht wertgeschätzt zu sein, zu kurz gekommen zu sein, etwas zu verlieren und so weiter. Alles sehr menschlich und verständlich.

Aber **das** wiederum hatte mich nicht zu interessieren, weil es **seine** Welt war, in der er lebte und die er sich gestaltete.

Er war damals ein Mensch, der **sehr** auf dem Weg zu sich selbst war, der sich noch nicht gefunden und schlechte Zeiten hinter sich hatte. Im Grunde genommen respektierte und akzeptierte er andere Menschen auch nur sehr mäßig, weil er viel zu sehr mit sich selbst und mit seinen eigenen Problemen beschäftigt war.

Somit war er im Moment unserer Begegnung ein Mensch, der damals nichts in **mein** Leben bringen konnte, was wirklich **kostbar** war. Ich verstand langsam, daß die Art, wie er mich behandelt hatte, ein Ausdruck **seiner** Art war mit der Wirklichkeit umzugehen.

Ich stand ihm im Weg – und wer weiß bei was? Aber das hatte nichts mit meinem Wert zu tun.

Ich wußte, daß er nach **seinen** Erfahrungen und in **seiner** Wahrnehmung nicht anders handeln **wollte**. Ich wußte auch, daß die Situation nicht gelöst war und hoffentlich jetzt nicht immer die gleichen Erlebnisschleifen anziehen würde.

Er hätte die Chance gehabt diese Schleife zu durchbrechen, um auf beiden Seiten Frieden zu schaffen. Aber er wollte sein Gesicht nicht verlieren, auch wenn er irgendwo tief innen vielleicht doch wußte, daß er mir Unrecht tat. **Die Illusion**, »von einer Frau hintergangen zu werden«, würde ihn möglicherweise wieder einholen. Er war davor auf der Flucht – nicht ich.

Trotzdem dankte ich ihm insgeheim für die unendliche Inspiration. Ich freute mich darüber, daß es ihn in meinem Leben gegeben hatte, daß ich ihn überhaupt »angezogen« hatte und zumindest kurz kennenlernen durfte. Daß er maßgeblich wirkender Teil meiner Geschichte und Entwicklung geworden war und es ihn im Herzen, solange ich das mochte, immer noch gab. Sollte es weitere Leben geben und würden wir zwei uns in einem solchen Leben wiederfinden, wünschte ich uns das Erleben einer einzigartigen, aufrichtigen, erfüllten Liebe, so wie sie zu der **neuen** Zeit nur zwischen ihm und mir möglich sein wird. Eine Liebe, die **dann** unsere Welt aus den Angeln hebt und ein Grund sein wird, diesen oder einen anderen Planeten doch noch mal aufzusuchen. Wer weiß was, wann, wo und wozu alles passiert ...

Ich lernte, ihn **nicht** für sein Verhalten zu verurteilen, sondern ihn, mit dem Wenigen was ich wußte, zu **verstehen**. Würden wir eines Tages in elektromagnetischen Bildern kommunizieren, würden Gefühle, Intensionen und Absichten in aller Klarheit auf einmal transportiert. Da mich die Berührung mit ihm nie losgelassen hat, weiß ich besonders nach diesem zwischenmenschlichen Austausch, daß es nicht um die Länge der gemeinsamen Zeit geht, sondern um die Intensität der Eindrücke, daraus resultierende Erkenntnis und die eigene, reine Absicht.

Seither ist noch so viel mehr passiert. Menschen begegneten mir, Jahre der Erkenntnis kamen und viel Schönes hinterließ eine Spur. Aber erst die Intensität mit Nick konnte all das übertreffen und heilen.

Ich wußte sofort, daß ich vieles bei ihm anders machen würde als bei Rico. Erstmals spürte ich mit Nick wieder diese Art von Intensität, die nur Rico mit sich gebracht hatte. Es gab wie eine Verbindung zwischen den beiden Persönlichkeiten.

Rico Bennett, welch ein Name! Wie Nick Laurent hatte auch er schon lange seinen Vor- und Nachnamen komplett geändert! Weil ihm die Identifikation damit fehlte, die Namensenergien für seine Empfindung nicht zu seiner Persönlichkeit und Sehnsucht paßten. Rico und Nick, beide sind **sehr** außergewöhnliche Männer, ähneln sich sehr in ihrer Essenz. Ich denke heute nach über die Erkenntnis mit Rico:

- Wozu hat er mich inspiriert?
- Was hat er mir klargemacht über mich selbst und über das Leben?
- Wofür war er Vorbild?

- Hat er mir Gelegenheit gegeben zu etwas, was ich vorher so noch nie getan habe, oder dazu etwas zu unterlassen, wovon ich zuvor glaubte es tun zu müssen?
- Hat er neue Aspekte in mein Leben gebracht, die ich alleine so nicht hätte erzeugen können oder wollen?
- Ist er Rückenwind gewesen, hat er mich unterstützt mit Ideen, mit seiner Energie? Wenn ja, hab' ich diese Unterstützung genutzt und meine Selbständigkeit behalten, aufgebaut?
- Hat er mich in Frage gestellt? Meine Meinung nicht geteilt und mich gezwungen meine Sichtweise erneut zu überprüfen?
- Hat er mich kritisiert, in meinem Selbstwert bedroht, um mich zu zwingen meinen Selbstwert zu entwickeln und mir klar zu werden über meine Fähigkeiten und Möglichkeiten?
- Wenn er eine solche Bedeutung hat, egal in welcher Funktion er auftrat, habe ich diese Bedeutung erkannt, geschätzt, war ich dankbar dafür, oder habe ich sie ignoriert und verkannt?

Menschen auf diese Weise verstehen zu lernen, hilft uns die zwischenmenschlichen Begegnungen weniger persönlich zu nehmen, sie mehr ganzheitlich zu betrachten. In dieser Wertschätzung Liebe zu entfalten, Liebe zu dieser Person, geschickt vom Kosmos um zu helfen.

Jede Person, die uns begegnet, ist womöglich geschickt als Funktion um uns voran zu bringen. Egal was wir von dieser Person erwarten oder nicht, wie wir sie sehen und beurteilen. Es gibt Menschen, die begegnen uns vielleicht nur einmal oder zweimal, vielleicht nur flüchtig. Andere Menschen begegnen uns wiederholt, vielleicht als Lehrer, Nachbar, Schulkamerad, vielleicht als Freund, Liebhaber und Partner oder in welcher Form auch immer. Unabhängig davon, wie häufig uns ein Mensch begegnet und auf welche Weise er in unser Leben eintritt, er hat eine Funktion für uns. Möglicherweise auch eine Vorbildfunktion.

Ein Mensch, der uns begegnet, zeigt uns etwas, nicht nur in Bezug zu uns selbst und zu ihm, sondern was es zu tun gibt, was es zu überlegen gibt. Er bringt unsere Gedanken in Fluß und inspiriert uns, gibt uns Gelegenheit bestimmte Dinge zu tun oder auch zu lassen.

So denke ich an weitere Menschen, die mir wertvoll entgegentraten oder garstiger Gegenwind waren und frage mich nach ihrer Funktion. Die Antworten kommen manchmal auch in unseren Träumen.

Monate nach dem »Aus« mit Rico hatte ich einen Traum, den ich nie vergaß, sehr real erlebte und an den ich mich perfekt erinnere.

Mich quälte abgründig, daß er mich felsenfest entschlossen immer noch anklagte und meine öffentliche Verurteilung jetzt vor einem internationalen Gericht bewirken ließ. Es wurde eine mir fremde Sprache gesprochen, so verstand ich nicht viel.

Unfreiwillig spielte ich das Häufchen Elend auf der Anklagebank. Rico sonnte sich in all seiner Schönheit und Pracht als der stolze Kläger, dem so grobes Unrecht durch mich wiederfahren war. Alle Anwesenden im Gerichtssaal waren voreingenommen und spürbar ausnahmslos auf seiner Seite.

Ich freute mich riesig endlich hier und heute auf die Chance meine Sicht der Dinge erstmals verkünden zu dürfen. Die nahende triumphale Verteidigung, drängte heftig aus mir heraus, um ans Licht zu kommen. Heute würde ich, nach endlos quälender Zeit, etwas mich gänzlich Entlastendes dazu sagen können. Schlußendlich damit allen zeigen können, daß es ganz anders war als sie denken. Daß mich keine Schuld traf, daß ich in keiner Weise vorsätzlich gehandelt hatte und nichts je gegen Rico gerichtet war.

Doch es kam auch im Traum nicht zu meiner Gegendarstellung. Die Öffentlichkeit im Gericht würde meine Sicht der Dinge **nie** erfahren. Denn als ich dran gewesen wäre, mußte ich irgendwie raus. Vielleicht auf die Toilette. Schwer bewaffnet wurde ich von mehreren Uniformierten begleitet und zu behelfsmäßigen Kabinen geleitet. Sie lagen eng beieinander und waren alle vorne offen, boten keinerlei Schutz.

Ich wußte sofort, bei **der** Gelegenheit würden sie mich jetzt, für ihn passend, ungesehen, und von den anderen unbemerkt, einfach umlegen. Fertig machen, ausschalten, damit Rico draußen vor allem sein Gesicht nicht verlöre. Somit seiner theatralisch eindeutigen Darstellung meiner Schuld nichts mehr im Wege stand.

Und so kam es auch. Wie im Film eilten dunkle Gestalten zu meiner Kabine ohne Tür, die so klein und eng war, daß man sich darin weder bewegen noch verstecken, oder schützend ausweichen konnte. Sie schossen aus nächster Nähe direkt auf mich, wie im Film Matrix.

Ich wußte im Traum: Jetzt bist du erledigt, jetzt hast du absolut keine Chance zu überleben, jetzt ist alles aus! Es ist unfair und gemein, aber sie werden dich treffen und niemand sieht es im Gerichtssaal. Vor allem: keinen interessiert es, wenn ich »weg« bin.

Doch wie durch ein Wunder gingen die Kugeln, deren Flug ich in Zeitlupe beobachten konnte, seitlich an mir vorbei, über mich hinweg und keine einzige traf oder verletzte mich. Die dunklen Gestalten waren machtlos mit ihrem Geballere.

Ich staunte, denn ich lebte weiter und war **frei** zu gehen, ungeachtet dessen, was im Gerichtssaal über mich erzählt oder geurteilt wurde. Mit dieser Erkenntnis wachte ich auf und war dankbar.

Es haben weit mehr Menschen, und die Begegnungen mit ihnen, dazu beigetragen, daß ich heute mit einer Persönlichkeit, wie Nick eine ist, leben, lieben, lernen und genießen kann, als es in diesem Kapitel darzustellen möglich wäre. Aber die Meilensteine sprechen für sich.

Nick ist eine Bündelung von dem, was heute zu mir paßt. Er versteht mich im Herzen und gibt auch mir die Freiheit weiterhin an passenden Persönlichkeiten zu wachsen. Wohlwollende Energien einzuladen, nach passenden Seelen und Begebenheiten Ausschau zu halten und vor allem eine geschätzte gemeinsame Zeit zu verbringen. Besonders mit all denen, die viel im Herzen verstanden haben und uns etwas Wertvolles zu geben und zu zeigen haben. Die aber auch **das** dankbar annehmen und verwenden können, was ich, oder auch wir, ihnen zu bieten habe(n).

Jede Art Mensch ist wertvoll und interessant, um noch mehr daraus oder daran zu lernen, daran habe ich keinen Zweifel. Und doch folgt Energie der Aufmerksamkeit. Sie fließt, je bewußter wir werden, wie von allein, direkt dort hin wo die größte Resonanz dazu ist.

Mich zieht es immer mehr zu anspruchsvollen Herzen, sie sind mir besonders willkommen. An allen anderen lerne ich so gut ich es vermag und versuche unermüdlich sie noch besser und viel mehr zu verstehen, sie dadurch zu berühren und entsprechend zu öffnen für alles was ist.

Aber was mühe ich mich hier überhaupt mit so vielen Details ab? Denn schon Paulo Coelho sagte einst:

»Verschwende nicht deine Zeit mit Erklärungen: Menschen hören nur das, was sie hören wollen.«

WIE KONNTE ES DAZU KOMMEN?
AUS NICKS SICHT

Es war ein Tag wie jeder andere. Nach getaner Arbeit im Büro, verbrachte ich den Abend wieder einmal zu Hause und war froh, daß ich keinen Einsatz mehr hatte. So konnte ich mich etwas ausruhen, mit meinem schnurrenden Kater auf dem Bauch auf dem Sofa liegen und fernsehen. Ja, auch ein Callboy, der oftmals abends noch unterwegs ist, genießt die Ruhe in den eigenen vier Wänden.

Kurz bevor ich zu Bett gehen wollte, piepste mein Handy. Oh, wer will denn jetzt noch etwas von mir? Ich schaute ungläubig aufs Display und sah eine Buchungsanfrage einer gewissen Tina aus dem Aargau. Nun ja, die Uhrzeit dieser Anfrage war nach meinen Erfahrungen nicht weiter erstaunlich, denn ich erhalte immer wieder, unabhängig von Wochentagen und Tageszeiten, solche SMS. Allerding fand ich es schon eher außergewöhnlich, daß mir diese Tina auch gleich ein Photo von sich mitschickte. Das war so eigentlich nicht üblich und kommt praktisch nie vor. Schließlich steht auf meiner Internetseite ja auch, daß für mich das Aussehen und Alter einer Kundin keine Rolle spielt. Viel wichtiger fand ich schon damals, daß die Frauen, die mich buchen können, energetisch passend sein müssen. Wenn dies nicht der Fall sein sollte, merke ich das mittlerweile ziemlich schnell – meist schon bei den ersten Worten. Aber auch ich habe in meiner langen Callboy-Karriere nicht immer auf mein Gefühl geachtet und so kam es schon zu Buchungen, bei denen es einfach nicht gänzlich stimmte. Diese Buchungen waren dann einmalig, es kam zu keiner Folgebuchung und ich war um eine Erfahrung reicher in Bezug auf meine inzwischen präzise ausgebildete Wahrnehmung.

Tinas Photo und die frische Art, die Anfrage auf den Punkt zu bringen, gefiel mir und ich hatte ein gutes Gefühl. Dennoch mochte ich nicht sofort antworten und machte mich auf den Weg ins Bett.

Am nächsten Tag, also nachdem ich geschlafen hatte, war ich wieder im Büro und arbeitete, wie jeden Tag, an Konstruktionsplänen. In einer kurzen Pause kam mir in den Sinn, daß ich vielleicht mal auf die Anfrage der letzten Nacht antworten sollte. Ich kramte mein Handy aus der Tasche, laß nochmals die Zeilen dieser Frau und antwortete ihr. Sie wollte eine Stunde normalsten Sex mit mir abmachen. Okay, eine Stunde ist nicht viel und schnell vorbei, doch wenn sie das so haben möchte, dann soll es so sein. Das paßte schon für mich und vielleicht würde sie ja noch verlängern, dachte ich, sobald sie ihre erste Scheu im Zusammenhang mit einer solchen Anfrage verloren hätte. Irgendwie spürte ich aus ihren Worten, daß Tina so etwas das erste Mal machte. Die meisten Frauen haben Hemmungen, wenn sie sich einen Callboy buchen und dies noch nie getan haben. Schließlich holt man sich nicht jeden Tag einen völlig fremden Mann für bezahlten Sex ins eigene Haus oder in ein anonymes Hotel. Das war mir stets bewußt und ist, meiner Meinung nach, auch völlig normal.

Genau deshalb schlug ich ihr gleich denselben Abend, oder als Alternative, den Freitagabend vor, so daß sie es sich nicht noch anders überlegen konnte. Denn wer zögerlich antwortet und lange um den heißen Brei redet, wird auch zögerliche Reaktionen ernten – so zumindest meine Erfahrung. Und ich sollte Recht behalten, denn knapp zwei Stunden später antwortete sie. Danach folgten noch ein paar Detailfragen und schlußendlich war die Buchung für Freitag fest zugesagt.

Der Rest der Woche verlief völlig normal: Tagsüber Büro, an einem der Abende eine weitere Buchung bei einer langjährigen Stammkundin, und natürlich auch Treffen mit meiner damaligen Freundin.

Es war Freitag, ich machte etwas früher Feierabend im Büro, kam nach Hause, legte mich ein Stündchen zum Entspannen hin und begann dann pünktlich meine Vorbereitungen für die am Dienstag ausgemachte Buchung mit dieser Tina. Rasieren, duschen, Haare waschen, so wie immer, in einem immer gleichbleibenden Ablauf der Tätigkeiten, als eine Art Meditation und Reinigung vom Alltagsstreß.

Da sich Tina ausdrücklich offene Haare gewünscht hatte und angab Heavy-Metal-Fan zu sein, wollte ich ihr diesen Wunsch natürlich erfüllen. Ich ließ die Haare offen und zog eine Lederjacke an, die bisher noch nie bei einer solchen Gelegenheit im Einsatz gewesen war, jedoch genau zu einer Buchung bei einem Heavy-Metal-Fan paßte. Ha, wenn die wüßte, daß ich genau diese Musik auch mag, dachte ich noch beim Anziehen.

Natürlich kam ich viel zu früh in diesem kleinen, aargauischen Dorf an, wo sie mich hinbestellt hatte. Ich rechne stets genug Zeit für die Fahrt ein, denn Streß kann ich absolut nicht gebrauchen, wenn ich in meiner Funktion als Callboy unterwegs bin und ich den mich buchenden Damen entspannt und gutgelaunt eine schöne Zeit schenken soll. Also wartete ich noch ein wenig in meinem Auto auf dem Parkplatz vor dem Haus und war gespannt auf die Frau, die mich dort oben erwarten würde. Die Wohnungstür ging auf und da stand sie.

Tina, mit einer Ausstrahlung, die mich aus meinen Boots haute. Scheiße, hier geht etwas ganz arg schief, dachte ich noch, ich müßte jetzt umgehend gehen und die ganze Sache freundlich aber bestimmt abbrechen, genauso wie ich mir dieses Recht, auf meiner Internetseite unter den Bedingungen, einräume. Diese Buchung kann nicht gut verlaufen! Diese Tina ist anders als jede bisher getroffene Frau. Kann ich hier mit ihr noch professionell bleiben und einfach meinen Job machen? Nein, es ging nicht!

Weder konnte ich gehen, noch verlief der Abend professionell. Tina hat mich von Anfang an in ihren Bann gezogen, mich fasziniert, mich begeistert und auch wenn ich es versucht hätte, wäre ich nicht mehr von ihr weggekommen. Ich habe es versucht, wirklich, auch später noch!

Wir lernten uns also trotz meines anfänglichen Widerstands und dem Versuch zur Normalität einer Kundenbeziehung zurückzukommen über Monate der Ungewißheit immer näher kennen, und kamen uns schlußendlich unaufhaltsam näher. Ich erfuhr vieles über das bisherige Leben und die Vergangenheit von Tina, vor allem nachdem ich die Liebe mit ihr in meinem Herzen endgültig zuließ und wir ein Paar wurden.

Da sie in diesem Kapitel bereits alles Wissenswerte darüber geschrieben hat und ich nicht alles wiederholen möchte, werde ich auch nichts mehr hinzufügen, aber mich dem anschließen. Eines ist jedoch klar: Sie mußte den von ihr beschrieben Weg gegangen sein, um mit einem Menschen wie mir glücklich werden zu können. Es ist nicht einfach an der Seite eines Callboys und Kriegers zu leben, das ist mir durchaus bewußt.

Jedoch komme ich nicht umhin zu erwähnen, daß Tinas Vergangenheit sehr vielseitig ist. Tina ist eine eigenständige Persönlichkeit, die mich nicht »braucht« um zu »überleben«, die mich an ihrem Leben teilhaben läßt und die ich, im Gegenzug, auch gern an meinem Leben teilhaben lassen möchte.

Sie beherrscht etliche Sprachen, kann sich gut ausdrücken und hat einen großen, weltweiten Freundeskreis, den ich nach und nach kennen- und schätzen lerne, den wir jetzt zusammen erweitern. Und was ich wirklich ganz toll fand, ist, daß sie mobil, aktiv, unabhängig, frei ist und sie sich stets selbst motiviert.

Sie hat eine tolle Familie, die sehr gut miteinander umgehen und die mich von Anfang an so akzeptiert haben, wie ich nun mal bin. Ihr Lebens- und Wohnungsstil, das Ambiente, ließen sich wunderbar mit meinem eigenen verbinden. Die Gespräche mit ihr sind fundiert und haben genau die Substanz, die mir auf Augenhöhe, in meinem nicht alltäglichen Leben, begegnet.

Vor allem, und sowas ist selten: Ich kann ihr vertrauen und auf sie ist stets Verlaß – sie ist vor allem stabil in ihrer Stimmung und in ihrem Verhalten. Sie reißt mich mit in ihrem Gedankengut und ihren wilden Ideen, wie auch sie sich von mir begeistern läßt und voll dabei ist.

Es beeindruckt mich tief, **was** sie alles aus ihrem rasanten Leben verstanden hat. Ihr Umgang mit Menschen, mit allen Tieren (Pascha liebt seine Katzenmama) und ihre Einschätzung von Situationen ist bemerkenswert. Mit ihr zusammen ist es für mich ein Gefühl des »Komplettseins«, obwohl sie zwar mit manchem anders als ich umgeht und nicht identisch denkt, aber mich durch ihre besondere Herzensqualität täglich aufs Neue bereichert und versteht.

Und jetzt wo ich das hier niederschreibe und darüber nachdenke, kommt mir in den Sinn, daß ich bereits aus ihrer ersten Nachricht erspürte, daß sie für mich ein ganz besonderer Mensch und eine außergewöhnliche Frau ist. Was dann später daraus entstehen würde, hätte ich mir jedoch in meinen kühnsten Träumen nie ausmalen können.

Faszinierend fand ich auch, daß mich Tina schon von Anfang an, bei unserer ersten Begegnung, verstand, meinen Beruf als Callboy als wertvoll betrachtete und sogar sagte, daß ich ein Heiler für alle Frauen sei, die mich buchen würden.

Früher, eigentlich immer, bis ich »meine Tina« kennenlernen durfte, hatte ich das Gefühl, ich sei verkehrt oder eben ziemlich unpassend für diese Welt. Durch meine zum einen sehr freigeistige, autarke innere Haltung und zum anderen durch meine wilde, kriegerische Art zu denken, zu fühlen und zu handeln, eckte ich logischerweise vielerorts recht drastisch an. Dies hat sich auch später, durch vermeintliche Anpassung und mit der Vernunft eines Erwachsenen, und bis heute nicht groß geändert.

Durch Tinas unendliche Liebe wurde ich jedoch tief im Herzen verstanden, auf meinem Weg durch und durch bestätigt und reflektiert. Endlich erkannte ich mit vollster Begeisterung, daß ich überhaupt nicht unpassend bin, sondern genau passend zu meinem Wesen, zu meiner Bestimmung und zu meiner einzigartigen Aufgabe in der jetzigen, sehr spannenden, weltweiten Veränderung auf unserem Planeten.

Vielleicht lebe ich nun gerade im falschen Jahrhundert, vielleicht aber auch genau in der richtigen Zeit, um gerade jetzt und heute vieles in Frage zu stellen und unnachgiebig zu helfen die Welt positiv zu verändern.

Tina machte mich mit dem mich spiegelnden Gedankengut des südwestnorwegischen Kriegers Astváldur aus dem sechsten Jahrhundert bekannt, ein Krieger, der ich selbst gewesen sein könnte. Und sie führte mich nach Stavanger zu einem heute lebenden Freund aus genau dieser Zeit. Gemeinsam trafen wir Fremde, die Freunde wurden, erleben Orte, die uns tief berührten, verbinden und die Zukunft zeigen.

Durch sie lernte ich, das, was bisher als Gefühl und Erkenntnis in mir steckte, genau zu definieren, noch präziser in Worten formuliert auszudrücken als schon davor, um jetzt noch klarer meinen Weg zu erkennen und diesen ganz bewußt, aufrecht, stolz und äußerst entschlossen zu gehen!

Ich kann mit den, durch andere nicht immer in gänzlich wohlwollender Absicht, diktierten Konventionen genau deswegen nichts anfangen und werde gegen jede Art von unüberlegtem Automatismus oder flakkernder, jämmerlicher Kleingeistigkeit stets unermüdlich, gemäß meiner weisen, wilden, uralten Kriegerseele, voller Kampfbereitschaft und in reinster Herzensessenz verankert, vorgehen.

Durch ihr großes Gespür für Namensenergien gab Tina mir den trefflichen, historischen Namen Ásaþór für die heutige Zeit und als Häuptling der Sippe der Suna Élivágar.

Tina und ich sind inzwischen unzertrennlich und haben sogar dieses Buch geschrieben. Verrücktes Leben! Wer hätte das jemals gedacht?

SENSITIVITY *Inspirations*
bietet an:

Eltern halten uns im Griff der Vergangenheit und Kinder neigen gern zu Größenwahn.

Die Energien zwischen Kindern und Eltern ziehen sich an. Es gibt eine übergeordnete Absicht, wieso die Familienkonstellation ist wie sie ist. Wer Kontakt zu Lebzeiten mit seinem Eltern oder einem Teil davon pflegt, sollte sich bewußt sein, daß uns Eltern gern als das Kind sehen, das wir einst waren oder für sie ewig bleiben. Es wird von alten Zeiten gesprochen, man wälzt ewig die gleichen Themen und an der Wand hängen für immer unsere niedlichen Kinderfotos. Es ist nicht einfach dort je aus den alten Fußstapfen zu treten, den klebrigen Schlingen der Vergangenheit zu entrinnen. Das soll nicht heißen, daß wir unsere Eltern nicht besuchen sollten oder sie uns nicht. Aber neue Ideen und Veränderungen mit ihnen zu besprechen ist schnell mal heikel und nicht immer einfach. Wir können unseren Eltern natürlich alles erzählen, sollten aber in vielen Fällen wieder weg sein, bevor sie uns ihre Meinung dazu sagen.

    Manche kleinen Kinder spielen gern das Opfer ihrer Eltern. Überhäufen sie mit Vorwürfen, daß sie an diesem und jenem schuld sind, daß sie dies und das nicht bekommen oder das Essen nicht schmeckt und beharren auf ihr forderndes Auftreten, vor allem gegenüber der Mutter. Allerdings handelt es sich dabei um Größenwahn. Das Kind glaubt, es habe einen Anspruch darauf und es hat nie gespürt, daß Geben und Nehmen im Gleichgewicht sein sollten. Ein Kind, das keine Achtung und keine Wertschätzung gegenüber dem verspürt, was es bekommt, diesem Kind muß man klar machen, daß es noch nicht gelernt hat dankbar zu sein. Vor allem sollte man das den Eltern klar machen, die dem Kind immer nur geben und davon noch zuviel.

ELF

NICKS KUNDENKREIS
UND INTERESSENTEN

DEFINITION CALLBOY,
WERTSCHÄTZUNG, DANKBARKEIT, RESPEKT – GESEHEN WERDEN!

Was ist überhaupt ein Callboy? Was macht er genau? Wofür und wie bestellt man sich einen? Wer bestellt so einen? Wie findet man so einen? Wo trifft man sich mit dem? Wann erscheint er dann? Wieso wird dafür Geld bezahlt? Warum machen Menschen das? Ich hatte mir darüber vorher nie Gedanken gemacht und wußte nicht wirklich viel zu diesem Thema, weil es mich nicht interessierte, nicht betraf und ich niemanden dergleichen kannte. Mein Wissen beschränkte sich höchstens auf den 8oer-Jahre-Film »American Gigolo« von Richard Gere und sogar er begann, wie es heißt, seine Karriere als Porno Darsteller, was heute keinen mehr interessiert, da er sich längst anderweitig bewiesen hat. Bei **de.wikipedia.org** steht folgendes dazu (gekürzt):

CALLBOY

Die Bezeichnung Callboy [*Zusammensetzung aus engl. call = anrufen und boy = Junge*] für männliche Prostituierte entstand durch die zunehmende gesellschaftliche Positionierung von Homosexuellen und (weitaus seltener) sexuell selbstbewußten Frauen und in Kombination mit deren Beauftragung über Telefon und – später – Internet. Vorwiegend mobil, lassen sie sich in Hotels oder Privatwohnungen »rufen«, zunehmend bieten sie ihre Dienste auch in eigenen Räumen [...] an [...].

[...], die wenigsten sind ausschließlich auf Frauen spezialisiert. Dies liegt daran, daß es kaum Frauen gibt, die einen Callboy rufen. Mehr Frauen interessieren sich für Callgirls oder suchen zusammen mit ihrem Partner Kontakt zu einer weiblichen Prostituierten. Nach einer Untersuchung der Neuen Zürcher Zeitung ist der Beruf des Callboys keine »Vollzeitstelle«.

In der Tat handelt es sich bei der gängigen, überwiegend durch Spielfilme (wie American Gigolo) und TV-Reports bestimmter Sender geförderten Vorstellung, daß es zahlreiche Callboys gäbe, die Frauen verwöhnen, um einen Mythos. Die wenigen Männer, die Anzeigen für Frauen schalten, suchen nach einem Nebenverdienst, sind also keine »Profis« im Frauenverwöhnen. Callboys sind in der Regel für einen Zeitraum von zwei Stunden zu buchen, aber auch für eine Nacht oder als Reisebegleiter für ein paar Wochen, und zwar für ca. 150 Euro pro Stunde oder über 1'000 Euro für einen Tag. Die Zahlung erfolge »cash im Briefumschlag zu Beginn des Treffens«. Laut Ralf Rötten, der als Sozialpädagoge und Callboy-Berater bei Subway Berlin, einer vom Berliner Senat geförderten Einrichtung, arbeitet, können die meisten »Begleitagenturen«, die derartige Dienste anbieten, in Berlin nicht überleben. Die Nachfragen sind zu gering. Zudem entsprechen die realen Callboys nicht dem medienvermittelten Bild des niveauvollen Gentlemans, den Frauen attraktiv finden.

Nach den Angaben von Ralf Rötten arbeiten etwa 600 Callboys in Berlin, davon nur acht bis zwölf ausschließlich für Frauen. Die wenigsten von ihnen wüßten, wie man mit Frauen angemessen Kontakt aufnehme, und sie könnten selten eine Anzeige formulieren, die Frauen anspreche.

Nick, von Anfang an als Edel-Callboy tätig, entspricht dieser Definition nicht. Er ist immer Profi, hat eigene Regeln, empfindlich höhere Preise, arbeitet unabhängig ohne Agentur, weiß wie er mit den zu ihm passenden Frauen Kontakt aufnehmen kann und sich bei einer Buchung zu verhalten hat. Er hat seine Webpage am Anfang seiner Karriere selbst programmiert, die Texte gemäß seiner damaligen Anfangsideen präzise und ansprechend formuliert und hat lange nichts mehr daran verändert. Er orientiert sich weder an anderen, noch vergleicht er sich mit irgendjemandem und verfolgt nur peripher, sporadisch und höchstens spaßeshalber, was in der sogenannten »Branche« parallel dazu noch läuft. Amüsiert, aber kopfschüttelnd, berichten ihm Kundinnen, die Seiten dieser Art im Visier halten, immer wieder, daß seine längstens veralteten oder gebietsspezifischen Texte auf den Seiten anderer Herren munter kursieren. Das ist illegal, rücksichtslos und verletzt das Urheberrecht. Unglaublich und ganz schön lächerlich schmücken sie sich, mit Wort für Wort per »Copy/Paste[83]« übernommene Formulierungen, stümperhaft mit fremden Federn, die ihnen selbst dann in Art und Person gar nicht entsprechen. Möchte ich mich als Frau, als suchende Kundin, so jemandem anvertrauen?

Die Beweggründe mögen noch niedriger sein. Ich kann mir nur vorstellen: Entweder arbeiten sie mit unseriösen Webmastern zusammen, haben keine eigene Phantasie, kein Selbstvertrauen, oder, wie von Wikipedia richtig vermutet, sie können womöglich selbst keine Texte verfassen. Oder noch besser, sie verstehen unsere Landessprache von vorneherein überhaupt nicht. Persönliche Eigenheiten und alle angegebenen Körpermaße passen auch nicht zu den eingestellten Bildern, und wo keine Bilder zu sehen sind, ist es peinlich genug, wenn auf solche Bezug genommen wird. Ein kleines Beispiel: Egal ob diese Herren in der West-, Ost- oder Nordwestschweiz tätig sind, sie übernehmen den auf die Region Basel abzielenden Text von Nick unverändert. Doch Nicks Angebot besagt beispielsweise, daß die Anfahrt von Basel im Umkreis von hundert Kilometern im Buchungspreis inbegriffen ist, was bei Angeboten von Herren, die zum Beispiel von St. Gallen, Bern oder Zürich aus arbeiten, wenig Sinn macht. Aber sie bemerken ihre unpassende, kopierte Webpage scheinbar nicht, vielleicht weil sie längst schon genauso feinfühlig mit »den Wünschen« ihrer Klientel beschäftigt sind, wenn mir diese humorvoll gemeinte Bemerkung an dieser Stelle erlaubt ist. Doch gerade diese Branche hat einen gnadenlosen Seismographen integriert. Den Erfolg gewinnt und verliert man hier im feinsinnig gefühlten, im taktvoll unaufdringlichen, der Wahrheit entsprechenden Detail.

Nick hat sich überwiegend eine weibliche Stammklientel aufgebaut, bei denen er sich sicher bewegen kann und jeweils genau weiß, wie er sich auf wen vorbereitet. Neue Anfragen werden sehr sorgfältig auf Eignung überprüft. Er bedient eine Mischung von Frauen jeder Altersstufe, wobei reifere, erfahrenere Ladies eher mutig sind und wissen, was sie an ihm schätzen und warum sie genau ihn wählen. Manche buchen die Treffen sporadisch, angepaßt an ihr sonstiges Liebesleben, andere so regelmäßig wie den Friseurbesuch oder Wellnesstag. Er sagt, jede einzelne sei stets sauber und gepflegt und sie würden sich besonders aufmerksam, für ihn angenehm und passend, auf die Termine mit ihm vorbereiten. Auch über die Jahre hinweg ist das Qualitätsmerkmal, die ausbedungene körperliche Gepflegtheit und Gesundheit, sowohl bei Kundinnen wie auch bei ihm selbst, auf konstant hohem Niveau geblieben. Er hat noch nie von seinem Recht Gebrauch machen müssen, ohne Angabe von Gründen vor Ort unverrichteter Dinge wieder zu gehen. Ob eine Person und ihre Absicht passend sind, spürt er schon bei der ersten Kontaktaufnahme am Telefon, per SMS, E-Mail oder, was selten vorkommt, aber angeboten wird, bei einem unverbindlichen persönlichen Erstkontakt in einem Café.

Sehr junge Kundinnen, im Alter von achtzehn oder neunzehn Jahren, buchen ihn normalerweise nur einmal. Ich mag nicht glauben »warum«, als ich mich mit Nick über seine Erfahrungen unterhalte. Damit sie sich in einer erhofften oder sich schon anbahnenden Beziehung unter Gleichaltrigen nicht »die Blöße« oder »Pein« geben müssen, als unerfahrene Jungfrau oder gar prüdes Mauerblümchen dazustehen. Für diese Mädchen ist Unberührtheit ein sie verunsicherndes bis gar schwerwiegendes Manko. Es ist ihnen peinlich, sie fühlen sich uncool, in ihren Kreisen nicht gesellschaftsfähig und müssen ihre Unerfahrenheit verheimlichen. Sie möchten das eben mal schnell mit einem Callboy ändern, den Makel beseitigen, es »hinter sich bringen«. Traurig aber wahr! Ich staune mit allem was mir zur Verfügung steht!

Frauen, grob geschätzt so zwischen zwanzig und dreißig Jahren, buchen ihn eher selten – da dient Nick vielleicht als tröstliche Überbrückung zwischen zwei Beziehungen. Manchmal auch nur, um in Partylaune einfach ihre Neugier zu stillen und zum Erfahrungen außerhalb der Norm zu sammeln, oder als möglichst vielseitige Vorbereitung auf einen versierteren, bewanderteren Mann als sie selbst.

Einige dreißig- bis um vierzigjährige Frauen mit aktivem Sexualleben kennen Nick noch aus der Zeit vor ihrer letzten Beziehung und melden sich plötzlich, wenn diese dann beendet ist, aber die nächste noch nicht in Aussicht steht. Die meisten Kundinnen dieser Art sind schnell aufs Neue vergeben und sagen entsprechend kurzfristig spontan ab, oder unerwartet, fast über Nacht sozusagen, abermals wieder zu – insgesamt eine unruhige, wenig einschätzbare, sehr flexible Klientel. Sie nutzen ihn noch schnell mal als Urlaubsvorbereitung und Einstimmung auf die anstehende Freizeit, oder nach Rückkehr, um die Partylaune gediegen ausklingen zu lassen.

Selbstverständlich kann man die Altersgruppen und die Beweggründe für Buchungen so nicht generell pauschalisieren. Jede Frau, egal welchen Alters, hat ihre eigene, ganz individuelle Geschichte, Absicht und nicht selten anspruchsvolle Erwartungen in jeder Hinsicht.

Das Gros der Kundinnen bewegt sich jedoch im Segment zwischen Anfang vierzig bis Mitte fünfzig. Diese Ladies wissen genau, wie sie ihre Sinnlichkeit genießen wollen und was sie an Nick als ein männliches Gesamtpaket, besonders im Gespräch über das Leben und die Welt als angenehme Zusatzleistung, bemerkenswert schätzen. Sie haben eher die Bereitschaft die erforderlichen finanziellen Mittel für diesen Luxus einzusetzen. Sie sind oftmals knapp an Zeit, weil zum Teil leidenschaftlich mit ihrem Job verheiratet. Nicht wenige sind bereits geschieden oder noch mitten in der Scheidung, vereinzelte schon verwitwet, die

Kinder oft längst aus dem Haus, oder sie leben aus Überzeugung als Single, wahlweise mit ihren treuen Haustieren, die Nick dann auch schon kennen. Leider kommt es immer wieder vor, daß manche Kundinnen Nick gegenüber die erotischen Qualitäten mancher gleichaltriger oder teils noch älterer Männer bemängeln. Sie vermitteln Nick den Eindruck, daß bei dieser Art Männer die Kargheit oder Einfallslosigkeit hauptsächlich ausgelöst wird durch deren Unfähigkeit sich ganz auf sie einzulassen. Teils auch die Kompliziertheit, die es ihnen bereitet, auf die Frau ihrer beteuerten Begierde in geeigneter Weise einzugehen. Dazu kommen viel zu schnelles, nervöses Abreagieren und oft eine generelle innere Unruhe, die verhindert, daß sie sich selbst entspannt genug dafür öffnen können. Verantwortlich dafür sind meist beruflicher Dauerstreß, fehlendes Fingerspitzengefühl, enormer Leistungsdruck, konstanter Zeitmangel, da sie Tag und Nacht mit ihrer Firma beschäftigt sind, Doppelbelastung oder unerwünschte körperliche Reaktionen auf diese Lustkiller. Manche verhalten sich aber auch einfach nur langweilig oder schlichtweg niveaulos, primitiv, sie fallen meist gleich durch alle Raster, da sie Sex einfach so durchziehen wir ihren Job. Aha! Es gibt aber durchaus andere, sehr liebenswerte, wunderbar angenehme, richtig wertvolle, in allen Bereichen anspruchsvolle und sehr begehrenswerte, einfach phantastische Männer und Liebhaber. Solche, die sich gewisse Freiräume erhalten und auch leben um zu lieben. Sie sind nur nicht überall zur Stelle und stünden eben nicht alle so einfach zur Verfügung, weil meist sonst noch irgendwie anderweitig verwickelt. Oder noch schlimmer, gerade diese Männer haben manchmal noch andere Frauen, was auch selten gut ankommt.

Nick erzählt mir manchmal anonymisierte Situationen, die ihn menschlich bewegt haben, die ich nach seiner Darstellung gut verstehen, mir lebensnah vorstellen kann. Wo ich dann meine persönlichen Schlüsse daraus ziehe. Die Beweggründe der Ladies, der Wunsch nach echter, gelebter Nähe, nach ehrlicher Gemeinsamkeit, welchen sie sich aus Mangel an kalkulierbaren anderen Möglichkeiten, wenn nicht anders möglich, in Form einer Illusion gegen Bezahlung erfüllen, kann ich aus tiefstem Herzen nachvollziehen. Bei einem Edel-Callboy seiner Klasse, in der obersten Kategorie »Frauenversteher«, zu dem Nick herangereift ist, wissen solche Kundinnen dann mit höherer Wahrscheinlichkeit als in ihrem Alltagsliebesleben, daß für sie der gebuchte Abend in optimaler Qualität und mit dem erhofftem Resultat und Anspruch an dieses bezahlte «Miteinander» verlaufen wird. Monetäre Werte werden angesichts ihrer ehrlichen, zugegebenen Dankbarkeit sekundär, denn er ist ihnen seinen Preis wert! Auch in der Wirtschaft heißt es, wer Erfolg hat, hat Recht. Irgendwie muß demnach auch ein Edel-Callboy seine Berechtigung haben, sonst gäbe es ihn wohl nicht.

Nick berichtete mir auch von Kundinnen, die mit Leichtigkeit und Freude am Leben fünfundfünfzig bis gut sechzig Jahre Lebenserfahrung und mehr zu bieten haben. Gerade in dem Alter absolut perfekt gepflegte Ladies mit Stil und Klasse, über die er regelrecht ins Schwärmen kommt. Die, die sich auch später im Leben noch mit solchen Gedanken tragen. Für diese Ladies ist es ist wohl nie zu spät, gerade als selbstbewußte, erfahrene Frau, den für sie richtig passenden Callboy noch herauszuspüren und sich diesen Genuß zu genehmigen.

Nicks Kundinnen sind **dankbar** und **stolz** darauf ihn zu kennen, eine zu ihm passende Kundin sein zu dürfen. Manche, die vor langem schon erfuhren, daß Nick und ich dieses Buches schreiben, waren sichtlich begeistert und sagten. Es sei ihr ausdrücklicher Wunsch hier namentlich erwähnt zu werden, es sei ihnen eine Ehre. Wow – Respekt! Sie schämen sich nicht, verstecken sich nicht, sehen einen besonderen Wert darin seine Kundin zu sein, mit ihm in Verbindung zu stehen, und schätzen offen was sie durch ihn erfahren oder gelernt haben. Sie haben durchaus eine hohe Meinung darüber, daß er über lange Zeit schon und auch weiterhin noch zu ihnen kommt!

Daß dieser Beruf zu solch enormer Wertschätzung führt, hätte ich mir früher niemals vorstellen können. Ich habe mir dazu auch nie den kleinsten Gedanken gemacht. Das Thema Callboy interessierte mich grundsätzlich nie und wenn ich mir eine Vorstellung hätte machen sollen, dann wäre diese, das gebe ich zu, sicherlich möglichst abwertend und ausgrenzend in einer abnormen, schmuddeligen Ecke gewesen.

Was mich schon beim ersten Zusammentreffen sehr berührt hat, war, daß er mir erzählte, daß er auch immer wieder Kundinnen hat, die eine körperliche Behinderung haben. Attraktive, gepflegte Frauen im Rollstuhl kennt und schätzt er, denn sie sind genauso anspruchsvoll und sexuell aktiv wie nicht körperlich behinderte Frauen, sagt er aus seiner Erfahrung. Zu dieser Thematik hatte ich nie zuvor etwas gehört und drückte ihm meine Bewunderung dafür aus, daß er Motivation, Stärke und die innere Größe hat, auch diesen Frauen Normalität, Kraft, Zuwendung, Natürlichkeit oder seine Art von Zuversicht und Heilung zu geben. Einfach wie jeder anderen Frau, gemäß ihrer Situation, Lebens- und Tagesverfassung, ja auch.

Hin und wieder kommen Anrufe verantwortlicher Betreuer von Wohnheimen oder von Verwandten und anderen Vertrauenspersonen der Betroffenen, wo ich unschwer wahrnehme, daß Nick die Aufgaben und Bedingungen besonders aufmerksam überdenkt und verantwortungsbewußt entgegennimmt. Nick hat mir die Unterschiede der Behinderungen in Bezug auf seine Arbeit erklärt. Einmal wurde er auf Wunsch einer jungen, ganz paralysierten Patientin angefordert, wo sich das Pflegepersonal des Heimes und ihre Eltern um alle Details kümmerten, die mit der Callboy-Buchung zusammenhingen. Dabei wurde ihm im Voraus im Beisein der Betroffenen genau gesagt, was und was keinesfalls gewünscht sei. Bei Kundinnen, die nur mit dem Kopf nicken, verneinen oder mit den Augen blinzeln können, entsteht einfach keine ausreichend sichere Kommunikation und das Pflegepersonal ist beim Treffen selbst auch nicht mehr anwesend. Nick möchte ausnahmslos immer mit der Kundin im höchstmöglichen Einklang handeln. Durch kleinste Zweifel, meint Nick, können diese Buchungen sein Einfühlungsvermögen und Verständnis ungleich mehr fordern als Buchungen mit Personen im Rollstuhl, die aber in ihrer Kommunikationsfähigkeit nicht eingeschränkt sind.

Es gibt vereinzelt Kundinnen mit und ohne Rollstuhl – es gibt sie tatsächlich – die ihm ihren Hausschlüssel aus Sicherheitsgründen permanent überlassen wollen oder für eine spezielle Begegnung zustecken, damit er, wie ein imaginärer, fester Freund, unkompliziert ins Haus schlüpfen kann. Sie wollen nachts, oder mitten im Schlaf zu fortgeschrittener Stunde, von ihm geweckt oder »überrascht« werden (obwohl bezahlt, gebucht und terminlich genau vereinbart). Sie vertrauen ihm hundertprozentig und lieben diese Art ihrer »bestellten Spontanillusion«.

Wissenswert und spannend finde ich, daß auch Männer Nick buchen, die aber nichts mit ihm direkt vorhaben, denn dafür steht er **ausnahmslos nicht** zur Verfügung (was manche nicht verstehen wollen). Sie bezahlen ihn und wahlweise noch weitere Callboys dazu, um sich ihr Traumszenario zu erfüllen, nämlich eine Frau mit anderen Männern zu teilen. Dabei wissen die Teilnehmer nicht, daß Nick bezahlter Callboy ist und ebenso weiß auch Nick nicht, wer von den anderen eventuell auch bezahlt wird. Zuverlässigkeit, Diskretion und Pünktlichkeit am Treffpunkt, gegenseitiger Respekt, Anstand und sehr gepflegter Umgang miteinander, sind höchstes Gebot bei diesen Events. Aber Fragen werden nicht gestellt und schon gar keine heiklen Punkte erwähnt. Szenarien wie diese, bei dem fiktiv »echte Kerle«, wie wahre, eng befreundete Männer auftreten oder wie ein paar Arbeitskollegen, die unter Zeitdruck eine Frau vernaschen, finden tagsüber »auf die Minute getaktet« in internationalen Hotels statt. Das Spiel, schnell mal eine gute Stunde vom Büro oder aus der Sitzung weg zu sein, alle in Business-Kleidung, den Laptop im Aktenkoffer, um in der Mittagspause oder am frühen Nachmittag zwischen zwei »Meetings« gemeinsam ein heißes Abenteuer zu erleben, ist sehr beliebt und kein Einzelfall. Ein schwungvolleres, eindeutigeres, etwas rauheres Ambiente als die eher kuscheligen Abendbuchungen im trauten Heim der Damen.

Selten, aber es kommt vor, wird Nick von Paaren gebucht, wobei er dann äußerst detailliert abwägt, ob solche Szenarien für ihn passend und machbar sind. Vieles weist er vehement von vornherein ab. Mich erstaunte einst folgende spezielle Anfrage. Ein reiferes, wohl lange glückliches Schweizer Ehepaar, sie so um Mitte sechzig und er ungefähr Ende sechzig (optisch noch top, meinte Nick angesichts des gesendeten Fotos, das er mir aber nicht zeigte), suchte einen jüngeren vertrauenswürdigen Mann, der trotzdem distanziert bleiben sollte und deshalb seriös und am besten käuflich sein müsse. Der Callboy sollte nur in der Zeit einspringen während der Ehemann sich einer Operation zu unterziehen gedachte, die ihn möglicherweise eine Weile aus dem »sexuellen Verkehr« ziehen würde. Die Idee war, sich schon vorher kennenzulernen, später wollte der Mann bei jeder Begegnung zumindest immer anwesend sein. Seine Frau sollte nach bald fünfzig Jahren Ehe nicht auf Sex verzichten müssen, nur weil er vorübergehend nicht dazu in der Lage sein würde. Diese Einstellung muß man sich erst mal richtig klar machen, wohl kaum alltäglich, oder? Welcher Mann gönnt schon seiner Frau wissentlich einen halb so alten Callboy wie er selbst, wenn er selbst vorübergehend nicht in der Lage ist für sie da zu sein? Ohne dann zu befürchten sich damit sein eigenes Grab zu schaufeln und seine Frau erst recht so richtig auf den Geschmack zu bringen? Sehr beindruckend die beiden, dachte ich! Nun, die eigenen Kinder wüßten davon nichts und auch die Nachbarn in einem Dorf bei Bern sollten bitte keinen Wind davon abbekommen. Also wurde für ein erstes Treffen ein Hotel jenseits der Grenze, in Deutschland, gebucht. Sie haben nach einer ersten angeblich gut verlaufenen Begegnung wieder geschrieben und erneut genaue Termine angefragt, sich dann jedoch plötzlich nicht mehr gemeldet. Die Gründe »warum« weiß man im Anfangsstatus einer »geschäftlichen Freundschaft« natürlich nie so genau. In der Nachbesprechung dieses Kapitels mit Nick erfahre ich von ihm das womöglich alles erklärende und das Mysterium auflösende Detail.

Der Ehemann meinte beim ersten Treffen, ohne vorherige Ankündigung oder Vereinbarung, auf die Nick auch nicht eingegangen wäre, er könne dann während der Buchungen, vielleicht verstanden als »stillen Bonus«, so halb versteckt vor sich hin filmen und die Aktivitäten mit seiner Videokamera festhalten. Vermutlich wußte er bestenfalls einfach nur nicht, wen er vor sich hatte. Der Pornobranche hat Nick längstens den Rücken gekehrt und ist an filmischen Aufzeichnungen, die womöglich im Internet auftauchen oder privat kursieren, in keiner Form interessiert. Das wird der Sache dann auch ein wortloses Ende bereitet haben. Kann passieren – besser so!

Am lustigsten und voller Begeisterung erzählt mir Nick von seinen Stripaufträgen in jungen Jahren. Die seien immer maximal Fun gewesen und in einer Umgebung von recht jungen Menschen in Partylaune.

Natürlich bestellt für Frauen, die ihren Geburtstag oder Junggesellinnenabschied in Diskotheken oder Restaurants feierten und damit meist überrascht wurden. Die witzigste Begebenheit dieser Art habe auf engem Raum in einer Stretch-Limousine, wie mit den Organisatoren genau abgesprochen, stattgefunden. Die beschenkte Dame wußte von nichts, fuhr mit ihren Freundinnen in der Limo durch die Stadt, bis Nick unterwegs für sie überraschend zustieg. Der Jubel war grandios und er zog seine Show, im Rahmen der Möglichkeiten im Innenraum des besonders langen Fahrgastteils der Limousine, sitzend und kriechend durch. Im Anschluß trank er mit den Ladies noch Champagner und stieg später, an vorher genau vereinbarter Stelle, unterwegs wieder aus.

Solche Kurzeinsätze wirken locker und entspannt, doch sie brauchen genauso eine seriöse, routinierte Vorbereitung. Sie erfordern speziell angefertigte Kleidung, Uniformen mit praktischen Klettverschlüssen an möglichst vielen Nähten und die dazugehörigen vielfältigen, aber wirkungsvollen Accessoires.

Bemerkenswert finde ich an dieser Stelle noch, daß vereinzelte Damen Nick nur für erotische Massagen buchen. Also kein Sex stattfindet, aber bei spärlicher Bekleidung anfassen ausdrücklich erlaubt ist. Diese Wellness-Stündchen finden dann in der Zeit nach späterem Büroschluß statt. Auf diese wundervoll wirkende Massage konzentriert Nick sich gern spielerisch, variantenreich, aber vor allem gekonnt sexy, rund um die erogenen Zonen und Empfindungen der hoffentlich verträumt und entspannt abgetauchten genießenden Frau.

Manche Damen suchen eine Begleitung in erotische Clubs oder Schutz an außergewöhnlichen Orten, wo sie Abenteuer durch sexuelle Kontakte mit mehreren anderen Männern suchen. Zu ihrer Sicherheit möchten diese Kundinnen eine eingeweihte, zuverlässige Respektperson in der Nähe haben, die selbst nicht an den Aktivitäten teilnimmt. Aber während des Vergnügens im Club oder Open-Air die ganze Zeit aus angepaßter Distanz ein Auge auf den korrekten Ablauf und natürlich auf sie selbst wirft. Ungeachtet der Wirkung, die solch ein Austausch mit unbekannten Horden wahllos heiß gelaufener Männer der Psyche und dem energetischen System einer Frau zufügen kann, ist es, oberflächlich betrachtet, natürlich vorerst wichtig generell auf Sicherheit und auf Abwehr von versteckter Gewalt, oder unpassendem Verhalten anderer am eigenen Körper, bedacht zu sein. Ein wahlloses, nervöses, sexuelles Abreagieren tut auch nicht der Psyche jedes Mannes bedingungslos nur gut, sofern er nicht in seinem Energiesystem extrem stabil ist.

Es gibt Menschen, die können alles tun und alles essen und alles ausleben ohne einzubrechen. Die leben auch diesen Bereich der Freizeitgestaltung energiegeladen, niveauvoll, angenehm aus – es gibt sie durchaus, aber sie sind selten.

Wenn Sexualität nur als verlängerte Selbstbefriedigung mißbraucht wird, nimmt sie auch Männern Energie und führt sie leicht in die Gier nach wahllos mehr und immer mehr davon haben wollen, egal mit wem. Meist sehen Männer das verständlicherweise anders und es soll ruhig jeder den Spaß haben, den er auf seine gewählte Art mit sich vereinbaren kann. Davon kann und wird einen niemand abhalten, außer eines Tages man sich selbst, wenn einem bewußt wird, was es im eigenen Energiesystem körperlich und psychisch bewirkt, wenn man destruktiv wirkende Nähe mit Menschen lebt, die einen nicht interessieren und die schlimmstenfalls in ihrer Art auch nicht passen zu einem selbst, außer im Aspekt, daß sie hier mitmachen.

Die Zusammenhänge über was das Herz nährt, was einen schleichenden energetischen Zerfall herbeiführt und wie sich das im Gemüts- und Gesundheitszustand einer Person spiegelt, ist gemäß Gesprächen, die ich bisher führte, nur den allerwenigsten, um nicht zu sagen fast niemanden bekannt, falls man sich noch nicht bewußt damit beschäftigt hat. Auch mir wurde bei der ersten Erkenntnis solcher Zusammenhänge klar, daß davon auch andere Bereiche des Lebens betroffen sind. Wann immer etwas unpassend ist, oder uns mit nicht zu uns passenden

Menschen und Absichten zusammenführt, nimmt es uns von unserer Energie und sollte (theoretisch) aus unserem Leben verschwinden. Ein vielschichtiges Thema, das hier nicht weiter erörtert werden kann und soll.

Die einfallsreich gezielten, nicht abreißenden Anfragen von Männern an Nick möchte ich unkommentiert lassen. Wobei nochmals betont sei, daß **Nick in keiner Weise, auch nicht als Paarbuchung getarnt, für Männer zur Verfügung steht.** Er wird sich dies auch nicht anders überlegen, dessen darf »Mann« sich sicher sein.

Nick weckte zu Anfang seiner Karriere bei verschiedenen Gelegenheiten das Interesse für Interviews in Tageszeitungen, Frauenzeitschriften und für Berichterstattung und Dokumentationen bei lokalen und nationalen Fernsehsendern. Er wagte sich bereits damals schon beabsichtigt offenherzig, informativ in diverse Schweizer Talk-Shows. Heute sind diese Auftritte inhaltlich sehr veraltet, und wenn auch hart an der Grenze zu peinlich, noch recht amüsant. In den letzten Jahren hat man ihn gern als erotisches Model für veranschaulichende Filme im Schweizer Fernsehen, anläßlich seriöser medizinischer Gesundheitsreportagen zu spezifischen Männerthemen, engagiert. Nick war, als wir schon zusammen waren, provokativ an der Seite eines Arztes, der sich selbst Hedonist und Leistungssportler betitelt, und eines Pfarrers, der sich zwar spirituell und sonst eher unsportlich sieht, als dritter Podiumsgast – ein auf sein Arbeitswerkzeug angewiesener Callboy – anläßlich einer ärztlichen Ratgebersendung zum Thema Potenz im Schweizer Fernsehen eingeladen. Erst kürzlich trat er erneut als Diskussionspartner auf. Dies in einer moderierten Runde am Schweizer Ärztekongreß im Waldhaus Flims zum Thema »Overworked and Undersexed – Die Beziehung in der 24-Stunden Gesellschaft« und leitete dort mit mir, als seiner Partnerin und Leiterin von »SENSITIVITY Inspirations®«, einen Workshop zum Thema »Flirten«.

Wo auch immer Nick und ich privat zusammen unterwegs sind, wo man aus verschiedensten Gründen weiß oder von uns erfährt, was er macht und man auf seinen Beruf zu sprechen kommt, wissen manche oft nicht inwiefern sie vor mir mit ihm offen reden können, oder wer genau ich bin. Es ist schnell spürbar, daß es Leute gibt, die ernsthaft meinen, es könnte möglich sein, daß ich von allem nichts weiß, oder zumindest nichts Genaues weiß. Die Blicke mit den Fragezeichen in den Augen reflektiere ich in solchen Momenten richtig gern und genau beobachtend, was jetzt passiert, mit der Antwort:

»Ich bin die Stammkundin zuhause (grins).« Was mich aber freut, ist, daß bis heute die deutliche Mehrheit uns gegenüber sehr aufgeschlossen, freundschaftlich, besonnen und auch amüsiert unvoreingenommen reagiert und sehr schnell sehr viel mehr wissen möchte. Sobald ein paar Fragen er- und geklärt sind, ist alles kein Thema mehr und man begegnet sich so wie unter allen anderen Freunden und Bekannten auch. Nach der Lektüre dieses Buches sollte sowieso keine Frage mehr offen sein, aber man weiß ja nie, Menschen sind erfinderisch.

Sicher habe ich mit Nick oft witzige Anspielungen gemacht, daß er nicht so »ernsthaft« tun solle, es mache ihm doch sicher viel Spaß, sonst hätte er den Job nie begonnen und schon gar nicht damit weitergemacht. Eigentlich habe er doch mit jeder Begegnung so was wie eine weitere, aber legitime, Beziehung nebenbei. Er solle ja nicht darauf hoffen, daß ich ihn bemitleide, wenn er zuhause alles stehen und liegen lassen müsse und auf ein paar Stunden weg sei. Aber mit der Zeit und meiner zunehmender Erfahrung mit ihm und in den Gesprächen, die wir immer wieder führten, verstand ich, daß es im wahrsten Sinne des Wortes auch für ihn mal mehr und mal weniger »hart verdientes Geld« ist. Abhängig auch von seiner Tagesverfassung, wie bei jedem anderen Job auch. Gut, er betont, daß er aus diesem Grunde überwiegend fast nur noch die Stammkundinnen bedient. Dann weiß er wo er hin geht und auf was er sich einzustellen hat. Das mag alles unterstützen und die Sache entscheidend erleichtern, mag man denken, aber manchmal auch gerade erst richtig erschweren.

Schon aus Datenschutzgründen sprechen wir untereinander weder über Namen noch Adressen, aber es gibt wohlwollende Stichworte oder Berufsgattungen, so daß auch ich weiß, was ansteht, beim wem er ist und wo sich die Location in etwa geographisch befindet. Nick macht seine Arbeit richtig liebevoll und spricht immer sehr gut und achtungsvoll von den Menschen, insbesondere von den Frauen, mit denen er in diesem Zusammenhang zu tun hat. Dadurch spüre ich, soweit für mich relevant, welche Art von körperlicher Vorbereitung oder mentaler Einstimmung er durchführt. Nicht immer sind die Stimmungen, die er vor Ort antrifft gleich oder durchgehend euphorisch. Es gibt auch außer Haus schwerere bis betrübte Zeiten aus allen erdenklichen menschlichen Gründen. Es können sich stundenlange Gespräche entwickeln, psychologische, sexuelle und spirituelle Beratung erwünscht sein, die auch Nick nachhängen. Die ihn trotz gesuchter klarer Abgrenzung manchmal eine Zeit lang bewegen und dazu führen, daß er das neutrale

Gespräch darüber mit mir sucht. Wie man das aus den Geschichten von Männern bei bezahlten Frauen zur Genüge kennt, kommt es manchmal gar nicht zu Sex, weil auch mal einer Kundin die Klärung und Besprechung brisanter Lebensumstände mit ihm wichtiger sind. Nicht selten vertraut sie diese nur ihm an, erbittet seine dazu versierten Sichtweisen, Perspektiven oder Ratschläge und versucht ihre Themen mit ihm voranzubringen oder bestenfalls gleich zu lösen.

Unabhängig davon wie die bezahlte Zeit mit ihm genutzt wird, ist Nicks einzigartige, magische Art, daß er es versteht jede Kundin als **die schöne** Frau zu »sehen«, die sie in ihrem einzigartigen Wesen wahrhaft auch ist.

Es gibt Kundinnen, die mit Nick einen ganzen unbeschwerten Tag verbringen, oder einen möglichst langen Abend in aller Ruhe zelebrieren möchten. Sie gehen mit ihm spazieren, erleben auch schon mal banale, aber deshalb nicht weniger prickelnde Alltagssituationen, bekochen ihn liebevoll und aufmerksam, teilen ihre neusten Überlegungen, Geschehnisse aus ihrem Leben mit ihm, wie mit dem besten Freund. Andere schätzen anregende Gespräche, speziell zum Thema Sexualität, oder spirituelles und philosophisches Nachsinnen über den Sinn des Lebens. Die Frauen, die die Veränderungen in ihm seitdem wir zusammen waren spürten und ihn etwas darüber fragten, bekamen Antwort zu was sich in seinem Leben tat.

Es ist schon vorgekommen, daß ich dann kleine Geschenke erhielt, etwas per Post für uns beide geschickt wurde, oder ich nach einer Buchung Leckerbissen wie Gourmet-Datteln von Bateel aus Dubai, oder ganz frische, saftige, selbstgemachte Fleischspieße, Torten und feinstes Tiramisu-Dessert, in Tupperware-Geschirr verpackt, mitgebracht bekam. Anfangs staunte ich über so einen entspannten Umgang miteinander, spürte die gute Absicht und freute mich immer wieder aufs Neue.

Klar fragte ich Nick, wieso er an den Buchungen Privates überhaupt erzähle, das konnte ich nicht ganz verstehen. Ich versetzte mich in die Lage der Kundinnen, die viel Geld für ein paar unbeschwerte Stunden mit ihm hinlegen. Dann würde ich an deren Stelle doch nicht wissen wollen, wie glücklich »Herr Callboy« zuhause ist. Da merkte ich aber schon, daß es sich in einigen Fällen um wirkliche Freundschaften voller Vertrauen mit seinen Stammkundinnen handelt.

Großherzige Frauen, die ihn schätzen und auch ihm ein rundum glückliches Privatleben gönnen, die sich mit ihm freuen, wenn es mir erlaubt ist, dies so einzuschätzen. Wenn es dem Callboy »richtig gut«

geht, so Nick allgemein, ist er bei der Kundin »noch besser«, weil ganz er selbst und innerlich frei.

Wenn sich ein »Problemhaufen« oder »verkappter Lügner« und Aufschneider mal mehr, mal weniger zusammenreißen würde, läge diese Spannung spürbar in der Luft. Für beide Seiten unangenehm, würde das nicht lange gut ankommen, vielleicht auch überhaupt nicht gehen. Nick sagt, er dürfe wahrlich keine privaten Probleme im Kopf haben, sonst würde ihn das derart belasten, daß er die Buchungen gar nicht durchführen könne, oder den Kundinnen niemals in **der** unbeschwerten Art begegnen könne, wie es ihm ein ehrliches Bedürfnis ist.

Nick bringt keine eigenen Verwicklungen mit ins Spiel, muß niemanden anlügen, betrügt keine Ehefrau, hintergeht keine Freundin, macht nichts heimlich, nutzt niemanden aus, läßt keine stehen, macht nicht unerwartet per SMS Schluß oder sagt auch nicht kurzfristig einfach ab.

Er selbst steht, während er arbeitet, im Hintergrund, denn dann erspürt er erst, was er der Kundin diesmal anzubieten hat. Er entwickelt jedes Mal aufs Neue das Feingefühl für das, was jetzt passend ist, schaut hinein in das Wesen einer Kundin und ist für sie da, wo sie ihn zu spüren ersehnt und für das bereit, was sie mit ihm erleben möchte.

Dem Profi sieht man nicht an, was er arbeitet und daß er arbeitet, der Profi hinterläßt auch keinerlei Spuren. Gebrauchte Kondome werden zum Beispiel nicht bei der Kundin entsorgt.

Wie mit jedem kostbaren, knappen Gut oder zum Kauf angebotener Ware und Dienstleistung muß auch Nick mit der ihm zur Verfügung stehenden Zeit und seiner abzugebenden Energie optimal haushalten. Wer mit ihm in Kontakt und Berührung kommen möchte, sollte zum Ausgleich auch etwas in vergleichbarer Wertmenge von sich zurückgeben. Schon länger geschieht dies nicht mehr ausschließlich mit Naturalien, sondern wird in Geldeinheiten gemessen und von Frauen anstandslos bezahlt. Über dieses Thema habe ich mich mit jungen, respektablen und intelligenten Frauen in Berlin an der VENUS 2013 unterhalten, die diesen Job, sogar nebst ihrer Rolle als Mutter und Freundin in einer Beziehung lebend, ausführen. Sie erzählen, daß manche männliche Kunden das mit der Bezahlung »danach« oder »davor« gern einmal anders sehen. Sie argumentieren, daß es »gratis« sein müßte, weil es der Frau doch auch Spaß gemacht habe oder machen würde. Das sei doch gar keine »Arbeit«, sondern Vergnügen.

Nicks Kundinnen sind da der Realität näher, denn diskutiert wird darüber nicht und es macht auch keinen Sinn. Sie erleben seine Dienstleistung durch den monetären Austausch keinesfalls als abgewertet, der Part ist Teil des Vertrags. Nicht etwa weil er etwas Schlechtes, Verbotenes, Unerreichbares oder gar Unehrliches anbietet, sondern weil der Geldschein auch die klare Grenze und Distanz zur Privatperson aufbaut. Dadurch deutlich symbolisiert, sollen sich über seinen Beruf keine unpassenden, zwischenmenschlichen Illusionen zur respektierten Kundschaft aufbauen.

Aus meiner Sicht ist das offen kommuniziert und ehrlich gemeint, wie wenn ich zu einem Arzt oder anderen Dienstleister gehe. Diese Person hört sich auch nur für die terminlich gebuchte Zeit meine Anliegen an, gibt Rat weil ich bezahle. Sobald ich wieder raus bin, stellt sie sich ganz und gar auf die nächste Person ein und ich bin vorerst vergessen, vielleicht bis zum nächsten Termin. Natürlich darf ich jederzeit gegen erneute Bezahlung wieder vorbeikommen. Daran stört sich auch niemand, denn Zeit, Zuwendung und Fähigkeiten müssen überall bezahlt werden, ganz logisch.

Wer aus eigener Erfahrung sprechen kann, weiß genau was in der erotischen Branche »gegeben und geleistet« wird. Auch wenn mancherorts gemutmaßt wird, das sei doch kein richtiger Beruf, eher schlecht und verwerflich, nichts Besonderes, das könne doch jeder, da sei doch wirklich keine Kunst dabei, das dürfte es so am besten gar nicht geben und, und, und ... und überhaupt.

SENSITIVITY *Inspirations*
bietet an:

Wie sehe ich das Wesen eines Menschen?

»Denken« und »reden« schließen Wahrnehmung aus! Wer auf Standpunkten rumreitet, mit Vorwürfen um sich schlägt, Schuldgefühle verteilt und Erwartungsdruck auslöst oder ständig Recht haben möchte, da ist nichts mit Liebe oder Wahrnehmung. Die meisten haben dieses Problem!

Wahrnehmung braucht Energie! Viel Energie wird verbraucht, wenn das Wahrnehmungsfeld (die Hypnose) aufgelöst wird. Wenn das Wahrnehmungsfeld aufgehen soll, braucht man Energie um sich zu lösen, von dem was man glaubt zu wissen, um sich zu verbinden mit dem was wirklich ist. Wer Menschen rein übers normale Gefühl wahrnimmt, projiziert seine vergangene Geschichte, sein Ego und die Angst. Wem es gelingt, Menschen nicht mehr nur über seine fünf physischen Sinne zu betrachten, erspürt sie tief innen im Herzen. Andere Menschen wahrnehmen als das, was sie sind, unabhängig von den Problemen, die sie beschäftigen, von der manchmal etwas verzwickten Art sich zu zeigen, oder mit dem Leben mehr oder weniger chaotisch oder vergangenheitsgeprägt umzugehen.

Jeder kann durch dieses Verständnis des Menschen, den er wahrnimmt, ganzheitlich so wie er ist, sehr viel Rückenwind, Hilfe, Verständnis, Liebe, Freude und Heilung bringen. Diese unverfälschte Sichtweise, indem man sich bewußt auf den anderen einstellt, hilft, sich selbst ebenfalls so zu sehen und zu begreifen. Das bringt genau diese Liebe, Freude und Heilung zu den Menschen und in die Welt. Wer diese Technik durch und durch beherrscht, kann die Menschen nicht mehr wirklich verurteilen oder schimpfen, über was sie tun oder nicht tun, **weil er sie sieht und versteht.**

Eine Übung wäre sich in andere Menschen, die einem so begegnen, hineinzuspüren (wo läuft es gut, wo hakt es, was strahlt aus, was zeigen Details wie Hände, Gesicht, Körperhaltung, was verrät uns ihre Stimme?). Wer sich bewußt macht, daß alles an einem Menschen ausdrückt und zeigt, wie er ist und warum er sich so verhält, bekommt einen Sinn für die Wahrnehmung jeder beliebigen Energie, jedes wirkenden Prinzips.

Alles was existiert, gewinnt seine Bedeutung für uns durch die Bedeutung, die wir dem geben, was wir wahrnehmen oder durch die Wahrnehmung an sich. Deshalb ist es so sehr wesentlich, die Wahrnehmung zu kontrollieren und gezielt, absichtlich und ausschließlich nutzen zu lernen. Eingefrorene Wahrnehmungsmuster zu beseitigen, neue Wahrnehmung zu ermöglichen. **Dabei ist »denken« unsere größte Schwäche!**

ZWÖLF

CALLBOY ALS HEILER

WER ANDERE HEILT,
HEILT (SICH) SELBST!

*E*in Callboy wie Nick ist durchaus in der Lage Heilung zu bringen, weil es ihm nicht primär um den sexuellen Austausch geht. Er möchte von Anfang an Menschen den Weg zu sich selbst zeigen und ihn dadurch auch selbst finden, auf eine weiche Art. Damit aber Großes bewegen auf eine sanfte Weise, die Widerspruch entwaffnet. Sein Ziel heute ist es, mehr als alles andere, die Frau dazu zu bringen, sich wieder als der Mensch, der sie ist, gesehen zu fühlen. Darin liegt die große Kunst! Dies erreicht er durch viel echtes Verständnis, wahre Nähe, verbundenes Interesse am Gespräch, passende Berührung, aktives, aufmerksames Zuhören und lebendigen Augenkontakt.

Dazu muß man natürlich nicht Callboy sein. Jeder Mann, jede Frau, jeder Mensch, der einem anderen Menschen in wahrhaftiger Nähe und vertrauensvoller Intimität begegnen möchte, sollte das können.

Die meisten Menschen heutzutage fühlen sich oft schon im Alltagsleben und besonders auch in ihrer Partnerschaft nicht mehr als Mensch, sondern als eine leere Hülle von Äußerlichkeiten oder als in einer Funktion gesehen. Besonders Frauen reagieren schmerzlich verletzt und zurückhaltend mißtrauisch auf diese Lieblosigkeit. Sie fühlen sich dabei verloren und schauen oftmals nur in leere Augen. Ein Mensch, der jedoch **keine** leeren Augen hat, sondern wirklich den anderen Menschen sehen will, oder wie Nick, der seine Kundinnen immer wieder betrachtet, wird dadurch Heilung bringen und selbst Heilung erfahren. Es heißt, für mich schön und ergreifend, in einer spirituellen Betrachtungsweise: Wer etwas anderes oder jemand anderen heilt, heilt dadurch auch sich selbst. Da mag viel Wahrheit dran sein.

So kann Nick, der genau in diesem Bereich des Mangelbewußtseins tätig ist, durchaus auf diese ehrliche Art Heilung bringen. Und es funktioniert, wie ihm immer wieder bestätigt und berichtet wird, was ihn wiederum auch bestärkt und aufrichtig tief im Herzen freut. Es wird ihm dabei bewußt, was er in anderen bewirkt und zu heilen vermag. Das hat mit körperlicher Sexualität nur insofern zu tun, als die Betroffenen davon ausgehen, es handle sich um ein äußeres Zeichen der Nähe, doch genau von dieser Idee muß man sie abbringen. Es ist nicht der Sex an sich, sondern das mit dem Herzen »Gesehenwerden«, mit dem geistigen Herzen – und das ist immer einzigartig!

Viele kennen sicher die Stelle in James Camerons teils spirituellen Film »Avatar«, wo das naturverbundene Volk der Na'vi anstelle von unserem menschlichen »ich grüße dich« »ich sehe dich« sagt, und damit meint, daß sie die Seele des anderen anschauen und dadurch wissen, wen sie vor sich haben. Auch wir können darauf achten nicht mehr wiederholt unüberlegte Floskeln herunterzuleiern, sondern immer trefflich zu formulieren und genau zu meinen, was wir sagen. Wer sich für andere Menschen wahrlich interessiert und sie nicht nur als lästiges Übel im eigenen Leben wahrnimmt, kann sich der spannenden Betrachtungsweise hingeben und viel mehr in den anderen erkennen. Besonders jetzt wo man weiß, daß alles Sichtbare, Körperliche an einem Menschen gemacht und geformt wird durch die eigene innere Haltung zu sich selbst, gegenüber anderen Menschen und der Welt. Du kannst diese tägliche Herausforderung dazu nutzen die Menschen in Deinem Leben zu »lesen«. Oder sie, wie Nick es macht, zu »scannen«. Oder wie ich es bewirke, jeden Menschen, der mir begegnet, zu »spüren«, wodurch ich sie verstehe, in dem was sie sind in ihrem Wesen und warum sie so sind in ihrem jetzigen Ausdruck.

Um beim Heilungsthema zu bleiben: Es wäre mehr als gut und tief heilend, wenn die Menschen wieder erkennen würden, daß Sexualität, Berührung, Austausch und Verschmelzung miteinander – auf rein äußerliche, körperliche Weise – destruktive Sachen sind, die langfristig betrachtet und energetisch nüchtern durchschaut, schleichende Zerstörung bringen.

Geschieht das Gleiche in Wohlwollen, aus dem Herzen heraus, mit viel Verständnis füreinander und wenn die sexuelle Komponente in den Hintergrund rückt, sieht alles sehr viel besser und heilsamer aus. Was nicht heißt, man solle keinen Sex haben, ganz und gar nicht. **Was zählt ist die Absicht, die dahinter steckt und ob diese für alle Beteiligten passend ist.** Das gilt auch da wie für alles im Leben. Und aus meiner Sicht **lohnt es sich darüber nachzudenken!**

Es sollte dabei keinerlei Verwicklung entstehen. Sondern, die innere Freiheit des anderen respektierend, ein sich gegenseitig sehr achtendes »sehen« angeboten werden – wer müßte dann noch Bedenken oder

Angst haben, sich mit anderen auszutauschen und sich schützen wollen, wovor?

Die wohlwollende Absicht als entscheidende Instanz zu erkennen, besonders und gerade in der Sexualität, und diese Absicht in jeder Phase des Lebens als relevant und beachtenswert zu sehen, sind die wichtigen Erkenntnisse, welche ich jedem anbieten möchte, und zu überlegen, ob sie so gesehen auch für Dich Sinn machen könnten.

Natürlich mag mancher nun sagen, daß man aus wahllos gesuchten, sexuellen Eskapaden, wilden gesichtslosen Experimenten oder unverbindlichem, sinnbefreitem Leichtsinn, Spaß, Spannung und Ideenreichtum, oder einfach aus purer Neugier und Geilheit auch etwas lernen kann. Natürlich kann man aus allem lernen, **wenn man es tut**. Die Tatsache, daß man Unsinn anstellt, bedeutet aber noch lange nicht, daß dieser **Unsinn auch sinnvoll** wird. Erst wenn man wirklich lernt – aber das darf jeder machen, wie er/sie es für richtig hält und so lange alle Beteiligten freiwillig dabei sind – ergibt alles einen Sinn.

Wenn Du vielleicht von nun an erstmals bewußt, oder falls Du es schon tust, noch bewußter auf Deine innere Haltung oder Absicht achtest, kannst Du erleben, wie sich die Menschen um Dich herum in ihrem Verhalten entsprechend ändern. Es verändert sich auch die Qualität der Menschen und Situationen, die Du anziehst. Die Erlebnisse und Feedbacks zu solchen »Aufgabenstellungen« sind immer mächtig spannend und wundervoll, denn sie berühren das Herz.

Aus meiner Sicht kann das sexuelle Leben, ganz egal wie es ausgerichtet und getaktet ist, erst einen tieferen Sinn bekommen, wenn man bewußt und aus dem Herzen heraus damit umgeht. Dann ist es heilsam und tut den Beteiligten gut und macht sie frei. Ich staune in Gesprächen mit Frauen, Männern und auch sehr jungen Menschen, wie enorm groß die Sehnsucht nach dieser Art von »heil werden« tatsächlich ist, dies in einer Zeit, die vermeintlich alles erlaubt.

Es freut mich zu erleben, daß die Wünsche der Menschen, die sich mir im Gespräch öffnen, sehr oft ganz anders ausgerichtet sind, als es die Medien vorspiegeln möchten und uns ihre reißerischen Angebote vortäuschen. Ich kann aus eigener Erfahrung sagen, daß ich sehr herzliche und positive Gespräche mit Frauen und Männern aus der Erotikbranche geführt habe, die mir auch Liebevolles daraus berichteten.

Die meisten Konflikte, die ein Mensch im Leben hat, entstehen durch übertriebenes Wertebewußtsein, wenn der eigene Größenwahn sich bedroht fühlt. Größenwahn sei hier als Selbstüberschätzung verstanden, wozu auch Mitleid, Selbstmitleid oder Schüchternheit zählen. Das kennt ja jeder in irgendeiner Form. Das Gegenteil wäre, sich selbst nicht zu bewerten und nicht wichtig zu nehmen. Oder wenn man glaubt, der andere sei in einer schlimmen Lage, aber man selbst wisse wohl was für ihn gut sei. Das ist bereits unser gnadenlos, aber gut gemeint, zuschlagender, oft auch unbemerkter, Größenwahn. Der uns selbst im Weg steht, dem es mit Bescheidenheit und wohlwollender Neutralität zu begegnen gilt, im Sinne von: Nichts ist gleichgültig, aber alles gleich gültig.

Es gibt Menschen, die noch nicht ganz zu den Freigeistern zählen, da sie die Rolle des Kritiksüchtigen spielen, oder weil sie es lieben auf ihren oft längst veralteten Standpunkten herumzureiten. Dadurch entstehen meiner Meinung nach viele Verwicklungen, da geglaubt wird zu wissen, was richtig oder falsch ist für jeden und alles. Selten weiß jemand über einen anderen, wann dieser in einem bestimmten Zeitfenster was aus seinem Leben zu lernen hat und wir anderen möchten ihn dann gut gemeint, aber trotzdem manipulativ eingreifend, um diese Erkenntnis bringen. Auch ich hatte und habe an solchen Betrachtungsweisen immer noch zu knabbern. Aber wer weiß schon so genau, durch unbegrenzte Hellsichtigkeit in Raum und Zeit, durch das Erkennen der Bestimmung eines Menschen, was für den anderen richtig ist, warum etwas jetzt und genau so gelebt wird?

Ein wichtiger Aspekt in Nicks Berufung als Callboy ist, daß er keine größenwahnsinnigen Standpunkte oder Wertevorstellungen von anderen Menschen und ihrer Sexualität hat.

Nicks Heilungserfolge bei anderen wage ich, in Absprache mit ihm und aufgrund meiner Erkenntnisse des Lebens an seiner Seite, auch stark darauf zurückzuführen, daß er allen Frauen mit denen er sich austauscht und allen Situationen, die er mit ihnen erlebt, so wertefrei und neutral begegnet, wie er vermag.

Eine andere Haltung würde innert kürzester Zeit sein eigenes Energiesystem bedrohlich erschüttern oder gar ganz zerstören und ihn für Kundinnen uninteressant machen.

Durch die aus der eigenen Lebensgeschichte hochgerechneten Bewertungen entstehen bei jedem von uns Verlustängste, Versagensängste, Enttäuschung, Schmerzen und Angst zu handeln. Hemmungen in neue Aktion zu gehen, humorlose Ernsthaftigkeit, verbissenes Streben nach Sicherheit, übertriebenes Zeitgefühl, das meistens sehr streng

verteidigt wird, Strukturtreue oder Leistungsbewußtsein. Solche Verhaltensweisen und Reaktionen machen nicht wirklich frei und haben ihren Preis, einen höheren als sich viele einzugestehen trauen. Bezahlt wird mit Gesundheit und Lebensenergie – all das sucht früher oder später nach Heilung oder bringt schleichenden Zerfall.
Nick hat in seiner Tätigkeit, im Rahmen wie er sich verhält, was er auslöst, sagt und bewirkt, eine nicht leichtfertig zu unterschätzende Verantwortung. Ein Beispiel zeigt, was ich damit genau sagen möchte.

Eine junge Kundin von Nick hat mich durch ihren besonderen Mut sehr beeindruckt. Ihre Vergangenheit war, aus heutiger Sicht in Bezug auf ihre sexuelle Entwicklung, nicht wirklich förderlich und natürlich gewesen. Ich bin in die Eckdaten absichtlich eingeweiht, weil Nick ohne meine Übereinstimmung diesen, in seiner Art noch nie dagewesenen, Auftrag nicht angenommen hätte. Über Tage hinweg haben wir besprochen und sachlich genau bedacht, ob er diese Aufgabe übernehmen sollte und ob er sich in der Lage fühlte, den gewünschten Erfolg bei dieser jungen Frau um die Dreißig herbeizuführen.
Es war mir völlig befremdlich, daß es heute noch Familien geben soll, in denen aufgrund von Überbehütung und Ausblendung das Thema Sexualität derart tabuisiert und ausgegrenzt wird, sodaß sich die Ansichten der Tochter isoliert entwickeln, bis die eigene Sexualität bewußt nicht mehr existiert. Irgendwann entstand dann doch der ganz normale Wunsch nach einem Mann, einer Familie und eigenen Kindern. Aber selbst wenn der Auserwählte schon zur Verfügung gestanden hätte, wäre durch Angst vor dem Unbekannten, weil niemals auch nur ansatzweise ausgelebt, sexueller Verkehr psychisch und körperlich gar nicht möglich gewesen. Ich erfuhr, daß der medizinische Fachausdruck dafür Vaginismus lautet und dieser Zustand speziell behandelt werden muß. Wer Arzt oder Therapeut ist, wird noch ganz anderes kennen, aber mir war das neu, zumindest im Zusammenhang mit einem Callboy. Irgendwann war die theoretische Sexualtherapie am Ende aller vermittelbarer Weisheit angelangt. Die Therapeutin empfahl der Kundin ihre Idee, den praktischen Teil mutig vielleicht mit einem feinfühligen, zur ihr passendem Callboy durchzuführen, in Erwägung zu ziehen. Ich mutmaße, daß die angesagten Diskotheken, Bars und Partnersuche-Chat-Foren vielleicht nicht als optimal erachtet wurden, obwohl dort die geeigneten »Therapiewerkzeuge« im Gratisangebot zur Auswahl standen.

Ich fürchte, da ist guter Rat richtig teuer und ich glaube noch mehr, daß die junge Frau ordentlich Glück hatte, auf direktem Wege an Nick gelangt zu sein. Nick maßt sich sicher nicht auch nur im Entferntesten an ein Sexualtherapeut zu sein. Trotzdem denkt er, daß er durch seine feinste Impulse ansprechende Art und seine Erfahrung, die dieser Job bisher mit sich gebracht hat, der Aufgabe durchaus gewachsen ist. Wobei auch da noch nicht aller Tage Abend ist.

Durch Nick macht sie Fortschritte, erlebt ihre verpaßte, aberzogene Sexualität jetzt in individuell angepaßten kleinen Schritten und findet vor allem Vertrauen zu sich selbst. Dies mit dem Ziel, sich so bald wie möglich ihren Traummann zu suchen, die ersehnte Familie zu gründen und Kinder zu bekommen. Ich bewundere Nick, daß er sich zutraut, alles, was damit zusammenhängt, in umsichtiger Zuwendung und möglichst ohne jeden Zeitdruck heil werden zu lassen.

Parallel dazu frage ich mich, wie das für die Kundin sein mag, sich mit dem Einfühlsamkeitsniveau eines Mannes wie Nick entwickeln zu beginnen? Für mich ist er, nach jahrzehntelanger, durch viele Reifeprozesse gegangener, sagen wir mal »vielschichtiger sexueller Entwicklung«, derzeit das Ende der Fahnenstange. Aber klar, die Begegnung resultiert immer maßgeblich durch das Zusammenwirken von zwei Persönlichkeiten. Selbstverständlich gibt es für jede Kombination Menschen an jeder Stelle des Lebens neue Erfahrungen zu erkunden.

Es gibt immer wieder neue, uns bereichernde Personen, aber nur möglichst richtig passende sollen ins eigene Leben treten – auf den Rest kann jeder wohl gern verzichten. Ich möchte liebend gern eines Tages erfahren, wie es ihr nach der »Einführung« mit Nick bezüglich Thema Partnerwahl und Sexualität draußen auf dem möglicherweise relativ direkten, rauhen, schroffen, offenen, sehr durchwachsenen Männermarkt ergangen ist. Nick hat sie darauf aufmerksam gemacht **sehr gut** hinzuschauen, sich hineinzuversetzen in die Stimmung, wie sie sich in einer Wunschpartnerschaft fühlen möchte. Sich von nichts blenden zu lassen und darauf zu achten, wer oder was ihr gut tut und wer oder was eben nicht. Und am besten noch unterstützend dieses Buch lesen.

Klar, wer die richtigen Energien aussendet, zieht auch das wahrlich Passende für sich an, aber das muß man erst mal können. Und trotzdem kann ich mich von der Vorstellung nicht befreien, was wohl passiert, wenn Nick als Basiseinstieg das Maß der Dinge ist und dann vergleichbares Verständnis gesucht und angezogen werden soll.

Nick ist zuversichtlich und meint, es gäbe auch noch viele andere gute und für jede Frau genau passende Männer. Auch solche, die sich in diesem Falle auf ein Leben mit dieser Frau, so wie sie ist, freuen würden und sie werde ihn finden. Ihr ist bewußt, daß Nick in seiner Rolle Mittel zum Zweck ist. Der passende Mann für diese Phase, nicht aber für ihr Leben danach. Ich würde es ihr von Herzen wünschen, denn laut Nick ist sie ein ganz toller Mensch. Diese Entwicklung mitzuerleben und voranzubringen ist eine Art Heilung für die Kundin sowie auch für Nick und teils für mich. Die Erfüllung etwas Gutes bewegt und gegeben zu haben, ist genau das, was ihn im Herzen freut. Auf beiden Seiten wird etwas erkannt und heil gemacht.

Nick möchte etwas von sich selbst geben, damit sie das Leben führen kann, das sie sich wünscht. Sie gibt manchmal Köstlichkeiten aus ihrer Küche für mich mit. Ich freue mich darüber, genieße den Herzensgruß von Frau zu Frau. Für mich ist es berührend zu wissen, daß der Mann und Partner, mit dem ich das Leben teile, bei anderen Frauen genau dort ist, wo sie ihn für ihre Heilung brauchen. Wo er für seine Heilung sein möchte. Damit heilt als indirekt Beteiligte auch etwas in mir. Heilungsvorgänge, an denen ich für die Summe meiner Lebenserkenntnis arbeite, sind: Mehr und mehr den eigenen Größenwahn zu eliminieren, das Minimieren des aufgeblasenen Egos weiter voranzubringen. Vor allem so meine früheren Verletzungen im Herzen zu heilen, die ich durch Freude und Mitgefühl für andere Menschen ersetze.

Ebenso heilend auf Nicks Herz wirken sich die ihm entgegengebrachte Dankbarkeit und Wertschätzung aus. Es freut und bestärkt ihn in seiner Tätigkeit, in seinem Wesen, Wirken und seinem ganzen Sein, wenn er zum Beispiel nach einer Buchung schon am Morgen danach eine SMS Nachricht wie diese lesen darf:

> Kundin XY, Tag XY 06:04
> *Bin schon auf dem Weg ins Büro, top fit, vor allem auch dank Dir, es ist einfach immer toll mit Dir, danke* ☺.

Man könnte auch annehmen, daß Wertschätzung, Komplimente und Dank nur den Größenwahn oder das Ego nähren. Was durchaus passieren kann und man deshalb vielleicht besser nichts sagen sollte, auch wenn es gut war.

An dieser Stelle beginnt die spirituelle, innere Ausrichtung ins Leben zu ragen. Wie man mit Feedbacks umgeht, was jeder für sich erkannt hat, wie das gelebt wird und was genau man daraus für sich und andere macht. Die innere Haltung und Kommunikation zwischen uns und anderen sind Nick und mir wichtig, auch beim Thema Sexualität.

Austauschbarkeit der Person und Gleichgültigkeit geht für uns gar nicht, weil das langweilt! Mehrere Partner, also auch nacheinander, sind im Leben nicht Bedingung, damit dazu keine Mißverständnisse entstehen. Gerade falls jemand diesen Weg unpassend findet und nicht gewählt hat. Es gibt Menschen, die es verstehen es ein Leben lang, mit einem oder ganz wenigen Partnern, sich selbst auf immer neue Art zu erleben und auf diese Weise zur ihnen bestimmten Entwicklung zu gelangen. Wer spürt, daß dies für ihn so richtig ist, wird auch so leben und es wird sich richtig anfühlen, alles bestens.

Wir haben festgestellt, daß jeder, durch verschiedene Partner in der Vergangenheit bedingt, menschliche, spirituelle, sexuelle Kenntnisse und auch eigenes Agieren in seiner Wirkung entwickelt hat. Die eigene Positionierung ist dadurch erkennbar und kann sich mehr entfalten.

Das ist wie Eis essen, wenn ich immer nur Schokoladeneis esse, werde ich nie wissen, ob mir Erdbeere, Vanille, Zitrone oder Stracciatella auch gut schmeckt. Für die Weiterentwicklung und Integration von Neuem im Leben (Aktivierung des Sexualchakras[84]) sollte immer wieder Neues, oder Bekanntes auf neue Art erlebt werden. Besonders in jungen Jahren lernt man erstmals das eigene Auftreten und das einer anderen Person, den Kleidungsstil drunter und drüber, Accessoires, Trendsymbole, Frisuren und persönliche Details besser einzuschätzen und auch die eigene Wirkung auf andere auszuloten, den eigenen Körper besser zu verstehen. Das sind wichtige Entwicklungsschritte, auch wenn Eltern gern versuchen uns davon abzuhalten. Es gibt immer einen passenden Partner für eine jeweilige Zeitspanne, um die entsprechenden Lektionen im Leben zu erleben und verstehen zu lernen.

Ich erfreche mich hier und anderswo nicht für andere Menschen sprechen können zu wollen. Aber ich kann mir vorstellen, daß Partner, die einem selbst nichts bedeuten, auch bedeutungslos für das eigene Leben sind. Niemand möchte bedeutungslos für andere sein, also macht es auch keinen Sinn, sich dann miteinander zu nerven. Erstaunlicherweise behandeln sich aber viele Menschen gegenseitig so, als ob sie die anderen bedeutungslos fänden und haben dabei aber noch eine ganze Menge miteinander zu tun.

Menschen, für die ich bedeutungslos oder austauschbar bin, haben mich nie interessiert. Ich hätte auch keinen Grund gesehen, mich mit ihnen abzugeben, nur damit sie für sich irgendetwas abhaken könnten, was sie genauso gut mit irgendeiner x-beliebigen anderen Person tun könnten. Ich habe Motivationen so zu handeln nie verstanden. Aber ich muß das vielleicht auch gar nicht verstehen, weil es nicht mein Weg ist.

Bei aufrichtigem, integrem Umgang miteinander kann die Vielfalt an Menschen, mit denen man sich passend und respektvoll austauscht, allen Mitwirkenden mehr Möglichkeiten eröffnen: Für sich Neues zu entdecken, zu verstehen und genau zu wissen, was einem mehr, was weniger, oder was einem ganz und gar nicht entspricht. Meines Erachtens ebenso wichtige Entwicklungsschritte, die schon sehr früh getan werden sollten und in einem lebendigen Leben am besten niemals enden. Wertewandel kommen von ganz allein in verschiedenen Altersstufen vor. Bei sich verändernden Lebensumständen ist er auch den damit zusammenhängenden Stimmungen unterworfen. Somit hat Veränderung und Vielfalt, so positiv wie möglich betrachtet, auch immer etwas Gutes. Vorher Geschehenes muß dadurch nicht mißachtet werden.

Jeder Schritt ist eine wichtige Vorbereitung für die Zukunft, die wir uns wünschen und in unser Leben ziehen. Ich persönlich könnte mir nicht vorstellen, wie es wäre, wenn ich nur einen einzigen Partner im Leben gehabt hätte. Wie das hätte gehen sollen und ob dann alles optimal verlaufen wäre, wobei das, mit der entsprechenden Bestimmung, sicher auch möglich gewesen wäre. Sich auch die Frage stellt, was im Leben überhaupt optimal wäre. Und selbst wenn die Reife dazu schon erreicht gewesen wäre, wären dann nicht Ängste und Zweifel geschürt worden, was passieren würde, wenn ich ihn, diesen Einzigen, verlöre? Wo bleibt dann die innere Freiheit, das Bewußtsein sich nicht zu verwickeln? War's das dann bereits bezüglich Freiheit? Diese Zusammenhänge würde ich mir gern genauer erklären lassen. Hängt sicher mit der Bestimmung und Erkenntnissuche zusammen. Vielleicht ist auch alles viel einfacher und ganz anders. Alles ist möglich, auch da ist was dran.

Männer erzählen mir gern in schillernden, gut verpackten Varianten, daß der Mann (oder die Männer allgemein) grundsätzlich Spaß und Freude haben, wenn die Frau aktiv und voll »dabei« ist und ihre Begeisterung, Begierde und Hingabe so deutlich wie möglich und überzeugend, weil echt, auch zeigt. Einer formulierte es mal aus seiner klar strukturierten Männersicht frei heraus und meinte: »Wir Männer finden es halt immer gut, wenn etwas bei euch Frauen geht – wenn nichts geht, das finden wir voll Scheiße.« Das mußte mal gesagt werden. Er hatte es für mich vereinfacht, aber für sich klar auf den Nenner gebracht!

Und trotzdem sind auch Männer individuell feinfühlig abgestuft und höchst unterschiedlich. Jeder strahlt etwas Persönliches aus. Dies wahrzunehmen kann für eine Frau ein wahrhaftiger Genuß sein, wenn es passend ist und deshalb interessiert. Keiner war je, oder ist je, wie der andere; jeder fühlt sich anders an, faßt anders an, jeder bewegt und berührt auf seine ganz persönliche Art und Weise. Natürlichkeit, ein paar erotische Kenntnisse, Fähigkeiten, Vorlieben und Neugierde auf was da noch kommen mag, sind fast immer ein Garant für Einigkeit, Verbindung und Entspanntheit. Durch spielerische Leichtigkeit und wirkliche Nähe zum eigenen Körper und dem des Partners ist nichts peinlich – so entsteht guter Sex.

Doch Männer bemängeln auch, daß Frauen auf ihr Geld abzielen, versorgt sein möchten, sich Kinder wünschen, die Männer einfangen wollen, nach Absicherung zu jedem Preis und Mittel trachten. Was immer mehr jüngeren Männern deutlich mißfällt, weshalb sie sich nicht mehr verwickeln wollen, oder ungern lebenslängliche Verantwortung übernehmen möchten.

Viele beschäftigt, was guter Sex genau sei? Manche antworten darauf: »Was beiden gefällt.« Andere sagen: »Wenn er mit der Person erlebt wird, die man liebt, die einem alles bedeutet oder überhaupt etwas bedeutet.« Und wieder andere behaupten: »Am besten ist er, wenn er nichts bedeutet und unverbindlich ist, wenn es schnell geht, wenn es lange geht, wenn man Glück davor, Zärtlichkeit währenddessen, Gemütlichkeit danach, einzigartige erotische Anziehung, oder überhaupt was empfindet. Wenn man dadurch gemeinsam mit dem anderen erfüllt ist, vor Tatendrang strotz und sich topfit und unbesiegbar fühlt.« Schlechter Sex dagegen wird umschrieben mit: »Wenn man danach eine Leere empfindet, schon vorher keine rechte Lust hat, währenddessen angewidert oder gelangweilt ist und lieber schlafen gehen oder gleich ganz gehen würde. Wenn einem die Person nichts sagt, nicht respektiert, nicht auf einen eingeht oder gar abstößt. Wenn einem dadurch nur Energie genommen wird, aber nichts Wertvolles zurückkommt. Wenn man am nächsten Morgen zerstört und schwerfällig, schlecht gelaunt aus den Laken kriecht.«

Jeder mag sich seine eigenen Gedanken dazu machen oder gar nichts dabei denken. Die Verwirklichungen, Chancen, Fähigkeiten, Mittel, Wege, Praktiken und Alternativen um Sexualität passend auszuleben, sind wohl so vielseitig, wie die Summe alle Möglichkeiten.

Aber eines kann ich aus meiner Erfahrung mit Sicherheit sagen: »Wie auch immer ›guter Sex‹ für jeden ganz individuell in der jeweiligen Lebensphase aussehen mag. Der beste ›gute Sex‹ in Verbindung mit dem ›Gesehenwerden‹ ist für jeden Menschen garantiert Heilung pur!«

SENSITIVITY *Inspirations*
bietet an:

**Andere Menschen heilen – wertvoll,
auch wenn gegen Bezahlung.**

Wer sich bereits mit spiritueller Heilung oder auch Geistheilung beschäftigt hat, mag seine Vorstellungen haben, was dies für ihn beinhaltet und bedeuten mag. Wer sich noch keine Gedanken darüber gemacht hat, auch nicht schlimm, denn er kann jetzt damit beginnen.

Alles was uns selbst und andere wieder »heil« macht, im Sinne von etwas reparieren, wiederherstellen, in Fluß bringen, vollständig fühlen lassen und machen, was uns erfüllt, und uns gibt, was wir gerade ersehnen, brauchen oder wünschen, macht etwas in uns »ganz« oder vollkommen. Den passenden, geliebten, bekannten oder auch völlig fremden Menschen zu umarmen kann tief heilen. Etwas anfassen, betrachten, erleben, hören, sagen, verstehen, geben, nehmen, sehen, erkennen, lieben, fühlen, wissen, hoffen, probieren – alles kann heilen, wenn es passend ist zu unserem Wesen und zur Stimmung in der wir leben möchten. Was uns selbst oder anderen gut tut, ist bereits Heilung. **Ganzheitlich betrachtet ist Heilung ein Ausgleich.** Ob wir Ausgleich einfach **so** bekommen, oder diese Heilung vielfältig **für Geld** kaufen, oder anderweitig (aus-)**tauschen**, ist aus meiner Sicht nicht relevant. Du kannst für Dich selbst leicht herausfinden, was Dich heilt, indem Du überprüfst, wer/was in Deinem Leben Dir Energie gibt, Dir gut tut, Dich zu mehr macht als zuvor. Noch negativ behaftete Begebenheiten oder Menschen, Eigenarten, Dinge und nicht Bewältigtes kann auch Heilung sein, insofern man das klar als unpassend erkennt und klärend handeln kann und somit die Heilung kommt, die kommen kann und soll. Wer mit anderen Menschen gleich ausprobieren möchte, wo etwas zu heilen wäre, kann schauen, ob es etwas gibt, was dem anderen gut tun würde. Was passiert, wenn wir es ihm einfach nur geben, ohne eigene Erwartungen zu haben. Jede Heilung, die wir in anderen Menschen oder auf der Welt bewirken, läßt auch etwas, im Zusammenhang, in uns selbst heilen. Wer andere heilt – heilt auch sich selbst.

Wer Humor hat und irgend etwas tut oder sagt, was andere verblüfft, neugierig oder unverständlich kopfschüttelnd schauen läßt, kann von jetzt an den flotten Spruch bringen: »Ich mache hier gerade Heilung.« Oder zu zweit sagen: »Wir machen hier nur Heilung.« Schon das lockere Lachen oder breite Grinsen über die ausgelösten Reaktionen oder Blicke, sind bereits auch eine wirkungsreiche Art von Heilung.

DREIZEHN

MISSVERSTANDENE SEXUALITÄT

ENERGETISCHER ZERFALL DURCH UNPASSENDE PARTNER!

Sicher hast Du schon mal in Deinem Umfeld gehört, daß Personen beobachtet haben, daß es anscheinend Menschentypen gibt, die sich in ihrer Sexualität mit einer Tendenz von Bedenkenlosigkeit bis hin zu Achtlosigkeit anderen und sich selbst gegenüber verhalten. Kürzeste Halbwertszeiten sind gefragt, so was soll es geben. In der heutigen Zeit kann man allerlei darüber lesen, oder sich in diversen Medien endlos darüber informieren und auch visuell dazu animieren lassen. Bei manchen Betrachtern wird der Eindruck erweckt, es sei zeitgemäß, modern und durchaus legitim und freiheitlich Sexualität unbedenklich auszuleben. Je schneller vereinbart, je größer die Vielfalt, je öfter, desto besser – egal wie die Umstände sind. Bevorzugt gleichgültig mit wem, Hauptsache man hat angelockt, rumgekriegt, erobert.

Notlügen scheinen dabei auch erlaubt zu sein, am besten alles verläuft möglichst anonym, direkt und zielgerichtet, sachlich, schnell beoder ausgenutzt, verrichtet, dies auch gern gegen Bezahlung. Eilig abgehakt, vergessen und weiter geht's zum nächsten schnellen Date. Kennst Du so jemanden, oder hast Du von dieser Vorgehensweise schon gehört?

Ohne Einzelheiten oder das Gesamte bewerten zu wollen, hat es mich immer erstaunt und interessiert, warum das so ist. Warum sich dieses Verhalten bei immer mehr Menschen zeigt? Auf meiner jahrelangen Suche nach Antworten, habe ich in vielen vertraulichen Gesprächen und dank eigenen Erfahrungen und Überlegungen mehr und mehr Klarheit bekommen. Besonders durch die jetzt folgenden Inspirationen habe ich ein tiefgründiges Verständnis dafür im Herzen entstehen lassen können. Es gibt grundsätzlich zwei sehr unterschiedliche Ebenen von Sexualität.

Die **tierische Ebene**, ein Empfinden von Sexualität, daß den Menschen über seinen physischen Körper mit dem Tierreich verbindet. Die zweite Ebene ist die **seelische Sexualität**, die nur solchen Wesen zu eigen ist, die einen freien Willen besitzen und entscheiden können, wohin sie ihre Energien schicken, was sie wann und mit wem daraus machen, so wie der Mensch zum Beispiel.

Beim Menschen finden sich wieder zwei Ebenen von Sexualität. Die tierische Ebene und die seelische Ebene, oder nennen wir sie die Liebesebene der Sexualität.

Leider ist es bei Menschen, die nicht mehr wissen, daß sie in ihrem Wesen intakt sind, so, daß sie über die Sexualität nach Bestätigung suchen. Sie ahnen zwar, daß es eine Sexualität der Liebe gibt, und obwohl sie in der Regel niemanden haben, der sie liebt oder den sie lieben, haben sie trotzdem diese Ahnung. Und sie glauben nur immer dann in ihrem Wesen bestätigt zu werden und sich wahrgenommen zu fühlen, wenn sie Sexualität leben können, wenn ihnen jemand sexuelle Nähe gibt, wenn sie attraktiv erscheinen. Aber das Gegenteil ist der Fall.

Es könnte nun dadurch die Gefahr entstehen, daß Sexualität häufig als Druckmittel mißbraucht wird. Man beginnt sich auf sexuell, körperlicher Ebene relativ wahllos mit allen möglichen Menschen auszutauschen, erlebt aber diese Nähe nicht wirklich und fühlt sich weniger und weniger intakt. Es entstehen Abhängigkeiten, Eifersüchteleien, aber tatsächlich ist es so, daß der Mensch dann so darauf fixiert ist körperlich sexuell attraktiv zu sein, daß ein Großteil des sinnvollen Lebens aus seiner Wahrnehmung verschwindet und er nur noch dieses zentrale Thema als Ziel verfolgt. Auch dies hilft dem Menschen nicht dabei sein eigenes Wesen wieder ans Licht zu bringen.

Ein Mensch sollte wissen, daß es diese triebhafte, tierische Ebene der Sexualität zwar gibt, sie jedoch nur zu einem kleinen Teil für den Menschen gedacht ist. Es ist der Teil, wo sich Menschen entarten, wo sie gierig werden, wo sie Dinge tun, die völlig außerhalb des Menschlichen stehen, wo sie sich in Abhängigkeit begeben. Wo sie sich mit anderen Menschen einlassen, die sie nicht lieben, zu denen sie keinen Bezug haben, deren Energiefeld völlig anders ist. Damit laden sie unbewußt eine Menge Störenergien ein, die sie dann in ihrer Art mit dem Leben umzugehen enorm bedrohen. Und je mehr Sexualität sie suchen und dabei glauben damit bewiesen zu haben, daß sie ja doch attraktiv sind und einen Wert haben, desto schlimmer steht es um ihr Energiesystem, bis zum völligen Zerfall, verbunden mit vorschnellem physischen und psychischem Altern.

Die andere Ebene der Sexualität ist die der Liebe, wo man Menschen auf eine tiefere Weise, über die Veränderung und Erweiterung der

Wahrnehmung, begreift. Wo man durch die Augen in ihre Seele hineinschauen kann und dann sieht, wie liebenswert sie als Wesensgeschöpf sind. Als freies Bewußtseinswesen, wenn man das für einen Augenblick so betrachten mag, das mit einer Idee, einem Auftrag, einer Absicht hergekommen ist. Wenn sich Menschen begegnen, die sich in ihrem Bewußtsein tief begreifen, wo die Wahrnehmung füreinander wieder offen ist und nicht mehr an der Oberfläche klebt, dann entsteht eine Sehnsucht nach Nähe, nach Austausch. Diese Art der Sexualität ist eine Verbindung der Energiefelder, wo sich die beiden Energiefelder nähern und steigern, und hat so zunächst überhaupt nichts mit körperlicher Sexualität zu tun. Aber da der Mensch sich daran gewöhnt hat, den Körper als Ausdruck für Nähe zu benutzen, interpretiert er diese große seelische Nähe auch als körperliche Nähe und drückt sie dann so aus.

Diese Art von Sexualität, von Verschmelzung mit Menschen, die man liebevoll betrachtet, denen man Liebe schenken will, ist in Ordnung und prägt immer Liebesenergie. Während der sexuelle Austausch ohne diesen Aspekt von liebevoller Verschmelzung und Verständnis hingegen, wie weiter oben schon erwähnt, Energie im großen Stil vernichtet.

Die Menschheit vernichtet momentan permanent und rasant auf sehr vielfältige Weise Energie. Eine ganz schlimme Weise ist die »mißverstandene Sexualität«. Sexueller Austausch mit Personen, für die es kein Verständnis gibt, keine Nähe, keine Gemeinsamkeit und wo sich die Energien so stören, daß sie sich gegenseitig regelrecht auffressen, ist nicht nur höchst bedenklich, sondern nachhaltig zerstörerisch!

Diese Worte schlugen bei mir ein wie eine Bombe! Und sie machten mir schlagartig all das klar, was mich schon länger beschäftigte. Es machte derart viel Sinn für mich, daß ich vorerst meinte keine Fragen mehr zu haben.

Alles war dadurch nachvollziehbar und ich konnte die Menschen in einem Licht der tiefen Wahrnehmung erfassen, weil ich endlich verstand, warum sie sind wie sie sind und tun was sie tun. Gleichzeitig kam aber doch schon ein Gedanke auf, der zu meiner nächsten großen Frage führte: Wer auf dieser Welt kann und will das überhaupt so konsequent und tief durchschauen?

Ich möchte wirklich niemandem den Spaß verderben, Sexualität so zu erleben, wie man es für den Moment passend und freudvoll findet. Jede(r) darf, in seinem tiefen Drang entsprechende Energien zu suchen, sein wie er/sie möchte und beim Erfahren der Auswirkungen denken was er/sie will und kann. Wer seine Energie steigert, zu mehr wird oder von vornherein sehr stabil ist, kann alles machen, ohne vorerst erkennbaren Schaden zu nehmen.

Ich möchte nur denjenigen anbieten darüber nachzudenken, die das aus freien Stücken tun möchten, die einen Funken in sich spüren, der darauf deutet, daß »Wahllosigkeit« oder »Bedenkenlosigkeit« vielleicht doch nicht jedem unbegrenzt gut tut. Es lohnt sich darauf zu achten, mit welchen Energien man sich einläßt. Zu beachten, was zu einem paßt und was es damit für einen selbst, für andere Menschen und für den allgemeinen Zustand der Welt auf sich haben könnte.

Aufgrund von Gesprächen mit Psychologen, Seelsorgern, Pfarrern, Ärzten, Callboys, Pornodarstellern, Konsumenten von käuflichem Sex, Clubbesitzern, Diskothekenmitarbeitern und Damen des erotischen Gewerbes, wurde mir eine Befürchtung ausgiebig bestätigt:

Nämlich, daß heute immer noch überwiegend mehr die Damen, die aus unterschiedlichsten Gründen freiwillig oder weniger freiwillig in der Prostitution tätig sind, weder als Persönlichkeit gesehen, geachtet, in ihrem Wesen verstanden oder wertgeschätzt werden. Sondern nur auf ihr Äußeres beschränkt werden, was ihrem Energiesystem erheblich schadet, sie regelrecht zerstört, da sie den Mißstand nicht vollständig ausgleichen können. Vielen geht es dabei sehr, sehr schlecht und sie suchen Hilfe verschiedener Art. Die körperliche Nähe mit unpassenden Kunden (Energien) macht womöglich mehr kaputt, als es das Geld, das sie dafür bekommen, je wert sein könnte. Das kann vielleicht auch auf andere Berufe zutreffen, doch hier wird es besonders deutlich. Wie schlecht es Prostituierten geht, dazu muß man nicht unbedingt Pfarrer, Seelsorger oder Therapeuten befragen, die versuchen diesen Menschen in ihrer Verzweiflung, Hilflosigkeit, in ihrem beginnenden, schleichenden Unwohlsein und Suchtverhalten oder bei Krankheit zu helfen. Wenn sie ihr Energiesystem in den kritischen oder gar schon roten, lebensbedrohlichen Bereich gefahren haben. Es wird ihnen immer etwas genommen und selten kommt eine gleichwertige Anerkennung oder Wertschätzung der menschlichen Nähe zurück. Geld ist teilweise ein Ausgleich, aber wenn es »nur« das ist, dann ist er nicht vollumfassend gut und selten dazu geeignet ein gesundes Gleichgewicht in Herz und Psyche zu erhalten.

Die Menschen haben heute für alles Denkbare endlos mehr Möglichkeiten als je zu vor. Aber es geht ihnen nicht merklich besser, was mich in »SENSITIVITY Inspirations®«-Gesprächen und bei Beobachtungen im privaten Umfeld oft stutzig macht, aber auch nicht überrascht. Wer Sexualität mit Partnern, fremden Menschen oder optischen Illusionen als erweiterte Selbstbefriedigung betrachtet, könnte hiermit eine Erklärung für die innere Rastlosigkeit, den schleichenden oder auch rasanten energetischen Zerfall finden. Vor allem beginnen zu erkennen, was man auch sich selbst damit, vielleicht bislang unbewußt, aber gleichwohl antut.

Das in diesem Kapitel zugänglich gemachte Wissen wird wie von allein magisch seine Wirkung bei jedem entfalten, der mit dem Herzen mitgelesen hat – davon bin ich überzeugt. Das wird sich zuerst zum Wohl desjenigen selbst und sehr bald auch für alle anderen Beteiligten als regelrecht heilend erweisen. Vielleicht verläuft es auch individuell ganz anders, Ausnahmen bestätigen bekanntlich jede Regel.

Mir persönlich hüpft das Herz vor Freude bei der Vorstellung, was passiert, wenn immer mehr Menschen auf der Welt diese Zusammenhänge verstehen, sie verinnerlichen und dadurch ihre Absichten gegenüber und ihre Begegnungen mit anderen Menschen liebevoll, wahrhaftig und integer werden.

Wenn jeder beginnt andere zu »sehen«. Das würde so kraftvoll wirken, daß es den Lauf der Dinge und den Zustand auf der Welt meines Erachtens entscheidend verändern könnte.

Nick erlebt seine Arbeit glücklicherweise anders. Dies erwähnte ich bereits genau im Kapitel elf über seine Kundinnen und im Kapitel zwölf über seine inneren Beweggründe, sich zu einem Teil auch als Heiler zu verstehen. Außerdem hat er sich ein intaktes Privatleben aufgebaut, was ihn, zusätzlich zur Wertschätzung und zum Respekt der besuchten Damen, rundum glücklich macht, energetisch stabil und emotional balanciert hält.

Daß er dies erkannt und vor allem auch erreicht hat, freut mich sehr für ihn! Und ich wünsche ihm, daß er dieses Gleichgewicht aufrechterhalten kann, solange er sich in seinem Leben so ausdrücken möchte. Da ich meine Einzigartigkeit spüre, kann ich auch mit Leichtigkeit meinem Partner erlauben seine Einzigartigkeit zu leben.

Als seine Partnerin geht es mir nicht darum, mit wem er sich sexuell austauscht und ob überhaupt, oder ob ein Mensch, allgemein betrachtet, körperlich treu ist oder nicht. Worum es in festen Beziehungen geht, ist aus meiner Sicht: Ist Liebe im Spiel? Hat man füreinander dieses Verständnis im Herzen und sieht sich gegenseitig so wie jeder ist?

Gönnt man sich auf diesem Weg gegenseitig alles, was einen voranbringt auf dem Weg zu sich selbst? Kann ich meinem Partner aus ganzem Herzen etwas gönnen und ihm »Prima! Gönn' ich dir! Mach! Stürz dich ins Zeug und komm voran so weit wie du gehen kannst!« sagen?

Als Freigeist ist es keinesfalls irrelevant, wie etwas ist und was dabei ist. Nicht im Sinne von mir ist alles egal, sondern von allem was ist, ist beabsichtigt. Der Freigeist überläßt nichts dem Zufall. Der Freigeist sucht passende Umstände, um das zu leben, zu verstehen und zu fördern, für das er hergekommen und bestimmt ist.

Vielleicht kann man sich das am besten so vorstellen: Wenn Du eine Person liebst, dann läßt Du sie frei. Du schickst ihr Deine Liebe hinterher, egal wo sie auf der Welt ist. Du wünschst ihr, daß es ihr gut geht, daß das Leben sie wohlwollend behandelt. Du willst sie immer tiefer verstehen und begreifen. Nicht weil irgendwas für Dich abfällt, am wenigsten Sexualität, sondern weil Dich die Liebe dazu bringt, sie in Dein eigenes Energiefeld zu integrieren.

So der Idealfall, an dem ich in meinem Leben anfangs unbewußt und in den letzten zehn Jahren deutlicher erkennbar, spürbar und immer bewußter gearbeitet habe. Bis es jetzt so geworden ist, sich aber mit Sicherheit noch verfeinern und weiterentwickeln läßt. Dies zu verinnerlichen und zu leben führt zur Erkenntnis, daß solches Verhalten und Denken asynchron zur heutigen Zeit verläuft. Dies, weil uns Menschen in den Medien, im Fernsehen, im Film, in der Werbung und überall das genaue Gegenteil davon gelehrt wird.

Es ist aber die reine Fixierung auf körperliche Sexualität, die den Menschen dazu bringt, energetisch zu zerfallen, wenn diese energetisch nicht zueinander passend gelebt wird. Jemand, der sich diesen Bereich so zu leben zur Gewohnheit macht und nicht durchschaut, was dabei mit ihm passiert, dessen Chance wird immer kleiner, sein wahres Wesen jemals wieder zu entdecken und zu leben. Jeder hat die freie Wahl, jeder Mensch kann von seinem freien Willen Gebrauch machen.

Ich biete diese Ideen öffentlich an, da ich fest davon überzeugt bin, daß es sich lohnt reichlich darüber nachzudenken und bei Bedarf auch zu handeln.

SENSITIVITY *Inspirations*
bietet an:

Wie finde ich die Menschen, die zu mir passen?
Was wirkt, ist was ich ausstrahle!

Wie finde ich Menschen, die zu mir passen? Eine sehr beliebte Frage. Um sie zu beantworten, muß ich herausfinden, wie ich mich mit passenden Menschen/Partnern fühlen möchte. Vielleicht mit der Frage: »Wie möchte ich durchs Leben gehen und wozu?« Rausspüren, wer ich bin und was mich einzigartig macht, wäre optimal! Vielleicht noch mehr Selbstwert aufbauen, auf ganz persönliche Art viel Freude im Umfeld bewirken.

Beim Gedanken an neue Partner/Menschen nicht fordern, wie sie zu sein haben, was sie für mich tun sollen, darstellen müssen oder bezahlen können. Keine Erwartungen haben, sondern sie mit eigener Ausstrahlung anziehen. Vorsicht, Hoffnung ist die sanftere Art von Erwartung. Angst dagegen ist die negative Art der Hoffnung. Wenn ich dem Gefühl, das ich in meiner Partnerschaft haben möchte, eine Richtung gebe, mir täglich mit aller Intensität vorstelle, genau das bereits zu leben, kann sich das Gefühl tief im Herzen verankern und von dort dauerhaft ausstrahlen. Wenn ich zu diesem Gefühl geworden bin, muß ich nichts spielen, sondern kann so sein wie ich bin und ziehe zu mir Passendes an.

Vielleicht stelle ich mir gemeinsame Aktivitäten vor (im Mondschein baden, Champagner schlürfen) und bewege dabei tiefe Themen, eigene Ideen, Freude über gemeinsames Erleben, damit ich Partner/Partnerinnen spüren kann. Dabei bin ich begeistert, daß der andere so sein kann, wie er ist. Offen lassen, wann das passiert! Unpassend wäre es zu wünschen: Der andere soll mir Freiheit lassen, damit ich tun und lassen kann, was ich will. Das wäre armselig, denn dazu brauche ich keine Partnerschaft. Da bin ich alleine oder mit Hund besser dran.

Es wirkt nicht das, was ich anderen sage, oder was ich in online Chats an Wunschvorstellungen zusammenschreibe. Zwischen den Zeilen kommuniziert und kommt die Ausstrahlung durch. Ich ließ mir sagen, daß jedes Herz angeblich Tag und Nacht, auch im Schlaf, in einem Radius von acht Metern stark strahlt. Deshalb kann ich Menschen, die mir begegnen, ebenso wahrnehmen. Je näher desto besser, angenehmer oder unangenehmer wirken sie. Beim Begrüßen kannst Du mit freundlicher Geste und glänzenden Augen üben, andere so anzuschauen und wahrzunehmen, daß Du die Inhalte ihres Herzens verstehst. Mit etwas Übung passieren meist ganz erstaunliche Dinge. Probier's aus – es funktioniert – es wird sich etwas tun!

Wenn Du bist und ausstrahlst, was Du suchst, kannst Du Dir selbst und Deinem Leben entspannt zuschauen. Was Du anziehst, wer paßt, wer wegfällt, was sich auflöst und was neu dazu kommt. Achte darauf, in welchen Bereichen Du meinst »zufrieden« zu sein, denn »zufrieden sein« ist nicht das Gleiche wie »lebendig« oder gar »begeistert« zu sein. Auch da könnte es noch Spielraum zu Erneuerung für Dich geben.

VIERZEHN

SEELENPARTNER /
WUNSCHPARTNER

WOZU EINEN PARTNER?
ILLUSION – RESONANZPRINZIP – ROLLE – RÜCKENWIND – VERSTÄNDNIS

*E*s gibt eine lustige Definition von Partnerschaft, die besagt: »Einer ist Partner und der andere schafft!« In unserer heutigen, rasant vergänglichen Twentyfourseven[85]-Zeit macht einigen von uns eher zu schaffen, daß man schnell mal unfreiwillig ausgetauscht wird, alles schnellebig betrachtet wird. Andere sagen, sie finden schon gar keinen, wo denn auch? Irgendwelche gibt es überall, aber den **genau** passenden Partner herauszupicken, scheint immer noch eine Kunst zu sein, die wenigen vorbehalten ist. Stillstand, beispielsweise über Kenntnis und optimierte Nutzung von geeigneten Begegnungsplattformen, bedeutet sofort Rückschritt. Alles hat eine beängstigend rapide Halbwertszeit und Neues wird immer schneller alt und langweilig. Wie die Technik, ist auch der Mensch selbst massiv von dieser Entwicklung betroffen und fühlt sich bedroht, oder zumindest schnell überfordert. Nicht wirklich freiwillig sind wir im Job, und immer mehr auch in Beziehungen, fast daran gewöhnt allzeit bereit, leistungswillig und immer noch entwicklungsfähig, eine nicht finale Betaversion[86] mit möglicherweise kleineren Fehlern und Eigenarten zu sein. Das läßt uns in unseren Partnerschaften, oft deutlich mehr als ein oder zweimal, als Vorstufe oder Vorgänger der nächsten, möglicherweise finalen Alphaversion[87] fungieren. Wer weiß, aber im permanenten Flow[88] unserer bewußten inneren Betahaltung scheinen wir niemals komplett oder je fertig zu sein, sondern immer bereit zu einem Upgrade[89] im ewigen Prozeß des Werdens, was uns unter Druck setzt und immer seltener zur Ruhe kommen läßt.

Es gibt verschiedenste Informationsquellen, die uns dahingehend glauben machen wollen, daß jeder Mensch nur **einen** einzigen Seelenpartner hat, den es zu suchen gilt. Wer diesen nicht findet, der ist arm dran, das war's wohl und dann hat man es in diesem Leben gehabt. An dieser Theorie sind manche schon fast verzweifelt oder haben Unglaubliches angestellt, um diesen besonderen Einzigen aufzuspüren.

Was genau ist denn so ein Seelenpartner? Gibt's davon tatsächlich für jeden nur einen und wer sagt das? Vielleicht gibt es ja, mit mehr Weitsicht betrachtet, gar mehrere oder richtig viele? In Indien heißt es, jeder hätte sieben Seelenpartner, einen in der Mitte, drei links, drei rechts, aber das muß ich mir erstmal genauer erklären lassen. Die alle sieben zu erkennen, zu verstehen und zu verkraften muß wohl auch gekonnt sein, so weit bin ich noch nicht. Einmal erfuhr ich von der Sichtweise, daß der Seelenpartner in seltenen Fällen zwar »präsent« ist, aber **nicht** zwingend inkarniert sein muß. Na toll, das hätte ich mir bei mir gut vorstellen können. Der Kerl war also möglicherweise hier gar nicht inkarniert, gab vornehm distanziert aus seiner geistigen Ebene, oder von wer weiß woher, allerlei Impulse an mich ab. Ließ mich aber hier auf Erden allein, in einem gewissen Trott und ohne rechten Plan, vor mich hin arbeiten, bis ich mich so weit entwickelt haben würde, daß ich ihm dann irgendwann, irgendwo in anderer Dimension oder seiner Welt genehm wäre? Also wenn es sowas gibt und **das** stimmt, dachte ich, dann will ich's wissen. Das relativierte noch mal so einiges und ich würde es hier und jetzt noch viel mehr »krachen« lassen, darauf konnte er sich verlassen, der Mr. Seelenpartner – so ein Schwachsinn! Das wurde mir alles zu viel und ich konnte nur lachen, über mich selbst, alle anderen und das ganze Thema, die Illusion an sich. Aber, daß es Menschen gibt, die einem unvergleichbar, spürbar nahestehen und vertraut vorkommen, das ist wahr.

In meiner Vorstellung gibt es sicherlich irgendwo für jeden Menschen mindestens einen idealen Freund oder Partner, der einen vollkommen versteht, bei dem man entspannt ist. Der einen durch und durch liebt und in Ordnung findet, dem man alles erzählen, mit dem man leicht durchs Leben gehen kann. Jemand, der einen immer liebt, egal was man im Leben verbummelt hat, oder nicht so richtig hinbekommt. Und man muß ja nicht unbedingt zusammenziehen. Einen Partner lieben so verstanden, daß man ihn nicht als Mensch, der uns etwas geben soll, oder als Spender von Geschenken betrachtet, sondern als Mensch, der genauso ist wie er ist und der, wie wir selbst, auch auf dem Weg zu seiner Bestimmung ist. Man weiß, man kann ihn haben, aber man braucht ihn nicht und die verbissene Suche hat sich erledigt. Wer niemanden kennt, der alles von einem weiß, einen aber okay findet, hat es schwerer im Leben, denn man bleibt immer von diesen Zweifeln umgeben, ob man denn in Ordnung sei.

Erstaunlich finde ich, daß diese Selbstzweifel nur durch eine andere Person auszurotten sind. Woher kommen diese Zweifel? Es heißt, sie beginnen mit unserer Zeugung, bauen sich weiter im Mutterleib und noch mehr nach der Geburt auf, da man sich selbst bereits in Frage stellt. Der kleine Mensch glaubt vom Anfang seines Lebens an, daß er sich auf eine bestimmte Art verhalten muß, damit er geliebt und genährt wird. Nach der Geburt steht die bedingungslose Gebärmutter nicht mehr zur Verfügung. Die Liebe, die dann folgt, ist nie genug und es wächst der Zweifel: Ich bin nicht gut wie ich bin oder einfach nicht liebenswert. Es folgen Selbstbeurteilungen wie: Ich bin zu wenig, zu häßlich, zu dumm, zu langsam, zu einfältig, zu verschieden und das kumuliert sich mit weiter auf uns einprasselnden Beurteilungen von anderen. Dies veranlaßt den Menschen das schlechte Gefühl irgendwie zu überlagern, durch tolle, meist materielle Dinge im äußeren Leben, um sich und anderen zu beweisen, daß man doch einen Wert habe. Das macht ein unruhiges Herz und bringt auch Unruhe ins Leben, weil kein Frieden gefunden wird.

Vieles, was Menschen im Leben später vollbringen, machen sie nicht wirklich, weil sie es aus sich heraus wollen. Sondern weil sie sich hinter irgendeiner Äußerlichkeit zu verstecken versuchen, um damit gut dazustehen und sich selber nicht ins Auge sehen zu müssen. Geeignet dazu sind Statussymbole wie Geld, ein großes Haus, schnelle Autos, hübsche Partner zum Ausstellen, Diplome, Imageaufbau. Nicht selten nagen Selbstzweifel, Schuldgefühle oder Vorwürfe aller Art am Menschen, da er tief in seinem Innern nicht überzeugt ist, daß er so, wie er sich erlebt und selbst einschätzt, in Ordnung sein könnte.

Daraufhin wird schnell mal ein Partner, der sich in einen verliebt, »mißbraucht«, damit man sich gut fühlt. Der Haken daran ist aber, daß eine(r), die/der in mich verliebt ist, mich nicht unbedingt versteht und das »rettet« mich dann nicht. Ich glaube, jeder von uns hat schon mal in diesem Zustand »gespult« oder tut es immer noch. Deshalb ist mir so daran gelegen, den feinen, aber beachtlich wirkenden Unterschied zwischen »verliebt sein« und »lieben« restlos deutlich zu machen.

Wenn zum Beispiel Phantasieübungen gemacht werden, mit denen ich meine Zukunft visualisiere und ich mir in meiner Vorstellungskraft diesen liebenden Partner anziehe, dann löst sich diese innere Rastlosigkeit auf. Man findet Frieden und hat es richtig gut. Wer das nicht durchschaut, sich aber gern von einem Liebesanfall in den nächsten wirft und sich einredet, daß er/sie toll sein muß, da ja so viele Menschen in ihn/sie verliebt sind, dem/der wird auch irgendwann klar: Alle waren zwar verliebt in mich, aber verstanden haben sie mich nicht. Das Spiel läßt sich endlos weiterführen. Und wer selbst auch nur verliebt ist in die anderen, aber sie genauso wenig im tiefsten Wesen versteht, trägt zur gleichen Unruhe bei anderen bei.

Irrtümlicherweise wird behauptet, daß man von anderen erst angenommen oder geliebt werden kann, wenn man sich selber annimmt und liebt. Das kann kaum stimmen, denn der Grund, warum sich jemand selbst nicht annimmt und selbst nicht liebt, ist, daß er nie von außen bestätigt oder gesehen wurde wie er ist. Deshalb funktioniert sich in Persona zu bestätigen und lieben nicht so leicht, wie es gesagt wird. Gerade wer sich selbst nicht liebt, will die Liebe von anderen, um deren Bestätigung zu bekommen. Wer aber nur versucht sich selber zu lieben, der achtet hauptsächlich nur auf sich und wird dadurch egoistischer und egozentrischer, weil sich das ganze Denken nur noch um ihn selbst rankt. Dadurch rücken andere Menschen und die Welt in der Wahrnehmung immer weiter von einem ab. Man versteht den Schöpfungsprozeß und die Außenwelt immer weniger und entfremdet sich zunehmend vom göttlichen Urgrund. Anstatt liebevoller wird man schneller als man denkt eher lieblos, noch isolierter und spürbar kälter.

Wer Liebe finden will, ließ ich mich lehren, der sollte sich und sein eigenes Schicksal am besten weitgehend vergessen. Mit dem Gewahrwerden nach außen gehen, und wenn man dann dort Liebe findet, wird einem diese Liebe geschenkt. Das Selbst ist dadurch wieder intakt. Tja, klingt einfacher als es ist, ich weiß.

Auf meiner Weltreise verbrachte ich auch einen Monat in Australien und besuchte meine sehr geschätzte Schweizer Freundin Gabriela, die sich, dreihundert Kilometer landeinwärts von Brisbane aus gesehen, im Bundesstaat Queensland mutig eine lauschige Selbstversorgerfarm gekauft hatte. Sie vermutete dort in der Gegend ihren Seelenpartner finden zu können und je mehr ich ihr Leben dort einsehen durfte, desto mehr wurde ich mit eigenwilligen Ideen konfrontiert. Sie lebte dort relativ einsam und weit ab vom Schuß. Nicht direkt am »Arsch der Welt«, aber man konnte ihn von dort aus schon ganz deutlich sehen. Umgeben von Eukalyptusbäumen, Erdnußfarmen, Dingos, Koalas, Kängurus und Wallabys. Es gefiel mir dort wegen der romantischen Landschaft auf den ersten Blick total gut. Ich bewunderte Gabrielas Mut, in dieser Umgebung die Rolle der autarken »Single Farmer Lady« zu spielen. Kaum zufällig lebte dort in der entfernteren Nachbarschaft ein charismatischer Mann, Mitte vierzig, mit seiner wesentlich jüngeren Frau und behauptete, sie seien die Wiedergeburt von Jesus und Maria[90]. Die beiden verkündeten allerhand Weisheiten und Lebensratschläge an Hilfesuchende, zogen Menschen aus allen Schichten in ihren Bann. Abgelegene Grundstücke mit für die Gegend angepaßten Häusern ließen sich im größeren Umkreis seines Anwesens gut an seine Anhänger verkaufen, die besonders seine Nähe suchten. Ich nahm deutlich und konsequent eine distanzierte Haltung dem Ganzen gegenüber ein, da schnell getuschelt wurde, ich sei wohl auch eine »reiche Schweizerin«, die dort die nächste Farm zu kaufen gedenke. Ich bin lange geduldig und loyal, höre mir, freibleibend in meinem Verständnis für jeden und fast alles, so einiges an. So lernte ich auch dort interessante, liebenswürdige Persönlichkeiten kennen, doch diese Truppe brachte mich fast an die Grenzen meiner Gelassenheit.

Kurztrips an die Sunny Coast, nach Fraser Island und mit Gabriela zusammen an die kilometerlangen Sandstrände und spektakuläre Skyline von Surfers Paradise sowie an die berühmte Byron Bay, die vom Magazin Forbes zur »sexiest« Beach der Welt gekürt wurde, hielten mich im Gleichgewicht. Doch kaum zurück auf der stark frequentierten Farm, die sich noch voll im Innenumbau und in der Gartenanlegung befand, unter Zuhilfenahme einiger zur Verfügung stehenden Handwerkern aus der Jesus-Truppe, ging »der Wahn« rund um die Uhr weiter. Jeder suchte seinen »Soulmate«. Manche wähnten ihn gefunden zu haben. Einige wählten andere aus, die angeblich der Soulmate seien, dies aber selbst noch nicht wußten oder »fühlten«, wie sie es dort nannten. Alles schwer nachvollziehbar für mich. Es ging den ganzen Tag um »Spirits[91]«, die uns alle besetzen und lenken. Um »Living the Truth[92]«, also daß man ausschließlich die Wahrheit leben müsse, wogegen nichts einzuwenden ist. Sie versuchten den Ängsten und Gefühlen ihrer Vergangenheit zu entkommen, indem sie diese nochmals ausgiebig zu durchleben suchten. Eine Betrachtungsweise, die ich überhaupt nicht teile. Aus meiner Sicht führt die intensive Beschäftigung mit der Vergangenheit zu einer Verstärkung der eigenen Geschichte und begünstigt ihre Fortsetzung, indem dazu passende Gefühle und Situationen auch in Zukunft erneut angezogen werden. Nichts für schwache Nerven war, wenn zum Beispiel erwachsene Frauen Gegenstände festhielten oder Bäume umarmten, laut wehklagend dabei weinten und nicht mehr damit aufhören konnten. Oder wenn scheinbar gestandene Männer plötzlich auf dem

Weg regelrecht zusammenbrachen, herzzerreißend schrien, sich am Boden wälzend liegen blieben und ihnen absichtlich niemand half. Sie mußten alleine durch dieses »Processing[93]« hindurch, um »rein« zu werden. Uff, ich machte mir Gedanken, ob ich wegrennen sollte, bevor mein eigener Verstand auch noch in Gefahr käme, aber blieb erstaunlich ruhig und harrte der Dinge, die dort vor sich gingen. Es erinnerte mich etwas an die köstlichen Beobachtungen und Berichte auf der Weltreise des Comedians Dieter Nuhr, wo er beschreibt, was Menschen **alles** tun, um dem Göttlichen näher zu kommen. In seinem Buch, dessen Titel vielleicht auch hier brillant passen würde: »Wer's glaubt, wird selig.«

Ich hatte seit kurzem in der Schweiz einen jüngeren, bibelfesten, zum Thema Christentum sehr versierten Bekannten namens Liam, der einem bezüglich Jesus oder Bibel keine Antwort schuldig blieb. Ich schätzte die fundierten, umfassenden Gespräche über den christlichen Glauben mit ihm sehr. Doch seine fast schon militante Überzeugungsfindung war nicht jedermanns Sache, das wußte er selbst. Er nannte sich »Glaubensterrorist«, weil er, gemäß eigener Aussage, gern jedem den Glauben aus seiner Sicht, notfalls auch mit Gewalt, aufzwingen würde, wenn er nur könnte. Aber er wußte aus der Bibel, daß das so nicht möglich ist, weil jeder selbst aus eigenem Wunsch und Verhalten heraus das Göttliche im Herzen erfassen muß. Ich dachte fern der Heimat, Liam könne vielleicht eine aufschlußreiche Erklärungsquelle für die abstrakte Situation in Australien sein, fragte per SMS an, was er davon halte und bekam folgende Antworten auf Englisch, seiner bevorzugten Konversationssprache:

> Liam, 18. November 03:32
> *Hey Tina, tx 4 the update on your whereabouts! About this »Jesus«: the bible warns us that such false messiahs would appear. The 2nd coming of Jesus according to the bible will NOT be to preach. He will descend from heaven to defeat the antichrist, and he will come in power! Read revelations in scriptures on this, but know this also: as long as christians are on this earth, that will not happen – we will be taken away first; this is called the rapture. Trust god's word alone. If anyone tells you different, even if it's an »angel«, they are not to be trusted! May god bless you with knowledge & wisdom; study his word! Hugs, Liam*

SEELENPARTNER / WUNSCHPARTNER

> *Deutsche Übersetzung: Hey Tina, danke für die Information zu Deinem Aufenthaltsort! Betreffend dieses »Jesus«: Die Bibel warnt uns, daß solch falsche Messias erscheinen würden. Das zweite Kommen Jesu wird gemäß Bibel NICHT sein um zu predigen. Er wird vom Himmel herabkommen, um den Antichristen zu besiegen und er wird mit Macht kommen! Lies in der Bibel die Offenbarung dazu, aber sei Dir auch dessen bewußt: Solange Christen auf dieser Erde sind, wird das nicht geschehen – zuerst werden wir von der Erde hinweggenommen werden; dies wird in der Bibel Entrückung genannt. Vertraue nur Gottes Wort allein. Wenn jemand etwas anderes sagt, auch wenn es ein »Engel« ist, traue ihnen nicht! Möge Gott Dich mit Wissen und Weisheit segnen; studiere sein Wort! Umarmungen, Liam*

Ein paar Stunden später erreichte mich, mit neun Stunden Zeitverschiebung, bereits seine nächste SMS:

> Liam, 18. November 08:13
> *I advise you strongly not to participate in this; there is no profit in listening to lies. Those who choose to believe in miracles rather than the word of god will be deceived. To help them you need to stand on firm ground (knowledge of scripture) and be strengthened by Jesus (pray for wisdom, power and love for those people before you open your mouth). For this man to say he is a 2nd incarnation of Jesus is laughable, because he is not dead! When he returns, he will be the same person!*
>
> *Deutsche Übersetzung: Ich rate Dir dringend, Dich nicht daran zu beteiligen; auf Lügen zu hören, bringt keinen Vorteil. Diejenigen, die lieber an Wunder als an das Wort Gottes glauben, werden getäuscht werden. Um ihnen zu helfen, solltest Du auf festem Boden stehen (die Bibel kennen) und von Jesus gestärkt sein (bete für Weisheit, Kraft und Liebe für die Menschen, bevor Du den Mund aufmachst). Daß dieser Mann behauptet, er sei eine zweite Menschwerdung Jesu, ist lächerlich, denn er ist nicht tot! Wenn er zurückkehrt, wird er dieselbe Person sein!*

Das machte schon mehr Sinn für mich und ich war Liam dankbar für seine verläßlich gesendete Experteneinschätzung und sachliche Erklärung aus fundierter Bibelsicht. Das zu wissen war gut und so würde ich mir hier selbst weiterhin neutral die Stange halten können. Außer mit Gabrielas weißem Jeep eine knappe Stunde ins Einkaufszentrum des landwirtschaftlich geprägten Städtchens Kingaroy zu fahren, dessen Name in der Sprache der Aborigines soviel heißt wie »kleine, schwarze, hungrige Ameise«, gab es wochentags nicht viel zu tun. Als guter Gast begleitete ich Gabriela und ihre sich auffällig sektirisch[94] verhaltenden Bekannten, so unvoreingenommen wie noch möglich, auch mal zu einer ihrer Übungsrunden. Zum Kinoabend mit Tanzveranstaltung, oder zu einem gut besuchten Gartenseminar des Gärtners, der sich um die »Jesus-Anlage« kümmerte. Der »Heilige« selbst sei »krank« und läge mit Fieber im Bett hieß es, doch plötzlich trat er auf der Veranda seines Hauses in Erscheinung und begrüßte seine Anhänger mit hypnotischem Lächeln. Wie auf einer Gartenstehparty stand er irgendwann unweit von mir und unterhielt sich. Ich fand es spannend und höflich ihn wenigstens kurz zu begrüßen. Ob er derjenige war, der er meinte zu sein oder nicht, war mir dabei völlig egal. Ist doch lustig hier und ein kurzes Händeschütteln wäre doch sicherlich für einen Gastteilnehmer bedenkenlos angebracht. Ich ging hin, wartete bis er frei war, streckte ihm meine Hand entgegen und begann mein Sprüchlein. Er blickte wie vom Blitz getroffen schüchtern zu Boden und sagte irritiert, fast stotternd: »Sorry, ... ah ... ah ... sorry, I can't talk to you, sorry ... I ... I have no time ... sorry, I cannot talk to you ...« Er wandte sich ab und sah mir nicht in die Augen. Ich meinte verblüfft auf Englisch, daß ich mit ihm kein langes Gespräch suche, sondern ihn nur ganz kurz begrüßen möchte, mehr nicht. Ich sei die Freundin von Gabriela ... Er ließ mich stehen, ging weg und widmete sich hingebungsvoll einem seiner glückselig lächelnden Anhänger und tat so, wie wenn er mich nicht mehr sähe. Höchst interessante Erfahrung, dachte ich! Würde sich so die menschgewordene Energie der vollkommen Liebe als Jesus verhalten? Hatte ich mal wieder die von vielen geächteten »Erwartungen«, wenn ich meinte, er müsse doch mit normalem Menschenverstand, Anstand oder Gastfreundschaft, meinen Gruß erwidern? Jeder Amerikaner hätte zumindest geantwortet: »Nice to meet you, enjoy yourself and have a good day, but sorry I have to leave now.« Aber wir waren ja in Australien und da war alles nochmals ganz anders. Wie ein Lauffeuer ging es unter den anderen Teilnehmern herum, daß »Jesus« mit der »Fremden aus der Schweiz« nicht einmal gesprochen habe. Was auch immer die alle dachten, was das zu bedeuten habe, ich mußte in mich hinein grinsen. Ich bedauerte den Kerl schon ein bißchen, da er diese Situation nicht souveräner zu meistern verstanden hatte.

In meinem Kopf bewegte ich Gedanken, was das Ganze hier mit diesen Leuten alles sollte? Und wieso sie dieses Seelenpartner-Getue so verbissen verfolgten, denn mich hatte das bisher gar nicht bewegt. Partner waren Partner, mal mehr, mal weniger passend. Entsprechend meiner oder ihrer Wahl, oder meines eigenen Verhaltens ihnen gegenüber und unseren, dem Alter entsprechenden, Ideen mit dem gemeinsamen Leben umzugehen. Was genau ist ein Seelenpartner überhaupt, wollte ich nun wissen. Habe ich auch so einen? Und wieso wollte der selbsternannte Jesus nicht mit mir sprechen und warum war er so über meine »Dreistigkeit«, ihn begrüßen zu wollen, schockiert? Schon seltsam alles, ich konnte es mir echt nicht erklären.

Nachts war die australische Wildnis rund um Gabrielas Farm sehr lebendig. An die für uns Europäer fremden Geräusche und über das Flachdach des Wohngebäudes rennende, kleinere Raubtiere war ich inzwischen gewöhnt. »Patchi«, die schwarzweiß gefleckte Hauskatze der Vorbesitzer, hatte ein kleines Glöckchen um und mußte die Nacht immer draußen verbringen, da Gabriela sie wegen Ungeziefer nicht im Haus haben wollte. Armes Tier dachte ich, denn nachts hörte ich »das Glöckchen« ewig lang, wild klingelnd umherrennen. Immer wieder Gefauche und Gescharre auf dem Dach, das mich leicht schauervoll an die Vertonung von Zombiefilmen erinnerte. Jeden Morgen erwartete ich die Reste Patchis, mit über die Ohren gezogenem Fell, auf der Terrasse zu finden. Oder nur noch das Glöckchen würde von ihm übrig sein. Doch sobald die Sonne erneut schien, schnurrte der Kater auf der Abdeckung der Waschmaschine, seinem bevorzugten Schlafplatz, während die Umbauten im Bad stattfanden. Ich fand's trotzdem gruselig und wachte nachts manchmal auf. Rauszugehen hätte ich mich aber auch nicht getraut. Wir befanden uns in einem Mobiltelefonfunkloch, das Festnetztelefon hatte immer wieder Verbindungsunterbrüche und Hilfe holen konnte man nirgends. Vom Grundstück aus lag die Nachbarschaft nicht mal in Sichtweite. Da war so schnell niemand, außer »Jesus«, aber den wollte ich nicht weiter strapazieren.

Bewußt habe ich selbst nie Informationen gechannelt[95], denn ich suche diese Fähigkeit nicht. Aber wer weiß schon, woher seine eigenen Ideen und Gedanken kommen? Nach der vor vielen Jahren erfolgten Lektüre der Seth Bücher von Jane Roberts, denke ich bis heute noch, daß nichts von uns selbst stammt. Wir ziehen Ideen und Gedanken nur in geeigneter Form zum entsprechenden Zeitpunkt aus dem göttlichen Feld, der Summe aller Möglichkeiten, an und mutmaßen oberflächlich betrachtet, alles komme aus uns selbst. Dabei entspringt nicht mal die Energie, durch die wir lebendig sein können, uns selbst. Aber das kann man nicht einfach mal **so mit jedem besprechen**. In einer der letzten Nächte bei Gabriela, wachte ich um halb 3 auf und es mußte etwas in der Art eines Channellings[96] geschehen sein. Ich war schlagartig hellwach, mein Kopf außerordentlich klar und ich kannte gleichzeitig **alle** Antworten auf meine aktuellen Fragen. Alle drei standen fein säuberlich voneinander getrennt, prägnant formuliert in Gedanken zur Verfügung. Mir fiel auf, daß die Ausdrucksweise des Wortlautes nicht meinem üblichen Sprachgebrauch entsprach. Es war aber auch kein Traum, und doch könnte die Information schnell wieder verflogen sein. Also suchte ich mit der Taschenlampe etwas zum schreiben, da es nachts keinen Strom von der Solaranlage gab, Ich schrieb folgendes auf der Bettkante nieder und stellte sicher, mich am nächsten Morgen daran zu erinnern.

Meine erste Frage:

»Was soll das alles hier, was sind das für Leute?«
»Dies hier sind Menschen, die auf einem ganz eigenen, speziellen Weg auf der Suche nach Gott sind und diesen unbeirrt – oder sagen wir unbeeindruckt von anderen Möglichkeiten – gehen.«

Meine zweite Frage:

»Was bedeutet das mit dem Seelenpartner? Hab' ich auch so etwas?«
»Der Seelenpartner ist ein Energiefeld deiner eigenen Projektion. Er existiert irgendwo in einer Welt und er wird dich finden, denn er ist in der gleichen Entwicklung wie du. Bleib zuversichtlich, er ist immer da und er wird dich finden. Wenn du ihm gegenüber stehst, wirst du sofort spüren, daß es ihm gegenüber keine Ängste mehr gibt, alles was ihr gemeinsam vorhabt, wird wie von selbst ganz selbstverständlich sein. Er wird dich finden!«

Meine dritte Frage:

»Wer ist dieser Jesus-Typ? Wieso wollte er nicht mit mir sprechen?«
»Nun, er ist in sich selbst ein sehr unsicherer Mensch und zieht Menschen an, die in sich schwach, besonders orientierungslos und wenig

kraftvoll unterwegs sind. All dies bist du nicht. Er spürte von vornherein, daß es wenig Sinn haben würde mit dir zu sprechen, weil dies nicht dein Weg ist. Seine Ausdrucksform ist ›unsichere‹, sagen wir, ›Geschmacksache‹.«

Ich schlief genauso schnell wieder ein, wie ich aufgewacht war. Am nächsten Morgen fand ich den Zettel, packte ihn sorgfältig weg, und war von einer erleichterten Vergnügtheit und Klarheit erfüllt. Gabriela gegenüber erwähnte ich nichts, sie sollte unbeirrt ihren Weg gehen können. Alles war bestens so wie es war.

Die letzten Tage in Australien verbrachte ich noch mit Freunden von Gabriela, in deren Traumhaus mit Palmen und Pool in Surfers Paradise. Sue und Dani, ein schon länger ausgewandertes, patentes, flottes Schweizer Ehepaar und beide Kinder gerade frisch aus dem Haus. Sie produzierten und lieferten dort tiefgefrorene Schweizer Koch- und Backkunst an ausgesuchte Vertriebsstellen aus. Sie kennenzulernen, war das Beste, was mir zum Abschluß noch passieren konnte. So bekam ich einen erweiternden, völlig anderen Einblick in das Leben an der Australischen Küste. Sie zeigten mir die Umgebung, ihren gut organisierten Betrieb, Restaurants und es war einfach nur Fun. Die lebendigen Gespräche bis tief in die Nacht auf ihrer Terrasse, waren für uns alle erkenntnisreich und bewegend. Ich überließ ihnen meine, für die Reise kopierten Metal-MP3s, die ihnen voll gut gefielen und endlich konnten sie mit mir mal wieder so richtig schön »Schwyzerdüütsch schnurre[97]«, herrlich. Sie kannten auch den »ominösen Jesus«. Hatten aber wieder eine ganz andere Sichtweise der Dinge. Unser Thema war die möglichen Veränderungen auf der Welt und die Verbindung der Aborigines zu allem was ist. Wir hatten skurrile Erscheinungen spät nachts, bei tropischen Temperaturen, auf der über ihrem Garten thronenden Terrasse, als wir meinen Didgeridoo-Sound auflegten. Die einzige CD, die ich mir aus Gepäckbegrenzungsgründen in Australien gekauft hatte und mit welcher sich der gesamte Wohnhügel gut beschallen ließ. Doch zurück zum Thema Partner, wozu der gut ist und wie man den Passenden am besten findet.

Auch auf die Gefahr hin, daß ich mich wiederhole, werfe ich es hier ganz deutlich nochmals in den Raum, daß es lohnenswerte, aber unbequeme Sichtweisen gibt, die besagen:

»Der Partner ist nicht wichtig, wichtig ist die Rolle, die er/sie spielt und ob diese Rolle des Partners hilft, unser Wesen ans Licht zu bringen.« Optimal wäre es, partnerschaftlich so unterwegs sein, daß man jemanden hat, der einen wirklich tief innen versteht und begreift, jemanden, der die Zeit mit einem teilt und einen vorwärts trägt, damit das, was man tut, tief aus dem Herzen kommt und einen letztendlich zur Bestimmung führt. Wenn wir Menschen so leben würden, würden wir eine Partnerschaft ausschließlich dazu nutzen, um der Liebe, die wir für den anderen empfinden, Ausdruck zu verleihen.

Die Idealvorstellung dazu: Menschen, die niemanden brauchen und es sich deshalb leisten können, sehr liebevoll mit allem umzugehen und erwartungsfrei zu bleiben. Der Freigeist fühlt sich am meisten dorthin angezogen, wo die größte Resonanz ist, zu dem was man selbst ausstrahlt. Wo man dem anderen anbietet, an der Schönheit des eigenen Lebens teilzuhaben. Also, wenn ich in einer Partnerschaft den Eindruck habe, daß ich genau so sein kann wie ich will und es okay ist so, dann entspannt das total.

Der andere ist freiwillig an meiner Seite, weil er bei mir sein möchte und nicht weil er muß. Aber wie viele leben das so? **Nicht durch den Partner glücklich sein, sondern einen Menschen an der Seite haben, damit dieser am eigenen Glück teilhaben kann.** Nicht mehr die Betrachtungsweise, was bringt mir der Partner und was kann er mir geben, sondern andersherum. Was kann ich ihm geben und bringen oder ermöglichen? Zwischen »ich will ihn, weil ich ihn brauche« oder »ich gönne ihm, was ihm gut tut, weil ich ihn verstehe« liegen Welten!

Wir werden dazu erzogen uns einen Partner zu »krallen«, am besten vertraglich gesichert, per Ehe. Warum? Damit wir etwa ruhig schlafen können? Wer immer diese Denkweise eingefädelt hat, kann »er/sie/es« Gutes im Sinn gehabt haben? Es zwingt sich manchmal fast der Verdacht auf, daß die heute herrschende Lieblosigkeit sogar noch unterstützt wird. Daß Angst und Gier erzeugt werden, damit die Menschen manipulierbar sind, um sie für andere, eigene Belange mißbrauchen zu können. Alles, was Angst macht und Gier im Menschen erzeugt, bewirkt, daß sofort der Kontakt zu den eigenen Wesensgefühlen abgeschnitten wird, man nicht mehr sich selbst ist. Solche Gedanken anderer Vordenker beschäftigten mich früher über lange Zeit hinweg.

Weiterhin heißt es: Wer seinen Wunschpartner bereits an der Seite hat, wird wissen, wie sich dieses Glück und Wunder anfühlt. Was beide bewegt weiterhin das Leben gemeinsam zu erleben, auf möglichst immer neue Weise. Viele, die ich kennengelernt habe, sind aber immer noch, oder schon wieder, auf der Suche nach der jetzt passenden

Wunschpartnerschaft. Es wäre günstig sich dabei zu fragen, **was genau** der Wunschpartner im eigenen Leben bewirken soll? Wie stellt man sich vor, daß es sich mit dieser Person an der Seite anfühlt? Da wir im Leben anziehen, was wir ausstrahlen und dies wie ein Echo zu uns zurückkommt, lohnt es sich auf unser Energiefeld (Aura) ganz genau zu achten. Dieses wird von vielen Aspekten geprägt, wie zum Beispiel unsere Haltung und Sichtweise uns selbst gegenüber und den Gedanken und Gefühlen, die wir über die Welt an sich hegen. Dem Freigeist ist weder gleichgültig, was er ausstrahlt, noch egal, was er anzieht. Er sieht die Zusammenhänge, richtet sich bewußt aus und überläßt möglichst **nichts** dem Zufall!

Es könnte einen Sinnzusammenhang geben, wenn meine Art zu sein und die damit verbundene persönliche Ausstrahlung bislang nicht in der Lage waren, den passenden Menschen anzuziehen. Es also ziemlich illusorisch ist, daran zu glauben, daß durch Abwarten oder einfach so wie bisher weitermachen, sich in naher Zukunft etwas ändern oder einfach so ergeben wird. Das wird es höchstwahrscheinlich nicht. Die Art Menschen, die man bisher ins Leben gezogen hat, wird sich wiederholen und diese Art Mensch wird in irgendeiner Variante so lange wiederkommen, bis sich etwas an der eigenen Ausstrahlung verändert. Eine logische Gesetzmäßigkeit, einleuchtend, unbequem, aber auch **die** Chance, die wir von jetzt an, neu oder besser verstanden, optimiert nutzen können.

Stellt sich die nächste Frage: Mit welchen Energien, welcher Ausstrahlung müßte ich durchs Leben gehen, um eine realistische Chance zu haben, diejenigen Menschen in mein Leben zu ziehen, die auch zu mir passend sind? Denn mein Energiefeld spiegelt exakt wieder, welche Phantasien in mir lebendig sind und bewegt werden. Alles ist Phantasie! Auch Bewußtsein ist Phantasie und Wahrnehmung. Beide stehen in Wechselwirkung zueinander. Phantasie lenkt die Wahrnehmung und Wahrnehmung lenkt unsere Phantasie. Die Präzisierung der Ausstrahlung erfolgt, indem wir unsere Phantasie der Zukunft verändern.

Konkret nachgehakt, fällt mir immer wieder auf, daß wenige wissen, wie sie sich ihren Wunschpartner vorstellen. Besser gesagt, wie sie sich mit ihm fühlen wollen. Ich erfahre so allgemeine Aussagen wie:

- soll immer für mich da sein, die gleichen Hobbies haben
- sollte häuslich, treu, beliebt, erfolgreich sein und möglichst keine Probleme haben
- muß groß, blond, dunkelhaarig, langbeinig, gut bestückt, erfahren, unberührt, selbstsicher, weltmännisch, natürlich sein
- sollte am besten wohlhabend, sehr humorvoll und vor allem frei sein, Kinder oder keine Kinder haben
- Hauptsache ich fühle mich frei, werde nicht eingeengt und kann tun und lassen was ich will (am freiesten ist man ohne Partner, oder eben doch nur mit Hund und Katze oder Hamster)
- ehrlich, zuverlässig sein und mich lieben (ist wohl das Mindeste)
- soll mir zuhören, immer alles verstehen, sich um mich kümmern, vor allem, wenn ich alt oder krank bin
- ich will mich geborgen fühlen bei ihm, soll immer schützend die Hand über mich halten, mich nähren, nie verlassen

Bei Menschen, die sich über ihre Partner massiv beklagen, entsteht der Eindruck, daß ihre Partnerschaften von Anfang an ungeschickt zusammengeführt wurden. Sie haben einen »Scheinzustand der Liebe« entwickelt, solange der Partner ihnen das gab, was sie erwarteten. Inzwischen hat sich die Beziehung aber sehr verwickelt, oder es haben große Veränderungen stattgefunden. Verbindungen, die so nicht klappen können, weil das, was man sich erhofft hat, nicht eintrifft und das, was ist, dem einem oder auch beiden nicht gut tut. All das hat mit Liebe nichts zu tun. Wozu dann einen Partner haben wollen? Partner teilen die Wohnung, das Geld, die Lebenszeit, bestimmen wann und wohin in Urlaub gefahren wird und müssen sich vielleicht dauernd nur anpassen. Wie kommt jemand unter unpassenden Umständen auf die absurde Idee, daß er einen Partner braucht, daß es ihm nur dadurch gut geht, obwohl klar ist, was man dafür alles streichen oder aufgeben muß? Wenn man davon ausgeht, daß der Mensch ein energetisches Wesen ist, bei dem es darauf ankommt, daß er sich freut und es ihm gut geht, macht Partnerschaft nur Sinn, wenn beide mehr zurückkriegen als sie dafür aufgeben. Lieben kann man einen Menschen allerdings auch, wenn er nicht der eigene Partner ist. Das ist nicht Bedingung.

Viele Partnerschaften leiden an Energiemangel wegen Problemen wie Ärger, Wut, Enttäuschung, Kränkung, Lüge, Betrug, Verletzung, Kompliziertheit. Dies entsteht, weil das, was in der Partnerschaft stattfindet, nicht das ist, was beiden gut tut. Auf die Frage: »Was für ein Mensch paßt zu mir und zum Leben, das ich führe?«, kommen überwiegend Standardantworten wie: »Ich will gesund sein, will Geld haben, will ein Haus, will einen Partner, will ein bequemes Leben, will meine Ruhe, aber will eben möglichst auch nicht ganz alleine sein.«

Es macht Sinn den Lebensstil zu klären und damit verbunden, herauszuspüren, wozu man genau auf diese Weise durchs Leben gehen möchte. »Wie will ich leben?«, hat eine andere Energie als zu fragen: »Wo bin und fühle ich mich sicher im Leben?«. Wo finde ich Menschen, die mich nicht im Stich lassen? Oder wo finde ich einen sicheren Job und wo verdiene das meiste Geld? Das sind nicht ganz die richtigen Fragen. Sondern sich besser fragen, was man am Lebensende über sein Leben sagen können möchte, was man erlebt, geschaffen und gelernt haben will. Damit man immer sagen kann, das eigene Leben hat sich gelohnt. Wenn ein Partner zu mir passen soll, dann müßte das gemeinsame Verfolgen dieser Ziele für ihn nicht abwegig sein. Doch der springende Punkt bei vielen Menschen, die mir bisher begegneten, war: Wenn sie nicht wissen, wie sie durchs Leben gehen möchten und wozu, wie können sie dann wissen, welche Art Mensch zu ihnen paßt? Eben, sie wissen es überhaupt nicht.

Trotzdem bilden sich Paare, weil einer von beiden oder beide glauben, daß sie durch den anderen etwas ins Leben ziehen können, was sie selbst nicht haben. Wenn der andere Eigenschaften lebt, die man vielleicht selbst nicht hat, dann fasziniert das. In diesem Falle wird der andere benutzt, um das zu kriegen, was man selbst nicht haben kann. Normalerweise denkt man, das ist doch wunderbar, wenn man sich gegenseitig ergänzt. Der eine kann das, der andere dies besser und niemand ist vollkommen oder gleich. Man ist schnell hingerissen von dem, was man selbst nicht ist oder hat. Gegensätze ziehen sich an, das ist alles gut und schön, solange man vom Partner all das bekommt, was man sich erhofft hat. Wie zum Beispiel ein tolles Auto, ferne Reisen, volle Aufmerksamkeit, exklusive körperliche Zuwendung, nette Einladungen, ausgefallene, neue Ideen, gemeinsame Freizeitgestaltung, ein schönes Haus. Alles, was einen mitreißt, ist wunderbar, denn man bekommt immer mehr von dem, was man will, und solange ist man bestens drauf. Drastisch formuliert, mißbraucht man den anderen, um so zu leben, wie man selbst noch nicht fähig dazu ist, was immer Abhängigkeiten und Verwicklungen mit sich bringt. Aber man stelle sich vor was passiert, wenn der Partner eines Tages all das nicht mehr gibt, wenn es nicht mehr so läuft, die Zeit vorbei ist – dann ist man nicht mehr gut drauf. Und **genau das** ist das Problem in den meisten Beziehungen. Dann ist die sogenannte »Liebe« schnell vorbei und es wird klar, daß es mit »Liebe« auch nie etwas zu tun hatte, sondern nur mit »haben wollen«, mit »verliebt sein« und »Erwartungen haben«, nicht aber mit »Liebe durch Verständnis«. Aber wer durchschaut das bewußt?

Schau Dich um, bei den Menschen, die Du kennst, oder auch bei Dir selbst. Wie war das früher in der Vergangenheit, wie ist es jetzt? Wäre die sogenannte Liebe auch noch da, wenn der Partner plötzlich neue Ideen bekäme oder ginge? Schnell schlagen die Gefühle in Abneigung bis zu Haß um. Man fühlt sich betrogen, ausgenutzt und mißhandelt oder getäuscht und kommt mit den üblichen Vorwürfen und Zankereien. Wer kennt sowas oder so jemanden nicht?

Wenn man sich zu diesen Reaktionen hinreißen läßt, sollte man wissen, daß man den anderen nie geliebt hat, sondern nur das, was man von dieser Person haben und bekommen konnte, nicht aber die Person und ihr Wesen an sich.

Wie ich vorher schrieb: **Liebe ist kein Gefühl, sondern ein Zustand und der ist unabhängig davon, wie sich die andere Person zu mir verhält, oder was sie mir zu geben verspricht.** Soweit die Erkenntnis und gnadenlose Theorie, wenig romantisch, aber aufklärend.

Wenn ich den passenden Partner noch nicht habe, kann das unter Umständen darauf hindeuten, daß mein Energiesystem noch nicht richtig, oder unbemerkt ganz falsch, programmiert ist. Dies möglicherweise schon länger, eventuell über Jahre, Jahrzehnte oder schon mein ganzes Leben lang. Wenn ich dieses Programm überschreiben will, brauche ich eine bestimmte Beständigkeit, eine gewisse Disziplin. Ich muß also herausfinden, was ich im Leben will, um eine authentische Ausstrahlung zu bekommen und den dazu passenden Menschen wie von alleine anzuziehen. Wenn ich diese Anziehungskraft so nicht habe, kommen weiterhin Menschen, die dem entsprechen, was ich bisher gelebt und ausgesendet habe. Aber genau die will ich nicht mehr oder wollte sie noch nie.

Wer nichts aktiv verändert, den holt in steter Wiederholung seine Geschichte ein, das heißt, die Vergangenheit setzt sich unverändert fort. Man hat dann meist einen Partner, der nicht zu einem paßt, oder gar keinen, was in diesem Fall noch günstiger wäre als weiterhin Energie zu vernichten, habe ich mich lehren lassen.

Aber wir leben in einer Zeit, in der die Menschen Angst haben um ihr Wohl, ihre Fähigkeiten und um das, was ihnen wichtig ist. Es ist kein freiheitlicher Weg zu versuchen diese Angst zu besiegen, indem man andere Menschen an sich bindet. Mit diesem Weg der Abhängigkeit verspielt man seine Chance zum freien Willen. Was den Menschen signifikant von anderen Bewußtseinsformen wie Tiere, Pflanzen, Kristalle, und in gewisser Weise von der Erde selbst, unterscheidet, ist die Kraft seines bis jetzt noch freien Willens. Damit meine ich, die Fähigkeit des Menschen seine Phantasie und Visionen beliebig ausrichten zu können, um sich ein beliebiges Leben schaffen zu können. Wenn er die alleinige Kontrolle über seine Handlungen, Gedanken und Gefühle hat, was eben selten der Fall ist.

Wenn ein Mensch die Liebe eines anderen Menschen sucht und ihn damit an sich bindet oder bedrängt, durch das, was er von ihm haben will, bedroht er damit auch die Fähigkeit des freien Willens selbst ein freies Leben gestalten zu können. Er begibt sich in Abhängigkeit und die führt dazu, daß der andere Mensch angebunden wird. Das erstickt die Fähigkeit ihn so zu verstehen wie er ist, weil immer primär die Frage im Raum steht, was für einen selbst dabei abfällt, was er für einen tut.

Wenn Du mutig bist, beobachtest Du in Deinem Umfeld Pärchen, Freundschaften, Menschen, die in unterschiedlicher Beziehung zueinander stehen und Du wirst feststellen:

Nicht viele Beziehungen sind von großzügiger Liebe geprägt, in der sich die Menschen eins fühlen und den anderen, oder sich gegenseitig, liebevoll betrachten. Die meisten Beziehungen ersticken den anderen Menschen, da sie von Erwartungen geprägt sind. Erwartungen wie, daß einem etwas zusteht, weil es einem versprochen wurde. Deshalb ist es richtig und korrekt, daß all die persönlichen Versprechen und gängigen Erwartungen erfüllt werden müssen.

Was ist die Folge von solcher Bedrängnis und vorwurfsartiger Erwartungshaltung gegenüber einander? Einer, beide, oder alle Beteiligten verschließen sich den Menschen gegenüber, die diese Erwartungen haben. Der Kontakt zum eigenen inneren Wesen beginnt zu bröckeln und abzureißen. Nur muß dieses Spiel um Erwartungen überhaupt erst erkannt werden, wenn man sich davon befreien möchte. Es gibt viele Wege dies bewußt, unbewußt, geschickt und weniger geschickt zu tun.

Tief innen verankert spürt man immer wieder die Sehnsucht andere Menschen verstehen zu wollen und miteinander in den Zustand der Liebe zu finden. Nicht jeder gibt so schnell auf, dabei auch gleichzeitig den Weg zu finden, um tief in das eigene Wesen einzutauchen, sich höchst selbst zu begreifen. Zu spüren wohin man in diesem Leben selbst gehen wird, was der Lebenssinn ist, die Bestimmung, der man folgen möchte.

Wer sich verwickelt und sich in Abhängigkeit an andere Menschen bindet, verliert seine Bestimmungskraft, die Fähigkeit seinen Weg zu erkennen. Und jetzt kommt das, worauf ich hinaus möchte: Er verliert sich in den Energien anderer Menschen. Es hat viel Gutes sich mit anderen Menschen zu verbinden, aber es sollte selbstlos und mit der Bereitschaft zum Gönnen erfolgen. Niemals geprägt von Erwartungshaltung, die, wenn nicht erfüllt, dazu führt, daß ein Mensch sich grämt, enttäuscht, wütend oder verletzt ist. Aber werden wir mit dieser Sichtweise erzogen und von klein an so an sie herangeführt? Ich tu mich schwer damit, das mit »Ja« zu beantworten. Aber wir können den Erdumfang berechnen oder die Flugzeit zum Mond, sind in Geldmaximierung versiert, kennen uns mit Downaging[98] aus und wissen wie wir möglichst lange gesund und sicher überleben. Und trotzdem heißt es immer so schön, daß wir an allem selber schuld sind und so weiter.

Aber wer lehrt uns als Teenager, wenn wir uns für diese Themen zu interessieren beginnen, daß anderen Versprechen abverlangen oder auch Eifersucht keine Zeichen von Liebe sind, sondern von enttäuschtem Egoismus? Der andere wird nicht als Mensch liebevoll betrachtet, im Vordergrund steht nur das, was er zu geben bereit ist oder nicht gibt. Dies heißt also, daß ein Mensch, der nicht von sich glaubt aus eigener Kraft sein Leben gestalten zu können, und der auf Kosten anderer leben will, nicht liebensfähig ist, weil er immer auf der Lauer nach genügend Zuwendung liegt.

Wer sich selbst nicht liebt, weil er glaubt nicht liebenswert zu sein und nichts bieten zu können, sollte sich nicht in Selbstliebe üben, das kann nicht funktionieren. Er könnte zuerst bei den Eltern beginnen und sie als das betrachten, was sie sind und seinen neuen Blickwinkel anschließend auf weitere Menschen ausdehnen. Der Weg der Liebe geht über das Verständnis der Eltern, über den Partner hin zu anderen Menschen und dann zu sich selbst. Die Aussage »liebe dich selbst und dann kannst du andere Menschen lieben«, ist meines Erachtens heikel. Es kann nicht so einfach funktionieren, da derjenige, der versucht sich selbst zu lieben, in seiner Wahrnehmung ausschließlich bei sich selbst hängen bleibt und damit sein Umfeld immer weiter von ihm abrückt. Damit wird er weniger verständlich und scheint für andere schnell mal noch weniger liebenswert. Mir leuchtet dies aus heutiger Sicht sehr logisch ein. Doch zurück zu unserem Seelenpartner, mit dem dies angeblich dann alles ganz einfach und wie von selbst vonstatten geht.

Um Menschen in meinen Bann zu locken, die zu mir passen, mir gut tun und um unter ihnen eventuell den passenden Traumpartner zu finden, kann man sich folgende Schritte vorstellen und Fragen klären:

1. Beschreibung des persönlichen Lebensstils, passend zum Wesen, unabhängig davon, wie die Eltern waren: Wie will ich wirklich leben, was paßt zu mir und wie wäre meine natürliche Art durchs tägliche Leben zu gehen?

    Die Antworten finden sich leichter, wenn man sich dabei vorstellt: Wenn ich genügend Geld hätte, genügend Freunde und ein schönes Zuhause, was würde ich dann noch mit der zur Verfügung stehenden Zeit machen?

2. Wozu das Ganze? Was gibt mir den Eindruck mein Leben hat sich gelohnt? Was hab' ich gelernt und erlebt? Was konnte ich aus diesem Leben mitnehmen? Was will ich erlebt haben, damit sich mein Leben rentiert, wobei Geld dabei nicht Lebenssinn, sondern Mittel zum Zweck ist. Auch eine Partnerschaft ist kein Mittel zum Zweck – grundsätzlich kann man auch alles allein machen. Umso mehr drängt sich die Frage auf, wozu einen Partner? Wenn schon ein Partner, muß er in meinem Leben eine relevante Position einnehmen, nicht das geduldete fünfte Rad am Wagen sein, das man aushält, weil es halt da ist. Die wenigsten Menschen stellen sich diese Fragen in der Hektik der Jagd, wo sie immer mehr und dies immer schneller machen müssen. Aber ich muß wissen, wohin mein Leben geht, wie ich dorthin komme und ob ein Partner dort relevant ist.

    Die Antwort darauf kann nicht sein: Ich hatte viel Geld, hatte immer einen sicheren Job, oder ich war jederzeit pünktlich und war nur für andere da. Wir leben das Leben relativ ausgeglichen zu fünfzig Prozent für uns selbst und zu fünfzig Prozent für andere, aber niemals nur für uns oder nur für andere. Sagen zu können, ich bin erfolgreich achtzig oder neunzig geworden, ist nicht relevant, sondern das, was ich in diesen achtzig, neunzig Jahren erlebt habe. Wir gehen ja auch nicht ins Kino, um den Sitz zu verteidigen oder schnellstens den Saal wieder durch den Notaus-

gang zu verlassen, sondern um den Film, den wir uns ausgesucht haben, zu sehen, zu erleben, zu spüren, daraus zu lernen. Oder um zumindest neue Erfahrungen zu machen, um anders daraus hervorzugehen als wir hineingegangen sind.

3. Welche Art Mensch paßt dazu? Welche Ziele habe ich, hat er? Was will ich mit ihm erleben? Wenn ich einen Menschen in mein Leben lasse, der anders leben will als ich, was nicht besser oder schlechter sein muß, dann stört er die ganze Zeit. Dann ist ständige Rücksichtnahme oder Reiberei angesagt. Schlimmstenfalls hat man keinen Gesprächsstoff. Idealerweise sollte man über seinen Partner sagen können: Ich kann eine Menge mit ihm erleben, genießen, er inspiriert mich ohne Ende, ist zärtlich, verständnisvoll, schaut durch meine Augen und ich bin für ihn genauso passend und intakt. Wer unterstützt mich bei dem, was ich mit ihm gemeinsam erleben will? Es interessiert mich, was er über Politik, Wirtschaft, Sport, Kinder, Tiere, Natur, Pflanzen, Literatur, über das Göttliche, das Leben und die Liebe denkt und so weiter. Damit baue ich ein Gefühlsfeld auf, das Tag und Nacht aus mir herausstrahlt. Wir können beide lebendig, aber entspannt im Umgang miteinander sein.

4. Die Menschen, die mich umgeben, sollte ich mir sehr genau anschauen. Sie geben mir exakt Aufschluß über das, was ich ausstrahle, denke, über mein Leben, die Welt und das, was ich erwarte. Wenn die falschen Typen kommen oder gar keine, weiß ich somit, es liegt an mir. Am besten stelle ich mir in meiner Phantasie vor, wie die Menschen zu mir kommen und wie wir bestimmte Dinge miteinander erleben. Frage mich dabei, wie will ich mich fühlen, was paßt zu meinem Leben? Die Person, die ich anziehen möchte, darf kein Gesicht haben, sondern sollte neutral angelockt werden.

Am besten eignet sich für das Bewegen der Phantasien die Zeit kurz vor dem Einschlafen, in der ich meine abendliche Vorstellung der Zukunft in meinem Energiefeld verändere, so lange bis ich das irgendwann ausstrahle und damit meine Gegenwart verändere. Jetzt strahle ich zwar das aus, was den richtigen Partner anzieht, aber schon folgt die nächste Frage.

5. Wer in meinem aktuellen Umfeld paßt noch zur neuen Ausstrahlung? Nüchtern betrachtet, bedeutet das: alle Menschen, die nicht zu dem passen, wie ich bin, müssen logischerweise weg! Wenn

meine Stimmung nicht zu der Wohnung paßt, in der ich wohne, muß ich ausziehen. Wenn mein Tagesablauf nicht zu dem paßt, wie ich lebe, muß ich ihn verändern. Das mag alles aufwendig sein, aber die intensive Zeit der Neuprogrammierung ist notwendig, um die gewünschten Ergebnisse zu erzielen.

6. Wer den richtigen Partner anziehen möchte, darf sich auch nie wieder »verlieben«. Denn »verliebt sein« ist, wie wir jetzt wissen, ein »egoistisches haben wollen«. Ich will vom anderen das, was ich nicht habe, weil ich glaube, wenn ich es von ihm kriege, geht's mir besser. Daß ich mich damit von ihm abhängig mache, mag ein Aspekt sein. Viel schlimmer aber ist, daß ich dabei Gefahr laufe ihn selbst zu übersehen, also den Rest der Person gar nicht erfasse. Sich »nie wieder zu verlieben« heißt, daß man aufhört, von einer anderen Person etwas Bestimmtes haben zu wollen. Andere Menschen für unsere eigenen Zwecke mißbrauchen zu wollen. Sondern man beginnt damit von nun an **selbstverantwortlich** zu sein. Das ist der springende Punkt! Alles, was mir in meinem Leben wichtig ist, sollte allein aus mir selbst heraus entstehen können. Im Idealfall wird man bis zu **dem** Punkt selbständig, **wo man nichts von niemandem mehr braucht! Und ab dann wird man extrem interessant für andere!** Erst dann kann ich selbst beginnen durch die Augen des anderen zu schauen, ihn zu spüren, zu fragen: wie lebt der andere Mensch, paßt er zu mir? **Wenn ich verliebt bin, kann ich den anderen interessanterweise nicht spüren, sondern nur das sehen, was ich von ihm haben möchte. Das ist das Problem vieler Partnerschaften, denn sie beginnen mit »verliebt sein«, was unbesonnen macht, und sehen nur das, was sie vom anderen haben wollen, sehen aber nicht die ganze Person dahinter.** Und sobald man es nicht mehr kriegt oder es bekommen hat, sieht man die anderen Eigenschaften und wundert sich vielleicht, wie man je mit dieser Person zusammenkommen konnte und so weiter. Die Wesensmerkmale sind einem entfallen, da man nur darauf fixiert war, was man selbst bekommen wollte.

7. Das sollte nicht mehr passieren! Wenn man jemanden spüren, verstehen und lieben möchte und anstrebt durch seine Augen zu schauen um zu sehen, ob er zu einem paßt, **darf man ihn nicht mehr brauchen.** Also nicht auf ihn angewiesen sein und deshalb auszunutzen! Solange man meint, man bedarf des anderen um in-

takt zu sein, kann man ihn nicht verstehen. Man sieht immer nur den Teil, den man braucht und besitzen will, was wie gesagt egoistisch und lieblos ist. Das verhindert, den anderen überhaupt erfassen zu können. In einen Menschen kann man nur mit dem »geistigen Herzen« hineinsehen. Wenn man es sich leisten kann, ihn neutral zu betrachten, um wirklich nachzuvollziehen, wer und was dieser Mensch ist. Und dann kann Liebe wachsen! Man erkennt es daran, daß man sich sofort »entliebt«, wenn man nicht mehr kriegt, was man wollte. **Aber Liebe heißt, ich liebe diese Person, egal was sie tut. Ob diese Person mir das gibt, was ich will oder nicht, spielt keine Rolle, denn ich liebe sie, weil sie ist, wie sie ist.** Um jemanden lieben zu können, muß man wissen, wie jemand ist. Um aber wissen zu können wie die Person ist, darf man nicht verliebt sein, denn man muß die Person spüren, ganzheitlich, so wie sie ist, in all ihren Aspekten. **Verliebt sein macht blind und schließt Liebe aus.** Erst wenn man selbständig ist und sich nicht mehr verlieben muß, weil man alles aus eigener Kraft kriegen kann, weil man aus eigener Kraft ein Leben gestalten kann, das einen glücklich macht, kann man es sich nach dieser freigeistigen Sichtweise überhaupt leisten jemanden zu lieben – sonst eher weniger! Und das ist noch gelinde formuliert. Lohnt sich darüber nachzudenken.

8. Wenn ich einen Partner habe, der nicht meiner Meinung ist und ich deshalb sauer bin, dann ist das verletzte Verliebtheit, totale Egohaltung. Ich liebe jemanden, wenn ich sage, ob du meiner Meinung bist oder nicht, ist ohne Bedeutung, ich liebe dich so oder so. Liebe bedeutet, ich gönne dem anderen das, was ihm gut tut. Verliebt sein heißt, ich gönne dem Partner das, was mir gut tut. Sobald er meine Erwartungen nicht erfüllt, hängt der Haussegen schief. Die meisten Partnerschaften sind geprägt von Verliebtheit, in denen dem Partner eben nur das gegönnt wird, was der eigenen Person gut tut. Selbst wenn ich dem Partner Rückenwind in seinem Tun und Werden gebe, heißt das durchaus, daß ich mich von all seinen Dingen distanzieren kann, die mir nicht zuträglich sind. Ich muß niemals in einer Art Opferrolle alles hinnehmen oder ertragen, was der Partner für sich machen möchte. Ich bin dem nicht hilflos ausgesetzt. Bei einer innigen, seelenverbundenen Partnerschaft entsteht der Wunsch nach Unpassendem allerdings erst gar nicht.

9. Jedes Problem in einer Verbindung beginnt immer wieder mit Enttäuschung darüber, daß der andere die Erwartungen, nicht erfüllt, die man an ihn hat. In einer Partnerschaft, wo man den anderen, wie oben erklärt, liebt, gibt es keine Enttäuschung. Denn man gönnt ihm all das, was ihm gut tut und unterstützt ihn dabei, wo man nur kann und denkt nicht an sich. Er nimmt einem nichts, denn man braucht ihn nicht.

10. Lieben kann man demnach nur dann mit tiefer Überzeugung, wenn man sagen kann: »**Ich liebe dich, aber ich brauch dich nicht!** Ich lasse dich nur deshalb in mein Leben, **weil du zu mir paßt**, weil ich dich liebe. **Du kannst machen was du willst**, weil ich dich nicht brauche, aber ich lieb dich, **weil ich dich verstehe!**« Das kann einer, der verliebt ist, niemals sagen, denn es bricht ihm das Herz, wenn der, in den er verliebt ist, ihm sagt: er brauche ihn nicht. Dann gehen sofort alle Alarmlampen an und man ist bis ins Mark verletzt. Denn man befürchtet, daß der andere möglicherweise nicht bei einem bleibt. Dann kriegt man nicht mehr das, was man so dringend braucht und von der Person will. Verletzt ist man, weil man hören will, daß der andere einen auch braucht, denn nur dann kann man entspannen und ruhig schlafen, weil man meint sicher zu sein, der andere bleibt bei einem. Diese verbreitete Sichtweise ist eine richtig üble Sache! Aber niemand zwingt einen dazu so zu leben.

11. Um also den Traumpartner ins Leben ziehen zu können, sollte man selbständig und in der Lage sein sagen zu können, man brauche den Partner nicht. Man freut sich, wenn er im eigenen Leben ist und freut sich aber auch am Leben, wenn er nicht da ist. Sollte er da sein, lebt man intensiver und sein Leben leichter auf dem Weg dorthin, wo man hin will. Ebenso unterstützt man ihn intensiv, kontinuierlich aber passend auf seinem Weg zu seinem Ziel und alles ist gut. Klingt doch ganz einfach, oder?

12. Jetzt mag sich mancher fragen, was das noch mit Romantik zu tun hat? Romantik bedeutet, daß man gemeinsam in Gefühlen baden kann, die aber nicht entstehen, weil man den anderen ausnutzt und mißbraucht, sondern weil man gemeinsam Freude und Begeisterung an gleichen Dingen empfindet. Es ist wunderschön diese besondere Zeit mit einem Menschen zu teilen, den man liebt, das ist Romantik. Man teilt, was einen tief innen freut, mit einem Men-

schen, der einen tief im eigenen Herzen berührt. Wenn man jemanden in sein Leben läßt und ihn Anteil haben läßt an dem, was einem am meisten Freude macht. Dann erlebt man romantische, schöne, gefühlvolle Momente, was eine ganz andere, vor allem freiwillige, Haltung ausdrückt. Romantik ist wohl kaum, wenn der andere anruft und sagt: »Ohne dich kann ich nicht leben. Wenn du gehst, bring ich mich um!« Das ist Erpressung und Egoismus pur.

13. Manche Menschen mißbrauchen den Partner ganz gern noch als »Gebärmutterersatz«. Vor langer Zeit flogen wir alle mal dort raus (unsere erste Wohnungskündigung) in eine harte, ungeschützte, unübersichtlich feindliche Welt. Eine große Sehnsucht nach diesem verlorenen Paradies ist tief in uns verankert. Deshalb suchen viele Menschen in ihrer Beziehung meist Geborgenheit, Sicherheit, Verständnis, wollen ernährt werden, sich entspannen können. Sie reagieren in einer Beziehung, die auf Gebärmutterfunktion ausgerichtet ist, aggressiv, wenn der andere das Geforderte nicht mehr gibt und **sich erdreistet seine Aufmerksamkeit abzuwenden.**

14. Eifersucht ist kein Liebesbeweis, sondern die weit verbreitete Gier im Partner einen »Gebärmutterersatz« finden zu wollen. Es regt Eifersüchtige maßlos auf, wenn die Aufmerksamkeit des anderen abwandert und nicht mehr zu kriegen ist, was eigentlich zusteht. Das hat mit Liebe nichts zu tun. Das erklärt, **warum Partnerschaften kriseln und so viele Beziehungen in einem schlechten Zustand sind. Sie bauen nicht auf einer reinen Form der Liebe auf.**

Soviel sei an dieser Stelle mal »gegeigt« zum optimalen »Zustand der Liebe« aus der Sicht des Freigeistes. Wenn alle Beteiligten auf dieser Stufe stünden, dies verinnerlicht hätten, diese Sehnsucht in sich trügen und es ihre Bestimmung wäre, das leben zu wollen. Nicht jeder ist an diesem Punkt, was keine Wertung sein soll. Nicht viele können aus ihren Verwicklungen oder bestehenden Strukturen aussteigen. Manche verfolgen noch ganz andere Dinge, die ihnen wichtig sind und die sie sehnsuchtsvoll ausleben, was für ihren Weg und ihr Karma durchaus viel Sinn macht. Oft habe ich mir sagen lassen, daß es mit Kindern, Verpflichtungen aus Scheidungen, viel zu stressigen Jobs, einem insgesamt nur fordernden Umfeld, einst gegebenen Versprechen und allen Arten an Krankheiten nicht so einfach sei, diese Ziele zu leben, oder überhaupt auch nur anzustreben. Partner aus lange eingespielten Beziehungen,

Ehen oder Gewohnheitspartnerschaften gehen mich schon richtig vorwurfsvoll klagend an: »Willst du etwa, daß wir uns (jetzt noch) trennen?« Nein, sicher nicht, ich will gar nichts!

Jeder kehrt vor seiner eigenen Tür. Doch ich bin überzeugt, daß es für viele Menschen wichtig und schon ausreichend erkenntnisreich sein kann, zumindest davon **gehört oder erfahren** zu haben, wie eine Partnerschaft auch noch aussehen könnte. Man muß nicht alles selbst erleben, um es zu verstehen und zu verinnerlichen. Aber allein schon die Kenntnis darüber bewegt wieder anderes in einem selbst, wirkt bis weit ins Umfeld hinaus. Sei es durch Verständnis, Mitgefühl oder Optimierung der Qualität dessen, was ich anderen sage, ihnen rate. Oder was ich auch, durch meine Einsicht und Phantasie neu überdacht, bei den anderen verstehe, ihnen dadurch auch ermögliche. Was man für sich selbst nicht umsetzen kann, könnte man durch Rückenwind für andere wohlwollend unterstützen. Alles wirkt immer auf alles und kann damit die Zukunft der Menschheit nachhaltig spürbar verbessern. Das allein macht für mich schon wertvollen Sinn genug, um das Thema hier, so verständlich wie möglich für jeden Leser **wenigstens** theoretisch nachvollziehbar oder **wenn möglich** praktisch umsetzbar, aufzugreifen.

Mich haben diese Ideen schon viele Jahre sehr bewegt und überwiegend überzeugt. Auch wenn ich selbst noch weit davon entfernt bin, alles restlos umzusetzen. Doch um sowas weitgehend zu verstehen, braucht man wohl eine wachsende, größere Perspektive, damit man die Wirklichkeit zunehmend in ihren vielen Aspekten begreift und nicht Gefahr läuft, sie zu einfältig zu betrachten. Aber passende Menschen in meinem Umfeld, die mir gegenüber die Bereitschaft dazu gezeigt, oder die in ihrer Art zu denken die Fähigkeit gehabt hätten partnerschaftlich so zu leben und in mir die gleiche Begierde auszulösen, erkannte ich eher selten. Mir mangelte es insgesamt an Vorbildern in dieser Art mit dem Leben umzugehen. Oder kennst Du deutlich mehr als zwei, die das bereits so leben? Ich erfreche mich auch keinesfalls zu behaupten, daß ich diesen »Zustand der Liebe« schon in Perfektion erreicht habe, aber ich arbeite täglich an der Beschaffenheit meines Herzens.

Als ich spürte, daß oben dargestellte Lebenseinstellung bei Nick auf fruchtbaren Boden fiel, er das gleiche freiheitliche Sehnen in sich trug, wußte ich, warum wir unaufhaltsam aufeinander zusteuerten. Wir wollten uns mit großer Freude gegenseitig an unseren Leben teilhaben lassen, weil es paßte! Aber ohne, daß dabei einer den anderen brauchte, oder zu irgendetwas machen wollte, was er nicht war. Sondern nur, um miteinander zu genießen, zu lernen und zu wachsen. Das gemeinsame Ziel zog uns so stark zueinander hin, daß wir jedes Wenn und Aber aus vergangenen Betrachtungsweisen über den Haufen warfen. Plötzlich hatte alles aus der **»haben wollen Perspektive«** in die **»Qualität des Verstehens«** gewechselt.

In diesem Wissen erübrigen sich jetzt bestenfalls auch für den Leser die häufigen Fragen von Dritten an mich, wie zum Beispiel: »Wie hältst du das bloß aus?« oder »Wie kommst du denn damit klar?« oder »Bist du da nicht oft eifersüchtig?« oder »Hättest du nicht auch einen/jeden anderen bekommen können?«

Wer sich an dieser Stelle all dies oder anderes immer noch fragen sollte, der liest vielleicht zu gegebener Zeit die Punkte eins bis vierzehn nochmals in aller Ruhe für sich durch. Läßt dann die Bedeutung der Worte reflektieren, ohne Zeitdruck tief ins Herz sickern und spürt die Erkenntnis von dort aus ausstrahlen und wirken.

Das am besten so lange, bis man mit dem geistigen »Dritten Auge« sieht, wie sich die Fragen plötzlich im »Nichts« auflösen, weil sie sich gar nicht mehr stellen.

SENSITIVITY *Inspirations*
bietet an:

Neue Energie durch Veränderung in unser Leben ziehen.

Wenn Du möchtest, beschließt Du heute Nacht Dich mit den Energien zu beschäftigen, die von jetzt an Dein Leben prägen sollen. Beweg diese Energien in Deinen Phantasien, versuch sie in Deinem Körper zu spüren, in Deinem Gesicht, auf Deiner Haut, in Deinen Augen. Laß sie durch Deine Augen hinausströmen und das Stimmungsbild dort wirken.

Frag Dich dabei, was Freude und Liebe von jetzt an für Dich bedeuten sollen? Welche Form der Liebe soll sich in Deinem Leben ausbreiten? Wie soll Dich diese Liebe genau berühren? Welche Gefühle möchtest Du von jetzt an haben, welche Gefühle sollen Dich im Leben begleiten?

In welcher Stimmung möchtest Du durchs Leben gehen? Welche Gefühle möchtest Du mit anderen Menschen, mit Deinem Partner teilen, dort wo Du wohnst, im Berufsleben, in Deinem Körper? Worüber möchtest Du Dich jederzeit, überall, an jedem Ort freuen, welche Gefühle sollen Dich begleiten? Was möchtest Du eines Tages, wenn dieses Leben zu Ende geht, über Dein gelebtes Leben sagen können?

Was an Deinem Leben genau hat sich gelohnt, was möchtest Du dann zu diesem Zeitpunkt sagen? Was hat sich an dem, was Du getan, erlebt, erschaffen hast, gelohnt? Bist Du bereit Dich zu erneuern, in Deinen Gedanken, in Deinen Gefühlen, in Deinem Handeln, in dem, was Du sagst, in Deiner Betrachtungsweise gegenüber anderen Menschen, Tieren und der Welt, in Deiner Phantasie? Bist Du bereit, die Vergangenheit zu entlassen und Dich zu erneuern?

Bist Du bereit dafür alles Erforderliche zu tun, alle Veränderungen einzugehen, die passend dazu sind? Wie möchtest Du Dich von jetzt an verhalten gegenüber Menschen und der Welt?

In welcher Form möchtest Du anderen Menschen und der Welt Liebe, Freude oder Dankbarkeit schenken? Bist Du bereit, selbst Verantwortung zu übernehmen für Deine Gefühle, Deine Stimmung, unabhängig davon, wie andere Menschen sich Dir gegenüber verhalten und der Art und Weise, wie sie damit auf Dich wirken?

DIE LIEBE UND DER KRIEGER

FÜNFZEHN

**MENSCHHEIT IM ZWEIFEL
WELT IM WANDEL**

ANGST, GIER UND ERSATZSÜCHTE
ACHTUNG VOR DER UNANTASTBARKEIT DES MENSCHLICHEN WESENS

Wer sich unsere globale Gesellschaft genau(er) anschaut, wird möglicherweise irgendwann auf die Idee kommen, daß das größte Problem, das die meisten Menschen heutzutage generell überall mit sich rumtragen, der tiefe Zweifel daran ist, ob sie so wie sie sind, auch in Ordnung sind. Die innerlich nagende Frage lautet, ob sie überhaupt intakt sind?

So wie die meisten Menschen, großflächig betrachtet, heute aufwachsen, entstehen schon sehr früh und in jungen Jahren implizierte, tiefe Zweifel über sich selbst. Bedingt durch äußere Strukturen, das äußere Wertesystem, Zwänge, die Art und Weise, wie sie grundsätzlich von anderen Menschen, oder durch eine Beurteilung durch diese, behandelt werden. Also durch Begrenzung oder gar Ausschluß von Verständnis, Liebe und vielen anderen Aspekten. Aus meiner Sicht führt dies in zahlreichen, unterschiedlichen persönlichen Entwicklungen dazu, daß Menschen diesen Zweifel an ihrem eigenen Wert in sich tragen und sich daraus wiederum Probleme für ihren eigenen Ausdruck und ihr Selbstbild entwickeln. Probleme im Umgang mit der Welt und Zweifel überhaupt liebesfähig und erfolgreich zu sein. Im Sinne von: Das eigene Leben innerhalb seiner Möglichkeiten nach eigenen Ideen zu nutzen. Unser Selbstbild entspricht der Prägung, die wir seit unserer Zeugung durchlaufen haben. Es ist geprägt von der Vergangenheit und einem religiösen, sozialen, moralischen, ethischen Weltbild. Dieses Selbstbild nutzen wir als Spiegel für unsere Selbstwahrnehmung.

Nun, ich achte meine Lehrer, diejenigen, die wirklich im Sinne von »Meister des Lebens« auch welche waren. Denn wer seine wahren Lehrer achtet, achtet auch sich selbst. Aber all jene, die nur die Rolle des Bewerters spielten, und davon gab es einige, sehe ich in Bezug auf die oben beschriebenen Selbstzweifel der Menschen immer öfter in einem eher bedenklichen Licht. Denn sie zwangen uns Schüler uns daran zu messen, ob wir dem entsprachen, was ein vom Kultusministerium herausgegebenes Lösungsheftchen vorgab. Genau wie bei der Erziehung von kleinen Kindern, denen noch lange vor der Schule auch schon gesagt wird, ob sie etwas schön oder eben nicht schön gemalt haben, ob sie etwas gut oder weniger gut gemacht haben. Dabei wird der Selbstzweifel schon tief in sie eingepflanzt und oft ein Leben lang verankert. Andere Menschen beurteilen also den Wert eines Kindes anhand dessen, was es macht, oder wie es sich aus irgendjemandes Sicht verhält und danach wird es dann bewertet. Wenn man nun bedenkt, daß jeder Mensch andere Fähigkeiten, andere Sehnsüchte und dazu noch eine individuelle Bestimmung hat. Dann aber alle im »Sinne der Gerechtigkeit« nach demselben Schema bewertet werden, stellt sich die Frage, wo soll das überhaupt für einen einzigen passend und gut sein? Wie soll das sinnvoll sein und gut tun? Wenn überhaupt gewertet werden muß, dann nur in Bezug auf Entwicklung oder Entfaltung zu sich selbst. Aber das, wird behauptet, sei zu aufwendig und nicht durchführbar. Wie oft bekommt also ein Mensch im Laufe seines Lebens die Botschaft, er würde nicht genügen, nicht optimal entsprechen, nicht schnell genug, nicht groß genug, nicht hübsch genug, nicht schlau genug, nicht spontan genug, nicht gelehrt genug, nicht fähig genug, nicht reich genug, nicht mehr jung genug und so vieles mehr würde er leider nicht sein. Wen wundert es da noch, daß wir Menschen weltweit von großen Selbstzweifeln und reichlich Opferhaltung befallen sind?

Ein Seminarleiter meinte einst, das Liebloseste, was man einem Kind antun könne, sei »es zu bewerten«. Und genauso verhielte es sich auch mit jedem erwachsenen Menschen. Das Liebloseste, was man Menschen generell antun kann, sei sie zu bewerten. Im Saal wurde es unruhig und natürlich fragte jemand, was man denn dann sagen soll, wenn ein Kind etwas Schönes gemalt hat und man dies loben oder anerkennen will. Er erklärte uns daraufhin den Unterschied zwischen »freibleibender Wertschätzung« und »liebloser Bewertung« folgendermaßen: Wenn man sagt: »Das ist aber schön« oder »Das hast du aber schön gemacht«, dann ist dies eine Bewertung, obendrein noch fraglich, ob sie überhaupt stimmt oder nicht. Aber das Kind richtet sich in seinem Selbstwertgefühl danach. Wenn ich aber sage: »Das Bild, das du gemalt hast, finde ich schön, es gefällt mir gut«, dann ist das meine persönliche Einschätzung, die ich auch haben darf. Die aber das Kunstwerk des Kindes oder das Kind selbst nicht bewertend einstuft, sondern meine persönliche, subjektive Wertvorstellung als Betrachter in Bezug auf etwas, das das Kind gemacht hat, kundtut.

Der Wunsch, ja schon das Bedürfnis anderen zu gefallen und das zu tun, was ihnen am besten gefällt und uns eine positive Bewertung sichert, läßt uns oft ein Schatten unserer selbst werden. Wir leben nicht mehr unserem Wesen entsprechend und unsere Krankheiten zeigen uns meist, wo genau und wie weit wir schon von unserem eigenen Weg abgekommen sind. Insgesamt leben die Menschen nicht gerade selten ein Schattendasein, das nicht immer auffällig ist, weil viele solcher Schattenmenschen im außen noch sehr viel Eindruck machen, auf andere, die an der zeitgeistgeprägten Oberfläche unterwegs sind. Manchmal zeigen sich diese Probleme durch Krankheit, geistige Verwirrung, Erfolglosigkeit im Selbstausdruck, Flucht in Strukturen und vollkommene Fremdbestimmung. Manche wählen eine oder mehrere der zahlreichen Ersatzsüchte. Andere sind getrieben zwischen den Polen von Angst und Gier. Beispiele dazu gibt es überall; die politischen, wirtschaftlichen und lokalen Nachrichten, Promi-Klatschblätter und die Partyszene sind voll von diesen Stories.

Nach dem, was ich selbst erlebt, bei anderen beobachte habe, oder durch sie erfahren durfte, gehe ich persönlich davon aus, daß jegliches Problem, was im Leben eines Menschen auftaucht, ob äußerlich, körperlich, seelisch, im Gefühl, in Gedanken, in der Phantasie, vor allem auch im zwischenmenschlichen Bereich und ganz besonders in der Liebe, durch den Eindruck entsteht, selbst eben nicht intakt zu sein. Diese Erkenntnis bestürzt mich, denn betroffen sind wir irgendwie alle. Jeder hat zuerst ein familiäres Umfeld, später Lehrer, Vorgesetzte, Kontakte, Nachbarn, Bekannte, Freunde und so weiter, die es zu erkennen, durchschauen und verkraften gilt. Vor allem, wenn sie unpassende Kommentare zum Besten geben.

Insofern ist daß, was die Menschen auch jetzt am meisten brauchen – und dies wohl schon seit geraumer Zeit – daß ihnen jemand den Eindruck gibt in Ordnung zu sein. Sie haben ein Recht darauf zu sein wie sie sind. Es spielt überhaupt keine Rolle, was von ihnen erwartet wird, wie andere Menschen sie einschätzen, in welche Schublade sie gesteckt werden. Sie sind intakt in ihrem Wesen und zwar immer, egal wie die Vergangenheit und das Leben sie behandelt hat. Doch wer denkt schon so? Ich persönlich bin überzeugt, daß jeder, dem es gelingt Menschen wohlwollend und ehrlich erkannt folgende Gefühle zurückzugeben, maßgeblich zu Klärung und Ordnung auf unserem Planeten im zwischenmenschlichen Gefüge beiträgt – zu »Heilung« auf einem ganz großen Niveau!

1. Sie sind intakt, sie haben vielleicht Fehler gemacht, vielleicht falsche Entscheidungen gefällt, vielleicht waren sie blind in die eine oder andere Richtung, aber all dies hat nichts daran geändert, daß sie in ihrem Wesen intakt sind.

2. Daß jemand dieses Wesen erkennt und ans Licht lockt. Ihnen zeigt, daß sie liebenswert und achtenswert sind und aus sich selbst heraus noch eine Menge zu geben haben, auch anderen Menschen, und damit auch wieder spüren, daß sie für das gesamte Gefüge wichtig sind.

Wer wieder Achtung hat vor der Unantastbarkeit des menschlichen Wesens, vor der Einzigartigkeit jedes einzelnen, der wird innerlich liebevoll und friedlich werden und besonders an seiner Dankbarkeit und dem Mitgefühl wachsen. Nichts als selbstverständlich anzusehen, hilft dabei enorm. Achtung vor sich selbst, vor anderen und Achtung vor dem Leben an sich, auch vor dem der Tiere, zu haben, auf unterschiedliche Weise ausgedrückt. Ich denke dabei auch besonders an Vegetarier und noch mehr an Veganer, deren innere Haltung ich zutiefst bewundere, aber selbst noch nicht ganz umsetze. Die Prägung von Kindesbeinen an, in jedem Kulturkreis, in dem wir lebten, alles zu essen und nichts, was mir angeboten wird, abzulehnen, es zumindest zu probieren, sitzt noch sehr tief. Aber ich arbeite an mir, um Menschen sowie Tieren und der Natur zunehmend freundschaftlich, zärtlich, aufmerksam begegnen zu können. Ihnen zu zeigen, daß es keine Rolle spielt, was irgendjemand denkt, oder die Gesellschaft erwartet.

Egal wie die Strukturen sind, ob die Menschen gebildet sind oder nicht, Geld gemacht haben oder nicht, über Materielles verfügen oder nicht, ob sie verlassen wurden oder nicht, mißhandelt wurden oder nicht. All dies ist bedeutungslos, bezogen auf den intakten Wesenskern, den jeder immer in sich trägt. Ich finde, es ist die Mühe sehr wert darüber nachzudenken, vor allem in Bezug auf die Möglichkeiten selbst aktiv zu werden, wenn man sich das für sich selbst einmal klar machen möchte.

Sobald das Leben einen tieferen Sinn bekommt, erübrigen sich normalerweise auch Ersatzsüchte wie rauchen, Alkohol und vieles mehr. Es heißt, rauchen sei meist ein verzweifelter Versuch um von im Leben fehlender, echt erlebter Tiefe abzulenken. Generalisieren finde ich, sollte man das bitte nicht. Trifft vielleicht zu, wenn es eine suchende Sucht ist, nicht aber bei Genußrauchern, die bewußt und bedacht sind. Aber gut, die haben wiederum auch keine zwingende Sucht danach.

Rauchen bedeutet wohl nicht wirklich ein Ablehnen von Strukturen, sondern eher die Gewißheit im Leben: **So auf keinen Fall!** Das ist nicht das, was richtig ist und was man will. Aber auf der anderen Seite ist nicht klar genug, was richtig ist und was man will. In diesem leeren Raum kann das Rauchen die Funktion übernehmen den Raucher geistig und psychisch halbwegs im Gleichgewicht zu halten.

Das gefährliche an Süchten ist nicht nur der bedrohliche gesundheitliche Aspekt, sondern **Süchte vernichten auch die Selbstachtung.** Genauso wie die Abhängigkeit von Menschen oder Umständen nach dem gleichen Muster unsere Achtung vor uns selbst vernichtet.

Nick berichtet mir, daß er dies im Alter von siebzehn Jahren genau so erlebt hat. Damals war er an einer privaten Universität in Frankreich und man übte einen auf ihn übertrieben wirkenden, mächtigen Druck aus, in Form von dort gelebten christlichen Sichtweisen, die ihn innerlich befremdeten und rebellieren ließen. Jedes zweite Wort war »Jesus« und die Studenten wurden regelrecht mit dem Bibelinhalt erschlagen. Da zahlreiche Studenten auch angehende Theologen waren, entstand manchmal bei Nick der Eindruck, sie würden sich gegenseitig missionierend, zu übertrumpfen versuchen, um herauszufinden, wer von ihnen der beste Christ sei. Auch ein unterschwelliger Dauerzwang die Kirche zu besuchen und das übertriebene Herausstellen der allgegenwärtigen Frömmigkeit waren für Nick schon bald zu viel des Guten. Er spürte genau das oben erwähnte, nämlich: So sicher nicht! Aber einen stabilen, passenden Pfad hatte er in dem Alter für sich selbst und sein zukünftiges Leben noch lange nicht gefunden. Er hatte sich zwar vorsorglich schon gegen äußere Strukturen und Zwänge, die unpassend für ihn waren, gewehrt und die Zweifel abgeschmettert, daß, wie kommuniziert wurde, wer sich anders verhielte nicht in Ordnung sei. Er versuchte auf verschiedene Weise zunächst einmal anders zu leben, um zu zeigen, daß er selbständig sei. Er empfand für sich ganz anders und ließ sich von diesen ihn belastenden Machenschaften nicht einfach ergeben und sinnlos knechten. Aber gleichzeitig hatte sein junges Leben auch noch nicht die Tiefe und den Sinn, denen er heute mehr und mehr entgegengeht. Rauchen tut er immer noch, aber er spürt, daß die Zeit diese Sucht zu beenden (hoffentlich) mit großen Schritten naht.

Das wäre für mein Verständnis dazu stimmig, denn jede Sucht erübrigt sich in dem Moment, wo der persönliche Lebenssinn auf größer verstandene, verwirklichte Weise in das Leben eines Menschen dringt und in seinem gelebten Außen hervordringt. Wenn man spürt, daß es etwas Tiefes gibt, was unbedingt in unser Leben hineingehört, damit wir eine Ahnung haben, was der persönliche Sinn des Lebens ist, warum man geboren wurde und was geschehen muß, bevor man stirbt, dann gibt es keine Leere mehr, die mit Süchten gefüllt werden muß.

Unsere Welt ist im Wandel. Mit neuen Ideen bekommen wir mehr Chancen. Und wer es versteht mit dem Herzen zu schauen, schafft sich Nähe zu allem. Die aktive Spanne eines jeden Menschen ist in Relation zum Weltzeitalter verschwindend kurz. Die zur Verfügung gestellte Lebenskraft jetzt auszukosten, so lange wir sie haben, wäre sinnvoll.

Jeder sollte in seiner Zeit seinen inneren Feinden begegnen und sie mit Würde und Größe besiegen. Erstens, der Feind der Furcht, die jeder innehat. Zweitens, die Klarheit der Gedanken, die einerseits furchtvertreibend wirken kann, aber auch unsere Gedanken erblinden lassen kann. Drittens, Macht über andere haben zu wollen. Der größte Feind jedes Menschen ist aber **das Alter**! Denn dieser Feind kann von niemandem besiegt werden! Er kann bestenfalls nur milde gestimmt werden.

Dieses Leben durchleben wir nur ein einziges Mal so. Früher oder später verfault jeder in seiner Kiste, oder läßt sich verbrennen und vom Winde verwehen. Dann können vertane Zeit oder verpaßte Chancen nicht mehr genutzt werden. Umso mehr erachte ich es als empfehlenswert, daß man sich, solange man die volle Kraft dazu hat, bewußt entscheidet seine Zeit für **das** zu nutzen, was einem **relevant** ist im Leben. Stets im Gewahrsein: Es kann sich zu jeder Zeit, an jedem Ort alles verändern. Nichts ist selbstverständlich.

Kürzlich sagte mir jemand, der zweifelsfrei überzeugt ist sich mit solchem Wissen auszukennen, es gäbe derzeit nur noch zwei Sorten Menschen auf der Erde. Jene, die sich mit den Veränderungen der Welt und den daraus resultierenden neuen Ideen anfreunden. Die dann irgendwann erkennen welche Chancen für die Menschheit daraus entstehen, und es mehr und mehr verstehen dies erfolgreich in ihrem Leben umzusetzen. Folglich in ihrer weiteren Entwicklung beachtliche Fortschritte machen.

Und dann sind da noch jene, die sich sehr an alte Sichtweisen und Standpunkte klammern, dadurch immer mehr zurückbleiben, sich in ihrer gewohnten Wiederholung solange im Kreise drehen, bis sie über kurz oder lang einfach untergehen. Eine heftige Aussage, über die ich bis heute nachdenke, ob da was dran sein könnte.

SENSITIVITY *Inspirations*
bietet an:

Achtsamkeitsübung

Achtsamkeit ist eine Grundhaltung, die immer nach vorne orientiert ist und überlegt, was bewirke ich mit dem, was ich tue? Die Achtsamkeitsübung besagt, daß wir uns täglich aufs Neue unserer Aufmerksamkeit und unserer Bewußtheit gewahr werden sollten. Dazu können wir viele Dinge und Erlebnisse aus unserem täglichen Leben verwenden. Vorzugsweise Umstände, Situationen oder Gegenstände, die unsere besondere Aufmerksamkeit erfordern, oder mehr Vorsicht ausbedingen als uns lieb ist. Anstatt, daß wir uns darüber ärgern oder eine Unbequemlichkeit beklagen, könnten wir alles in eine ganz individuelle Achtsamkeitsübung verwandeln. Achtsamkeit als Vorsicht und Umsicht verstanden, nicht jedoch als Angst vor etwas. Achtsam und umsichtig in unserer Absicht sein, ist eine wertvolle Haltung, die wir bestenfalls zu jeder Zeit und an jedem Ort haben sollten. Trainieren können wir diese Gegenwartsbezogenheit zum Beispiel so:

- Enge Wendeltreppen hinaufsteigen, Stufen nehmen, Stolpersteine oder Unebenheiten erkennen.
- Was sage ich wem und wie? Was bewirke ich dadurch? Wie wirke ich?
- Volle Teller, Gläser servieren, etwas vor dem Herunterfallen retten.
- Taschen, Gepäck und andere Gegenstände im Auge behalten.
- Voraussehen, was andere tun werden, zum Beispiel im Straßenverkehr, im Job oder bei kleinen Kindern.
- Wo könnten andere meine Hilfe brauchen, wo kann ich Freude erzeugen oder Leiden vermindern?
- Keine kleinen Tiere oder Pflänzchen zertreten, mißachten oder zerstören. Wohlwollenden Umgang mit Natur, Tieren, Leben pflegen.
- Beachtung von Details, sich an den kleinen Dingen erfreuen.
- Einen bewußten, aufrechten Gang wählen.
- Wie wirkt meine Kleidung, was strahlt aus mir, wie sehe ich aus?
- Wo sind andere mir gegenüber zuvorkommend und freundschaftlich?
- Kann ich anderen etwas schenken, mitbringen, zeigen?
- Was tut meinem Körper gut? Bin ich liebevoll, achtsam mit mir selbst?
- Was kann ich anderen von mir anbieten? (Rückenwind geben)
- Meiner Absicht immer gewahr sein, habe ich nur gute Absichten?
- Bin ich klar und nicht wertend? Habe ich Vorurteile oder Erwartungen?

SECHZEHN

SELBSTVERANTWORTUNG

SELBSTVERANTWORTUNG

WACHSEN AN BEWUSSTSEIN UND ERKENNTNIS
DURCH FEINFÜHLIGKEIT IM HERZEN

Selbstverantwortung ist das Thema Nummer eins weltweit, heißt es neuerdings. Dabei kann man jede mögliche Informations- und Inspirationsquelle für neue Sichtweisen, Voraussagen, Motivation, Heilwerden, Hoffnung und Glauben nutzen, denn diese wird es immer geben. Aber es sollte dabei nie vergessen werden, genau zu hinterfragen, was davon für einen selbst Gültigkeit haben soll und was nicht. Würde jeder Mensch Selbstverantwortung, für alles was er sagt, tut, denkt und beabsichtigt übernehmen, wäre die Welt in einem anderen Zustand.

Einfach etwas zu übernehmen, weil es jemand anderes sagt oder gut zu glauben macht, erachte ich als bedenklich. Oft ist es ein sich abhängig machen, oder ein sich hinter etwas oder jemanden verstecken, was leicht passieren kann. Auch ich habe es schon zu Genüge erlebt und achte immer mehr darauf, was ich in mir bewege und warum. Damit man für alles, was man denkt, für die Energien, die man in sich trägt, die man ausstrahlen möchte und sogar unbewußt über die Welt hinaus bis in die Unendlichkeit aussendet und verbreitet, immer vollste Selbstverantwortung übernehmen kann, bietet sich neben dem Kopf, für die strukturierte Einordung unserer Vorstellungsmodelle, besonders das eigene Herz an. Was macht das, was ich denke, mit mir und meinem Leben und wie handle ich demnach mit meinem Herzen?

Das Wichtigste ist, nach meiner heutigen Erkenntnis, daß sich ein Mensch der Verführung entzieht in Selbstmitleid und Opferbewußtsein zu zerfallen. Dabei allem und jedem die Schuld dafür zuzuschieben wie es einem jetzt ergeht. Ob dies der Partner ist, der einen einengt, ob dies behördliches Raubrittertum ist, politische, wirtschaftliche, religiöse, ethische, soziale oder sonstige Umstände sind, es gibt immer einen persönlichen Handlungsspielraum. Ziel ist es Selbstverantwortung zu leben und das heißt: Abhängigkeiten zu meiden, sich nicht beeindrucken zu lassen von den Erwartungen anderer Menschen oder Institutionen. Integer sein eigenes Herz zu fragen: Was finde **ich** richtig zu tun, zu denken, zu fühlen? Was fühlt sich wohlwollend an für mich selbst sowie für andere Menschen und für die Welt? Wer das verinnerlicht, trägt viel Gutes zum gesamten Weltgeschehen bei.

Selbstverantwortung heißt nicht einen Schuldigen dafür zu suchen, warum man sich schlecht fühlt. Heißt nicht sich hinter anderen Menschen zu verstecken, sondern Selbstverantwortung zu übernehmen für das eigene Tun, die eigene Lebensqualität. Aber dies mehr als alles für die Energien, die man in seinem Bewußtsein bewegt und in Gang setzt. Auch ich habe »alle Hände voll zu tun« mit diesen Vorstellungen und sage nicht, daß es einfach ist.

Klare Ausrichtung, Achtsamkeit und Entschiedenheit öffnen genau **die** Resonanztore für die ausgesendeten Energien. Wer an eigene, parallele Leben glaubt und sich sowas wie Gleichzeitigkeit vorstellen kann – mir fällt es teilweise noch schwer – weiß auch, daß Weisheit aus anderen Leben hergeholt werden kann. Ob uns im Leben eine Person begegnet, die wir aus anderen Leben kennen oder nicht, ist nicht bedeutsam. Sondern es geht darum zu erkennen, was sie mit uns in **diesem** Leben macht, und ob man aus dieser Beziehung die beste Essenz herausholt. Dazu muß man die eigenen parallelen Leben nicht kennen. Sondern nur begreifen, wie man sich entfalten müßte, um das Optimale für sich und die andere Person zu erzeugen. Gegenwärtig zu sein im Leben bedeutet auch, daß wenn ich alle Kraft in der Gegenwart in Gang setze, sich dann die karmischen Kanäle zu **den** Leben öffnen, aus denen Entsprechendes zu mir fließen kann. Das verhält sich bei Partnerschaften so, wie auch in jeder anderen Situation. In der Gegenwart zu überlegen, sich ganz und gar hineinfühlen, was wäre **jetzt** die richtige Entscheidung, um zu maximalen Erkenntnissen zu kommen ... zu maximaler Freiheit ... maximaler Liebe ... maximaler Harmonie ... maximaler Freude ... maximaler Dankbarkeit und maximalem Frieden im Herzen. Wenn wir uns dahingehend schulen, uns vor einer Entscheidung immer **diese** Fragen zu stellen, dann wird **das** dazu führen, daß wir in diesem Leben zu vielen Erkenntnissen und zu viel Freiheit kommen. Sich genau **die** Leben öffnen, die uns auf dem Weg zu dieser Maximierung behilflich sind. Das ist die Idealvorstellung, die zu erreichen nicht so ohne weiteres möglich ist. Aber mir sind schon Menschen begegnet, die nahe dran sind, das so zu leben. Ich frage mich natürlich auch, wenn ich **das** von Kind an gewußt hätte, ob ich dann jemals in die Schule gegangen wäre, oder manche Arbeitsstelle angetreten hätte? Ob ich je die Zähne zusammengebissen hätte in Situationen, die Durchhaltevermögen erforderten, oder wo etwas halt einfach so sein mußte? Oder ob sich diese Situationen gar nicht erst ergeben hätten, wenn andere feinfühlige Menschen für mich, gemäß diesen oben genannten Fragen, bereits bewußt mit dem Herzen entschieden hätten? Ich mache keine rückwirkenden Vorwürfe, aber die Idee gefällt mir. Was wäre wenn? Wie könnte das in Zukunft für nachfolgende Generationen aussehen, wenn die Menschen so miteinander umgingen?

Viele tun schon viel für andere, beschreiben sich selbst als unheimlich liebevoll, sind aber **nicht** frei von Erwartungen. Selbstverantwortung heißt auf seine **eigene** Ausrichtung zu schauen, **nicht** auf die der anderen! Dafür kann niemand anderer Verantwortung übernehmen.

Brisante Fälle, die ich beobachte, sind aus meiner Sicht Situationen, in denen man sich lieblos, ungerecht, herablassend, größenwahnsinnig, besserwisserisch oder rücksichtslos, wenig gönnerisch und undankbar anderen gegenüber verhält und dann meint: Das ist doch völlig egal, man sieht sich eh nie wieder. Das mag sein, aber es summiert sich auf dem eigenen karmischen Konto. Den eigentlichen Verlust trägt derjenige davon, der dies nicht durchschaut! Kleinliche Verhaltens- und Betrachtungsweisen fallen in anderem Zusammenhang, anderer Begebenheit und zu anderer Zeit, gern auch erst nach zig Jahren, auf einen selbst zurück. Aus diesen feinmaschigen Schlaufen ist nicht leicht herauszukommen. Viele erkennen sie nicht als solche. Sie sehen in ihrem heutigen Leben noch weniger den Zusammenhang mit ihrem einstigen Verhalten in einer anderen Situation. Doch wer diesen Geiz lebt, weil er zum Beispiel knauserig mit Geld umgeht und kleinlich denkt, er habe keines und müßte sich so geben, knapp mit seiner Zeit und gelinde ausgedrückt, zurückhaltend mit Mitgefühl für andere haushaltet, oder kärgliches Interesse und Mangel an liebevoller Zuwendung dem gegenüber zeigt, was anderen vielleicht wichtig ist und auch sonst nichts für andere übrig hat, strahlt dies auch aus. Diese Person verkörpert Geiz, weil sich diese Beherrschtheit in der Aura tief verankert hat, von dort aus wirken kann, Tag und Nacht ausstrahlt und logischerweise somit wieder dazu passende Situationen und Menschen sucht und anzieht.

Ich habe beobachtet und erfahren, daß Menschen, die Aspekte des Geizes ihr Leben lang gelebt haben, im Alter recht einsam, oder noch einsamer als schon zuvor sind. Niemand schätzt ihre Nähe, sie haben verschlossene Herzen und machen jeden und alles nieder, weil sie meinen alle und alles seien verantwortlich für ihren schmerzlichen Zustand der inneren Leere. Sie geben den Anschein im menschlichen Miteinander wenig zu bieten zu haben. Man geht ihnen möglichst aus dem Weg. Manche kommen durch lange oder schwere Krankheit zur Herzöffnung, die sie ihr Leben lang nicht umzusetzen vermochten. Sie erkennen erst **dann**, daß die Dinge, die ihnen ein Leben lang wichtig(er) zu sein schienen, gar nichts wert waren, wenn dadurch das Herz zu kurz kam. Denn alles andere ist vergänglich – das Herz ist unantastbar. Für manche kommen in der Sterbestunde solche Einsichten relativ zu spät, um selbst noch groß in die Aktion zu gehen. Aber zu erkennen ist trotzdem auch dann bis zur letzten Sekunde noch viel wert.

Für mein Verständnis des Lebens kommt kein Mensch hierher um die Erleuchtung zu erlangen, denn das ist der Zustand, aus dem wir kommen. Wir haben die sogenannte Erleuchtung, wenn man so die Vollkommenheit verstehen möchte von allem was ist, für dieses Leben kurzfristig verlassen, um hier etwas ganz anderes zu machen. Um noch mehr Bewußtsein, weitere Erkenntnis und verwertbare Energie für uns und für das große allumfassende Sein zu gewinnen. Erleuchtung ist aus meiner Sicht nicht das Ziel des Lebens. Wohl aber ein integres Verhalten und ein entsprechender Umgang damit.

Wer den Zustand der Selbstverantwortung lebt, kann auch die Liebe als einen Zustand des Verständnisses, als eine vollkommene Wahrnehmung leben. In dem man sowohl erkennt, was der andere ist, als auch was von dem anderen in mir selbst ist. In der Vielfalt entsteht die Liebe, daß ich mich in der Vielfalt selbst erkenne, heißt: die Vielfalt ist in mir. Das Göttliche hat in diesem Verständnis keinen Anfang und kein Ende. Alle Schöpfungen haben diese Idee des Anfangs in sich, daß das Göttliche diesen Anfang geschaffen hat. Aber auf das Göttliche ist die Idee von Anfang und Ende nicht übertragbar. Da das Göttliche auch ein Ende schafft, durch das Prinzip der Wandlung, hat auch alles, was als Schöpfungswesen existiert, die Idee des Endes in sich. Wobei sowohl Anfang und Ende eigentlich identisch sind. Dazwischen liegt die Illusion, die Intensität der Erfahrung, zwischen Anfang und Ende. Die aber in der Form nicht stattfindet, da es keine Zeit gibt.

Aber das können wir bewußt so nicht nachempfinden. Unser Verstand verarbeitet in einer Linie, solange wir im Verstand sind, also physisch existieren. Alles hörbar, aber nicht begreifbar, nur ein grobes Modell. Es gibt Zustände, wie manche berichten, in dem sich der Anfang und das Ende in uns auflöst und wir zu dem werden, was das Göttliche ursprünglich war, nämlich Schöpfungslicht. Dann plötzlich sind die Dinge völlig klar. Viele Mystiker sind daran gescheitert, weil solche Erlebnisse göttlichen Ursprungs nicht mit Sprache beschreibbar sind. Weil Sprache dazu nicht taugt und linear aufgebaut ist. Sie folgt einem geradlinigen Konzept von Anfang und Ende und der Zeit und dem Raum dazwischen. Damit läßt sich das Göttliche nicht beschreiben. Aber wir müssen uns auch keine Gedanken dazu machen. Vielleicht kommen wir der Sache näher, wenn wir uns in Zukunft anstatt in Form von Sprache in elektromagnetischen Bildern austauschen. Das ist Zukunftsmusik, die unsere Generation wohl kaum noch betreffen wird, oder doch?

Alles, was wir uns vorstellen können, ist das Göttliche nicht. Wir werden es uns nie vorstellen können! Das Göttliche ist nicht beschreibbar. Viele Religionen sagen deshalb, man soll sich kein Bild machen. Jedes Bild ist notwendigerweise falsch, weil jedes Bild aus Raum und Zeit entstanden ist und den wahren Inhalt des göttlichen Prinzips überhaupt nicht beschreibt. Wenn man dem Göttlichen näherkommen möchte, geht das aus meiner Sicht nur, indem man selbstverantwortlich seinem Wesen Ausdruck verleiht. Ob unbewußt, instinktiv oder gewollt reflektiert, spielt dabei keine Rolle. Dieses Wesen zeigt sich durch das Herz und das ist gegenwärtig, spontan, raum- und zeitlos. Es folgt keiner linienförmigen Struktur und ist somit nicht logisch begründbar.

Wenn wir, mit an Sicherheit grenzender Wahrscheinlichkeit, eines Tages alle diese Dimension dauerhaft verlassen und vorher kein Begreifen als freier Schöpfergeist erlangt haben, heißt es, werden wir uns nicht als eine »Ich-Struktur« erhalten können und womöglich unsere Identität verlieren. Was auch nicht mehr oder weniger wert, oder gar schlimm ist, denn alles ist gut wie es ist. Im Embryonalzustand geht das Licht ins Herz, beim Sterben und Tod zieht sich das Licht wieder zurück. In der Phase, die wir aus unserer Sicht »das Leben« nennen, schlagen unsere Herzen wahrhaftig im Puls der Zeit.

Das Geschenk der Freiheit wird, so heißt es, in neuer Konstellation bei der Wiedergeburt erneuert. Die Seelenessenz verleiht uns neuen persönlichen Ausdruck mit unserer neuen Absicht und es wird wieder geschehen, was passieren kann und soll! Das klingt zwar ganz beruhigend, daß es nach dem Tod wieder weitergeht. Heißt aber nicht, daß wir uns an die vorherigen Leben erinnern, die völlig anders gewesen sind, so fortfahren oder diese gar wiederholen können. Jedes Leben ist ein Teil des Seelenpuzzles und trägt zur Vollkommenheit der gesamten Erkenntnis bei.

Bei all dem ist für mich die einzig maßgebliche Instanz das eigene Herz. Der persönliche Frieden im Herzen eines Menschen entsteht durch die Idee: »Ich bin relevant«, in dem man für andere und für die Welt etwas tut, was einen Unterschied macht. Wer nur der Vernunft und der Sicherheit folgt, schließt das Herz dabei aus. Nicht selten bekommt das Herz damit gesundheitliche Probleme. Wer sich schon mit Krankheiten als geistige Entsprechung beschäftigt hat und weiß, daß Krebs zum Beispiel eine Gefühlskrankeit ist und das Organ, das befallen ist, genau zeigt in welchem Bereich der Gefühlsstau stattfindet, weiß auch, daß das Herz keinen Krebs kriegen kann. Das Herz kann von seiner Konsistenz her keinen Gefühlsstau haben, denn es steht als Symbol der Liebe ganz für das Gefühl. Aber es kann aufhören zu schlagen.

Wer noch Sehnsucht in sich trägt und diese spürt, erfährt das emotionale Ziehen, das aus dem eigenen Herzen stammt. Jedes Herz will fühlen – nicht rational verstehen. Der Herztyp versucht zu spüren, was es mit ihm macht, mehr nicht. Er ist oft Minimalist, indem es ihm völlig ausreicht ein Gefühl für etwas zu haben und dann zu entscheiden. Er versucht etwas so und so zu machen und achtet dabei nur auf seine Gefühle, denn der göttliche Urgrund spricht zu ihm in seinem Herzen. So fühlt der Herztyp-Mensch die (seine) Wahrheit. Als Minimalist in der Aussage und Maximalist in der Wirkung, ist der Herzensmensch das Gegenteil von Ernsthaftigkeit, Disziplin, Struktur oder Verfechter von Pünktlichkeit zum reinen Selbstzweck.

Die Idealvorstellung eines Menschen mit einem liebevollen, offenen Herzen ist: Er ist nie verletzt, energetisch nicht aussaugbar und zieht selbständig Menschen mit offenem Herzen an. Seine Energie ist unbegrenzt, sie fließt grenzenlos durch ihn durch. Er integriert jeden, hat keine ablehnende Haltung oder Präferenz anderen Menschen gegenüber. Er ist begeistert über die Vielfalt der göttlichen Phantasie, oder ist, wenn überhaupt, nur erstaunt über die Abartigkeit, im Sinne von Andersartigkeit, gewisser Menschen.

Das **geistige Herz** ist der Sitz unserer Kraft. Wenn wir Energie ansammeln, fließt diese zuerst ins Herz. Wir werden im positiven Sinne »rührselig«, weil wir tief in die Dinge eintauchen und leichter berührt werden. Es gibt Menschen, die lassen sich nicht berühren, sie sind »kalt« im Herzen. Ein geistiges Herz zu haben bedeutet, daß unser Bewußtsein von derartiger Energiequalität ist, daß man spürt, wie alles was existiert miteinander verwoben ist, auch wir selbst. Es ist die Qualität unseres Bewußtseins, die uns tief verbindet mit dem Schöpfergeist, mit dem göttlichen Feld. Eine Qualität der Einheit und aus dieser Qualität entspringt Liebe, Heilung und die Ganzheit unseres Seins. Deshalb ist es so wichtig, alles, was uns in dieser geistigen Dimension des Herzens stört, rigoros aufzulösen und zu beseitigen. Um dadurch mit dem Feld aller Möglichkeiten, nämlich dem göttlichen Feld, in einen Zustand des Einklangs zu kommen.

Um etwas zu bewegen, was Menschheit und Welt am meisten ersehnt, braucht es ein **offenes Herz**. Das ist eine wohlwollende, gönnerische Einstellung zu uns selbst, zu anderen Menschen und zum Leben. Wir können diesen Wert nicht genug schätzen. Vom offenen Herzen hängt alles ab für diejenigen, die dazu ein Gefühl entwickelt haben. Wer Härte, Berechnung und Versteinerung lebt, kann dies nicht empfinden und wird diesen Weg auch nicht gehen, nicht gehen können oder wollen.

Kleinliches Denken, überflüssige Ängste, wenig Vertrauen in den Fluß der Dinge, ein aufgeblasenes »Ich« müssen zurückgelassen werden, um ein offenes Herz zu schaffen, durch welches all das in uns hineinfließen kann. Um durch uns in andere Menschen und in die Welt zu gelangen und so körperliche und geistige Prozesse der Heilung in Bewegung zu bringen. Allein am **offenen, geistigen Herzen** zu arbeiten, kann Menschen Freiheit bringen und ihre Tore zur Entwicklung öffnen. Es geht dabei nicht um Technik oder gelerntes Wissen, sondern um Wahrnehmung mit dem Ziel Frieden im Herzen, im Körper und im Geist zu erlangen. Soweit mein Anliegen in Herzensdingen.

Wer sich stabil genug fühlt in dieser Thematik, kann sich an folgenden Verlust seines Wirklichkeitskonzeptes (für Fortgeschrittene) wagen:

Das Herz ist **nicht** der Sitz der Gefühle. **Das Herz ist der Sitz der unbegrenzten Wahrnehmung durch Raum und Zeit.** Man kann damit alles als Einheit in sich empfinden und es dadurch nutzen um zu verstehen. Gefühle haben keinen Sitz in uns, sie sind auf einer anderen Ebene in einem Energiefeld vorhanden, das uns durchdringt wie ein Nebel und auf gewisse Weise Energie strukturiert. Die übliche Sicht ist andersherum. Wir selbst haben aber keine Gedanken und wir haben keine Gefühle, sondern binden diese an uns.

Ein offenes Herz kann man nicht empfinden. Erstaunlicherweise hat das Herz selbst eben direkt nichts mit Gefühlen zu tun, sondern ist ein verbindendes Prinzip, das Bewußtsein in Resonanz bringt mit allem was existiert! Das offene Herz hat mit wahrnehmen und verstehen zu tun, aber **nicht** mit Gefühlen. Wenn sich das Herz öffnet, dann kann ich mich mehr und mehr in etwas hineinversetzen, daß es zu einem Teil von mir wird. Dann kann ich auch Einfluß darauf nehmen, kann es verändern, es integrieren, mich verändern lassen, mich in etwas hineinversetzen und die Energie von dort in mich hinein versetzen oder von mir etwas geben.

All das gepaart mit positiver Absicht für andere, dann zieht es Kräfte aus Quellen an, die uns mit unserer Wahrnehmung so nicht bewußt sind. Aber sorry, das bringt uns jetzt fast etwas zu weit ab vom Thema.

Besonders zum Tragen käme das offene, geistige Herz auch bei der Kindererziehung. In erster Linie sollten die Eltern, dicht gefolgt von allen Erwachsenen, versuchen zu verstehen, an welcher Stelle das Kind oder der Jugendliche gerade steht. Welches Zeitfenster individuell ausgerichtet geöffnet ist. Was es für diesen Menschen gerade gilt zu erfahren, zu leben und zu verstehen. Wieviel leichter und sinnvoller wäre das Leben und die Erziehung oder Ausbildung für Kinder, wenn Erwachsene ihnen für ihre **Einzigartigkeit** Rückenwind gäben. Damit sie dorthin kommen, wo es ihnen gut tut und nicht dorthin, wo es aus Sicht der Eltern und für die Eltern gut wäre. Oder wo es für Erzieher oder Lehrer am Leichtesten ist und dem einheitlichen Lehrplan am besten angepaßt wäre. Der »neue Mensch«, und das sind überwiegend die Kinder, sucht nach Liebe im Sinne von Verständnis, Freude im Herzen, durchgehender Harmonie, nach echter Nähe und passender, individueller Entfaltung. Dies auch gerade durch unkalkulierbar Neues. Ungeachtet der früher gültigen veralteten Standpunkte von Strukturen, die sie einengen. Vor allem aber in einem ganz neuen ganzheitlichen, verbindenden Verständnis füreinander und zu allem was ist. Sie haben bereits andere Fähigkeiten mitgebracht, die sie dazu befähigen und es bereits tun.

Wenn ich Menschen treffe und die Muße habe mich auf sie einzustellen, wahrzunehmen, wo sie stehen und wo sie hin möchten, dann freue ich mich, ohne daß sie es merken sollten, wenn ich etwas von mir dazu beitragen kann, was ihnen ihren nächsten Schritt erleichtert oder auf eine bestimmte Art ermöglicht. Besonders hingezogen fühle ich mich zu Menschen, die auf ihre Herzensqualität achten. Die Liebevolles mit innerer Ruhe und viel Frieden ausstrahlen und mit der Entwicklung ihres liebevollen Herzens vorankommen. Die resistent sind gegen die **Verführungen der Herzlosigkeit.** Oder jene, die all das intuitive Wissen darüber schon lange, wie von selbst, in sich tragen und einfach liebevoll und herzlich von innen heraus in ihren Handlungen und in ihrem Denken sind. Bewußt oder unbewußt macht dabei keinen Unterschied. Was allein zählt ist **so** zu sein.

Der Mensch gibt vor das intelligenteste Geschöpf auf der Erde zu sein, die wir nur als Gast bewohnen. Doch er ist und bleibt bisher auch das furchtbarste, unberechenbarste Geschöpf von allen. Kontinuierlich trägt er dazu bei, daß Zerstörung allerorts vorangetrieben wird. Welche Aufgabe haben wir hier? Werden wir sie je verstehen? Gesamthaft betrachtet, ist das Verständnis der Menschen untereinander wenig herzlich. Der Umgang mit der Natur und mit den Tieren ein Verbrechen! Wir beuten aus und töten nur aus Ehrgeiz und Gier heraus. Was sind das für Menschen? Was bewegt sie, sich so zu verhalten? Wann haben sie ihr tiefes Mitgefühl verloren? Besaßen sie je Einfühlsamkeit? Wo machen wir uns unbewußt oder achtlos mitschuldig? Ob wir nun Zeitung lesen, im Fernsehen Nachrichten sehen, alarmierende Informationen haben, Filme wie »The East« oder »Seelen« anschauen. Verändern wir danach unser Verhalten in irgendeiner Weise? **Wie kann man sich noch über irgendetwas freuen und dabei die Situation anderer Lebewesen großzügig ignorieren?** Ich habe keine Antworten!! All dies scheint uns den Mut nehmen zu wollen etwas ändern zu können. Uns annehmen lassen, daß unser Beitrag zu gering sei, um die Welt zu einem besseren Ort machen zu können. Und doch sollten wir **alles** tun, was in unserer Macht steht. Jeder, angefangen bei sich selbst, auf das persönliche Umfeld einwirkend. Mit diesem strahlenden hellen Licht aus uns hinaus weit in die Welt strahlen. Das großflächige Dunkle durch die Intensität unserer eigenen Leuchtkraft mehr und mehr eliminieren.

Viele Menschen nutzen ihre Energie nur, um den Tag irgendwie zu überstehen. Sie sind abends erschöpft und raffen sich am nächsten Morgen mühselig wieder auf. Insgesamt haben sehr viele wenig Kraft und eine schwache bis gar nicht vorhandene Ausrichtung, die dann leicht zu beeinflussen und kontrollierbar ist. Wer die Energiefresser in seinem Leben erkennt und eliminiert, Tag für Tag die Dinge verstärkt, die ihm Energie und Freude geben und echte Herzenswärme bringen, der wird unaufhaltsam unterwegs sein. Einen Unterschied machen für andere Menschen und die Welt, und damit sein eigenes Herz wieder spüren. Alles, was der Mensch macht, tut er für das Gefühl, das er davor, währenddessen und danach hat. Es gibt keinen anderen Grund.

Wer den lodernden Funken in seinem Herzen wieder spürt, wer beginnt vor seiner eigenen Tür zu kehren und auf seine Art das »Anderssein« lebt – unabhängig davon wie die anderen sind – wird spüren, wie sich die Dinge um ihn herum schon bald verändern. Wer selbst ausprobiert, was er meint passend für die Welt machen zu können, was inspiriert und was sich zu tun lohnt, wer dranbleibt, der wird einen entscheidenden Beitrag zur Heilung der Menschheit und damit auch aller Lebewesen und der Erde beitragen. Davon bin ich überzeugt!

Deshalb haben wir auch dieses Buch geschrieben und haben es so ausgerichtet, daß es seine Leser zum richtigen Zeitpunkt finden wird. Jeden, für den etwas darin steht, oder für den, dessen Psyche bereits lange schon so angelegt ist, daß er daraus etwas erfahren oder lernen wird, was ihn auf dem Weg zu seiner Bestimmung voran trägt. Wer »Die Liebe und der Krieger« liest, spürt, erkennt, manche Zeilen inhaliert, wen es ergreift, bewegt, inspiriert, wer es aus ganzem Herzen weiterempfiehlt oder verschenkt und darüber spricht, tut dies nicht zufällig.

Jeder kann einen Zugang zur »Magie seiner Einzigartigkeit« bekommen und erkennen: Nur in der eigenen Einzigartigkeit ist jeder Mensch konkurrenzlos! Es gibt niemanden, der genau so ist wie man selbst, oder etwas genau auf dieselbe, ganz persönliche Art und Weise tun kann. Nur man selbst ist so. **Diese Kraft gilt es für jeden zu nutzen.**

Gut, ich weiß, um nichts mehr abzulehnen und alle Abneigungen restlos zu eliminieren müßte ich wohl bald mal eine Makramee-Eule knüpfen. Um zu erfahren, daß das gar nicht so furchtbar ist, wie ich mir das schwer urteilend leider immer noch vorstelle. Da unsere Lektorin, wie sie im Vorfeld des Lektorats deutlich gemacht hat, diese Eule dann aber nicht geschenkt haben möchte, werde ich sie am besten Dieter Nuhr schenken, welcher mich mit dieser Tierart überhaupt erst bekannt gemacht hat. Bis jetzt habe ich es also auch noch nicht geschafft, in allen Bereichen über meinen Schatten zu springen. Und da gibt es noch weit mehr als nur Makramee-Eulen. Aber ich bin ja noch nicht am Ende aller Kunst und hoffentlich noch lange lernfähig. Etwas Comedy tut im Leben immer gut. Vielleicht sollte ich dazu einfach schon mal mit dem begehrten Hausrezept beginnen, nämlich mit »positiv denken«!

SENSITIVITY *Inspirations*
bietet an:

Warum positiv denken gefährlich sein kann.

Wer positiv denkt, tut in jedem Fall gut daran, nicht negativ zu denken. Es ist sicher relativ günstiger aus jeder Situation positive Aspekte herauszukristallisieren, statt sich in Negativem zu suhlen. Trotzdem bleibt es teils eine gefährliche Strategie. Viele »Positivdenker« haben einen Deckel auf allem, was sie ängstigt, was sie je angezweifelt haben, auf Selbstzweifeln, Wut, Resignation etc. Sie denken positiv, so als würde es von Tag zu Tag besser. Dabei bleibt die Katastrophe bestehen! Wer so denkt, kommt irgendwann an den Punkt, wo sich die Dinge nicht mehr entfalten können. Wer immer das Beste aus allem macht, wenn möglich lückenlos die »Kopf hoch«-Einstellung beibehält, ist für den energetischen Daueraufwand zwar zu bewundern, doch die Schleifen der Wiederholung werden denjenigen bald wieder einholen. Das Gefährliche am »positiv denken« ist, daß man sich fortwährend mit unpassenden Gegebenheiten arrangiert. Sich damit beruhigt, daß es noch viel schlimmer sein könnte, aber man nichts an der Situation ändert, weil man mit »positiv darüber denken« vollauf beschäftigt ist. Kurzfristig okay, langfristig bedenklich! Besser als »positiv denken« ist, unpassende Umstände zu durchschauen, zu erkennen, was daran unpassend ist und darauf hinzusteuern, daß sie sich ändern!

Angenommen ich erkenne, daß ich den falschen Job habe. Eine Wohnung bewohne, in der ich mich nicht wohl fühle, weil sie mir nicht erlaubt meinen Stil zu leben. Dann habe ich unpassende Nachbarn nebenan. Mein Partner hält mich auf, setzt mich oft lieblos unter Druck, saugt mich kräftemäßig aus. Oder ich habe unpassende Freunde in meinem nahen Umfeld, die dort seit Jahren ihr Unwesen treiben: Dann kann ich gern positiv denken und mir selbst weiterhin Mut zusprechen. Vor allem mit einem Lächeln zeigen, daß ich das alles positiv sehe, damit mein Körper nicht meint darauf (zum Beispiel mit Krankheit) reagieren zu müssen. Das ist vorübergehend sehr gut. Aber in mir selbst sollten alle Alarmlampen rot leuchten, damit mir klar wird, was nicht zu mir paßt. Welche Bereiche ich schnellstmöglich angehen und dringend ändern muß, um wieder in Einklang zu kommen mit mir selbst. Veränderung muß immer sein, wenn mir was nicht gut tut. Energiefresser müssen erkannt und ersatzlos gestrichen aus dem Leben eliminiert werden. Da hilft langfristig gesehen auf keinen Fall nur »positiv denken«. Nicht zu handeln würde sich vernichtend auf einen selbst auswirken und ist damit mit größter Vorsicht zu »genießen«.

DIE LIEBE UND DER KRIEGER

SIEBZEHN

CALLBOY ODER
FRAUENVERSTEHER?

CALLBOY ODER FRAUENVERSTEHER?

EINE SPIRITUELLE BERUFUNG
MIT RELEVANTER ZUKUNFT

*F*aszinierend ist, daß der überwiegende Teil der Frauen den edlen, anspruchsvollen Escort-Callboy nur als Figur in Hollywoodfilmen realisiert sieht und ihn sich selbst nur in Phantasien trendiger, erotischer Literatur gönnt. Einige Männer dagegen können sich aber gut vorstellen, einfach selbst einer zu werden. Nick sagt, er werde, seit Jahren schon und bis heute noch, im Schnitt gut zwei- bis viermal pro Monat klassisch per Brief, oder zeitgemäß per SMS, E-Mail und per Telefonanruf gebeten interessierten Männern, die nicht lange um den heißen Brei reden, eine Starthilfe für diesen »Traumberuf« zu geben. Seit wir uns kennen, habe ich beobachten können, daß sich Kerle unterschiedlicher Herkunft mit Vorliebe Sonntagvormittag(!), oder am allerliebsten wochentags weit nach Mitternacht, melden, weil's dann wohl wirklich dringlich ist. Auch persönlich wird Nick von meist viel jüngeren Typen, seltener (aber auch) von reiferen Herren angesprochen und gefragt, ob er bereit wäre, ein paar Tipps aus seiner sichtlich erfolgreichen Tätigkeit zu verraten. Wir wundern uns immer wieder, daß sie sich vorstellen es sei so einfach diesen Beruf aus dem Stegreif auszuüben, ganz nebenbei wie ein Abenteuer, bei dem man nur gewinnen kann.

Sie schlagen mutig und zielstrebig vor, er solle sie doch am besten, sozusagen als Eignungstest, gleich zu einer anstehenden Buchung mitnehmen. Sie möchten von ihm bitte schnell »lernen« wie das alles geht, quasi als Anfänger, Neueinsteiger oder Lehrling an seiner Seite. Siegessicher, bereit und willig ihm vor Ort mit tatkräftiger Unterstützung zur Verfügung zu stehen, um sich so schnell wie möglich einen Einblick in die erotischen Anforderungen und in den Ablauf zu verschaffen. Wenn er ihnen dabei helfen könne, würden sie ihm im Gegenzug selbstverständlich auch, hilfsbereit wie sie sind, seinen überschüssigen Workload, falls vorhanden, abnehmen. Nick kann sich ein Grinsen dabei wirklich nicht verkneifen! Manche Jungs fragen auch, ob er ihnen gleich jetzt am Telefon gegebenenfalls auch ein paar heiße Frauen und deren aktuelle

Adressen nennen könne, bei denen sie, natürlich gleichermaßen gut bezahlt und am besten sofort, schnell vorbeigehen könnten. Vielleicht ganz allein als seine Aushilfe, oder gar auf spezielle Empfehlung, am besten in seinem »guten« Namen. Nick ist so schnell nicht aus der Ruhe zu bringen, aber staunen tut er jedes Mal aufs Neue. Sie beschreiben sich selbst ausnahmslos als passabel, vorzeigbar, »gutaussehend«, oder wenn sie doch noch geringe Selbstzweifel haben, dann zumindest als: »Andere sagen, ich sehe gut aus.« Sie hätten schon viele Freundinnen gehabt und »kennen sich voll mit allem aus« – des weiteren (und das Argument kommt bei fast jedem) stünden sie finanziell im Moment grad weniger gut da, oder hätten akute »finanzielle Not« und bräuchten dringend und schnell viel »Kohle«. Nick formuliert seine Antworten dazu bedacht, aber erstmal deutlich abweisend. Er bietet jedem ein alles klärendes Gespräch zu anderer Zeit in Ruhe an, worauf sie nicht eingehen. Das wird ihnen dann schnell zu unübersichtlich oder kompliziert.

Nick war früher nicht daran interessiert sein Wissen in Form von Mundpropaganda weiterzugeben. Das sei unverantwortlich. Er sei weder Auskunftsbüro noch für irgendjemanden »Start-up Pusher« aus der Hüfte, meinte er am Telefon, soweit ich das mitbekommen habe. Rein finanzielle Beweggründe seien für diesen Beruf, in **der** Qualität wie er ihn inzwischen ausübt, sowieso völlig unbrauchbar! Selbst wenn man davon leben könnte. Sie bedenken nicht, daß es auf der Welt viele anspruchsvolle Männer mit Niveau auch gratis zu haben gibt. Irgendeinen wahllos dahergelaufenen Kerl bekommen Frauen bekanntlich an jeder zweiten Ecke hinterhergeworfen. Dafür bestellt keine Lady einen Callboy! Was ist also der prickelnde Zusatznutzen, den er drauf haben muß?

Die Bezahlung und eine mögliche, wiederholte Buchung erfolgt für ganz andere Qualitäten als nur »nackter« Sex. Eine Frau möchte zu neunundneunzig Prozent als die weibliche Person, die sie ist, und auch als einzigartiger Mensch gesehen werden und sich den Mann aussuchen können. Damit dies erreicht wird, muß besonders der bezahlte Callboy beim ersten und bei jedem nächsten Mal, wenn es zu Folgebuchungen kommen soll, immer wieder etwas ganz Individuelles von dieser Frau verstanden haben, damit es zu einer wahren Begegnung kommen kann. Auch wenn es »nur« um Sex geht, muß diese Komponente bedient sein.

Die unrealistischen Vorstellungen und die Laieneinschätzungen über diesen Beruf, der kein spontanes Glücksspiel ist, nur weil man eben mal knapp bei Kasse ist, tun der Branche sicher nicht gut. Genauso wenig, wie die Annahme dieser Art von »Pseudo-Callboys in spe« sich, laut eigener Aussage, allein schon dadurch qualifiziert zu haben, daß sie auch sonst alles flachlegen, was sich nicht ausdrücklich dagegen wehrt. Beschlagene Männer, die gentlemanlike diesem Gewerbe nachgehen, arbeiten mit Agenturen oder haben einwandfreie, würdige Webseiten. Da Erläuterungen und Aufklärungen an Unbekannte am Telefon weder sinnvoll noch seriös möglich sind, und Nick bisher seine Zeit nicht für Einzelcoachings zur Verfügung gestellt hat, möchte er in Zukunft solide Interessenten an seiner Arbeit und an seinen Erfahrungen profund teilhaben lassen. Eine Weiterbildung zum »Frauenversteher« oder Edel-Callboy wird Nick allen Herren, die ihr Potential darin sehen, den zusätzlichen Wert ihrer Persönlichkeit als Mann, Mensch oder Heiler im neuen spirituellen Verständnis auszuleben, gern anbieten.

Man muß nicht Callboy sein oder einer werden wollen, um die Kenntnisse und Erfahrungen, die Nicks Callboy-Schulung vermittelt, zu nutzen. Sicher ermöglicht sie manchen Männern, durch Beratung nach seinem Erfolgsrezept, ein ebenso wertvoller und auf Dauer erfolgreicher Callboy zu werden. Dabei die eigenen Kenntnisse und vor allem die Feinfühligkeit für diesen Beruf bewußt zu steigern und zu noch mehr Professionalität keine Frage offen zu lassen. Es gibt sicherlich Möglichkeiten an einer Live-Session bei einer Kundin mit mehreren Männern als Neueinstieg teilzunehmen, aber dabei wird kein Risiko eingegangen. Jeder muß überzeugt sein, daß es für alle Beteiligten menschlich passend ist. Für die Kundin mit Vorrang, aber auch für die Dienstleister. Jeder Teilhabende ist, besonders bei der intimen Nähe der Sexualität, mit seinem Energiekörper in den gemeinsamen Austausch eingebunden und hat die Wirkungen der dabei ausgetauschten karmischen Kräfte und die sich anhaftenden »energetischen Vampire« der anderen mit zu verkraften. Ein solcher Energievampir verteilt auch seine unbewältigten Aspekte unbedarft an andere Personen. **Ein Blickpunkt, der nicht zu unterschätzen ist!** Wie schon im Kapitel dreizehn deutlich gemacht, bedarf es großer innerer Stabilität, um sich den Luxus leisten zu können, sich – zumindest nicht gleich spürbar geschädigt – wahllos mit Menschen auszutauschen, die möglicherweise in ihrer Art nicht zu einem passen. Mir sind viele Menschen begegnet, Männer wie Frauen, mit denen im Gespräch klar wurde, wie sie von unpassend aufgelesenen Energien und zerstörerisch wirkenden Kräften regelrecht innerlich zerfressen und erheblich geschwächt wurden. Ihre Herzen finden keinen Frieden und von Liebe gleich ganz zu schweigen. Das mag das größte Berufsrisiko für diesen Berufszweig sein, aber auch für alle Nutzer der

Dienste. Sogar völlig unabhängig davon, ob bezahlt oder nicht. Der schleichende energetische Zerfall trifft auch weitere Gruppen.

Genauso anwendbar sind die Inhalte der Schulungen, um alle Frauen generell oder zukünftig noch besser zu verstehen. Interessant sind die Gespräche zum Beispiel für Männer in festen Beziehungen, die schon immer liebevoll waren, aber gleichwohl die eigene Frau noch besser verstehen wollen. Sie mal aus der Perspektive eines beruflichen Frauenverstehers ganz als **die** Frau erleben möchten, die sie vielleicht auch noch ist. Für Frauen sind diese Ausbildungen ebenso sehr interessant, um mal von der Gegenseite zu erfahren, was Männer sich so denken: Wo sie sich schwer tun, wo sie daneben liegen, wie genau sie besser und passender werden könnten in Bezug auf Erwartungen, Hoffnungen, Sehnsüchte oder Vergangenheiten der Frauen. Begreifen, was alles hineinspielt in die liebevolle Betrachtung, Wertschätzung und Steigerung von erfülltem Sex zwischen Frau und Mann. Klares Ziel ist, keine Grenzen mehr zu haben beim miteinander kommunizieren, sondern sich zu verstehen und sich zusammen grenzauflösend zu erleben. Dabei kann jeder Teilnehmende seine gewählte kleine Gruppe im Gespräch maßgeblich bereichern und sich voll einbringen. Wir freuen uns darauf, das wird spannend und erkenntnisreich.

Nick zeigt mit der Kompetenz seiner gesamten Erfahrung, daß ein seriöser, professioneller Callboy nicht ausschließlich zu seinem eigenen Vergnügen loszieht. Daß es bei Buchungen nicht um hemmungsloses Ausleben seiner persönlichen, privaten Sexualität geht, sondern allein die Wünsche und Sehnsüchte der Kundinnen im Vordergrund stehen. Nick steht seit Jahren zu seiner Aussage, daß seine eigene Sexualität immer im Hintergrund steht, damit er für das Empfinden und Herausspüren der Wünsche der jeweiligen Kundin nicht blockiert ist. Die Kunst dabei besteht darin, die Frau immer wieder in ihrem Wesen zu sehen, dabei voll und ganz auf sie einzugehen und durch seine Persönlichkeit zu ergänzen. Manchmal, so lassen ihn Frauen wissen, kann er das weit mehr, als sich ein eigener Partner vielleicht die Mühe macht, machen möchte, machen kann. Der Orgasmus der Frau ist nicht immer das erklärte Ziel, sondern die gemeinsame, intime, unbeschwerte Zeit, der Genuß des Zusammenseins, sich angstfrei so zeigen zu können, wie Frau ist. Er ist während dieser Zeit ganz nah und voll dabei. Nur darum geht's!

Natürlich witzle ich, daß es ihm doch irgendwo schon noch Spaß machen wird und er es heiß finden muß, sonst würde er das doch gar nicht machen. Doch Nick lenkt mir gegenüber immer wieder so seriös wie möglich ein, daß es bei den Buchungen eines Callboys sowieso nicht um dessen Orgasmus geht. Den gilt es als Callboy nämlich längst möglich oder besser ganz zu verhindern, damit die Spannung maximal »aufrecht« erhalten bleibt. Sicher käme es vor, daß Kundinnen sich diesen Abschluß wünschen. So ist manchmal bei Buchungen, die mit mehreren Männern bei einer Frau stattfinden, zum Abschluß der »Cumshot[99]« bei allen Herren Teil der Buchungsvereinbarung. Da gibt es dann keinerlei Ausreden. Aber auch da gibt es Ausnahmen, bezüglich Tagesverfassung und situationsbedingte Varianten. Ein »Sexworker[100]«, der sich nur als spaßhabende, aber gleichwohl abkassierende Partykanone sieht, oder der ein fleischgewordener, funktionierender Dildo sein möchte, hat aus Nicks Sicht im Edel-Segment keine wirkliche Chance auf langlebigen, stabilen Erfolg. Dort muß schon die ganze »Begleit-Sinfonie« gespielt werden. Die einzig meßbare Wertschätzung nach dem ersten Mal zeigt sich am sichersten in steten Buchungswiederholungen. Neukundinnen-Akquise ist auch nicht jedermanns Sache, denn es muß einen ersten Berührungspunkt und Auslöser geben. Ausgeprägte Empathie und die Gabe, der Kundin vollen Respekt und jede Achtung entgegenzubringen, sind in jeder Lage sehr zu raten. Ohne das nutzen langfristig oder einmalig eingesetzte »halber Preis« oder Gratisangebote nichts, mit denen so manche Möchtegern-Callboys versuchen ihren Erfolg anzukurbeln.

Es sei ganz am Rande noch gewarnt vor vermeintlich professionellen Callboys, die behaupten, sie machen nur »Callboy als Hobby«, kämen auch ohne Bezahlung zuhause vorbei und falls man sich versteht, wäre auch eine Beziehung nicht ausgeschlossen. Eine weitere unseriöse, versteckte Manier ist, gemäß unseren Beobachtungen, daß sich neuerdings relativ kostengünstige Callboys per Inserat anpreisen. Dahinter verstecken sich oft sogar verheiratete Männer, die auf diese Art versuchen auf direktem Weg, und vor allem überhaupt, an Sex mit willigen Frauen zu gelangen. Die Frauen erwarten einen Profi und es kommt ein notgeiler Typ, der weder bei sich zuhause noch bei ihnen ehrlich ist. Der Einfallsreichtum im Internet ist unübersichtlich. Oft wird direkt und roh, also derb und den guten Geschmack verletzend, Obszönes angepriesen. Verbrauchertests zu Qualitätskriterien und Erkennungsmerkmalen gibt es bisher noch keine. Damit wird das ohnehin von Unkenntnis verzerrte Bild eines Callboys für die Öffentlichkeit noch schneller unseriös in den Dreck gezogen als man glaubt. Im Zweifel wird erstmal abwertend gemutmaßt oder mit der Schwulenszene assoziiert. Eine Szene, die mit dem Thema sowieso wieder ganz anders umgeht.

Jede Frau, die sich mit dem Gedanken trägt einen Callboy zu buchen, sich aber auch sonst mit jemandem professionell einläßt, sollte sich den Menschen so genau wie möglich vorher anschauen. Darauf achten, daß sie nicht irgendwelchen leichtfertigen, verantwortungslosen Typen auf den Leim geht, die das schnelle Geld wittern und sich auch schon bei der Buchungsvereinbarung unprofessionell verhalten. Zum Beispiel unklare, ausweichende Antworten, fragwürdige Bedingungen stellen, Vorauskasse erbitten, eine Stunde vorher mit einer Absage ohne neue Terminvereinbarung daherkommen. Mit vertrauenswürdiger und seriöser Arbeit der Edel-Callboys hat das nichts zu tun. An dieser Stelle möchte ich aber nicht versäumen zu erwähnen, daß auch Menschen, die für sehr wenig Geld ihre Dienste im Erotikgewerbe anbieten oder anbieten müssen, fast ausnahmslos viel, **viel zu viel** von sich geben. Wer das ausnützt oder für wertlos erachtet, spielt zu Recht die Rolle, die er spielt.

Die Einzelheiten im Vorfeld, die zu beachtenden Feinheiten während des Ablaufs, sind nur denjenigen Kundinnen bekannt, die mindestens einen Edel-Callboy persönlich kennen. Unsachliches Gerede labt sich an Vorurteilen und Mutmaßungen: Von Betrug über Schädlichkeit bis zu Abhängigkeit. Generalisieren kann man nicht, da mag jeder Callboy seine eigenen Erfahrungen gemacht haben. Auch ich weiß nur das, was Nick, andere »Sexworker« oder Kundinnen mir inzwischen anvertraut haben. Die Erfahrungen und Qualitätsmerkmale sind dabei sehr durchmischt. Doch gestandene Ladies, die einmal die richtige Konstellation für sich gefunden haben, bleiben erleichtert dabei und sind »ihrem« Callboy im wahrsten Sinne des Wortes »treu«.

Wer mit Nick über seine Sichtweisen, Erfahrungen und Empfehlungen sprechen möchte, kann dies ab achtzehn Jahren neuerdings tun! Doch er wird prüfend schauen, wer in diesen Genuß kommt. Er behält sich auch hier, wie bei seinen Kundinnen, das Recht vor seine Wahl nach gewisser Exklusivität zu treffen. Denn die erste Hürde ist Selbstvertrauen und Authentizität ohne Größenwahn zu haben. Wer das Thema mißbrauchen möchte, sollte von Anfang an fernbleiben, niemandem wertvolle Zeit rauben oder seine unpassenden Energien aufdrücken.

- In interessanten, kleineren Gruppen, oder ganz diskret einzeln, beides hat sicherlich seinen Reiz.

- Ob Mann oder Frau, spielt dabei keine Rolle. Jeder, der paßt, ist willkommen!
- Manch einer mehr aus allgemeinem Interesse, um mal richtig Bescheid zu wissen und mehr nicht.
- Alle Fragen stellen, die man schon lange hat, oder die jetzt erst durch das Buch geweckt wurden.
- Vielleicht um erfolgreicher Callboy, zwar nebenbei, aber doch auf professionelle Weise zu werden.
- Wenn man als Mann die Frauen einmal aus Nicks Sicht sehen möchte, um sie noch mehr zu verstehen.
- Wenn es besonders Frauen interessiert, wie hinter den Kulissen gedacht, gesprochen und entschieden wird.
- Gern auch zur aktiven Bereicherung der Gruppe, für spannendes, inspirierendes oder passives Dabeisein. Jeder aufrichtige Beweggrund ist wertvoll und Nick herzlich willkommen, da jetzt im Herz viel bewegt werden wird.

Termine und Preise auf Nicks Internetseite »www.callboy-nick.ch« oder per Kontaktformular, Telefon und SMS auf Nummer +41 78 626 6442.

SENSITIVITY *Inspirations*®
bietet an:

Wahrnehmung auf dem Weg in die Freiheit.
Aus der Sicht der Seele schauen.

Wer die Unabhängigkeit und Freiheit leben möchte, wird jeden Tag neue Entscheidungen treffen, um diesen Weg der Freiheit zu gehen. Es heißt oft, daß dieser Weg der Schwerste sein könnte, aber er stellt sich für die, die diese Werte suchen, auch als der einzig sinnvolle und lohnende dar. Zumindest solange bis neues Gedankengut und andere Möglichkeiten auch das verändern mögen.

Die Seele versucht uns im Leben auf den Weg zu lenken, der uns unsere Bestimmung erreichen läßt. Sie schickt uns Menschen, Möglichkeiten, Situationen und Ideen, damit wir unseren Weg mit Leichtigkeit gehen können. Wenn wir diese Zeichen ignorieren, oder ihnen vehement ausweichen und unpassende Wege einschlagen, sendet die Seele kleine, leise Zeichen der Wegkorrektur, die oft kaum spürbar für uns sind. Mit der Zeit werden die Zeichen deutlicher und drastischer, nicht selten kommt auch Krankheit als Zeichen, um uns über eine Erkenntnis wieder auf den Bestimmungspfad zurückzubringen. Oft wird aber auch das nicht erkannt, sondern bekämpft, einfach nur ertragen oder abgewartet, anstatt zu verstehen und dadurch zu heilen.

Wenn man die Bestimmung eines Menschen erspürt und versteht, dann kann man auch sehr leicht verständlich aus der Sicht seiner Seele verstehen, warum ein Mensch so ist wie er ist, und warum er genau das tut was er tut. Fremdbestimmung engt den Menschen sehr ein und untersagt oftmals den Kontakt zum eigenen Wesen. Verhindert das Spüren des Herzens und somit auch die Verbindung zur Seele, mit der das Herz immer verbunden ist, und die versucht in Richtung der passenden Zukunft zu entscheiden. Wenn Du andere Menschen verstehen möchtest, betrachte sie mal aus der Sicht ihrer Seele. Das bringt Aufschluß darüber, wie sie sich verhalten und welche Zielvorstellungen sie verfolgen. Absichten, die nicht immer konform sind mit den vielen üblichen Erwartungen anderer Menschen, der Gesellschaft oder allen indoktrinierten, vielen antrainierten und so manchen scheinbar wehrlos auferlegten Verpflichtungen.

Jeder hat das Recht so zu sein wie er möchte. Jeder einzelne von uns hat wohl seine sehr eigenwillige Betrachtungsweise. Sieh es wie Du möchtest, aber hör' nicht auf, Verantwortung zu übernehmen für alles, was Du denkst, sagst und tust. Der Freigeist überläßt nichts dem Zufall!

ACHTZEHN

REAKTIONEN
UND TESTIMONIALS

REAKTIONEN
VON FREUNDEN UND FAMILIE

Die Feedback- und Testimonial-Idee fanden einige ganz genial. Aber dann kam lange nichts mehr. Umso mehr haben wir denen zu danken, die sich die Mühe gemacht haben etwas dazu aufzuschreiben und die uns ihre Zeilen haben zukommen lassen. Wir schätzen besonders die offene, mutige Einsicht in ihre Gedanken- und Gefühlswelt. Merci!

MEINE MEINUNG ALS TINAS SCHWESTER

Wir sind nicht mit sechzehn schwanger geworden, hatten nicht jedes Wochenende einen neuen Typen am Start, rauchen nicht, waren nie so besoffen, daß wir uns nicht mehr unter Kontrolle hatten und nehmen keine Drogen. Unsere Eltern wußten immer wo wir waren und wir erzählten zu Hause gerne unsere Erlebnisse. Wir sind nicht verheiratet, nicht geschieden, nicht alleinerziehend und haben keine Schulden.

Darum sind wir der Meinung, daß unsere Eltern die ganz normalen und alltäglichen Sorgen mit uns hatten und haben, die man mit Kindern im Kindes-, Jugend- und Erwachsenenalter nun einmal hat. Wir sagen im Spaß, aber doch ernst: Sie hätten noch einen durchtriebenen Sohn haben müssen, um zu lernen und zu erkennen, was sonst noch alles möglich ist und was wir eigentlich für »Blümchen« waren und sind.

Wir stehen mit beiden Beinen im Leben und sind im Alltag von unseren Eltern schon lange finanziell unabhängig. Man kann sagen, daß wir für uns das Beste aus dem heutigen Leben machen, welches viele andere Freunde und Bekannte zu Dingen getrieben hat, die Eltern wirklich in verzweifelte, hilflose Situationen stürzten.

Natürlich läuft bei uns auch nicht alles rund. Doch auf der Suche nach dem richtigen Partner, dem passenden Job, interessanten Freunden und Freizeitgestaltungen, die uns das Herz höher schlagen lassen, haben wir, aus unserer Sicht, doch schon oft und überwiegend genau, das für den betreffenden Zeitpunkt Richtige angezogen und gefunden.

Unsere Eltern sind da natürlich als Eltern oft ganz anderer Meinung. Sie wollten zum Beispiel, daß wir als Kinder mit bestimmten anderen Kindern, zum Beispiel mit denen ihrer erwachsenen Freunde, Freundschaft schließen. Wir hatten aber ganz andere Interessen als diese Kinder, oder fanden sie schlichtweg doof. Wie sie uns wahrscheinlich auch. Unsere Eltern rieten uns zu Kontakten, aus denen man auch Vorteile ziehen kann. Diese Vorteile waren aber nur aus ihrer Sicht vorteilhaft. Wir wollten andere Dinge vom Leben und von unseren Freunden.

So kamen wir über die Jahre an Freunde, die in den Augen unserer Eltern geschätzte und akzeptierte Schwiegersöhne hätten sein können, uns aber nicht so beeindruckten, wie wir uns das vorgestellt hatten. Oder sie waren uns nach einer gewissen Zeit in ihrem Verhalten einfach nicht mehr attraktiv genug, um unser Leben mit ihnen weiterhin zu teilen. Wenn wir einen festen Partner in unser Leben ließen, dann weil er einfach Eigenschaften mitbrachte, die uns imponierten und wir bereit waren, unsere und seine Probleme mit ihm zu lösen. Bekanntlich lernt man sich ja erst mit der Zeit richtig kennen. Doch die Liebe zu einem Menschen und unsere eigene gewisse Standfestigkeit im Leben hat uns nie durch neue, uns bisher unbekannte Situationen mit unseren Partnern zum überstürzten Beziehungsaus getrieben. Es sei denn, wir wurden belogen oder gar betrogen. Betrug ist nicht unser Ding.

Für unsere und auch manch andere Eltern ist so etwas natürlich unverständlich. Es kommen dann die weitverbreiteten Kommentare wie: »Schau Dir den Kerl doch mal an! Geht der überhaupt arbeiten? Der verschwendet doch nur seine Zeit.«

Das große Verständnisproblem, daß immer wieder zu Spannungen zwischen Eltern und Kindern – egal welchen Alters – führt, ist, daß Eltern zwar das Beste für ihre Kinder wollen, das aber anders definieren, als sie es im Grunde meinen. Sie sagen neutral »das Beste«, doch eigentlich wollen sie, daß ihre Kinder genau das machen, wovon sie meinen, daß es das Beste für sie wäre. Realistisch gesehen sind »das Beste« für die Kinder aber ganz andere Sachen, da sie andere Lebensvorstellungen, Wünsche und Erfahrungen als vorangegangene Generationen haben.

Eltern sollten sich und ihren Kindern das Leben und das Miteinander erleichtern, indem sie verständnisvoll auf sie zugehen und deren persönliche Lebenssituation so aufnehmen, wie sie ist. Ihnen nicht ihre eigenen Wünsche aufzwingen.

Aus den ganzen Erfahrungen, die mir das Leben nacheinander brachte, zog ich irgendwann die Lehre, daß der Blick hinter die Fassade anderer Leute unabdingbar ist. Dieser ist oft unerwartet oder sogar schockierend, positiv wie negativ. Daraus resultiert aber auch das gewisse Interesse, das man an anderen Personen haben kann.

Ich sehe es als erfrischend, wenn ich nicht alle positiven wie negativen Erfahrungen selber machen muß, sondern Mitmenschen kennenlerne, die eine solche Erfahrung bereits gemacht haben oder gerade machen, und dieses Geschehen mit mir teilen. So war ich auch nicht schockiert, als mir meine Schwester, die mir sehr nahe steht, erzählte, daß sie jemanden kennengelernt hat, der sie von der ersten Sekunde an optisch total umgehauen hat und dieser freiwillig auch als Edel-Callboy arbeitet.

Auf der einen Seite finde ich es sehr interessant Menschen kennenzulernen, die aus Überzeugung etwas Außergewöhnliches machen. Auf der anderen Seite finde ich es aufschlußreich wie es dazu kommt, daß meine Schwester mit dieser Lebenserfahrung positiv umgeht. Sich nicht wie andere Leute verhält, die gar nichts über das wirkliche Leben und die Hintergründe eines Callboys wissen. Die aber das ihnen Unbekannte einfach von vornherein abwerten, schwer verurteilen, rigoros ablehnen und zum Teil auch total schockiert sind!

Nick ist sogar noch etwas jünger als ich und paßt mit seinem Humor so richtig dazu. Wir haben uns beim ersten Familientreffen, zu dem ihn meine Schwester auf seinen Wunsch hin sehr bald mitbrachte, völlig natürlich, unkompliziert und sehr humorvoll kennengelernt. Für uns alle steht das Thema »Callboy« nicht im Vordergrund. Es ist höchstens mal einen lockeren Spruch oder Witz wert. Wir gehen miteinander völlig normal, immer vertraut und sehr freundschaftlich um. Wenn wir uns im Urlaub treffen, ist Nick jemand, mit dem wir gerne Zeit verbringen. Im Vordergrund steht er als Mensch und Freund, den ich und mein Partner immer sehr schätzen.

AUS MEINER PERSPEKTIVE ALS NICKS MUTTER

Das Ganze ist eine Weile her und ich versuche hier wiederzugeben, wie mir damals anfangs zumute war und wie reagiert wurde.

Wir hatten immer ein offenes Verhältnis zwischen Mutter und Sohn und haben über vieles geredet. Nick erzählte mir, womit er angefangen hatte. Ganz zu Beginn hat es mich geschockt. Aber nie wäre mir in den Sinn gekommen, ihn deswegen nicht mehr lieb zu haben. Ich stehe jederzeit zu unseren Söhnen und nichts kann ihren menschlichen Wert bei mir mindern. Mir ist es wichtig, daß jeder von ihnen seinen persönlichen Weg findet. Das heißt nicht, daß mir alles, was sie machen, gefällt. Aber verurteilen? Nein. Ich habe auch deutlich kommuniziert, was mir nicht gefällt oder mir vor allem Sorgen bereitet. Kann nicht der Körper und/oder die Seele Schaden dabei nehmen?

Mein Mann hatte wohl etwas mehr Probleme damit, aber auch er kann es inzwischen akzeptieren. Was ihm bis heute Schwierigkeiten bereitet ist, daß unser Sohn seinen Namen, den wir gemeinsam in Liebe ausgesucht haben, geändert hat. Das tut auch mir weh, denn seine Familie heißt so wie sie heißt. Wir haben die Namen unserer beiden Söhne in gemeinsamen Gesprächen gewählt. Ich weiß, daß Nick sein neuer Name wichtig ist und nehme es hin. Aber es ist auch das freie Recht seines Vaters bei dem Namen zu bleiben, den wir ihm ursprünglich einst gegeben haben.

Freiheit ist unseren Söhnen und auch uns wichtig. Jedes Menschen Freiheit geht bis dahin, wo die des anderen nicht verletzt wird. Aber das sind grundlegende Dinge, die jeder für sich selbst herausfinden muß. Zurück zum eigentlichen Thema.

Wir haben viel darüber geredet und ich habe ihm auch meine Ängste und Bedenken mitgeteilt. Vor allem hatte ich große Angst, daß er Schaden nimmt. Daß er in ein Milieu gerät, das gefährlich ist. Auch wenn ich ein Mensch bin, der in erster Linie das Gute sieht, der noch in kleinsten Dingen Schönes sehen will und der im tiefsten Inneren die Menschen liebt, mit allem, was zu ihnen gehört, bin ich nicht jemand, der die Augen verschließt. Und ich weiß sehr gut wie manches läuft. Vor allem weil ich schriftstellerisch tätig bin, vor allem weil ich mich mit den Dingen des Lebens beschäftige, vor allem weil mir schon viele Menschen begegnet sind, die ein besonderes Schicksal hatten oder haben.

Auch wenn mich manche als blauäugig belächeln könnten, ich sehe die Welt wie sie ist. Aber ich habe meinen persönlichen Weg durch diese zu gehen. Ich kenne aus persönlicher Erfahrung Traurigkeit, Dunkles, Schmerzhaftes und den Schmerz, welcher Verletzung mit sich bringt sowie Enttäuschung. Ich habe nicht nur Schönes erlebt – es geht mir auch nicht immer gut – und doch ist diese positive Basis in mir geblieben und es ist mir wichtig, sie leben zu können. Das ist meine Freiheit. Es ist Teil meiner Persönlichkeit.

Jeder und jede hat Schwächen, sie gehören auch zu uns, nicht nur die Stärken. Das alles macht die Persönlichkeit aus. Alles an sich selbst zu akzeptieren führt dazu, andere so zu sehen und zu nehmen, wie sie sind und nicht wie ich sie haben will. Doch ich erlaube mir selbst zu wollen, daß ich akzeptiert werde wie ich bin. Ich muß nicht mit jedem Freund sein, aber ich versuche jeden zu achten. Für mich spielen dabei Äußerlichkeiten, Nationalität, Beruf, Geschlecht, Alter, Titel, Bildungsstand, oder was auch immer, keine Rolle. Und ich achte Leben, selbst dann, wenn ich mich über jemanden ärgere, oder mir jemand weh tut. Nein, ich lasse nicht alles mit mir machen. So ist es nicht. Ich kann, wenn nötig, Schnitte machen. Und ich sage klar, was ich denke und will oder nicht will. Auch ich möchte Verständnis haben für Vieles, aber mir selbst treu bleiben.

Ich habe sehr selten Erwartungen an etwas oder jemanden. Ich geh darauf zu, sehe was wird und bilde mir selbst meine Meinung zu jemandem oder zu etwas. Lasse mich nicht beeinflussen von anderen und ihren Ansichten. So fühle ich mich wohl. Wenn es sich umgehen läßt, will ich nicht verurteilen, nicht werten, sondern höchstens feststellen, daß ich etwas mag, etwas anderes nicht, daß mir etwas gefällt oder nicht, und daß es für mich etwas ist oder nicht. Wenn ich etwas nicht kenne oder nicht gleich verstehe, versuche ich mich zu informieren, dahinter zu sehen, mich einzufühlen. Wenn mir etwas Angst macht, verfahre ich genauso. Wenn ich anfangs ein ungutes Gefühl habe, gebe ich den meisten Dingen und Menschen doch erst eine Chance zu zeigen wie sie sind, selbst dann, wenn sich der erste ungute Eindruck dann erhärtet. Aber ich weiß, daß man sich auch einmal täuschen kann. So ticke ich und ich hoffe, ich konnte das etwas erläutern. Denn das ist auch wichtig für meine Art mit Überraschendem umzugehen.

Genau aus dieser Lebensanschauung heraus entstand auch mein Verständnis für den Weg unseres Sohnes. Ich will nicht verbergen, daß ich vielleicht im ersten Moment auch dachte, es könnte mir vielleicht in meinem Umfeld und in meiner Arbeit schaden. Anfangs hatte ich Mühe, in erster Linie wegen meiner Ängste, fragte mich, ob das gut für ihn sei.

Doch ich beobachtete, was er daraus machte, wie er sich entwickelte, wie er damit umging und spürte, daß es okay war. Ich selbst könnte so etwas nicht tun, aber für ihn schien es richtig zu sein. Ich bat ihn nur, wenn er merke, daß es ihm nicht mehr gut täte, damit bitte aufzuhören. Ich sehe, daß alles auch sehr sozial abläuft, daß ein Zusammensein mit ihm den Kundinnen gut tut. Ich sehe nichts Düsteres oder Schmuddeliges, ich sehe keinen Zwang und nichts Beschämendes. Ich sehe in seinen Aussagen und in seiner Haltung viel Therapeutisches und Mitmenschliches. Was er inzwischen selbst auch so sieht.

Unser Sohn bleibt für mich immer unser Sohn. Ich sehe seinen sauberen Umgang mit allem, seine offene Art und kann immer besser damit leben.

Mehr Bedenken bereiteten mir so manche Reaktion von Menschen in unserem Umfeld. Meine wirklichen Freunde blieben meine wahrhaftigen

Freunde. Die Echtheit der Freundschaft zeigte sich deutlich. Doch es gab einige, die anfingen sich zurückzuziehen, von denen man auf einmal gar nichts mehr hörte. Sie nannten nicht einmal einen Grund dafür. Sie zogen sich schweigend zurück, aber der Zusammenhang war klar. Sie stellten sich nicht einmal offen hin und sagten: »Das und das stört uns und darum ...« Nein, es kam nur Schweigen und Resultate aus diesem Schweigen heraus. Kontaktabbrüche. Auf einmal wurde ich nicht mehr wahrgenommen. Unter einigen Dingen litt ich schon sehr. Doch ich kam dabei zum Schluß, daß sie selbst wissen mußten und es ihre Sache war, wie sie es auffassen wollten. Es war ihr Problem und nicht meines. Auch diese Freiheit mußte ich akzeptieren. Es war ihre Freiheit, es als unangenehm zu empfinden und darauf so zu reagieren. Ich akzeptierte auch das.

Nach einem TV-Auftritt von Nick spitzte sich die Lage drastisch zu, denn natürlich wurde er erkannt. Von einigen wurde ich ab diesem Zeitpunkt gemieden. Ich selbst fand den Auftritt gut. Er macht das, was er tut, auf eine gute Art und ich schätze auch seine Offenheit.

Wer mich kennt und wem ich wichtig und wertvoll bin, wird weiterhin mit mir Kontakt pflegen. Manche kommen, manche gehen. Mit einigen geht man ein bestimmtes Stück Weg gemeinsam und dann trennen sich die Pfade wieder. Wer in der Tätigkeit meines Sohnes einen Grund sieht nichts mehr mit mir zu tun haben zu wollen, dem kann ich nicht helfen, der muß das selbst wissen, entscheiden und damit leben.

Manches tat mir weh. Aber was jemand über mich denkt, ist nicht maßgebend für mich, um mein Leben zu leben, oder zu beurteilen, wie unsere Söhne ihr Leben meistern. Wir lieben unsere Söhne wie sie sind, mit all ihren Stärken und Schwächen. Dies auch trotz der Unwissenheit und Heftigkeit mancher Aussagen, manchmal total anderer Ansichten, als wir sie selbst haben und die wir uns auch nicht nehmen lassen.

Mir ist es wichtig, daß unsere Söhne auf ihre Art glücklich sein können, daß sie selbständig und eigenständig ihre Welt gestalten können. Und das muß nicht nach meinen Vorstellungen geschehen. Wichtig ist mir, daß es ihnen gut geht. Ihren Weg müssen sie selbst finden und genau das war mir immer wichtig. Sie wissen, daß ich immer für sie da bin, daß sie mit mir reden können, wenn sie wollen, daß sie bei uns offene Türen finden. Alles andere ist ihnen frei überlassen.

Unterschiede sind einige da. Ich bin Christin und werde das auch immer sein – aus persönlicher Überzeugung. Nick ist es nicht – bekennend nicht. Aber genau das kann doch zeigen, daß auch so ein Miteinander möglich ist, sofern die Ansichten des anderen nicht heruntergemacht werden. Es braucht dazu keine Institutionen, es braucht nur gegenseitige Toleranz.

Ich halte mich an die üblichen Regeln, Nick ist eher der Rebell. Meine Rebellion ist anders. Ich weigere mich das heute übliche Ellenbogenverhalten mitzumachen, das heute übliche Gegeneinander, das überall zu schnelle Urteilen. Darin bin ich rebellisch und gehe es anders an. Ich bleibe ich, so wie er, er bleibt. Unterschiedlich sein verhindert nicht sich gegenseitig verstehen zu können. Das kann auch Vorbild sein für Dinge in anderen Bereichen des Zusammenlebens, wie in anderen Kulturen und Mentalitäten.

Und so lebe ich – auch wenn ich mich an die Regeln halte – genauso wenig nach den Normen der Allgemeinheit, aber für ein tolerantes Miteinander. Heute beunruhigt mich das, was mir früher Angst machte, nicht mehr. Nick ist stark genug, um damit gut klar zu kommen. Und es läuft in Bahnen, mit denen ich leben kann.

Wir lieben unsere Söhne so wie sie sind. Und ich bin stolz auf sie beide.

MEINE SICHT ALS KARTENLEGERIN ULLI

Erwartungsvoll fuhr ich zu der Frau, auf die ich neidisch war, weil sie den Mann hatte, den auch ich hatte. Wir beide waren »in Beziehung« mit Finn. Durch einen glücklich neugierigen Zufall im Metalflirt, einer Heavy-Metal-Online-Community, kamen wir in Kontakt. Mir war es wichtig die Frau kennenzulernen. Dafür ließ ich mein Date mit Finn sausen.

Erst einmal angekommen im Schweizer Domizil meiner »jetzt« Freundin Tina, war ich tief beeindruckt von ihrer Wohnung. Es lag soviel positive Energie in der geschmackvollen, aber auch sehr eng wirkenden Dachwohnung. Zuerst fielen mir die vielen Bilder ihres Vaters auf, der sehr inspirierend und ausdrucksvoll malt. Jedes seiner Gemälde hatte seine eigene Geschichte. So zumindest empfand ich es in dem Moment.

Als nächstes sah ich Finn auf einem großen Foto abgebildet, das ihre Wand zierte. Daneben hingen viele andere, aber wesentlich kleinere Fotos von ihrer Familie und Freunden. Mein Blick schweifte weiter durch den Raum und ich sah eine Dolchspitze über der Tür. Sie ragte unter einem Bild ihres Vaters hervor. Heute weiß ich, daß der Dolch ein Schutzdolch ist. Tina erklärte mir, daß Gäste die Energie des Dolches nur spüren, falls sie ihr in negativer Absicht gegenübertreten. In solchen Fällen, die bisher erst zweimal vorkamen, kehren sie, wie von allein, aufgrund der starken Schutzenergie sofort um und verlassen die Wohnung. War zumindest bei mir nicht der Fall. Ich blieb und fühlte mich nicht nur in der Wohnung, sondern auch in Gesellschaft der Frau wohl, die meine Nebenbuhlerin war.

Zu Tina: Eine redselige, interessante Erscheinung, die mich tief beeindruckte. Nicht nur ihre Kleidung, die Haare, der Gesichtsausdruck, sondern auch ihre Gespräche stimmten mich bei manchen Dingen nachdenklich. Jeden so sein lassen wie er ist, wie man ist. Kann man das? Nicht nur kritisieren, sondern hinnehmen. Soll man das? Jemandem etwas von Herzen gönnen. Ohne Neid? Eine ganz andere Sichtweise.

Bei den meisten Gesprächen waren wir eh einer Meinung. Vielleicht habe auch ich ihr andere Perspektiven eröffnet, so wie sie mir. Wie gesagt, ich fühlte mich vom ersten Moment an wohl. Nach dem ersten Frühstück wußte ich schon wie die Nespresso Maschine funktionierte und kochte oder kapselte mir den Kaffee selbst.

Natürlich hatte ich auch meine Karten dabei. Lenormandkarten[101]. Ich deute seit circa fünfzehn Jahren Karten für jeden, der es sich wünscht. Ich lasse mich von der Person, die mir gegenüber sitzt, inspirieren und fühle durch meine Hände in meinen Kopf und mein Herz. Bei manchen Personen geht das Deuten leicht, so auch bei Tina, die sich wünschte, daß ich ihr die Karten lege. Nach dem Legen und meiner Erklärung, wie ich die Situation sah, erfuhr ich von ihr, daß sie sich einen Callboy »geleistet« und sich total in ihn »verguckt« hatte. Wenig erstaunt über ihre Offenheit und was geschehen war, sagte ich nur, daß der Callboy sich wieder bei ihr melden würde und sie ein Paar werden würden. Erstaunt über meine Aussage (ich denke Tina dachte, »die spinnt«), kam ihrerseits der »ich glaub dir nicht«-Gesichtsausdruck. Aber es sollte alles so kommen, wie ich es in den Karten sah. Inzwischen sind Tina und Nick ein Paar. Ich wußte es von Anfang an, daß die beiden zusammen gehörten, und obwohl ich den Krieger Nick nur aus Gesprächen und von ihren Gefühlen her kannte, so fühlte ich doch wie er dachte und was er wollte.

Inzwischen denke ich, daß die beiden trotz ihrer Liebe zueinander sehr unterschiedlich sind ... die Liebe und der Krieger! Tina, die Frau, die Menschen inspiriert, sie im Herzen versteht und viele unterschiedliche Sichtweisen akzeptiert. Nick, der sich gegen böswillige, zerstörerische Menschen und vor allem gegen Verlogenheit wehrt und unpassende Aspekte des Systems bekämpft.

TESTIMONIALS
AUS DEM KUNDENKREIS

Bei den Testimonials handelt es sich um eine Auswahl von Beiträgen ehemaliger und aktueller Kundinnen/Kunden, deren Reihenfolge rein zufällig ist. Keine der Personen hatte Kenntnis darüber, was andere geschrieben haben, oder auf welche Art ihr eigener Beitrag zum restlichen Inhalt des Buches passen würde. Sie geben sehr persönlich einen ehrlichen Einblick, welch unterschiedliche Motivationen zu Buchungen führen, welche Bedeutung diese haben können und welche Bewertung mit der Dienstleistung einhergeht. Länge, Aussage, Qualität und Inhalt der Beiträge wurden zur Erhaltung der Authentizität nicht verändert. Lediglich geringfügige Rechtschreibkorrekturen wurden vorgenommen.

ANONYMER BEITRAG OHNE ALTERSANGABE

Lieber Nick,

danke für Dein Feedback, Dein Verständnis und vor allem die Anregung! Ich möchte Dir gerne etwas genauer erklären, warum ich mir zuerst überhaupt nicht vorstellen konnte, etwas beitragen zu können zu einem Buch über Deine private Beziehung und Deine berufliche Tätigkeit.

Es ist mir wichtig, daß Du weißt, daß ich mich nicht aus irgendwelchen diffusen Gründen hinter meiner Verschwiegenheit verstecken will, sondern daß ich in gewissen Dingen sehr zurückhaltend bin, viel Wert darauf lege, richtig verstanden zu werden und es deswegen für mich schon etwas klarer sein muß, worum es bei einer Sache denn geht, was von mir erwartet wird und wie ich mich da sinnvoll einbringen kann. Dann brauche ich meine Zeit, um mich in die Situation reinzudenken, und wiederum Zeit, um dies möglichst authentisch rüberbringen zu können. Nur so salopp irgendwas zu schreiben, mag ich nicht.

Ich hatte Dich ja damals per Zufall in der Talk-Sendung von »Aeschbi[102]« gesehen. Da sind mir zwei Dinge hängengeblieben, die entscheidend waren, daß ich mich später überhaupt an Dich erinnert und Dich kontaktiert habe: Daß Dir eine klare Abgrenzung Deiner Privatsphäre sehr wichtig ist und daß Du völlig offen läßt, wie lange Du dieser Tätigkeit nachgehen wirst. Das hatte mir Eindruck gemacht: Wow, toll, der weiß, was er macht! Der ist kühn, der hat Mut, ein wahrer Freigeist, der geht seinen Weg, vertraut auf seine Intuition, kümmert sich nicht um Konventionen, läßt sich auf nichts festlegen und setzt klare Grenzen.

Diese klare Abgrenzung beruflich/privat ist mir auch wichtig und ich denke, daß wir unsere Grenzen immer gut respektiert haben. Es ist aber logisch, daß auch auf der beruflichen Ebene gewisse Dinge aus dem persönlichen Umfeld einfließen, wenn man über längere Zeit miteinander zu tun hat, und diese oft auch mitentscheidend sind, ob man überhaupt länger zusammenarbeiten kann oder nicht. Wie im Privaten gibt's auch im Beruflichen keinen Stillstand, wir sind immer wieder gefordert, müssen uns erklären, uns neuen Begebenheiten anpassen, uns weiterentwickeln, uns immer wieder neu definieren, neue Ziele anstreben. Ein guter Dialog ist daher unumgänglich.

Jetzt, wo Du mir diese eine konkrete Frage vorschlägst, die von Interesse wäre, **weshalb eine Frau wie ich Deine Dienste über längere Zeit beansprucht,** kann ich in einen Dialog eintreten und Stellung nehmen.

Allererster spontaner Gedanke:
- Weil Du mir gut tust!

Weiter:
- Weil ich es mir Wert bin, weil Du es mir Wert bist.
- Weil ich mir lieb und teuer bin, weil Du mir lieb und teuer bist.
- Weil ich die Personen sehr sorgfältig aussuche, die ich in mein Leben lasse.
- Weil ich Dich mag und Vertrauen in Dich habe.
- Weil Du mich faszinierst und in Dir viel Potential steckt.

Ich habe mir diese Frage so bisher nie gestellt und bin Dir dankbar, daß Du sie mir übermittelt hast. Ich nehme an, es ist eine Frage, mit der Du immer wieder konfrontiert wirst. Warum ein Mann wie Du dieser Tätigkeit über längere Zeit nachgeht? Vielleicht hast Du ein paar Standard-Antworten auf Lager und eine weitere Diskussion erübrigt sich. Wir Menschen haben ja die Tendenz, oft nur oberflächliche Fragen zu stellen, die Details interessieren uns gar nicht so sehr, weil wir uns gar nicht wirklich für den Menschen interessieren. Ebenso schnell fällen wir dann ein Urteil, am liebsten so, daß es in unsere Welt paßt. Schön und gut, wenn wir's gerne bequem haben.

Interessieren wir uns aber für die Details, müssen wir eine Ebene tiefer gehen. Es gibt immer viele verschiedene Gründe, warum wir Menschen etwas tun oder auch nicht tun. Und da geht's ans Eingemachte! Wir sind mitten in der Privatsphäre.

Zum Beispiel: Warum bin ich gerade an Dich geraten?

Vielleicht war es das sogenannte Resonanzgesetz, wonach uns immer die Dinge »zufallen« im Leben, die wir für das Weiterkommen auf unserem Lebensweg benötigen. Das heißt, wir provozieren unbewußt Situationen und ziehen Menschen an, gute wie schlechte(!), die für das Fortkommen in unserem Leben richtungs- und wegweisend sind.

Es bietet sich uns also eine Chance weiterzukommen auf unserem jeweiligen Weg. Was dann über und durch das Zwischenmenschliche entsteht, liegt wieder in der ganz subjektiven Wahrnehmung und dem Empfinden des Einzelnen und was dieser daraus zu machen versteht.

Weitere Gründe:
- Weil ich endlich mal für mich schauen kann und es nicht immer nur für andere muß.
- Weil ich mich im Moment auf nichts festlegen will oder kann.
- Weil ich in einer Zeit der Wandlung und der Neuorientierung bin.
- Weil ich meine kostbare freie Zeit für Schönes bewahren will.
- Weil mir meine Endlichkeit immer bewußter wird, keine Zeit verplempern!

Ich hatte von ganz klein auf einen Zugang zum Mystischen, Dinge fühlen und wahrnehmen, die anderen Menschen unwichtig scheinen oder verborgen bleiben. Der Weg der Mystiker ist der Weg des Verstehens. Es ist der Weg der persönlichen Freiheit und der eigenen Verantwortlichkeit. Es ist die ewige Suche nach der Wahrheit, es ist ein Weg, der nie endet. Er ist das Transpersonale, immer schon bestehend im kollektiven Unbewußten aller Völker, eine Verbundenheit mit dem Universum und der Natur. Es ist ein Weg, der den Regeln der Gesellschaft nicht immer entspricht, ein Weg mit Widerständen, zeitweilig auch ein Weg der Einsamkeit. Es gab für mich immer nur diesen Weg. Er ist mein größtes Glück.

Es ist das, was ich mein Seelenleben nenne und woraus sich meine ganze Persönlichkeit entfaltet. Ich trage viele Schätze in mir, die ich hüten will wie eine Auster ihre Perle. Daraus schöpfe ich meine Kraft und Lebensfreude, die ich dann in meinen Alltag und in den Beziehungen zu anderen Menschen einbringen kann.

Es ist mir eine Ehre und mein großes Anliegen, wenn ich Dir, lieber Nick, auch etwas davon geben kann.

Noch ein paar Gründe:

- Weil ich im Moment sehr glücklich bin, so wie mein Leben ist.
- Weil ich niemals einfach eine Beziehung eingehen würde, nur damit ich eine habe.
- Weil ich Nähe brauche, aber zu viel Nähe mich einengt.
- Weil ich die Flucht ergreife, sobald mich jemand versucht einzuschränken.
- Weil ich mich durch Dich nicht bedrängt fühle, sondern frei wie der Wind.

Wir Menschen sind Wesen, die auf unserer ständigen Suche nach Sinn und Wahrheit einen großen Drang zum Transzendieren haben. Transzendenz kann ich in einer Beziehung zu andern Menschen spüren und dadurch mich selbst finden, zum Beispiel über Sinnlichkeit, Zärtlichkeit und Sexualität. Der Weg über die Transzendenz dient der Befreiung aus unserem Gefängnis aus Egoismus und Selbstsucht und öffnet uns für eine echte Kommunikation.

Weiter:
- Weil ich immer auf der Suche nach neuen Erfahrungen bin.
- Weil der Weg über Beziehungen zu andern Menschen der Weg ist, der Neues bringt.
- Weil sich ganz zu geben, der einzige Weg ist, sich selbst zu sein.
- Weil ich mit Dir zusammen Spaß haben kann.
- Weil mich geben glücklicher macht als nehmen.

Und es gäbe da noch unzählige weitere Gründe ...

BEITRAG VON KIM (43)

Halli hallo Du schöner Mann!

Wie soll ich anfangen? Es kostete mich damals viel Mut, mir einzugestehen, daß ich keinen Mann hatte, der mir für eine schöne Beziehung und den damit verbundenen Sex zur Verfügung stand. Eine andere Kundin von Dir ist meine Freundin, das weißt Du ja inzwischen. Sie riet mir, doch mal einen Callboy auszuprobieren, weil sie das auch schon machte. Als Überbrückung, oder nur so zum Trost, als lustigen Zeitvertreib. Erst war ich schüchtern, dachte ich mache etwas Schlechtes, Verwerfliches, Schmuddeliges und fand es megapeinlich. Aber Du warst so unglaublich natürlich und hast mir die allerletzten Hemmungen genommen.

Einmal ist keinmal, dachte ich, oder? Und ich bestellte Dich wieder und wieder und wieder ...

Lange Rede kurzer Sinn, Nick, ich finde es »uh lässig[103]« von Dir, daß Du mittlerweile auch meinen neuen Partner an unseren Treffen mitmachen läßt. Also wie Ihr beide Euch immer so mit vollem Einsatz nur um mich bemüht. Das ist der Himmel auf Erden! Eine ganz geile, heiße Erfahrung, fast so wie ein neues Leben. Danke! Danke! Danke!

BEITRAG VON RENATE (54)

Nick Laurent zu buchen, das ist das Beste, was ich in meinem Leben getan habe. Das klingt pathetisch, ist es aber noch viel mehr, als ich hier in Worten auszudrücken vermag.

Imponiert hat mir sein Mut zu seinem Job als Callboy zu stehen. Ich wußte sofort, hier bin ich richtig bei jemandem, der den ganzen Kram von verstecken und sich dafür genieren nicht braucht. Ich fühlte mich einfach sofort geborgen und das schon bei der ersten telefonischen Kontaktaufnahme.

Was ich in den vier Jahren unserer Bekanntschaft mitgenommen habe, ist nicht eine Vielzahl von erotischen Spielarten oder von gefinkelten[104] Sexpraktiken, sondern primär die Ermunterung und Bestärkung »bei sich zu bleiben« und eigene Träume und Wünsche zu verwirklichen. Und wie ich sie verwirklicht habe! Selbst noch ahnungslos, aber Nick wußte es weit früher: Es ist ganz »Meines« in einen Club zu gehen und von vielen Männern begehrt zu werden. Oder im Freien zu genießen! Nick hat immer auf mich aufgepaßt und das war top! So konnte ich mich immer geistig völlig fallenlassen, weil Nick einfach alles, was er anpackt, professionell angeht. Mit Gespür für meine noch sehr verborgene Bereitschaft zur Typveränderung konnte er meine Neugier wecken. Ich hatte da meine festgefahrene Ansicht: »Ich färbe mir doch niemals die Haare, wenn sie beginnen grau zu werden und Beine rasieren, das kommt für mich doch gar nicht in Frage!«

Mittlerweile hab' ich es probiert und ich fühl' mich einfach gut! Den Intimbereich rasieren, das ist für mich immer noch eine Gusto-Frage, aber es getestet zu haben, das hat sich gelohnt.

Nick hat mir einmal erzählt, daß sein aufrechter Gang von einem Arzt gelobt wurde. Seither fällt es mir so oft ein, wenn ich wieder einmal im Alltag gebückt »daherkomme«. Ich denke an Nicks Erzählung und es geht mir sogleich – aufgerichtet – besser. Irgendwo konnte ich einmal lesen, daß eine Kundin meinte, ein Callboy müßte auch auf Krankenschein verschrieben werden. Wie wäre es mit Callboy Nick als ärztliche Verordnung? Das wäre perfekt!

Ich bin in der Nähe von Wien zu Hause und die ersten Treffen mit Nick sahen so aus: Morgens mit dem Flugzeug nach Zürich, am späten Nachmittag wieder zurück; klingt stressig, aber ich mußte es so haben!

Und zu einer weiteren Buchungsgelegenheit wollte ich, ganz nach meiner Art, ein Andenken an Nick mit nach Hause nehmen. Ein Kondom, nach getaner »Arbeit« gefüllt und fest verknotet, war mein Begleiter im Nylonbehälter für Flüssigkeiten meines Handgepäcks auf dem Flug zurück nach Wien. Ob es da eine Frage geben würde, was das wohl sei? Es hat mich einfach gejuckt zu sehen, was passiert. Aber das Nick-Kondom ging anstandslos durch die Kontrolle. Der Gummi mit jetzt schon eingetrocknetem Inhalt hat bei mir daheim einen Ehrenplatz.

Es gab auch schon eine Buchung ganz ohne Sex – den hatte ich vorher gerade zuhauf in einem Club genossen und war dementsprechend erschöpft. In einem schwierigen Gefühlsdilemma hat mir Nick einfach im Sinne von einem Ratschlag, oder besser gesagt, mit den richtigen befreienden Worten, geholfen. Nick kann alles: Auf sein Gegenüber eingehen, es psychologisch unterstützen, sich selbst üben zurückzunehmen. Aber er hat die Freiheit sagen zu können, wenn etwas für ihn nicht stimmt. Wie gerne wollte ich oral behandelt werden! Erst nach meiner Rasur hat es dann auch für ihn gepaßt.

Gibt es etwas Negatives zu sagen? In der Anfangszeit hatte ich einmal eine ganze Nacht gebucht. Als Nick schlafen wollte und es auch für ein paar Stunden tun mußte, hab' ich mich beklagt, daß ich ihn nicht die ganze Nacht spüren konnte. Liebe Leser, ist das ein Negativum? Nick meinte, eine Maschine sei er grad nicht und da ist was dran ...

Natürlich möchte ich jetzt auch ehrlich zugeben, neben all seinen Charakterstärken und Fähigkeiten: Er gefällt mir ganz einfach gesagt auch vom Aussehen her. Seine langen Haare, ich liebe das!

Mag ich auch sehr – und das ist mir ganz speziell: Seinen nicht erigierten Penis in meinem Mund zu haben und den »Lolly« zu genießen! Nick weiß das und begibt sich da in eine Art von spezieller Konzentration, um mir das zu schenken.

Ich habe das Glück, ihn kennengelernt zu haben und bin dafür dankbar.

Renate, deren Name von der Redaktion nicht geändert wurde ☺.

Magnetismus der Herzen

REAKTIONEN UND TESTIMONIALS

BEITRAG VON SABI (37)

Nick,

Du hast mich geheilt von den vielen unsäglichen Schmerzen, Lügen und Diffamierungen, die ich einst, von anderen Männern verursacht, zu ertragen hatte. Mit Dir habe ich mein Selbstbewußtsein wiedererlangt, meinen Wert und meine weibliche Würde zurückerhalten.

Du bist Balsam für meine Seele, Heilung der besonderen Art.
Unbezahlbar, einzigartig! Ein Heiler der Zukunft!

BEITRAG VON ELLEN (50)

Schön sein soll er.

Das war meine erste und einzige Bedingung. Der letzte Mann, der meinen Körper umfassen und sich in ihm ausbreiten würde, sollte meinem Schönheitsbegriff entsprechen. Noch fühlte auch ich mich durchaus begehrenswert. Wobei ein Ausdruck wie Begehren auf einen romantischen Lebensabschnitt weist, den ich längst hinter mir gelassen, wohl durchlebt und nach dessen Ende ich sehr gründlich gelitten hatte. Die emotionalen Fragen wollte ich nicht wiederholen. Meine Geschichte sollte bei mir bleiben. Aber die physischen Schönheiten zweier Menschenkörper sollten sich treffen. Weil meine Bewegungskraft doch schon sehr eingeschränkt war und ich nicht ständig auf ihr Fehlen zurückgeworfen werden wollte, mußte ein Vollprofi her. Sex mit einem Edelblut, der mich nicht mit der geringsten Spur sinnloser und verhaßter Fürsorge ausbremst – das wollte ich. Jemand, dem ich gern ins Gesicht schaue, sollte es sein. Griffig sollte er sein. Kräftig, aber nicht stählern. Eine schöne Gestalt haben. Für mich schön.

Das Prinzip der leisen Aussendung von Signalen über ungewöhnliche Kanäle und das scheinbar unvermittelte Ankommen der Geister, die man ruft, war mir durchaus bekannt. Callboy Nick war allerdings kein Geist und wer da lässig über die letzten Stufen im Treppenhaus setzte, gefiel mir vorerst gar nicht. Auch war die erste erotische Begegnung nicht eben gelungen – eigentlich ernüchternd. Zu mechanisch. Aber glasklar war:
- Der Mann versteht sein Handwerk!
- Ich will was bei ihm finden, irgendwas treibt mich ...

Mir war damals nicht im Entferntesten klar, daß ich einen Spiegel gerufen hatte. Rückblickend wird deutlich, daß ich im Spiegelbild keine simple Reflexion mancher Eigenschaften und Ideen gesehen habe, sondern vielmehr, wie diese einst aussehen könnten. Und freilich stand ich hier der männlichen Version gegenüber. Die erste Bewunderung war schon mal auf beiden Seiten vorhanden: Ich bewunderte Nicks Mut, sich meiner Erscheinung zu stellen, denn es würde Einfühlungsvermögen erfordern, mich nicht am falschen Ort zu schonen und eine beherzte, vorwärts gerichtete Kraft, mich am richtigen Ort nicht zu schonen ... Nick seinerseits bewunderte meinen Mut, mein Leben gänzlich allein zu managen, die Krankheit auszuhalten, allein zu wohnen und einen Minibetrieb zu leiten. Ich hatte mir das Selbstbewußtsein erarbeitet, trotz aller Konventionen und Vorurteile, ganz frech einen Kerl ins Haus zu holen.

Über vier Jahre ist das her. Ich war auf etwas gestoßen, das ich bei einem Callboy niemals zu finden gedacht hätte. Ohnehin glaubte ich es längst für mich verloren. Da war Vertrauen. Ich spreche nicht von dem Vertrauen, das Nick mir entgegenbrachte, sondern von einem, welches ich zu ihm haben konnte. Auch meine ich nicht das Vertrauen in Sauberkeit und Diskretion, solche Dinge verstehen sich hier von selbst. Ich meine vielmehr ein Urvertrauen in eine männliche und menschliche Kraft. Auch brachte Nick beim ersten Date Respekt für mich auf, ein damals fremder Mann, der mir so nahe kam und meine Hinfälligkeit ganz unverkleidet sehen konnte.

Meine Gesundung hatte ich selbst initialisiert. Unbewußt, aber höchst zielgerichtet, indem ich diesen Dienstleister zu mir rief. Daß ein Heilwerden weitgehend nur an meiner Seele geschehen kann, scheint mir sehr offensichtlich. Es gibt keine Mittel, die meinen physischen Zustand in Ordnung bringen könnten. Mediziner sähen bei mir einen positiven Effekt von Sex in einem erstaunlich lang anhaltenden Ausbleiben der Schmerzen im Lendenwirbelbereich, in der Entspannung der Muskulatur. Doch diese Gilde titeltragender »Autoritäten« kann für mich nichts wirklich Nutzbringendes sagen oder tun.

Daß ein Callboy mir helfen könnte, mein Wesen gesundwachsen zu lassen, ist einigermaßen verwunderlich. Das Vertrauen zu Nick ist an keine Form gebunden und niemand von uns erhebt Ansprüche, schon gar nicht auf Besitz. Daß ich keine feste Beziehung haben will, glaubt mir sowieso keiner. Mein Rollstuhl spricht eine Sprache, die nicht meine eigene ist, aber hinlänglich verstanden wird. Nick hat meine Sprache aber recht schnell erkannt. Ich bin ja auch ich, nicht der Rollstuhl. An diese kurzgeschlossene Wahrnehmungswand knalle ich sonst fast täglich. Unser erster Austausch hingegen war ein offener und intensiver Dialog am PC mit friedvollen Ab- und Einsichten, wie sie nur Kriegernaturen haben können.

Es folgten Jahre von Sex, der erleichtert, der entspannt. Sex, der begeistert, der inspiriert. Sex, der ans Innerste reicht und mich weinen läßt, genüßlicher, freudiger, liebevoller Sex. Längst hat sich der Sex zu erotischer Verbundenheit gewandelt, zärtlich und freundlich, aber mit klaren Grenzen. Geld fließt und spricht eigene Worte.

Eine Ewigkeit lang legt Nick einen Finger auf meine Klitoris, preßt sachte, malt winzige Kreise. Mein Unterleib zuckt. Es ist eine leise, quälende, drängende Empfindung, die sich ruckartig entladen muß, immer wieder, in kurzen Intervallen. Ich liege und drücke mit den Händen Nicks Bauch über meinem Gesicht, mit den Fingern die Brust, suche mit den Lippen, mit der Zunge, die Brustspitzen und den wunderschönen Penis, das große, feste, seidige Versprechen. Geschlossene Augen, offene, helle Augen. Kaum hörbarer Atem, befreites Stöhnen. Ein kurzes Krabbeln und wir versinken ineinander und ich vergesse die Welt. Ein Leben lang mochte ich es nicht, wenn ein Mann meine Klitoris berührte. Das Eintauchen der Finger in die Vagina bedeutete mir unendliche Lust und war bei den Männern ohnehin beliebt. Erst Nick konnte mir diese eigentliche Weiblichkeit nahe bringen, mir lustvolle Sinnlichkeit vermitteln, von dieser kleinen, abenteuerlustigen Begleiterin der Frau ausgelöst. Langsam, bei anfänglich unangenehmen Gefühlen, entwickelte sich das sinnliche Empfinden über Neugier bis hin zur vollendeten Lust. Die Berührung, das Aufreizen der intimsten Weiblichkeit konnte ich jetzt erst zulassen, als Sex nichts mehr zu tun hatte mit Alltag, Verpflichtung und ungeschriebenen Verträgen in der Partnerschaft. Vor allem aber nichts mit Anrecht und Schuldigkeit.

Vertrauen, Respekt, Weiblichkeit. Das sind Konzepte, in denen ich meine Wurzeln ausbreiten will. Vielleicht ist meine körperliche Erscheinung deshalb so fragil, weil die Verankerung nie wirklich stattfinden konnte. In allen Beziehungen und sexuellen Begegnungen wurde das eine oder andere ausgeklammert. Nick zeigt mir die Unabdingbarkeit dieser drei Fundamente auf, indem wir Sex haben. Spielerisch, witzig, gleichmütig, erfüllend.

Schön ist er ...

―――

BEITRAG VON SONJA (31)

Auf Nick ist immer Verlaß!

Termin, Uhrzeit, Gespräch, Spaß, heißer Sex und Orgasmus!

Was will ich mehr? Mehr geht nicht!

BEITRAG VON ALEX (55)

Lieber Nick,

die Gründe, warum frau einen Callboy bucht, sind wahrscheinlich so unterschiedlich wie die Frauen, denen Du bei Deinem Job begegnest. Genauso mannigfaltig sind auch die Bedürfnisse, Sehnsüchte, Erwartungen, Wünsche und Phantasien, welche wir Frauen in uns tragen. Du hilfst uns diese zu erfüllen, zu stillen, zu befriedigen und zu verwirklichen.

Sexualität hat viele Facetten: Von gemütlich kuscheln und Zärtlichkeiten austauschen, über eher von reiner Lust motiviertem Sex, bis hin zu ganz besonderen, einzigartigen und sehr persönlichen Erlebnissen. Damit »es« nicht nur Spaß macht und rein physisbezogen bleibt, sondern auch der Psyche gut tut, muß nicht nur die »Körperdynamik« stimmen, auch die Gefühlsebenen sollten harmonieren. Es ist für Callboy und Kundin nicht immer einfach auf einen fixen Termin hin – quasi auf Abruf und Knopfdruck – lustbereit zu sein, Alltag, Sorgen und das ganze Drumherum einfach auszublenden, sich voll auf einen anderen Menschen ein- und körperliche Nähe zuzulassen. Damit eine Buchung nicht zur Gratwanderung und schlimmstenfalls zur Enttäuschung wird, bedarf es viel Einfühlungsvermögens und der Bereitschaft sich gegenseitig auf Augenhöhe zu begegnen. Also mit Respekt und Verständnis.

Beim ersten Mal mit Dir war ich extrem nervös. Zu »Sex gegen Entgelt« gab es keinen Ratgeber. War ich nun mutig, übermütig oder einfach verrückt mich darauf einzulassen? Als erstes fiel mir positiv auf, daß Du den Geldumschlag freundlich dankend und ohne das Geld nachzuzählen entgegengenommen hast. Deine charmante, verschmitzte Art wie Du den Übergang gestaltet hast – vom sittsamen ersten Gespräch bei einer Tasse Tee zu den atemraubenden horizontalen Aktivitäten – werde ich nie vergessen. Für mich ein Paradebeispiel in Verführungskunst. Nichts wirkte einstudiert, künstlich oder schon hundertfach abgespult.

Seither sind über sechs Jahre vergangen und Du hast einen festen Platz in meinem Sexleben eingenommen. Wir haben schon oft darüber Witze gemacht, daß Du mich für den Rest der Männerwelt verdorben hast, nachdem nun die Meßlatte für andere Herren der Schöpfung ganz schön hoch gesetzt ist. Am besten klopfen nur noch Stabhochspringer an! Wir haben auch über den Umstand geschmunzelt, daß ich »meinem« Callboy sexuell treu bin. Doch Spaß beiseite. Daß ich mich regelmäßig mit Dir treffe, liegt nicht nur am guten Sex. Sondern vielmehr daran, daß ich in Dir viele Qualitäten und Wertvorstellungen spüre und erlebe, welche mir in diesen speziellen Stunden ein Rundumwohlgefühl bescheren.

Klar, wer läßt sich schon nicht gern körperlich verwöhnen? Aber das allein macht es nicht aus. Es ist wie bei einem leckeren Stück Schokoladentorte: Der Verzehr ist gar köstlich, der Geschmack verweilt ein paar Minuten auf der Zunge und das war's – vergessen wir mal den Umstand, daß sich Tortenstücke in Form von »Hüftgold« ablagern ... Ich wünsche und suche nachhaltige Erfahrungen und damit meine ich nicht, daß ich mir beim »Sport« mit Dir mindestens eine Trainingseinheit im Fitneßstudio erspare!

Ich bestehe nicht nur aus einem Körper, der angeregt, Höhenflüge absolvieren und befriedigt werden will. Da ist noch die Frau, der Mensch. Verstand und Gefühle, die gesehen und erkannt werden möchten. Ein Gegenüber zu haben, mit dem ich mich sowohl über Albernheiten kaputt lachen, intellektuelle Klimmzüge machen und philosophische Spaziergänge unternehmen kann, ist weit interessanter als sich ausschließlich auf eine »Kanone im Bett« zu beschränken.

Was ich an Dir so schätze, ist Deine Fähigkeit nicht nur die Fassade zu sehen, sondern mich in meiner Ganzheit wahrzunehmen. Das wünscht man sich vom Freundeskreis und erwartet es sicher nicht zwingend vom »Mann für gewisse Stunden«. Umso berührender, wenn Frau das Gegenteil widerfährt.

Sex gegen Geld ist mit vielen Vorurteilen befrachtet. Erziehung, Gesellschaft, Konventionen, Selbstwahrnehmung und so weiter, machen es einem schwer, unbelastet und locker den Schritt zur Buchung zu machen. Wer dann auf der Türschwelle stehen wird und wie das Rendezvous weiter verläuft, weiß frau nicht im Voraus. Kann auch mächtig schief laufen, wie ich aus eigener Erfahrung weiß. Da braucht es dann eine gehörige Portion Mut, um einen zweiten Versuch zu wagen. Ich bin froh, habe ich es getan, denn sonst hätte ich Dich nicht kennengelernt.

Egal, ob wir über Gott und die Welt plaudern, oder uns in der Horizontalen an vertikalen Höhenflügen versuchen – Du gibst mir Deine volle Aufmerksamkeit. Bist in Deinen Aussagen und Handlungen authentisch. Fühlst Dich in die jeweilige Stimmung und mich ein – Dein Tuning ist fein abgestimmt. Es sind genau die Dinge, die sich nicht so einfach in Worten wiedergeben lassen, weil sie nicht faß- und meßbar sind, welche die Qualität unserer Begegnungen ausmachen. Und obwohl Sex der Grund für eine Buchung ist, wird er manchmal zur Nebensache. Akzeptiert und wertgeschätzt zu werden, so wie frau ist, fühlt sich wunderbar an. Genauso akzeptiere und wertschätze ich auch Dich. Danke für die vergangenen Stunden – Ich freue mich bereits auf die kommenden!

BEITRAG VON FRANZISKA (29)

Hallo Nick,

meine Begegnung mit Nick Laurent ist eine Begegnung der besonderen Art.

Es geht um Geben und Nehmen, Aufmerksamkeit, die erste Begegnung mit einem Mann, der erste Kuß, intime Berührungen in geschützter Umgebung, vorurteilsfrei, menschlich, auf Augenhöhe.

Es begegnen sich zwei erwachsene Menschen zum Berühren, zum Nähe spüren, zum sexuellen Austausch und Erleben.

Nick Laurent ist für mich der Schlüssel für eine Tür, die sich sonst nicht geöffnet hätte.

Gruß, Franziska

BEITRAG VON MANUEL (40)

Hoi Nick,

wie soll ich sagen, also merci vielmal, denn Du stehst immer für meine Dreier-Konstellationen parat.

Meine Partnerin liebt Dich! Mittlerweile bist Du auch für mich ein echter Kollege[105]. Gerne noch viele heiße Sessions! Wir Männer müssen eben zusammenhalten. Ciao!

Hinweis: Dieses Kapitel wird in einer neuen Auflage möglicherweise erweitert, sobald weitere, bereichernde Beiträge bei uns eingehen.

SENSITIVITY *Inspirations*
bietet an:

Schluß mit unüberlegten Floskeln!

Das wäre doch nicht nötig gewesen

Hat ein Geschenk etwas mit Not zu tun? Wohl kaum. Wenn ich schenke, dann immer von Herzen, mit einer überlegten und auf die Person abgestimmten Absicht. Ich erwarte keinen überschwenglichen Dank. Davon habe ich mich schon seit langem befreit. Aber freuen würde mich eine von Herzen kommende Reaktion, gleich welcher Art, natürlich trotzdem.

Nehmen wir an, ich verschenke einen Strauß Blumen in herzlicher Absicht, um jemandem eine Freude zu machen. Derjenige mag aber diese Sorte Blumen nicht, was ich nicht wissen konnte, und läßt sie dann im Mülleimer verschwinden. Das wäre völlig okay, denn es ist seine Angelegenheit und Entscheidung damit auf seine Art und Weise für sein Leben passend umzugehen. Ich weiß zwar bis heute nicht, woher das kommt, aber wenn ich etwas schenke, höre ich unauslöschlich die bevorzugte Floskel des Beschenkten: »Ach, das wäre doch nicht nötig gewesen!«

Oberflächlich betrachtet, mag das ja stimmen. Mit Not hat das aber nichts zu tun. Womöglich will man mir nur höflich sagen, daß ich auch ohne Geschenk hätte aufkreuzen können. Gut, ich mache mir halt gern besondere Gedanken, wem ich was schenke. Womit ich dieser Person eine Freude machen könnte. Was ihr am meisten gefallen würde. Was nützlich, witzig, irgendwie schön, vielleicht auch mit einer besonderen Situation verbunden sein könnte. Für mein Empfinden wäre es herzlicher zu hören: »Oh, das freut mich«, »ganz besonders, weil es von dir ist«, »das gefällt mir total« oder »ich schätze es, daß du dir überhaupt Gedanken gemacht hast, mir etwas Passendes mitzubringen«. Oder ein einfaches »Danke«. Selbst ein wortloses Lächeln oder keine Reaktion wären für mich angenehmer, als immer das »es wäre doch nicht nötig gewesen«.

»Nötig sein« assoziiere ich mit Not, zwingend, unausweichlich, unumgänglich und das erzeugt bei mir eine bedrückte Stimmung, die ich mit keinem Geschenk verbinden möchte. Deshalb führe ich das Wort gar nicht mehr in meinem alltäglichen Sprachgebrauch. Ich schwöre mir immer wieder, daß ich das nächste mal auf diesen Spruch antworte: »Ah okay, nicht nötig gewesen? Gut, dann nehme ich das Geschenk wieder mit!«

Aber ich spüre jedes Mal, daß die Floskel zwar gesagt wird, aber nicht so gemeint ist. Daß meine Geschenke sehr wohl ein kleines bißchen Freude verursachen. Vielleicht kennst Du jemanden, der zu Dir auch sowas sagt. Was macht dieser Satz mit Dir? Was wirkt dabei? Oder vielleicht sagst Du ihn sogar noch selbst? Falls er zu Recht gesagt ist und Du das genau so meinst, dann sag ihn bitte weiterhin. Dann macht er Sinn. Wenn er unüberlegt gesagt wird und Du das gar nicht so meinst, dann streiche ihn am besten für immer ersatzlos!

Offen sein für alles

Meist nicht so gemeint, aber doch so gesagt! Weiterhin fällt mir viel zu oft auf, daß Menschen, die sich als modern, aktiv oder gar spirituell versiert sehen, die sich besonders aufgeschlossen erleben und sich interessiert für Neues darstellen möchten, gern sagen sie seien »offen für alles!«

Darauf angesprochen, daß sie damit aber gefährliches Terrain betreten und nicht nur Tür und Tor öffnen für günstige, sondern auch unkontrolliert für weniger günstige Energien und Machenschaften, antworten sie mir, daß sie das, ja klar, auch nicht so gemeint haben. Aha! Natürlich meinen sie, nicht offen für alles, sondern nur für das Gute, Schöne, ihnen Nützliche oder Passende. Immerhin wissen sie erstaunlicherweise sofort, wo die Formulierung hinkt und die mögliche Gefahr liegt. So hätten sie es nicht sagen dürfen, räumen sie ein, das sei ihnen bewußt, natürlich.

Ich möchte damit die Sensibilisierung für diesen Ausspruch wecken. »Offen sein für alles« kann niemals nur günstig sein. Offen und bereit sein für all das, was jetzt und in Zukunft paßt oder was im Moment zu erfahren ansteht, ist schon eine ganz andere Haltung und immer noch flott genug. Vor allem dann sinnvoll, angemessen, empfehlenswert, geeignet und ratsam, wenn man unterwegs ist mit allem, was zweckmäßig, adäquat und zweckdienlich für den eignen Weg ist.

Wen der eine Punkt anspricht, oder alle beide der hier erwähnten Punkte, wird sich bei nächster Gelegenheit bestenfalls überlegen, wie am besten formuliert wird. Genauso kann man von nun an selbst die Brisanz spüren, was dabei passiert, wenn andere das (und viele ähnliche Floskeln mehr) »unüberlegt« sagen. Was der Satz mit ihnen macht, wenn sie vielleicht ganz was anderes damit meinen, es ihnen aber bisher so gar nicht aufgefallen ist. Wenn Du möchtest, mach andere einfach darauf aufmerksam und lass' sie bewußt spüren, worum es Dir dabei aus Deiner Sicht geht.

NEUNZEHN

FAQ
HÄUFIG GESTELLTE FRAGEN

FRAGEN BEANTWORTEN
FÜHRT ZU NOCH MEHR FRAGEN

Wer uns Genaues fragt, bekommt präzise Antwort. Doch nach unseren bisherigen Erfahrungen führt »Fragen beantworten«, schneller als die Antwort verdaut ist, zu noch mehr Fragen. Da wir nicht jedem bei jeder Gelegenheit die komplette Geschichte mal eben auf die Nase binden können und wollen oder wir uns in eiligen Momenten nicht mit wenig Worten wahrheitsgetreu verständlich machen konnten, haben wir uns nicht selten hinreißen lassen Pauschalantworten, wie »im Internet«, zu geben. Was unter anderem direkt zu diesem Buch geführt hat.

Meist war es in Gesprächen gar kein Thema und tat nichts zur Sache, also wurde auch nicht darüber diskutiert. Manche Situationen wollten wir nicht mit der Schwere oder Sensationslastigkeit belasten, die eine genaue Aufklärung über alle Einzelheiten mit sich bringt. Oft waren ganz andere Themen im Privatleben mit Freunden oder Familie wichtiger. Für viele ist unser Leben und die Situation um Nicks Beruf spannend, interessant, außergewöhnlich und auch wertneutral. Für einige wiederum sehr begeisternd, und sie werden dann schnell mal neugierig oder wißbegierig so einiges mehr darüber direkt von uns beiden, aus erster Hand oder verläßlicher Quelle, zu erfahren. Anschließend ist es aber wieder gut, abgehakt und absolut kein Thema mehr. Wir haben viel Gutes, Respektables, Aufrichtiges und sehr Natürliches in diesem Zusammenhang erlebt. Für andere hingegen ist das Ganze bedenklich, völlig unvorstellbar, richtig unerträglich oder absolut peinlich und wird immer wieder als schmuddeliges, belastendes Thema bezeichnet. Jeder geht anders damit um, das ist das gute Recht eines jeden. Es gibt verständlicherweise sehr viele damit verbundene Klischees, Unsicherheiten, Ängste, aber auch wilde Spekulationen und grobe Unwahrheiten, bis hin zu persönlichen Beleidigungen und Verletzungen.

Wir scheuen keine Mühe, um maximal Licht und große Liebe in alle Belange dieses Themas hineinzugeben, damit jeder Interessierte sich das, was ihn bewegt, fasziniert oder noch beunruhigt, in aller Gelassenheit, aus unserer Sicht mit dem persönlichen Blickwinkel kombiniert, betrachten kann. Dieses Kapitel wird bei Bedarf von uns kontinuierlich erweitert und überarbeitet. Änderungen oder Ergänzungen fließen wahrheitsgetreu und lebendig in die jeweils nachfolgende Auflage ein.

Fragen können authentisch und präzise, immer nur in Bezug auf die Person oder Personengruppe die fragt, beantwortet werden. Das bedeutet, daß auch Antworten lebendig und stets relativ sind. Sich verändern können, wenn man zu anderer Zeit mehr weiß, anderes damit in Verbindung bringt, sich die Sichtweise verändert hat und man die Wortwahl an der Energie der Fragesteller ausrichtet. Trotzdem haben wir versucht eine heute gültige, neutrale Version zu formulieren. Wir behalten uns aber vor, die gleichen Fragen in Zukunft womöglich wieder anders zu beantworten.

1. **Warum bestellt sich eine Frau einen Callboy?**

   <u>Tina</u>: Doch wohl zur Erhöhung ihrer Lebensqualität. Wozu sonst? Zwar eine geplante, aber sichere Sache mit relativ hoher Erfolgsgarantie, daß auf sie eingegangen wird. Sie kommt dadurch an einen Mann, den sie sonst nicht unbedingt kennengelernt hätte. Und falls doch, dann bleibt fraglich, ob man sich privat für gemeinsamen Sex entschieden hätte. Bei bezahlter Dienstleistung, als Macht der Nähe mit Distanz, sind die Grenzen der Erwartungen, Emotionen und Verwicklung von vornherein klar abgesteckt. Beim Profi weiß Frau, daß ein gewisses Selbstvertrauen, Stil und Klasse vorhanden sind, der Mann sein »Handwerk« versteht und sein »Werkzeug« bestens einzusetzen weiß. Auch das Sicherheitsrisiko in Bezug auf Gesundheit oder Gewalt scheint minim, da professionelle Callboys nicht herumstümpern. Vor allem ihr Business seriös betreiben und, stets um Qualität bemüht, qualifiziert weiter voran pushen möchten.

   <u>Nick</u>: Tja, wie das halt so ist mit den Frauen. Letztendlich wollen sie doch alle auch nur »das Eine«, so wie wir Männer, oder? Nein, Spaß beiseite! Ich denke, daß die Beweggründe einer Buchung absolut individuell sind, so wie auch jeder Mensch einzigartig ist. Vielen Frauen geht es dabei nicht nur um »das Eine«, sondern sie wollen von einem Mann gesehen und tief im Herzen verstanden werden, sich auch im Gespräch auf Augenhöhe begegnen und austauschen können. Wenn es einen solchen Mann in ihrem Leben nicht gibt, oder noch nie gab, bin ich für manche unschätzbar wertvoll.

FAQ – HÄUFIG GESTELLTE FRAGEN

2. **Wie machst du das als »seine Frau«? Ich könnte das nie ertragen!**

   <u>Tina</u>: Diese Aufgabe stellt sich anderen auch nicht. Sonst würden sie das ja selbst erleben. Es ist weder ihre Bestimmung, noch stehen sie in ihrem Leben an diesem Punkt der Erfahrung oder Erkenntnissuche und können es sich deshalb auch nicht vorstellen dies zu erfahren. Wobei es bei mir gar nicht um »ertragen« geht. Ich ertrage nichts dabei. Ich freue mich darüber und nehme an der Summe der Erkenntnis teil. Es hängt auch maßgeblich davon ab, ob und wie genau der Mann kommuniziert. Welche Art von Kommunikationskultur in der Beziehung gepflegt wird und wie mit der »Liebe als Zustand« vom Verständnis her umgegangen wird.

3. **Wie kannst du das nur aushalten, daß er noch andere Frauen hat?**

   <u>Tina</u>: Gar nicht. Ich halte das nicht aus. Wir leben das gemeinsam. Auch ich wachse an den Erfahrungen im täglichen Umgang mit Nick. Ich gönne ihm seine vergangene und zukünftige Entwicklung sowie ich den Frauen, die er wählt, die besondere Erfahrung mit ihm gönne. Jede wahrhaftige Frau trägt dazu bei, daß er der Mann und Mensch geworden ist, der er heute auch für mich ist und in Zukunft noch werden wird. Durch jede passende Begegnung und erkenntnisbringende Einsicht im Leben wird er für mich noch vollkommener und wertvoller oder gar besser als zuvor. Genauso schätzt er passende Entwicklung in jeder geeigneten Weise auch bei mir. Also, wenn man diese Situation nicht integrieren oder verarbeiten kann, sollte man sich sehr, sehr lange vorher bereits überlegen, wie weit man sich **privat** mit einem »Callboy« überhaupt einlassen kann und will.

   <u>Nick</u>: Meine Partnerin ist die erste und einzige Frau, die ich kenne, die so darüber denkt und das auch wahrhaftig so lebt. Sie zeigt mir dadurch, daß einzig das Ausblenden, nach dem Motto »was ich nicht weiß, macht mich nicht heiß«, und nichts im Herzen verinnerlicht zu haben, trotz allem aushalten, keine Liebe wäre und niemals Freiheit bringt, wohl aber Schmerz und Zwiespalt.

4. **Bist du da nie eifersüchtig?**

   <u>Tina</u>: Worauf sollte ich eifersüchtig sein? Eifersucht hat nichts mit Liebe zu tun, sondern mit Angst und Angst empfinde ich bei Nick

und mir nicht. Unser gemeinsames Leben kosten wir in jedem uns möglichen Aspekt unbegrenzt, ausgiebig aus. Es fehlt uns an nichts. Wir sind beide jeden Tag aufs Neue immer wieder reich beschenkt. Was diesen Job betrifft, das hat mit seinem Leben und primär mit seiner Entwicklung zu tun. Warum sollte ich ihm etwas neiden oder nehmen, was schon seit jeher immer Teil von ihm war, ist und sein wird? Ich gebe ihm wohlwollend gönnend Rückenwind für seine Sehnsüchte und er mir für meine. So einfach ist das.

5. **Das hätte ich nie gemacht! Wieso machst du das?**

    Tina: Hast du ja auch nicht. Für mich stimmt es so, wie es ist und ermöglicht mir den nächsten Entwicklungsschritt in meinem Leben und hoffentlich noch viele mehr. Alles hat seine Zeit und seinen Sinn, es gibt keine Zufälle. Um genau zu verstehen, warum jemand was macht, braucht es immer eine umfassende Perspektive, die man normalerweise zu den Beweggründen anderer nicht so ohne weiteres hat. Sie besteht zumindest darin, daß man durch die Augen des anderen schaut und seine eigene Wertung und Betrachtung, für diesen Moment der Wahrnehmung, restlos ausblendet.

6. **Wie kommst du damit klar? Da mußt du echt zusehen, wie du zu recht kommst, oder?**

    Tina: Ich komme damit nicht klar, sondern habe gut überlegt, lange vorher schon in mich hineingefühlt, ob das mein Weg sein könnte. Ich habe mich, ihn und alles hinterfragt. Sehr genau im voraus hinterfragt wie das Leben dann mit Nick zusammen wäre. Ich verstehe die Menschen, somit gönne ich jedem einfach das, was für ihn gut ist. Energetisch fühle ich Nick und auch seine Kundinnen, spüre wie sich alles stimmig in sein Leben, und damit auch in meins, einfügt.

7. **Hast du keinen »Besseren« gefunden?**

    Tina: Besseren in Bezug auf was? Er ist der Passende zu dieser Zeit und an diesem Ort in Bezug auf das, was ich jetzt zu erfahren habe und in mir entwickle. Unabhängig von unseren spirituellen Sichtweisen führen wir genau das vielseitig spannende und harmonisch friedliche Leben, das wir uns jetzt gemeinsam wünschen.

FAQ – HÄUFIG GESTELLTE FRAGEN

8. **Ist das Leben mit Nick nicht zu anstrengend?**

    <u>Tina</u>: Für uns ist es nicht anstrengend, sondern ganz »normal«, eine durchaus gesuchte Intensität. Anstrengend sind für uns alltägliche Energiefresser aufgrund kleingeistiger Betrachtungsweisen, denen Weitblick, Weisheit, Achtsamkeit, Dankbarkeit oder Liebe fehlt.

9. **Wieso hat denn der Callboy überhaut eine feste Partnerin?**

    <u>Tina</u>: Nun, wenn eine Partnerin zu ihm und seiner Lebensabsicht, also zu seinem jetzigen »Lebensspiel« paßt, wieso nicht?

    <u>Nick</u>: Auch ich sehne mich nach wahrer Liebe und Beständigkeit.

10. **Macht das nach so vielen Jahren noch Spaß?**

    <u>Nick</u>: Mit Sicherheit, es ist immer wieder neu und anders. Nicht nur ich entwickle mich weiter durch mein Leben und meine Kundinnen, sondern auch die Kundinnen entwickeln sich weiter durch mich und ihr eigenes Leben. Alle nehmen so am Lebenspuzzle von allen teil.

11. **Gibt's denn da beim Mann auch Abnutzungserscheinungen?**

    <u>Nick</u>: Was sich abnutzt, sind die Reifen am Auto.

    <u>Tina</u>: Wahre Freude im Herzen regeneriert alles!

12. **Muß man dazu was Spezielles können?**

    <u>Nick</u>: Ja, sehr viel Spezielles muß man können und noch mehr wissen. Dies hat jedoch nichts mir irgendwelchen speziellen oder ausgefallenen Sexualpraktiken zu tun, sondern vielmehr mit einer gewissen Allgemeinbildung und natürlich auch mit einer ausgeprägten Menschenkenntnis. Vor allem aber sollte man ein liebevolles Herz haben, auch wenn man sonst eher als Krieger unterwegs ist.

13. **Woran erkennt man einen professionellen Callboy?**

    <u>Tina</u>: Daran daß man ihm überhaupt nicht anmerkt oder ansieht was er macht, es ihm aber durchaus zuzutrauen wäre.

14. **Hilfst du auch manchmal nach?**

    Nick: Nicht mit Medikamenten, aber unsere Phantasie ist doch grenzenlos, wie überall und bei allem im Leben.

15. **Gibt es einen Unterschied mit der eigenen Partnerin?**

    Nick: Ja, nichts läßt sich damit vergleichen!

16. **Darf deine Partnerin auch noch andere Männer haben?**

    Nick: Ja sicher, jeder der passend für sie ist, den darf sie haben. Die Frage ist nur, wer paßt genau und wozu? Wenn sie den Drang verspürt entsprechende neue Energien einzuladen, um zu erfahren wie das wirkt, unterstütze ich sie in jedem Fall dabei. Sie muß vor mir nichts unterdrücken, noch verheimlichen, oder mich gar anlügen. Sie darf mir erzählen, was sie dabei berührt, neu erfährt und denkt. Und sie darf mich vielleicht sogar auch mitnehmen.

17. **Will Nick sich nicht mal einen richtigen/anständigen Beruf suchen?**

    Tina: Definiere »richtigen« und definiere »anständigen«. Der Beruf ist »so richtig«, wie er passend ist und »so anständig«, wie er verantwortungsvoll ausgeführt wird.

    Nick: Ich habe durchaus einen sogenannt »richtigen« oder »anständigen« Beruf erlernt und auch sehr viele Jahre ausgeübt. Allerdings stellte sich mir dabei irgendwann die Frage, ob mein erlernter Beruf auf Dauer erfüllend und dem eigenen Wesen entsprechend ist. So kam es, daß ich den »sicheren Pfad der Norm« verließ und damit meinen eigenen Weg fand. Aber das muß, so denke ich, jeder selbst für sich entscheiden. Auf jeden Fall betrachte ich meinen Beruf als Callboy durchaus als richtig, anständig, wertvoll und gewissenhaft.

18. **Kannst du mich** (fremder Mann, Anm. der Red.) **mal zu so einer Buchung mitnehmen?**

    Nick: Nur wenn es ausdrücklicher Wunsch einer Kundin wäre und ich dich, gemäß meinen Anforderungen, als geeignet erachte.

FAQ – HÄUFIG GESTELLTE FRAGEN

19. **Was ist für dich allgemein betrachtet »guter« Sex?**

    <u>Nick</u>: Wenn ich die Frau, mit der ich mich austausche, als die Person sehe, die sie ist und die Kommunikation stimmt. Wenn man sich völlig fallen lassen kann. Beruflich in jedem Fall die Kundin. Privat immer alle beide.

20. **Vielleicht hört er damit ja bald auf!**

    <u>Tina</u>: Es gibt einige mögliche spannende Zukunftsszenarien und noch viel mehr Ideen. Die wahrscheinlichste, stärkste Variante wird sich zu gegebener Zeit verwirklichen und dann willkommen sein.

21. **Was gibt es dieses Jahr zum Geburtstag?**

    <u>Tina</u>: Ich würde mir einen Callboy bestellen, wenn ich nicht schon einen hätte. Wobei, es gibt ja auch noch andere ... die Konkurrenz schläft nie. Ab wann die Zeit zählt, weiß ich ja jetzt ... Dieses Jahr schenke ich mir ein außergewöhnliches Buch, das ich schon immer gern selber hätte lesen wollen, mit dem Titel »Die Liebe und der Krieger«. Ich bekomme sicher ein signiertes, kostenloses Belegexemplar. Aber das eigentliche Geschenk dieses Jahr war ein professionelles Fotoshooting, das mir eine neue Sicht zu mir selbst eröffnete. Jede Wahrnehmung im Spiegel ist eine einseitige Illusion. Jeder sieht ganz anders aus, wenn Schminke, Beleuchtung und Weichzeichner, selbst ohne Photoshop, verzaubern. Ich gebe Mick Jagger gern Recht, denn er sagte einst: »Schönheit ist nur ein Stück Haut«. Aber entscheidend im Ausdruck unserer Schönheit und Einzigartigkeit sind unsere Augen, denn sie sagen einfach alles.

22. **Warum schreibt ihr so ein Buch?**

    <u>Tina</u>: Weil es enorm Spaß macht und eine einzigartige Erfahrung ist, die uns **und anderen** ganz neue Erkenntnis bringt. Schon als wir uns kennenlernten und langsam näher zusammenkamen, war es unser großer Herzenswunsch, die für uns atemberaubende Geschichte aufzuschreiben um sie dann unseren Familien und Freunden mit allen Details zur Verfügung zu stellen. Inzwischen haben wir unsere Beweggründe noch viel weiter gefaßt. Nämlich damit überall auf der Welt interessierte Leser diese Wirklichkeit aus den

vielen Aspekten ihrer Möglichkeiten, mit unseren Augen und durch unsere Herzen, authentisch und nah erfahren können.

Nick: Weil ich der Meinung bin, daß dieses Buch die Menschen, die es mit offenem Herzen lesen, für ihr eigenes Leben bereichern wird.

23. **Wie sieht es mit der Hygiene oder Angst vor Krankheiten aus?**

Nick: Oberstes Gebot ist: **Nie ohne Kondom!** Absolute Hygiene und maximaler Gesundheitsschutz stehen immer an erster Stelle. Dicht gefolgt von regelmäßigen Gesundheitschecks und absolut niemals auch nur die kleinsten Risiken eingehen. Ich trage nicht nur die Verantwortung für mein eigenes Leben, sondern auch für das Leben aller Frauen, mit denen ich mich sexuell austausche.

24. **Wie sieht es nach einer Buchung mit der Lust zuhause aus? Geht da noch was?**

Nick: Die Buchungen beeinflussen die Sexualität zuhause überhaupt nicht. Außer, daß meine Partnerin die Stunden vor einer Buchung freiwillig zurückhaltend ist. Dies aus großem Respekt und Achtung gegenüber der Kundin, die sich auf die Zeit mit mir freut und natürlich auch »gewisse Erwartungen« an mich hat. Danach ist zuhause allerdings alles erlaubt und immer »freie Bahn«.

25. **Gibt es einen Unterschied beim privaten Sex, ob man Callboy ist oder zum Beispiel einen Bürojob hat?**

Nick: Wohl kaum, denn wer Sex natürlich und mit Freude in sein Leben integriert, lebt seine Sexualität unabhängig von jedem Job aus. Genau richtig passend, wenn beide Lust aufeinander haben und diese körperliche Nähe gemeinsam tiefes Anliegen ist. Ob ich, vielleicht inspiriert durch meinen Job, mehr sexuelle Fertigkeiten oder Feinheiten in mein Privatleben einbringe, liegt wohl eher am Verhalten einer Person als nur am Job.

26. **Wissen das eure Familien, Verwandten, Freunde, Bekannten?**

Tina: Unsere Familien auf jeden Fall, auch einige Verwandte, mit denen sehr enger Kontakt besteht. Nahe Freunde sowieso, das ergibt sich von ganz allein. Wo es aber bisher keine Relevanz hatte, haben wir niemanden unpassend mit dem Thema bedrängt. So wie wir auch jetzt das Buch keinem einfach um die Ohren schlagen.

Nick: Ja, ich machte noch nie einen Hehl aus meinem Job. Im Gegenteil, ich bin stolz auf die Art und Weise wie ich diesen, nicht der Norm entsprechenden, Job ausführe. Außerdem sah ich noch nie einen Grund, weshalb ich daraus ein Geheimnis hätte machen sollen. Wer Geheimnisse hat oder gar lügt, der macht sich angreifbar.

27. **Was sagen denn eure Eltern zu euch?**

Tina: Alle Eltern, die eine Tochter haben, wünschen sich immer, daß der Mann an der Seite ihrer Tochter sie auch wirklich verdient, sich durch Ehrlichkeit und menschlich redliche Werte auszeichnet. Vor allem auch, daß er sie ein Leben lang glücklich macht, sie wertschätzt, begehrt und ihrer würdig ist. Aber werden Eltern gefragt?

Nick: Meine Eltern standen und stehen immer hinter meiner Wahl!

28. **Was hast du für Arbeitszeiten?**

Nick: Tagsüber im Büro, wenn ich gelegentlich als Maschinenkonstrukteur oder Informatiker arbeite, natürlich die ganz normalen Arbeitszeiten. Buchungen als Callboy logischerweise eher abends spät oder manchmal früher, weil mit Abendessen verbunden. An freien Tagen kann ich Buchungen über Mittag annehmen. Insgesamt sehr unterschiedlich, aber nie vor 11 Uhr vormittags.

29. **Wie ist das dann tagsüber, wenn du wieder normal im Büro bist?**

Nick: Für mich ganz normal, die beiden Bereiche beeinflussen sich gegenseitig nicht. Natürlich muß ich auf ausreichend Schlaf achten.

30. **Was machst du während der Zeit, die Nick »im Einsatz« ist?**

Tina: Möchtest du hören, daß ich mir dann immer andere Callboys ins Hotel bestelle? Also, in der Zeit haben wir definitiv keinen Sex miteinander. Abgesehen davon mache ich alles, was ich sonst auch tun würde. Da ich immer weiß, wann Nick in welcher Gegend ist und welche voraussichtliche Zeitspanne er bleibt, kann ich gute, wohlwollende Gedanken in diese Richtung schicken, wenn ich zwischendurch an ihn denke. Wir haben einen geheimen Code, der mich informiert, daß alles okay ist und ab wann er sich auf den Weg dorthin macht, wo ich gerade bin. Oder ob er sich wie meistens schon auf dem direkten Heimweg befindet.

31. Glaubst du an Gott, Nick?

<u>Nick</u>: Meine Götter sind die des nordischen Pantheons. Denn wir Menschen neigen dazu dem Göttlichen Namen zu geben, ob einen oder mehrere, spielt dabei keine Rolle. Das Göttliche ist meiner Meinung nach weder gut noch schlecht, es umfaßt alles, was ist. Ich habe auch keinerlei Einwände gegen den Christengott, denn ein Gott mehr oder weniger spielt für uns Nordmänner keine Rolle. Womit ich allerdings keine Identifizierung aufrechterhalte, sind Institutionen, die ihren Gott durch die Umsetzung eigener Lehren und Regeln verwalten und strukturieren möchten und dadurch limitieren. Wobei es zum Beispiel durchaus Christen gibt, die es trotz Institutionen schaffen, die sogenannten christlichen Werte ausschließlich durch Gutes zu leben und sich beispielhaft für andere Menschen, Tiere und die Welt an sich einsetzen.

32. Glaubst du an Gott, Tina?

<u>Tina</u>: Ja, ich glaube an den göttlichen Urgrund und alle tiefen Werte, an die schon Christus zu seinen Lebzeiten die Menschheit zu erinnern versuchte. Wir leben jetzt in einem Zeitalter, in dem der destruktive Kriegergeist auf **furchtbare** Weise zum tragen kommt! Menschliche Beziehungen, Strukturen und Kräfte werden immer schneller und rücksichtsloser einfach niedergemetzelt und ausgelöscht, in der Hoffnung, daß daraus etwas Neues entsteht. Das tut es aber ganz so einfach nicht, wegen des herrschenden Hasses, Neid, viel Enttäuschung und noch mehr Resignation, die mit allem zusammenhängen. Christus kam vor zweitausend Jahren schon aus dem gleichen Grunde auf die Erde. Er wußte, daß Krieg, Widerstand und Kampf den Menschen verführen werden das göttliche Geschenk, nämlich ihr **freies Herz**, zu verlieren. Obwohl Christus die unglaublichsten Kräfte in sich trug und sie lebte, hat er sie im kriegerischen Sinne nicht eingesetzt. Ganz im Gegenteil, er hat sie **der Liebe, dem einzig verbindenden Prinzip**, untergeordnet. Wir leben heute in einer **sehr** ähnlichen Zeitepoche. Aus meiner Sicht geht es auch jetzt weltweit darum, das Kriegertum zu entwaffnen

und als bedeutungslos zu entlarven. Indem wir den Geist von **Verstehen** und **Begreifen** tief im Herzen wieder lebendig werden lassen und den Menschen in allen Ländern der Erde erklären, daß sie kein Tier sind, das mit Wut, Reviertrieb, Sexualität und Imponiergehabe lebt. Sondern, daß wir Menschen göttliche Geschöpfe sind, mit freiem Willen innerhalb einer Bestimmung, welche Achtung vor sich selbst und allem Leben haben sollten. Mit dieser tief im Herzen verankerten Botschaft könnte die Menschheit wieder in eine neue, gute Richtung vorangehen. Die Umsetzung beginnt im kleinsten zwischenmenschlichen Detail. Der Selbstverantwortung für unsere Gedanken und allen Handlungen im Außen, durch stetes Wachsen an Bewußtsein und Erkenntnis. Die Kraft dazu entspringt dem Göttlichen, denn nichts ist von uns selbst. Kein Gedanke, kein Körper, keine Lebensenergie – aber auch wir erhalten die göttliche Existenz und tragen zu ihrem Wachstum und ihrer Ausdehnung bei.

33. **Wie läßt sich Nicks Kriegertum mit Tinas Liebe für jeden und alles vereinbaren? Kann man diese Kontroverse privat unter einen Hut bringen und wie läßt sich dieses Kriegerische mit der Einfühlsamkeit eines Callboys ausleben?**

    Tina: Beides bestärkt, lernt, erfährt, versteht, bereichert, inspiriert und ergänzt sich durch das andere in seiner Vollkommenheit.

    Nick: Dem ist nichts hinzuzufügen.

34. **Was passiert, wenn Nick doch einmal lügen oder dich hintergehen würde?**

    Tina: Er würde für sich Energien in Gang setzen, die auf ihn zurückwirken und nicht gänzlich günstig wären, da sie passenden Ausgleich auf sein Karma einladen würden, mit dem er zu gegebenem Zeitpunkt erneut zu tun bekäme, um das Ungleichgewicht in seiner Seele zu bereinigen. Ein wahrlich großer Geist kann sich all das in seinem reinen Bewußtsein nicht mehr leisten. Ein wahrer Seelenpartner hat weder Grund zu lügen, noch das Bedürfnis den anderen zu hintergehen, denn er ist eins mit ihm/ihr. Wenn so etwas in einer betrügerischen, gemeingefährlichen, hinterlistigen Absicht geschähe, wäre Nick nicht der Mann, für den ich ihn gehalten habe. Wenn wir uns anlügen würden, würde jeglicher Sinn in diesem Teilbereich beidseitig zerfallen. Aber wieso sollten wir Situationen anschauen, die wir nicht haben? Wir lenken keine Energie dorthin. Und da wir verstehen, warum der andere etwas macht, muß keiner verzeihen oder verlassen. Verzeihen ist »Größenwahn«. Man beurteilt etwas und verzeiht dann großzügig? Nein, es gibt bei den Freigeistern nichts zu »verzeihen«, sondern immer nur zu »verstehen«.

35. **Ist Nick ein Mann für »immer« oder »ewig«?**

<u>Tina</u>: Ein Freigeist ist immer dort, wo die größte Resonanz für ihn spürbar ist. Er denkt nicht auf herkömmliche Weise in »immer« oder »ewig«. Außer es ist stimmig und bereichert innerlich, dann lebt auf integre Weise das »Jetzt« wie von allein. Wenn etwas begonnen wurde und nicht mehr paßt, muß es nicht in sinnloser Wiederholung zu Ende geführt, oder irgendwie ertragen werden. Es ist immer alles im Fluß. Aus heutiger Sicht leben wir aus der Energie des »für immer« und das nimmt jedem Aspekt die Oberflächlichkeit und macht alles noch gehaltvoller und tiefer. Das schließt nicht aus, daß es nicht noch andere, für uns wertvolle Menschen zu anderer Zeit an anderem Ort zu erfahren geben könnte. Alles ist möglich.

36. **Gab es für euch schon mal einen peinlichen Moment?**

<u>Tina</u>: Peinlich nicht, denn uns ist nie etwas peinlich. Aber lustig war's mal in einem Buchladen am Zürcher Flughafen. Wir kauften einen ganzen Stapel Geschichts- und Sachbücher und etwas Literatur zum Verschenken. An der Kasse fragte mich die Verkäuferin, ob ich eine Kundenkarte hätte. Ich verneinte. Sie fragte nach meinem Namen und der Postleitzahl meines Wohnorts und fand heraus, doch, doch, ich sei hier sehr wohl registriert und daß ich schon mal ein Buch online bestellt hätte. Ich wollte wissen, was das war, denn ich konnte mich an die Buchhandlung so nicht erinnern und ich merkte, daß die Verkäuferin schon ganz peinlich berührt und wortkarg auf ihren Bildschirm starrte, der für uns von der Seite einsehbar war. Ich sagte: »Darf ich mal kurz sehen, was ich da bestellt haben soll?« und schaute belustigt auf die Bestellung, die zwei Jahre zurück lag und da stand in großen Lettern: Oktober 2010 – »Fucking Friends«. Nick und ich mußten voll grinsen. Ich erinnerte mich, daß ich mir diesen Krimi vor der Weltreise noch in aller Eile nach Hause bestellt hatte, da es darin um die möglichen negativen

Auswirkungen des »Internet Datings« ging und die Handlung in Zürich spielte. Uns war das nicht peinlich, aber die Verkäuferin sagte nichts mehr, wickelte den Verkauf ab und wünschte uns reserviert, ganz schnell »noch einen schönen Tag«.

<u>Nick</u>: Na ja, mir sind öfters mal manche Mitmenschen peinlich, die durch Engstirnigkeit nicht über ihren Tellerrand schauen können.

37. **Was ist das größtmöglich Unerwartete oder Schlimmste, das (mit) einem Callboy passieren kann?**

<u>Nick</u>: Daß er eine Kundin liebt und sie seine Partnerin wird.

<u>Tina</u>: Daß eine zahlende Frau ihn liebt und er ihr Partner wird.

38. **Habt ihr euch wirklich so kennengelernt?**

<u>Tina</u>: Nein, wir kennen uns bereits aus der Ewigkeit und haben uns nur erinnert.

<u>Nick</u>: Und vielleicht ist auch alles ganz anders, denn alles ist möglich!

SENSITIVITY *Inspirations*
bietet an:

Kosmische Zeichen

Wenn wir lernen gegenüber den inneren und äußeren Zeichen unserer Seele aufmerksam zu werden, können wir vermehrt üben diese Zeichen zu verstehen, zu lesen und damit auch, richtig gedeutet, zu nutzen, um damit auf den richtigen Weg unserer Bestimmung zu kommen. Nicht immer ist alles, was uns im äußeren Leben begegnet, wie zum Beispiel Umstände, Menschen oder Informationen, sofort ein kosmisches Zeichen.

Entscheidend für die erfolgreiche Nutzung ist dabei zu erkennen, was Zeichen unserer Seele sind und was nur der reflektierende Spiegel unserer Vergangenheit ist. Das wären alte Überzeugungen, Hoffnungen und Ängste, die, je nach von uns ausgesendeter Intensität, in Schleifen immer wieder auftauchen können.

Jeder Mensch ist unbewußt oder bewußt auch ein Zeichen für andere Menschen. Wir können sogar entscheiden, wofür wir Zeichen sein möchten und uns danach ausrichten. Wir stellen uns am besten die Frage: »Woran möchte ich erinnern?«

Die zukunftsweisenden Zeichen machen Freude im Herzen, alte Muster schaffen Beklemmung und Angst.

Wenn ich um Zeichen bitte, die sich zeigen sollen und mir den Weg zu meiner Bestimmung zeigen sollen, werde ich sie überall erkennen. Doch sie sind oft leise und nicht immer so offensichtlich, das braucht Übung und Aufmerksamkeit. Je mehr man sie beachtet und sich damit befaßt, umso deutlicher und stärker treten sie an uns heran.

Es gibt Zeichen, die uns den Weg weisen wollen und von verschiedenen Quellen verursacht werden. Einerseits in Form von Menschen, die mir etwas sagen, Geschriebenem, das mir ins Auge sticht, Situationen, die plötzlich Klarheit bringen, Gegenstände, die mir auffallen oder Umstände, die sich günstig erweisen. Andererseits gibt es Zeichen, die nicht als Rückenwind gedacht sind, sondern geschickt werden um uns zu warnen, in die richtigen Bahnen zu lenken, uns von etwas ab- oder aufzuhalten. Damit werden sie dennoch zu Zeichen einer Wegkorrektur, da sie uns zeigen, wie wir wieder auf den richtigen, schnellsten oder komfortabelsten Weg zurückkommen. Es kommt nicht nur darauf an, wie man sein Ziel im Leben erreicht – sofern überhaupt – sondern auch in welchem Zustand. Es macht sogar einen Unterschied in welcher »Stimmung« man in die nächste Dimension »übergeht«, sprich stirbt.

ZWANZIG

ALLES GANZ ANDERS

VIELLEICHT IST AUCH ALLES GANZ ANDERS, DENN ALLES IST MÖGLICH!

Schon der bekannte Schweizer Schriftsteller Max Frisch hatte 1964 diese Sicht zur Häufung möglicher Perspektiven. In seinem Buch »Mein Name sei Gantenbein« spielt der Protagonist einen Blinden, um in dieser Rolle unverfälscht seine Umwelt zu beobachten und die Hintergründe zu beleuchten. Ein Blinder, der sehen kann, was er aber keinem sagt, schaut der Gesellschaft hinter die Kulissen, weil jeder meint, er sähe ja nichts. Frisch weiß, sobald das Leben erlebt und in der nächsten Sekunde einer anderen Person wahrheitsgetreu erzählt wird, ist die Schilderung bereits subjektiv. Die Wahrnehmung und Empfindung des Beobachters und Erzählers fließen mit ein und treffen zusätzlich auf die Deutungen des Zuhörers oder Lesers. Beim Lesen von »Die Liebe und der Krieger« wird jeder genauso seine ganz persönlichen Details erleben, verstehen und die Dinge individuell sehen und erkennen. Mancher wird diese vielleicht maßgeschneidert nutzen und für sich ein- und umsetzen. Das ist die Vielfalt, für die wir Menschen bekannt sind.

Es ist nicht beabsichtigt, daß man das Leben so betrachtet wie wir, oder es gar so leben sollte, wie es an irgendeiner Stelle im Buch steht, oder wie angeboten wird darüber nachzudenken. Für viele Menschen ist es schon spannend genug und durchaus bereichernd, nur davon gehört zu haben. Tolerant zu erkennen, daß das eigene Leben immer auch ganz anders sein könnte, daß bei anderen das Leben völlig anders ausgerichtet ist und in seiner Summe trotzdem genauso achtenswert, respektvoll und wertvoll ist, wie das eigene oder jedes andere Leben. Ob es zur eigenen Lebenskonstellation passen würde, jetzt gerade nicht paßt, aber vielleicht später paßt oder nie passen wird, ist dabei nicht relevant. Wie gesagt, auch wir arbeiten ständig an uns nicht wertend zu sein, was Achtsamkeit erfordert. Es gibt kein besser, kein schlechter, kein weiter, keiner weniger weit. Aus meiner Sicht entstehen nur passende Inspirationen oder lohnende Gedanken und viel zu oft auch Zeitverschwendung, wenn alles nicht berührt.

Frisch führt in oben genanntem Werk den Leser in seine Sichtweise ein: Ein Mann macht im Leben eine Erfahrung, hat eine Erkenntnis und sucht jetzt die passende Geschichte dazu, probiert Geschichten an wie Kleider. Er betrachtet sein Spiegelbild und beginnt zu phantasieren mit »ich stelle mir vor«. Freibleibend werden dem Leser detailliert mögliche Lebensumstände veranschaulicht, die allesamt zu dem Leben geführt haben könnten, das er meint zu haben. Jeder Mensch erfindet für sich früher oder später eine Geschichte, die er für sein Leben hält, oder eine ganze Reihe von Geschichten und Rollen, mit denen er sich selbst, sein wahres Wesen, leicht verwechselt. Doch wer ist mit seinem unbewußten Rollenspiel an der exakten Stelle seines Wesens? Oft urteilen wir zu Unrecht über uns selbst oder andere, indem wir annehmen man selbst oder jemand anderes sei so oder so, dabei spielt derjenige nur sehr überzeugend diese spezielle Rolle. Je mehr Rollen wir spielen, umso vielseitiger wird unser Leben und unsere Erfahrung. Je weniger Rollen, desto trister unser Dasein. Am beliebtesten, aber ungünstigsten, ist leider die weit verbreitete Opferrolle. Wer kennt sie nicht? Ich kenne sie gut! Meines Wissens gibt sie niemand zufällig auf, man muß erst einmal erkennen, daß man sie vielleicht verbissen oder mit Vorliebe und Hingabe spielt(e). Solange, bis sie durch günstigere Rollen ersetzt werden kann, die unser Wesen ans Licht ziehen. Dann erfolgt das Leben, das uns entspricht, das uns berührt und begeistert.

Es hätten auch andere Wege dazu führen können, daß Nick und ich uns kennenlernen und all das erkennen, was wir seither gemeinsam erlebt haben. Es hätte auch alles ganz anders sein können, denn es gibt keine absolute Realität und keine geschlossenen Systeme. Vielleicht haben wir uns ganz anders kennengelernt und alles verlief nochmal ganz anders. Wer weiß, alles ist möglich.

Wir stellen uns vor: Nicks Eltern leben seit Jahren in Santiago de Chile, da sein Vater dort für einen Schweizer Konzern arbeitet, und bewohnen eine Firmenvilla mit allen Annehmlichkeiten, die eine solche Position mit sich bringt. Der mehrjährige Vertrag geht dem Ende zu und der private Hausrat wird direkt an die nächste Destination spediert. Ein Teil der Möbel gehört zur Villa, bleibt für die nächsten Bewohner und darf nicht entfernt werden. Mein Vater tritt diese Nachfolge an und wohnt mit meiner Mutter bereits seit ein paar Tagen in einem möblierten Appartement im Stadtteil Vitacura, da ihr Hausrat noch unterwegs im Containerschiff ist. Meine Schwester und ich finden es trotzdem schon spannend, die Ellis für drei Wochen in der imposanten Hauptstadt zu besuchen und das für uns alle neue Land kennenzulernen. Meine Mutter wird von Nicks Mutter sehr herzlich zu Kaffee und Kuchen oder eben Nachmittagstee eingeladen. Sie will ihr schon mal die ganze Villa zeigen, sie in wissenswerte Details zu den Hausangestellten und dem Chauffeur einweihen. Als sie erfährt, daß wir Töchter im Lande sind, meint sie, es würde sich doch wunderbar anbieten, daß wir mitkommen. Ihre zwei Söhne aus der Schweiz seien auch gerade da, das könnte doch passen. Sie schlägt ortskundig vor, wir jungen Leute könnten uns am Abend vom Chauffeur noch ins Centro Arte Alameda fahren lassen und dort zum Beispiel gemeinsam ins Kino gehen und anschließend mit einem Taxi zurückfahren. Wir Mädels finden das schon mal gut, eine »geführte Tour« mit Jungs, die sich auskennen – wir sind dabei! Hoffentlich hat »Mama Nick« aber auch ihre Jungs vorher informiert, nicht daß die uns dann doof finden und mit uns gelangweilt einen Pflichtausflug machen müssen. Wir werden großzügig, lässig im zukünftigen Domizil meiner Eltern empfangen und ich sehe Nick zum ersten Mal. Ich bin sofort wie vom Blitz getroffen, obwohl er offensichtlich einiges jünger ist als ich. Aber seine Art und Ausstrahlung gefallen mir total. Wie ein Teenager schiele ich, so oft es geht, verstohlen rüber.

Claudia unterhält sich gut mit seinem Bruder Pat und unsere beiden jüngeren Geschwister sind sogar noch ein paar Zentimeter größer als wir und passen allein deshalb schon optisch bestens zusammen. Nick ist schon oft bei seinen Eltern gewesen, kennt sich aus in der Metropole, versteht es mit den Einheimischen umzugehen und erzählt lockere Anekdoten über seine Aufenthalte in Santiago. Vor allem betont er, daß dieses herrliche und ordentliche Land der Schweiz landschaftlich und organisatorisch in vielem gleicht. Deshalb wird Chile auch die »Schweiz von Südamerika« genannt, ist aber doch so viel urwüchsiger und großflächiger. Er werde alles hier vermissen, oder müsse in Zukunft halt meine Eltern besuchen, flachst er. Wenn er gewußt hätte, wie Recht er bereits hatte, doch zu diesem Zeitpunkt ahnen wir nicht, was auf uns zukommen wird. Für ihn stehen erst mal Besuche in Frankreich an, seine Eltern werden von nun an in Paris leben. Das ist für ihn und Pat auch viel näher und schnell mal mit dem Sportwagen zu erreichen. Der Abend verläuft lustig und unbeschwert, passend zur Stimmung der Stadt irgendwie – sympathisch, vertraut, verbunden. Es gibt viel zu erzählen, zu lachen und vieles, über das wir uns amüsieren. Ich glaube unsere Geschwister schnallen schon längst, was wir noch zu verbergen versuchen. Es hat voll zwischen uns gefunkt! Obwohl keiner irgendwas vom anderen weiß, ob wir vielleicht schon vergeben sind, wer oder was zuhause auf uns wartet, alles um uns herum versinkt und ist nicht relevant. Was für ein Zufall, was für ein Glück! Wir sind alle vier in Urlaubsstimmung und unternehmen in den wenigen verbleibenden Tagen noch weitere kleinere Touren zusammen, als hätten wir das seit Jahren so vereinbart. Bis Viña del Mar sind es nur zweieinhalb Autostunden und diesen Ausflug machen Nick und ich zu zweit an seinem letzten Tag in Chile. Am kommenden Tag fliegen er und Pat, mit Zwischenlandung in São Paulo, zurück nach Zürich. Wir haben längst nicht alles miteinander erlebt und besprochen, was uns noch auf dem Herzen liegt. Es ist wie eine grenzenlose, immense, gemeinsame Sehnsucht, die über uns liegt. Wir sind mehr als erleichtert und richtig froh, daß wir diesen unerwarteten Traum in einigen Tagen wohl in der Schweiz fortführen können. Kann es nur Zufall sein, daß wir uns weit weg, jenseits des Atlantischen Ozeans, an der Pazifikküste kennengelernt haben und in der Heimat nur an die sechzig Kilometer entfernt voneinander wohnen? Unglaublich! Nach all dem, was wir in der kurzen Zeit erlebt, besprochen und ausgetauscht haben, freuen wir uns aus ganzem Herzen aufeinander und wissen, daß wir uns in der Schweiz sofort wiedersehen werden. Diese Zeit per WhatsApp und Skype zu überbrücken erleichtert es uns sehr, steigert die Vorfreude aufs baldige Wiedersehen.

Wie ausgemacht, holt Nick mich pünktlich am Zürcher Flughafen Kloten von meinem Rückflug ab. Das Flugzeug, in dem ich eben geflogen bin, habe ich jetzt wohl im Bauch. Riesige Wiedersehensfreude, als hätten wir uns hundert Jahre und länger nicht gesehen. Er hilft mir mit dem Gepäck und innig küssend und lachend laufen wir langsam, fast torkelnd in Richtung Ausgangstür, wo sein Auto steht. Wer hätte das gedacht?

Wir stellen uns vor: Wieder einmal bin ich auf einer dieser stressigen Geschäftsreisen in New York. Das Schönste daran ist immer mein Lieblingshotel in Manhattan. Wenn man Zeit hätte es zu genießen, wäre es eine Oase, eine Welt für sich, inmitten der verlockenden Lebendigkeit dieser Stadt. Doch gewöhnlich komme ich spät und müde nach langem Flug im Hotel an. Will nur schlafen und muß nach wenigen Stunden wieder aufstehen, um ins Büro zu den Meetings zu gehen, wegen denen ich ja hergebeten wurde. Zwölf- bis Vierzehnstundentage mit den dazugehörigen Abendverpflichtungen, die noch dazu stressen. Aber so ist mein Business-Leben. Zum schlafen oder für Wellness bleibt währenddessen keine Zeit, bin schließlich zum arbeiten da, ist ja kein Urlaub. Doch diesmal habe ich schon gleich im Voraus entschieden einfach mal noch drei privat bezahlte Tage anzuhängen. Um mir einmal die immer gewünschte Zeit für mich und meine spirituellen Aufgaben zu nehmen, die ich mir gern selbst stelle und dann auch durchziehe. Dieses Hotel scheint ein optimaler, kosmopolitischer, anonymer Ort dafür zu sein. Ich fühle mich hier wohl und inspiriert vom Leben.

Mein Plan ist diesmal die lang gehegte Idee mit völlig fremden Menschen ins Gespräch zu kommen. Vielleicht etwas an der Hotelbar trinken zu gehen, oder sich draußen, ein paar Ecken weiter, bei einem Snack zu unterhalten. Zu erfahren, was andere hier machen. Was sie denken, wer sie sind, ob sie überhaupt gesprächig sind oder Zeit für sowas haben. Nach dem Zufallsprinzip Menschen treffen, die man unter normalen Umständen nie getroffen hätte. Oder aufgrund von Vorurteilen schon aussortiert und so gar nicht erst angesprochen hätte. Ich mag diese Ungewißheit der bevorstehenden Situation. Die Spannung bei diesen Übungen ist einzigartig. Und hier sind die Menschen offen für Ungewöhnliches, Seltsames, Verrücktes. Sie wundern sich nicht, sondern schauen einen zumindest freundlich, höflich an. Wenn sie sich darauf einlassen, hören sie einem aufmerksam zu.

Ich sitze in der Riesenlobby und schaue, wie die Leute beflissen mit Gepäck ankommen, ein- oder auschecken, andere auf ihr Taxi warten, sich begrüßen oder still ihre Zeitung lesen. Es ist Freitagabend und allein zum bloßen Beobachten wird in diesem Hotel schon mächtig was geboten. Ich habe mir meine Spielregeln noch nicht ausgedacht – wen genau ich nun ansprechen will. Soll ich die Leute abzählen, jeder Zehnte, der aus der goldbeschlagenen, funkelnden Drehtür kommt? Oder soll ich auf ein farbiges Kleidungsstück oder Accessoire achten, das sie dabei haben? Was wird das Kriterium der Wahl sein? Und was will ich sagen? Schwieriges Spiel, habe es mir leichter vorgestellt! Aber jetzt wo ich hier sitze, die Zeit läuft und ich niemanden dabei habe, der mich in meinem Vorhaben unterstützt oder zumindest spaßig aufmuntert, will ich es schon fallen lassen. Mich zurückziehen und mir besser etwas Neues, Einfacheres ausdenken. Normalerweise bin ich diejenige, die angesprochen wird. Andersherum bin ich wenig einfallsreich, noch, mangels Erfahrung, mutig genug. Aber genau **das** gilt es ja jetzt neu zu lernen. Obwohl mir lebenslang bestätigt worden ist, mit Sternzeichen Zwilling die menschgewordene Kommunikation zu sein, hat dieses Vorhaben für mich vergleichbar die Schwere wie über den eigenen Schatten springen zu wollen.

Während ich so unentschlossen vor mich hin grüble und gedanklich nichts Brauchbares zustande bringe, kommt plötzlich ein großer, europäisch aussehender, auffallender Typ, irgendwie stolz und selbstbewußt, durch die Halle gelaufen. Edle, kontrollierte Gesichtszüge, gut gebaut, ca. Mitte bis Ende dreißig, gezielt gerichteter Blick. Für einen Mann recht lange, offene, gepflegte Haare, elegant sportlich gekleidet und ich weiß sofort: **Den** mußt du ansprechen! **Den** oder gar keinen! Mein Herz schlägt wie wild und ich bin von null auf hundert im selben Augenblick. Meine komplizierten Spielregeln sind schon vergessen. Los hin! Jetzt oder nie! Steh auf ...!

Wie in Trance gehe ich tatsächlich zu ihm hin und irgendwas aus mir heraus spricht ihn auch an. Ich stehe wie neben mir, höre mir selbst zu und bin gesprächig und doch sprachlos zugleich. Er schaut mich an. Lächelt charmant, vielsagend, aber undurchsichtig und meint heute habe er keine Zeit für mich. Er sei gerade auf dem Weg zur Arbeit. Aber morgen Abend, um die gleiche Zeit hier am gleichen Ort, könnten wir uns gern treffen. Auf einen Latte Macchiato ginge er immer gern. Deal! Er würde pünktlich sein. Er sei Schweizer und grinst dabei. Er gibt mir seine Karte, läuft hinüber zu den goldenen Liften, steigt sofort ein und ist verschwunden.

Ich kann nicht glauben, was hier gerade passiert ist. Ich schaue fassungslos auf seine schwarze Karte mit goldenen Lettern und einem kleinen Foto seines knackigen Hinterteils, auf der steht: »Nick Laurent – The Callboy for True Ladies«. Auf der Rückseite gleich die deutschsprachige Version mit seiner Schweizer Telefonnummer und Webpage: »Nick Laurent – Der Callboy für echte Genießerinnen«. Der Hammer! Das glaubt mir niemand, daß ich **den** »zufällig« kennengelernt habe! Das kann ich echt niemandem erzählen! Obwohl wahre spirituelle oder weise Geister für alles Verständnis haben und nichts ablehnen. Aber der Rest der Gesellschaft würde mich verurteilen, dessen bin ich mir sicher. Wieso überfallen mich solche Gedanken? Es ist doch noch gar nichts geschehen. Ob der schmucke Kerl morgen, wie von ihm vorgeschlagen, hier echt wieder aufkreuzen wird? Ich werde auf jeden Fall da sein. Den Luxus leiste ich mir. Das ist ja unfaßbar, so ein Fang!

Mein Spiel ist für heute schon »gewonnen«. Ich habe jemanden kennengelernt, dem ich sonst so ohne weiteres nie über den Weg gelaufen wäre. Ein Gefühl wie Weihnachten, Geburtstag und Flitterwochen zugleich. Ich gehe auf mein Zimmer, öffne meinen Laptop und schaue mir sofort seine Webpage an. Ein »Schweizer Edel-Callboy« bei der Arbeit in einem Hotel in Manhattan. Und **ich** spreche **den** so richtig naiv und ahnungslos an, ob er mit mir einen Kaffee trinken geht. Er wird mir meine Story und Beweggründe auch nicht glauben. Ich bin gespannt, was **der** mir morgen erzählt oder gar anbietet. Wer weiß, wohl ganz der Geschäftsmann, immer auf zack, allzeit bereit. Irgendwann wird er ja auch mal wieder in der Schweiz sein. Sehr spannend, fast ein Wunder, oder? Vielleicht pendelt er ja zwischen zwei Wohnsitzen und hat hier ein paar Stammkundinnen. Ich beschließe ins hausinterne Fitness-Center zu gehen und mir meine wilden Gedanken weg zu strampeln. Der geht mir nicht mehr aus dem Kopf. Ich kann es kaum abwarten ihn wiederzusehen und eben habe ich ihn noch nicht mal gekannt, nichts von seiner Existenz gewußt. Ja, so kann's kommen – ich genieße meine Begeisterung! Es gibt keine Zufälle, es gibt sie nicht!

Wir stellen uns vor: Am liebsten tanke ich nachts an der großen Tankstelle, die auf meinem Heimweg zwischen Wohnort und Arbeitsstelle liegt. Eine von diesen schönen, beleuchteten, die ihren Shop täglich bis Mitternacht geöffnet hat. Normale Ladenöffnungszeiten sind für meinen Tagesablauf unbrauchbar. Vieles erledige ich deshalb gleich am Vormittag noch vor der Arbeit, denn abends wird es immer spät. Ein Punkteprogramm mit Sonderangeboten erhält tatsächlich meine Kundentreue, wenn ich nicht gerade im Ausland weile. So tanke ich auch heute spät, aber vergnügt, bei der Tankstelle meines Vertrauens. Der junge Mann an der Kasse ist seit Jahren gleichbleibend fröhlich, höflich, freundlich. Er hat mir vor einiger Zeit sogar mal von sich privat CD-Rohlinge geschenkt, als ich abends noch dringend welche gebraucht hätte, danach fragte und die Tankstelle zwar fast alles, aber leider keine CD-Rohlinge führt. Wie immer, machen wir ein paar Witze beim Routineablauf an der Kasse, packen alles sorgfältig ein und wünschen uns, wie gewohnt, eine gute Nacht. Denn der Abend ist wohl offensichtlich schon so gut wie vorbei, aber noch nicht ganz vorbei.

Beim Hinausgehen kommt mir ein auffälliger, stolzer, aber lässiger Typ entgegen, dessen Blick mir gleich durch und durch geht. Mann, hat

der eine Ausstrahlung, sieht **der** gut aus, denke ich. Aber solche Männer lernt man im richtigen Leben nicht oft kennen. Vielleicht ist er auch ein Tourist auf der Durchreise, kann ja sein. Er sieht zu gut aus für einen gewöhnlichen, durchschnittlichen Kerl. Irgendwas an dem ist speziell, aber ich werde es nie erfahren, lohnt sich nicht darüber nachzudenken. Anzunehmen, daß er auch nur schnell an der Kasse bezahlen will und ich raschle da umher mit meinen Einkaufstaschen in Richtung Auto. Alles stabil auf der Rückbank verstaut, sehe ich auf meinem Handy noch eine Nachricht, die ich beantworten werde, bevor ich gleich weiterfahre.

Da klopft es an meine Scheibe. Ich blicke vom Handy auf und breit grinsend steht neben mir der Adonis von eben an der Tankstelle. Was ist denn jetzt passiert? Wieso folgt er mir zum Auto? Was will er? Ich betätige freundlich lächelnd den automatischen Scheibenheber. Lasse die Scheibe langsam schnurrend herab und schon streckt er mir meine Platinkarte entgegen. Oh Schreck, die muß ich bei aller Ablenkung an der Kasse vergessen haben. »Oh sorry, danke, das ist mir noch nie passiert!«, sage ich zu ihm. Ich schaue durch die Ladenscheibe, wo mir der Kassierer bereits zulacht und beide Daumen hoch hält. Uff, da habe ich doch glatt meine Kreditkarte im Lesegerät vergessen. Und ausgerechnet der heiße Typ bringt sie mir, wie bestellt, ans Auto zurück. Hoffentlich denkt er nicht, das hätte ich mit Absicht gemacht. Aber wer weiß schon so genau wer und was uns tatsächlich im Leben lenkt? Er meint, »Keine Ursache, gern geschehen«, bleibt neben meinem Auto stehen und zündet sich geschickt eine Zigarette an. »Hey«, sage ich, »wir sind noch an einer Tankstelle.« »Macht nichts, ich bin Profi.« »Profi für was, fürs Rauchen an Tankstellen?« Ich steige aus und schließe meine Wagentür, so daß ich ihm direkt gegenüber stehe. Wow, ist der schön. Je mehr ich ihn mir anschaue, umso bewußter wird mir das. »Ja, das auch«, sagt er mit aufregend, geheimnisvoll zusammengekniffenen Augen. »Das auch? Und was noch? Profi für Schönsein? Oder bist du Männermodel für Pflegeprodukte extrem langer Haare? Das könnte ich mir auch noch vorstellen. Sehen toll aus deine Haare. Sieht man ja leider selten bei Männern.« »Nein, nein, viel schlimmer«, erwidert er und lacht, »ja selten bin ich sowieso.« »Selten? Schlimmer? Was denn noch schlimmer? Jetzt machst du mich aber neugierig. Bist du vielleicht vom Sicherheitsdienst oder so ein Geheimagent?« Er spricht ziemlich gutes Hochdeutsch, hat aber doch einen leichten, kaum hörbaren Schweizer Akzent. Er trägt über seiner verwaschenen Markenjeans eine hochwertige, dunkle, leicht angerauhte, wollene Anzugjacke. »Oh, Sicherheitsdienst, das war früher. Ja, das mach ich gelegentlich auch noch, aber selten. Also, wenn es dich wirklich interessiert, dann laß uns doch mal auf einen Drink in Basel treffen. Ich wohne in Baselland und kann am besten am Wochenende. Da hab' ich Zeit. Hier hast du meine Karte.« Er reichte mir eine stabile, schwarze Karte, die ich im Dunkeln nicht so recht erkennen kann. Es geht alles viel zu schnell. Ich überfliege das Ding. Oben steht **Nick Laurent**. Klingt gut der Name. Wirklich nicht alltäglich und der Vorname hat eine gute Namensenergie. **Nick** steht als Klangfolge, energetisch betrachtet, für aufrichtig, entschieden, geradlinig, stolz, dickköpfig, aber auch zartfühlend, teils sehr verständnisvoll, liebenswürdig, wahrheitssuchend, voller Lebenslust und viel Energie. Auf der Suche nach den schönen Dingen, nach Leichtigkeit und Herzensqualität. Soweit meine Schnellanalyse, wie ich sie öfters durchführe, um bei Fremden zu wissen, wen ich »im Wesentlichen« vor mir habe. »Also, Nick, freut mich dich kennenzulernen. Ich bin Tina, ich melde mich bei dir. Den Drink, **den** gönnen wir uns und dann will ich aber genau wissen, für was du alles Profi bist.« Lachend steige ich in mein Auto, lasse den Motor an und schaue nochmals zu ihm herüber. Er wirft mir eine Kußhand zu und steigt sportlich in sein schwarzes Cabrio. Paßt zu ihm, denke ich. Nun, ich werde wohl bald erfahren, wen ich da völlig unerwartet an der Tankstelle aufgegabelt habe. Nicht schlecht, ich freue mich innerlich auf den nächsten Kontakt mit Nick. Ich weiß nicht wieso, aber irgendwie fühlt sich das vielversprechend an. So ein vertrautes Gefühl macht sich in mir breit, wie wenn ich ihn von irgendwoher schon ewig kennen würde. Das wird wohl noch spannend werden! Ich habe oft erzählt bekommen, was ich bei Frauen so eher nicht kenne: Viele Männer träumen davon, der Richtigen irgendwann an einer Tankstelle zu begegnen. Vielleicht ja auch dieser Nick. Wer weiß?

Wir stellen uns vor: In der Schweiz gibt es nicht viele Personen, die ausgerechnet Norwegisch lernen möchten. So kommen in Sprachschulen kaum genügend Interessenten für einen Kurs zusammen. Höchstens hin und wieder mal ein Anfängerkurs, wenn überhaupt. Doch man bietet mir an ab zwei Personen Privatunterricht zu ermöglichen. Womit sich auch die Kosten schon mal halbieren würden. Es gibt in ihrer Kartei einen männlichen Interessenten auf der Warteliste. Allerdings sei er aus dem Kanton Baselland. Ich komme aus dem Kanton Aargau, und die in Frage kommende Lehrerin wohne im Kanton Solothurn. Man müßte sich entscheiden, wann und wo die Privatstunden jeweils stattfinden sollen und wie mobil jeder von uns sei. Die Kursorganisatorin telefoniert eifrig und wir sind uns einig, daß die Doppelstunden über die Wintermonate stattfinden sollen. Aber wo ist schwierig zu entscheiden, da jeder jeweils eine längere Anfahrt haben würde. Mehr aus Spaß werfe ich ein, daß wir uns ja reihum jedes Mal woanders treffen könnten. So hätte zumindest immer einer keine Anfahrt, müßte dafür aber Kaffee und Tee kochen, oder ein paar Kekse bereitstellen. Die anderen finden das lustig. So treffen wir uns das erste Mal gleich bei unserer Norwegisch Lehrerin, Runa, und besprechen das weitere Vorgehen. Ich wußte vorher nur, daß der andere Teilnehmer jünger ist als ich. Aber genauso wie ich null Kenntnisse der nordischen Sprache hat. Naja, was soll schon schief gehen? Wir sind ja immer zu dritt und wenn man sich einigermaßen versteht, kann das Lernen auf diese Art ganz gut vorangehen.

Wir treffen am ersten Abend gleichzeitig ein und ich denke mir sofort, daß **er** derjenige ist, mit dem ich nun zehn Doppelstunden Norwegisch erleben werde. Ich habe nichts erwartet und mir auch keine Gedanken gemacht, wer da kommen wird. Aber als ich ihn zu ersten Mal sehe, denke ich: Das darf nicht wahr sein, der ist ja klasse, das wird ja heiß werden mit so einem Mitschüler. Ich finde ihn von Anfang an sehr aufregend. Er begrüßt mich freundlich mit Küßchen und seinem Namen, Nick, gleich auf der Straße. Da er sich auch gedacht hat, ich müsse diejenige sein, weil ich so zielstrebig auf das gelbe Haus zulaufe. »Ich bin Tina«, strahle ich ihm entgegen, »freut mich.«

Runa ist supersympathisch, einfach herzlich und öffnet uns willkommen die Tür. Sie bittet uns gleich ins schöne Eßzimmer an den großen rechteckigen, modernen Tisch aus Nußbaumholz. Man sitzt auf dazu passenden Bänken, auf denen mehrere weiße Felle liegen. Sehr norwegisch, denke ich, aber auch besonders schick und modern. Runa lebt mit ihrem Schweizer Mann kinderlos schon einige Jahre in der Schweiz. Pflegt aber engen Kontakt zu ihrer norwegischen Familie in der Küstenstadt Bergen. Sie plaudert manchmal aus dem Nähkästchen, was uns wertvollen Einblick in die norwegische Mentalität, Lebens- und Verhaltensweise eröffnet. Sie ist professionell als Sprachlehrerin und obendrein eine versierte Persönlichkeit, so daß wir ganz schön zu tun haben um Schritt zu halten. Besonders mit der uns noch fremden Aussprache. Nick hat immer einen lustigen Spruch auf Lager und ich könnte ihm ewig zuhören oder ihn genüßlich anschauen. Aber es sollte bitte nicht auffallen, wie genial ich ihn finde. Auf elegante Art erfahre ich gleich in der ersten Lektion, daß er frisch geschieden ist, als IT-Spezialist in sehr unterschiedlichen Projekten eingesetzt wird. Oder, daß er einen besonderen Kater hat, mit dem er nun glücklich zusammen lebt. Nick schlägt vor, die nächste Lerneinheit in einer Woche bei ihm abzuhalten, dann würden wir seinen »Pascha« ja kennenlernen. Da er sich privat für nordische Mythologie interessiert und besonderes Interesse an der Küstengegend in Südwestnorwegen hat, ist es sein großer Traum bald dorthin zu reisen. Er möchte Freunde eines Mittelalterforums in Krokstadelva bei Oslo besuchen und vorher möglichst noch ein gutes Sprachgefühl bekommen. Er glaubt daran, im sechsten Jahrhundert ein norwegischer Krieger gewesen zu sein. Sein Herz rufe ihn jetzt an den Ort, an dem er einst lebte, um ihn an seine damalige und heutige Aufgabe zu erinnern.

Interessant! Nun es klingt kitschig, aber ich habe Erik, meinen ehemaligen Schulfreund aus der Auslandschule in Caracas, seit bald dreißig Jahren nicht mehr gesehen. Aber auch ihn wie so viele andere plötzlich im Internet wiedergefunden. Erik ist Deutschnorweger und lebt inzwischen mit seiner norwegischen Frau und den drei Töchtern in Stavanger an der Südwestküste. Also genau an **dem** Ort von dem Nick sprach. Gibt es solche Zufälle? Ich wollte diese Familie besuchen und mich schon immer mit der norwegischen Kultur und Sprache mehr anfreunden, nachdem es mir in Schweden schon so gut gefiel. Auch die Jobsituation und das ganze Leben in Norwegen wurden mir als sehr interessant, friedliebend, wohlbehütet und stabil dargestellt. So kann ich mir durchaus vorstellen, in Zukunft ein paar Jahre in Norwegen zu leben. Aber es müßte ein Anfang gemacht werden und der Einstieg über die Sprache ist immer gut. Ich weiß, es gibt viele Menschen, die leben sonst wo auf der Welt und weigern sich vehement die einheimische Sprache korrekt, oder überhaupt, zu lernen. Machen sich also nicht die Mühe je über das Anfangskauderwelsch hinwegzukommen und stagnieren dann jahrzehntelang, davon überzeugt, es ginge nicht besser, auf diesem Level. Damit strapazieren sie, möglicherweise mehr aus Desinteresse als aus Unvermögen, die Ohren und Geduld von allen, die ihnen dort begegnen. Am drastischsten ist mir in zahlreichen Ländern der Welt die überzeugte Einstellung mancher englischsprachiger Erdenbürger aufgefallen. Von den Franzosen ganz zu schweigen, meint Nick, sie sprechen wirklich nur Französisch und das mit Stolz. Aber all die Englischsprechenden, sie beherrschen eher selten weitere Sprachen, da man mit Englisch fast überall auf der Welt bestens durchkommt. Es lohnt sich also aus ihrer

Sicht gar nicht mühselig eine schwierige Sprache zu erlernen, wozu auch? Die anderen können doch alle gut genug Englisch und zahlen tut man mit Kreditkarten. In Norwegen spricht auch jeder überdurchschnittlich gut Englisch. Aber ohne Norwegisch wird es schwierig im Job akzeptiert zu sein oder überhaupt einen zu bekommen, erfahren wir von Runa. Das kann ich gut nachvollziehen. Ich denke, erst das mehr und mehr korrekte Verstehen und Sprechen einer Sprache ermöglicht, daß Land, Kultur und Leute und das Leben an sich in einer bestimmten Region nahe an einen herankommen. Daß man spüren, verstehen und eine enge Verbindung dazu aufbauen kann. Solange wir noch nicht in elektromagnetischen Bildern kommunizieren, brauchen wir unsere Grammatik des Raumes, die aneinandergereihten Buchstaben und Wörter in Gestik und Stimmlage. Runa lacht über diese Gedanken. Aber freut sich, daß wir ihr Land und ihren Kulturkreis auch durch sie richtig verstehen lernen wollen.

Ende Februar ist der erste Kurs vorbei und die Köpfe rauchen ordentlich. Unsere Vollzeitjobs lassen uns nicht viel Zeit für Hausaufgaben und doch haben Nick und ich uns so gut kennen und schätzen gelernt, daß wir unbedingt nach diesem Kurs weiterhin in Kontakt bleiben wollen. Wir stellen sogar einen Folgekurs mit Runa, vielleicht in der Sommerpause, in Aussicht. An einem unserer Treffen zeigt Nick Runa und mir seine Geschichtsbücher über die nordische Vergangenheit und führt seine Wikingerschwerter vor. Er hat sogar eine große norwegische Fahne. Er ist ganz begeistert, obwohl er noch nie da gewesen ist und es sich nicht wirklich erklären kann, ob seine Phantasien der Vergangenheit einen Wahrheitsgehalt haben. Ich weiß nicht mehr von wem der Einfall zuerst kam. Aber eines Abends schmieden wir die Idee, schon bald, Ende Mai gemeinsam für zwei Wochen nach Norwegen zu reisen und mit einem Leihwagen den ganzen Süden zu erkunden. Nick versichert mir, daß wir im Rahmen einer Studienreise alle relevanten Museen besuchen werden und er mir geschichtlich mehr darüber zu sagen wisse, als auf den kleinen Exponat-Schildern je Platz haben würde. Ich finde die Vorstellung, einen privaten Museumsführer an der Seite zu haben, klasse und willige ein. Ich kümmere mich um die Reiseorganisation. Flüge, Hotel und Leihwagen kann ich über die Kontakte meiner Firma organisieren. Somit haben wir alle Freiheiten kurzfristig umzubuchen und dabei optimale Preise zu erzielen. Nick ist begeistert über meine Selbständigkeit und fühlt sich seinem ewigen Traum schon viel, viel näher. Pascha ist der einzige Zeuge von dem, was sich zwischenzeitlich auf privater Ebene anbahnt. Runa staunt nicht schlecht über unsere Neuigkeiten zur Reise. Sie hat uns also passend inspiriert. Aber noch mehr staunt sie über uns als Paar. Sie wünscht uns alles Gute in ihrer Heimat und wir sollen ihr doch mal eine Ansichtskarte schreiben. Vor allem eine aus Bergen.

Wir stellen uns vor: Ein Sonntag beginnt immer mit einem Gottesdienst in einer romantischen, sehr alten, schön restaurierten kleinen Kirche. Mir fällt dort seit langem ein langhaariger, junger Mann auf, der irgendwie anders ist als alle anderen Gläubigen auf den harten Holzbänken. Er sitzt immer in einer der ersten Reihen. Bis ich komme, ist er längst da und in seine Gedanken oder Gebete vertieft. Vielleicht ist er auch stumm oder taubstumm, denn er spricht nie mit jemandem. Ich habe nie beobachtet, daß er jemanden kennt. Er scheint für sich allein da zu sein und hat wohl auch nicht vor, das ändern zu wollen. Und doch hat er eine magische Aura, eine ganz spezielle mystische Anziehungskraft auf mich. Kurze Pausen oder Raucherecken, wo man sich kennenlernen könnte, gibt es in der Kirche ja nicht. Aber ich beschließe eines Tages ihm näher kommen zu wollen. Ihn bei passender Gelegenheit irgendwie anzusprechen, gegebenenfalls gar aufzuhalten, oder ihm sogar zu folgen. Irgendeinen Hinweis muß es doch zu seinem Verhalten geben. Diese Inbrunst und Regelmäßigkeit, die er hier an den Tag legt und wie versunken in seine Welt er allenfalls den Worten des Pfarrers lauscht, muß einen Grund haben. Ich habe plötzlich das klare Gefühl, er spiegelt mich und mein eigenes Verhalten. Doch wer ist der seltsame Fremde? Und warum fällt er mir immer wieder auf und weshalb gerade in einer Kirche?

Kurz nach diesem Entschluß folge ich ihm, eines Sonntags nach dem Gottesdienst, bis zu seinem Auto. Beobachte dort, wie er sich vorher noch eine Zigarette anzündet und mit ernster Miene hastig inhaliert. Ich sehe sein Gesicht, das einst schön gewesen sein muß. Aber womöglich gezeichnet ist von dem, was es gesehen und erlebt hat. Ich kann richtig spüren, daß er ein schmerzvolles Herz hat und gehe mutig entschlossen einfach zu ihm hin. Was habe ich zu verlieren? Mehr als unerkannt wegfahren kann er nicht. Dann bin ich genauso weit wie vorher, aber vielleicht verhält er sich auch ganz anders. Obwohl ich sonst nicht rauche, krame ich noch eine Menthol-Zigarette aus einer alten Schachtel in meiner Handtasche hervor und bitte ihn um Feuer. Wortlos geht er darauf ein, betrachtet mich und beginnt nach einer Weile leise zu sprechen.

Ich sei ihm schon lange aufgefallen ... ich sei immer alleine in der Kirche und würde zu niemandem sprechen ... ob ich denn niemanden kenne? Er könne Menschen lesen und wisse, daß ich sein »Spiegelbild der Herzenseinsamkeit« sei ... er spüre, daß ich im Leben immer viele Menschen um mich gehabt hätte und immer noch habe ... aber keiner, wirklich keiner je vermocht habe mein Herz zu verstehen ... Er spricht langsam, gewählt und treffend. Wie wenn er gewußt hätte, daß er mir all das heute sagen würde. Aber woher weiß er sowas überhaupt und warum sagt er mir das unaufgefordert? Ich bin überrascht, völlig baff!

Er hat fast zu Ende geraucht und sagt: »Einen Menschen von deiner Herzensqualität wirst du hier nur schwer finden. Doch daran kannst du nichts ändern. Du kannst nichts tun, um die Entwicklung anderer zu forcieren, zu lenken. Doch sei dir gewiß, ich bin da, wann immer du mich suchst.« Er schaut mich an und es ist ein Gefühl der Ewigkeit. Eine unvergleichbare Liebe, ein inniges Verstehen, ein schlichtes »Ja!«

Ich bin gerade noch konzentriert genug, um zu fragen wer er sei, woher er komme und warum? Es dauert eine ganze Weile bis er eine abgewetzte, einst glanzvolle Visitenkarte aus seiner Manteltasche hervorkramt und sie mir reicht. »Im Internet findest du alle Informationen über mich ... wenn du danach noch etwas mit mir zu tun haben möchtest und Frieden in deinem Herzen spürst, kannst du dich gern melden. Wenn dich irgendetwas beunruhigt, dann vergiß mich einfach. Ich war heute das letzte Mal in diesem Gottesdienst, denn ich habe dich endlich gefunden. Jetzt weiß ich, daß du da bist, daß es dich gibt und der Zeitpunkt gekommen ist. Dafür habe ich gelebt.« Er streift einen silbernen Ring von seinem Finger, der eine Schlange mit einem Löwenkopf darstellt und gibt ihn mir. Setzt sich in sein Auto und verschwindet wie eine fantasierte Traumfigur in Zeitlupe vor meinen Augen. Sollten wir uns je wieder begegnen, nehme ich mir fest vor, werde ich ihm seinen Ring, als Zeichen unserer Begegnung, wiedergeben! Ein Szenario, das nicht wirklich vorstellbar ist und doch ist es möglich.

Wir stellen uns vor: Ich sitze im mediterran eingerichteten Wartezimmer einer Villa am Zürichsee. Warte auf eine vor Monaten vereinbarte Einzelaudienz bei einem Hellseher, Bewußtseinsforscher und Trancemedium. Er ist mir schon lange aus seinen außergewöhnlichen Energieseminaren bekannt. Aber diesmal will ich ihm ja keine Fragen über mein Leben oder zu meiner Zukunft stellen, um seine Fähigkeiten zu überprüfen. Sondern er hat mir etwas Seltenes angeboten, das mich, aus seiner übergeordneten Sicht in Worte gefaßt zu hören, interessiert. Er kann über jeden Menschen, der vor ihm sitzt, eine sehr genaue Wesensbeschreibung formulieren. Das bedeutet, er stimmt sich meditativ auf die Person ein. Geht in eine Art Trance und beginnt mit geschlossenen Augen, nach minutenlanger Stille, die man möglichst husten- und raschelfrei unterstützen sollte, schnell und prägnant zu sprechen. Die Fülle an Informationen, die er dann von sich gibt, kann kein normaler Mensch erfassen, sich merken oder gar mitschreiben. Deshalb ist es erlaubt das Ganze aufzunehmen, um es später zuhause in Ruhe wieder anzuhören und zu verarbeiten. Eine Wesensbestimmung ist lebenslang für die Person gültig, die es betrifft. Das Trancemedium beschreibt genau, wie man von seinen wesentlichen Eigenschaften her beschaffen ist. Wie man mit dem Leben, den Menschen und der Welt umgehen würde, wie man insgesamt als Person wäre, wenn man sein Wesen leben würde. Dabei geht es nicht um die Rollen, die wir von klein auf inzwischen spielen, oder warum und ob diese unser Wesen überhaupt ans Licht bringen. Sondern, die Wesensbeschreibung macht deutlich, wo wir ganz wir selbst sind. Wo wir gegen unser Wesen leben, weil wir uns verleugnen, wo wir authentisch, integer oder angepaßt sind. Warum wir was entschieden haben, oder uns Krankheiten angezogen haben. Wo unsere Sehnsüchte liegen, was uns von all dem entspricht. Alles wird dadurch verständlich und ist eine spannende Erfahrung, die vieles klärt und heilt, wenn man zum Ziel hat sein Wesen zu leben. Eigentlich ganz logisch, daß nur das Wesentliche uns zu unserer Bestimmung führt und alles andere uns vom persönlichen Weg abbringt. Oder uns zumindest darin aufhält in einem guten Zustand voran- und anzukommen.

Bis ich drankomme, vergeht noch eine ganze Weile, denn Pünktlichkeit ist hier nicht das Thema. Das weiß ich schon. Es geht darum, **was** man erfährt und **daß** man es überhaupt erfährt. Zeit ist dabei nur ein Richtwert, dem man sich allenfalls nähert. Aber die Stille davor tut gut. So kann ich wahrnehmen wo ich bin, was ich will und was ich spüre. Ob ich vielleicht doch noch was anderes fragen sollte, wenn ich schon mal hier bin? Die Tür geht auf und ein junger Mann kommt heraus und schaut mich an, als wolle er mich begrüßen. Aber wir kennen uns nicht. »Hallo«, sagt er – »Hi«, erwidere ich. Solche Typen kommen hierher?

Was der wohl gefragt hat? Vielleicht eine Karriereberatung oder ein privates Coaching? Themen gibt's ja unbegrenzt viele.

Meine Sitzung verläuft lustig und entspannt, dauert eine knappe dreiviertel Stunde. Ich kann mir vorstellen, daß ich da rein zur Inspiration wieder mal hingehe, aber dann mit konkreteren Fragen. Ich frage mich echt, woher jemand, der einen nicht kennt, nichts von einem weiß, dann in Trance alles über einen auf den Punkt bringen, jedes Detail erklären kann, wie man es selbst erst gar nicht formulieren könnte. Und wer weiß, wer auf dieser Welt alles solche Fähigkeiten besitzt und sie einsetzt, aber nicht darüber spricht? Kann das jeder erlernen? Im Wartezimmer, das einem kleinen Appartement gleicht, sitzt überraschenderweise noch der Typ von vorher und steht auf, als ich zur Ausgangstür will. Es sei so ein schöner, sonniger Nachmittag, meint er, ob er mich gleich unten am See auf ein großes Eis einladen dürfe. Er liebe »Coupe Danmark«, Vanilleeis mit warmer Schokolade drüber. »Da haben wir schon was gemeinsam«, sage ich und willige erstaunlicherweise ohne zu zögern ein. Das Erlebnis von eben muß ich sowieso noch verarbeiten. Es drängt mich tatsächlich gar nicht gleich wieder nach Hause zu fahren. Der junge Mann, der sich mit »Nick« vorstellt, hat vielleicht meine Gedanken gelesen. Vielleicht ist er auch so ein abgefahrener Hellseher oder überlegener Geist. Ganz geheuer ist er mir jedenfalls nicht.

Am See fühlt sich seine Präsenz vertraut an. Er erzählt mir, daß er als Ermittler bei internationalen Sondereinsätzen hilft Menschen zu finden und zu retten. Manchmal seien auch Tiere involviert. Seit Jahren geht er deshalb schon zu diesem Hellseher, der angeblich sein Bewußtsein ausdehnen kann und mit erstaunlicher Trefferquote hilft, verunfallte oder vermißte Personen zu finden. Er selbst sei bei diesen Fällen die Kontaktperson zwischen dem Suchteam und dem Trancemedium, das, anhand eines Fotos der vermißten Person(en) und einer Landkarte, oder in diesem Fall einem Flußverlauf und allen persönlichen Details, soweit bekannt, erspüren kann, wo sich die Person aufhält, beziehungsweise verunfallt oder bereits verstorben ist. Es sei jedes Mal frappant, wie genau die Umgebung beschrieben werde und daß die Suche in achtzig bis neunzig Prozent aller Fälle erfolgreich ausgehe. Diesmal haben sie einen vermißten Kajakfahrer in einem Fluß gesucht, der sich schlimmstenfalls unter Wasser verhakt hatte und somit keine Überlebenschance mehr gehabt hätte. Sein Auto stand seit Tagen auf einem Parkplatz. Weder Kajak noch Leiche waren irgendwo am Ufer aufgetaucht. Die Familie wollte Gewißheit, denn es gibt auch Fälle, wo Menschen absichtlich verschwinden. Nie mehr gesehen werden, aber leben. All das kann so ein Medium wissen, das fand ich beachtlich. Dann müßte man doch mit solchen Menschen alles auf dieser Welt aufklären können. »Wenn es so einfach wäre, ja, dann ja«, sagt Nick. Aber überlegene Geister greifen bewußt nicht ein, sie könnten aber durchaus.

Das Gespräch mit ihm ist interessant und wir bemerken nicht, wie die Zeit vergeht. Sie haben diesen seit zehn Tage vermißten, sportlichen, älteren Herren an der Stelle unter Wasser gefunden, die das Medium eingezeichnet und beschrieben hat. Nur so konnte man ihn überhaupt noch in einem sinnvollen Zeitraum bergen. Heute ging es um die Nachbesprechung der Details. Denn dieses Feedback gibt dem Medium immer wieder Gewißheit, wie es sich anfühlt, wenn seine Aussagen stimmen. Man könne es fühlen, wenn etwas stimme oder etwas weniger wahrscheinlich sei, hat er Nick vor Jahren schon erzählt. Äußerst interessant!

Von den Seminaren oder Energetisierungen dieses Mediums in Schweden, von denen ich begeistert erzähle, hat Nick noch nie gehört. Aber er findet es spannend, daß die Thematik grundsätzlich jedes Jahr »Heilung« ist. Sich dann aber inhaltlich nach der energetischen Summe aller Teilnehmer richtet, die erst kurz vorher und natürlich währenddessen, gesamthaft feststeht. Das sei ja verblüffend, findet er. Sonst werde bei Seminaren aller Art ja immer lange im Voraus ein genauer Themenplan festgelegt. Und jeder, der dort sei, bekomme ihn gleichermaßen aufgedrückt. Wann und wo denn der nächste Schweden Event sei, will er wissen? Dazu gibt es nichts Schriftliches. Da gibt es, wenn überhaupt, nur spärliche Info unter der Hand, von ein paar wenigen Insidern. Ich bin schon angemeldet und habe auch ein Zimmer in einer Pension bei einer sympathischen schwedischen Familie. Er komme da sofort mit, meint Nick. Ob ich ihn anmelden könne? Er würde auch das Zimmer in der Pension mit mir teilen, zwinkert er mir zu. Kraß! Handschlag, großes Krieger-Ehrenwort! Das nenne ich spontan und entschieden! »Ich werde mich für dich erkundigen und gebe dir Bescheid«, sage ich und speichere seine Telefonnummer in meinem Handy. »Du hörst von mir. Danke dir auch für die Einladung und das nicht alltägliche Gespräch.« Nick zahlt, begleitet mich zum Auto und fährt mir in die gleiche Richtung nach, angeblich müsse er noch weiter wie ich fahren, bis kurz vor Basel.

Wir stellen uns vor: Es ist für mich nichts Neues hin und wieder auf eine Hochzeit eingeladen zu werden. Mal in der Nähe, mal weiter weg, mal im Ausland. Geschenk- und Kleiderwahl, Anreise und Party sind immer ein besonderes Erlebnis. Es klingt unglaublich, aber mir fällt auf, daß ich in den letzten dreißig Jahren noch nie einen Partner oder männlichen Begleiter bei einer Hochzeitseinladung dabei hatte. Entweder hatten meine jeweiligen Partner keine Lust auf sowas, oder ich war gerade Single und somit eh alleine unterwegs. Diesmal werde ich an der schottisch-schweizerischen Hochzeit am Vierwaldstättersee, mit überaus großer Familienfeier, einem Tisch mit Arbeitskolleginnen und deren Begleitern zugeordnet. Nett, damit ich überhaupt jemanden kenne. Rechts von mir sitzt der Freund einer Kollegin namens Marina, den ich bisher noch nicht kenne, aber sehr sympathisch finde. Der ist auch nicht klein zu bekommen, er hat zu jedem Thema was auf Lager. Es macht ihm sichtlich Spaß, wenn meine Antworten eine weitere Herausforderung für ihn sind um erneut zu antworten. Richtig besessen erzählt er mir auch von seinen zwei Autos. Wie er sie »getunt« hat und daß daran kein Kratzer sein dürfe. Geschweige denn, daß jemand eine Beule reinfahren dürfe. Dann sei aber »fertig lustig«, da höre der Spaß entschieden auf. Das ist wohl sowas wie ein männliches Reizthema.

Ich werde es nie vergessen. Wir haben alle schon gut was getrunken und die Party ist voll im Gange, als wir beide wohl genau beim Thema angekommen sind. Ich habe ja keine Ahnung, wen ich da vor mir habe und er verrät natürlich nichts. Es geht immer noch um die Beulen am Auto, worauf ich meine: »Ja, ja, schon okay, mit 'nem Kratzer oder 'ner Beule am Auto könnt' ihr Männer gar nicht leben. Das ist für euch Kerle schmerzvoller wie am eigenen Körper. Die einzige Beule, die ihr Männer gut findet, ist doch die Beule in eurer Hose.«

Nick verdreht die Augen und wir kippen beide fast vom Stuhl vor lachen ... können uns lange nicht beruhigen und kaum etwas gefangen, geht es mit der nächsten Lachwelle wieder von neuem los.

Gut, Nick kümmert sich auch rührend um Marina. Die beiden sind echt zu beneiden, ein tolles Paar. So genau hat sie mir in den Mittagspausen von ihrem Privatleben noch gar nicht erzählt. Da muß ich sie mal unter vier Augen löchern, wo sie **den** genau kennengelernt hat und wie lange sie schon zusammen sind. Hoffentlich gibt es keinen Ärger, weil er so viel mit mir lacht und später am Abend sogar mit mir tanzt. Tja, von **der** Sorte Männer dürfte es gern mehr geben, **der** könnte von mir aus einen Zwillingsbruder haben. Ich wäre sofort an einem identischen Exemplar interessiert.

Die Woche darauf vereinbaren Marina und ich einen Business Lunch in der Kantine und natürlich ist die Hochzeit das Thema Nummer eins. Vor allem von ihrem Freund und Begleiter will ich mehr wissen. Sie stockt, etwas peinlich dreinschauend, mit der Gabel im Mund. Was wir besprechen bleibt immer unter vier Augen. Ich dachte nicht, daß sie in dem Zusammenhang heute davon Gebrauch machen würde und mir etwas anvertrauen möchte. Ihre letzte Beziehung sei längst nicht mehr am laufen. Dieser Nick sei auch nicht ihr Freund, sondern ... »und jetzt halte dich fest«, sagt sie, »den hab' ich über einen Begleitservice bestellt.« »Wie? ... der war ›gekauft‹? Nee, hey, das kann nicht sein ... der hat den ganzen Abend diese Rolle nur gespielt? Dem hab' ich eure Beziehung aber glatt abgekauft und wollte dich schon beneiden, um so 'nen coolen Kerl. Und den bestellst du dann als Escort für eine Hochzeit? Mit oder ohne Sex?«

»Ohne natürlich«, erwidert Marina, »wo denkst du hin, **so eine** bin ich nicht, das habe ich dann doch **nicht nötig.**« »Oh du, daran hätte ich bei **dem** aber nicht gespart«, flachse ich. »Welche Escort-Agentur ist denn das? Sind die in Zürich? Vielleicht brauch ich ja auch mal so einen Begleiter. Wenn man da erstmal auf den Geschmack kommt, gibt's genug Anlässe dafür.« »Ja«, meint Marina, »geht aber auch ins Geld, billig sind diese Herren nicht. Aber zuverlässig und sie haben gute Manieren. Ich sende dir nachher den Link, dann siehst du ihn gleich – bleibt aber bitte unter uns, muß echt nicht jeder wissen.« »Wär' ich auch nie drauf gekommen, wenn du es nicht erzählt hättest. Wer denkt schon an sowas?« Aber wer weiß, wo Frauen überall bezahlte Escorts einsetzen, ohne daß es jemand bemerkt. Je natürlicher, umso besser. Auf die Idee bin ich in dreißig Jahren nicht gekommen. Genial!

Marina sendet zuverlässig den versprochenen Link und am Abend schaue ich mir zuhause die entsprechende Webseite genauestens an. Schon verblüffend, **das** war tatsächlich ihr netter, normaler Begleiter an der Hochzeit! Wenn man ihn für Sex bucht, sind die Preise allerdings doppelt so hoch. Dann wurde es tatsächlich ein teurer Spaß.

Es reizte mich, der Sache mal richtig auf den Grund zu gehen. Fragen kostet ja nichts. Ich fülle das Anfrageformular mit etlichen peinlichen, oder halt sehr direkten Fragen online aus und sende es einfach ab. Mal abwarten, was daraufhin passieren wird oder zurückkommt. Und es kommt am nächsten Tag eine Terminbestätigung zurück, die ich wiederum bestätigen soll, wenn damit einverstanden. Vorerst ist es nur ein Mausklick, den ich wage. Die Vorstellung, daß man dieses Prachtexemplar von Mann »kaufen«, oder besser gesagt, »mieten« kann, finde ich richtig prickelnd, aufregend, sexy und mehr als spannend. Das werde ich jetzt ausprobieren, denn ich will Nick unbedingt wiedersehen. Geredet haben wir an dieser Hochzeit ja schon genug.

Wir stellen uns vor: Seit gut sieben Jahren wohne ich in diesem dreistöckigen Haus an der lauten, vielbefahrenen Hauptstraße, mit öfters wechselnden Mietern. Auf der gleichen Etage wohnt ein junges Paar, das ich jahrelang irgendwie nie richtig wahrgenommen oder groß gesehen habe. Bis es heftige Streite gab, die bis zu mir herüber hörbar waren. Da war richtig was im Gange, bis eines Tages Umzugskisten und Taschen im Hausflur standen. Sie teilten mir kurz und knapp mit, daß sie ausziehe, weil sie sich scheiden lassen würden. Das ist ja heutzutage normal und kommt auch schon bei jungen Leuten öfter vor. Auch ich habe die eine oder andere Trennung hinter mir. Jeder kommt wohl, dem Trend entsprechend, hin und wieder mal dran.

Eines Abends klingelt genau dieser Nachbar bei mir. Er fragt freundlichst, ob ich in den nächsten Tagen zuhause wäre. Er müsse verreisen und habe einen Kater. Ob ich nach Pascha schauen und ihn füttern könne, da wäre er mir sehr dankbar. Logisch, mache ich das. Ich willige sofort ein. Ist ja auf der gleichen Etage. Tür auf – zehn Schritte rüber – Tür zu. Ich habe selber zwei Katzen, deshalb kann ich Pascha nicht zu mir herüberholen. Das wäre am einfachsten, würde aber Streß unter den Tieren auslösen. Pascha sei ein sehr revierbezogenes Tier und brauche obendrein besonders viel menschliche Zuwendung. Ob ich mich auch etwas in seiner Wohnung aufhalten könne, aber sonst bitte niemanden hineinlassen, da sei er sehr heikel. Gut, sonst noch Wünsche? Ich mache es wirklich gerne. Kann ja abends drüben etwas Fernsehen schauen und Pflegekaterlein streicheln, wenn er dies zum katzengerechten »Wellbeing«-Programm braucht. Ich liebe Tiere und will helfen, wo ich kann und bekomme prompt den Schlüssel anvertraut.

Die Wohnung war durch und durch mystisch. Sie hing voller Schwerter und war mit allem möglichen Zubehör gut vollgestopft. Aber trotzdem organisiert und in keiner Weise bedrohlich. Richtig gemütlich ist's. Ich halte mich gern dort auf, füttere den Kater, säubere sein Kistchen. Alles steht eng beisammen in der Küche. Würde das »Herrchen« mal beraten müssen nach seiner Rückkehr, daß das Katzenklo nicht beim Futter stehen sollte und keine Katze dort trinkt, wo sie frißt. In der Natur speist sie an bestimmten Stellen und findet Wasser an ganz anderen. Das sollte man auch bei der Haushaltung beachten. Wasserschalen an möglichst verschiedenen Plätzen aufzustellen, fern des Futternapfes, erhöht die Trinkmenge und auch die so wichtige Trinkfrequenz. Pascha schnurrt und schmust mit sich selbst um die Wette. So ein Herzchen. Schon bald liebe ich dieses Tier wie mein eigenes.

Immer wieder und immer öfter bekomme ich nun den Schlüssel für das Catsitting. Ich lebe mich regelrecht ein in Nachbars Wohnung. Mache dort auch mal eine Pizza warm und darf mich sogar im Kühlschrank bedienen. Eines Abends kehrt er, statt wie vereinbart erst Sonntagnacht, bereits Samstagabend zurück, als ich gerade drüben bei ihm bin. Er beteuert, ich könne ruhig bleiben, keine Eile, keine Panik. Ob sich Pascha denn auch »gut benommen« habe, grinst er uns beide an. Pascha ist schon um unsere Beine herum bemüht, ordentlich am markieren, indem er sein Köpfchen an unseren Hosenbeinen reibt und kleine »Miauuus« von sich gibt. Süßes Kerlchen! Ich wiederum frage frech und neugierig, wo er diesmal gewesen sei? Was er nun so mache, als frisch geschiedener Single? Ich war noch nie verheiratet und bin mit Beziehungen und zusammen wohnen schon sehr vorsichtig geworden.

Es scheint, als ob ich meinen Nachbarn heute, nach all den Jahren, erstmals richtig wahrnehme und tiefgründig betrachte. Er hat sich verändert. Sieht ganz anders aus als ich dachte. Irgendwie viel männlicher, viel reifer und interessanter als ich ihn in Erinnerung habe, als er vor Jahren hier einzog. Richtig sexy eigentlich, so habe ich noch nie über ihn nachgedacht. Er schaut mich an, als könnte er laut hören, was ich denke. Und es kommt mir vor, als denke er im selben Augenblick das Gleiche über mich. Wir schauen uns an. Er kommt wortlos auf mich zu, umarmt mich lange und sagt dabei mehrmals: »Danke, danke .... danke.« Wir bleiben noch eine zeitlose Weile so stehen. Pascha miaut und springt auf den Sessel, von dem es heißt, es sei seiner.

Wie von Zauberhand gelenkt, kuscheln wir ohne jede Scheu sehr lange zusammen auf dem Sofa und finden es ganz normal. Es ist einfach schön zu sein, nichts zu müssen, nichts zu erwarten. Einfach nur den Augenblick in seiner ganzen Fülle und Vollkommenheit zu genießen. Ich nehme sein Feuerzeug und zünde die Kerzen in der kunstvoll gedrehten Halterung an. Richtig romantisch ist es, obwohl der Fernseher im Hintergrund leise läuft. Wir erzählen uns von früher. Was wir über das Leben denken, wie sich die Welt und wie auch wir selbst uns verändert haben. Wir kochen einen feinen Tee. Aber als Cocktail-Spezialistin mache ich uns nach Mitternacht doch noch einen richtig guten Drink. Wir stoßen an auf eine neue Zukunft, auf uns, auf Pascha und auf die Welt, so wie wir sie uns machen. Ich bleibe die ganze Nacht bei ihm und will mich nicht darauf verlassen, ob ich nicht doch nur alles träume? Aber das ist real erlebt. Wenn es wahr ist und ich am nächsten Morgen in seinem Schlafzimmer aufwache, dann glaube ich an Wunder! Und ich sollte mit ihm noch ausgiebig lernen an Wunder zu glauben!

Wir werden tatsächlich »über Nacht«, mehr als unerwartet, ein Paar. Wie durch einen gemeinsamen Erkenntnisanfall, haben wir ebenso über Nacht, den Wunsch dieses Haus, die gesamte Umgebung, die unruhige Nachbarschaft, die ganzen Energien drum herum, die sich längstens überlebt haben, schnellstmöglich hinter uns zu lassen. Wir wissen plötzlich, daß wir uns zusammen an zentralem Ort, in Bezug auf unsere Arbeitsorte, eine neue gemeinsame stilvolle Dachwohnung suchen werden. Wieso sind wir nicht schon früher auf diese Idee gekommen? Wieso sind wir uns Tür an Tür nicht vorher aufgefallen?

Alles hat im Leben seine Zeit und wir wissen, daß unsere geistigen Koordinaten erst jetzt zusammentreffen konnten. Wir spüren einfach nur tiefe Dankbarkeit, daß es jetzt so ist. Daß es überhaupt jemals so gekommen ist. Nichts liegt weiter in der Ferne als die Vergangenheit, nichts ist näher als das Jetzt – die Zukunft so greifbar nah. Wir spüren tiefe Freude, unfaßbar großes Glück und eine enge Verbundenheit in unseren Herzen. Alles von einer Qualität und Intensität, die wir beide bisher weder für möglich gehalten und auch so bisher nicht gekannt haben. Das Gefühl, so zu lieben und das Wissen, im Herzen verstanden zu werden, ist unvergleichbar, unschlagbar, unbezahlbar und vor allem unaufhaltbar! Ja, von nun an sind wir unaufhaltsam unterwegs! Pascha, unser einziger Zeuge, schnurrt und kuschelt am liebsten zwischen uns. Das süße Kerlchen hat uns längst zu »seinen Menschen« auserkoren und wohl deshalb zusammengeführt. Wer weiß was alles möglich ist?

Wir stellen uns vor: Im Rahmen von »SENSITIVITY Inspirations®«-Beratungen zu mehr Feinfühligkeit und Erweiterung der Wahrnehmung, habe ich in den letzten zehn Jahren schon unzählige Gespräche zu sehr unterschiedlichen Themen geführt. Es macht mir nach all den Jahren sogar noch mehr Freude als früher. Wenn ich Menschen voranbringen kann, sie zu neuen Schritten und Sichtweisen inspiriere. Wenn sie Feedback geben, daß es ihnen gut geht, daß es vorangeht, daß sie mehr und mehr verstehen. Manchmal denke ich, gibt es überhaupt noch etwas, was ich noch nie gehört habe? Was mal so richtig schön den üblichen Rahmen sprengen würde? Sicher ist jeder Mensch und jedes Anliegen einzigartig und wertvoll in sich. Aber es wiederholen sich die Themenbereiche wie Job, Geld, Partnerschaft, Krankheiten aller Art und religiöse Barrieren. Die Anforderungen sind überschaubar, aber in immer neuen Varianten. Weiterentwicklung steht in Wechselwirkung mit den Menschen, die man anzieht und die einen selbst in ihr Leben ziehen. Man erinnert sie, durch etwas an sich selbst, an ihr eigenes »Heil sein« und heilt dadurch auch etwas in sich selbst.

Eines Tages meldet sich ein junger, attraktiver, selbstbewußter Mann zum Gespräch an. Auf Empfehlung einer »seiner« Kundinnen, die ihm meine Webpage gezeigt hat. Interessant, was für »Kundinnen« er denn habe, frage ich ihn, ohne wissen zu wollen, wer mich empfohlen hat. Friseur, Frauenarzt, Sportcoach, Masseur, Therapeut, Psychologe, Schönheitschirurg, Tanzlehrer, Tierarzt, Zahnarzt, Immobilienmakler, Seminarleiter, Architekt, Fotograph, Designer, IT-Spezialist, Autoverkäufer, Versicherungsagent, Schauspieler, Event Manager, Chauffeur, Tantra Partner, Sicherheitsbeauftragter, Bodyguard ... alles hätte zu ihm gepaßt. Aber all das ist er nicht!

Er sei Edel-Callboy. Einst Pionier in der Schweiz, bekannt geworden in den Medien, da er von Anfang an mit offenen Karten spielte. Weil ihm Ehrlichkeit und Integrität ein echtes Anliegen seien. Er sei verheiratet gewesen, danach habe er eine liebe Freundin gehabt. Alles rangiere für ihn immer im »grünen Bereich«. Bis ihm jetzt etwas passiert sei, daß er so bisher nicht kannte. Er könne auch niemanden fragen, was jetzt zu tun sei, ohne für verrückt und durchgeknallt gehalten zu werden. Seine Kritiker warten nur auf skurrile Begebenheiten in seinem Leben, um ihm seinen Lebenswandel als »ungesund« unter die Nase zu reiben.

Was genau er damit meine, was genau ihm passiert sei, unterbreche ich ihn kurz. Nun, er habe eine Vision in einem Traum gehabt: Er verliebe sich in eine Illusion. In das Foto einer Frau, die er nicht kenne, die er nie zuvor gesehen habe. Doch beim Betrachten des Bildes wisse er, daß sie seine Spiegelung, der weibliche Teil seiner multidimensionalen Persönlichkeit sei und daß er sie finden müsse. Da dieses Leben seine letzte Inkarnation im Zyklus seiner Wiedergeburten sei. Sie sei der Teil seiner selbst, der ihn komplett mache. Sie würde ihn verstehen, da sie schon immer Teil hatte an der Summe seiner Erkenntnisse, an seinem innerem Wachstum, an seiner Seele und sich seit Ewigkeiten parallel zu ihm inkarniere, in den verschiedensten Rollen. Sie gehöre zu ihm. Nur mit ihr wolle er seine private Zeit verbringen, ab jetzt die Liebe und das Leben verinnerlichen, spüren und erfahren, was er jetzt noch in dieser Dimension zu lernen und zu erkennen habe.

Wow, er ist weit fortgeschritten in seiner spirituellen Entwicklung. Er weiß viel. Er hat eine Ahnung, um jetzt noch mehr zu verstehen, denke ich. »Und jetzt fragen Sie mich, was Sie tun sollen, um sie zu finden?«

»Nein, ich habe sie schon gefunden. Aber ich weiß nicht, wie ich es ihr sagen soll, ohne daß sie mich für verrückt hält, oder ablehnt wegen meines nicht alltäglichen Berufs. Mit dem bisher keine Frau privat zurecht kam. Auch wenn sie so taten als ob oder mir sagten, es sei für sie kein Problem.«

»Aha! Nun – wenn sie diejenige ist, von der ›Sie‹ meinen, daß sie es ist, wird sie verstanden haben, bevor Sie es ihr sagen. Da sie Teil von Ihnen ist und im Herzen weiß, wie es sich anfühlt, wenn Sie vor ihr stehen, da sie längst weiß, daß Sie kommen werden. Wenn Sie vor ihr stehen, wird es ihr egal sein, wer Sie sind und was Sie machen oder tun, denn sie hat die identische Herzensqualität.« Er grinst, hat seinen Körper vornübergebeugt und schaut zu Boden. Die Ellenbogen auf seine Oberschenkel gestützt, das Kinn in seinen Fingern und Handinnenflächen vergraben. Ich beobachte ihn und spreche erstaunlich ruhig und langsam weiter. Wobei ich mir selbst zuhöre, wie ich zum ersten Mal jemandem, wie von allein oder aus anderer Quelle, sage:

»Mit ihr kommunizieren Sie im Herzen und nicht mit Worten, das stellt alles bisher Dagewesene in den Schatten und weitere Erklärungen erübrigen sich sowieso. Gehen Sie zu ihr und sagen Sie nichts. Seien Sie einfach nur still und schauen was passiert, wenn sie versteht. Und sie wird verstehen.«

Er schaut mich an, er sagt nichts und wartet wohl darauf, was jetzt passieren wird. Habe ich den Bogen überspannt? Ich spüre die enorme Energie im Raum. Seine intensive Ausstrahlung, die mich in der kurzen Zeit unserer Begegnung bereits unbemerkt in eine Art Trance versetzt hat. Mir ist heiß und kalt zugleich. Mein Herz schlägt so heftig, als ob es mir gleich aus dem Fleisch hüpfen würde, um vor Freude gleich hier und jetzt sofort wie wild zu tanzen.

Auch ich sage nichts mehr und schaue ihn an, wie wenn ich nie etwas Schöneres gesehen hätte. Ich erkenne ihn. Das Göttliche wußte es bereits. Ich spüre, er ist **der** Teil von mir, den ich bis jetzt vergeblich gesucht habe und nicht finden konnte, da wir beide noch zu lernen hatten. Da wir verstehen mußten, Erkenntnis brauchten, damit das entstehen konnte, was wir nun in den Händen halten.

Er ergreift meine Hände, zieht mich aus dem tiefen Sessel zu sich hoch und umarmt mich. Wir könnten jetzt bis in die Ewigkeit so stehen und alles wäre gut. Wunschlos glücklich, angekommen, vollkommen zu sein, ein Zustand der Liebe, der sich mit nichts vergleichen läßt und wir halten ihn an den Händen. Denjenigen Menschen, der dies ausgelöst hat. Welch ein Geschenk!

Wir sind beide keine zwanzig mehr. Aber eine Gewißheit in uns bestätigt, was Robert Lee Frost, ein US-amerikanischer Dichter und Pulitzer-Preisträger einst erkannt und gesagt hat:

»Glück gleicht durch Höhe aus, was ihm an Länge fehlt.« Unser Glück können wir bereits in diesem Moment schon nicht mehr fassen. Wir beschließen noch an diesem Tag, daß wir unsere Lebensgeschichten, und das hier kurz erwähnte Erreichen der gemeinsamen Bestimmung, aufschreiben werden. Nur erzählen können wir sie so niemandem. Glauben würde sie keiner und wer würde sie je verstehen können, der nicht auch Vergleichbares erlebt hat, oder unsere Bestimmung ahnen kann. Wer weiß, vielleicht ist das der Stoff für ein weiteres Buch?

Wir stellen uns vor: Ich war schon immer als Hobby-Escort-Lady tätig. Aber das erzähle ich niemandem. Damit können alle, egal wie modern und aufgeklärt sie sind, nicht umgehen. Feste Beziehungen sind immer schwierig, da ich mich nicht unterordne, nicht einengen lasse, nicht dem typischen, treu ergebenen Frauenbild entspreche. Interessante Männer gibt es ganz schön viele! Doch Sex in einer lauschigen Beziehung, mit zusammen wohnen und den Alltagsgewohnheiten eines einzigen Mannes in all seinen netten Rollen und Marotten zu verbinden, finde ich weder besonders spannend noch dauerhaft erstrebenswert. Früh schon wußte ich um die vernichtende Wirkung von Wiederholung. Respektverlust, Langeweile, Komfortzone und daraus resultierende Angst vor Betrug und Verlust. Ich wollte Vielfalt, Begeisterung, Weiterentwicklung, kribbelige Phantasie, grenzenlose Sehnsucht, eine gewisse Austauschbarkeit, Abenteuer und richtig heißen, wenn möglich hemmungslosen Sex. Ich liebe auch die spielerische Erotik, die mit jedem anders ist, weil einen jeder Mann anders ansieht, anders berührt, anders begehrt, anders den Verstand raubt und anders ... Du weißt schon was.

Eine Frau, die mehrere Affären gleichzeitig hat, wird auch heute noch nicht verstanden. Sie kommt nicht sehr weit, fand ich heraus. Da auch Männer Revierkämpfe, Eitelkeiten, Eifersucht, Aggressivität, mächtig viel Stolz, aber auch Leidensbereitschaft und Herzschmerz haben. Das läuft nicht, dachte ich, denn sie wollen der Einzige sein und dann sind sie es ja offenkundig nicht. Sie fühlen sich gekränkt, hintergangen, belogen oder zweifeln völlig an sich selbst. Zermartern sich, ob sie nicht »gut genug seien«. Bekunden wenig zimperlich, daß sie **so eine** nicht in ihrem Leben brauchen und machen erzürnt Schluß oder schimpfen unflätig umher. Insgesamt betrachtet, also alle über einen Kamm geschoren, bin ich zur Einsicht gelangt, daß sie uns Frauen keineswegs die Lebensart und Freiheit gewähren, die sie sich aber selbst schon immer genommen haben. Oder sie zumindest so tun, als fänden sie dies zwar gut, selbst aber zum Glück ganz anders sind. Eine heikle Gradwanderung, bis mir **die** Lösung einfiel.

Wenn die Grenzen von Anfang an abgesteckt wären, indem ich monetäre Energie für die Begegnungen nehmen, also Geld verlangen würde, könnten die Männer wählen zwischen »nicht darauf eingehen« oder die ihnen zugeteilte Zeit uneingeschränkt genießen. Sie würden aber im Nachhinein keine Ansprüche auf mich als Privatperson oder mein privates Leben haben. Ich wäre weiterhin unabhängig, frei und niemandem Rechenschaft schuldig. Genial!

Zu Beginn meiner Umsetzung dieser Idee sind einige Interessenten an meiner Person schockiert abgesprungen. Sie fanden mich abartig, geldgierig, nicht ganz dicht, größenwahnsinnig, nymphoman oder restlos verdorben. Aber ein paar sind weiterhin interessiert geblieben. Sie verstanden, was ich an Botschaft dadurch vermittelte und waren ihrerseits auch erleichtert. Denn jetzt war eine unmißverständliche, ehrliche Grenze gezogen und das nahm auch ihnen den gewissen Druck der bei Frauen üblichen Beziehungserwartungen. Der Geldschein sorgt für Distanz, Qualität und Privileg, denn ich schaue genau, wer sich mir nähern darf und zu mir menschlich, körperlich paßt. Mich zu bezahlen bedeutet Wertschätzung, Achtung, Respekt, Dankbarkeit und gemeinsamer Spaß mit Fortsetzungsgarantie.

Da ich immer in normalen Bürojobs berufstätig gewesen bin, bin ich auf das zusätzliche Geld nicht angewiesen. Es gibt keinerlei Druck die Kundenkartei zu erweitern oder für Neukunden zu werben. Die Situationen ergeben sich auf natürliche Weise und Männer können Gemeinnisse für sich behalten. Sie zerreden ihre Kenntnis über mein Hobby nicht, sondern sind froh, wenn es weniger Konkurrenz gibt. Ich verzichte auf Internetauftritt oder Inserate in dieser Angelegenheit. Habe aber eine einheitliche Preisliste gedruckt, die stillschweigend Diskussionsgrundlage ist. Für alle gelten die gleichen Preise. Da mache ich keine Unterschiede nach Sympathien oder Buchungsfrequenz. Ich mußte diese Liste niemals zeigen. Aber allein zu wissen, daß sie existiert, gibt mir die Sicherheit und stärkt meine Ausstrahlung durch Stabilität und vor allem höchste Seriosität.

Cedrik ist einer meiner Langzeitkunden. Wir kannten uns schon Ewigkeiten. Waren aber nie beziehungsmäßig zusammen, denn dann wäre es vielleicht nicht so lange gutgegangen. Vor ein paar Jahren hat er sogar ein zweites Mal geheiratet. Ich lernte seine Frau Doro freundschaftlich kennen, denn sie wußte schon vorher um seine Treffen mit mir. Sie geht beachtlich entspannt damit um, da sie weiß auf welcher Basis wir uns begegnen und gerade die Bezahlung gibt ihr die Sicherheit zu ihrer Sicherheit. Diesen Zwischenschritt brauchte sie noch, um Cedrik diese Freiheit zu gönnen. Manchmal scherzt Doro mit mir, daß sie gern auch so weit wäre wie ich, um so mit den Männern, der eigenen Sexualität und Lebensgestaltung umgehen zu können. Aber ihre erzieherisch verursachte Prägung und die bedrohende sexuelle Moral von Kirche und mögliche Verunglimpfungen durch die Gesellschaft stünden ihr da noch quer im Wege. Sie weiß, es ist heutzutage fast ein Schwachsinn, aber für sie gibt es nur die eine Partnerschaft in der Ehe. Man hat sich dann mit dem Einen lebenslänglich zu begnügen, zu vergnügen und zu erfreuen. Für sie ist es bereits ein großer Schritt Cedrik nicht einzuengen. Bei mir weiß sie, ist er wenigstens in guten Händen. Bevor er sich sonst wo was weiß ich was für Energien einfängt, mit denen sie sich dann zuhause ebenso zu arrangieren oder rumzuschlagen hätte. Sie ist sehr froh um die Bezahlung, denn dies gibt ihr Gewißheit, daß nicht mehr entsteht oder beabsichtigt ist. Also, daß es außer ihrem Mann noch andere Männer mit diesem Privileg gibt. Sie will an dieser Aufgabe nicht verzweifeln oder leiden, sondern wachsen. Coole Frau finde ich. Von der Sorte sollte es mehr geben! Dann müßten Männer zuhause weniger lügen, weniger verheimlichen, aus der Angst heraus Menschen, die sie ja lieben, zu verletzen, oder vor unlösbare Aufgaben zu stellen. Aus eigener Erfahrung weiß ich, daß manche Männer ihren Frauen gegenüber unehrlich sind und meist das sagen, was ihrer Situation gerade am einträglichsten ist. Aber sie sagen nicht einfach die Wahrheit, wenn es nicht unumgänglich sein muß. Manche lügen sich selbst in die Tasche, daß ihrer Frau nichts fehlt. Da sie, seit die Kinder da sind, sowieso selten Sex möchte, den sie dann auch genauso selten bekommt und das, was der Mann mehr möchte, holt er sich eben mit bestem Gewissen woanders. Damit würde er der Frau ja nichts wegnehmen oder sie benachteiligen. Sie habe und bekäme ja alles was sie wolle. Mit solchen Geschichten versuchten manche Männer mich früher rumzukriegen. Aber das waren genau die, die ich nicht mal gegen Bezahlung an mich herangelassen hätte. Nicht sie selbst oder ihr Wesen, aber ihre Ausstrahlung ist, mit solchen Gedanken und Geheimnissen, einfach unerträglich. Diese Rolle macht sie für mich unattraktiv, weil unehrlich bis abstoßend oder häßlich! Wie ein natürliches Schutzschild.

Mir wurde zunehmend wichtig, daß die Männer, mit denen ich näher zu tun habe, nicht nur körperlich sauber und gepflegt sind, sondern auch geistig entrümpelt, rein und ehrlich. Daß sie alles, was sie tun, sagen und denken auch mit ihrem Herzen vereinbaren können. Ich sehe ihre Aura und spüre ihr Wesen. Je mehr ich mich spirituell in Wahrnehmung und Herzöffnung schule, desto leichter fällt es mir das alles zu erkennen.

Cedrik ist auch derjenige, der eines späten Abends, bevor er ging, noch fragte, ob er das nächste Mal seinen langjährigen, guten Freund namens Nick mitbringen könne. Er würde selbstverständlich für ihn mitzahlen. Cedrik achtet mich sehr und er weiß genau, daß »flotte Dreier« nicht mein Standardprogramm sind. Da er mir diesen speziellen Freund als sehr zu ihm und mir passend anpries, willigte ich ein, daß er gern versuchsweise mitkommen könne. Denn auch ich würde mich dadurch vielleicht weiterentwickeln. Aber ich behielt mir die Freiheit offen, Nick erst kennenlernen zu wollen und dann zu entscheiden, ob er auch wirklich für mich paßte.

Ich erinnere mich wie gestern, als Nick ein paar Wochen später mit Cedrik zusammen eintraf. Die beiden kamen bester Laune und beeindruckend natürlich durch die Hoteltür, die ich einen Spalt breit geöffnet hatte, nachdem mir Cedrik das vereinbarte Zeichen per Handy gegeben hatte. Nick gab mir zur Begrüßung die Hand. Mich durchfuhr diese Berührung wie ein elektrisierender Blitz, der mit sofortiger Wirkung mein Denken fast ausschaltete! Ich sprach und bewegte mich wie von selbst. Erlebte einen höchst angenehmen, berauschenden Ausnahmezustand. Dieser Neue in der Runde war kein Fremder. Es war wie wenn wir uns schon immer gekannt hätten, aber woher? Cedrik hatte ihn richtig beschrieben und eingeschätzt. Er paßte wie kein anderer. Er hatte nie zuvor etwas von ihm erzählt. Aber die beiden kannten sich seit Ewigkeiten, erzählten sie mir, hatten sich aber auch zeitweise ganz aus den Augen verloren, was ihrer Freundschaft keinen Abbruch tat.

Sex zu dritt, natürlich **ein** Mann mit zwei Frauen, wünschen sich fast alle Männer, mit denen ich je auf das Thema zu sprechen kam. Andersherum, **zwei** Männer mit einer Frau, fanden sie weniger spannend, da schnell Vergleich und Neid aufkommen könnte. Nicht aber bei den beiden. Ich war wie von vier sanften und festen Händen getragen. Innig verschmolzen mit einer kräftig wogenden Welle aus Verbundenheit, Einheit und wortloser Vollkommenheit. Alles ging wie von alleine. Keine Sekunde entstand Stillstand oder Stocken durch Nachdenken. Bisher dachte ich, das sei sicher anstrengend mit zwei Männern, immer acht geben zu müssen, was der eine und der andere tut, als nächstes wolle oder über mich denken könnte. Cedrik und Nick zeigten mir, was es bedeutet, sich fallen zu lassen. Den Kopf abzuschalten und vollkommen vertrauen zu können, diese besondere Welt des »Eins seins« zu dritt zu erleben, weil alle Beteiligten zueinander passen. Ich hätte viel verpaßt, wenn ich diese Nacht nicht erlebt, oder mich aus Prinzip dagegen gestellt hätte. Aber ich war auch heilfroh, daß ich nicht früher wahllos in solche spezielle Momente mit Menschen, die mir nichts bedeuten, eingewilligt hatte. Jetzt verstand ich, wieso ich immer eine innere Handbremse angezogen hatte. Das war kein Zufall. Es mußte erst der richtige Moment kommen, wo es für mich galt **das** zu erleben. Wer weiß, was noch kommen würde, das weiß man so gesehen nie.

Es dämmerte der Morgen, als wir einer nach dem andern plötzlich zu dritt unter der sehr geräumigen Hoteldusche standen. Eine auffallende, weil selten spitzenmäßige Architektur! Die normale Wand am Kopf des Bettes war auf beiden Seiten offen, sodaß jeder direkt vom Bett aus seitlich von rechts und von links in die offene Dusche hineinlaufen konnte. Auf Kopfhöhe war eine längliche, über die ganze Wandbreite verlaufende, Glasscheibe sinnvoll eingelassen. Sodaß man von der Dusche aus weiterhin besten Blick auf das Geschehen im Bett hatte, oder sonst noch von der Dusche aus im Zimmer hätte Fernsehen schauen können. So ein sensationelles Bad hätte ich gern zuhause gehabt. Echt, eine total geniale Idee!

Die beiden waren lustig, stark und viril wie erwachsene Männer und doch verspielt, natürlich und witzig wie nette Jungs von nebenan. Irgendwie meinte ich, hatte Cedrik sicher gespürt, daß Nick und ich fast nur noch Augen füreinander hatten. Ich wußte, ich möchte ihn wiedersehen, gern auch alleine, nur er und ich. Aber sagen wollte ich nichts. Als sie sich verabschiedeten, war es draußen schon hell. Ich beschloß erstmal schön relaxt eine Runde zu schlafen und das neu Erlebte zu verarbeiten. Das Zimmer war sowieso bezahlt.

Nick ging mir die Tage danach nicht mehr aus dem Kopf. Aber ich wußte rein gar nichts von ihm, weder was er privat, noch was er beruflich machte oder was mich mit ihm so verbunden sein ließ. Ich konnte jetzt doch kein Theater machen und Cedrik in den Ohren liegen, daß ich seinen Freund unbedingt wiedersehen müsse. Bis ich entschieden hatte, ob ich meiner Intuition oder meinem Verstand folgen sollte und ihn besser vergessen müsse, wurde mir die Entscheidung auf angenehme Weise abgenommen. Cedrik fragte knapp eine Woche später, ob er Nick meine Handynummer geben dürfe. Er habe sehr anständig danach gefragt. Kann das wahr sein, dachte ich, ja natürlich, nur zu gern! Gedanklich fiel ich Cedrik um den Hals. Das würde ich ihm nie vergessen! Nick bekam meine Nummer und schon in derselben Nacht erhielt ich von ihm folgende SMS:

> Nick, 31. Mai 01:25
> Hallo Du süße Maus! Du hast mich beeindruckt und gehst mir einfach nicht mehr aus dem Sinn. Gern würde ich Dich zu einem Dinner im Restaurant des Hotels einladen, wo wir uns kennenlernten. Wenn für Dich Freitag oder Samstag diese Woche um 20 Uhr okay wäre, würde ich mich sehr freuen.
> LG, Nick

Ich fiel rückwärts auf mein Bett und drückte das Handy fest an mein Herz. Ich spürte das Wunder, das nun nahte. Wir würden uns wiedersehen und **er** hatte den ersten Schritt getan! Samstag war optimal. Ich hielt mich knapp in meiner Antwort:

> Tina, 31. Mai 01:36
> Mir geht's ganz genauso! Samstag 20 Uhr in der Lobby – ich freue mich riesig auf Dich, auf uns! Hot kisses!

Er war schon da, als ich mit wehenden Fahnen angerauscht kam. Wir fielen uns küssend in die Arme, wie im kitschigsten Schnulzenfilm. Wenn es einen selbst erwischt, dann ist alles recht, was Nähe bringt.

Das Essen war exquisit, der Ober dezent und freundlich, die Menschen um uns herum eine ergänzende Kulisse. An jedem Tisch brannte eine hohe, weiße Kerze und spiegelte ihre Flamme in den polierten, langstieligen Gläsern wieder. Ob unsere Kerze so lange durchhalten würde, wie wir brauchten mit allem, was wir uns zu sagen hatten? Der Abend mit Nick fühlte sich so vertraut an, als hätte ich ihn mit ihm schon mal erlebt, als wüßte ich schon, welche Themen uns berühren würden. Dieser Blick in seinen Augen, er war die Antwort auf alles, was ich bis heute in Frage gestellt hatte. Wir wußten beide längst, daß wir bereits zusammen waren, sich unsere Herzen zur passenden Zeitqualität gesucht und wir keine Zweifel aneinander hatten.

Nick wußte von Cedrik, was ich in meiner Freizeit tat und wie ich über den Sinn und die Absicht der »Bezahlung« dachte. Es lag ihm am Herzen mich wissen zu lassen, daß seine Freizeitbeschäftigung im Grunde genommen sehr ähnlich sei. Er sei seit etlichen Jahren passionierter Callboy für Frauen und obendrein öffentlich durch die Medien bekannt. Sicher hätte ich ihn doch schon mal irgendwo gesehen. Nein, hatte ich nicht, ich schaute kaum Fernsehen und Prominews Zeitschriften las ich höchstens mal beim Zahnarzt. Es schockierte oder befremdete mich auch nicht, was er mir erzählte. Irgendwie war es stimmig, nichts brachte mich aus der Ruhe. Nick führte im Detail aus, wie er zu allem gekommen war. Was ihn daran faszinierte, reifer gemacht hatte und als Mensch und Mann hatte wachsen lassen an Erkenntnis und an Dingen, von denen er als Jugendlicher nicht mal zu träumen gewagt hatte. Er sei auch schon verheiratet gewesen, aber inzwischen geschieden. Von einer Freundin zur anderen zu wechseln, war nicht seine Vorstellung von Beziehung. Natürlich gab es diesbezüglich Unterschiede zwischen seinem Privatleben und seinem Beruf. Ich fragte viel und bekam noch mehr Antworten, nie zuvor habe er so offen mit jemandem reden können und sich gleichzeitig durch und durch verstanden gefühlt. Das sei ihm neu und haue ihn regelrecht um. Bisher war privat seine Devise so wenig Worte wie möglich »darüber« zu verlieren. Natürlich habe er schon Frauen aus der Erotikbranche kennengelernt, aber es sei nie eine wirkliche Nähe entstanden. Das befremdete ihn und veranlaßte ihn erst recht dazu, mögliche Partnerinnen fern dieser Szene zu vermuten. Aber heute wisse er, daß alles auch ganz anders sein könne, wie sich ja gezeigt habe.

Was ich nicht verstand und ihn fragte, war, wieso er mit seinem Freund zusammen ein »bezahltes« Abenteuer suche? Er hatte doch genug sexuelle Variation und wieso bezahlen, wenn man sonst selbst bezahlt wird? Nun, es sei auch für ihn interessant zu erleben wie das sei. Cedrik hatte ihn im Voraus überzeugt, daß unsere menschliche Konstellation passen würde. Nick war früher auch schon bei echten Prostituierten gewesen, aber das reize ihn heute gar nicht mehr, ohne den »gewissen Funken« mache er nichts mehr im Leben. Ich wußte was er meinte, das Gleiche dachte ich von meinem Leben auch. Egal was man macht, es muß passen. Es muß einen magisch anziehen und sich wie von selbst in die eigene Wesensschwingung einfügen lassen.

Ich gab zu, daß ich mir noch keinen Callboy bestellt hatte. »Auf die Idee wäre ich nie gekommen. Aber jetzt wo ich dich kenne, bringst du mich noch auf den Geschmack«, zwinkerte ich ihm zu. Aber sie müßten selbstverständlich am besten gutaussende, charismatische Langhaarige sein. »Wie dieser Paganini-Star-Geiger zum Beispiel«, warf ich lässig in unser Tête-à-tête ein. »Wen meinst du genau? David Garrett?«, fragte Nick. »Ja, genau den. Also wenn David Garrett ein Edel-Callboy wäre, ha du ... der hätte sofort eine Buchung!« Nick schaute selten erstaunt und fragte »Von wem? Doch nicht etwa von dir?« Ich grinste nur und gab vielsagend keine Antwort.

Wir stellen uns vor: Wir haben uns **nie** kennengelernt, ich habe mir das alles nur ausgedacht! Alles ist möglich! Vieles ist veränderbar, wenn man aufhört zu denken, daß man wüßte, wie irgendwas ist. Es wirkt und passiert immer nur das, was uns berührt und wovon wir selbst überzeugt sind, weil wir es kraftvoll in unseren Gedanken bewegen.

Phantasie hat eben keine Grenzen. Vor allem nicht, wenn Frauen von ihrem Traumprinzen träumen und sich vorstellen, wie sie ihn am liebsten kennenlernen möchten und wie er dann ein Leben lang zu sein hat.

Wahre Liebe im Herzen ist grenzenlos, ewig und frei. Fern von Raum und Zeit! Sie kommt aus dem Nichts und geht ins Nichts, denn sie ist unantastbar in der Ewigkeit allen göttlichen Seins.

SENSITIVITY *Inspirations*®
bietet an:

Was ist die Beschleunigung der Zeit?

Schon seit einigen Jahren gibt es die Aussage, daß wir auf der Erde derzeit eine Besonderheit erleben, nämlich die zunehmende Beschleunigung der Zeit. Damit ist keine Struktur gemeint, die sich schneller vollzieht. Sondern daß alles, was noch stattfinden wird, sich viel schneller manifestiert, beziehungsweise erfolgt. Sich andersherum auch schneller auflöst oder ganz vergeht, als wie aus der Vergangenheit gewohnt. Mir wurde es so erklärt: Die Zeitspanne zwischen der Entstehung einer Idee und ihrer Umsetzung in die Realität hat bereits spürbar abgenommen, verringert sich weiterhin und dadurch werden unsere Gedanken und Vorstellungen unmittelbarer und direkter erfahrbar.

Das zu wissen, muß ja nicht beängstigen oder schaden, sondern könnte einen leicht auf die clevere Idee bringen, diese Beschleunigung für sich und das Weltgeschehen einzusetzen. Die Zeit sozusagen für uns arbeiten zu lassen, indem wir das Optimum unseres eigenen Potentials leben.

Wenn sich also die Zeit weiterhin beschleunigt, indem die Ereignisse schneller aufeinander folgen, Veränderungen der Dinge drastischer und schneller möglich sind als sie es zuvor waren, dann bedarf es doch nur noch einer sehr klaren Ausrichtung mit dem präzisen Bewußtsein, was man aus seinem Leben machen möchte und der Rest folgt dann von ganz allein. Oder? Perfekt!

Mögliche Einfälle dazu könnten sein: Ich möchte in dieser beschleunigten Welt das Höchstmaß meiner Möglichkeiten erfahren in Bezug auf die Varianten von Erfüllung, Glück, Liebe, Vertrautheit mit dem göttlichen Ursprung sowie Geborgenheit in der göttlichen Energie. Oder einfach mit dem Gedanken die Freude am »sich selbst sein« zu genießen!

Natürlich hat das Ganze, wie alles im Leben, auch einen gehörigen Haken! Die Beschleunigung wirkt gleichermaßen in beide Richtungen. Was mich in meiner deutlichen Absicht unterstützt und aufbaut, tritt schneller ins Leben und entfacht seine Wirkung. Ungeklärtes, negative Gedanken, destruktive Phantasien, Krankheiten, oder energetischer Zerfall durch unpassende Menschen, Situationen und Umstände in meinem Leben, ziehen mich schneller in den Strudel des Verderbens.

Intensive Bewußtseinsprozesse, die sich mit Klärung, neuer Ausrichtung oder Umstrukturierung beschäftigen, können, ohne kraftvolle Ausrichtung und deutlicher Absicht in die Veränderung, die Rückkehr der Wiederholungen-Schleife beschleunigen und sogar die Intensität, mit der mich die Vergangenheit einholt und dann eiskalt erwischt, noch dazu extrem erhöhen. Gefährlich ist es also, wenn die Negativität im außen zunimmt. Denn dann wird mich die Negativität genauso intensiv einholen und ausbremsen oder gar stoppen, wie eine positive, passende Ausrichtung mich voranbringen würde. Das ist nur logisch, aber man muß es überhaupt wissen, dann verstehen und sich bewußt sein, was dies für Gefahren aber auch für Chancen birgt. Wer sich gar nicht ausrichtet und einfach wie immer vor sich hin dümpelt, wird unabwendbar, und vor allem noch schneller, von seiner Vergangenheit eingeholt, sich darin endlos wiederholen und an Kraft verlieren.

Also sollte man sich doppelt bewußt machen, was man in sich bewegt. Wovon man besser Abschied nehmen sollte und was verschwinden muß, weil es nicht mehr in die gegenwärtige Zeit paßt und somit veraltet ist. Was aber soll neu in unser Leben kommen und bleiben? Welche Aspekte der Vergangenheit halten einen immer noch fest und verhindern, daß Veränderung stattfinden kann? Es geht darum zu spüren, was sich im persönlichen Leben, aber auch in der Welt, sinnlos wiederholt. Dazu gehören persönliche Beziehungen, partnerschaftliche Freundschaften sowie auch geistige Beziehungsverbindungen, Verbindlichkeiten und Abhängigkeiten gegenüber anderen Menschen oder Institutionen, äußeren Strukturen, Wohnsitz oder -land, Arbeitssituationen oder Tätigkeiten, mit denen man seine Zeit verbringt.

Die Betrachtungsweisen des Kopfes basieren auf Angst vor Verlust von Liebe, auf finanzieller, materieller Sicherheit und dem geborgenen Rahmen, in dem wir uns so vertraut bewegen. Angst soll aber nicht der Maßstab der Betrachtung sein, sondern die Sehnsucht des Herzens! Je mehr wir noch Ängsten, Zweifeln, Gewohnheiten, Süchten oder anderen Abhängigkeiten nachhängen, desto mehr entziehen sich die Dinge unserer bewußten Kontrolle. Bis sie sich verselbständigen und uns in einen Strudel reißen, dem wir nur ohnmächtig folgen können, weil er uns in dem festhält was war.

Um der Beschleunigung der Zeit sinnvoll zu begegnen, ist es hilfreich sich zur Gewohnheit zu machen bei jedem und allem zu fragen:

- ✓ Berührt es mich? Wird es mich in Zukunft berühren?
- ✓ Befreit es mich? Wird es mich in Zukunft immer freier machen?
- ✓ Entfalte ich Fähigkeiten, die ich vorher nicht hatte? Und werden diese in mir wachsen?
- ✓ Bin ich bereit für Wunder? Also, daß Dinge in mir und meinem Leben geschehen, die sich nicht aus meiner Vergangenheit und der Vergangenheit der Welt erklären lassen?

Es ist nicht mehr an der Zeit aus Gewohnheit dem nachzugehen, was früher so attraktiv schien. Was immer jetzt geschieht, mein Leben muß zwanglos ablaufen, wie von selbst, überraschend, planlos. Das erzeugt ein Echo im göttlichen Urgrund und unser Wesen erzeugt daraufhin einen Magnetismus. Das Echo des göttlichen Urgrundes ist das, was zu uns bringt, was zu uns paßt, unabhängig von dem was war. Ein Magnetismus unserer innersten Sehnsüchte und Wünsche zieht wie von allein alles in unser Leben, was unserer Bestimmung förderlich ist. Was und wie und mit wem, sollten wir nicht beeinflussen wollen, sondern uns dem Fluß der Dinge hingeben und darauf vertrauen, daß es so kommt, wie es kommen soll und kann.

Wer Sensitivität dafür entwickelt, daß sich die Manifestationsgeschwindigkeit beschleunigt, kann dies nicht als wichtig genug betrachten. Vor allem kann er es sich nicht mehr erlauben automatische, zufällige Gefühle in sich zu bewegen. Auch Spontaneität und »go with the flow« sollte blitzschnell überdacht und gewollt sein.

Der Freigeist läßt nicht zu, daß der Strudel ihn wahllos mitreißt und seine Bewußtseinsfreiheit beschnitten wird. Angeblich kann sowieso niemand der zunehmenden Beschleunigung entrinnen, außer man ist geistig wach und steht außerhalb davon, da man sie durchschaut hat und nutzt.

Wir sollten gemeinsam große Wachsamkeit walten lassen über was wir denken, fühlen und möchten. Gemeinsam könnten wir uns mit dem Wunsch verbinden überall und dauernd Liebe ausströmen zu lassen! Wer möchte, könnte darum bitten, jetzt über die Kraft des Bewußtseins zu erfahren: Was ist jetzt zu tun?

Die beschleunigte Zeit ist für die menschliche Bewußtseinsqualität, deren schöpferischen Kräfte anhaftende Tendenzen haben, eine Zeit der Klärung und Heilung. Fanatische Menschen werden sich in einer Katastrophe selbst auflösen, sich auf die eine oder andere Weise eliminieren. Menschen, die in ihrer zeitgemäßen Entwicklung nach vorne streben, die das Neue suchen, werden sich atemberaubend beschleunigen. Ihre Ideen und Phantasien werden sich verwirklichen und zu einer neuen Welt führen. Sich bewußt geistig dorthin zu bewegen, wo man in Zukunft sein möchte: Dieser Wunsch hat jetzt enorme Chancen sich schnell zu erfüllen. Jetzt ist die Zeit um Gesundheit, Partnerschaft, Glück, Erfüllung und Begeisterung zu erbitten. Jetzt ist die Zeit die innere Ausrichtung einzunehmen, die all dies der Welt schenkt.

Meine Empfehlung ist:

Sei liebevoll zur Welt, maximal großzügig, möglichst dankbar, mach viele Geschenke. Wenn Du erkennst, was anderen Menschen gut tun würde; gib es ihnen ... warum auch nicht? Unterstütze sie, schenke Visionen, Trost, Freiheit und dadurch auch Erkenntnis. Wenn andere schlecht über andere reden, sei am besten still – **Du** tust es ganz bewußt **nicht!**

Wenn von nun an Deine Grundabsicht ist, in Achtung vor Dir selbst, Liebe, Mut und Wachstum zu leben, kannst Du mit Leichtigkeit trostvoll sein, viel zurückgeben und dazu beitragen, daß man sich gegenseitig offen, **voller Vertrauen**, Rückenwind gebend und im Herzen verständnisvoll begegnen kann. Dann werden die Menschen sich von allein, wie magnetisch **zu Dir hingezogen fühlen** und Deine Nähe suchen.

Zeig möglichst tief gefühlte Dankbarkeit und Freude, denn es ist Zeit **jedem** bewußt zu machen: alles was ist, könnte auch ganz anders sein! Es gibt keinen Grund irgendwas im Leben für selbstverständlich zu halten, daran festzuhalten, oder zu glauben, man hätte ein Recht auf irgendetwas. Nur wer bereit ist alles Unpassende loszulassen, nur zu dem können dann die Dinge ins Leben kommen, an denen uns **wirklich** etwas liegt.

Deshalb mein abschließendes »SENSITIVITY Inspirations®«-Anliegen an den interessierten Leser:

In diesem neuen Bewußtsein, mit Deinem Wissen über die Beschleunigung der Zeit, **nutze die Dir gegebene Zeit!** Ab jetzt geh' hinaus in Dein Leben, in Dein Umfeld, in die Welt und wirke dort bewußt auf Deine ganz persönliche Art und Weise. **Lebe Deine unverkennbare Einzigartigkeit!**

CHILL-OUT

CHILL-OUT

WERDE STILL!

Dieses Buch ist geprägt, jedes Wort ist bewußt gewählt. Sein Inhalt wird diejenigen erreichen, die genau dieses Wissen erfahren sollen, wenn die Zeit dafür reif ist. Wenn sie wohlwollend Sinnvolles dadurch bewegen möchten. In der Psyche der künftigen Leser gibt es bereits Zusammenhänge mit dem, was es bewußt machen möchte. Alle anderen haben nicht mit lesen bis hierher durchgehalten, haben ihre alten Standpunkte verteidigt, das Buch vorher aus der Hand gelegt, es von vornherein abgelehnt oder gar nicht erst davon erfahren.

Das Schreiben an einen »unbekannten Leser« ist auch für uns etwas anderes, als wenn die Worte, wie von selbst, an eine bekannte Person fließen. Die neuen Gedanken dazu, die vielen damit verbundenen Kontakte mit allen an der Entstehung Beteiligten, noch mehr neue Ideen und weitere Verständnisprozesse haben auch uns erneut verändert, seitdem das, was wir aufgeschrieben haben, geschehen ist. Ursprünglich war nur geplant das »Geschichtchen« in Teil eins zu schreiben, was schnell getan war. Aber es drängten auch die Hintergründe in Teil zwei ans Licht, die uns weit mehr abverlangten als wir uns vorgestellt hatten.

Es ist ganz klar unser sehnlichster Herzenswusch, etwas zum nächsten Schritt im Leben des Lesers hinzuzufügen. Und nachdem Du recht wacker bis hierher gelesen hast, könntest Du dadurch schon so zwei, drei neue Ideen für Dein Leben mitgenommen (unsere restliche Erwartungshaltung) und vielleicht noch viel, viel mehr Inspirationen verinnerlicht (Fragmente unseres immer noch vorhandenen Größenwahns), oder am besten zig Denkanstöße (unsere weiterhin flackernde Gier) bekommen haben. Du hast längst erkannt, daß Du das Geschehen der Welt durchaus lenken und aus Dir heraus mitentstehen lassen kannst. Wenn Du möchtest, laß alles, was Dich berührt hat, tief in Dein Herz sinken. Dann geh hinaus in Dein Umfeld, in Dein Leben, in Deine Welt und wirke überall dort einzigartig aus Deinem Herzen heraus, auf Deine individuelle Art und Weise und verstehe die anderen Menschen.

Wer zu Themen des Buches oder darüber hinaus noch seine persönlichen Anliegen, Fragen oder irgendein spezifisches Interesse hat, darf sich gern jederzeit mit uns in Verbindung setzen. Wir bieten verschiedene Möglichkeiten zu Einzelgesprächen oder Treffen in kleinen Gruppen an. Alle Infos, News und Kontaktmöglichkeiten, siehe bitte unter:

🌐 **Tina**
www.sensitivityinspirations.ch

🌐 **Nick**
www.callboy-nick.ch

Wer sich vorstellen kann, daß »die Kartenlegerin« Ulli hilfreich oder inspirierend sein könnte, kann über » SENSITIVITY Inspirations®« (siehe oben) ihre Kontaktdaten anfragen. Ulli gibt sehr gern in ihrer unkomplizierten Art und sehr praktischen Veranlagung auch am Telefon direkt Auskunft. Dies, falls man eben nicht gerade um die Ecke wohnt.

Und wer uns etwas über seine Erkenntnisse, Gedanken oder Ideen vor, während oder nach der Lektüre dieses Buches mitteilen möchte, darf dies an eine unserer Mail-Adressen tun:

✉ **Tina**
contact@sensitivityinspirations.ch

✉ **Nick**
contact@callboy-nick.ch

Niemand soll mehr mit »Paganinis« allerletzten Worten aus dieser Welt gehen, die David Garrett am Ende des Films »Der Teufelsgeiger« so dramatisch zitiert: »Euer Gott hat mir eine Gnade geschenkt und mich dann in einer Welt allein gelassen, die diese Gabe nicht verstanden hat.«

Doch wir wissen alle, daß auch Albert Einsteins Worte heute noch höchst aktuell sind: »Es ist schwieriger, eine vorgefaßte Meinung zu zertrümmern als ein Atom.«

Herzlichen Dank an **jede einzelne Person**, die einen Teil ihrer **unwiederbringlich wertvollen Lebenszeit** mit unserer Geschichte und den vielen damit verbundenen Gedanken in diesem Buch verbracht hat.

Jetzt kommt **endlich** der gemütliche Teil – vielleicht mit einem der selbst kreierten Drinks aus unserer **legendären Cocktail-Karte**. Unsere Lektorin hat sie **alle** probiert und nun ist ihr schwindelig. Von den Drinks oder eher doch vom Buch? **Was immer hilft zum chillen, ist jetzt gut!**

TINA'S & NICK'S TOP CARIBBEAN BAR
LOVINGLY, HAPPILY CREATED AND THOROUGHLY TESTED BY TINA AND NICK

MANGO IN FJORDWASSER – PREIKESTOLEN
Kl. Eiswürfel, 10-12 Tropfen Angostura Orange, 4 cl VIKINGFJORD-Vodka. Mit VOLG-Mango-ENERGY auffüllen und etwas Limettensaft dazugeben.

PASSIONS-KAULQUAPPEN À LA TINIFINI
Kaulquappen (Fruchtfleisch mit Kernen) einer gr. Parchita (Passionsfrucht), kl. Eiswürfel, 10-12 Tropfen Angostura Orange, 4 cl Caramelvodka und etwas Limettensaft dazugeben.

CAIPIRINHA BRASILEIRA 2013 – AQUARIUMWASSER ORIGINAL
1 Limette, geachtelt und gemörsert, 4 gehäufte Teelöffel Zucker, Crushed Ice randvoll ins Glas füllen, 6-8 Tropfen Angostura Aromatic, 4 cl Cachaça Pitú.

CAIPIROSKA ELEGANTE – AQUARIUMWASSER MAXIMAL
1 Limette, geachtelt und gemörsert, max. 1 Teelöffel oder wahlweise auch keinen Zucker, Crushed Ice randvoll ins Glas füllen, 6-8 Tropfen klassisches Angostura Aromatic, 4 cl TROJKA-Caramelvodka.

SCHWURBULETTE – VOLLE UMDREHUNG – VOLLE SCHWURBEL
Mini-Eiswürfel/Crushed Ice, reichlich Angostura Orange, Limettensaft, 1.5 cl Cachaça Pitú, 2.5 cl Ron Pampero de Venezuela, ALDI-Cola-ENERGY.

STEINAR SPECIAL, HILTON OSLO
(nach Hard Rock Café um Mitternacht)
Crushed Ice in Mixbecher, Limettensaft, extrem reichlichst Angostura Aromatic, großzügig viel Zuckersirup »and shake it«.

»SENSITIVITY INSPIRATIONS®« INTENSIVE
Mini-Eiswürfel/Crushed Ice, 1 Limette, geachtelt gemörsert, frisch gepreßter Saft 2er Orangen, 6-8 Tropfen Angostura Aromatic, 1 Passionsfruchtschwurbel (Fruchtfleisch mit Kernen), 2.5 cl Gin, 1.5 cl Kirschwasser, Zimt/Cacao.

Alle Drinks werden nach Gefühl und Wahrnehmung der Bargäste feinfühlig zubereitet. Es zählt Einzigartigkeit der Zubereitung in Absicht der Begegnung und des zu feiernden Moments! Jeder Drink ist zu jeder Zeit an jedem Ort ein Unikat – es gibt keine Wiederholung. Für Inspiration und Ausstrahlung verschiedene, ausgefallene und schön spezielle Gläser wählen. **Prost, »cheers«, »salud«, »saúde«, »santé« und »skål«!**

DIE LIEBE UND DER KRIEGER

GLOSSAR

1 **Landingpage** 23
[*Zusammensetzung aus engl. to land = landen und engl. page = Seite*]
Die Landingpage ist die erste Seite, die ein Besucher sieht, wenn er durch Anklicken einer Werbeanzeige oder eines durch E-Mail versendeten Links auf eine andere Webseite weitergeleitet oder gelockt wird. Die Landingpage ist der Ausgangspunkt für das weitere »Absurfen« (siehe Punkt 4) der Seite oder des Webshops.

Quelle: DUDEN – Das neue Wörterbuch der Szenesprachen

2 **Look & Feel** 23
[*engl. für Anmutung, Erscheinungsbild*] Der Look & Feel einer Internetseite ist ihr Designkonzept mit Wiedererkennungswert. Wird beispielsweise eine bestimmte Homepage durch einen Blog ergänzt, der eine andere URL hat, so wird dieser in Layout, Schriftart und -größe, Navigation und Grafik dem Stil der Hauptseite angepaßt. Wenn das Look & Feel gut durchdacht ist, finden sich die Anwender auf einen Blick intuitiv zurecht und fühlen sich daher dank optimaler »Usability« auf der Seite wohl. Diese Vereinheitlichung des Stils funktioniert auch medienübergreifend. So erhalten z. B. sendungsbegleitende Websites oder Onlinezeitschriften die gleichen Logos und Farben wie ihre Fernseh- bzw. Printentsprechung.

Quelle: DUDEN – Das neue Wörterbuch der Szenesprachen

3 **Sexualtaktung** 24
Ob Bondage, SM oder Swinger – sexuelle Neigungen sind vielfältig und grenzenlos. Dank Internet und der Möglichkeit des »Alternative Datings« findet jeder per Mausklick den passenden Sexpartner zu den eigenen Vorlieben. Aber nicht nur die bevorzugte Bettakrobatik wird mit Sexualtaktung bezeichnet, auch die generelle sexuelle Orientierung ist damit gemeint. Wer heute nach homosexuellen Erfahrungen fragt, bekommt nicht selten geschlechterübergreifende Geschichten

zu hören. »Gender-Bender« wird immer mehr zur akzeptierten Lebensform.

Quelle: DUDEN – Das neue Wörterbuch der Szenesprachen

4   **Absurfen** 25
Zum Absurfen braucht man nicht unbedingt ein Surfbrett. Ein Computer reicht auch. Im Gegensatz zum unspezifischen »im Internet surfen« bedeutet »eine Seite absurfen«, daß man sich nur auf einer Homepage bewegt. Die Verweildauer auf der Seite ist demzufolge länger, die Lektüre intensiver und das Durchklicken der Unterseiten genauer.

Quelle: DUDEN – Das neue Wörterbuch der Szenesprachen

5   **Fraueli** 26
Schweizer Mundartausdruck für ein manchmal unbeholfen, altmodisch, traditionsgebunden wirkendes, möglicherweise sich auch weltfremd verhaltendes Hausmütterchen. Wird aber auch oft gern und gut gemeint durchaus liebevoll als Kosename verwendet.

6   **Grundmove** 26
[*zu engl. move = Bewegung, Schritt*] Der Grundschritt jedes Tanzes, sei es Hip-Hop, Salsa oder Walzer, heißt neudeutsch Grundmove. Auf dieser Bewegung bauen alle weiteren Steps, Drehungen oder Sprünge auf. Der Begriff Grundmove wird inzwischen nicht mehr nur auf der Tanzfläche gebraucht, sondern für alle ersten Schritte, die einer unternimmt, egal ob es sich um die Neuanmeldung in einer Community oder die Herstellung eines Erstkontakts zu einem anvisierten Flirtobjekt handelt.

Quelle: DUDEN – Das neue Wörterbuch der Szenesprachen

7   **LG** 27
LG seht für »liebe Grüße«. Diese Kurzform, bestehend aus den Anfangsbuchstaben der beiden Worte, wird heute noch gern und meist in kostenpflichtigen SMS verwendet, die auf 160 Zeichen pro Preiseinheit limitiert sind. So wird wertvoller Platz gespart und für andere wichtige Botschaftselemente zur Verfügung gestellt. Vgl. auch GlG = ganz liebe Grüße (siehe Punkt 33), oder LU = liebe Umarmung.

8   **tönt guet** 28
Schweizerdeutsch für »klingt gut« oder find' ich klasse, spannend, interessant.

GLOSSAR

9 **merci viumal u en liebä Gruess** 28
Schweizerdeutsche Dialektform für »vielen Dank und einen lieben Gruß«. Geschriebenes Schweizerdeutsch versteht man als Nichtschweizer am besten, wenn man es sich selbst, möglichst alle Worte am Stück, laut vorliest.

10 **Fortschrittsbalken** 28
Der Fortschrittsbalken (oder engl. »Progress Bar«) begegnet uns beim Download von Dateien, beim Installieren von Programmen und beim Brennen von CDs. Er zeigt an, wie weit das Ausführen der jeweiligen Aktion fortgeschritten ist, und gibt damit recht anschaulich preis, wie lange es noch dauert oder ob der PC überhaupt arbeitet. Im Betriebssystem Vista wächst dieser Ladebalken nicht nur in einem schillernden Grün in die Länge, sondern suggeriert auch durch einen in ihm laufenden weißen Punkt beständiges, fleißiges Arbeiten des Rechners. Daher ist der Fortschrittsbalken wesentlich beliebter als die überholte Windows-Sanduhr oder der Apple-Rauschekreis, wo einem durch die fehlende Zeitangabe nichts anderes übrig blieb, als sich in Geduld zu üben. Wie schön wäre es doch, wenn es für ähnliche »Waitstates« (siehe Punkt 36) im Alltag, z. B. im vollen Wartezimmer des Arztes oder beim Warten auf den Rückruf des potentiellen Partners, einen Fortschrittsbalken gäbe.
Quelle: DUDEN – Das neue Wörterbuch der Szenesprachen

11 **lollen** 29
[*zu lol, Abkürzung für engl. laugh out loud = laut lachen*] Um lautem Lachen eine schriftliche Entsprechung zu geben, damit der Chatpartner merkt, wie köstlich man sich amüsiert, wurde die Abkürzung »LOL« populär. Inzwischen ist der Ausdruck von der virtuellen auch in die gesprochene Kommunikation übergegangen. Lollen oder sich lollig machen sind mittlerweile gängige Begriffe zum Ausdruck der Erheiterung geworden.
Quelle: DUDEN – Das neue Wörterbuch der Szenesprachen

12 **aufrüschen** 167
Sich herausputzen, schön machen, aufhübschen (siehe Punkt 14), origineller, attraktiver gestalten, optimieren, mit Rüschen oder Raffungen an der Kleidung die Blicke auf sich ziehen.

13 **Workload** 34

[*engl. für Arbeitsbelastung, Arbeitspensum*] Ist die Arbeitsbelastung auf Dauer zu hoch, sollte man »downshiften«, ist sie zu niedrig, droht der »Bore-out«. Der Workload wird zur bestimmenden Maßeinheit. Nur wer nicht mit Arbeit überladen ist, kann mit Freunden die Mittagspausen verbummeln und pünktlich Feierabend machen. Hat sich dagegen viel auf dem Schreibtisch angestaut, zwingt der Workload zu Überstunden und Wochenendarbeit. Ein »Underperformer« würde sich davon aber vielleicht auch nicht stressen lassen.

Quelle: DUDEN – Das neue Wörterbuch der Szenesprachen

14 **aufbitchen** 35

[*zu engl. ugs. bitch = Schlampe*] Beim Ausgehen trifft man immer wieder auf Frauen, die so aussehen, als seien sie in einen Farbkasten gefallen. Sie vereinen alle Regenbogenfarben auf ihren Augenliedern, malen sich die Lippen knallrot an und tragen Outfits, die einem die Schamesröte ins Gesicht treiben. Diese Damen haben sich für das Nachtleben nicht aufgehübscht (siehe Punkt 12), sondern aufgebitcht, so sehr, daß ganz offensichtlich der Style ins Billig-Niveaulose abgedriftet ist. Mit Ausnahme der »Player« oder »Pimps« würden die meisten solche Damen wohl als optisches Foul deklarieren.

Quelle: DUDEN – Das neue Wörterbuch der Szenesprachen

15 **Heididollar** 36

So nennt Tina humorvoll die Schweizer Währung. In Anlehnung an Südamerikanische Währungen, die generell als Dschungeldollar bezeichnet werden. Eine Steigerung davon, für interessierte Südamerika-Insider, sind die Cuyampis. Ein Begriff, der für Dschungelwährungen der Andenländer, aber auch für andere fremdländische Dinge wie exotische Essensgerichte, undefinierbare Zutaten, nie vorher gesehene Stechinsekten, skurrile Souvenirs, oder sonstige uns fehlende Begriffe, im Ausland hilfreich verwendet werden kann. Vgl. auf Venezolanisch »bicho« [*bííítschoo*]: Dáme un bicho de esos, un bicho más grande, vino otro bicho, cual bicho quieres?

16 **Hardcore** 41

[*engl. hard core = harter Kern, {vermuteter} harter innerer Kern von Elementarteilchen*] Hardcore sein (salopp: hart, mühevoll, nicht leicht zu bewältigen sein).

Quelle: DUDEN.de

GLOSSAR

17 **grottig** 41
Bekräftigung für schlecht, sehr schlecht, Steigerung = grottenschlecht.

Quelle: DUDEN.de

18 **Hahneburger** 46
So nennen die Schweizer umgangssprachlich ihr pures, ganz normales Leitungswasser. Meist auch als Hahnenwasser bezeichnet, was rein gar nichts mit dem männlichen Tier zu tun hat, sondern einfach der deutsche Wasserhahn ist. In keinem Fall zu verwechseln mit einer Hühnerfleischfrikadelle (Chickenburger).

19 **rumpsychen** 54
Aus allem sofort ein Problem machen, nervlich angespannt und nervös sein, seelisch wenig oder gar nicht belastbar sein, geringe psychische Stabilität aufweisen, wenig inneres Gleichgewicht haben, aufgrund früherer schlechter Erfahrungen mißtrauisch sein, überreagieren und auch gern aus einer Mücke einen Elefant machen oder den Teufel an die Wand malen. Es gibt Männer, die behaupten Frauen würden alle gern und schnell psychen. Es gibt aber durchaus auch Männer die auf ihre eigene Art, aber trotzdem nicht übersehbar, ebenso dazu neigen.

20 **kraßcore** 54
[*Zusammensetzung aus kraß und hardcore*] Die Steigerung von kraß ist kraßcore oder kraßomat bzw. kraßomatico. Kraß bezeichnete ursprünglich etwas, was von seinen Lichtverhältnissen her außerordentlich scharf und grell ist. Seit Langem wird es jedoch umgangssprachlich für extreme Verhältnisse in jeglicher Hinsicht gebraucht, sei es im Sinne von beeindruckend, imponierend, ungewöhnlich, besonders, »fett« oder fettomat oder aber auch schockierend, erschreckend und Angst einflößend.

Quelle: DUDEN – Das neue Wörterbuch der Szenesprachen

21 **Living-History** 61
Living-History [*engl. für gelebte Geschichte*] nennt man die Darstellung historischer Lebenswelten durch Personen, deren Kleidung, Ausrüstung und Gebrauchsgegenstände in Material und Stil möglichst realistisch der dargestellten Epoche entsprechen. Die Darstellung kann im privaten Rahmen oder bei öffentlichen Veranstaltungen stattfinden.

Quelle: Wikipedia.org

22 Arch Enemy 63
Arch Enemy [*engl. für Erzfeind*] ist eine 1996 gegründete, schwedische Melodic-Death-Metal-Band.

Quelle: Wikipedia.org

23 U.D.O. 63
U.D.O. ist eine deutsche Heavy-Metal-Band, benannt nach deren Sänger Udo Dirkschneider. Gründung 1987, Auflösung 1991 und Neugründung 1996.

Quelle: Wikipedia.org

24 Aare, Reuss und Limmat 63
Als das Wasserschloß der Schweiz wird die Gegend im Dreieck von Brugg, Turgi und Klingnau bezeichnet, in dem sich die drei Flüsse Aare, Reuss und Limmat beim Gebenstorfer Ortsteil Vogelsang kurz hintereinander vereinigen, um später als Aare bei Koblenz in den Rhein zu fließen.

Quelle: Wikipedia.org

25 Hamaca matriomonial 64
Die Ehehängematte, also eine extra lang und breit, stabil gewebte Hängematte für Paare, bzw. zwei Personen. Ersetzt das Bettgestell mit Matratze vielerorts in den warmen Ländern Südamerikas. Die Hamaca matrimonial ist luftiger, hygienischer, viel lustiger und oft bequemer als manch durchgelegenes Bett. Vor allem bietet sie Schutz vor Tieren, die sich in der Natur am Boden bewegen. Was klettern, krabbeln oder fliegen kann, läßt sich durch Nachtwache oder mit stabilem Moskitonetz außerhalb der Hängematte halten. Eine Garantie für ruhige Nächte gibt es trotzdem nicht. Befestigt werden Hängematten mit zwei Seilen überall an stabilen Palmen am Strand, zwischen Jeeps, seitlich an LKWs oder an bereits eingemauerten Ringen in Wänden von Häusern, Veranden und Hotels. In der Schweiz eignen sich rustikale Sichtbalken in Dachwohnungen hervorragend dafür.

26 Ellis 71
[*Kurzform für Eltern*] Wer seine Eltern liebevoll verkürzt als Ellis bezeichnet, drückt damit nicht nur eine enge Verbundenheit mit ihnen aus, sondern wirft auch charmant ein jugendliches Licht auf Vater und Mutter.

Quelle: DUDEN – Das neue Wörterbuch der Szenesprachen

GLOSSAR

27 **Schlußwunde** 83
Angelehnt an die physische, durch Klein- oder Großkaliber verursachte Schußwunde, bezeichnet die Schlußwunde die psychische Wunde, die entsteht, wenn eine Liebesbeziehung beendet wird. Sie hinterläßt zwar keine sichtbaren Narben, aber gebrochene Herzen. Und die brauchen manchmal viel länger, bis sie verheilt sind.

Quelle: DUDEN – Das neue Wörterbuch der Szenesprachen

28 **First Life** 86
[*engl. für erstes Leben*] Da das virtuelle Leben im Netz immer bedeutsamer wird, bürgert sich für das reale, bis dahin einzige Leben ein neuer Begriff ein. First Life bezeichnet das »wirkliche« Leben, das offline stattfindet. Relevant wurde der Begriff durch die zunehmende Popularität der Online-3D-Struktur »Second Life«, auf der Zehntausende für ihre Avatare täglich ein zweites, digitales Leben designen. Auch über »Social Networks« wie Facebook oder StudiVz ist es möglich, eine vom realen Leben abweichende »Digital Reputation« aufzubauen. Als Gegenbezeichnung für diese Parallelleben wurde First Life geboren, dessen vielseitige Levels und »Quests« an erster Stelle stehen sollten.

Quelle: DUDEN – Das neue Wörterbuch der Szenesprachen

29 **1. August-Fäscht** 86
Schweizerdeutsch für das Fest zum 1. August, dem Nationalfeiertag der Schweiz, an dem bis heute gewürdigt wird, daß sich 1291 die drei Urkantone Uri, Schwyz und Unterwalden im »Ewigen Bund« zusammengeschlossen haben und damit die Eidgenossenschaft entstand.

30 **Schmutz uf e Buuch** 87
Schweizer Dialekt aus dem Kanton Bern für »Kuß auf den Bauch«.

31 **z'Nacht** 89
Schweizerdeutsch für »Abendessen«.

32 **smexy** 90
[*Zusammensetzung aus engl. smart = klug und engl. sexy*] Smexy ist ein charmanteres Kompliment als sexy, denn es bewertet das Objekt der Begierde nicht nur oberflächlich nach dem Aussehen, sondern zusätzlich nach inneren Werten. Ein smexy Typ ist also das volle Paket; sieht gut aus und ist noch dazu schlau, witzig und nett.

Quelle: DUDEN – Das neue Wörterbuch der Szenesprachen

33 **GIG** 91
GIG seht für »ganz liebe Grüße« (siehe Punkt 7).

34 **Smirting** 91
[*Zusammenziehung aus engl. to smoke = rauchen und to flirt = flirten*] Das »Nichtraucherschutzgesetz« hat die Raucher aus den Lokalen vor die Tür verbannt. Das gemeinsame Rauchen außerhalb der Kneipe oder des Restaurants schafft Gemeinsamkeit und Gesprächsstoff. Das sind beste Flirtvoraussetzungen, denn wenn man sieht, daß sich die gut aussehende Dame oder der nette Herr zigarettenbewaffnet auf den Weg zum Eingang machen, kann man gleich hinterher laufen und »hast-du-mal-Feuer-mäßig« anbandeln. Smirting, die Kombination aus Rauchen und Flirten, ist somit ein positiver Nebeneffekt der Raucherverbannung. Nicht rauchende Singles schauen dabei in die Röhre, denn die stehen drinnen, während der Auserkorene draußen schon seine Telefonnummer weitergibt.

Quelle: DUDEN – Das neue Wörterbuch der Szenesprachen

35 **Egoboost** 95
[*zu engl. boost = Aufstieg, Erhöhung*] Ein Lob, eine Anmache oder ein Kompliment kann ein Egoboost sein. Wenn man hört, daß man einen hervorragenden Job gemacht hat, eine wunderschöne Frau ist oder offensichtlich abgenommen hat, dann streichelt das unser Ego, stärkt unser Selbstbewußtsein und sorgt für neue Motivation und neuen Schwung. Man fühlt sich jung, stark, mutig und schön, also insgesamt unbesiegbar.

Quelle: DUDEN – Das neue Wörterbuch der Szenesprachen

36 **Waitstate** 99
[*Zusammensetzung aus engl. to wait = warten und engl. state = Zustand*] Während der »Fortschrittsbalken« (siehe Punkt 10) anzeigt, daß der Rechner mehr oder wenig fleißig an einem Download, einer Installation oder am Öffnen eines Spiels arbeitet, befindet sich der vorm Bildschirm Sitzende in einer passiven Warteposition. Dieser Zustand ist alles andere als angenehm, da er fremdverschuldet, aufgezwungen und völlig unabwendbar ist. Der verhaßte Waitstate lauert aber nicht nur vor dem Computer. Er überfällt einen beim Arzt im Wartezimmer, beim Anstehen an der Supermarktkasse oder beim sehnlichen Warten auf den Anruf des potentiellen Lovers.

Quelle: DUDEN – Das neue Wörterbuch der Szenesprachen

GLOSSAR

37 **Snorra-Edda** 113
Die Snorra-Edda (auch Prosa-Edda, und unpräzise Jüngere Edda genannt) ist ein ursprünglich nur als Edda betiteltes Handbuch für Skalden. Die Bezeichnung dient der besseren Unterscheidung von der Lieder-Edda (siehe Punkt 38). Die Snorra-Edda ist in erster Linie als mythographisches und dichtungstheoretisches Werk gedacht, stellt jedoch auch eine wichtige Quelle altnordischer Dichtung und Mythologie aus dem 13. Jahrhundert dar.
Quelle: Wikipedia.org

38 **Lieder-Edda** 113
Die Lieder-Edda, früher auch Sämund-Edda genannt, ist eine Sammlung von Dichtungen unbekannter Autoren. Stofflich werden mythische Motive, so genannter Götterlieder aus der Nordischen Mythologie behandelt, und die so genannten Heldenlieder. In den Heldenliedern werden Stoffe aus der Germanischen Heldensage, beziehungsweise der Heldendichtung wiedergegeben.
Quelle: Wikipedia.org

39 **zudieseln** 116
Zudieseln, auch »eindieseln«, weist auf übermäßigen Gebrauch bestenfalls von teuren Parfums, aber auch unpassend gewählten Düften.

40 **Slampensnuff** 119
Humorvolle, nicht bös gemeinte, lustig niedermachende Wortkreation von Ulli, aus »Schlampe« und der Verkürzung »Snuff« (siehe Punkt 43) des Kosenamens »Schnuff«, den Finn für Tina hatte.

41 **es Fasnacht** 120
Schweizerdeutsch für »einen Faschingsumzug« oder »eine Karnevalsveranstaltung«.

42 **rauchender Eisenwagen** 124
So oder ähnlich hätte ein Erwachsener des 6. Jahrhunderts womöglich, ganz futuristisch und sehr modern, unser heute als »Auto« bezeichnetes motorisiertes Gefährt bezeichnet.

43 **Snuff** 127
Snuff ist Ullis Kurzform von »Schnuff«, den Kosenamen, den Finn für Tina verwendete. Sie wandelte ihn nach ihrer eigenen Art scherzhaft um (siehe Punkt 40).

44 **Ausgang** 135
Deutsche »gehen aus«, Schweizer gehen »in den Ausgang«, wenn sie abends weggehen. Sie stellen sich nicht in die Tür, sondern beides bedeutet sich einen schönen Abend machen, etwas vorhaben, auf ein Konzert gehen oder sich mit Freunden treffen. Für Tina anfangs irritierend, gehen Schweizer nicht »in den Eingang«, wenn sie wieder nach Hause kommen.

45 **Schnorre** 136
Schweizerdeutsch für Schnauze, Mund oder Sprachgebrauch. Mit »auf der Schnorre« ist hier auf der Schnauze liegen gemeint, Schlafmangel haben, völlig fertig sein oder schon auf dem Zahnfleisch kriechen.

46 **megaguet druf** 136
Schweizerdeutsch für gute Stimmung haben, besonders gut gelaunt oder auch außerordentlich gut und unaufhaltsam unterwegs sein.

47 **Kutschli** 140
Schweizerdeutsch für »Pferdekutsche«, heute gern auch für den fahrbaren Untersatz, sprich Auto, zweckentfremdet.

48 **TX** 142
Geschäftliche Kurzform für engl. thanks = danke.

49 **Grimnir** 145
Grimnir ist in der nordischen Mythologie ein Beiname des Gottes Odin.

50 **Walhall** 146
Walhall [*altnord. Valhöll = Wohnung der Gefallenen*], eventuell verknüpft oder identisch mit dem Götterpalast Valaskjalf, ist in der nordischen Mythologie der Ruheort der in einer Schlacht gefallenen Kämpfer, die sich als tapfer erwiesen haben, der sogenannten Einherjer.

Quelle: Wikipedia.org

51 **schattig** 147
Gemeint ist kalt, fröstelnd, ungemütlich, trüb, bewölkt, wenig oder gar keine Sonne.

GLOSSAR

52 **merci** 150
[*franz. für danke*] Wird auch in der Schweiz für das Bedanken verwendet und das meist in Verbindung mit »viumal« (siehe Punkt 9), grammatikalisch zum Trotz, für »vielmals«.

53 **bissi** 167
Umgangssprachliche Kurzform für »bißchen« oder etwas, nur geringfügig mehr, kaum spürbar.

54 **Mäusekino** 171
Kleine Bildschirme und winzige Anzeigen, z. B. von Handydisplays.

55 **Bünzli** 173
Bünzli ist einerseits ein Schweizer Familienname, andererseits im Schweizerdeutschen eine abwertende Bezeichnung für eine geistig unbewegliche, kleinkariert denkende und ausgeprägt gesellschaftskonforme Person, mithin ein Synonym für Spießbürger.

Quelle: Wikipedia.org

56 **S2T** 186
Abkürzung für »Saludos, Tina« (siehe Punkt 57).

57 **Saludos** 186
Spanisch für »Grüße«. Vgl. auch Abkürzungen, wie Salu2 [*Zusammensetzung aus »Salu« und span. dos = zwei*] oder S2 (siehe Punkt 56).

58 **liebe Gruess** 187
Schweizerdeutsche Variation für »lieben Gruß« oder auch »liebe Grüße«. Der Unterschied bleibt unklar, da nicht relevant (siehe Punkt 9).

59 **freu' mi** 187
Schweizerdeutsch für »freue mich«, wahlweise auch »freue mi«.

60 **ufem Heiweg vo** 187
Schweizerdeutsch für »auf dem Heimweg (Rückweg) sein von«.

61 **isch dä absoluti Hammer gsi** 187
Schweizerdeutsche Dialektform für »es war absolut gut und hat einzigartig, hammermäßig gefallen«.

62 **esch äs geils Konzert gsi gäschter** 188
Schweizerdeutsche Dialektform für »gestern war ein geiles, genial gutes Konzert«.

63 **be erscht am 1 Uhr di hei gsi höt** 188
Schweizerdeutsche Dialektform für »ich kam heute erst um 1 Uhr früh nach Hause«.

64 **schön send ehr zämme** 188
Schweizerdeutsche Dialektform für »schön, daß ihr zusammen seid«.

65 **bis gli einisch** 188
Schweizerdeutsche Dialektform für »bis bald wieder einmal«.

66 **morphogenetisches Feld** 192
Als morphisches Feld [*engl. morphic field*], ursprünglich auch als morphogenetisches Feld, bezeichnete der britische Biologe Rupert Sheldrake ein hypothetisches Feld, das als »formbildende Verursachung« für die Entwicklung von Strukturen sowohl in der Biologie, Physik, Chemie, aber auch in der Gesellschaft verantwortlich sein soll.

Quelle: Wikipedia.org

67 **Snartemosverdet** 196
Das Snartemo-Schwert ist ein völkerwanderungszeitliches Schwert, das 1933 auf einem Bauernhof im Stadtteil Snartemo, Hægebostad, Norwegen zufällig gefunden wurde. Das Schwert [...] ist mit typisch nordischen Verzierungen aus Gold und Silber geschmückt.

Quelle: Wikipedia.org

68 **parat** 202
Schweizerdeutsch für »bereit«.

69 **Chama** 208
Venezolanisch für »Kleine«, »kleines Mädchen« oder »Freundin«.

70 **d'accord** 209
Französisch für »einverstanden«.

71 **dizzy** 210
Englisch für »benommen«, »leicht benommen« oder »schwindelig«.

GLOSSAR

72 **The Evil** 225
Das ist der Name eines der Fahrzeuge von Nick. Das andere heißt »The Beast«.

73 **Soulmate** 227
[*engl. für Seelenpartner, Seelenverwandter*] Als Seelenverwandtschaft bezeichnet man eine Verbindung zwischen zwei Personen, die sich durch eine tiefe, als naturgegeben erscheinende Wesensähnlichkeit verbunden fühlen, was sich in Liebe, Intimität, Sexualität oder Spiritualität äußern kann.

Quelle: Wikipedia.org

74 **epic** 233
[*engl. für episch*] Wenn etwas in seiner Gesamtwirkung ungeahnte Größe erzielt und einfach herausragend und überwältigend ist, wie z. B. der neue Star-Trek-Film, dann ist es epic. Epic als Einwortkommentar eingeworfen muß nicht automatisch an eine positive Haltung geknüpft sein. Vielfach ist es einfach eine neutrale Feststellung von bombastischer Gigantik. Ist etwas allerdings ein »epic fail«, dann ist es der letzte Schund.

Quelle: DUDEN – Das neue Wörterbuch der Szenesprachen

75 **göttlicher Urgrund** 269
Der göttliche Urgrund wird verstanden als Verursacher von allem was ist. Gleichwohl als Essenz/Summe aller Möglichkeiten ist der göttliche Urgrund linear nicht beschreibbar, denn er/sie/es ist ein ständig wachsendes Prinzip mit dem Ziel dieses in Gang zu halten. Jeder Mensch ist aus göttlicher Essenz aufgebaut. Der göttliche Urgrund wünscht, daß wir das restliche Getriebe als Zahnrad antreiben, unterstützen und dadurch den Fluß des göttlichen Flusses, der alles mehrt durch Raum und Zeit in dieser Dimension, im steten Wandel erhalten.

76 **Edifício Copan** 273
Das Edifício Copan (Copan-Gebäude) ist ein 140 Meter hohes Wohnhaus mit 32 Stockwerken im Stadtkern des brasilianischen São Paulo [...]. Das Gebäude zählt zu den größten des Landes und verfügt über die größte Wohnfläche (116'152.59 Quadratmeter) aller Wohngebäude weltweit.

Quelle: Wikipedia.org

77 **Zürcher** 282
Zürcher, nicht »Züricher«, sind einerseits die Einwohner der Stadt und des Kantons Zürich, anderseits handelt es sich um einen Schweizer Familiennamen.

78 **die Düütschi si** 282
Schweizerdeutsch für »die Deutsche sein«.

79 **Metalhead** 289
Ein »echter« Metalhead hat von Vorteil lange Haare (geht nicht immer), trägt Bandshirts, die am «Merchstand« nach dem Konzert gekauft worden sind, besitzt eine Kutte mit Aufnähern (egal wie alt und ob sie noch getragen wird), ist ein richtiger Musikfan, kauft Musik (CDs, Tapes, LPs), ist ein Tonträger-Sammler, beschränkt Downloads aufs Nötigste, geht an Konzerte, Festivals und Cruises, wirft sich auf hingeworfene »Plektren« und »Drumsticks«, frönt dem (möglichst rhythmischen) »Headbangen« (je älter je schmerzvoller danach, aber egal), weiß, wie eine »Airguitar« bedient wird, steht immer hinter seiner Musik, hilft anderen Metalheads umgehend wieder auf, wenn sie im »Moshpit« hinfallen, sollte andere Szene-Musikgeschmäcker tolerieren, fachsimpelt gerne mit Kolleg(en/innen) über Bands und Musiker, hat eine raue Schale und ein weiches Herz, sollte nicht zuviel trinken (ein bißchen aber schon), hat »Black Sabbath« 2014 live gesehen und weiß, wer »Ronnie James Dio« (R. I. P.) war.

Quelle: D. Köbeli aka »Rockslave«, Journalist bei »metalfactory.ch«

80 **dissen** 299
Das jugendsprachliche Verb dissen [*von engl. disrespect, discriminate oder discredit abgeleitetes Verb to diss, Abkürzung für diskreditieren oder diskriminieren*] bedeutet jemanden schlechtmachen, jemanden schräg anmachen, respektlos behandeln oder jemanden schmähen. Seit 2000 ist das Wort im Duden verzeichnet.

Quelle: Wikipedia.org

81 **bitch checker** 312
Männer, denen das Vorurteil anhaftet nur an »leichter weiblicher Beute« interessiert zu sein und diese dann auf ihr Äußeres zu reduzieren.

GLOSSAR

82 **jetz' gömer go ficke** 328
Für deutsche Leser heißt das: »Jetzt gehen wir uns deine Briefmarkensammlung anschauen« Und für Schweizerdeutsche Leser: »Wämer ois dini Kaffeerahmdeckelisammlig aluege?«

83 **Copy/Paste** 346
Englisch für »Kopieren und Einfügen«.

84 **Sexualchakra** 370
Auf dieser Bewußtseinsstufe liegt unsere Kreativität im Leben und mit dem Leben. Der Ausdruck unserer Sehnsucht nach Neuem im Leben und dies zu erkunden. Das Sexualchakra ist eines von sieben Energietoren, das für unsere generelle Lebenslust und göttliche Schaffenskraft steht, eng verbunden mit dem Fortpflanzungstrieb, als Sitz der ursprünglichen Emotionen.

85 **twentyfourseven** 387
[*auch* 24/7] Wer rund um die Uhr erreichbar ist und sieben Tage die Woche arbeitet, ist twentyfourseven im Dienst. Möglich macht das die neueste Technik. Durch iPhones und Blackberrys, auch bekannt als »Crackberrys« steigt der Druck, geschäftliche E-Mails von überall abzurufen und Telefonkonferenzen zu führen, selbst wenn man eigentlich gerade in der Badehose am Pool liegt. Mit dem »always on«-Gedanken verschwimmt die Grenze zwischen Arbeit und Freizeit.

Quelle: DUDEN – Das neue Wörterbuch der Szenesprachen

86 **Betaversion** 387
Der Begriff Betaversion bezeichnet bei der Softwareentwicklung eine nicht finale Software, die möglicherweise noch kleinere Fehler enthält. Die Betaversion ist die Vorstufe auf dem Weg zu einer fehlerfreien, finalen Alphaversion. Dieses Vorgehen läßt sich auf viele andere Bereiche übertragen. Produkt- und Innovationszyklen werden immer kurzfristiger, jedes Produkt ist nur ein Vorgänger des nächsten, nicht nur auf dem Gebiet der Technik. Neues wird immer schneller alt. Das gleiche Prinzip gilt auch für den Menschen: In einer schnellebigen Zeit, in der alle »twentyfourseven« (siehe Punkt 85) sind und Stillstand Rückschritt bedeutet, muß sich jeder ständig leistungsbereit und entwicklungsfähig zeigen. Wer permanent beta ist, kennt kein Sein, sondern nur ein Werden. Das ganze Leben ist »work in progress«, immer im »flow« (siehe Punkt 88) und bereit für einen Upgrade.

Quelle: DUDEN – Das neue Wörterbuch der Szenesprachen

87 **Alphaversion** 387
Die fehlerfreie, finale Alphaversion (siehe Punkt 86).

88 **Flow** 387
Flow [*engl. für fließen, rinnen, strömen*] bezeichnet das Gefühl der völligen Vertiefung und des Aufgehens in einer Tätigkeit, auf Deutsch in etwa Schaffens- bzw. Tätigkeitsrausch oder Funktionslust.

Quelle: Wikipedia.org

89 **Upgrade** 387
Mit Upgrade [*engl. für hochstufen, aufrüsten*] wird die Änderung eines Produkts auf eine höherwertige Konfiguration oder Version bezeichnet.

Quelle: Wikipedia.org

90 **Jesus und Maria** 391
Divine Truth [*engl. für göttliche Wahrheit*] von »Jesus und Maria« (siehe www.divinetruth.com) ist eine neue religiöse Bewegung in Australien. Sie wurde von Alan John Miller, alias A. J., gegründet, der von sich behauptet durch Reinkarnation Jesus von Nazareth zu sein. Miller war früher ein Ältester der Zeugen Jehovas.

91 **Spirits** 391
[*engl. für Geistwesen*] Energiepersönlichkeitskerne, die nicht oder nicht mehr im Physischen zentriert sind.

92 **Living the Truth** 391
[*engl. für die Wahrheit/Wahrhaftigkeit leben*] Frei von Lüge und Halbwahrheiten sein, indem man sein Leben durch Einsicht, Aufrichtigkeit, wohlwollender Absicht und Ehrlichkeit zu sich selbst und anderen gegenüber lebt.

93 **Processing** 392
[*engl. für Verarbeitung, Bearbeitung, Aufbereitung, Behandlung, Entwicklung*] Processing steht auch für die spirituelle Entwicklung und die innere Verarbeitung vergangener Begebenheiten, um diese zu verstehen, diese dann möglicherweise hinter sich zu lassen und neu daraus hervorzugehen.

GLOSSAR

94 **sektirisch** 394
Sektiererisches Verhalten bedeutet etwas zu tun, was ein anderer sagt (oder mehrere andere sagen), ohne für sich selbst zu überprüfen, ob dies überhaupt stimmt, stimmen kann oder für einen selbst je zutrifft. Das freigeistige Gegenstück dazu ist etwas anzubieten, aber offen zu lassen, ob und wie das Empfohlene verwendet wird (vgl. auch freier Wille). Mit anderen Worten, niemals etwas tun, nur weil es jemand anderes gesagt hat, ohne daß es den eigenen Überlegungen standhält. Damit würde man Menschen, die etwas sagen oder empfehlen, unüberlegt und von ihnen ungewollt, zu Sektenführern machen.

95 **channeln** 395
Wenn sich ein menschliches Medium als Überbringer von Botschaften aus einer uns übergeordneten, aber durchaus allen zugänglichen, Ebene zur Verfügung stellt und währenddessen sein Ego in Form von eigenen Gedanken, Meinungen und Gefühlen ausblenden kann. Das Medium geht dabei in eine Art leichte oder auch tiefe Trance, öffnet einen imaginären Kanal [*engl. channel*] als Verbindung und nimmt Kontakt zur gewünschten Thematik auf. In leichter Form praktiziert jeder von uns gelegentliche Channelings an Informationen, ohne sich dessen bewußt gewahr zu werden. Plötzlich fällt einem etwas ein, oder im Moment ist man sich etwas gewiß. Nicht umsonst heißt es auch vor Entscheidungen besser erstmal eine Nacht darüber schlafen.

96 **Channelling** 396
Okkultistische Kontaktaufnahme durch ein Medium (siehe Punkt 95).

Quelle: DUDEN.de

97 **Schwyzerdüütsch schnurre** 397
Schweizerdeutsch für »Schweizerdeutsch sprechen«

98 **Downaging** 404
Der Trend so alt zu sein, wie man sich selbst sieht, gibt, zeigt, verhält, denkt, spricht und fühlt – in der Regel jünger als man tatsächlich ist.

99 **Cumshot** 445
[*Zusammensetzung aus engl. vulg. cum = Sperma und shot = Schuß*] Als Cumshot bezeichnet man in der Pornobranche entweder Fotos oder Filmszenen, die den Samenerguß des Mannes offen zur Schau stellen.

100 **Sexworker** 445
[*engl. für Sexarbeiter*] Zum Bereich der Sexarbeit zählen Tätigkeiten in der Sexindustrie, insbesondere als Prostituierte, aber auch als Domina, Pornodarsteller/in, Stripdancer, Peepshowdarstellerin und mehr.

101 **Lenormandkarten** 458
Lenormandkarten sind Wahrsagekarten, die nach Marie Anne Lenormand (1772–1843) benannt sind. Neben dem Tarot sind die Lenormand die beliebtesten Karten zur Weissagung durch Kartenlegen.

Quelle: Wikipedia.org

102 **Aeschbi** 459
Kurt »Aeschbi« Aeschbacher ist ein Schweizer Fernsehmoderator. Seit 2001 leitet er seine wöchentliche Talkshow Aeschbacher, in der er jeweils vier Gäste zu ihrem Leben befragt.

Quelle: Wikipedia.org

103 **uh lässig** 463
Schweizerdeutsch für »fantastisch«.

104 **gefinkelt** 463
Österreichisch für schlau, durchtrieben, ausgefuchst, clever, gerissen, gewieft, raffiniert, schlau, smart, »trickreich« und/oder verschlagen.

105 **Kollege** 470
In der Schweiz sagt man Kollege und meint damit meist einen Freund.

DIE AUTOREN

Christina Förster, Jahrgang 1964, hat nach dreißig Jahren Erfahrung mit intensiven Vollzeitjobs in internationalen Konzernen im Bereich Kommunikation und Werbung, davon acht Jahre als persönliche Assistentin im Headquarter Management eines IT-Weltunternehmens, ihre eigene Firma ins Leben gerufen.

SENSITIVITY *Inspirations* steht für spirituelles Wachstum, Erweiterung der persönlichen Freiheit und der Wahrnehmung. Eine geistige Ebene, wo Menschen aller Nationen ihre eigene Feinfühligkeit weiterentwickeln und sich zu neuen, jetzt für sie passenden Sichtweisen inspirieren lassen können.

Nick Laurent, Jahrgang 1976, stieg 2006 in der Schweiz nebenberuflich als Edel-Callboy in die Erotikbranche ein. Sein Qualitätsmerkmal: »Der Callboy für echte Genießerinnen«. Ein Pionier, der sich aufgeschlossen und ehrlich in den Schweizer Medien zeigte und in der Öffentlichkeit über seine, oft durch allgemeine Unkenntnis noch mit Vorurteilen behaftete, Tätigkeit sprach. So wurde sein Name schnell der bekannteste in diesem Metier.

Sein kurzer, paralleler Einstieg als Pornodarsteller zeigte Laurent rasch, daß dieser Weg überhaupt nicht zu ihm paßte. Er folgte seiner Sehnsucht, die ihn seine immer deutlicher werdende Vision leidenschaftlich umsetzen ließ: Er wollte einzigartig, mit verständnisvollem Herz, größtem Respekt, passendem Intellekt und tiefem Verständnis für Frauen, im Sinne eines »Callboy als Heiler«, unterwegs sein.

Förster und **Laurent** haben sich 2011 überraschend kennengelernt und leben heute glücklich und begeistert zusammen in der Schweiz.

DIE LIEBE UND DER KRIEGER